DICTIONNAIRE

DE

L'ACADÉMIE FRANÇOISE.

SUPPLÉMENT.

DICTIONNAIRE

DE

L'ACADÉMIE FRANÇOISE.

SUPPLÉMENT,

CONTENANT

ENVIRON 11,000 MOTS NOUVEAUX, ACCEPTIONS NOUVELLES, ET TERMES TECHNIQUES, QUE L'USAGE ET LA SCIENCE ONT INTRODUITS DANS LA LANGUE USUELLE DEPUIS L'ANNÉE 1794, ET QUI NE SE TROUVENT PAS DANS LE DICTIONNAIRE DE L'ACADÉMIE,

RÉDIGÉ

PAR UNE SOCIÉTÉ DE GRAMMAIRIENS.

PARIS.

GUILLAUME, LIBRAIRE, RUE HAUTEFEUILLE, N° 14.

1831.

TABLE DES ABRÉVIATIONS

DU SUPPLÉMENT AU DICTIONNAIRE DE L'ACADÉMIE.

Abréviation	signifie	Signification
adj.		adjectif.
adj. et s.		adjectif et substantif.
admin.		administratif.
ad. et adverb.		adverbe.
agric. et agricult.		agriculture.
algéb.		algèbre.
anat.		anatomie.
anc.		ancienne.
anc. jurisp.		ancienne jurisprudence.
anc. chim.		ancienne chimie.
anc. scol.		ancienne scolastique.
antiq.		antiquaire.
archit.		architecture.
armur.		armurier.
arith.		arithmétique.
arquebus.		arquebusier.
art. et artill.		artillerie.
asp.		aspirée.
astr. et astron.		astronomie.
atel.		atelier.
bijout.		bijouterie.
blas.		blason.
bot.		botanique.
boul. et boulang.		boulangerie.
brass.		brasserie.
broder.		broderie.
burl. et burlesq.		burlesque.
c.-à-d.		c'est-à-dire.
carr.		carrière.
cham.		chamoiseur.
chandel.		chandelier.
chap. et chapell.		chapellerie.
charp.		charpentier.
charr. et charron.		charronage.
chass.		chasse.
chim.		chimie.
chir.		chirurgie.
comm.		commerce.
cordon.		cordonnier.
cor. et corroy.		corroyeur.
coutell.		coutellerie.
couvr.		couvreur.
cuis.		cuisine.
D. Dict. et Diction.		Dictionnaire.
did. et didact.		didactique.
dipht. et diphth.		diphthongue.
dogm.		dogmatique.
drap.		draperie.
ébén.		ébénisterie.
écon. polit.		économie politique.
écon. rur.		économie rurale.
etc.		et cætera.
exp. adv.		expression adverbiale.
exp. pop.		expression populaire.
ext.		extension.
fabr.		fabrique.
faïenc.		faïencerie.
fam.		familier.
fam. et pop.		familier et populaire.
fauc.		fauconnerie.
f. et fém.		féminin.
fig.		figure.
fig. de rhétor.		figure de rhétorique.
filat.		filature.
fleur.		fleuriste.
fond. et fonder.		fonderie.
forest.		forestier.
for.		forges.
fourbiss.		fourbisseur.
géog. et géogr.		géographie.
géom.		géométrie.
gram. et gramm.		grammaire.
grav.		graveur.
hist. anc.		histoire ancienne.
hist. nat. et hist natur.		histoire naturelle.
horlog.		horlogerie.
hydraul.		hydraulique.
impers.		impersonnel.
imp. et imprim.		imprimerie.
indéclin.		indéclinable.
ingén.		ingénieur.
inus.		inusité.
iron.		ironique.
jard. et jardin.		jardinage.
jardin. fleur.		jardinier fleuriste.
J.-C.		Jésus-Christ.
joaill.		joaillerie.
jurisp. et jurispr.		jurisprudence.
lég.		légère.
lith.		lithographie.
littérat.		littérature.
litt. anc.		littérature ancienne.
lit.		liturgie.
luth.		luthier.
m.		masculin.
maç. maçon. et maçonn.		maçonnerie.
man.		manége.
manuf.		manufacture.
maréch.		maréchal.
mar.		marine.
math. et mathém.		mathématiques.
mécan.		mécanicien.
méd.		médecine.
méd. véter.		médecine vétérinaire.
menuis.		menuiserie.
mét.		métier.
meun.		meunier.
milit.		militaire.
min. et minér.		minéralogie.
monn.		monnoyage.
musiq.		musique.
n.		neutre.
numism.		numismatique.
oisel.		oiseleur.
optiq.		optique.
ornith.		ornithologie.
pal.		palais.
parlem.		parlementaire.
part. act.		participe actif.
part. pass.		participe passif.
passem.		passementerie.
pâtiss.		pâtisserie.
peint.		peinture.
phar. et pharm.		pharmacie.
philos.		philosophie.
phil. anc.		philosophie ancienne.
physiq.		physique.
plais. et plaisant.		plaisanterie.
plomb.		plomberie.
pl.		pluriel.
poét.		poétique.
pop.		populaire.
prat. et pratiq.		pratique.
pron. et pronon.		prononce.
pron.		pronominal.
pyrot.		pyrotechnie.
pyrotech.		pyrotechniques.
raffiner.		raffiner.
réciproq.		réciproque.
relat. extér.		relations extérieures.
rhét. et rhétor.		rhétorique.
ruban.		rubannerie.
sal.		salines.
salp. et salpêt.		salpêtrier.
scient. et scientif.		scientifique.
scol.		scolastique.
sculpt.		sculpture.
serrur.		serrurier.
s. et subst.		substantif.
s. f.		substantif féminin.
s. f. pl.		substantif féminin pluriel.
s. m.		substantif masculin.
s. m. pl.		substantif masculin pluriel.
T. et t.		terme.
tann.		tannerie.
teint.		teinture.
term. scient.		terme scientifique.
t. de chand.		terme de chandelier.
t. d'or.		tireur d'or.
théol.		théologie.
tonn. et tonnell.		tonnellerie.
van. et vanner.		vannerie.
vén. et véner.		vénerie.
v.		verbe.
v. a.		verbe actif.
v. a. et n.		verbe actif et neutre.
v. n.		verbe neutre.
v. n. et imp.		verbe neutre et impersonnel.
v. pron.		verbe pronominal.
verr.		verrerie.
vétér.		vétérinaire.
v. et voy.		voyez.
zoolog.		zoologie.

AVIS.

Le *Dictionnaire de l'Académie*, 2 volumes in-4º brochés, se vend *avec* ou *sans* son SUPPLÉMENT :

PRIX :

Avec son Supplément.. 42 fr.
Sans son Supplément.. 36 fr.

NOTA. Le *Supplément* se vend séparément 7 francs broché.

SUPPLÉMENT

AU

DICTIONNAIRE DE L'ACADÉMIE.

A. s. m. Comme première lettre de l'alphabet, *a* prend de sa place la valeur du nombre *i*, et désigne dans l'algèbre une première donnée : a═b──c; dans les figures de géométrie, dans les plans d'architecture, dans les dessins, dans toute série alphabétique, un premier objet à distinguer des suivans : le côté *a* du triangle, l'aile *a* du bâtiment, registre *a*, bureau *a*, etc. ; ce qui suppose au moins un second objet désigné par *b*.

Dans la signature des feuilles imprimées, *a* désigne aussi la première, *b* la seconde, etc. ; *aa* la première du second alphabet, *aaa* la première du troisième, et ainsi de suite. On remplace presque toujours dans cet emploi les lettres par des chiffres.

aa est aussi la marque de la monnoie frappée à Metz.

Comme mot, notre préposition *à* vient presque toujours du latin *ad* marquant la tendance à un but, et forme beaucoup de composés plus ou moins défigurés : aller à l'ennemi, attirer, appliquer, aggraver, affliger. Mais cet *a* venu de *ad* a souvent remplacé *in*, en, qui s'employoit autrefois avec les noms de petits lieux envisagés comme un point fixe et sans division, et l'on en est venu à dire également aller à Paris, et être à Paris.

Dans d'autres composés, *a* vient du grec *a* ou du latin *à ab, abs*, marquant éloignement, absence, privation : aptère, sans ailes ; amovible, abdiquer, s'abstenir ; et même dans ôter à quelqu'un, et semblables.

Comme initiale d'un mot, cette lettre peut, ainsi que les autres, rappeler le mot entier, et même s'unir à d'autres abréviations, mais dans des expressions familières consacrées par l'usage, et par là même bien connues. En latin, *a. D.*, anno Domini, l'an du Seigneur ; *a. U. c.*, ab Urbe condità, depuis la fondation de Rome. En français, *a. m.*, assurances mutuelles ; *a. g.*, assurances générales ; *m. a. c. i.*, maison assurée contre l'incendie ; *a. r.*, altesse royale.

Dans le commerce, *a* signifie accepté ; *à. p*, à protester ; *a. s. p*, accepté sous protêt ; *à. c.*, à compter, etc.

Dans les ordonnances de médecins, *aa* pour *ana* veut dire en quantité égale ; en chimie, *aa* ou *aaa* signifie amalgame. *Voy.* ₐ au Dictionnaire.

ABABRA. s. m. *bot.* Espèce de citrouille

du Portugal, supérieure à celle de France pour la qualité.

ABACA. s. m. *bot.* Lin ou chanvre tiré d'une espèce de platane des Indes, commun dans les îles Philippines.

ABAJOUE. s. f. *hist. nat.* Poche intérieure entre la joue et la mâchoire dans quelques espèces d'animaux, entr'autres dans les singes.

ABALOURDIR. v. a. Rendre *lourd* par un excès de crainte habituel. On abalourdit surtout les enfans par de mauvais traitemens ; et leur esprit ne peut plus acquérir ensuite la même activité qu'il auroit eue. *Fam.*

ABALOURDISSEMENT. s. m. Action d'abalourdir ; état de celui qui est abalourdi.

ABAQUE. s. m. Espèce de table des anciennes écoles, où, comme sur nos planches noires, on traçoit des lettres, des chiffres, des figures, des compartimens, suivant ce que l'on vouloit enseigner ou démontrer. *Voy.* ABAQUE au Dictionnaire.

ABARTICULATION. s. f. *anat. Voyez* DIARTHROSE au Dictionnaire.

ABASOURDIR. v. a. (On prononce ahazourdir.) Rendre momentanément comme *sourd*, ôter l'usage des sens, et par suite la présence d'esprit, par une cause supérieure aux forces de la personne. Au propre, le bruit ; au figuré, une mauvaise nouvelle, peuvent produire cet effet sur nous. *Voyez* ce mot au Dictionnaire.

ABASOURDISSEMENT. s. m. État de la personne abasourdie, action d'abasourdir. L'abasourdissement n'est pas de durée.

ABATANT ou **ABATTANT.** s. m. Châssis arrêté par le haut, et dont le bas peut s'ouvrir ou se fermer à volonté pour régler le jour d'un magasin. Planchette à charnière qu'on lève par un bout pour entrer un comptoir, et qui s'abat ensuite pour le fermer. *Fam.*

ABAT-CHAUVÉE. s. f. Laine jugée de mauvaise qualité.

ABATÉE. s. f. *mar.* Mouvement d'un navire en place qui tend à tourner sur lui-même, ou une force supérieure l'empêchant de prendre ou de garder son équilibre.

ABAT-FAIM. s. m. Pièce de grosse viande qu'on sert d'abord pour *abattre* la grosse faim des convives. *Fam.*

ABAT-FOIN. s. m. Trappe au-dessus du râtelier, de la crèche, pour y jeter du grenier le fourrage aux animaux.

ABATTOIR. s. m. Bâtiment, lieu où l'on tue les bestiaux pour le débit des bouchers.

ABATTUE. s. f. Travail d'une poêle dans les salines, du moment où on la met sur le feu jusqu'à ce qu'on l'enlève.

ABAT-VOIX. s. m. Dessus de chaire servant à *rabattre* la voix du prédicateur sur l'auditoire.

ABDITOLARVES. s. m. pl. *hist. nat. Voy.* NÉOTTOCRYPTES.

ABDOMINAUX. s. m. pl. *hist. nat.* Division de poissons à arêtes, à squelette osseux, avec des nageoires ventrales près de l'anus. *Voy.* ABDOMINAL au Dictionnaire.

ABÉCÉDAIRE. adj. Qui est relatif à l'a,b,c; qui contient et développe les principes de lecture, et, au figuré, les premières notions d'une science ; qui l'apprend ou l'enseigne : un livre abécédaire n'est pas un simple a,b,c; un docteur abécédaire en est encore à l'a, b,c.

Il peut s'employer substantivement dans tous ces sens : un bon abécédaire est fort utile à l'enfance ; un bon traité d'arithmétique est l'abécédaire de l'algèbre ; un bon orateur pourroit être un mauvais abécédaire. *Voy.* ce mot au Dictionnaire.

ABÊCHEMENT. s. m. Action d'*abécher*. dit pour *abecquer*. Il se dit proprement des oiseaux, quoique les pêcheurs l'étendent aux poissons, et qu'on l'emploie même à l'égard des personnes, par plaisanterie. *Voy.* ABECQUER au Dictionnaire.

ABESTA. s. m. Livre attribué aux mages de la Perse au patriarche Abraham, qu'ils croient être la même personne que Zerdust ou Zoroastre.

ABLACTATION. s. f. *méd.* Cessation de l'allaitement de la part de la mère, de la nourrice. Elle est souvent commandée par l'état de leur santé, et diffère du sevrage, qui n'a rapport qu'à l'enfant.

ABLAQUÉATION. s. f. *agricul.* Dégagement fait en bassin au pied des arbres pour en exposer les racines à l'air et à la pluie.

ABLATIF. s. m. *gramm.* Le françois étant privé des flexions propres à marquer les cas ou fonctions du nom, l'ablatif y est compris dans les *régimes indirects* comme étant ou pouvant être précédé d'une préposition, ainsi que le génitif et l'ablatif des langues anciennes. *Voy.* ABLATIF au Dictionnaire.

ABLATION. s. f. *chir.* Enlèvement d'une partie malade, d'une tumeur, etc.

ABLÉGAT. s. m. Titre donné par la cour de Rome à un officier ecclésiastique chargé des fonctions d'envoyé ou de légat.

ABLETTE. s. f. *Voy.* ABLE au Dictionn.

ABLUTION. s. f. *méd.* Action de laver. L'ablution des médicamens opère sur eux, et leur ôte des corps étrangers, au lieu que l'abstersion opère sur les parties malades, et leur ôte des humeurs nuisibles. *Voy.* ces mots au Dictionnaire.

ABOLISSABLE. adj. Qui peut s'abolir ou être aboli ; qui mérite de l'être ou est de nature à l'être. Comme abolir, il se dit naturellement de ce qui est mauvais, et, par extension, de tout ce qui peut cesser d'avoir force ou existence par le non-usage. Les meilleures lois se trouvent abolissables sous le règne d'une fiction.

ABOMASUS ou ABOMASUM. s. m. *anat.* (On prononce *uce, ome,* brefs.) Quatrième estomac des animaux ruminans, communément appelé *caillette,* comme servant à faire cailler le lait. *Voy.* CAILLETTE au Dictionn.

ABONNISSEMENT. s. m. Action d'abonnir, ou plutôt de s'abonnir ; état de ce qui s'est abonni. L'abonnissement du vin fait qu'il perd sa mauvaise qualité, qu'il devient bon. *Voy.* ABONNIR au Dictionn.

ABORDEUR. s. m. *mar.* Le navire qui en aborde un autre est l'abordeur, par opposition à celui qui est abordé. *Voy.* ABORDER au Dictionnaire.

ABOUTEMENT. s. m. *mar.* Jonction de deux pièces de charpente par leur bout.

ABOUTER. v. a. Tailler, préparer deux pièces de bois pour les agencer par leur bout. Si elles sont bien aboutées, elles s'agenceront bien l'une avec l'autre. *Voy.* ABOUTÉ au Dict.

ABRAHAM. s. m. (On prononce *ama* bref.) Patriarche : il y a une ère qui date de sa vocation, et est antérieure à la naissance de J.-C. d'environ 2015 ans.

ABRAQUER. v. a. *mar.* Tirer à force de bras. *Voy.* EMBRAQUER.

ABRÉGEMENT. s. m. Action d'abréger, *Voy.* ABRÉGER au Dictionnaire.

ABRÉVIATIF, IVE. adj. Qui sert à abréger, ou à faire une abréviation : une note abréviative, un signe abréviatif. La sténographie est une écriture abréviative.

ABRÉVIATIVEMENT. adv. D'une manière abrégée ou abréviative.

ABRÉVIER. v. a. Écrire une chose en signes abréviatifs. *Peu usité.*

ABREYER. v. a. *mar.* Masquer, cacher. On dit en mer qu'un bâtiment est *abreyé,* lorsque ses voiles, ses mâts, ou d'autres choses empêchent des signaux d'être aperçus.

ABRICOTÉ, E. adj. On nomme pêche abricotée un fruit de certains pêchers qui tient plus de la nature de l'abricot. s. m. Un abricote est un morceau d'abricot passé au sucre, en forme de bonbon.

ABRIVENT. s. m. Paillasson placé sur les jardiniers de manière à mettre des fleurs, des fruits, des plantes délicates, à l'*abri du vent.*

ABRIVER. v. a. *mar.* Aborder au rivage.

ABROUTISSEMENT. s. m. Action de brouter les feuillages des bois ; dommage qui en résulte. L'abroutissement amuse les bestiaux. Être condamné à payer l'abroutissement.

ABRUPT, E. adj. Style *abrupt,* qui expose les choses *ex abrupto,* sans préparation, sans art. *Peu usité.*

ABRUSE. s. m. *bot.* Élégant sous-arbrisseau du Malabar, cultivé sous le nom d'*arbre à chapelet,* à cause de la disposition de ses fruits.

ABRUTISSANT, E. adj. Qui abrutit, propre à abrutir. Les punitions corporelles sont abrutissantes pour les enfans.

ABRUTISSEUR. s. m. Celui qui abrutit. Les conquérans ne sont guère que les abrutisseurs des peuples tant vainqueurs que vaincus.

ABSCISION. s. f. *chir.* Retranchement d'une partie molle par une opération. *Voyez* Excision.

ABSINTHÉ, E. adj. *bot.* Qui tient de la nature de l'absinthe. *Pharm.* Où il y a de l'absinthe. Plante absinthée ; tisane, liqueur absinthée.

ABSOLUTISME. s. m. Nature, système du gouvernement absolu, où tout le pouvoir est entre les mains du chef de l'État. Professer, aimer, détester l'absolutisme.

ABSOLUTISTE. s. m. Partisan du gouvernement absolu. Il se dit surtout par opposition aux constitutionnels, aux partisans du régime légal, des intérêts généraux.

ABSORBANT, E. adj. Propre à absorber. Les animaux et les végétaux ont des vaisseaux absorbans, qui pompent les fluides de l'atmosphère. *Voyez* ce mot au Dictionnaire.

ABSTENSION. s. f. Droit, action de s'abstenir. Au palais, acte par lequel un juge délicat s'abstient de prononcer sur une chose qui le touche directement ou indirectement ; par lequel un héritier nommé laisse la succession aux héritiers naturels.

ABSTRACTIF, IVE. adj. Qui forme ou qui exprime des idées abstraites : un esprit abstractif, des termes abstractifs. C'est de là qu'est formé abstractivement.

ABSURDO (ab). Expression latine signifiant d'*après l'absurde.* Raisonner, démontrer, conclure ab *absurdo,* c'est faire ressortir en faveur de sa cause l'absurdité qui résulte des prétentions ou assertions de ses adversaires.

ABUTER. v. a. Joindre par le bout deux pièces préparées pour cela. Elles sont bien abutées quand elles cadrent bien ensemble pour former ce que l'on veut : angle, rond, carré, ovale, etc. Pour *abouter* les pièces il faut savoir ce que l'on en veut faire ; c'est un dessein. Pour les *abuter,* il faut les mettre juste, et les serrer. Ainsi on les *abute* après les avoir *aboutées ;* — v. n. tirer à un but pour savoir qui en sera plus près, et jouera le premier au palet, aux boules, aux quilles, etc.

ACADÉMISER. v. n. Dessiner d'après le modèle dans une académie de dessin.

ACALIFOURCHONNER. v. a. Mettre à califourchon. *Voy.* CALIFOURCHON au Dict.

ACALOT. s. m. (abrégé d'acacalot) *hist. nat.* Oiseau du Mexique, aussi nommé corbeau aquatique ; c'est une espèce d'ibis.

ACANACÉ, E. adj. *bot. Voyez* ACANTHACÉ, E, au Dictionnaire.

ACANTHIES. s. f. pl. Insectes hémiptères (à ailes moitié en étui), avec *aiguillon,* comme les punaises.

ACANTHODON. s. m. *hist. nat.* Poisson à nageoires en *aiguillon.*

ACANTHOIDES. s. f. pl. *bot.* Famille des acanthes, plantes *épineuses.*

ACANTHOPHORE. s. m. *bot.* Genre de varechs à tubercules arrondis et *épineux.*

ACANTHOPODE. s. m. *hist. nat.* Genre de poissons à *nageoires épineuses.*

ACANTHOPOMES. s. m. pl. *hist. nat.* Famille de poissons osseux, à *opercules épineux* ou dentelés.

ACANTHOPTÉRYGIENS. s. m. pl. *hist. nat.* Ordre de poissons ayant toutes les *nageoires* ou au moins quelques *nageoires épineuses.*

ACANTHURE. s. m. *hist. nat.* Genre de vers intestinaux.

ACARIÂTRETÉ. s. f. Qualité d'acariâtre. *Fam.* L'acariâtreté lasse nos meilleurs amis.

ACARIDES ou ACARIDIES. s. f. pl. *hist. nat.* Mites, teignes, etc., insectes des plus petits.

ACARUS. s. m. Espèce de ver qui se forme dans le fromage, et qui y vit.

ACATALEPTIQUE. adj. Qui tient à l'acatalepsie, au doute universel produit par la conviction qu'il est impossible de rien connoître d'une manière certaine : doctrine acataleptique. Partisan de cette doctrine : *philosophe acataleptique ;* et substantivement : un acataleptique. T. *de phil. anc.*

ACAULE. adj. f. *bot.* Plante acaule ou intigée, *sans tige,* ou moins sensible.

ACCALMIE. s. f. *mar.* Calme momentané après un grand vent et une forte agitation de la mer.

ACCASTILLAGE. s. m. *mar.* Action d'accastiller, ce qui accastille un vaisseau.

ACCASTILLER. v. a. *mar.* Garnir l'avant, l'arrière d'un vaisseau de ses châteaux, gaillards, dunettes, etc. Vaisseau bien ou mal accastillé, d'un accastillage agréable, large, élevé, etc.

ACCEPTANT, E. adj. et s. t. de droit. Femme présente et acceptante. Les acceptans s'obligent.

ACCEPTILATION. s. f. *Accepti-latio,* dans le droit romain. Acte du créancier portant reçu de la somme qui lui est due, sans que le débiteur l'ait en effet payée.

ACCESSIBILITÉ. s. f. Qualité de celui qui est accessible. *Fam.* et *peu usité.*

ACCIOCA. s. m. *bot.* Plante du Pérou, qui s'emploie comme le thé du Paraguay.

ACCIPER. v. a. Latin *accipere,* prendre, recevoir. (Terme d'écoliers.)

ACCIPITRES. s. m. pl. *hist. nat.* Classe des oiseaux de proie ou *carnivores.* Il en est de *diurnes,* il en est de *nocturnes.* On y distingue un genre d'*accipitrins,* qui en est comme un diminutif.

ACCLAMATEUR. s. m. Celui qui prend part à des acclamations.

ACCOINÇONS. s. m. pl. Parties de charpente ajoutées à un toit pour la régularité.

ACCOLAGE. s. m. Action d'accoler la vigne ; et, par extension, le temps, le travail, la saison. L'accolage approche, payer l'accolage.

ACCOLURE. s. f. Lien de paille, de jonc, d'osier, pour accoler la vigne, les espaliers, les premières bûches d'un train flotté.

ACCOMPAGNAGE. s. m. *manuf.* Trame

d'étoffes accompagnée de broché en or.

ACCORAGE. s. m. *mar.* Action d'accorer, d'assurer par des acoures ou étaies une pièce qui pourroit tomber ou se renverser.

ACCORDEUR. s. m. Celui qui accorde, qui va accorder les instrumens à touches : orgues, piano, clavecin. Le f. seroit accordeuse.

ACCORDO. s. m. Espèce de basse italienne de douze à quinze cordes (*do* est href).

ACCOTEMENT. s. m. *horlog.* Frottement irrégulier qui gêne le mouvement d'une pièce. *Ponts et chaussées,* voy. BERME au D.

ACCOUER. v. a. *véner.* Blesser le cerf au défaut de l'épaule, ou au jarret.

ACCOULINS. s. m. pl. Atterrissemens d'eaux courantes que l'on emploie à faire de la brique.

ACCOURES. s. m. pl. *véner.* Lieu découvert près des bois où l'on met les chiens pour courir après le gibier qui en sort.

ACCOURSE. s. f. *mar.* Passage pour courir, pour aller de l'avant à l'arrière d'un vaisseau.

ACCOUVER (s'). v. pr. Se mettre à couver, terme de basse-cour; fig. être accouvé, rester au coin du feu. *Fam.*

ACCRÉTION. s. f. *méd.* Voy. ACCROISSEMENT au Dictionnaire.

ACCROCHER. v. a. fig. Une place, l'obtenir par adresse, à force d'instances. Voy. ce mot au Dictionnaire.

ACCROIT. s. m. Ce dont une chose s'est accrue dans son genre : l'accroît d'un troupeau est en pièces de bétail.

ACCUBITEUR. s. m. Officier qui devoit coucher dans la chambre de l'empereur d'Orient, pour la sûreté du prince.

ACCULEMENT. s. m. Action d'aculer, de s'aculer ou d'être aculé; l'acculement d'un tombereau a lieu s'il est trop chargé en arrière. — *Mar.* degré de courbure que donnent les constructeurs de navires aux deux branches des varangues.

ACCUSATEUR. s. m. Il y avoit en France, dans la révolution, des *accusateurs publics,* chargés des fonctions actuelles des procureurs du roi près les tribunaux; ils étoient nommés par les assemblées électorales, d'après la constitution de 1795. Le tribunal de cassation nommoit aussi deux de ses membres pour *accusateurs nationaux,* chargés de poursuivre à la *haute cour* de justice les accusés qu'elle avoit à juger pour crimes contre l'état. — On dit aussi un écrit accusateur, une brochure accusatrice. Voy. ce mot au Dictionnaire.

ACCUSATIF. s. m. Dans le françois, le nom ou le pronom qui fait la fonction d'accusatif est communément appelé *régime direct,* parce qu'il n'admet pas de préposition devant lui ; on le connoît en ce que, recevant l'action d'un verbe actif, il peut devenir le sujet de ce verbe au passif : dans *j'aime Paul,* Paul est un *accusatif;* car on pourroit dire, *Paul* est aimé de moi. Grammaire. Voy. ACCUSATIF au Dictionnaire.

ACÉPHALOCYSTE. s. m. *hist. nat.* Ver intestinal en forme de vessie, où l'on n'a pu distinguer ni tête ni autre organe, et qui se reproduit par des bourgeons.

ACÉRAIN. adj. v. m. Il ne se dit que du fer, comme tenant de la nature de l'acier; un fer *acérain.*

ACÉRATION. s. f. Action d'acérer.

ACÈRES. adj. et subst. Insectes *sans antennes,* comme sans ailes, la tête étant confondue avec le corselet. *Hist. nat.*

ACÉREUX, EUSE. adj. *bot.* Feuille linéaire, aiguë, persistante, comme celle du pin.

ACÉRURE. s. f. Morceau d'acier apprêté pour acérer du fer, des outils.

ACÉTATE. s. m. *chim.* (Du latin *acetum,* acide du vinaigre.) Sel provenant de l'acide *acétique* combiné avec une base : acétate de plomb, de cuivre, de potasse, etc.

ACÉTIQUE, adj. *chim.* Où l'acide est *en excès* par rapport à la base : acide acétique, acide du vinaigre, vinaigre distillé.

ACÉTITE. s. m. *chim.* Sel composé de l'acide *acéteux* uni à une base : acétite de mercure, de soude, de fer, de cuivre, etc. Voy. ACÉTEUX au Dictionnaire.

ACHALANDAGE. s. m. Action, art d'achalander. Partie d'un fonds de commerce qui consiste dans le nombre des chalands, c.-à-d. des personnes qui se fournissent habituellement à ce fonds : *Cette maison est bonne, elle a un excellent achalandage.*

ACHÉE. s. f. ou *laiche,* petit ver de terre dont on se sert pour amorcer le poisson ou nourrir les petits oiseaux, etc.

ACHEVOIR. s. m. *fabr.* Lieu, outil destiné à achever un ouvrage.

ACHILLE. s. m. *anat.* Tendon d'Achille, où sont réunis ceux des quatre muscles extenseurs du pied. —Principal argument d'une secte.

ACHIRE. s. m. *hist. nat.* Poisson plat, *sans nageoires pectorales,* qui se trouve dans les fleuves de l'Amérique septentrionale; il a les deux yeux du même côté de la tête, et nage dans cette direction.

ACHOPPER (s'). v. pron. Se heurter le pied contre un obstacle en marchant.

ACHRONIQUE. adj. *astron.* Lever ou coucher d'une étoile coïncidant avec le coucher du soleil.

ACHTHÉOGRAPHIE. s. f. (On prononce *actéo...*) Description des poids.

ACICULAIRE. adj. ac. s. *minér.* Qui a la forme d'une aiguille : cristal aciculaire.

ACIDE. adj. Où l'acide est sensible, quoique inférieur à la base. En médecine et en chimie on se sert en ce cas d'*acidule,* qui n'entre point dans la langue usuelle, où l'on n'a qu'*aigrelet,* pour marquer un très-foible degré d'acide. Voy. ACIDE, ACIDULE au Dictionnaire.

ACIDIE. s. m. *hist. nat.* Ver mollusque acéphale.

ACIDIFÈRE. adj. et s. *Chim.* Minéral contenant un acide, mais uni à une terre, à un alcali.

ACIDIFIABLE. adj. et s. *Chim.* Substance *acidifiable,* pouvant être convertie en acide.

ACIDIFIANT, É. adj. et s. *chim.* Qui rend on se propre à rendre acide. L'oxygène est regardé comme le seul principe acidifiant, le seul acidifiant.

ACIDIFICATION. s. f. *chim.* Action de rendre ou de devenir acide, état de ce qui l'est devenu.

ACIDIFIER. v. a. *chim.* Rendre acide. S'acidifier, devenir acide. L'oxygène acidifie la gomme; et la gomme s'acidifie par l'oxygène.

ACIÉRER. v. a. Convertir en acier. *Chim.*

ACINACÉ, E, ou ACINACIFORME. adj.

bot. Qui a la forme du sabre : feuilles *acinacées.*

ACINE. s. m. *bot.* Nom générique des baies succulentes, telles que raisins, groseilles, cerises, etc.

ACINIFORME. adj. *anat.* V. UVÉE au D.

ACLÉIDIENS, ENNES. adj. et subst. *hist. nat.* Animaux *sans clavicules.* Famille de mammifères rougeurs.

ACOLYTAT. s. m. Ordre, qualité d'acolyte. Voy. ACOLYTE au Dictionnaire.

ACOTYLÉDONE. adj. v. s. *bot.* Privé de cotylédons ou feuilles séminales. Les plantes acotylédones ou les acotylédones forment une grande classe en botanique.

ACQUITTABLE. adj. Qui peut ou qui doit être acquitté.

ACQUITTEMENT. s. m. Action d'acquitter une dette, une obligation pécuniaire, et même un prévenu : l'acquittement d'un prévenu le rétablit dans tous ses droits.

ACRISIE. s. f. *méd.* Défaut de crise dans les maladies.

ACROBATE. s. m. Danseur de cordes chez les anciens, comme marchant *sur la pointe du pied.*

ACROLITHE. adj. Statue dont les extrémités sont en pierre. *T. d'art.*

ACROPOLE. s. f. ou ACROPOLIS. s. m. Citadelle qui domine une ville grecque : l'acropolis d'Athènes.

ACROSTIQUE. s. f. *bot.* Genre de fougères dont la fructification recouvre tout le dessous des feuilles.

ACTIVER. v. a. Rendre actif, plus actif; donner de l'activité à quelque chose, ou l'augmenter.

ACTUALITÉ. s. f. *didact.* Qualité d'actuel.

ACUDIE. s. f. *hist. nat.* Insecte volant et lumineux des Indes.

ACUITÉ. s. f. *musiq.* L'acuité du son, sa qualité d'aigu. Voy. AIGUITÉ.

ACUPUNCTURE. s. f. *chir.* Piqûre avec une aiguille d'or ou d'argent dans une partie malade. (On prononce *poncture.*)

ACUTANGLE. adj. et s. *géom.* Triangle ayant ses trois angles aigus.

ACUTANGULAIRE. adj. *géom.* Relatif à l'acutangle.

ACUTANGULÉ, E. adj. Amené, réduit, converti en acutangle. *Bot.* Pourvu d'angles aigus.

ACUTS. s. m. pl. Bouts, pointes extérieures des bois et des forêts.

ADÉQUAT, E. adj. (On prononce *couate, coua* diphth.) List. *ad-æquatus,* égal à, quant à l'étendue. Le corps humain, comme susceptible de guérison, est l'objet *adéquat* de la médecine. Phil. didact. Voy. ce mot au Dict.

ADAMANTIN, E. adj. De la nature du diamant, ou qui en approche.

ADAMIQUE. adj. Terre *adamique,* due au dépôt des eaux de la mer sur les bords d'où elle reflue. *Hist. nat.*

ADAUBAGE. s. m. *mar.* Viande préparée en baril avec du saindoux pour être conservée en mer dans les boîtes ou des vases bien fermés.

ADDUCTION. s. f. *anat.* Action des muscles adducteurs. Voy. ADDUCTEUR au D.

ADÉLOBRANCHES. s. m. pl. *hist. nat.*

Famille de mollusques gastéropodes qui respirent par un simple trou, *et paroissent être sans branchies.*

ADÉLOPODES. adj. et s. m. pl. *hist. nat.* Animaux dont les pieds *ne sont pas apparens.*

ADÉNOGRAPHIE. s. f. *anat.* Description des glandes.

ADÉNOÏDE. adj. *anat.* Voy. *Glanduleux* au Dictionnaire.

ADÉNOLOGIE. s. f. *méd.* Partie de la médecine qui traite des glandes.

ADÉNO-MENINGÉ, E. adj. *méd.* Fièvre qui indique une irritation de membranes.

ADÉNO-NERVEUX, EUSE. adj. *méd.* Fièvre dans laquelle sont attaqués les glandes et les nerfs.

ADÉNOTOMIE. s. f. *anat.* Dissection des glandes.

ADENT. s. m. Saillie et entaille préparées pour assembler et faire tenir les pièces de menuiserie. On doit pouvoir dire aussi *adenter*, *adentage*, *adenté.*

ADÉPHAGE. adj. et s. *méd.* Malade atteint de l'adéphagie. *Voy.* Boulimie.

ADÉPHAGIE. s. f. Faim désordonnée.

ADIEU-TOUT. expr. adv. Adieu, tout est fini; signal pour faire marcher le moulinet, dans la fabrique du tireur d'or.

ADIEU-VA. expr. adv. *mar.* Signal à l'équipage d'être prêt à virer de bord.

ADIMAIN. s. m. *hist. nat.* Grande brebis d'Afrique, couverte de poils au lieu de laine.

ADIMONIE. s. f. *hist. nat.* Nom générique des insectes coléoptères.

ADIPOCIRE. s. f. Substance tenant de la graisse et de la cire, comme le blanc de baleine.

ADIPSIE. s. f. *méd.* Manque de soif.

ADIVE. s. m. *hist. nat.* chacal privé, chien-renard; petit chien de Barbarie très-rusé et vorace.

ADJECTIF. adj. et s. m. *gramm.* Le propre de l'adjectif, opposé à l'article, est d'être *attributif*, et de pouvoir se mettre seul après le verbe être, devenir, etc. : le froid est *vif*, etc. Il n'y a que peu d'articles, comme tel, quel, seul, nul, etc., qui participent accidentellement à cet emploi comme adj. d'origine.

ADJECTION. s. f. *didact.* Jonction d'un corps à un autre.

ADJUVANT. adj. et s. m. *méd.* Remède ordonné comme *aidant* à l'effet d'un autre qui est le principal.

ADMINISTRATIF, IVE. adj. Relatif au pouvoir, à l'action, l'art, la manière d'administrer ; pouvoir, système, règlement, génie administratif, fonctions administratives.

ADMINISTRATIVEMENT. adv. Par voie, par autorité administrative.

ADMIROMANE. adj. et subst. Qui est atteint de l'admiromanie; qui admire tout, ou affecte de tout admirer.

ADMIROMANIE. s. f. Manie de tout admirer. *T. de plaisanterie.*

ADMITTATUR. s. m. (*qu'il soit admis*). Écrit, autorisation qu'un aspirant pour être admis aux ordres ecclésiastiques.

ADNÉ, E. adj. *bot.* Né auprès, attaché sans intermédiaire. Une feuille adnée tient à la tige sans pétiole.

ADOUCISSAGE. s. m. Action d'adoucir les glaces en les polissant; mélange propre à adoucir une couleur trop vive.

ADOUCISSEUR. s. m. Ouvrier chargé d'adoucir les glaces d'une fabrique en les polissant.

ADRAGANT. s. m. Gomme d'adragant, tirée de l'astragale porte-gomme, qui se trouve en Crète, en Perse et dans la Turquie d'Asie. Il paroit que le vrai nom est *tragacanthe.*

AD REM. (*Ade rème bref.*) *A la chose:* répondre *ad rem*, directement, sans détour.

ADRESSE. s. f. Écrit *adressé* à l'autorité pour la féliciter, ou aux citoyens pour leur donner un avis, leur faire une exhortation. Le gouvernement fait des proclamations, les particuliers font ou votent une adresse. *Voy.* ce mot au Dictionnaire.

ADULAIRE. adj. et s. Feldspath pur du mont Adule ou Saint-Gothard, et qui est nacré ou jaune.

ADULATIF, IVE. adj. Propre à flatter avec fausseté, inventé pour cela : un génie adulatif, porté à l'adulation; discours adulatif, qui sent l'adulation ; on dit aussi en ce sens adulateur.

ADVENTICE. adj. Survenant par accessoire, contre le droit, l'attente, etc. ; qui s'ajoute ou succède à la chose principale : idées adventices; des plantes adventices, venues sans être semées; racines adventices, succédant aux racines-mères.

ADYNAMIE. s. f. Perte de nos forces naturelles par maladie. *T. de méd.*

ADYNAMIQUE. adj. *méd.* Qui nous prive de nos forces : être atteint d'une fièvre adynamique; la fièvre adynamique emporte quelquefois le malade au troisième accès.

ÆDŒALOGIE. s. f. *anat.* Traité des parties de la génération.

ÆDŒATOMIE. s. f. *anat.* Dissection des parties de la génération. Peu usité.

AÉRIFÈRE. adj. Conduit aérifère, qui porte de l'air en un lieu. *Anat.* Conduit aérifère, qui sert de passage à l'air.

AÉRISER. v. a. *chim.* Rendre une substance comme de l'air, la rendre aériforme. Ce verbe supposeroit *aérisation*, que l'on n'emploie pas.

AÉRIFICATION. s. f. *chim.* Conversion d'une substance en air, c'est-à-dire sa réduction en parties aériformes. Ce nom suppose le verbe *aériser*, dont on a dû le former, et que cependant on n'emploie pas. Il y a défaut d'analogie entre *aériser* et *aérification*, mots nouveaux, dont au reste l'usage est encore mal établi.

AÉROLE. s. f. Petite vessie pleine d'air; fiole de verre blanc.

AÉROLITHE. s. f. Pierre formée en l'air, et tombée des nues. Les aérolithes furent long-temps un sujet de débats : on sait aujourd'hui qu'il se forme de ces pierres en l'air, et qu'elles sont tout autrement composées que celles de la terre.

AÉRONAUTE. subs. Celui ou celle qui navigue en ballon *dans les airs.*

AÉROPHANE. adj. Transparent à l'air ; il existe des pierres aérophanes.

AÉROPHOBE. adj. *méd.* Malade qui a horreur de l'air, du grand air.

AÉROPHOBIE. s. f. *méd.* Maladie de celui qui a horreur de l'air.

AÉROPHORES. adj. *bot.* (*porte-air*). Petits vaisseaux introduisant l'air dans la plante.

AÉROSPHÈRE. s. f. *phys.* Enveloppe sphérique d'air subtil autour des planètes.

AÉROSTATHONION. s. m. *phys.* Espèce de baromètre indiquant à la fois le poids et la température de l'air.

AÉROSTATION. s. f. Art de faire des aérostats, et de les manœuvrer dans les airs.

AÉROSTIER, E. adj. et s. Qui exerce l'aérostation par profession, y est attaché, appliqué : il y a eu des compagnies d'aérostiers attachés aux armées françoises.

ÆRUA. s. f. Genre d'amaranthoïdes, plantes à tiges et à feuilles cotonneuses.

ÆRUGINEUX, EUSE, adj. Qui est de la nature de la rouille, qui en contient.

ÆTHÉTIQUE. s. f. Art de sentir et de juger, ou traité des sensations.

ÆTHIOLOGIE. s. f. *méd.* Traité des causes des maladies.

AFFAITAGE. s. m. Instruction donnée à l'oiseau de proie pour la chasse : c'étoit l'éducation donnée à l'oiseau par le fauconnier, nommé en ce cas *affaiteur.*

AFFANER. v. a. Gagner par sa peine, son travail, son temps : nu pêcheur affane des sardines, du poisson, par le temps qu'il y met; des journaliers affanent le blé, le grain qu'on leur donne en payement pour moissonner ou battre en grange. *T. de ferme.*

AFFANEUR, EUSE. s. Celui ou celle qui travaille pour du grain.

AFFANURES. s. f. pl. Grain donné en payement aux affaneurs.

AFFÉRON. s. m. *Voy.* Frret.

AFFILEUR. s. m. Celui qui affile, qui donne le fil à un fer tranchant; celui qui étire un métal en forme de fil, ou tire un alignement sur un fil ou un cordeau.

AFFILOIR. s. m. Ce qui sert à affiler la pierre, le tour, etc. *T. de métier.*

AFFILOIRES. s. f. pl. Pierres préparées, montées pour servir à affiler, et formant un assortissement, un ensemble. *T. de menuis.*

AFFLEURAGE. s. m. Du lat. *fluor.* Bonne mouture, *bien coulante;* pâte bien préparée pour le papier; ce qu'on a mis au même niveau pour le faire couler ou aller ensemble.

AFFLEUREMENT. s. m. Fin, extrémité d'une couche de houille ou de charbon minéral sur un de ses bords, en toute direction.

AFFLEURIE ou AFFLEURÉE. s. f. Pâte de papeterie fournie par une pile *affleurante*, ou assez délayée pour prendre le niveau.

AFFLUX. s. m. *méd.* Direction des fluides vers une partie malade où les attire l'irritation.

AFFOLÉ, E. adj. *mar.* En folie. Il se dit de l'aiguille aimantée qui à peine à prendre ou à garder sa direction au Nord. On dit dans le même sens qu'elle *s'affolit.*

AFFOUAGE. s. m. Entretien des *feux* d'une usine, d'une maison; avoir droit d'affouage sur une forêt, celui de s'y approvisionner de bois pour sa consommation.

AFFOUEMENT. s. m. Dénombrement des *feux* d'un endroit.

AFFOURCHE. s. f. *mar.* Action d'*affourcher*, ce qui *affourche. Voy.* Affourcher au Dictionnaire.

AFFOURCHIE. s. f. *mar.* Action de *virer de force* du vent, qui oblige d'affourcher le vaisseau. Le pilote s'attend à l'affourchie.

AFFOURRAGEMENT. s. m. Action d'*af-*

fourrager le bétail, ou le pourvoir de four-rage.

AFFRAÎCHIE. s. f. *mar.* Levée d'un vent frais. *Voy.* FRAIS, FRAICHIR, au Dictionnaire.

AFFRICHER. v. a. Affricher un champ, une terre, la mettre ou la laisser en friche. On affriche la terre, ou la terre s'affriche, reste en friche.

AFFRITER. v. a. Affriter une poêle neuve, la disposer à servir à la friture en y faisant fondre du beurre pour la pénétrer, la nettoyer, et lui ôter le goût de fer.

AFFUSION. s. f. *pharm.* Addition d'un liquide à un médicament.

AFFUSTAGE. s. m. Travail du chapelier pour rendre le lustre à un vieux chapeau.

AFFÛTIAUX. s. m. de *fustis.* Bois, outils servant à un métier; *fig.,* objet de peu de valeur; plutôt au plur. Prends tes affûtiaux, voilà de beaux affûtiaux. *Fam.* et *pop.*

AFISTOLER. v. a. de *fistula,* flûte, roseau. Ajuster tant bien que mal quelque chose de délicat, et le mettre en état de servir. Ce mot, ainsi que son composé *rafistoler,* est *familier,* et surtout *populaire.*

AFOUCHE. s. m. *bot.* Figuier de l'Île de France, dont l'écorce peut se mettre en corde, et le bois servir d'amadou.

AGACIN. s. m. nom donné aux cors aux pieds pour exprimer l'*agacement* qu'ils font éprouver de temps en temps à celui qui en a.

AGAILLARDIR. v. a. Rendre gaillard; s'agaillardir, devenir gaillard.

AGALACTIE. s. f. Manque de lait dans une mère après l'accouchement. *Vieux.*

AGALLOCHER. s. m. *bot.* Arbre connu sous le nom de *bois d'aigle, bois d'aloès, bois de calambac.* On le nomme aussi *agalloche,* comme sa résine.

AGAME. adj. et subs. Plante sans marque de fructification, du moins apparente. De là *agamie,* classe des agames. *Voyez* plutôt CRYPTOGAME.

AGANIPPE. Fontaine. *Voy.* HIPPOCRÈNE.

AGARIC. s. m. Agaric-minéral, espèce de craie. *Voy.* AGARIC au Dictionnaire.

AGATISER. v. a. Convertir une substance en agate; s'agatiser, se changer en agate, en prendre le caractère, la nature. On dit aussi s'agatifier.

AGGLUTINATIF, IVE. adj. Qui agglutine les chairs divisées par coupures; analogie avec la glu, le gluten, etc.

AGITATEUR, TRICE. adj. et subs. Celui ou celle qui agite les esprits, les échauffe pour former un parti, surtout en opinions religieuses ou politiques.

AGLACTATION. s. f. *méd.* Suppression de lait, sa perte par maladie, accident, etc.

AGLAJA. s. m. *bot.* Gattilier de la Cochinchine, cultivé dans les jardins à cause du parfum de ses fleurs.

AGLOSSE. s. m. *hist. nat.* Genre d'insectes lépidoptères, *sans trompe.*

AGLUTITION. s. f. *méd.* Sans glutition. Perte par maladie de la faculté d'avaler.

AGNAN. s. m. pièce de fer en triangle qui sert à river les clous de bateau.

AGNATHES. s. m. pl. Famille d'insectes névroptères, *sans bouche* apparente. (On doit prononcer *aguenathes.*)

AGNELINE. adj. et subs. D'agneau. Laine

agneline, de l'agneline. Des cuirs agnelins, des agnelins, peaux d'agneaux garnies de leur laine; ancienne monnoie portant l'empreinte d'un *agneau,* d'abord nommé *agnel.*

AGONATES. s. m. pl. *hist. nat.* Ordre des crustacés *pourvus de défenses.*

AGONIR, ISANT. v. a. Agonir quelqu'un de sottises, d'injures; lui en dire des plus grossières, des plus outrageantes. *Pop.*

AGRÉAGE. s. m. Dans plusieurs places de commerce, c'est l'offre et la vente de gré à gré en fait de marchandises; ce qu'on nomme ailleurs *courtage.*

AGRÉÉ. s. m. Celui qui fait fonction d'avoué près le tribunal de commerce où il doit avoir été *agréé* pour pouvoir représenter les parties plaidantes.

AGRÉGATIF, IVE. adj. Propre à unir, à réunir des matières pour en faire un corps, une masse. C'est au moyen d'une substance agrégative que les grains de sable forment une pierre.

AGRÉNER. v. a. *mar.* Employer la pompe d'un bâtiment pour en vider l'eau.

AGREYEUR. s. m. Ouvrier qui fabrique le fil de fer. Ce mot suppose le verbe *agreyer.*

AGRION. s. m. C'est en histoire naturelle le nom du genre des insectes névroptères connus sous le nom de *demoiselles.*

AGRONOMIQUE. adj. Relatif à l'agronomie, qui la concerne, qui est de son ressort.

AGROPYLE. s. m. Espèce de bézoard qui se trouve dans les chèvres et les chamois.

AGROSTÈME. s. f. Plante formant un genre dans la famille des caryophyllées, et dont une espèce est la githage, nielle des blés.

AIGAIL. s. m. *Voy.* AIGUAIL au Dictionn.

AIGAYER. v. a. *Voy.* AIGUAYER au Dict.

AIGRETÉ, E. adj. *bot.* En forme d'aigrette, garni d'une aigrette; il est un assez grand nombre de graines *aigretées,* terminées par une aigrette.

AIGUILLETAGE. s. m. Action d'aiguilleter; ce qui est ou doit être aiguilleté. *V.* D.

AIGUILLIÈRE. s. f. Filet de pêcheur, que l'on tient suspendu entre deux eaux.

AIGUISEUR. s. m. Celui qui aiguise les rasoirs, conteaux, ciseaux; celui qui en fait profession.

AILETTES. s. f. pl. Languettes de cuir cousues à l'empeigne du soulier pour le renforcer ou la soutenir sur les côtés.

AISCEAU. s. m. Outil recourbé à polir le bois. *T.* de tonnellerie.

AISELLE. s. f. *bot.* Variété de betteraves rouges en dehors et blanches en dedans.

AISSELIER. s. m. Pièce de charpente employée en cintre; bras de roue qui en dépasse la circonférence, et peut servir à la faire mouvoir.

AISSELIÈRE. s. f. Pièce de fond d'une futaille. *T.* de tonnellerie.

AISSETTE. s. f. Petite hache; il paroît être un diminutif de aiseau ou une corruption de hachette. On écrit aussi *aisseau, aissète.*

AISSON. s. m. *mar.* Petite ancre à quatre branches.

AITONE. s. m. *bot.* Genre de méliacées, arbuste du Cap, à fleurs d'un beau rouge.

AJUST. s. m. *mar.* Nœud de deux cordages entiers ou rompus, ajustés à la longueur; point où ils sont réunis par le nœud.

AJUSTAGE. s. m. Action d'ajuster, surtout les monnoies; ce qui est ajusté ou à ajuster.

AJUSTEUR. s. m. Celui qui ajuste, qui fait l'ajustage, qui en est chargé.

ALABASTRIQUE. adj. et s. f. Art de fabriquer de l'albâtre artificiel.

ALABASTRITE. s. f. *hist. nat.* Faux albâtre, pierre qui a de la transparence avec la blancheur de la cire; on en fait des vases, etc.

ALALIE. s. f. *méd.* Privation de la voix, de la parole.

ALALITE. s. m. *minér.* Minéral cristallisé de la vallée d'*Ala,* en Piémont; pyroxène demi-transparent, d'un blanc tirant sur le vert.

ALAN. s. m. *vénér.* Gros et fort dogue propre à la chasse du sanglier.

ALANA. s. f. *Voy.* TRIPOLI au Dictionn.

ALAQUE. *Voy.* PLINTHE au Dictionn.

ALARMISTE. s. m. et f. Celui ou celle qui s'applique à répandre l'alarme par de fausses nouvelles, par de sinistres prédictions.

ALBATROS. s. m. Oiseau des tropiques, le plus gros des oiseaux nageurs.

ALBINOS. s. m. pl. Hommes *blancs* à peau *blafarde,* petits et foibles, dont on trouve quelques familles isolées en Amérique et même parmi les nègres d'Afrique.

ALBUMEN. s. m. Principe qui constitue l'albumine, et l'un des trois dont se compose le corps humain.

ALBUMINE. s. f. Substance blanchâtre et glaireuse, comme le blanc de l'œuf.

ALBUMINÉ, E. adj. Qui contient de l'albumen.

ALBUMINEUX, EUSE. adj. Qui est de la nature de l'albumine, ou lui ressemble.

ALCALESCENCE. s. f. Fermentation putride produite par l'alcali; état des corps qui l'éprouvent.

ALCALESCENT, E. adj. et subs. Qui entre en alcalescence, qui contient de l'alcali.

ALCALICITÉ. s. f. *chim. V.* ALCALINITÉ.

ALCALIFIABLE. adj. *chim.* Qui peut être alcalifié.

ALCALIFIER. v. a. *chim.* Alcalifier un corps, le charger d'alcali, lui en communiquer; le convertir en alcali en soustrayant l'acide.

ALCALIFIANT, E. adj. et s. *chim.* Qui alcalifie, qui convertit en alcali en soustrayant l'acide.

ALCALIFIÉ, E. p. p. *chim.* Dont l'acide a été soustrait pour en faire un alcali.

ALCALIFICATION. s. f. *chim.* Action d'alcalifier une substance, état de la substance alcalifiée.

ALCALIGÈNE. adj. et subs. *chim.* Qui produit ou fournit de l'alcali, qui engendre des alcalis: substances alcaligènes.

ALCALINITÉ. s. f. *chim.* Principe des alcalis, propriété des substances alcalines.

ALCALIQUE. adj. *chim.* Relatif à l'alcali: les propriétés alcaliques d'un corps.

ALCALISATION. s. f. *chim.* Action d'alcaliser un corps, d'en extraire les acides pour le réduire à l'alcali. Les chimistes emploient plutôt *alcaliser* et *alcalisation* qu'*alcalifier* et *alcalification*; mais alors ils devroient remplacer aussi *alcalifiable* et *alcalifiant* par *alcalisable* et *alcalisant,* ou établir une différence entre eux dans l'application.

ALCANA. s. f. *bot.* Racine de buglosse, qui sert à teindre en jaune.

ALCHIMIQUE. adj. Qui tient à l'alchimie, qui est de son ressort.

ALCINE. s. f. *bot.* Plante du Mexique, à fleurs jaunes, cultivée dans les jardins d'agrément.

ALCOHOLIQUE. adj. *chim.* Qui tient de l'alcohol, mêlé d'alcohol : dissolution alcoholique.

ALCOHOLISATION. s. f. *chim.* Action d'alcoholiser, réduction d'une substance à l'état d'alcohol.

ALDÉE. s. f. *bot.* Plante du Chili, qui teint en noir.

ALDIN, E. adj. Édition *aldine*, d'Alde-Maunce, célèbre imprimeur de Venise. On nommoit aussi *aldines* les lettres appelées aujourd'hui *italiques*.

ALÉATOIRE. adj. Contrat *aléatoire*, basé sur un événement incertain, comme les contrats d'assurance, etc. *T. de jurisp.*

ALECTRIDES. s. m. pl. *hist. nat.* Famille des *coqs*; nom générique des oiseaux sylvains devenus domestiques : coqs, poules et autres oiseaux de basse-cour.

ALÉGATE. s. f. Pincette d'émailleur à la lampe, aussi nommée *alicate*. C'est le même outil que d'autres ouvriers nomment *Bruxelles*.

ALEIRON. s. m. Liteau pour hausser les lices du métier à étoffes de soie.

ALÈNE, E. adj. *bot.* Terminé en pointe d'alène.

ALÉNOIS. adj. Cresson *alénois*, à feuilles découpées, et qui se joint aux salades comme fourniture.

ALÉPIDOTE. adj. et s. m. *hist. nat.* Poisson *sans écailles.*

ALÉPINE. s. f. Noix de galle, tirée d'Alep, pour l'usage des teinturiers.

ALÉSAGE. s. m. Action d'aléser un canon.

ALÉSER. v. a. Aléser un canon, le forer au calibre; polir, limer.

ALÉSÉ, E. participe passif.

ALÉSOIR. s. m. Machine servant à aléser.

ALESTER (s'). v. pr. *mar.* Se rendre leste, se préparer pour faire une chose en quittant ce qui pourroit embarrasser ou gêner.

ALESTIR. v. a. *mar.* Rendre un navire léger en le déchargeant, ou en disposant les marchandises convenablement quant au *lest*, au poids.

ALÉSURE. s. f. Métal enlevé du canon par l'alésoir.

ALETTE. s. f. *archit.* Petite aile; côté, parement d'un pied-droit; avant-corps formant niche sur un pied-droit pour le rendre moins massif.

ALEVINIER. s. m. Réservoir où l'on tient de l'alevin pour l'élever.

ALEVRITE. s. m. *bot.* Arbre des îles de la mer du Sud, dont toutes les parties sont blanchâtres et comme saupoudrées de farine.

ALEXIPYRÉTIQUE, adj. et s. m. *Voyez* FÉBRIFUGE au Dictionnaire.

ALGÉBRISER. v. n. Faire de l'algèbre; v. a. Algébriser une question, la réduire en expression algébrique.

ALGIDE. adj. *méd.* Fièvre *algide*, dans laquelle un malade éprouve un froid continu.

ALIBILE. adj. *méd.* Propre à servir d'aliment.

ALICHON. s. m. *hydraul.* Chacun des ais sur lesquels tombe l'eau pour faire tourner une roue de moulin, d'usine, etc.

ALICONDE. s. m. Arbre de Nigritie, de l'écorce duquel on tire du fil.

ALIÉNATAIRE. adj. et subs. A qui l'on a vendu, en faveur de qui on a aliéné.

ALIÉNATEUR. Celui qui aliène; *fém.* Aliénatrice.

ALIMENTATION. s. f. Action d'alimenter.

ALIPÈDE. adj. et s. m. Tout petit mammifère muni d'ailes membraneuses attachées à ses pieds, comme les chauve-souris.

ALKERMÈS. s. m. *pharm.* (*s* se pron.). Préparation dont le suc de kermès est la base.

ALLÉGATEUR. s. m. Celui qui allègue, qui aime à alléguer des faits sans en donner des preuves. *Peu usité.*

ALLÉGIR. v. a. Rendre léger ou moins lourd un corps trop pesant, en le diminuant en tout sens de sa propre matière.

ALLÉGRETTO. *musiq.* (pron. o bref). Marche un peu vive et gaie; air où cette marche est suivie. C'est un diminutif d'*allegro*, mot italien répondant à notre *allègre*.

ALLIACÉ, E. adj. et s. m. Qui tient de la nature de l'ail, où l'on a mêlé de l'ail.

ALLINGUE. s. f. Pieu pour l'assemblage des trains de bois sur les rivières.

ALLITÉRATION. s. f. Usage affecté d'une consonnance de mots, ou répétition de syllabes. *Fig. de rhétor.*

ALLIVREMENT. s. m. Action de livrer au cadastre; ce qu'il contient d'articles, ou de territoire dans chaque article.

ALLOCATION. s. f. Action d'allouer, de passer en compte; article alloué.

ALLONYME. adj. *V.* PSEUDONYME au D.

ALLOTRIOPHAGIE. s. f. *méd.* Goût dépravé pour les substances non alimentaires, comme dans la maladie nommée *Pica.*

ALLUME. s. f. Morceau de bois allumé dont se sert le boulanger pour voir clair dans le four. *T. de mét.*

ALLUMELLE. s. f. Fourneau de charbonnier, où le feu commence à prendre.

ALLUMEUR, EUSE. s. Celui ou celle qui allume, qui a la charge d'allumer les lampes, et surtout au théâtre, dans les rues, etc.

ALOÉTIQUE. adj. *pharm.* Il se dit d'un remède où il entre de l'aloès.

ALOÏDE. s. f. *bot.* Espèce de plante vulnéraire à feuilles d'aloès.

ALOPÉCIE. s. f. *méd.* Maladie qui fait tomber le poil des animaux, les cheveux de l'homme; c'est un équivalent de pelade.

ALOSIER. s. m. Filet à pêcher l'alose.

ALOUATE. s. m. Espèce de singes à museau aliacé, tête élevée en forme de pyramide, et que les voyageurs ont désignés sous le nom de hurleurs.

ALOUCHI. s. m. *hist. nat.* Gomme odoriférante qui distille du cannelier blanc.

ALOUVI, E. adj. Affamé comme un loup. Pop.

ALOYAGE. s. m. Action d'aloyer; métaux mis à l'aloi, mélangés en une certaine proportion.

ALOYER. v. a. Mettre l'or ou l'argent à l'*aloi* légal; mélanger des métaux en une certaine proportion réglée par la loi.

ALPAGA. s. m. Animal à laine, du Pé-

rou; étoffe, cordes, que l'on fait de sa laine.

ALPAGATTES. s. m. pl. Chaussures en cordelettes de laine d'alpaga.

ALPAGNE. s. m. Espèce d'alpaga, plus petit, à laine fine; il approche beaucoup du lhama et de la vigogne.

ALPESTRE. adj. Qui appartient aux Alpes, qui croit ou habite sur les Alpes : animaux alpestres, plantes alpestres.

ALPHONSIN, s. m. ou TIRE-BALLE, instrument de chirurgie d'Alphonse FERRIER.

ALPHONSINES. adj. Tables astronomiques attribuées à Alphonse, roi de Castille.

ALPIN, E. adj. Il se dit des plantes des Alpes, par extension, des hautes montagnes; elles ne viennent naturellement qu'à de grandes hauteurs.

ALPIOU. s. m. Mot italien, *au plus*. terme de jeu. Faire un alpiou, jouer le double du coup précédent.

ALQUIFOUX. s. m. Galène ou sulfure de plomb natif; espèce de mine de plomb sulfureuse servant au vernis des poteries de terre.

ALSTONE. s. m. *bot.* Arbrisseau d'Amérique assez semblable au caféyer, et dont la feuille a une saveur de thé.

ALSTROÉMÉRIE. s. f. *bot.* Plante du Pérou, dont une espèce, dite la *pélégrine*, se cultive dans nos jardins d'agrément pour la beauté de ses fleurs. Elle n'est pas encore commune.

ALTÉRATEUR, TRICE. adj. *phys.* Force altératrice, qui en altère, en change une autre.

ALTÉRATIF, IVE. adj. Qui altère une substance, en change la nature : liqueur altérative. s. m. Employer un altératif.

ALTERNAT. s. m. Droit d'alterner, d'être à son tour au siége d'une administration, d'une assemblée publique.

ALTERNATION. s. f. Changement de place de plusieurs objets entre eux : 1-2-3, 1-3-2, 3-1-2, 3-2-1.

ALTERQUER. v. n. Amener une altercation, la chercher. *Peu usité.*

ALTIÈREMENT. adv. D'une manière altière, d'un ton altier. *Peu usité.*

ALTIMÈTRE. s. m. *géom.* Instrument à mesurer la hauteur des objets au-dessus de l'horizon.

ALTIMÉTRIE. s. f. *géom.* Mesure des hauteurs, l'art de les mesurer.

ALTO. s. m. *musiq.* Violon à son plus grave d'une quinte que celui du violon ordinaire : on l'appelle aussi *quinte*. On croit qu'il doit son nom d'*alto* à ce qu'il a servi de quinte supérieure à la basse de viole.

ALUCITES. s. m. pl. Insectes lépidoptères à longues antennes. Les chenilles de plusieurs espèces rongent les boutons d'arbres et la chèvre-feuille.

ALUMINE. s. f. *chim.* Argile pure, comme base de l'alun.

ALUMINIFÈRE. adj. *chim.* Substance aluminifère, qui contient de l'alumine.

ALUMINITE. s. f. *chim.* Alumine pure.

ALUNAGE. s. m. Action d'aluner; dissolution d'alun où l'on trempe les étoffes pour fixer les couleurs, etc.

ALUNATION. s. f. Formation de l'alun.

ALUNIÈRE. s. f. Lieu où l'on fabrique, où l'on trouve l'alun. *Alunier* désigneroit mieux le fabricant d'alun, et *aluncrie* la fabrique.

ALVÉOLÉ, E. adj. Qui est en forme d'al-véole.

ALVÉOLITHE. s. m. Polypier pierreux à cellules alvéolées.

ALVIN, E. adj. méd. Déjections alvines, provenant du bas-ventre.

AMADOUEMENT. s. m. Action d'ama-douer, ce qui sert à amadouer.

AMADOUERIE. s. f. Lieu où l'on fait l'amadou.

AMADOUEUR, EUSE. adj. et subs. Qui amadoue quelqu'un; qui fait de l'amadou.

AMADOUTIER. s. m. Sorte d'agaric dont on fait l'amadou. Il croît principalement sur le chêne et sur le bouleau.

AMALGAMATION. s. f. chim. Action d'amalgamer, d'unir des métaux ou demi-métaux par le moyen du mercure.

AMARANTHACÉES, ou AMARAN-THOÏDES. s. f. pl. bot. Famille des ama-ranthes, plantes à fleurs presque toujours de couleur vive, luisante, veloutée, et du-rable même après qu'elles sont coupées.

AMARANTHIN, E. adj. et subs. Qui tient de l'amaranthe ou de sa couleur: tulipe, anémone amaranthine, etc. Terme de jardi-nier-fleuriste.

AMARASYNHA. s. m. Vocabulaire sans-crit, livre classique des Indous.

AMARYLLIS. s. f. Espèce de narcisses; tulipe qui lui ressemble; masc. Papillon de jour qui en imite les couleurs.

AMASSETTE. s. f. Petit outil pour amas-ser les couleurs broyées.

AMASSEUR, EUSE. s. Celui ou celle qui amasse, qui aime à amasser. C'est un grand amasseur de liards, de chiffons. Voy. AMASSER au Dictionn.

AMATELOTTEMENT. s. m. mar. Action d'amatelotter. Peu usité.

AMATELOTTER. v. a. mar. Arranger les matelots deux à deux pour se succéder dans le service, en sorte que l'un se repose quand l'autre fait le quart.

AMBALAM. s. m. bot. Grand arbre des Indes, dont le fruit contient une amande qui rend imbéciles ceux qui en mangent.

AMBALARD. s. m. Espèce de brouette dont se servent les papetiers pour transpor-ter leurs pâtes.

AMBARVALES. s. f. pl. Prières des anciens autour des champs pour obtenir une bonne récolte. C'est ce qu'on remplace les rogations, où l'eau bénite a été substituée à l'eau lustrale.

AMBASSADORIAL, E. adj. Relatif à l'am-bassadeur: pompe, fonction, dignité ambas-sadoriale. Style familier et ironique.

AMBIA. s. m. Bitume de l'Inde, ayant l'odeur de la résine tacamaque.

AMBIDEXTÉRITÉ. s. f. Qualité de l'am-bidextre. L'ambidextérité est un grand avan-tage. Voy. AMBIDEXTRE.

AMBIOPE. adj. et subs. Qui voit double.

AMBIOPIE. s. f. État, affection, disposi-tion de l'œil qui fait voir double.

AMBLEUR. adj. et s. m. véner. Cerf dont la trace du pied de derrière dépasse celle du pied de devant.

AMBLYGONE. adj. Voyez au Dictionn. OBTUSANGLE.

AMBLYOPE. adj. et subs. Qui est atteint d'amblyopie, obscurcissement de la vue par la seule foiblesse de l'œil.

AMBOUCHOIR. s. m. Voy. EMBOUCHOIR au Dictionnaire.

AMBOUTIR. v. a. Ambontir une pièce de métal, l'enfoncer d'un côté pour la bom-ber de l'autre.

AMBOUTISSOIR. s. m. Outil d'ouvrier, propre à amboutir.

AMBOUTON. s. m. Herbe de Madagascar, qui noircit les dents quand ou en mâche.

AMBRANLOIRE. s. f. Cheville servant à serrer sur l'avant-train la haie d'une char-rue à tourne-oreille.

AMBRÉ, E. adj. De la couleur de l'ambre, jaune tendre; où il y a de l'ambre, qui en a l'odeur.

AMBRÉADE. s. f. Composition imitant l'ambre jaune.

AMBRESIN, E. adj. et subs. D'ambre: de la poudre ambresine; de l'ambresine.

AMBROSIAQUE. adj. Qui tient de la na-ture de l'ambroisie, ou en répand l'odeur.

AMBROSIEN, NE. adj. Chant, formulaire Ambrosien, établi à Milan par saint Ambroise.

AMBULACRE. s. m. hist. nat. Membrane qui sert au mouvement des zoophytes.

AMBULANCE. s. f. Hôpital qui suit l'ar-mée à la guerre, pour secourir les bles-sés; administration qui le régit, ce qui le compose: l'idée d'une ambulance n'a pu naître que dans un cœur plein d'humanité.

AMÉNAGE. s. m. Action, moyen d'ame-ner des effets en un lieu. On se sert mieux de transport; amenage est plutôt un terme de charretiers autour des forêts.

AMÉNAGEMENT. s. m. Action, art d'a-ménager les bois, les forêts.

AMÉNAGER. v. a. De ménager. Régler les coupes de bois, en faire la distribution sui-vant leur usage, leur qualité, etc., pour en tirer meilleur parti.

AMENDABLE. adj. Qui peut s'amender ou être amendé. Voy. ce mot au Dictionn.

AMENDEMENT. s. m. Proposition faite dans les Chambres du Corps législatif pour amender ou rendre meilleur un projet de loi. Voy. ce mot au Dictionnaire.

AMENTACÉ, E. adj. (On prononce in.) Famille de plantes à fleurs en chaton, avec étamines séparées.

AMET. s. m. mar. Dénaturé en amer. Signe fixe qu'on met à la côte pour indiquer aux navires en mer l'entrée d'un port, d'une rivière, d'une baie.

AMÉTHYSTÉE. s. f. bot. Plante labiée de la Sibérie, cultivée par les fleuristes pour la beauté de ses fleurs.

AMEUBLISSEMENT. s. m. Ameublisse-ment des terres, action de les ameublir, de les rendre moins tenaces. V. ce mot au Dict.

AMEULONNER. v. a. Ameulonner du blé, de la paille, du foin; les mettre en meule.

AMEUTEMENT. s. m. Action d'ameuter les chiens, la populace. Peu usité.

AMFIGOURI. s. m. Voyez au Diction-naire AMPHIGOURI.

AMIANTACÉ, E. adj. et subs. Qui tient de l'amiante, qui y ressemble.

AMIANTOIDE. s. m. minér. Moissure de pierre, minéral formé en aiguilles serrées à la surface de quelques pierres.

AMIDINE. s. f. On a hasardé ce mot pour exprimer la substance propre de l'amidon, et amidique, adj., pour l'acide qu'on en peut

tirer. Cette famille peut au besoin se compléter comme d'autres. En ce cas, amidonner signi-fieroit convertir en amidon; amidonné, qui contient de l'amidon, où l'on en a mis; amidonnerie, s. f., lieu où l'on en fabrique; amidonique, adj., qui a rapport à l'a-midon.

AMIGNARDER, AMIGNOTER. v. a. De complaisance. Fam. et pop.

AMILACÉ, E. adj. Qui est de la nature de l'amidon: substance amilacée. On écrit aussi amylacé, e.

AMINCISSEMENT. s. m. Action d'amin-cir, diminution d'épaisseur.

AMIRANTE. s. m. Titre de l'amiral en Espagne.

AMISSIBLE. adj. Qu'on peut perdre. Amissible, et amissibilité, qualité de ce qui est amissible, sont très-peu usités.

AMMOCHRYSE. s. f. Pierre de mica, coquillage de couleur d'or.

AMMODYTE. s. f. hist. nat. Genre de poissons apodes, ressemblant à l'anguille, et appelé anguille de sable, parce qu'il aime à s'enfoncer dans la vase.

AMMONÉENS, NES. adj. et subs. Ca-ractères sacrés; lettres mystérieuses dont se servoient les prêtres d'Égypte, apparem-ment tirées du temple de Jupiter-Ammon.

AMMONIACAL, E. adj. chim. Qui tient de l'ammoniaque ou en est composé: pré-paration ammoniacale.

AMMONIACÉ, E. adj. chim. Où il y a de l'ammoniaque, qui en contient.

AMMONIAQUE. s. f. chim. Sel ammoniac ou alcali volatil.

AMMONITE. s. f. hist. nat. Coquille pé-trifiée en forme de corne de bélier, aussi nommée corne d'Ammon. Il s'en trouve d'une grosseur prodigieuse.

AMMY. s. m. bot. Cumin, perle d'Éthio-pie, plante stomachique et carminative.

AMNASTOMATIQUE. s. m. méd. Médi-cament qui dilate les vaisseaux sanguins.

AMNÉSIE. s. f. méd. Manque partiel ou total de mémoire.

AMNIQUE. adj. méd. Acide amnique, tiré de l'amnios. Voy. ce mot au Dictionn.

AMNISTIER quelqu'un. v. a. Le faire jouir des avantages de l'amnistie.

AMNISTIÉ, E. part. p. et subs. Les dé-serteurs ont été amnistiés; les amnistiés sont censés coupables. Voy. AMNISTIE au Dict.

AMOLETTES. s. f. pl. mar. Trous pra-tiqués pour passer les barres du cabestan.

AMOME ou AMOMON. s. m. Fruit d'un arbre odoriférant des Indes. On a fait un genre de plantes amomées, de la nature de l'amome. Il entre de l'amome dans le the-riaque.

AMOMI. s. m. Poivre de la Jamaïque.

AMONCELLEMENT. s. m. Action d'a-monceler.

AMORPHE. adj. et subs. hist. nat. Sans forme, qui n'a pas une forme caractérisée, bien distincte: substance, polype amorphe. s. m. bot. Indigo bâtard, genre de légumi-neuses, plante cultivée dans nos jardins, où elle offre un épi violet ponctué de jaune, et des feuilles d'un vert foncé, sur l'espèce ap-pelée amorphe fruticuleux.

AMORTISSABLE. adj. Qui peut s'amortir ou être amorti : vente, dette, pension amortissable.

AMORTISSEMENT. s. m. On appelle *caisse d'amortissement* les fonds destinés à éteindre la dette publique, et dont les intérêts en rachettent chaque année une partie. *Voyez* ce mot au Dictionnaire.

AMPAC. s. m. *bot.* Arbre des Indes, qui fournit une gomme du même nom, dont on se sert comme de colle-forte, et dont les feuilles en décoction donnent un cosmétique.

AMPASTELER. v. a. *Voyez* Empasteler.

AMPELITE. s. f. Pierre noire, composition qui sert à tracer des lignes en noir, et où se trouve de l'argile mêlée de terre siliceuse, de pyrite ou de pétrole.

AMPHI. Mot grec formant beaucoup de composés avec le sens de double, des deux côtés, autour, etc.

AMPHIARTHROSE. s. f. *anat.* Double *articulation* qui dans une direction permet le mouvement, et dans l'autre l'empêche.

AMPHIBIOLITHE. s. m. Animal amphibie pétrifié.

AMPHIBIOLOGIE. s. f. Partie de l'histoire naturelle, ouvrage qui traite des amphibies.

AMPHIBOLE. s. m. *hist. nat.* Minéral *douteux*, ressemblant à d'autres substances, et d'abord nommé *schorl opaque rhomboïdal.*

AMPHICTYONIDE. adj. Se dit de chaque ville grecque qui avoit droit d'*amphictyonie*, c'est-à-dire d'envoyer des députés à l'assemblée des amphictyons, et de prendre part aux délibérations *amphictyoniques. Voy.* au Dictionnaire AMPHICTYONS.

AMPHIGÈNE. adj. et subs. *hist. nat.* Leucite, ou *grenat blanc,* pierre à cristaux divisibles de deux manières.

AMPHIGOURIQUEMENT. adv. D'une manière amphigourique.

AMPHIHEXAÈDRE. adj. *minér.* Cristal à double hexaèdre.

AMPHIMÉRINE. adj. et s. *méd.* Fièvre rémittente *quotidienne.*

AMPHIPTÈRE. *s. m.* Serpent à deux ailes, *t. de blason.*

AMPHISBÈNE. adj. et s. m. *hist. nat.* Serpent qui passe pour marcher également en avant ou en arrière, comme s'il avoit deux têtes.

AMPHISMILE. s. m. *chir.* Instrument à dissection, tranchant des deux côtés.

AMPHITRITE. s. f. Déesse de la mer, et, par extension, la mer. *hist. nat.* Genre de vers marins vivant dans un tuyau sans y être fixés.

AMPHITRYON. s. m. Par allusion à ce personnage de Molière, nous appelons ainsi la personne qui nous traite, nous admet à une partie de plaisir. *Fam.*

AMPLEXICAULE. adj. *bot.* Il se dit de la feuille dont la base embrasse la tige.

AMPLIATEUR. s. m. Celui qui donne, écrit où l'on donne de plus amples développemens sur une matière, une doctrine, etc.

AMPOULETTES. s. f. pl. Deux fioles unies et servant d'horloge marine par le sable qui s'écoule de l'une dans l'autre.

AMPULLAIRE. s. f. *hist. nat.* Genre de coquilles où se trouve comprise l'*idole*, volumineux coquillage du Mississipi, objet de

vénération pour les sauvages qui en habitent les bords.

AMSONIE, s. f. *bot.* Plante apocynée, à fleurs bleues, jasminoïdes et inodores.

AMUNITIONNER une place. v. a. La pourvoir de munitions. Cette place est bien mal amunitionnée.

AMURGUE. s. f. *pharm.* Marc d'olives pressurées ou dépôt de l'huile qui en provient.

AMUSABLE. adj. Capable d'être amusé ; avec négation surtout : cette personne n'est guère amusable. *Fam.*

AMUSEUR, EUSE. s. Celui ou celle qui en amuse d'autres, les détourne ; qui cherche à les tromper. *Peu usité.*

AMYGDALIN, E. adj. Suc, savon amygdalin, tiré des amandes, préparé avec de l'huile d'amandes : substance amygdaline.

AMYGDALITE. s. f. Inflammation, enflure des amygdales.

AMYGDALOÏDE. s. f. Pierre en forme d'amande.

AMYLACÉ, E. adj. *Voy.* AMILACÉ, E.

AMYNTIQUE. adj. *méd.* Il s'est dit d'un emplâtre fortifiant, et a vieilli.

ANA. Mot grec formant beaucoup de composés, où il marque redoublement, force, augmentation, ascension.

ANABAPTISME (*p* nul). Système religieux des *anabaptistes,* qui pensent que l'enfant qui a reçu le baptême doit être rebaptisé en âge de raison.

ANABLEPE. s. m. *hist. nat.* Genre de poissons, espèce de cobite ayant deux prunelles à chaque œil.

ANACALYPE ou ANACALIFE. s. m. *hist. nat.* Insecte polypède qui se trouve à Madagascar, sous l'écorce de vieux arbres, et dont la piqûre passe pour être fort dangereuse.

ANACAMPTIQUE. adj. Qui réfléchit la lumière, les sons ; ou lumière et sons réfléchis : une glace, un écho et les sons qu'il renvoie sont anacamptiques. T. de *phys.*

ANACANDAIA. s. m. Gros serpent de Surinam, qui attaque jusqu'au tigre.

ANACARDIER. s. m. Le bibo des Indes, gros arbre qui produit l'anacarde, fruit en forme de cœur.

ANACLASTIQUE. adj. *optiq.* Point anaclastique, où se réfracte un rayon de lumière. *Voy.* DIOPTRIQUE au Dictionnaire.

ANACOLLUPA. s. f. *bot.* Plante des Indes, bonne contre l'épilepsie et la morsure des vipères.

ANACOMPTIS. s. m. *bot.* (*s* final se prononce.) Arbre de Madagascar, dont le fruit est laiteux, et fait cailler le lait.

ANACONDO. s. m. Énorme serpent de l'île de Ceylan.

ANAGIRIS. s. m. *bot. Voy.* ANAGYRIS au Dictionnaire.

ANAGOGIE. s. f. Élan de l'âme vers les choses célestes.

ANALEPSIE. s. f. *méd.* Rétablissement des forces après une maladie.

ANAMNÈSE. s. f. *méd.* Rétablissement de la mémoire.

ANAMNESTIQUE. adj. *méd.* Propre à rendre, à rétablir la mémoire.

ANAMORPHIQUE. adj. *minér.* Cristal anamorphique, où le noyau paroît *renversé.*

ANAPHRODITE. adj. Peu propre à la génération.

ANAPLÉROTIQUE. adj. *méd.* Propre à faire reproduire les chairs : médicamens anaplérotiques.

ANARRHIQUE. s. m. *hist. nat.* Genre de poissons apodes, nageant par ondulations comme les anguilles.

ANASTASE. s. f. *méd.* Déplacement des humeurs nuisibles.

ANASTOMOTIQUE. adj. et subs. *méd.* Remède contre l'engorgement ou la rupture des veines.

ANATHÉMATIQUE. adj. Qui porte, qui prononce anathème contre quelqu'un. Canon, bulle, condamnation *anathématique.*

ANATINE. s. f. Démarche *imitant celle du canard.* Inusité.

ANATOCISME. s. m. *commerce.* Contrat usuraire où les intérêts sont convertis en capital portant aussi intérêt.

ANATRIPSOLOGIE. s. f. *méd.* Traité des frictions.

ANATROPE. s. f. *méd.* Vomissement avec nausées.

ANAUDIE. s. f. *méd.* Défaut, extinction de voix.

ANCHAUX. s. m. Vase à détremper la chaux.

ANCHER un instrument. v. a. Le garnir de son anche.

ANCHIFLURE. s. f. *tonnell.* Trou de ver à une douve sous un cerceau.

ANCIPITÉ, E. adj. Feuille à *bords tranchans.* On dit aussi *anceps.*

ANCONÉ, E. adj. *anat.* Muscle du coude.

ANCRURE. s. f. Pli fait à une étoffe en la tondant.

ANCYLOMÈLE. s. f. *chir.* Sonde courbe.

ANCYROÏDE. adj. *anat.* Qui a une forme crochue.

ANDANTINO. adv. Mot italien. (On pron. *i* long, *a* bref.) Allure moins lente que celle de l'andante. *Musiq.*

ANDARINI. s. m. Mot italien. Pâte de vermicelle mise en petits grains.

ANDE. s. f. Mot employé comme nom générique des montagnes de moyenne hauteur.

ANDERS. s. m. pl. Dartre laiteuse des veaux.

ANDRÉE. s. f. Plante de la famille des mousses, où elle forme un genre.

ANDRENETTES. s. f. pl. Famille d'insectes hyménoptères porte-aiguillon, composée d'abeilles vivant isolément.

ANDRIENNE. s. f. Robe de femme, traînante et à paremens, imitée du costume du personnage de l'une dans Térence.

ANDROCÉPHALOÏDE. s. f. *hist. nat.* Pierre qui a la forme d'une tête humaine.

ANDROGYNE. adj. et s. *hist. nat.* Plante à fleurs mâles et à fleurs femelles sur le même réceptacle. *Voy.* ce mot au Dictionnaire.

ANDROÏDE. s. m. Automate de forme humaine, mu par ressort.

ANDROMANIE. s. f. *V.* NYMPHOMANIE.

ANDROTOMIE. s. f. *anat.* Dissection du corps humain.

ANECDOTIQUE. adj. Qui a rapport aux anecdotes ou en contient : fait, recueil anecdotique.

ANÉLECTRIQUE. adj. Qui ne peut être

électrisé que par le contact, comme l'eau et toutes les substances humides. C'est l'opposé d'*idioélectrique*.

ANÉMOCORDE. s. m. Clavecin à *vent*, qu'on dit imiter tous les sons.

ANÉMOMÉTRIE. s. f. Art de mesurer les vents. *Peu usité.*

ANÉMOMÉTROGRAPHE. s. m. Anémomètre d'une pendule, traçant les variations du vent au moyen d'un crayon qu'elle fait mouvoir.

ANÉMOSCOPE. s. m. *V.* Anémomètre au Dict.

ANÉPIGRAPHE. adj. *Sans écrit*, soit titre ou inscription : livre, monument *anépigraphe*.

ANESTHÉSIE. s. f. *méd.* Paralysie qui prive du sentiment, spécialement du tact.

ANET ou ANETH. s. m. *bot.* Genre d'ombellifères, plante calmante.

ANÉTIQUE. adj. et s. m. *méd.* Qui a les propriétés de l'anet, calmant : remède anétique, employer les anétiques.

ANÉVRISMAL, E. adj. Relatif à l'anévrisme : sac anévrismal.

ANÉVROSE. s. m. *méd.* *Voy.* Anévrisme au Diction.

ANGARIE. s. f. Gêne imposée à un navire de charger pour le gouvernement. Aujourd'hui on met l'embargo sur les navires, et on les nolise.

ANGARIER un navire, v. a. Le soumettre à l'angarie. Ce verbe est moins usité que le nom, souvent remplacé lui-même par d'autres termes.

ANGÉIOGRAPHIE. s. f. *Description des poids, mesures, vases et instrumens* d'agriculture. Peu usité, ainsi que d'autres composés de cet *angéio*, d'ailleurs très-mal sonnans.

ANGELIN. s. m. *bot.* Arbre du Brésil, à bois noir, fruit amer.

ANGINEUX, EUSE. adj. *méd.* Qui a rapport à l'angine, qui en a le caractère.

ANGIOGRAPHIE. s. f. *anat.* Description des veines.

ANGIOSCOPE. s. m. *anat.* Instrument propre à examiner les vaisseaux capillaires.

ANGIOSPERMIE. s. f. *bot.* Ordre de plantes dont la semence est formée dans une capsule différente du calice.

ANGIOTÉNIQUE. adj. *méd.* (Fièvre) qui *tend* les *vaisseaux* sanguins et élève le pouls.

ANGLOISER. v. a. Angloiser un cheval, lui couper la queue à l'angloise.

ANGLICANISME. s. m. Religion de l'état en Angleterre.

ANGLOIR. s. m. Instrument à prendre toute sorte d'angles.

ANGLOMANE. s. m. et f. Quiconque est atteint d'*anglomanie*, de la manie d'admirer ou d'imiter les Anglois.

ANGORA et non ANGOLA. s. m. Espèce de chats, de lapins, à belle soie, et venus d'*Angora*, ville de l'Anatolie, dans l'Asie mineure, Turquie asiatique.

ANGOURIE. s. f. *bot.* Mieux *Anguria*. Espèce de petits concombres qui se mangent confits.

ANGREC. s. m. *bot.* Genre de plantes orchidées, dont une espèce est la vanille.

ANGROIS. s. m. Petit coin pour assurer un manche d'outil.

SUPPLÉMENT. 1re PARTIE.

ANGUICHURE. s. f. Baudrier où se suspend le cor de chasse.

ANGUILLERS. s. m. pl. *mar.* Canaux conduisant à la pompe les eaux de la cale.

ANGUILLIÈRE. s. f. Vivier d'anguilles ; piége tendu pour en prendre.

ANGUILLIFORME. adj. Qui a la forme ou le mouvement d'une anguille.

ANGUIMANE. adj. (*gui* dipht.) Pourvu d'une main qui se meut comme le serpent. L'éléphant est anguimane.

ANGUINAIRE. s. f. (*gui* dipht.) *hist. nat.* Polypier des mers d'Europe.

ANGUIS. s. m. (*gui* dipht.) *hist. nat.* Genre de serpens à écailles de poisson.

ANGULAIREMENT. adv. En forme d'angle.

ANGULÉ, E. adj. *bot.* Partie des plantes offrant un certain nombre d'angles : triangulé, quadrangulé, etc. Angulé est le genre.

ANGULEUX, EUSE. adj. Partie des plantes à plusieurs angles, en forme d'angle ou approchant. *Voy.* ce mot au Dictionnaire.

ANGUSTURE. s. f. *pharm.* Écorce d'un arbre de l'Amérique septentrionale qui participe des propriétés du quinquina.

ANHÉLATION. s. f. *méd.* Difficulté de respirer qui rend l'haleine courte.

ANHÉLEUX, EUSE. adj. *méd.* Sujet à l'anhélation, ou qui en est l'effet. Malade anhéleux, respiration anhéleuse.

ANIBE. s. m. *bot.* Arbre de la Guyane dont on fait des pirogues d'une seule pièce.

ANICILLON. s. m. *bot.* Poivre d'Amérique, feuille et fruit à odeur d'anis.

ANIL. s. m. *bot.* *V.* Indigo au Dict.

ANILLÉE. adj. *bot.* Plante munie d'anilles ou filets, vrilles, comme la vigne, les pois, etc.

ANIMALISATION. s. f. Action d'animaliser ou de s'animaliser.

ANIMALISER. v. a. Convertir les alimens en substance animale. S'animaliser, v. pr. se convertir en substance animale, ou même s'organiser en animal vivant. Il n'est pas prouvé que des substances inanimées ne puissent pas s'animaliser.

ANIMALISTE. s. m. Celui de ceux qui prétendent que l'embryon est déjà vivant dans la semence du mâle.

ANIMALITÉ. s. f. État d'animal, ce qui le constitue.

ANIMATEUR. adj. Qui donne la vie. Un souffle, un principe animateur. Nouveau, mais plus précis que Vivifiant.

ANIMELLES. s. f. pl. Mets de parties détachées d'une pièce principale : abatis, fraise, foie, etc.

ANIMISTE. s. m. Celui qui est du système que l'âme est le principe du mouvement.

ANIMOCORDE. s. m. Sorte d'instrument à cordes et à vent. Il est inconnu dans les orchestres comme dans les concerts.

ANISODACTYLES. adj. et s. m. pl. Ordre d'oiseaux sylvains, à *doigts inégaux*, deux ou trois devant et un derrière.

ANISOTOME. adj. *bot. A divisions inégales* dans le calice ou la corolle.

ANNELÉ. adj. *bot.* Tige annelée, ayant un anneau ou collet. — s. m. Serpent à anneaux noirs.

ANNELIDE. s. m. *bot.* Animal sans vertèbres,

mu par anneaux. Les annelides forment une classe en histoire naturelle.

ANNONCEUR. s. m. Celui qui annonce une pièce, une nouvelle. Mot *fam.*

ANNOTINE. adj. f. Pâque annotine, la Pâque de l'année présente ; Pâque anniversaire. *Terme de litt.*

ANNUAIRE. adj. Coutume annuaire, qui continue d'année en année. s. m. Détail donné pour toute l'année de ce qui intéresse une profession ; par ext., une ville, une province, etc. Annuaire du cultivateur. Annuaire d'un département.

ANNUALITÉ. s. f. Qualité de ce qui est annuel : l'annualité des fonctions publiques est un signe de démocratie.

ANNULABLE. adj. Qui peut ou doit être annulé. *fam.*

ANNULATIF, IVE. adj. *t. de droit.* Sentence *annulative*, qui annule.

ANNULÉ, E. adj. *bot.* Employé pour *annelé*, qui vaut mieux.

ANNULEMENT. s. m. *mar.* Signal en mer pour annuler le précédent.

ANODONT. s. m. *hist. nat.* Serpent qu'on croit *privé de dents*.

ANODONTE. s. f. Coquille bivalve, fluviatile.

ANODONTITES. s. m. pl. Mollusques à charnière sans dentelure, et acéphales.

ANODYNIE. s. f. *méd.* Absence de douleur.

ANOLING. s. m. *bot.* Arbre des Philippines, à écorce savonneuse.

ANOLIS. s. m. *hist. nat.* Lézard des Antilles, en même temps très-vif et très-privé.

ANOMALIPÈDE. adj. *hist. nat. A pieds irréguliers.* Il se dit des oiseaux dont le doigt intermédiaire est uni à l'interne par une seule phalange, et à l'externe par trois.

ANOMIDES. adj. et s. m. pl. Famille d'insectes orthoptères, à corps très-allongé ; ce qui les rend *difformes*, comme le signifie leur nom.

ANONNEMENT. s. m. Action d'anonner, de lire en hésitant ; ou de mettre bas, en parlant de l'ânesse.

ANONNER. v. n. Mettre au jour un ânon. *Voy.* ce mot au Dict.

ANONYMEMENT. adv. En gardant l'anonyme.

ANORDIE. s. f. *mar.* Souffle du vent du Nord, tempête qu'il produit.

ANORDIR, v. n. ou S'ANORDIR. v. pron. *mar.* Tourner au Nord, vers le Nord, en parlant du vent.

ANOREXIE. s. f. *méd.* Perte de l'appétit, aversion pour les alimens qui en est la suite.

ANOSMIE. s. f. *méd.* Perte de l'odorat.

ANOURE. adj. *hist. nat.* Sans queue.

ANRAMATIQUE. s. f. *bot. Voyez* Népenthe.

ANSER. v. a. Munir d'une anse un panier, une cloche, etc. *T. de métiers.*

ANSÈRES. s. f. pl. *hist. nat.* Famille des oies, dans l'histoire naturelle.

ANSERINETTE. s. f. Petite oie. *fam.* et peu usité.

ANSETTE. s. f. Petite anse ; anneau où passe le ruban d'une croix d'Ordre.

ANSIÈRE. s. f. Filet à tendre dans les anses, les bas-fonds. *T. de pêche.*

ANTA, ANTÉ, ANTO, etc., entrent dans

beaucoup de composés du grec *anti*, *contre*, *opposé*, etc., qui souvent perd l'*i* devant les voyelles des mots grecs, et doit le garder devant celles des mots françois: anti-acide, etc. Quelques mots offrent le latin *ante* ou *anti*, *avant*, *devant* : antécédent, antichambre, anticiper, antidater, antépénultième, etc.

ANTAGONISME. s. m. Qualité, acte, action d'antagoniste. Action de deux muscles agissant en sens opposé.

ANTALGIQUE. adj. et s. m. Contre la douleur ; calmant la douleur. Remède antalgique. Employer les antalgiques.

ANTAMBA. s. m. *hist. nat.* Animal de Madagascar, de la taille d'un chien, avec une grosse tête, et approchant du léopard.

ANTANAGOGE. s. f. *rhét.* Figure par laquelle on tourne contre son adversaire un moyen qu'il emploie. C'est proprement la *retorque.*

ANTANAIRE. adj. Oiseau qui a gardé le plumage d'*antan*, de l'année précédente. Faucon qui n'a pas encore mué.

ANTANIER, E. adj. Oiseau d'antan, de l'année précédente. Ce n'est qu'un terme de fauconnerie.

ANTANOIS, ou ANTENOIS. Agneaux et autres animaux domestiques d'antan, âgés d'un an.

ANTE. s. f. avance en bois aux ailes d'un moulin à vent, au pinceau. s. m. Pilier dépassant en partie le nu du mur.

ANTÉCÉDEMMENT à une chose. adv. Se dit de ce qui précède la chose, au lieu d'en être la conséquence ou la suite.

ANTÉCÉDENCE. s. f. *astron.* Marche apparente d'une planète vers un signe précédent, au lieu de s'approcher du suivant.

ANTÉCIENS ou ANTÆCIENS. adj. et s. *géogr.* Peuples Antéciens, placés à la même latitude septentrionale ou méridionale, mais à 180 degrés de distance quant au méridien ; en sorte que l'un a midi quand l'autre a minuit, quoiqu'ils soient du même côté de l'équateur.

ANTÉDILUVIEN, NE. adj. On dit la philosophie antédiluvienne. Pourquoi ne ne s'appliqueroit-il pas à tout ce qui a existé *avant* le *déluge* : hommes, animaux, etc. ?

ANTENNISTE ou mieux ANTENNÉ, E. adj. *hist. nat.* Insecte pourvu d'antennes.

ANTENNULLE. s. f. *hist. nat.* Petite antenne d'insectes, aussi appelée *palpe.*

ANTENOIS ou ANTANOIS. s. m. Agneau, veau âgé d'un an révolu.

ANTENOLLE. s. f. *mar.* Petite antenne, voile de gros temps.

ANTÉOCCUPATION. s. f. *rhét.* Terme mieux nommée *Anticipation. V.* ce mot au D.

ANTERNONS. s. m. pl. Chaussées pratiquées à travers les marais salans.

ANTESTATURE. s. f. *art milit.* Petit retranchement en sacs de terre et palissade.

ANTHELMINTIQUE. adj. *méd.* Remède contre les vers. *Voy.* VERMIFUGE au Dict.

ANTHÈRE. s. f. *bot.* Petite capsule contenant le pollen de l'étamine, et qui s'ouvre à propos pour le répandre. Les anthères qui se trouvent au cœur de la rose sont jaunes.

ANTHÉRIFORME. adj. Fait en forme d'anthère.

ANTHÉRINE. s. f. *hist. nat.* Poisson rayé d'une ligne argentée.

ANTHÈSE. s. f. *bot.* Temps où s'achève la floraison d'une plante, par l'émission du pollen.

ANTHOGRAPHIE. s. f. Art d'exprimer la pensée par des fleurs.

ANTHOLITHE. s. f. Espèce de blé pétrifié ; c'est le phalaris.

ANTHOLOGUE. s. m. Auteur d'une anthologie.

ANTHOPHAGES. adj. *hist. nat.* Rongefleurs. Caractère de divers insectes, et nom distinctif d'un genre.

ANTHOPHILE. adj. *hist. nat.* Ami des fleurs. Épithète donnée aux abeilles.

ANTHORE ou ANTHORA. s. m. *bot.* Aconit dit *salutaire*, passant pour le contrepoison des autres.

ANTHRACIENS. s. m. pl. Famille d'insectes lépidoptères.

ANTHRACITE. s. m. Minéral, *houille sèche*, difficile à brûler, ce qu'on attribue à un excès d'azote. *hist. nat.*

ANTHRACONISTRE. s. m. *chim.* Espèce de carbonimètre, servant à évaluer l'acide carbonique de l'atmosphère.

ANTHRACOCE. s. m. *méd.* Ulcère dans les os.

ANTHRACOSE. s. m. *méd.* Espèce d'anthrax à l'œil. *Voy.* ANTHRAX au Dict.

ANTHRÈNE. s. f. *hist. nat.* Genre de coléoptères clavicornes ; joli petit insecte.

ANTHRIBES. s. m. pl. Genre de coléoptères rhinchophores ou *porte-bec.*

ANTHROPOFORME. adj. s. Il se dit des animaux approchant de la figure humaine. *Voy.* ci-dessous ANTHROPOMORPHE, qui vaut mieux.

ANTHROPOGÉNIE. s. f. *anat.* Étude, connoissance de la génération de l'homme.

ANTHROPOGLYPHITE. s. f. Pierre offrant la coupe naturelle de quelque partie du corps humain.

ANTHROPOGRAPHE. s. m. *anat.* Auteur d'une *anthropographie* ou description du corps humain.

ANTHROPOLITHE. s. f. Partie du corps humain *pétrifiée.*

ANTHROPOMÉTRIE. s. f. Science, traité des proportions du corps humain.

ANTHROPOMORPHE. adj. À forme humaine. Il se dit aussi des animaux qui ressemblent à l'homme par quelque partie du corps seulement.

ANTHROPOPATHIE. s. f. *philos.* Passion ou affection humaine prêtée à la divinité. Écrit où on la représente comme faisant des promesses ou des menaces, animée par la vengeance et la fureur.

ANTHROPOPHAGIE. s. f. Habitude, passion de l'anthropophage.

ANTHROPOSOMATOLOGIE. s. f. *Voy.* ci-dessus ANTHROPOGRAPHIE.

ANTHROPOSOPHIE. s. f. Connoissance, étude de la nature de l'homme.

ANTHROPOTOMIE. s. f. *anat. Voy.* ci-dessus ANDROTOMIE.

ANTHYPNOTIQUE. adj. et s. Un remède anthypnotique, un anthypnotique, propre à tirer d'un assoupissement profond.

ANTHYPOPHORE. s. f. *rhét.* Figure qui consiste à faire une objection pour la réfuter.

ANTI-ACIDE. adj. et s. m. Qui combat les acides ; ce que font, par ex., les alcalis.

ANTI-APHRODISIAQUE. adj. et s. m. *méd.* Remède qui affoiblit ou éteint l'amour physique.

ANTI-APOPLECTIQUE. adj. et s. m. *méd.* Remède contre l'*apoplexie.*

ANTIARE. s. m. *bot.* Arbre urticé de l'île de Java, dont le suc est un violent poison.

ANTI-ARTHRITIQUE. adj. et s. m. *méd.* Le médecin nomme ainsi le remède que les autres appellent anti-goutteux.

ANTI-ASTHMATIQUE. adj. et s. m. *méd.* Remède *contre* l'asthme.

ANTI-BRACHIAL. E. adj. *anat.* (se pron. ki.) Nom du nerf de l'*avant-bras.*

ANTI-CACHECTIQUE. adj. et s. m. *méd.* Remède contre la *cachexie.*

ANTI-CACOCHIMIQUE. adj. et s. m. *méd.* Remède contre la *cacochimie.*

ANTI-CAUSODIQUE. adj. et s. m. *méd.* Remède contre le *causus* : c'est une espèce de fébrifuge.

ANTICHRÈSE. s. f. Délégation d'un revenu pour les intérêts d'un emprunt. Garantie donnée par antichrèse. T. *de droit.*

ANTI-CHRÉTIEN. adj. et s. m. Adversaire, ennemi des chrétiens, de la religion ou de la morale chrétienne.

ANTI-CHRISTIANISME. s. m. Parti, haine, système poursuivi contre le christianisme.

ANTI-CONSTITUTIONNAIRE. adj. et s. m. Opposé à la bulle ou constitution *unigenitus* contre les jansénistes.

ANTI-CONSTITUTIONNEL. adj. et s. m. Opposé à la constitution du pays; en France, à la Charte. Il se dit mieux des personnes, et se prête à marquer un esprit d'opposition, de parti, de *faction.* Il ne convient aux choses qu'autant qu'elles révèlent l'intention de fronder la Charte, de l'altérer ou de l'abattre : discours, écrits, cabales, intrigues, etc.

ANTI-CONSTITUTIONNELLEMENT. adv. D'une manière anti-constitutionnelle.

ANTI-CONVULSIONNAIRE. adj. et s. m. Opposé à l'opinion des convulsionnaires au dix-huitième siècle.

ANTI-CRÉPUSCULE. s. m. Lumière qui se manifeste du côté opposé au crépuscule réel.

ANTIDESME. s. m. *bot.* Genre de plantes exotiques, dont la feuille passe pour un remède contre le venin.

ANTI-DINIQUE. adj. et s. m. *méd.* Remède contre les vertiges. Inusité, quoique aucun autre ne m'exprime cette idée.

ANTI-DOTAIRE. s. m. Ouvrage indiquant les meilleurs antidotes, et par ext., les meilleurs remèdes, ceux des plus grands médecins.

ANTI-DYSSENTÉRIQUE. adj. et s. m. *méd.* Remède contre la dyssenterie.

ANTI-ÉMÉTIQUE. adj. et s. m. *méd.* Remède contre les vomissements.

ANTI-ÉPILEPTIQUE. adj. et s. m. *méd.* Contre l'épilepsie. Un remède anti-épileptique, un anti-épileptique.

ANTI-ÉTIQUE ou HECTIQUE. adj. et s. m. *méd.* Contre l'étisie ; remède...

ANTI-FARCINEUX, EUSE. adj. et s. m. *art vétér.* Remède contre le farcin.

ANTI-FÉBRILE. adj. et s. m. *méd.* Contre la fièvre. Il est plus propre à désigner un préservatif ; et fébrifuge, un remède.

ANTI-GALACTIQUE. adj. et s. m. *méd.* *Voy.* ci-après **ANTI-LAITEUX.**

ANTI-GLAUCOME. s. m. *méd.* Enflure douloureuse au cristallin de l'œil.

ANTIGORIUM. s. m. Émail grossier dont on recouvre la faïence. (*um* se pron. *oma* bref.)

ANTI-GOUTTEUX. adj. et s. m. *méd.* Mot vulgaire des remèdes contre la goutte. *Voy.* ci-dessus **ANTI-ARTHRITIQUE.**

ANTI-HÉMORRHOÏDAL, E. adj. et s. m. *méd.* Remède contre les hémorrhoïdes.

ANTI-HERPÉTIQUE. adj. et s. m. *méd.* Remède contre l'espèce de dartre appelée *herpe;* par ext., contre les dartres. *méd.* Le nom vulgaire est *anti-dartreux.*

ANTI-HYDROPHOBIQUE. adj. et s. m. *méd.* Remède contre la rage, ou l'hydrophobie, qui en est le symptôme précurseur. On dit aussi *antilysse,* plus usité entre médecins, et même *antilyssique.*

ANTI-HYDROPIQUE. adj. et s. m. *méd.* Remède contre l'hydropisie.

ANTI-HYPOCONDRIAQUE. adj. et s. m. *méd.* Remède contre l'hypocondrie.

ANTI-HYSTÉRIQUE. adj. et s. m. *méd.* Remède contre l'hystérie, maladie de la matrice.

ANTI-ICTÉRIQUE. adj. et s. m. *méd.* Remède contre la jaunisse.

ANTI-LAITEUX, SE. adj. et s. m. *méd.* Remède contre les maladies laiteuses, occasionées par le lait chez les femmes. On dit aussi *lactifuge,* propre à chasser un lait répandu.

ANTI-MÉLANCOLIQUE. adj. et s. m. *méd.* Remède contre la mélancolie.

ANTI-MÉPHITIQUE. adj. et s. m. *méd.* Remède contre le méphitisme, infection de l'air.

ANTIMOINÉ, E. adj. *chim.* Où il y a, où l'on a mis une portion d'antimoine, sulfure susceptible de divers états. On dit aussi antimonié, qui seroit plus en analogie avec antimonial.

ANTI-MONARCHIQUE. adj. et s. m. Personne, esprit, opinion, parti anti-monarchique, opposé à la monarchie.

ANTIMONIAL, E. adj. *chim.* Préparations antimoniales, où l'antimoine est la matière principale.

ANTIMONIEUX, EUSE. *chim.* Préparation antimonieuse, chargée, saturée d'antimoine.

ANTI-MORVEUX, ÉUSE. adj. et s. m. *art vétér.* Remède contre la morve, maladie des chevaux.

ANTI-NATIONAL, E. adj. Opposé aux vœux, aux intérêts, aux goûts, etc., de la nation.

ANTI-NÉPHRÉTIQUE. adj. et s. m. *méd.* Remède contre la colique néphrétique.

ANTI-ORGASTIQUE. adj. et s. m. *méd.* Remède contre l'effervescence des humeurs.

ANTI-PARALYTIQUE. adj. et s. m. *méd.* Remède contre la paralysie.

ANTI-PARASTASE. s. f. *rhét.* Figure où l'accusé cherche à prouver qu'il y auroit pour lui plus d'éloge que de blâme à avoir fait ce qu'on lui impute.

ANTI-PHARMAQUE. adj. *méd.* Employé comme contre-poison : remèdes anti-pharmaques.

ANTI-PHILOSOPHE,—PHILOSOPHIE,

— PHILOSOPHIQUE, — PHILOSOPHISME, —PHILOSOPHISTE. Opposé, contraire à, ennemi de... *Voy.* la valeur de ces mots.

ANTI-PHLOGISTIQUE, adj. et s. m. *méd.* Remède contre l'inflammation du sang ou son effervescence.

ANTIPHONIE. s. f. *musiq.* Symphonie à sons opposés, différant entre eux d'une octave ou même de deux. *Voy.* dans le Dict, son opposé **HOMOPHONIE.**

ANTI-PHTHISIQUE. adj. et s. m. *méd.* Remède contre la phthisie.

ANTI-PHYSIQUE. adj. (Crime.) Contre nature. adj. et s. m. Remède contre les vents, mieux appelé *carminatif.*

ANTI-PLEURÉTIQUE. adj. et s. m. *méd.* Remède contre la pleurésie.

ANTI-PODAGRIQUE. adj. Remède contre la goutte aux pieds. Il a moins d'étendue qu'anti-goutteux, appliqué à la goutte en général, quelque partie qu'elle ait attaquée.

ANTIPODAL, E. adj. Placé aux antipodes. Méridien antipodal.

ANTI-PSORIQUE. (Fébrifuge.) ANTI-PUTRIDE, ANTI-PYIQUE, ANTI-PYRÉTIQUE, et mieux ANTI-PYROTIQUE, ANTI-RACHITIQUE, adj. et s. m. *méd.* Remède contre la gale, la putridité, la suppuration, la fièvre, la brûlure, le rachitisme.

ANTIRRHÉTIQUE. adj. Ouvrage consacré à la réfutation d'un autre. *Litt. anc.*

ANTISCIENS. s. m. pl. *géog.* Ce mot a la même valeur qu'*Antéciens,* et signifie aussi *habitants opposés;* mais il s'applique aux peuples situés sous le même méridien, et au même degré de latitude, sans être du même côté de l'équateur ; au lieu que les *Antéciens* sont à la même latitude et sous le même parallèle sans être sous le même méridien: deux choses que plusieurs Dictionnaires ont confondues. *Voy.* ci-dessus **ANTÉCIENS.** *Voy.* **ANTISCIENS** au Dict.

ANTI-SCROFULEUX , **ANTI-SIPHILITIQUE.** adj. et s. m. *méd.* Remède contre les scrofules ou écrouelles, contre la siphilis. Anti-siphilitique a remplacé dans la science anti-vénérien.

ANTI-SOCIAL, E. adj. Opposé, contraire, nuisible à la société; propre à la troubler ou à la dissorde. Il se dit spécialement des choses. Écrit anti-social, morale anti-sociale.

ANTISOPHISTE. s. m. Ennemi déclaré des sophistes, du sophisme.

ANTI-SPASE. s. f. *méd.* Révulsion des humeurs qui ont repris leur cours naturel. Il y a aussi des remèdes anti-spastiques, propres à rétablir ce cours, et nommés en outre *révulsifs,* ou même *dérivans* ou *dérivatifs.*

ANTI-SPASMODIQUE. adj. et s. m. *méd.* Remède contre les spasmes ou convulsions.

ANTI-TÉTANIQUE. adj. et s. m. *méd.* Remède contre le tétanos.

ANTI-THERMOPSICRE. s. m. Instrument à trois tubes, pour connoître l'effet de l'action simultanée du chaud et du froid sur le mercure.

ANTITHÉTIQUE. adj. (Phrase, période, style.) Qui contient une antithèse, des antithèses, beaucoup d'antithèses.

ANTI-TRINITAIRES. adj. et s. m. Sectaires qui ne nient la Trinité, c'est-à-dire qu'il y eût trois personnes en Dieu.

ANTI-VERMICULAIRE. *Voyez* **ANTI-**

VERMINEUX dans le Dict., ou **VERMIFUGE.**

ANTI-VÉROLIQUE, ensuite ANTI-VARIOLIQUE. *méd.* Contre la pet.-vérole. *Inus.*

ANTIZYMIQUE. adj. *méd.* Qui s'oppose à la fermentation. *Peu usité.*

ANTODONTALGIQUE. adj. et s. m. *méd.* Remède contre les maux de dents.

ANTOFLE. s. m. *commerce.* Clou de gérofle resté sur l'arbre, et devenu beaucoup plus gros.

ANTOECIENS. s. m. pl. *Voy.* ci-dessus **ANTÉCIENS.**

ANTONYMIE. s. f. *rhét.* Réunion de mots opposés, contradictoires, Le doux Néron; Le pieux Jules II. Ce n'est qu'une espèce d'ironie.

ANNUER. v. a. *vénér.* Bien prendre son temps pour tirer au vol une pièce de gibier.

AORTIQUE. adj. Qui tient ou appartient à l'artère aorte; valvules aortiques.

APAGOGIE. s. f. Conclusion en faveur d'une proposition, tirée de l'absurdité de la proposition contraire.

APALYTRES. s. m. pl. *hist. nat.* Famille d'insectes coléoptères à élytres molles. *Voy.* **MOLLIPENNES.**

APARÉA ou **APÉRÉA.** s. m. *hist. nat.* Quadrupède rongeur du Brésil, qui paroît être le cochon d'Inde resté à l'état sauvage.

APATHITE. s. f. *chim.* Phosphate de chaux cristallisé, transparent comme une pierre fine.

APATITE. s. f. *chim.* Phosphate de chaux cristallisé, transparent comme une pierre fine.

APEPSIE. s. f. *méd.* Maladie de l'estomac, qui l'empêche de digérer assez bien les alimens pour former un bon chyle. Il y aura donc aussi des remèdes *apepsiques.*

APERCEPTIBILITÉ. s. f. *terme didact.* Qualité de ce qui est apercevable, ou plutôt *perceptible.*

APERCEPTION. s. f. Action, faculté d'apercevoir ce qui est en nous, et de distinguer l'être sentant de la chose sentie. *Didact.*

APERCHER. v. a. *vénér.*, un oiseau, le suivre de l'œil jusqu'à l'endroit où il se perche pour la nuit. — **ARRACHÉ,** E.

APERÇOIR. s. m. Plaque de la meule des épingliers. Elle est en tôle ou en fer-blanc, et attachée de chaque côté du billot.

APÉRIANTHACÉ, E. adj. *bot.* Sans *périanthe* ou *calice.* Famille de plantes tenant des fougères et des mousses.

APÉRITOIRE. s. f. Plaque du tour des épingliers, pour aiguiser les fils de fer et faire la pointe.

APHIDIENS. s. m. pl. *hist. nat.* Famille d'insectes hémiptères, mous, petits, et qui s'attachent aux végétaux.

APHIDIVORES. s. m. pl. *hist. nat.* Insectes vivant de pucerons.

APHITÉE. s. f. *bot.* Plante parasite, sans tige et même sans *feuilles,* où la fleur naît de la racine.

APHORISTIQUE. adj. Proposition, sentence qui renferme un aphorisme, ou tient de l'aphorisme.

APHRIZITE. s. f. *chim.* Minéral écumeux à la fusion, et qui n'admet pas l'électricité par la chaleur.

APHRODISIAQUE. adj. et s. m. *méd.* Substance jugée propre à faire sécréter la liqueur séminale.

APHRODITE. adj. *hist. nat.* Qui se reproduit sans acte extérieur de génération ; genre de vers marins qui sont dans ce cas. C'est une allusion à la Vénus *aphrodite*, née de l'*écume* de la mer.

APHRONATRON. s. m. *hist. nat. Écume de nitre.* Sel mural, carbonate de soude.

APHRONILLE. s. f. *bot.* Plante dont la racine est diurétique.

APHRONITRE. s. m. *chim.* Mot de la même valeur qu'*aphronatron*, et appliqué au nitrate calcaire.

APHTEUX , EUSE. adj. *méd.* Qui tient de l'aphte, est produit par des aphtes. Fièvre, inflammation aphteuse.

APHYLLE. adj. *bot. Sans feuilles* : espèce de plantes. Aphylle est beaucoup plus usité que le mot *infeuillé*, quelquefois employé.

APIAIRES. s. m. pl. *hist. nat.* Famille d'insectes hyménoptères , à aiguillon , avec mâchoires et lèvres allongées en forme de trompe.

APINEL. s. m. *bot.* Racine d'Amérique pour laquelle les serpens ont une grande antipathie, et qui les fait périr quand ils la mordent. C'est celle de l'*aristoloche anguicide.*

APION. s. m. *hist. nat.* Genre d'insectes rhynchophores ou porte-bec.

APIQUER , v. a., un navire, le mettre à *pic* au-dessus de son ancre. *mar.*

APIROPODES. s. m. pl. *hist. nat.* animaux sans vertèbres, ayant plus de six pieds, tous articulés.

APLANER , v. a. *manuf.*, le drap , les couvertures, en faisant ressortir la laine avec les chardons par les *aplaneurs*, ou **APLANISSEURS**; mots défigurés en *aplaigner, aplaigneur.*

APLATISSEUR. s. m. Celui qui aplatit, surtout un métal malléable ; l'outil dont on se servira pourra se nommer aussi *aplatissoir.* Voltaire a employé ce mot dans le sens restreint, en l'appliquant à ceux qui avoient prétendu que la terre est plate.

APLATISSOIRES s. f. pl. Cylindres pour aplatir le fer.

APLOCÈRES. s. m. pl. *hist. nat.* Famille d'insectes diptères , aussi nommés , d'après les mêmes idées, *simplicicornes. Voy.* ce mot.

APLOME. s. m. *minér.* Substance qui ne diffère du grenat que par les stries de ses faces.

APNÉE. s. f. *méd.* Manque de respiration , ou plutôt respiration foible et insensible.

APOCALBASUM. s. m. *hist. nat.* (*um* se pron. ome bref.) Gomme-résine vénéneuse, qu'on croit provenir d'une espèce d'euphorbe d'Afrique, et que les naturels font servir à empoisonner leurs flèches.

APOCALYPTIQUE. adj. Qui appartient à l'Apocalypse. Par extension, obscur comme l'Apocalypse; style apocalyptique.

APOCROUSTIQUE. adj. *méd. Voyez* RÉPERCUSSIF au Dictionnaire.

APOCYNÉES. adj. et s. f. pl. *bot.* De la famille des apocyns; qui en a les caractéres ou les propriétés, les formes. — Les apocynées ont un suc laiteux , âcre, purgatif et dangereux.

APODE. adj. *Sans pieds.* Il se dit des oiseaux qui ont les pieds très-courts, des lar-

vos d'insectes sans pates, et même des poissons sans nageoires sous le ventre.

APOINTISSER. v. a Vieux mot populaire. *Voyez* AIGUISER au Dictionnaire.

APOJOVE. s. m. *astr.* Point le plus éloigné de Jupiter où puisse être un de ses satellites. C'est comme l'apogée de la lune par rapport à la terre.

APOLLINAIRES. adj. m. pl. Jeux célébrés tous les ans à Rome en l'honneur d'Apollon.

APOMÉCOMÉTRIE. s. f. *géom.* Art de mesurer de loin les objets.

APOMYSTOSE. s. f. *méd.* Tremblement excessif de la tête , et même du corps, avec une respiration stertoreuse.

APONÉVROGRAPHIE. s. f. *anat.* Description des aponévroses.

APONÉVROLOGIE. s. f. *anat.* Traité des aponévroses.

APONÉVROTIQUE. adj. *anat.* Qui a rapport aux aponévroses : membrane aponévrotique.

APONÉVROTOMIE. adj. *anat.* Dissection des aponévroses.

APOPHANE. adj. *minér.* Cristal *apophane,* où l'on distingue le noyau et les arêtes.

APOPHYGE. s. f. *archit.* Départ de la colonne , point où elle sort de sa base.

APOPHYLLITHE ou OEIL DE POISSON. s. f. Pierre feuilletée , qui s'exfolie par la chaleur et les acides. *Minér.*

APOPSYCHIE. s. f. *méd.* Suffocation.

APORRHÉE. s. f. *phys.* Exhalaisons sulfureuses qui s'échappent de dessous terre.

APOSCEPSIE. s. f. *méd. Voy.* MÉTASTASE au Dictionnaire.

APOSIS. s. f. *méd.* Diminution de soif.

APOSTASE. s. m. *méd.* Abcès par congestion. Esquille d'une fracture.

APOSTILLATEUR. s. m. Celui qui a apostillé un écrit, surtout un livre de jurisprudence. Apostilleur s'emploieroit mieux pour désigner quelqu'un qui auroit l'habitude d'apostiller des pétitions pour les recommander, ou qui n'auroit pas qualité pour le faire.

APOSTOLICITÉ. s. f. Qualité d'apostolique : doctrine et mœurs conformes à celles de l'Eglise et des apôtres.

APOSTALISER. v. a. Imiter les apôtres, en prêchant pour convertir.

APOSTOLORUM. s. m. *Pharm.* Onguent *des apôtres*, traduction du mot latin.

APOTHÈSE. s. f. *chir.* Position régulière des parties fracturées, après la réduction. Ce mot est rarement employé.

APPAREILLAGE. s. m. *mar.* Action d'appareiller, manœuvres qu'elle exige.

APPAREILLÉE. s. f. *mar.* Voile mise au vent pour faire route.

APPAREILLEMENT. s. m. Animaux assortis, surtout pour le travail; ouvrage des appareilleurs dans les ateliers.

APPARESSER. v. a. *Rendre paresseux,* expression plus usitée que le verbe, qui n'est que familier, et plutôt populaire.

APPELET. s. m. Corde garnie de bouts de lignes et d'hameçons. Ce mot paroît venir du verbe appeler, comme pouvant appeler ou *tenter* beaucoup de poissons à la fois, et être le même que celui d'*applets*, nom d'un autre genre de filets pour la pêche du hareng, composé de plusieurs pièces d'*appelet.*

APPENDANCE. s. f. anc. *jurisp.* Droit ouvert à une possession nouvelle.

APPENDICULE. s. f. (se pron. appin....) Petit appendice. *T. d'anat.*

APPENDICULÉ, E. adj. *bot.* Tige appendiculée. (Appind....) Garnie d'appendices.

APPÉTIBILITÉ. s. f. Qualité de ce qui est *appétible*; faculté d'appéter. *Didact.*

APPÉTIBLE. adj. Propre à être *appété*, recherché par l'impulsion de l'instinct. *Did.*

APPÉTITIF, IVE. adj. Qui porte à appéter, à rechercher; un mouvement appétitif porte le lion sur sa proie.

APPÉTITION. s. f. Force *appétitive*, passion qui porte à appéter. *Didact.*

APPIÉCER. v. a. *V.* RAPPIÉCER au Dict.

APPIÉTRIR(s').v. pr. Devenir *piètre*, s'altérer, perdre de sa valeur, en parlant des marchandises. C'est un terme du petit commerce.

APPIOS. s. m. *bot.* Racine angélique. Racine d'une euphorbe purgative et émétique.

APPLAUDISSEUR. s. m. Celui qui applaudit par passion, cabale, pour de l'argent; on à tort et à travers. Les billets d'entrée gratuite donnent souvent des applaudisseurs au débutant.

APPLIQUE. s. f. Des pièces d'applique, dans les ateliers , sont des accessoires appliqués à un ouvrage principal, comme ornement, ou pour la solidité.

APPOINTAGE. s. m. Action d'appointer des cuirs, des pièces d'étoffes ; les uns, en les foulant une dernière fois pour les mettre au point de recevoir le suif; les autres, en y faisant *quelques points* pour les empêcher de se dérouler.

APPONDURE. s. f. (de *ad ponere.*) Perche ajoutée au chantier d'un train pour le renforcer.

APPORT. s. m. Action d'apporter, chose apportée. Un tribunal ordonne l'apport des pièces; on dresse un acte d'apport, et un contrat de mariage spécifie les apports des époux. *Act. civ. Voy.* ce mot à son lieu.

APPORTAGE. s. m. *Voy.* PORT, au Dict.

APPRÉCIABLE. adj. Qui peut être apprécié. Il se dit spécialement des sons , de la quantité des syllabes. Un intervalle sensible rend les sons appréciables.

APPRÊTAGE. s. m. main-d'œuvre et emploi de l'apprêt à l'égard des étoffes. L'apprêt peut être bon , et l'apprêtage mauvais.

APPRÊTOIR. s. m. Outil, ustensile, etc., dont on se sert dans divers ateliers pour apprêter les pièces, les matières.

APPRIVOISEMENT. s. m. Action d'apprivoiser; état de ce qui est apprivoisé. Peu usité.

APPROBATIVEMENT. adv. D'une manière approbative.

APPROFONDISSEMENT. s. m. Action d'approfondir une doctrine, une matière, une cause, etc.

APPROVISIONNEUR. s. m. Celui qui approvisionne, qui est chargé de l'approvisionnement, des approvisionnemens. *Voy.* ce dernier mot au Dictionnaire.

APPROXIMATIF, IVE. adj. Qui approche , à peu près , à peu de chose près de la réalité, et , par ext. de la vérité. Calcul approximatif des frais. L'étude de l'homme n'offre qu'un résultat approximatif.

APPROXIMATION. s. f. Action d'approcher de l'exactitude, de la justesse des idées, etc. Les hommes n'ont entr'eux qu'une approximation de langage. *Voy.* ce mot au Dictionnaire.

APPROXIMATIVEMENT. adv. D'une manière approximative.

APPUIE-MAIN. s. m. Objet sur lequel on appuie la main pour l'avoir plus ferme, comme les peintres. Il y a aussi un appuie-pot, cercle de fer à trois pieds, sur lequel on le pose, etc.

APPULSE. s. m. *astron.* Position ou de la lune portée près d'une étoile par son mouvement, ou de toute planète approchant de sa conjonction avec un corps céleste.

APPUYOIR. s. m. Chose dont on se sert dans les ateliers pour appuyer sur ce que l'on veut presser, faire plier, etc.

APRON. s. m. *hist. nat.* Poisson des fleuves, espèce de perche.

APSICHET. s. m. Rebord saillant qui sert à retenir les glaces des voitures.

APTÈRES. adj. et s. m. pl. *hist. nat.* Classe d'insectes *sans ailes* proprement dites, quoique parfois munis d'élytres. Ce nom se donne aussi aux poissons privés de certaines nageoires.

APTÉRODICÈRES. adj. et s. m. pl. Insectes aptères *à deux antennes*, et six pieds. C'est une sous-classe d'aptères, non sujets à métamorphose.

APTÉRONOTES. s. m. pl. Poissons aptères, sans nageoire sur le dos. Genre.

APUS. s. m. *hist. nat.* Poisson, espèce de bodian. Genre de crustacés branchiopodes, dont les nageoires sont formées par plus de cinquante paires de pieds.

APUTÉ-JUBA. s. m. *hist. nat.* Perruche à longue queue.

APYRÉTIQUE. adj. *sans fièvre.* Éruption apyrétique, qui n'est pas accompagnée de fièvre, qui n'en cause point.

APYREXIE. s. f. Absence de la fièvre, par cessation, ou par suspension entre les accès.

AQUADOR. s. m. (pron. *coua* dipht.) Nom d'un poisson volant.

AQUARELLE. s. f. (pron. *coua* dipht.) Espèce de dessin en couleurs à l'eau, comme le lavis.

AQUATILE. adj. (pron. *coua* dipht.) Plante qui ne peut venir que dans l'eau, et tout au plus en flottant à sa surface.

AQUA-TINTA. s. f. (pron. à l'italienne *a* long, *coua* dipht., *a* final bref.) Gravure imitant le dessin au lavis, ou le dessin lui-même.

AQUILAIRE ou **GARO.** s. m. (pron. *cui.*) *Bois d'aigle.* Arbre dont on tire le parfum de ce nom, fort estimé en Orient.

AQUIQUI. s. m. *hist. nat.* Grand sapajou du Brésil, singe criard, du genre des alouates.

AQUOSITE. s. f. Qualité, état de ce qui est aqueux : fruit, terrain, etc.

ARA. s. m. *hist. nat.* Gros perroquet à longue queue, d'un très-beau plumage.

ARABETTE. s. f. *bot.* Genre de crucifères à fleurs en épis.

ARABISER. v. a., un mot, un nom; lui donner une forme, une terminaison arabe. *Gram.*

ARABISME. s. m. *gram.* Tour, expression, locution propre à la langue arabe.

ARACHIDE. s. m. *bot.* Genre de plantes légumineuses, dont le fruit est la *pistache-de-terre.*

ARACHNÉIDE ou **ARACHNIDE.** s. m. (pr. *cni.*) De la famille des araignées, où sont compris les autres insectes aptères. *Hist. nat.*

ARACHNÉOLITHES ou **ARACHNITES.** s. m. *Voy.* au Dict. ARACHNÉOSITES.

ARACHNOÏDE. s. f. *anat.* Légère membrane en forme de toile d'araignée, au tour du cerveau et du cristallin de l'œil.

ARADA. s. m. *hist. nat.* Oiseau de Cayenne, beau chanteur.

ARADES. s. m. pl. *hist. nat.* Genre d'insectes hémiptères, *punaises de terre.*

ARAGUATO. s. m. (pron. *goua* dipht., *a* long, *to* bref.) Singe du genre des hurleurs. Il est roux, et habite les bords de l'Orénoque.

ARAIGNE. s. f. Filet d'oiseleur, mince et brun, pour prendre des merles et des grives.

ARAIGNEUX, EUSE. adj. Bourres *araigneuses,* semblables à des toiles d'araignées.

ARAIRE. s. f. Nouvelle charrue propre aux terres légères.

ARALIACÉES. s. f. pl. *bot.* Famille de plantes où est comprise l'*aralia,* plante du Canada, qui en est un genre, et lui a donné son nom.

ARAMBAGE. s. m. *mar.* Action d'*aramber* un vaisseau, de s'y accrocher pour s'en emparer.

ARAMER. v. a. *manuf.,* une pièce d'étoffe de laine, la mettre sur un rouleau pour l'allonger en l'étirant.

ARANÉIDES. s. f. pl. *hist. nat.* Arachnides *fileuses.* Classe d'arachnides pulmonaires; ce sont les araignées.

ARANÉOLOGIE. s. f. Traité des araignées. Ce mot peut avoir, au besoin, d'autres dérivés, aranéologue, aranéographie, aranéolithe, etc.

ARANG. s. m. Nom donné par les ouvriers imprimeurs à celui d'entre eux qui fait peu de besogne. C'est un terme de jarg.

ARANTELLES ou **ARANTILES.** s. f. pl. *vêner.* Filandres qui s'attachent aux pieds des cerfs et même des chevaux.

ARASE. s. f. Matière propre à faire l'*arasement* d'un mur, à l'*araser,* en remplissant les vides entre les pierres d'une assise pour en établir le niveau. On arase aussi des planches, en les sciant à un même niveau. De *raser.*

ARBALÈTE. s. f. On donne ce nom à plusieurs pièces de métiers qui en imitent la fonction ou la forme. On dit même du cheval attelé seul en avant de ceux du timon qu'il est en arbalète. — On appeloit arbalète ou arbalestrille un instrument qui servoit à prendre en mer la hauteur des astres, la méridienne, avant l'usage de l'octante, etc. On appelle encore arbalétrière le poste où l'on battant les soldats d'une galère. *Voy.* au Dict. ARBALÈTE et ARBALÉTRIER.

ARBENNE. s. f. *hist. nat.* Perdrix des Alpes, de couleur *blanche.* Ce nom paroît dénaturé; on devroit dire albenne, du latin *albus.*

ARBITRATEUR. s. m. t. de *droit.* Celui qui dans son arbitrage n'est pas astreint, comme l'arbitre, à suivre le droit, mais qui peut consulter l'équité.

ARBORÉ, E. adj. *bot.* Tige *arborée,* forte,

ligneuse et nue comme celle des arbres. *Voy.* ARBORER au Dictionnaire.

ARBORESCENT, E. adj. *bot.* Plante, tige en forme d'arbre, qui en approche pour la grandeur et la consistance.

ARBORISATION. s. f. Dessin naturel sur quelques pierres fines, où l'on croit voir des arbres, des branches. Ces pierres sont alors dites arborisées : agate arborisée. *Voyez* au Dict. ARBORISÉ.

ARBORISTE. s. m. Celui qui élève et cultive des arbres, comme fait le fleuriste pour les fleurs. On dit plus souvent pépiniériste.

ARBOUSSE. s. f. *bot.* Espèce de melon d'eau d'Astracan.

ARBRET ou **ARBROT**, s. m. Petit arbre garni de gluaux par les oiseleurs pour prendre des oiseaux.

ARCADE. s. f. Se dit de beaucoup de choses arrondies en forme d'arc : arcade de lunettes, arcade alvéolaire, arcade de jardinier (palissade arrondie par le haut), etc. *Voyez* ARCADE au Dictionnaire.

ARCADIENS. s. m. pl. Membres de la société littéraire de Rome, où chaque récipiendiaire prend le nom d'un berger *arcadien.* Ainsi c'est mal à propos qu'on l'appelle la Société des *Arcades.*

ARCANE, s. m. ou **ARCANÉE.** s. f. Espèce de craie rouge. — Arcane corallin, oxyde de mercure rouge, *mélange de cuivre et d'étain* pour l'étamage. *Voy.* ARCANE au Dict.

ARCANSON. s. m. ou *brai sec.* Résine tirée du pin maritime et séchée au four.

ARCASSE. s. f. *mar.* Culasse de navire; derrière du vaisseau.

ARC-EN-QUEUE. s. m. *hist. nat.* Oiseau d'Amérique, de la grosseur d'un pigeon, ainsi nommé de la direction des couleurs de sa queue.

ARC-EN-TERRE. s. m. Arc formé sur la terre par la rosée, reflétant les rayons solaires.

ARCHANGÉLIQUE. adj. (*h* nul.) Qui a rapport à un archange, aux archanges, on qui tient de l'archange. — s. f. *bot.* Angélique cultivée ou impératoire.

ARCHELET. s. m. Petit arc, petit archet, dans beaucoup de professions.

ARCHÉOLOGIE. s. f. Science, connoissance, traité des antiquités, surtout des anciens monumens, etc. On nomme *archéologue* celui qui les connoît; *archéographe* celui qui les décrit, et *archéographie* le traité qui en contient la description.

ARCHICAMÉRIER. s. m. Titre supérieur à celui de camérier, et que porte un grand dignitaire de la cour de Rome.

ARCHICHANCELIER. s. m. Titre supérieur à celui de chancelier, et auquel est attaché en France la présidence ordinaire de la Chambre des pairs.

ARCHIDUCAL, E. adj. Qui appartient à un archiduc, à une archiduchesse.

ARCHIÉPISCOPAT. s. m. (pron. *arkié.*) Dignité, fonctions d'archevêque. Parvenir à l'archiépiscopat; il a maintenu la paix de l'Église durant son archiépiscopat.

ARCHIMIME. s. m. maître bouffon.

ARCHINOBLE. adj. Très-noble. *Ironie.*

ARCHIPATELIN, E. adj. Maître patelin.

ARCHIPÉDANT. s. m. Pédant à l'excès.

ARCHITECTURAL, E. adj. Qui est du ressort de l'architecture ou de l'architecte. Combinaisons, opérations architecturales.

ARCHITRAVÉ, E. adj. *archit*. Corniche *architravée*, dont on a supprimé la frise. — s. f. Une *architravée*, entablement sans frise.

ARCHIVILAIN, E. subst. Vilain, e, à l'excès. *Voy*. Archi au Dictionnaire.

ARCHURES. s. f. pl. Pièces assemblées en cintre autour de la meule d'un moulin.

ARCO ou ARCOT. s. m. *nouveau*. Métal tombé en parcelles dans les cendres d'une fouderie, et qu'on en retire en les criblant.

ARÇON. s. m. Espèce d'archet employé à divers usages, entr'autres à battre la laine et le poil pour les chapeaux. Ce qu'on nomme *arçonner*; celui qui l'exécute se nomme *arçonneur*. *Voy*. Arçon au Dict.

ARC-RAMPANT. s. m. *archit*. Courbes dont les impostes ou extrémités ne sont pas de niveau.

ARCTIER. s. m. Celui dont la profession est de faire des arcs, *Mot vieilli*.

ARCUATION. s. f. *méd*. Courbure, en parlant des os.

ARDA. s. m. *hist. nat*. Quadrupède rongeur, couvert de laine, et de la grosseur d'un chat. Il se trouve au Brésil.

ARDASSES. s. f. pl. *t. de commerce*. Soies de Perse d'une qualité inférieure.

ARDASSINES. s. f. pl. *t. de comm*. Soies de Perse de la meilleure qualité.

ARDÉE ou ARDIE. s. f. *hist. nat*. Famille d'oiseaux, comprenant les grues et les cigognes.

ARDILLON. s. m. Pointe servant à fixer exactement sur le tympan la feuille qu'on imprime. *Voy*. ce mot au Dict.

ARDISIACÉES. s. f. pl. *bot*. Famille de plantes dont le type est l'ardisie, et d'autres ont nommée *ophiospermes*, et même quelques-uns *tinneliers*.

ARE. s. m. Unité de mesure pour la superficie des terrains, dans le système décimal. Un are de terre vaut cent mètres carrés; à peu près vingt-six toises carrées. Are forme les multiples décare, hectare, kilare; et les fractionnaires déciare, centiare, milliare.

AREA. s. f. *méd*. Maladie qui fait tomber les cheveux.

ARÉAGE. s. m. Mesure du terrain par *are*; par ext., arpentage en mesures décimales.

ARÉFACTION. s. f. *pharm*. Action de faire sécher un médicament pour le réduire en poudre.

ARÉGON. s. m. Espèce d'onguent contre la paralysie.

ARÉNATION. s. f. Bain de sable chaud. L'usage en est inconnu chez nous; c'est un remède de l'ancienne médecine.

ARÉNER, S'ARÉNER. v. n. ou pron. *archit*. S'enfoncer dans le sable, en parlant d'un bâtiment élevé sur un terrain peu solide. *Peu usité*.

ARENG. s. m. *bot*. Palmier *saccharifère* des îles Moluques, dont on tire une liqueur qu'on fait évaporer pour obtenir un sucre brun.

ARÉNICOLE. s. m. *hist. nat*. Ver marin, commun dans le sable des côtes. C'est un lombric à sang rouge.

ARÉNIFORME. adj. *hist. nat*. Une terre

_aréniforme ressemble à du sable, est mal liée, fuit sous les pieds, etc. Si elle contient du sable, elle est plutôt *aréneuse*; s'il y en a beaucoup ou du gros, elle est *sablonneuse*.

ARÉOLÉ, E. adj. *bot*. Qui ressemble à une *aréole*, qui offre une *aire* parsemée de points, etc. Il se dit des parties de la fleur, et du cercle qui parfois entoure la lune.

ARÉOPAGITE. s. m. Membre de l'aréopage, à Athènes; *fig*. Juge incorruptible.

ARÉOTIQUE. adj. et s. m. *méd*. Remède propre à *raréfier* les humeurs.

ARÈQUE ou AREC. s. m. *bot*. Palmier commun dans les Indes, et dont les fruits servent d'alimens aux habitans.

ARÈRE. s. m. Axe de la roue et du rouet d'un moulin.

ARÉTHUSE. s. f. *bot*. Genre de plantes orchidées, dont le port est élégant et la fleur curieuse. Elle n'a presque jamais qu'une hampe uniflore, avec une feuille ou deux.

ARGALI. s. m. *hist. nat. Voy*. ci-après MOUFLON.

ARGAN. s. m. *bot*. Arbre d'Afrique et d'Amérique, dont une espèce a le dessous de ses feuilles couvert d'un duvet soyeux et argenté. L'argau tient aux sapotilliers.

ARGENTEUR. s. m. Ouvrier qui applique les feuilles d'argent sur diverses matières où il sait les fixer.

ARGON. s. m. Dit pour *arcon*. Bâton d'oiseleurs plié en *arc* ou demi-cercle, qui leur sert à prendre des oiseaux.

ARGONAUTES. s. m. pl. Héros grecs du navire *Argo*, sur lequel ils allèrent à la conquête de la toison d'or. On nomme aussi argonaute un papillon diurne, ainsi qu'une coquille univalve, dont l'animal est l'*argonautier*.

ARGOUSIER. s. m. Espèce d'olivier qui a la vertu de décomposer le sel marin des landes maritimes où l'on en plante.

ARGUATION. s. f. Action d'arguer une pièce de faux. L'arguation n'est pas une preuve. (*u* se pron. ainsi que dans arguer.)

ARGUE. s. f. Machine à affermir la filière du tireur d'or. Lieu où l'on dégrossit les fils d'or et d'argent, ce qu'on appelle aussi *arguer*.

ARGUTIEUX, EUSE. adj. Qui aime à proposer des arguties, c'est une personne argutieuse; ses questions sont argutieuses.

ARGYRÉE. s. m. Genre d'insectes à ailes argentées, et famille de papillons ayant des ailes à bandes argentées ou dorées, avec des formes d'yeux.

NOTA. Ce mot vient du grec *arguros*, qui signifie *argent*, et qui forme beaucoup de dérivés ou de composés en noms de minéraux, de plantes, d'animaux : ARGYRÉIA. s. f. *bot*. Arbrisseau de la Chine, de couleur d'argent. ARGYRÉIOSE. s. m. *hist. nat*. Genre de poissons de couleur d'argent. ARGYRITE ou ARGYROLITHE. s. f. *hist. nat*. Pierre, marcassite, de couleur d'argent. ARGYROCOME. s. f. Comète, fleur du Cap, de couleur d'argent. ARGYRONETTE. s. f. Classe d'araignées, de couleur d'argent. ARGYRODAMAS. Espèce de talc résistant au feu, de couleur d'argent.

ARIANISME. s. m. Opinion d'Arius, sectateur du quatrième siècle, qui niait la consubstantialité des trois personnes de la Trinité, et ne croyait pas le fils éternel.

ARIDURE. s. f. *méd. Voy*. ATROPHIE au Dictionnaire.

ARIENS. s. m. pl. Sectaires qui avoient adopté l'opinion d'Arius.

ARIGOT. s. m. Espèce de fifre, qui a donné lieu, dit-on, à l'expression familière et populaire, boire à *tire-l'arigot*, c.-à-d. comme un fifre, beaucoup.

ARILLE. s. f. (*ll* mouillés.) *bot*. Extension du cordon ombilical, formant une partie charnue autour de certaines graines qu'on appelle *arillées*.

ARILLÉ, E. adj. *bot*. Graine *arillée* entourée d'une arille.

ARIMANE. s. m. Principe du mal chez les anciens Perses; opposé à *Oromase*, principe du bien : à peu près comme dans notre croyance le diable et les anges.

ARISER ou ARRISER, et même AR-RISSER ou RISSER. v. a. *mar*. Ariser les vergues, c'est les baisser et les fixer au ribord, afin de donner prise au vent. *Voyez* ARRISER au Dictionnaire.

ARISTOCRATISER, v. a., un pays, c'est y répandre les opinions aristocratiques. — une constitution, c'est y faire entrer des privilèges en faveur des grands, et; en France, ramener à l'ancien régime.

ARISTODÉMOCRATIE. s. f. Mélange d'aristocratie et de démocratie dans le gouvernement, qui devient alors aristodémocratique. Il y a plus ou moins de l'une et de l'autre dans les constitutions politiques des États soumis au régime légal.

ARISTOLOCHE. s. f. *bot*. Genre de plantes grasses que l'on croyoit propres à faire couler les lochies; et l'on nomme *aristolochiques* les remèdes employés à cette fin.

ARISTOPHANÉION. s. m. *pharm*. Sorte d'onguent émollient.

ARLEQUINE. s. f. Danse d'arlequin, d'un caractère grotesque.

ARMADILLE. s. m. (*ll* mouillés.) Genre de crustacés différens du cloporte en ce qu'ils se roulent en boule. Hist. nat.

ARMAND. s. m. *méd. vétér*. Bouillie que l'on fait avaler aux chevaux pour leur rendre l'appétit.

ARMET. s. m. *mar*. Pièces qui servent à l'amarre d'un navire en rade : ancres, câbles, grelins, etc. On dit aussi *armech*. Un navire est bien sur son armet quand il est bien en équilibre, et qu'il ne fatigue pas. *V*. ARMET au Diction.

ARMOL. s. m. *bot*. Arroche cultivée.

ARMORIQUE. adj. *Voisin de la mer*. s. f. Ancien nom de la Bretagne, province de France.

ARNIQUE. s. f. ou *Tabac des Vosges*, plante sternutatoire.

AROIDES. s. f. pl. *bot*. Famille des divers genres d'*arum*, plantes monocotylédones.

AROMATITE. s. f. Pierre précieuse composée d'une substance bitumineuse ayant la couleur et l'odeur de la myrrhe.

AROME. s. m. Principe odorant des aromates, des fleurs, et même des viandes, quoiqu'en ce dernier cas on se serve depuis peu du mot *osmazôme*.

ARONDE. s. f. Genre de mollusques, dont l'aronde *aux perles* fournit de belles perles et de la nacre. *Voy*. ce mot au Dict.

ARONDELLE. s. f. Ancien nom de l'hirondelle; de là il s'applique, en termes de marine, à de légers navires; et l'on nomme encore arondelat, s. m., le petit de l'hirondelle.

AROUNIER. s. m. *bot*. Arbre de la Guyane, des légumineux, à bois dur et verdâtre.

ARPAILLEUR. s. m. *Voy*. Orpailleur au Dictionnaire.

ARPENTEUSE. s. f. *hist. nat*. Espèce de chenille qui marche en avançant successivement la queue, puis la tête.

ARQUET. s. m. Fil de fer arqué en ressort, dans les ateliers.

ARRACHIS. s. m. *forest*. Plant d'arbres qu'on arrache, et qui se trouvent ainsi à racines nues, entièrement dégarnies de terre. Ce plant diffère de celui qu'on enlève avec la terre qui entoure les racines, et qui se conserve et reprend beaucoup mieux.

ARRAGONITE. s. m. *minér*. Spath calcaire des mines de l'Aragon, province d'Espagne.

ARRASEMENT. s. m. *Voyez* ci-dessus Arase.

ARRÊTE-BŒUF. s. m. *bot*. Plante dont les fortes racines arrêtent ou embarrassent la charrue. C'est une bugrane.

ARRÊTEMENT. s. m. Action d'arrêter les choses qui ont un cours, un mouvement; ce qui les arrête. L'arrêtement des eaux, d'une mécanique.

ARRHÉNOPTÈRES. s. f. *bot*. Genre de mousse dont les fleurs mâles sont latérales, et les femelles terminales.

ARRIÈRE-CAUTION. s. f. Celui qui répond d'une première caution.

ARRIÈRE-LIGNE, s. f. Ligne d'un corps de bataille postée à une certaine distance en arrière de la première.

ARRIÈRE-NIÈCE. s. f. Fille du neveu ou de la nièce. Toujours au sens propre.

ARRIÈRE-RANG. s. m. Dernier rang d'un bataillon carré ou d'un escadron.

ARRONDISSEMENT. s. m. Portion de territoire soumise à une juridiction spéciale: arrondissement communal, électoral, maritime. *Voyez* ce mot au Dictionnaire.

ARRONDISSEUR. s. m. Celui qui arrondit; outil dont on se sert pour cela dans quelques ateliers, entr'autres ceux des tabletiers.

ARSÉNIATE. s. m. *chim*. Sel formé par l'acide arsénique uni à une base quelconque.

ARSÉNIATÉ, E. adj. *chim*. Il se dit de la base combinée avec l'acide arsénique.

ARSÉNIÉ, E. adj. *chim*. Se dit de la base combinée avec de l'arsenic.

ARSÉNIEUX, EUSE. adj. Acide *arsénieux*, où l'arsenic est combiné avec de l'oxygène.

ARSÉNIQUE. adj. *chim*. Où l'arsenic est saturé d'oxygène.

ARSÉNITE. s. m. *chim*. Sel formé par l'acide arsénieux combiné avec une base. (Cette famille peut venir de *ardere*, brûler, ou du grec *arsèn*, fort.)

ARSIN. adj. m. Bois arsin, ravagé par le feu, l'incendie.

ARSIS. adj. Du vin arsis, qui a pris un goût de brûlé. — s. m. *musiq*. Élévation du son au temps fort de la mesure.

ARTE. s. m. Insecte qui attaque les pelleteries, les étoffes. *Voy*. Artison au Dict.

ARTÉRIAQUE. adj. *méd*. Remède arté-

riaque employé contre les maladies de la trachée-artère et du larynx.

ARTÉRIEUX, EUSE. adj. *anat*. Qui est de la nature de l'artère : veine artérieuse. — Cette famille pourroit se compléter par l'artériologie, traité des artères : l'Artériographie, qui en seroit la description; l'Artériotomie, qui en seroit la dissection; l'Artériologue, Artériographe, et même Artériotome, pour ceux qui en seroient les auteurs.

ARTHANITA s. f. *bot*., ou *cyclamen*, pain de pourceau, plante anti-scrofuleuse, qu'on fait entrer dans un onguent contre le cancer.

ARTHRITE, ARTHRITIS. s. f. *méd*. (on pron. s.) Goutte, douleur, maladie aux jointures.

ARTHROCÉPHALES. s. m. pl. *hist. nat*. Famille de crustacés à *tête articulée*, et distincte hors du corselet.

ARTHRODIE. s. f. *méd*. Articulation lâche des os peu emboîtés entr'eux.

ARTHRODYME. s. f. *méd*. Douleur aux articulations, formant un rhumatisme chronique.

ARTHRON. s. m. *anat*. Jonction naturelle des os par leur bout.

ARTICHAUTIÈRE. s. f. Partie du jardin consacrée à la culture de l'artichaut.

ARTICLE. s. m. *gram*. L'article uni au nom est un mot *indicatif* par le mouvement des articulations de la main, des doigts. Ce qui est vrai, non-seulement de le, la, les; de ce, cette, ces; des possessifs mon, ton, mon, notre, votre, leur, qui supposent l'indication des personnes ou des choses; mais encore des nombres nés du geste, ainsi que l'atteste le chiffre romain. On pourroit même y joindre quel, quelque, quelconque, aucun, comme dérivés de qui, que, etc., articles d'origine, et qui sont ainsi eux-mêmes des mots indicatifs. Le propre des articles est de ne pouvoir être mis seuls en attribut après les verbes être, devenir, etc., comme un marquant pas qualité.

ARTICULÉ, E. adj. *bot*. Tige articulée, composée de diverses parties unies par des nœuds ou articulations, comme l'œillet. Les feuilles articulées naissent les unes au sommet des autres.

ARTILLERIE. s. f. *phys*. (Il mouillés.) Artillerie électrique, machine munie d'un cercle de cuivre, où tiennent des branches de ce métal, chacune surmontée d'un globe, d'où un balancier tournant fait sortir une infinité d'étincelles. — *Hist. nat*. Explosions successives de l'insecte le *bombardier* contre ses ennemis. *Voy*. Artillerie au Dict.

ARTILLIER. s. m. Ouvrier qui travaille à l'artillerie.

ARUM ou GOUET. s. m. Genre, type de la famille des aroïdes. Il y a un arum moulé, ou *pied-de-veau*, un arum gobe-mouches, très-visqueux, qui retient les insectes attirés par sa puanteur.

ARVIEN, NE. adj. *bot*. Plante arvienne, qui vient, qui se cultive dans les champs, par opposition à celle des jardins, etc.

ARZEL. adj. *manège*. Il se dit du cheval marqué de blanc depuis le sabot jusqu'au boulet des pieds de derrière.

AS. s. m. As *percé*. Terme de jeu de houillotte, où l'as a la suprématie *par soi-même*,

par sa propre valeur. De l'italien *per se*, dénaturé et écrit *percé*, faute d'avoir été compris.

ASAROÏDES. s. f. pl. *bot*. Famille de plantes apétales, dont le type est le genre *asarum* ou *azaret*, où se trouve la plante appelée *cabaret*.

ASCENDANCE. s. f. Opposé à descendance en généalogie.

ASCÉTISME. s. m. État d'une personne entièrement vouée aux exercices de piété.

ASCIDIENS. s. m. pl. *hist. nat*. *Voy*. Tuniciers.

ASCITIQUE. adj. Hydropisie *ascitique*, du bas-ventre, en forme d'outre. — Subs. Traiter un ascitique, quelqu'un qui en est atteint. *Méd*.

ALCLÉPIADÉES. s. f. pl. *bot*. Famille de plantes dont le type est l'asclépiade, qui en est un genre. *Voy*. Asclépiade au Dict.

ASCLÉPIADES. s. m. pl. Descendans d'Esculape; fondateurs de célèbres écoles de médecine en divers lieux.

ASELLOTES. s. m. pl. *hist. nat*. Famille d'insectes voisins des cloportes.

ASILIQUES. s. m. pl. *hist. nat*. Famille d'insectes diptères, dont le vol est rapide et bruyant.

ASMODÉE. s. m. L'un des esprits infernaux.

ASODE ou ASSODE. adj. et s. f. *méd*. Sorte de fièvre continue, avec dégoût et inquiétudes.

ASORATH. s. m. *Voy*. Sonna au Dict.

ASPARAGINÉES ou ASPARAGOÏDES. s. f. pl. *bot*. Famille de plantes dont le type est l'asperge, qui en est un genre.

ASPERGÈRE. s. f. Lieu planté d'asperges. Les jardiniers disent aussi *aspergerie*.

ASPERGOUTE. s. f. *bot*. Plante rafraîchissante, employée contre les maux de gorge.

ASPHODÉLÉES ou ASPHODÉLOÏDES. s. f. pl. *bot*. Partie des liliacées. Famille de plantes dont le type est l'asphodèle, qui en est un genre. *Voy*. Asphodèle au Dict.

ASPHYXIER. v. a. Frapper d'asphyxie. S'asphyxier, s'exposer à l'asphyxie, périr par elle.

ASPHYXIÉ, E. part. pas. et s. Tombé en asphyxie, qui y a succombé.

ASPHYXIQUE. adj. Qui a rapport à l'asphyxie.

ASPICARPON. s. m. *bot*. Espèce d'ortie cultivée.

ASPIDIOTES. s. m. pl. *hist. nat*. Division de crustacés branchiopodes, dont le corps est recouvert d'un têt qui a la forme d'un bouclier.

ASPIDOPHORE. s. m. *hist. nat*. Genre de poissons ayant pour têt une cuirasse écailleuse.

ASPIDOPHOROÏDE. s. m. *hist. nat*. Genre de poissons aspidophores, mais n'ayant qu'une nageoire dorsale.

ASPILOTE. s. f. Pierre fine, de couleur argentine.

ASPIRAIL (l mouillé après i nul.) pl. aspiraux, s. m. Trou grillé pratiqué à des fourneaux, afin de fournir de l'air à la combustion, et de pousser la fumée.

ASPIRÉE. s. f. Voyelle fortement prononcée avec aspiration, et sans souffrir de liaison antérieure : le hameau, le un, ce oui, deux huit. Ce défaut de liaison est la seule chose qui indique l'aspiration dans l'entretien familier.

ASSAINISSEMENT. s. m. Action d'assainir une habitation, un pays.

ASSAISONNEUR. s. m. Celui qui assaisonne les mets.

ASSATION. s. f. *pharm.* Cuisson des substances à la manière d'un rôti, sans rien ajouter aux sucs naturels.

ASSAZOÉE. s. f. Plante d'Abyssinie, dont l'ombre passe pour engourdir les serpens, et les fleurs en décoction pour en combattre le venin.

ASSEAU, s. m., ou ASSETTE, HACHETTE. s.f. Marteau recourbé du couvreur, à tête et à tranchant, pour tailler et placer l'ardoise.

ASSÉCHER. v. a. Mettre à sec pour le moment. Assécher un bassin. *Mar.* Le reflux assèche la côte; et la côte alors assèche ou s'assèche; elle reste à sec. On diroit en ce sens aussi : L'*asséchement* d'un bassin, de la côte, etc.

ASSEMBLAGE. s. m. *librairie.* Réunion des feuilles d'un ouvrage dans l'ordre des signatures. Réunir ainsi ces feuilles, c'est aussi *assembler*; et l'on nomme assembleur, assembleuse, celui ou celle qui fait ce travail. Assemblage a presque partout remplacé *assemblement*, action d'assembler. *Voyez* au Dict. ASSEMBLAGE, ASSEMBLER.

ASSEMBLEMENT. s. m. Action d'assembler. Il est peu usité, étant souvent remplacé par *assemblage*, par *rassemblement*, et même par *assemblée*.

ASSEMBLEUR, EUSE. adj. et subs. Qui assemble les feuilles d'un livre. C'est un terme d'imprimerie et de librairie.

ASSERVISSEMENT. s. m. Action d'asservir; état de celui qui est asservi.

ASSESSORIAL, E. adj. Qui a rapport à l'assesseur. Les fonctions assessoriales : on dit mieux d'assesseur ou de l'assesseur, suivant le cas.

ASSIDENT. adj. *méd.* Symptôme *assident* ou mieux *concomitant*, qui accompagne une maladie.

ASSIGNAT. s. m. Papier-monnoie dont la valeur avoit été *assignée* sur les domaines nationaux, et qui eut en France un cours forcé, de 1789 à 1796. *V.* ce mot au Dict.

ASSIMILATION. s. f. *rhét.* Comparaison qui consiste à simuler une chose qui n'est pas. On dit plutôt *fiction*.

ASSISES. s. f. pl. Cour d'assises, tribunal chargé, dans les causes criminelles, d'appliquer les peines aux condamnés, d'après la décision du juri. Chaque Cour d'assises a un arrondissement plus ou moins étendu, et doit siéger, le 15 de chaque mois, hors le temps des vacances.

ASSOLEMENT. s. m. Partie de l'agriculture qui consiste: 1° à diviser les terres d'une ferme en plusieurs *soles*, pour les ensemencer diversement; 2° à savoir en varier avec plus d'avantages les productions successives, surtout depuis que les prairies artificielles ont aboli les jachères. *Voy.* SOLE au Dict.

ASSOLER. v. a., une ferme, des terres, etc., c'est en faire l'assolement.

ASSOMBRIR. v. a. Rendre sombre un lieu, un tableau, des couleurs. S'assombrir, devenir sombre, en parlant du temps, d'un lieu, etc. *Peu usité.*

ASSOMMANT, E. adj. Qui nous assomme, au fig. Cet homme est assommant, une nouvelle assommante.

ASSOMMEUR. s. m. Celui qui assomme, au propre.

ASSONANT, E. adj. Il se dit de plusieurs mots qui font assonance. *Voyez* ASSONANCE au Dictionnaire.

ASSONIE. s. f. *bot.* Genre de malvacées: arbrisseau d'Afrique aussi nommé *bois de senteur bleu.*

ASSORTISSOIR. s. m. Crible de confiseur, dont les trous assortissent les dragées pour la grosseur et la forme.

ASSORTISSOIRE. s. f. Boîte, caisse, contenant un assortiment.

ASSOURDISSANT, E. adj. Qui assourdit, qui est de nature à assourdir.

ASSUMER. v. a. Prendre sur soi. Il se dit, en langage parlementaire, de la responsabilité. Les auteurs d'une mesure, les signataires d'une ordonnance, etc., en assument la responsabilité. C'est une expression qui s'oppose naturellement à *décliner*. Les mauvais ministres ne veulent pas assumer la responsabilité de leurs actes, ils mettent tout en œuvre pour la décliner.

ASSURANCE. s. f. Il s'est formé en France beaucoup de compagnies d'assurance fort utiles, qui, pour une rétribution annuelle, proportionnée à la valeur de la chose assurée, s'en rendent les garans. Il y en a pour les maisons contre l'incendie; pour les terres, contre la grêle; pour les marchandises, contre les dangers du transport, des naufrages, etc. Il y en a même pour la vie, et l'on payent une somme convenue si l'assuré n'arrive pas à un certain âge.

ASSUREUR. s. m. Celui qui assure; il se dit spécialement de ceux qui composent les compagnies d'assurance, quels que soient les objets qu'ils assurent. *V.* ASSUREUR au Dict.

ASTÉISME. s. f. *rhét.* Fine ironie qui loue sous un air de blâme, ou blâme sous un air d'éloge.

ASTÉRÉOMÈTRE. s. m. Instrument pour trouver le lever et le coucher des astres.

ASTÉRIE. s. f. Pierre fine qui mue à la lumière, offre une étoile à six rayons, comme le saphir ou le rubis d'Orient; variété du corindon-hyalin. — Genre de zoophytes échinodermes, aussi nommés *étoiles de mer.* — Pétrification en forme d'étoile, provenant de quelque articulation détachée des encrinites, polypiers marins.

ASTÉROÏDES. adj. et s. f. pl. Famille de plantes dont le type est l'*aster*, qui en est un genre. *Voy.* ASTER au Dict.

ASTÉROÏDES. s. m. pl. *astr.* Corps célestes mus autour du soleil en orbes elliptiques plus ou moins excentriques ou inclinés à l'écliptique.

ASTELLE. s. f. *chim.* Appui avec bandages pour les fractures des os.

ASTHÉNIE. s. f. *méd.* Foiblesse du système musculaire, espèce d'atonie.

ASTHÉNIQUE. adj. *méd.* Tempérament asthénique, sans force musculaire.

ASTHMÉ. E. adj. Oiseau asthmé, qui a peine à respirer. *Vieux mot.*

ASTIC. s. m. Gros os à moelle rempli de

graisse, qui sert aux cordonniers pour lisser les souliers, et graisser leurs alènes.

ASTOMES. adj. *hist. nat.* Insectes *sans bouche apparente.*

ASTOURE. s. f. *bot.* Fruit des molènes, espèce de solanées propres à enivrer le poisson.

ASTRAGALÉE. s. f. *archit.* Profil d'une corniche terminée à sa partie inférieure par un astragale.

ASTRAGALOÏDE. s. f. *bot.* Plante du genre de l'astragale, dont elle a presque toutes les formes.

ASTRÉE. s. f. *bot.* Genre de polypes ayant la surface supérieure parsemée d'étoiles. — *Myth.* Déesse de la justice.

ASTRICTION. s. f. (Du verbe astreindre.) Action d'astreindre. *Méd.* Effet d'un astringent; vertu astringente.

ASTROLÉPAS. s. m. *hist. nat.* Lépas ou patelle, coquille dont la base a sept angles.

ASTROPHYTE. s. f. *hist. nat.* Étoile de mer arborescente, polypier échinoderme.

ASTROSTATIQUE. s. f. *astron.* Calcul du passage des astres, et de leur distance respective.

ASTUCIEUSEMENT. adv. D'une manière astucieuse.

ASYMÉTRIE. s. f. (Pron. *aci.*) Manque de mesure commune, comme entre des nombres sans racine exacte, ou le côté d'un carré et sa diagonale.

ATACAMITE. s. m. *minér.* Cuivre murié pulvérulent du désert d'Atacama, au Chili.

ATAMARAN. s. m. *bot.* Corossolier à fruit écailleux, nommé *atéira.*

ATAXIE. s. f. *État d'irrégularité dans la fièvre, pour le retour des accès et la variété du caractère; et dans le pouls, quant au temps et au ton des battemens.

ATAXIQUE. adj. Fièvre *ataxique*, sans régularité; ce qu'on appeloit *fièvre maligne.*

ATÉLÉCYCLES. s. m. pl. *hist. nat.* Crustacés *orbiculaires.*

ATÉLÉOPODES. s. m. pl. *hist. nat.* Tribu de l'ordre des oiseaux nageurs.

ATHÉISTIQUE. adj. Qui concerne les athées, l'athéisme.

ATHÉNÉE. s. m. Réunion, lieu où l'on s'occupoit, à Athènes, des lettres, des sciences, des arts, et dont on a adopté le nom en France pour des cours de science et de littérature.

ATHÉNIENNE. s. f. Meuble d'ornement, servant de cassolette, vase à fleurs, bassin à dorades, etc.

ATHÉRICÈRES. adj. et subs. *hist. nat.* Insectes à *antennes en bouillie*, visqueuses.

ATHÉROME. s. m., ou ABCÈS ENKYSTÉ. *méd.* Tumeur où se forme un pus épais comme de la bouillie. On dit aussi une tumeur athéromateuse.

ATLANTIQUE. adj. *géogr.* Tenant au mont Atlas. L'océan Atlantique est celui qui s'étend du mont Atlas et de la côte d'Afrique jusqu'à l'Amérique. De l'île Atlantique, citée par les Anciens, il ne reste que les Açores et les Canaries, qu'on croit en être les débris.

ATLOÏDE. adj. *anat.* Muscle *atloïde*, qui soutient la tête, la tient droite.

ATMOMÈTRE. s. m. *physiq.* Évaporatoire, vase cubique plein d'eau, tenu à l'air libre, mais à l'ombre et à couvert, pour en connoître l'évaporation.

ATMOSPHÉRIQUE. adj. Qui appartient à l'atmosphère, qui en est le produit. Air atmosphérique; vapeurs atmosphériques.

ATOCALT. s. m. hist. nat. Espèce d'araignée du Mexique, qui en fait de faire des toiles de diverses couleurs agréables.

ATOLE. s. f. Farine de maïs en bouillie.

ATOMISME. s. m. Physique corpusculaire; système de la création des corps par des réunions d'atomes.

ATOMISTE. s. m. Partisan de l'atomisme comme mode de création.

ATONIQUE. adj. méd. Où il y a atonie, produit par l'atonie. Ulcère atonique, où la fibre manque de ton.

ATRABILIEUX, EUSE. adj. méd. Propre à rendre atrabilaire, à donner de l'atrabile.

ATRACTOBOLE. s. m. hist. nat. Champignon qui lance avec explosion, dans sa maturité, des vésicules séminifères.

ATRAMENTAIRE. s. f. minér. Nom d'une pierre de vitriol, sulfate de fer.

ATRAPE. s. f. Pince coudée des fondeurs en métaux, surtout en cuivre, pour attraper ou tourner, retirer les creusets. Il paroît qu'on devroit écrire attrape.

ATREMPAGE. s. m. ou ATREMPURE. s. f. Chauffe graduelle des fours à verre ou à glace jusqu'au dernier degré. En ce sens on dit aussi atremper, et même atremper une pièce, une fournée.

ATRÉTISME. s. m. méd. Voy. ci-après IMPERFORATION, mot plus usité.

ATRIPLETTE. s. f. hist. nat. Petite fauvette rousse.

ATRIPLICÉES. adj. et subs. bot. Famille de plantes dont le type est l'arroche, aussi nommée atriplex.

ATROPHIÉ, E. adj. méd. Affecté d'atrophie. Voy. ATROPHIE au Dict.

S'ATTARDER. v. pron. ou S'ATTARDER, se retirer tard, se mettre tard en chemin. Fam.

ATTE. s. f. hist. nat. Nom donné à l'araignée sauteuse.

ATTELLE. s. f. Petit ais servant d'éclisse, et employé à divers usages dans beaucoup de professions.

ATTELOIRE. s. f. Cheville pour arrêter les traits du cheval au timon.

ATTENTIONNÉ, E. adj. Qui a des attentions pour quelqu'un. Très-peu usité. On dit mieux avoir des attentions, être aux petits soins, être prévenant, obligeant, etc. On l'emploie aussi quelquefois mal à propos pour attentif ou appliqué à quelque chose.

ATTINTER. v. a. mar. Lier, assujettir les effets de chargement dans le navire. Voyez ATINTER au Dictionnaire.

ATTIQUEMENT. adv. Parler, agir, s'expliquer attiquement, à la manière des Athéniens. Peu usité.

ATTIRABLE. adj. Susceptible d'être attiré; soumis à l'attraction.

ATTIRAGE. s. m. Poids et cordages servant aux tireurs d'or.

ATTISE. s. f. Bois que mettent, ou plutôt que remettent à la fois les brasseurs sous la chaudière. Il faut encore une attise.

ATTISEUR. s. m. Celui qui attise, qui met l'attise au fourneau.

ATTISOIR ou ATTISONNOIR. s. m. Ce qui sert à attiser le feu dans les fours, fourneaux, etc.

ATTOLES ou ATTOLLES, ATTOLLONS. s. m. pl. mar. Îles groupées, sans passage entr'elles pour les gros bâtimens.

ATTRACTEUR. adj. et s. m. Le corps attracteur, l'attracteur, qui exerce l'attraction, qui agit par attraction. Fém. attractrice. La force attractrice ou mieux attractive.

ATVOOD. s. f. (Pron. at-vou-de, ou, à la françoise, at-vo-de.) Machine d'Atvood, qui en est l'auteur, exécutée pour rendre sensibles les lois du mouvement des corps en divers sens.

ATYS. s. m. (s se pron.) Grand singe blanc, du genre des guenons.

AUBERON. s. m. Anneau de fer rivé au moraillon pour entrer dans une serrure de malle, et recevoir le pêne.

AUBERONNIÈRE. s. f. Moraillon ou bande de fer munie d'un ou de plusieurs auberons, pour servir à fermer les malles.

AUBINER. v. n. Aller l'aubin, en parlant du cheval. Les chevaux de poste aubinent au lieu de galoper.

AUBINET. s. m. mar. Pont de cordages à l'avant des bâtimens marchands.

AUCHE. s. f. Cavité où s'enchâsse la tête de l'épingle dans le métier.

AUCUBA. s. m. bot. Arbuste du Japon, à fleurs ou panicules terminales, cultivé en Europe.

AUFFE. s. f. ou SPARTE. Espèce de joncs d'Espagne, dont on fait des nattes, des filets, et même des cordages de marine.

AUGELOT. s. m. Vase creusé en auge, où l'on reçoit les dépôts des cuites, et espèce d'écumoire dans les salines.

AUGER. v. a. Creuser en auge.

AUGIE. s. f., ou AUGIN. s. m. bot. Arbre résineux de la Chine, qui lui fournit par incision son beau vernis, dont l'exposition au soleil fait le belle laque noire du pays.

AUGITE. s. f. minér. Pierre fine d'un vert pâle; schorl des volcans.

AUGMENTATEUR. s. m. Celui qui a augmenté un ouvrage.

AUGUSTIN (SAINT-). s. m. imprim. Caractère entre le cicéro et le gros-texte.

AUGUSTURA. s. f. bot. Arbre d'Abyssinie, dont l'écorce peut suppléer au quinquina.

AU LOF. Voy. LOF au Dict.

AULOFFÉE. s. f. mar. Manœuvre pour gagner le vent, mouvement du vaisseau pour y parvenir.

AUMAILLAGE. s. f. t. de pêche. Filets en tramail pour la pêche des sèches et des barbues.

AUMÉE. s. f. t. de pêche. Nappe à grandes mailles, comme on en met plusieurs pour le tramail. — T. de chasse. Triple filet à grandes mailles, comme celles qui forment les deux côtés du hallier.

AUMONÉE. s. f. Ce que l'on donne en aumône à chaque jour de distribution. L'aumônée d'hier étoit de 27 pains.

AUNETTE. s. f. Diminutif d'aunaie. Petite pépinière ou plantation d'aunes.

AURA SEMINALIS. s. f. (Mots latins.) Principe fécondant de la semence animale et du pollen végétal. (On pron. séminálica.)

AURICULE. s. f. anat. Pavillon de l'oreille. — Bot. Oreille-d'ours. — Hist. nat. Genre de testacés univalves, dits oreille de Midas.

AURICULÉE. adj. bot. Feuille auriculée, qui ressemble à l'oreille, ayant deux lobes séparés du reste de son disque.

AURIFÈRE. adj. Qui produit, contient, ou plutôt entraîne de l'or. Fleuve aurifère. Poétique.

AURIFIQUE. adj. Propre à faire de l'or; expression des alchimistes. On le dit encore d'un mélange de matières où il y a de l'or, ou au moins une couleur d'or ; minéral aurifique, élixir aurifique.

AURIPEAU. s. m. Voy. ORIPEAU au Dict.

AUROCHS. s. m. hist. nat. Bœuf sauvage du nord de l'Europe.

AURUM MUSIVUM. s. m. Mots latins. (um pron. ome bref.) Composition de soufre et d'étain pour fortifier un appareil électrique.

AUSONIE. s. f. Nom de la pointe méridionale du royaume de Naples, devenu le nom poétique de l'Italie.

AUSSIÈRE. s. f. mar. Cordage composé de trois ou quatre torons tortillés ensemble.

AUSTER. s. m. Vent chaud du midi. De là vient le nom d'Austral, d'Australasie, récemment donné à la Nouvelle-Hollande, dont le continent est au midi de l'Asie.

AUSTRALITE. s. m. hist. nat. Sable grisâtre, observé dans la Nouvelle-Hollande, et composé de silice, d'alumine, et d'une petite portion de fer.

AUTOCLAVE. s. m. Marmite ingénieuse, à vapeur concentrée, la plus propre à cuire les alimens en moins de temps ; mais des imprudences l'ont fait remplacer par le caléfacteur. Voy. ce mot ci-après.

AUTOCRATE. subst. Voy. au Dict. AUTOCRATOR, moins employé qu'autocrate. Fém. Autocratie.

AUTOGRAPHE E. s. f. Connaissance, détail, catalogue, analyse des écrits autographes, spécialement des manuscrits.

AUTOMATIQUE. adj. Mouvement intérieur qui tient de l'automate ; ou extérieur, qui a l'air de s'exécuter par ressort, sans grâce, etc. Cet homme a une démarche automatique. Le mouvement extérieur étranger à la volonté est machinal.

AUTOMATIQUEMENT. adv. Se mouvoir, gesticuler automatiquement, à la manière d'un automate.

AUTOMATISME. s. m. Nature de l'automate, système des opérations automatiques.

AUVEL. s. m. t. de pêche. Claie de cannes dont on fait l'enceinte des bourdigues.

AUZOMÈTRE. s. m. optiq. Instrument qui sert à découvrir la quantité les tubes dioptriques grossissent les objets.

AVAGNON. s. m. Coquille bivalve, du genre came, qui se mange comme les moules.

AVALAGE. s. m. t. de mariniers. Action d'aller en aval, ou de conduire un bateau en aval, sur la rivière ; 2° endroit favorable pour le courant : Il faut du temps pour l'avalage ; l'avalage du bateau est difficile ; l'avalage est la seule arche du pont. Voy. AVAL au Dict. En termes de tonnellerie, faire l'avalage du vin, c'est l'encaver.

AVALANT, E. adj. Qui va en aval, qui

est porté ou entraîné par le cours de l'eau.

AVALASSE. s. f. Grosse averse, bourrasque du vent d'ouest qui l'amène, amas d'eau qui en est la suite.

AVALÉE, s. f., ou LEVÉE. *fabr.* Ce que l'ouvrier roule à chaque fois sur son ensuple de la pièce à laquelle il travaille.

AVALIE. *s. f.* Laine de moutons tués, moins estimée.

AVALURE. s. f. *méd. vétér.* Bourrelet formé au sabot du cheval; maladie des oiseaux, qui les maigrit, et leur rend le ventre dur et enflé.

AVANCARÉ. s. m. *bot.* Haricot des Antilles.

AVANCEUR. s. m. Celui qui avance un ouvrage; spécialement l'ouvrier qui donne le dernier tirage au fil d'or pour le remettre aux tourneuses.

AVANO. s. m. *t. de pêche.* Filet en forme de poche et à mailles serrées, pour la pêche des sardines et des chevrettes.

AVANT-CALE. s. f. *mar.* Prolongement de la cale jusqu'au point où le navire lancé pourra être à flot sans que rien ne l'ait gêné.

AVANT-CHEMIN COUVERT. s. m. *art milit.* Chemin couvert au pied du glacis.

AVANT-CŒUR. s. m. *anat.* Ce qu'on appelle *creux de l'estomac*, partie vide et creuse auprès du cœur. — *Méd. vétér.* Tumeur maligne survenue au poitrail du cheval.

AVANT-DUC. s. m. *archit.* Pilotage à la tête de la culée d'un pont, pour commencer un ouvrage.

AVANT-FAIRE-DROIT. s. m. *jurisp.* Décision interlocutoire, en attendant le fond. On n'a prononcé qu'un avant-faire-droit.

AVANT-FOSSÉ. s. m. *Art milit.* Fossé en avant des glacis, des retranchemens.

AVANT-MUR. s. m. Mur construit en avant d'un autre, et à l'extérieur. Mur avancé.

AVANT-PART. s. f. *Voy.* PRÉCIPUT, plus usité. *T. de droit.*

AVANT-PIED. s. m. Partie antérieure du pied, par extension, du soulier.

AVANT-PIEU. s. m. Pièce de fer pour préparer le trou des pierres dans un terrain dur. — Carré du bois placé sur un pieu qu'on enfonce, et qu'on craint d'écailler.

AVANT-PORT. s. m. *mar.* Partie d'un port en avant de sa fermeture, et pouvant servir d'abri.

AVANT-POSTE. s. m. *Art milit.* Poste avancé, du côté de l'ennemi: Être aux avant-postes, affaire d'avant-postes.

AVENANT, E. adj. La part avenante à un héritier, qui lui *advient* ou lui revient; qui lui est due. *Voy.* AVENANT au Dict.

AVEINERON. s. m. Folle avoine, aussi nommée averon, où il n'y a guère que l'écorce.

AVERANO. s. m. *hist. nat.* Espèce de merle du Brésil, de la grosseur du pigeon.

AVERNE. s. m. Lac du royaume de Naples, et, en poésie, l'enfer.

AVERTISSEUR. s. m. Officier qui avertit de l'approche du roi.

AVI, *s. m.*, mieux *havi.* Effet de la chaleur du four.

AVICEPTOLOGIE. s. f. Art de prendre les oiseaux; traité à ce sujet.

AVICULE. s. f. *hist. nat.* Genre de testacés, dont une espèce fournit les perles.

AVILISSEUR. s. m. Celui qui cherche à avilir ce que l'on estime le plus: la vertu, les lois, les hommes courageux, etc.

AVIR. v. a. (Du vieux verbe *virer.*) Rabattre les bords d'une pièce de cuivre, de fer-blanc, sur une autre pour les assembler.

AVIRAISON s. f. (De virer.) Détour de l'eau dans les salines.

AVIRONNER. v. a. (De virer.) *mariniers.* Faire avancer un bateau par le moyen de l'aviron. On nomme aussi *avironnier* celui qui fait les avirons, et *avironnerie* l'endroit où on les fait.

AVISO. s. m. *mar.* Léger bâtiment destiné à faire passer promptement *des avis*, des dépêches, etc.

AVISURE. s. f. Bord d'une pièce de métal *viré* rabattu sur une autre; ou l'action de le rabattre. On devroit dire *avirure*.

AVITAILLEUR. s. m. Celui qui est chargé d'avitailler une place, un vaisseau.

AVIVAGE. s. m. *fabr.* Préparation de la feuille d'étain à glaces, pour recevoir le vif-argent.

AVIVOIR. s. m. Instrument pour appliquer la feuille d'or, ou d'argent, ou d'étain amalgamé.

AVOCASSERIE. s. f. Profession d'avocat mal exercée, dégradée de sa noblesse. On nomme aussi *avocassier* celui qui la dégrade ainsi, qui l'exerce bassement. *Fam.* et *burl.*

AVOCATIER. s. m. *bot.* Bel arbre fruitier d'Amérique, à fleurs rosacées; c'est une espèce de laurier.

AVOCATOIRE. adj. Lettre *avocatoire,* celle d'un prince réclamant ou ses sujets qui a passé à l'Étranger. (De *a-vocare.*)

AVOIRA. s. m. *bot.* Palmier épineux de Guinée, dont le fruit exprimé donne de *l'huile de palmier;* et l'amande, le *beurre de galam.*

AVOUÉ. s. m. Celui qui est *avoué* d'une partie plaidante pour observer les formalités de la procédure. Les avoués forment auprès des tribunaux un corps légal, qui a remplacé celui des procureurs. *Voy.* PROCUREUR au Dictionnaire.

AVOYER. s. m. Magistrat suisse, dans les chefs-lieux de quelques grands cantons: avoyer de Berne.

AVUER ou AVEUER. v. a. *chas.* Observer le gibier, le suivre de l'œil: avuer une perdrix.

AXIE. s. f. Plante rampante de la Cochinchine, fort estimée dans le pays comme médicinale. — *Hist. nat.* Crustacé, genre de macroures, section des écrevisses.

AXIFUGE. adj. *phys.* Force ou puissance par laquelle un corps tend à s'éloigner de l'axe autour duquel il est mû. Ce mot se diffère de *centrifuge;* car le point de l'axe de chaque portion en est le centre.

AXILE. adj. *bot.* Graine *axile,* implantée sur l'axe.

AXINITE. s. f. *minér.* Pierre d'abord rangée dans les schorls, mais qui, au chalumeau, se fond en un verre mi-transparent, et d'un blanc verdâtre. Elle est plus connue sous le nom de schorl violet, ou de schorl vert du Dauphiné, et est aplatie en forme de hache.

AXIOMÈTRE. s. m. *mar.* Instrument qui

servoit à mesurer sur un cercle l'angle de la barre du gouvernail.

AXIPÈTE. adj. (Opposé d'*axifuge.*) Qui tend à se rapprocher de l'axe, qui est le centre du mouvement. Il correspond à centripète.

AXIS. s. m. *hist. nat.* (*s* se pron.) Quadrupède ruminant, tacheté de blanc, et qui est du genre cerf.

AXOÏDE. adj. et subs. Qui a la forme d'un axe ou essieu. Il forme en anatomie plusieurs composés.

AYALLA. s. m. Arbre des Moluques, dont le bois est orné de belles couleurs.

AYANT. p. a. du verbe avoir. — Ayant-cause. s. m. t. de droit. Héritier, fondé de pouvoir, représentant. Il lui sera payé, à lui ou à ses *ayant-cause,* la somme de...

AYER. s. m. *bot.* Arbuste sarmenteux, à rameaux cylindriques, voisin du lierre. Il découle de ses branches, par incision, une liqueur limpide, agréable et rafraîchissante.

AYLANTE. s. m. *bot. Voyez* ci-après LANGIT.

AYNET. s. m. Petite baguette à enfiler des harengs pour le saurage.

AYNITU. s. m. *bot.* Arbrisseau des Moluques, à feuilles poudreuses, et bois odorant servant aux fumigations.

AYRI. s. m. *bot.* Palmier du Brésil, à bois très-dur, dont les sauvages garnissent leurs flèches, et font des massues.

AYTIMUL. s. m. *bot.* Arbre des Moluques, à suc laiteux. Les habitans en font des carquois et des peignes.

AZALÉES. s. f. pl. *bot.* Espèce de bruyère, de la famille des rhodoracées, portant de belles fleurs.

AZAPHIE. s. f. *méd.* Défaut de clarté dans la voix, qui la rend ce qu'on appelle voilée.

AZÉBRO. s. m. *hist. nat.* Cheval d'Éthiopie.

AZERBÉ. s. m. *bot.* Muscade sauvage.

AZI. s. m. Présure faite de petit-lait et de vinaigre, employée en Suisse pour faire le second fromage.

AZIMITE. adj. et s. m. Qui communie avec du pain azime, par opposition à ceux qui admettent le pain levé, comme les Grecs.

AZOTE. s. m. *chim.* Fluide élastique, qui arrête la respiration, et prive de la vie. On le nommoit air phlogistique, ou mofete; on ne peut obtenir pur ce principe, toujours mêlé à l'atmosphère, ou en gaz azote avec le calorique, ou dans d'autres combinaisons.

AZOTÉ, E. adj. *chim.* Qui a l'azote, contenant de l'azote.

AZURER. v. a., une chose, lui donner la couleur de l'azur ou une teinte d'azur.

AZURIN. s. m. *hist. nat.* Merle de la Guyane; espèce de fourmilier.

AZUROUX. s. m. *hist. nat.* Bruant bleu du Canada.

AZYME - AZIMITE. *Voyez* AZIME au Dict., et ci-dessus AZIMITE.

B.

B. s. m. B, majuscule, paroît offrir le profil de la bouche, dont la minuscule *b* n'offre que la moitié. Cette lettre se prononce encore *bé* dans la conversation, mais dans les bons abécédaires on lui donne le son *be.*

qu'elle conserve partout, même devant *s* et *t*, quoi qu'en dise un lexicographe, qui lui assigne alors le son *p*. Il est nul dans plomb. *V.* d'ailleurs B dans le Dict. et A ci-dessus.

BAAL. s. m. Dieu des Orientaux, pris en général pour tout faux dieu, pour toute fausse doctrine religieuse. Il est très-aisé de prétendre que ses adversaires sacrifient à Baal.

BAAZAS. s. m. (On pron. le *s*.) Guitare à quatre cordes, dont on joue chez quelques peuplades sauvages de l'Amérique, qui en doivent sans doute l'usage aux Espagnols sortis de l'Europe.

BABEURRE. s. m. Qu'on devroit écrire *bat-beurre*. C'est proprement le vase dans lequel on bat le beurre, et dont le nom s'est ensuite appliqué à la liqueur séreuse qu'il contenoit. *Voy.* ce mot au Dict.

BABILLEMENT. s. m. Action de babiller.

BABION. s. m. *hist. nat.* Espèce de singe fort petit.

BABIROUSSA. s. m. *hist. nat.* Cochon des îles de la mer du Sud, qui approche du cerf pour la forme de ses jambes et la vitesse de sa course.

BABORDOIS. s. m. pl. *mar.* Ceux qui font le quart de bâbord, comme tribordois ceux qui font celui de tribord.

BACCHANAL. s. m. (*cha* se pron. *ca.*) Divertissement bruyant, comme ceux des Bacchanales, et qui suppose excès, désordre, et quelque chose de répréhensible. *Fam.*

BACCHIE. s. f. *méd.* Bouton ou tache au visage, rouge, opiniâtre, et qui se trouve surtout chez les buveurs. On dit même en ce cas : un air, un nez, un teint bacchique. *T. fam.* et *de poésie lég.*

BACCHUS. s. m. (On pron. *baccusse.*) Dieu du vin; *au fig.* Le vin. *poét.* C'est un ami de Bacchus.

BACCIFORME. adj. *bot.* (On pron. *baxi.*) Qui a, ou peu près, la forme d'une baie : fruit bacciforme, tel que la fraise.

BACCILAIRE. adj. et s. f. Zoophyte, animalcule quadripiède comme de petits cristaux. *Hist. nat.*

BACCIVORE. adj. et s. m. *hist. nat.* Famille d'oiseaux vivant de baies, distingués par là des granivores, qui en sont voisins.

BACHASSON, s. m., ou Bac, Bachat, Bache, Bachole, Bachon, Bachote, Bachote, Bachou, Baquet, et peut-être encore d'autres, désignent des vases et ustensiles creux à divers usages. Le bachasson est connu en papeterie, et désigne le creux de l'eau aux piles.

BACHAT. s. m. Cavité sous le pilon des papetiers; bois, pierre, creusés pour servir d'abreuvoir, de mangeoire ou d'auge pour les animaux domestiques, etc.

BACHE. s. f. Boîte où l'ouvrier en soie met ses canettes; cuvette en bois pour recevoir l'eau de la pompe aspirante; filet de bateliers, toile à bac, bachot, bateau; et, par suite, toile de voituriers, pour couvrir et garantir le chargement. On dit même en ce sens : bacher une voiture; **la** couvrir d'une bache.

BACHOLE. s. f. Vase de cuivre à l'usage des papetiers dans leur fabrique.

BACHON ou BACHOU, s. m., ou même BACHOUE. s. f. Vaisseau de bois, en forme de hotte ou autre, pour transporter de la vendange, des liquides, etc.

BACHOTAGE. s. m. Conduite du bachot,

profession de bachoteur. Ce mot suppose le verbe bachoter; aussi peut-on dire : Il s'est fait bachoter (mener en bachot) toute la soirée. *Voy.* BACHOT, BACHOTEUR, au Dict.

BACHOTE. s. f. Sorte de baquet servant à transporter à cheval du poisson vivant.

BACKELYS. s. m. *hist. nat.* Bœuf à bosse, du pays des Hottentots, et qui leur sert, dit-on, de monture pour les combats.

BACLAGE. s. m. *fam.* Action de bâcler un port, un bateau, une affaire. *V.* BACLER au Diction.

BACONISME. s. m. Système philosophique de Bacon, qui a ramené les sciences de la théorie à l'observation des faits. *T. de phil.*

BACTRÉOLE. s. f. Rognures de feuilles d'or, dont on fait l'or en coquille pour peindre en miniature.

BACTRIS. s. m. *bot.* Genre de palmiers des îles d'Amérique, voisins du cocotier.

BACULOMÉTRIE. s. f. *géom.* Art de mesurer avec une baguette, un bâton ou autre mesure régulière ou non. C'est moins un art spécial qu'un mode de mesure comprenant le toisé et l'arpentage; par opposition à l'emploi des instrumens de mathématiques.

RADAIL. s. m. Espèce de drague, filet en chausse, qui se traîne au fond de l'eau. *T. de pêche.*

BADAMIER. s. m. *bot.* Genre d'oliviers des Indes, qui donne le benjoin et la laque.

BADAUDAGE et BADAUDISME. s. m. Action de badauder, trait de badaud, qualité de badaud, etc. Tout cela peut se rendre par badauderie. *Voy.* ce dernier mot au Diction.

BADERNE. s. f. *mar.* Tresse faite de vieux fils de caret pour adoucir le frottement des cordages, et servant de tapis pour affermir les pieds contre le roulis.

BADIGEON. s. m. Détrempe de pierre de taille en recoupes, pour en donner la couleur aux murs; et de pierre de statue en poudre avec du plâtre, pour restaurer la sculpture; ou de sciure de bois mêlée avec de la colle-forte, pour masquer les défauts du bois. *Voyez* ce mot au Diction.

BADIGEONNER. v. a. En ce sens on dit aussi : Badigeonner une statue, une boiserie, etc. *Voy.* ce mot au Dict.

BADIGEONNAGE. s. m. Action, art de badigeonner; travail du badigeonnage.

BADIGEONNEUR. s. m. Celui qui badigeonne, celui qui en fait sa profession.

BADROUILLE. s. f. *mar.* Pelote d'étoupes, à laquelle on met le feu dans les ports, et qu'on promène sur le vieil enduit de la carène pour la faire brûler.

*B*BAGASSIER. s. m. Grand arbre de la Guyane, dont le fruit est comme l'orange, mais dur.

BAGLATTÉA. s. m. Instrument arabe à deux cordes d'acier et une de laiton, que l'on fait vibrer avec une plume.

BAGNOLET. s. m. *mar.* Toile goudronnée qui se tend sur les bittes.

BAGUETER. v. a. Frapper avec une baguette un habit, un fauteuil, un tapis, etc., pour en faire sortir la poussière.

BAGUETTE D'OR. s. f. Variété du violier jaune. *T. de jardin.*

BAH ! Interjection marquant surprise, im-

probation, mépris, doute, insouciance. Bah! il est parti? Ah! bah! je ne veux pas. Bah! bah! je n'en crois rien. *Fam.*

BAIGNOIR. s. m. Endroit d'une rivière où l'on va se baigner : un baignoir entouré d'une toile, d'une palissade, etc.

BAILLARD. s. m. Brancard de teinturier pour faire égoutter les soies.

BAILLE-BLÉ. s. m. Tringle du moulin, dont le mouvement fait descendre le grain sur la meule.

BÂILLEMENT. s. m. *gram.* Rencontre, d'un mot à l'autre, de deux voyelles d'un choc plus désagréable : a-u, a-o, a-é, o-u, etc. Le bâillement blesse plus l'oreille que l'hiatus, formé par les voyelles plus douces, comme u-a, i-o, u-i, u-é, etc. *Voyez* BÂILLEMENT au Dictionnaire.

BAILLÈRE. s. f. *bot.* Genre de plantes herbacées et vivaces, dont une espèce, qui est la *baillère franche*, a la propriété d'enivrer le poisson.

BAILLOQUE. s. f. Les plumassiers appellent ainsi les plumes d'autruche blanches, avec des taches d'une autre couleur.

BAILLOTTE. s. f. *mar.* Sorte de baquet à l'usage des marins.

BAISEMAIN. s. m. C'est, à la cour d'Espagne et de Portugal, une cérémonie où le public est admis à baiser la main du roi ou de la reine. Il y a eu baisemain; le public a été admis au baisemain. *Voyez* BAISEMAIN au Dictionnaire.

BAISSIER. s. m. Celui qui joue à la *baisse* sur les fonds publics. C'est un terme de bourse.

BAISSOIR. s. m. Espèce de réservoir dans les salines. Un magasin d'eau se divise en plusieurs baissoirs, qui en reçoivent.

BAJOU. s. m. La plus haute planche du gouvernail d'un bateau foncet.

BAJOYERS, s. m., ou BAJOYÈRES, et JOUAILLÈRES. (Jugalia.) Murs latéraux d'une écluse; bords de la rivière qui joignent la croupe d'un pont.

BALANCE. s. f. On appelle balance élastique un instrument propre à faire connoître l'égalité des vibrations et la juste proportion du ressort pour un balancier donné. *Voy.* BALANCE au Dict.

BALANCIER. s. m. Long bâton garni, que tiennent à la main les danseurs de corde pour s'aider à garder l'équilibre. *Voyez* BALANCIER au Dict.

BALANCEUR. s. m. Celui qui balance ou se balance. *Peu usité.*

BALANCINE. s. f. *mar.* Cordage attaché à chaque extrémité d'une vergue, pour donner à celle-ci la direction qu'on veut.

BALANITES. s. f. pl. *hist. nat.* Famille de mollusques acéphales, vivant dans une enveloppe en forme de gland.

BALANT, E, ou mieux BALLANT, E. adj. et s. m. Les bras balans. — *Fig.* Rester les bras balans, sans rien faire; état de ce qui balance; être en balant, dans le balant (indécis sur ce qu'on doit faire). *Fam.* — *Mar.* Bout de corde non arrêté, et qui balance.

BALAST. s. m. *mar.* Lest d'un navire.

BALATAS. s. m. *bot.* Grand arbre de la Guyane, à bois rouge, blanc, ou à grosse écorce : ce qui en caractérise trois espèces.

BALAYAGE. s. m. Action de balayer. espèce de travail ; le balayage des rues coûte tant à la ville.

BALAYETTE. s. f. Petit balai pour les cheminées d'appartement, de cabinet. *Fam.*

BALBUSARD. s. m. *hist. nat.* Oiseau pêcheur, aussi appelé *corbeau-pêcheur* ou *aigle de mer*.

BALEINIER. adj. et s. m. Navire allant, ou propre à aller à la pêche de la baleine. Un navire baleinier, ou baleinier.

BALICASSE. s. m. Choncas des Philippines, corbeau d'un chant agréable.

BALIN. s. m. Linge étendu sous le van ou le crible, pour recevoir la *balle* et le grain qui tombe avec elle.

BALINE. s. f. Étoffe grossière de laine, pour l'emballage.

BALISAGE. s. m. Pose des balises dans une rivière. Action de baliser, choses employées en balises.

BALISER. v. a. Baliser une rivière, y mettre des balises.

BALISTAIRES. s. m. Ceux qui faisoient le service des balistes. *V.* BALISTE au Dict.

BALISTIQUE. s. f. Art de lancer les projectiles ; lois de leur mouvement.

BALLASSE. s. f. Balle d'avoine enveloppée, servant de couette.

BALLOTTEMENT. s. m. Action de ballotter, état de la chose ballottée.

BALLOTIN. s. m. Petit ballot. Celui qui reçoit les ballottes.

BALOIRES. s. f. pl. *mar.* Longues pièces de bois qui font connoître quelle sera la forme du vaisseau dont elles feront partie.

BALOISE. s. f. Nom que donnent les fleuristes à une tulipe tricolore, mêlée de blanc, de rouge et de colombin.

BALOTIN. s. m. *bot.* Sorte d'oranger à fruit en forme de citron.

BALOULON. s. m. *bot.* Bananier à petits fruits.

BALSAMIER. s. m. *bot.* Genre de térébinthacées, dont une espèce fournit le baume de la Mecque, autrement dit baume de Judée.

BALTRACAN. s. m. *bot.* Plante de Tartarie, dont le fruit a une odeur d'orange, et les semences l'odeur et le goût de l'anis.

BALUX. s. m. Sable où l'on trouve des paillettes d'or.

BALVARE. s. f. Espèce de leurre en forme de tétras, pour attirer les oiseaux.

BALZAC, s. m., ou MURCEAU. Espèce de raisin.

BAMBIAIE. s. m. *hist. nat.* Oiseau de Cuba, ayant presque le goût du faisan. Il ne vole pas, et il se chasse comme le lapin.

BAMBOCHEUR, EUSE. Celui ou celle qui fait des bamboches, des fredaines. *Trivial,* ainsi que bambochon, mauvais bambin.

BAMBOULA. s. m. *bot.* Bambou creusé, dont les Nègres de Saint-Domingue font un tambour. Danser au son du bamboula.

BANANE. s. f. *bot.* Fruit rafraîchissant du bananier.

BANATTE. s. f. Corbeille d'osier à passer le suif. Ce mot paroît être de la famille de banne, benne, manne, et devoir s'écrire bannatte.

BANCA. s. m. *bot.* Palmier des Philippines, approchant du dattier.

BANCAL, E. adj. et subs. Qui a les jambes comme celles d'un *banc*, les genoux rapprochés et les pieds écartés. Le bancal est moins contrefait des jambes que le *bancroche*, dont les genoux peuvent être écartés et les pieds rapprochés, avec les jambes pliées en dehors, en tout sens, même en croches, comme le dit le mot. On appelle parfois bancroche celui qui n'est que bancal ; c'est l'injurier davantage. *V.* au Dict. BANCAL et BANCROCHE.

BANCASSE. s. f. *mar.* Caisson servant de banc et de lit.

BANCELLE. s. f. Petit banc long et étroit.

BANCHE. s. f. Caisse de planches où se bat le pisé ; glaise durcie formant un fond de roche dans la mer.

BANCHÉE. s. f. Quantité de terre battue à la fois entre les deux planches, dans les constructions en pisé.

BANCO. s. m. Mot italien signifiant banque. Dans les changes étrangers, avec Amsterdam, Hambourg, Lubeck, etc., il distingue des monnoies de compte, ayant une autre valeur que les monnoies courantes. Le florin *banco* diffère du florin courant.

BANCOUL. s. m. *bot.* Fruit du banconlier, arbre des Indes, de la famille des tithymaloïdes, dont toutes les parties sont comme saupoudrées de farine vers le temps de la maturité.

BANDE. s. f. *hist. nat.* Ce mot sert à distinguer diverses sortes d'animaux. Bande blanche est le nom d'une petite tortue; bandenoire est celui du serpent-esculape, qui en a une entre les yeux ; et bande d'argent, celui d'un poisson du genre clupe. *Voy.* BANDE au Dict.

BANDINGUES. s. m. pl. *pêche.* Lignes attachées à la tête d'un filet qu'on tend à la basse eau, et dont un bout est enfoui sous le sable.

BANDINS. s. m. pl. *mar.* Appui pour se tenir debout sur la poupe. Il a pour diminutif *bandinets*, s. m. pl.

BANDOIR. s. m. *mar.* Roue, poulie, pour *bander* les cordages. Il peut s'appliquer à beaucoup de mécaniques.

BANG. s. m. *bot.* Arbre d'Afrique, dont le fruit donne une espèce de vin rouge. Forte prise d'opium pour animer au combat.

BANGUE. s. m. Sorte de chanvre des Indes, dont la graine et les feuilles produisent l'ivresse et le sommeil.

BANITAN. s. m. Racine dont on ne connoît pas la tige, et qu'on emploie contre la fièvre et l'asthme aux îles Philippines.

BANKSIE. s. f. *bot.* Plante de la famille des protéoïdes, découverte par Banks dans la Nouvelle-Hollande.

BANNEAU. s. m. Comme diminutif de banne ; petite toile tendue, inclinée ou verticale, pour garantir ; et, comme diminutif de manne, il se dit de petits vaisseaux en bois ou en osier, à divers usages.

BANNETTE. s. f. Panier ou corbeille en osier ; peaux en paquet, comme on les transporte dans la bannette.

BANQUE. s. f. Dans beaucoup d'ateliers, et spécialement dans les imprimeries, on appelle *banque* ce qui regarde le compte et le payement de la semaine. Il y a le livre de banque, où l'on tient note des travaux et des à-compte. Le samedi est ordinairement le

jour de banque ; chaque ouvrier reçoit sa banque ou sa paye.

BANQUÉ, E. adj. *mar.* Navire banqué, allant au banc de Terre-Neuve pour la pêche de la morue.

BANQUEREAU. s. m. *mar.* Petit banc de mer.

BANQUISE. s. f. *mar.* Banc de glaces dans les zones glaciales.

BANQUISTE. s. m. Celui qui parcourt les villes en montrant des choses curieuses ; escamoteur ; faiseur de tours ; etc.

BANSE. s. f. Grande manne carrée, en osier, avec poignées ou sans poignées.

BAOBAB. s. m. *bot.* Arbre d'Afrique, le plus grand des végétaux, famille des malvacées. Son fruit est le *pain de singe*, de 18 pouces de longueur. La tige a quelquefois plus de trente pieds de diamètre, et paroît vivre des milliers d'années, à en juger par le nombre des couches ligneuses.

BAQUETER. v. a. *bot.* Ôter à la pelle pour arroser; et, par suite, arroser à la pelle. *T. de jardin.*

BAQUETTE. s. f. Pinces, tenailles, pour tirer à la filière.

BAQUETURES. s. f. Ce qui tombe de vin dans le baquet, sous une pièce en perce.

BAQUIER. s. m. *bot.* Arbre à coton ; coton qu'il porte.

BARAQUILLE. s. f. *cuis.* Farce de filets de perdrix , de poulardes, avec ris-de-veau, truffes, etc., dans une enveloppe de pâtisserie.

BARAT. s. m. Navire hors de route, trompeur; celui qui se livre à la baratterie.

BARATTE. s. f. *Baril* allongé, où l'on bat le beurre. Ce nom indique la forme du vase, dont *labeurre* indique la destination. *Voyez* BARATTE au Dictionnaire.

BARBACOU. s. m. *hist. nat.* Coucou noir de Cayenne; coucou barbu.

BARBARASSE. s. f. *mar.* Petite corde tournant en spirale autour d'un câble, d'un grelin.

BARBARICAIRE. s. m. Ouvrier en tapisserie qui exécute les figures en fils d'or et de soie.

BARBAROU. s. m. Raisin de la côte barbaresque, de Maroc.

BARBASTELLE. s. f. *hist. nat.* Espèce de chauve-souris , du genre vespertilion.

BARBE-DE-CAPUCIN. s. f. Pousses barbues de chicorée sauvage, ou de quelque autre plante, qui ont crû dans la cave, où le pied est recouvert de sable.

BARBELÉ, E. adj. Flèche *barbelée*, dont la ferrure est à *barbes*, à petites dents ou pointes.

BARBELET. s. m. Outil à faire des haims ou hameçons.

BARBIFÈRE. adj. *bot.* Porte-barbe. Ce mot peut s'appliquer à beaucoup d'animaux et de plantes. *Voy.* BARBULE ci-dessous.

BARBILLE. s. f. Filament, petite pointe qui reste aux pièces de monnoie qu'on vient de frapper. On ôte les barbilles aux flans des pièces en les agitant ensemble dans un crible.

BARBILLONNER. v. a. *pêche.* Relever le barbillon de l'hameçon, pour empêcher le poisson pris de se décrocher.

BARBOUTE. s. f. Moscouade chargée de sirop; gros grain de sucre à remettre en chaudière. *T. de raffineur.*

BARBULE. s. f. *bot.* Arbrisseau de la Chine, dont les parties froissées donnent une odeur agréable.

BARBURE. s. f. Fonte inégale, à réparer avec le ciseau. *T. de fondeur.*

BARCELONNETTE. s. f. Lit en osier, élevé sur quatre pieds, pour les enfans du premier âge. Deux demi-cercles s'élèvent au-dessus de la tête pour soutenir le linge dont on recouvre l'enfant, et lui laisser de l'air à respirer.

BARDAQUE. s. f. Vase égyptien de terre poreuse pour faire rafraîchir l'eau.

BARDEAU. s. m. *hist. nat.* Métis provenant du cheval et de l'ânesse. — *Imprim.* Casseau de décharge. *Voy.* BARDEAU et BAR-DOT au Dict.

BARDÉE. s. f. *t. de salpêt.* Ce qu'il faut *porter* d'eau à la fois pour laver une quantité de terre, et en extraire le salpêtre.

BARDOTTIER. s. m. *bot.* Genre d'hilospermes, plante aussi appelée *nattier*, ou *bois à nattes.*

BARETTE. s. f. *horlog.* Pièce du barillet, qui se met près du crochet du ressort, pour le maintenir contre la virole.

BARGE. s. f. Bateau plat de rivière, à voiles et à rames; sa charge est en foin ou en bois. — Oiseaux voyageurs des eaux douces.

BARGUETTE. s. f. Petite *barge*, espèce de bac pour le passage des chevaux sur les rivières.

BARICOT. s. m. *bot.* Fruit du *baricotier*, arbre élevé de Madagascar. On fait avec le *baricot* une boisson qui porte le même nom.

BARIGUE. s. f. Nasse de forme conique.

BARILLAGE. s. m. (*ll* mouillés.) *mar.* Totalité des barils qui se trouvent dans un navire. — *tonnel.* Soin de la cave. — *t. d'aides.* Mise en bouteilles d'une pièce de vin pour la faire entrer en détail dans une ville sans payer les droits d'entrée.

BARILLON. s. m. Petit baril, plus usité que barillet. — *t. d'art.* Espèce de pèseliqueur.

BARIOLURE. s. f. Effet du bariolage sur les étoffes, etc. Chose bariolée.

BARIQUAUT. s. m. Petite *barique.*

BARITE ou mieux **BARYTE.** s. f. *chim.* Substance terreuse et alcaline, la plus pesante des bases salifiables.

BARJELADE. s. f. Mélange d'avoine, pois gris, vesces, etc., semés pour fourrage.

BARLIN. s. m. Nœud qui se fait dans les fabriques à chaque bout d'une pièce de soie. *T. de fabriq.*

BARLOTIÈRE. s. f. Minces traverses de fer appliquées aux châssis en vitrage. *T. de vitriers.*

BAROCHER. v. a., une peinture, tracer malproprement un contour avec le pinceau, ou en faire jaillir la couleur sur le fond. *T. de peint.*

BAROCO. s. m. Nom d'une forme de syllogisme, où chaque voyelle indique la nature de la proposition qu'elle représente, suivant le système de Pythagore, qui avait réduit le raisonnement à certaines formules. *Anc. scol.* — On dit encore : C'est un argument en baroco, mais par plaisanterie, et en jouant sur le mot, comme pour dire un argument *baroque.*

BAROMÉTRIQUE. adj. *phys.* Relatif au baromètre. Expériences, observations barométriques.

BAROMÉTROGRAPHE. s. m. Baromètre adapté à une pendule qui fait mouvoir un crayon pour en tracer les variations. Il pourra s'en former l'adjectif barométrographique, peu agréable d'ailleurs par sa longueur.

BAROMETZ. s. m. *bot.* (On pron. *mèce*, è long.) Racine d'un polypode de Tartarie. Elle est très-lanugineuse, et s'appelle aussi pour cela *agneau de Tartarie.*

BAROSANÈME. s. m. Machine pour indiquer la force et la pesanteur du vent.

BAROSCOPE. s. m. Espèce de baromètre indiquant aussi les variations dans le poids de l'air.

BAROT. s. m. *mar.* Chacune des poutres trausversales qui servent à soutenir les ponts d'un vaisseau.

BAROTIN. s. m. *mar.* Chaque pièce de bois qu'on place entre les baux et les barots pour fortifier ces derniers.

BAROTTE. s. f. Vaisseau de bois à cercles de fer, pour transporter la vendange, etc.

BARQUÉE. s. f. *mar.* Charge d'une barque de telle dimension, servant de mesure pour un plus grand navire. Prendre dix *barquées*, etc.

BARQUETTE. s. f. Petite *barque* sans mât, pour le cabotage, ou sur les rivières. On dit aussi barquerolle. *V.* ce mot au Dict.

BARREMENT. s. m. Action de barrer, spécialement les veines du cheval, dans la médecine vétérinaire.

BARREUR. s. m. Celui qui *barre*, spécialement le chien de chasse qui sait barrer le chemin au chevreuil.

BARRIER. s. m. *t. de monn.* Ouvrier qui fait le service de la barre du balancier dans les monnoies.

BARRILLAT. s. m. *mar.* Ouvrier tonnelier employé dans les arsenaux de la marine pour mettre en état les futailles.

BARROIR. s. m. Longue tarière de tonnelier, à mèche étroite.

BARRO ou **BUCARO, BOUCARO.** s. m. *minér.* Terre bolaire, dont on fait en Espagne des vases à rafraîchir. Les deux derniers semblent devoir mieux s'appliquer aux vases eux-mêmes, dont ils expliqueroient la forme évasée par le haut (à *large bouche*).

BARROTER. v. a. *mar.* Remplir la cale, l'entrepont d'un vaisseau, jusqu'aux traverses supérieures.

BARRURE. s. f. *t. de luthiers.* Petites pièces de bois mises en travers du luth.

BARYCOÏTE. s. f. *méd.* Difficulté d'entendre. C'est ce qu'on appelle : *être dur d'oreilles*, avant-coureur ordinaire de la surdité. (On pron. *oï.*)

BARYPHONIE. s. f. *méd.* Difficulté d'articuler, de parler, provenant de l'action des muscles.

BARYTON. s. m. *musiq.* Sorte de basse ayant des cordes pour l'archet, d'autres pour les doigts. — Voix entre la taille et la basse-taille. — *gram.* Verbe grec, ayant l'accent grave sur la dernière syllabe.

BAS-BORDOIS. s. m. *Voyez* ci-dessus BA-BORDOIS.

BAS-BRETON. s. m. Langage de la Basse-Bretagne, qui paroit un reste de la langue celtique. On en a recueilli quelques débris, et l'on a même essayé d'en recomposer la grammaire. — Habitant de la Basse-Bretagne.

BAS-DE-CASSE. s. m. Partie inférieure d'une casse d'*imprimerie*, divisée en cinquante-quatre cassetins.

BAS-DESSUS. s. m. *musiq.* Voix plus basse que le dessus.

BASILIDION. s. m. *pharm.* Cérat préparé, onguent contre la gale.

BAS-MÉTIER. s. m. Métier à rubans, etc., que l'ouvrier peut poser sur ses genoux.

BASSANELLO. s. m. *musiq.* Espèce de haut-bois de Venise.

BASSE-ÉTOFFE. s. f. Mélange de plomb et d'étain, chez les potiers.

BASSE-GOUTTE. s. f. Droit de faire tomber l'eau d'un toit sur le terrain d'un voisin.

BASSE-LICIER. s. m. Ouvrier qui travaille aux ouvrages du métier en basse-lice.

BASSER. v. a. *t. de fabriq.* Basser la chaîne, la détremper avec de la colle pour en rendre les fils glissans.

BASSE-TERRE. s. f. *mar.* Côte sous le vent.

BASSE-TUBE. s. f. Basse de clarinette, à trois octaves et demie, ayant les sons graves du basson et les sons aigus de la flûte.

BASSI-COLICA. s. m. *pharm.* Médicament de miel et d'aromates.

BASSICOT. s. m. Caisse pour monter les pièces d'ardoise des carrières.

BASSIER. s. m. Amas de sable presque à fleur d'eau, et qui gêne la navigation sur les rivières.

BASSINOT. s. m. *musiq.* Basse du haut-bois. — *mar.* Petit bassin au fond du vaisseau, lieu nommé le *reposoir.*

BASSIOT. s. m. Petit baquet de bois du distillateur d'eau-de-vie.

BASSISSIME. adj. Très-bas. *Style burl.*

BASTARÈCHE. s. f. Cabriolet adapté au devant d'une voiture publique.

BASTE! *Voy.* BASTER au Diction.

BASTINGAGE. s. m. *mar.* Action de se bastinguer; ce qui sert à se bastinguer, pour se garantir du feu de l'ennemi.

BASTONNER. v. a. On disoit mieux *donner la bastonnade*, dans le temps même où ce supplice étoit en vigueur.

BASTRINGUE. s. m. Nom d'un instrument de musique militaire apporté d'Égypte, à ce qu'on dit. C'est un croissant garni de petites sonnettes, qu'on fait mouvoir en secouant le manche en cadence. Il a désigné ensuite un bal de guinguette, où il fait partie de la musique. *Aller au bastringue*; c'est un vrai bastringue. *T. de mépris*, *et pop.*

BAT-À-BOURRE ou **BAT-BOURRE.** s. m. Latte qui sert à battre la bourre chez les selliers.

BATACLAN. s. m. Amas de choses dérangées faisant embarras. J'ai laissé là tout le bataclan; débarrassez-moi de tout ce bataclan. *Fam.*

BATAILLEUR. s. m. Celui qui aime à batailler, à se débattre, surtout sur les prix.

BATAILLIÈRE. s. f. Petite corde qui sert à faire jouer le traquet d'un moulin. *T. de mounier.*

BATARDIER. s. m. Sorte de crible.

BATARDIÈRE. s. f. *t. de jardin.* Réserve

de jeunes plants d'arbres, pour servir au remplacement des pieds qui pourroient mourir dans une plantation. *V.* ce mot au D

BATAULE. s. f. Beurre du bambou, fourni par les fruits d'un arbre d'Afrique inconnu aux botanistes.

BATAYOLE. S. s. f. *mar.* Garde-fou aux frontaux des gaillards, et à l'arrière des hunes.

BATE. s. f. *horlog.* Cercle intérieur de la boîte d'une montre. — *fourbiss.* Partie de la lame d'épée sur laquelle se monte la moulure. — *bijout.* Contour formant la cuvette d'une tabatière.

BATÉAU-MÈRE. s. m. Bateau qui est à la tête d'un train de sel.

BATEAU-PORTE. s. m. Bateau qui sert de porte, et peut, au besoin, se déplacer ou se remettre en son lieu, suivant qu'on veut ouvrir un passage pour la navigation, ou le fermer, soit pour la sûreté du port, soit pour former un pont continu.

BATEAU-POSTE. s. m. Bateau léger servant de poste sur le Rhône, la Loire, etc.

BATÉE. s. f. *fabr.* Quantité de matière battue à la fois pour la confection des glaces.

BATELER, v. n. Conduire un bateau. *Peu usité.*

BATIFODAGE. s. m. Mélange de terre grasse et de bourre battues pour plafonds. *T. de maçon.*

BATIFOLAGE. s. m. Action de batifoler, ce qui se fait en batifolant. *Fam.*

BATINE, s. f., ou TARCHE, TORCHE. Selle en forme de bât, rembourrée de poils sous une grosse toile. *T. de selliers.*

BATIPORTES. s. m. pl. *mar.* Bordages destinés à empêcher l'eau d'entrer dans la cale.

BATISSOIR. s. m. Cercle de fer des tonneliers, pour faire joindre les douves.

BATOLITHE. s. f. Genre de coquilles des roches calcaires, qu'elles forment quelquefois en entier.

BATONNÉE. s. f. Quantité d'eau élevée par la pompe à chaque coup de piston. *Mar.*

BATOURNER, v. a., les douves d'une pièce, les mettre de niveau dans tout le contour. *T. de tonnell.*

BATRACIENS. s. m. pl. *hist. nat.* Ordre des grenouilles, comprenant tous les reptiles quadrupèdes ovipares.

BATTEFEU. s. m. Briquet non limé pour battre la pierre à feu.

BATTERAND. S. m. *archit.* Massue de fer à long manche, pour casser la pierre.

BATTIN. s. m. *bot.* Jonc d'Espagne.

BATTITURE. s. f. Partie peu oxydée du métal, qui se détache en le battant à la forge. Il se dit aussi en pharmacie des parties d'une substance qui se détachent en l'agitant.

BATTOIRE. s. f. Bâton au bas duquel est emmanché un plateau rond, et qui sert à battre la crème dans la baratte. On donne aussi ce nom à la baratte elle-même.

BATTORÉE. s. f. Comptoir d'une ville anséatique dans un pays étranger. *T. de comm.*

BAU. s. m. *mar. Barre* ou solive en travers du bordage du navire, et qui est la mesure de sa plus grande largeur. On lui donne aussi parfois le nom de *barot. Voy.* ci-dessus.

BAUBI. s. m. Chien de chasse pour les bêtes à poil. *T. de vener.*

BAUDAU. s. m. *t. de pêche.* Corde d'auffe, dont on se sert pour monter les bourdignes.

BAUDES. s. f. pl. *mar.* Parties attachées aux filets des madragues.

BAUDISSÉRITE. s. f. Magnésie carbonatée de Baudissère en Piémont. *Minér.*

BAUÈRE. s. f. *bot.* Joli arbrisseau à fleurs roses.

BAUFFE. s. f. Grosse corde, le long de laquelle on attache de distance en distance un grand nombre de lignes garnies de haims. *T. de pêche.*

BAUQUE. s. f. Algue des marais salans, servant pour l'engrais et pour l'emballage.

BAUQUIÈRE. s. f. *mar.* Bordage intérieur du navire supportant les baux ou barots, et allant de tribord à bâbord.

BAVANG ou BARVANG. s. m. *bot.* Arbre des Moluques, à odeur d'ail.

BAVARDIN, E. adj. et subst. Qui sent le bavard. *Style burlesq.*

BAVASSER. v. n. Parler mal à propos et sans utilité. *Pop.*

BAXANA. s. m. *bot.* Arbre de l'Inde, antidote contre tout poison, selon les uns; et dont l'ombre seule est mortelle, selon les autres.

BAYADE. s. f. Sorte d'orge *baillet*, tirant sur le blanc. *T. d'agric.* (On pron. ba-ia.)

BAYADÈRES, pour *balladères.* s. f. pl. Chanteuses et danseuses publiques de l'Inde, qui exercent principalement leur art devant les pagodes. (Pron. ba-ia.)

BAYARD. s. m. Espèce de fort brancard pour porter à bras de lourds fardeaux. (*Baiard.*)

BEAU-CHASSEUR. s. m. *t. de vener.* Chien qui donne de la voix en suivant la bête, et qui, dans sa poursuite, porte la queue relevée sur les reins.

BEAUFORTIE. s. f. *bot.* Arbrisseau de la Nouvelle-Hollande, à étamines réunies en cinq paquets sur de longs pédoncules.

BEAUFRAIS. s. m. *mar.* Vent d'une force modérée et d'une direction favorable.

BEAUHARNAISE. s. f. *bot.* Arbrisseau du Pérou, de la famille des guttifères.

BEAU-SEMBLANT. s. m. Apparence trompeuse de bienveillance dans les manières et les discours des grands, du beau monde. Fiez-vous à tous ces beaux-semblans d'amitié.

BEAUVEAU. S. m. *géom.* Équerre à branches mobiles, propre à transporter un angle d'un lieu à un autre.

BEAUVOTTE. s. f. *hist. nat.* Charançon du blé, alucite des grains.

BÉCARDE. s. f. *hist. nat.* Oiseau à gros et long bec rouge; pie-grièche de Cayenne.

BECCADE. s. f. Coup de bec des oiseaux, spécialement pour manger.

BECCOT. (o long.) Mot enfantin, pour dire un baiser. Faire beccot, donner un beccot.

BEC-CROCHE. s. m. *hist. nat.* Oiseau gris-blanc, de la grosseur d'une poule, et qui vit d'écrevisses.

BEC-D'ÂNE. s. m. Outil pour faire des mortaises; burin à deux biseaux.

BEC-DE-CANE. s. m. Sorte de clou à crochet. Poignée ovale pour une serrure de

chambre, on la serrure même où elle est. Forme d'un *tire-balle* de chirurgie.

BEC-DE-LIÈVRE. s. m. Fente à la lèvre supérieure, qui empêche de bien fermer la bouche; difformité qu'on fait à présent disparoître au moyen d'une incision. Celui qui a cette difformité.

BEC-D'OISEAU. s. m. *hist. nat. Voyez* ci-après ORNITHORYNQUE.

BEC-DORÉ ou BÉDORÉ. s. m. Pigeon à bec et à pates jaunes.

BEC-FIN. s. m. Famille d'oiseaux *à bec fin :* Rossignol, mouchet, fauvette, etc.

BÉCHOTTER. v. a. Bêcher légèrement, négligemment. *Fam.*

BÉCHU. s. m. Espèce de chameau.

BÉCONQUILLE. s. f. *bot.* Racine de l'Amérique méridionale, qui a la propriété vomitive de l'ipécacuanha.

BÉDÉGAR. s. m. *bot.* Substance spongieuse qui vient sur l'églantier; galle chevelue que produit sur les rosiers l'insecte nommé cynips. *Voy.* BÉDÉGAR et ÉGLANTIER au Diction.

BÉDOUINS. s. m. Arabes errans du désert, encore plus féroces et plus pillards que les autres Arabes.

BEENEL. s. m. *bot.* Arbre du Malabar, toujours vert, qu'on rapporte aux crotons.

BÉQUETTES. s. f. pl. Petites pinces de serrurier.

BEL. adj. m. Ancienne forme de cet adjectif conservée devant son nom commençant par une voyelle ou par *h* nul : Un bel organe, un bel habit, etc. On dit encore : C'est bel et bon. Ailleurs beau. *Voy.* BEAU au Diction.

BELA-AYE. s. m. *bot.* Arbre de Madagascar, dont la feuille s'emploie en médecine comme aromatique et amère. Elle fait dans la bière l'office du houblon.

BÉLADAMBOC. s. m. *bot.* Liseron vivace du Malabar, employé, avec de l'huile et du gingembre, contre la morsure des chiens enragés.

BÉLANDRE. s. m. Caisson entouré de rideaux pour transporter les malades des hôpitaux militaires. *V.* ce mot au Dict.

BÉLÉE. s. f. Corde tenant les bains entre deux eaux par un contre-poids. *T. de pêche.*

BÉLEMNITE ou PIERRE DE LYNX. s. f. *minér.* Fossile rapproché des ammonites, trouvé dans les montagnes de seconde formation, ou dans les pays à couches, et dans les craies. *Voy.* ce mot au Diction.

BEL-ESPRIT. s. m. *V.* Esprit au Dict.

BÉLINUM. s. m. *bot.* Nom scientifique du céleri cultivé. (un pron. *ome* bref.)

BELLAGINES. s. f. pl. Recueil des lois des anciens Goths.

BELLE ET BONNE. s. f. Espèce de poires. *T. de jardin.*

BELLON. s. m. Grand cuvier de pressoir. — *méd.* Colique métallique provenant des exhalaisons des mines de plomb. — *bot.* Arbrisseau des Antilles.

BELNAU. s. m. Espèce de tourment.

BÉLOÈRE. s. m. *bot.* Nom donné à l'abutilon à feuilles de peuplier.

BÉLOSTOME. s. m. *hist. nat.* Genre d'insectes hémiptères, de la famille des hydrocorises ou punaises d'eau, à *bouche ou trompe en flèche.*

BEL-OUTIL. s. m. Petite enclume portative de bijoutier, etc.

BELOUZE. s. f. Pièce d'étain montée sur le tour du potier.

BÉLUCA. s. m. hist. nat. Mammifère cétacé, dauphin blanc.

BELUGAS. s. m. Poisson amphibie des mers du Nord.

BELUTTA. s. m. bot. Nom donné à plusieurs plantes exotiques, entre autres à un arbuste du Malabar, dont les feuilles en décoction fournissent un remède contre la morsure des serpens.

BELZÉBUTH ou BÉELZÉBUTH. s. m. L'un des démons présenté comme tentateur. — hist. nat. Espèce de singe d'Amérique, du genre atèle.

BELZOF. s. m. bot. Arbre de Siam, qui donne le benjoin.

BEMBRICE. s. m. bot. Arbrisseau grimpant de la Cochinchine, où ses feuilles servent à couvrir les maisons. (em pron. in.)

BÉMOLISER. v. a. musiq. Marquer de bémol la clef ou une note.

BÉNARD. s. m. Gros chariot à 4 roues.

BÉNARD, E. adj. et s. f. Serrure percée en dedans et en dehors. Il faut là une serrure bénarde, une bénarde.

BENATAGE. s. m. Travail qui se fait avec les benates. Métier de benatier.

BENATE, , s. f. , ou BENATON. s. m. Caisse d'osier des salines. Les douze pains de sel qu'elle peut contenir.

BENATIER. s. m. Ouvrier qui fait les benates.

BENAUT ou plutôt BENOT. s. m. Baquet cerclé, à deux mains de bois.

BÉNÉFICIER. v. n. Faire un bénéfice par un emploi bien entendu des fonds. On bénéficie sur une chose dans une opération de banque, d'entreprise, surtout en grand. — T. de mines, Mettre le minerai en valeur. Cet or est difficile à bénéficier.

BÉNISSA. s. f. bot. Euphorbe de l'Inde, qui a du rapport avec les ricins.

BÉNISSOIR. s. m. Instrument propre à bénir. On dit en plaisantant : Dieu vous bénisse avec son grand bénissoir, pour reprocher à une personne qu'elle vient de faire ou de dire une chose digne de critique ou de blâme, et qu'elle a grand besoin de s'amender.

BENNE ou BANNE. s. f. En divers lieux, panier en osier sans anse, pour les vendanges, pour mesurer de charbon, etc.

BENZOATE. (On pron. bin.) s. m. chim. Sel formé par l'acide benzoïque, avec une base.

BENZOÏQUE. adj. (bin.) Acide benzoïque, tiré du benjoin, dont il porte le nom, quoiqu'on l'extraie aussi du storax, du baume du Perou, etc.

BÉQUET. s. m. Pièce à bec, à crochet, dans divers ateliers. — imprim. Petit morceau de papier écrit à ajouter au manuscrit.

BÉQUETTE. s. f. Grosse pince, tenailles de diverses formes pour les ouvriers en fer. Ce doit être le même mot que béguette ci-dessus, dérivé de bec, ainsi que béquet, béquot, etc.

BÉQUOT. s. m. Quelques personnes nomment ainsi le petit de la bécassine.

BERBÉRIDÉES. s. f. pl. bot. Famille des breberis, épines-vinettes ou vinetiers.

BERCELLES. s. f. pl. Petites pincettes d'émailleurs, qui leur servent à tirer l'émail à la lampe.

BÉRÉBÈRES. s. m. pl. Anciens peuples des côtes de Barbarie, refoulés par les vainqueurs du côté du désert, où ils vivent sous des tentes.

BERGEROT, E. subst. (Vieux mot.) Mauvais berger, mauvaise bergère, ou n'ayant qu'un petit troupeau. Terme de dédain du style burlesque, ou tout au plus de celui de la romance.

BERGMANITE. s. m. minér. Minéral encore peu connu, offrant trois substances dont l'analyse n'a pas été publiée.

BÉRIBÉRI. s. m. méd. Espèce de rhumatisme commun aux Indes, qu'on croit être la chorée ou danse de Saint-Gui, et qui donne aux malades l'attitude et les mouvemens d'une brebis, dont cette maladie a pris le nom.

BERLURETTE. s. f. Espèce de colin-maillard ; ce jeu est aujourd'hui inconnu.

BERNACHE. s. m. Coquillage univalve qui s'attache à la carène des bâtimens non doublés en cuivre.

BERNAGE. s. m. Pour hibernage, hivernage. Mélange de diverses graines qu'on sème avant l'hiver pour avoir du fourrage frais au printemps.

BERNAUDOIR. s. m. Panier d'osier pour le lavage des laines dans les fabriques.

BERNICLE. Mot dérivé de berner, employé elliptiquement : on a voulu m'amadouer, mais bernicle. (On a été berné.) Je suis arrivé, mais bernicle, il n'y avoit plus personne. On dit aussi par corruption bernique. Fam. et pop.

BERNOU. s. m. Manteau à capuchon. On n'en porte plus.

BÉROÉ. s. m. hist. nat. Ver marin si délicat qu'on ne peut le toucher sans le blesser.

BÉRON. s. m. Endroit du sommier par où coule le cidre au sortir du pressoir.

BERS. s. m. pharm. Sorte d'électuaire narcotique.

BERTAMBOISE. s. f. t. de jardin. Greffe en bertamboise, en fente de rameau, porté sur un sujet taillé en biseau.

BERTHOLLÉTIE. s. f. bot. Grand arbre du Brésil, dont chaque fruit, rond, de la grosseur de la tête, contient dans chacune de ses quatre loges sept ou huit noix, qui sont bonnes à manger ou à faire de l'huile à brûler.

BERTOIS. s. m. Corde servant d'anse au bassicot pour l'enlever de la carrière au moyen de l'engin. T. de carr.

BÉRUBLEAU. s. m. fabr. Verre de terre, cendre verte.

BESIMÈME. s. f. bot. Ovule séminiforme, corps reproducteur des plantes cryptogames.

BESOCHE. s. f. Pioche de pépiniériste, pointue par un bout, large et aplatie par l'autre. On écrit aussi bezoche.

BESOLET. s. m. hist. nat. Oiseau de passage très-connu sur les bords du lac de Genève.

BESSI. s. m. bot. Grand arbre des Moluques, bois dur employé pour meubles ; ses sucs internes sont couleur de sang.

BESTE, BETTE ou CUINE. s. f. Vase de grès pour la distillation des eaux-fortes.

BESTION. s. m. Bête, grosse bête. Terme familier. Tapisserie représentant de gros animaux.

BÉTAULE. s. m. Beurre de bambou. V. ci-dessus. BATAULE.

BÈTE-ROUGE. s. f. hist. nat. Insecte rouge presque imperceptible; espèce de chique, du genre acarus, dont la piqûre cause de grandes démangeaisons. Il est très-commun dans les vignobles.

BÉTIS. s. m. bot. Arbre des Philippines, dont le bois a, dit-on, la propriété de faire éternuer, et de chasser les vers. On croit qu'il est du genre des sapotilliers.

BÉTOIRE. s. m. Trou, cavité naturelle où se perdent pour un temps les eaux de certaines rivières. Trou rempli de pierrailles afin de faire absorber les eaux de pluie.

BÉTUSE. s. f. Tonneau ouvert pour transporter du poisson vivant; tonneau à avoine, dans les écuries.

BEUVANTE. s. f. mar. Droit réservé sur un navire par celui qui le donne à fret; droit qui se convertit habituellement en pièces de vin appartenant à l'équipage pour sa buvande, sa boisson.

BEUVRINES. s. f. pl. Grosses toiles d'étoupes, chanvre ou lin, dans le commerce.

BEXUGO. s. m. bot. Racine purgative du Pérou, dont on ne connoît pas la tige.

BEZ. s. m. Stalactite saline. T. de minér.

BEZEAU ou mieux BISEAU. s. m. Pièce de charpente ou autre, coupée obliquement, en tête de sifflet.

BÉZOARDIQUE. adj. méd. Remède cordial, alexitère, etc., tiré du bézoard ou de substances semblables.

BIAISEUR. s. m. Celui qui biaise, qui est porté à biaiser, à prendre des détours dans son langage; fém. biaiseuse. Fam.

BIAMBONÉES. s. f. pl. t. de comm. Étoffes d'écorce d'arbre et de soie, qui se tirent des Indes.

BIBACITÉ. s. f. Mot hasardé pour exprimer la passion du vin, et très-propre à marquer une disposition physique, surtout celle des personnes nerveuses, à s'adonner au vin. La bibacité seroit alors un penchant naturel, une maladie si l'on veut.

BIBBY. s. m. bot. Palmier d'Amérique à bois noir, fruit huileux.

BIBLIOGRAPHIQUE. adj. Qui concerne les bibliographes, la bibliographie; donner des notes, avoir des connoissances bibliographiques.

BIBLIOLITHE. Voy. LITHOBIBLIE.

BIBLIQUE. adj. Qui est propre à la Bible, qui lui ressemble, la concerne : images bibliques, style biblique; société biblique, qui s'applique à répandre la Bible.

BIBLISTES. s. m. Ceux qui n'admettent pour règle religieuse que le texte pur de la Bible.

BICAPSULAIRE. adj. bot. Fruit à deux capsules.

BICÊTRE. s. m. Ancien château royal, auprès de Paris, transformé en hospice pour les vieillards indigens ; ce qui a fait dire indistinctement : aller à Bicêtre ou à l'hôpital, pour dissiper sa fortune, la perdre, être réduit à la misère. C'est aussi une maison de détention pour les condamnés; d'où l'on dit *populairement* de quelqu'un que c'est un habitué de Bicêtre, un échappé de Bicêtre, pour dire un mauvais sujet. C'est une expression des plus basses.

BICHO. s. m. Espèce de ver qui se forme sous la peau, et cause de vives douleurs.

BICONJUGUÉ, E. adj. et s. f. *bot.* Feuille dont le pétiole commun se partage en deux rameaux, portant chacun deux folioles.

BICORNES. adj. et s. f. *bot.* Famille de plantes à anthères surmontées de deux pointes. Si ces pointes sont en forme de corne, on emploie l'adjectif *bicornu*.

BICOTYLÉDONE. adj. et s. f. *bot.* Plante à deux lobes ou cotylédons.

BICUSPIDÉ, E. adj. *bot.* Feuille bicuspidée, fendue au sommet, et terminée par deux pointes. On dit aussi qu'une dent est bicuspidée ou bicuspide (à deux pointes).

BIDAUCT. s. m. Suie de cheminée pour teindre en brun. Terme employé dans les ateliers de teinture.

BIDENTÉ, E. adj. De bident (à deux dents), appliqué à des outils, ustensiles, etc. on a formé *bidenté*, qui se dit du calice des fleurs dont le bord a deux dents.

BIEN-FONDS. s. m. Espèce de propriété en terres, maisons, présentée comme plus solide et moins sujette aux chances. On oppose les biens-fonds aux rentes, aux contrats et autres propriétés moins assurées. *Voyez* FONDS au Dict.

BIEN-TENUE. s. f. possession actuelle, droit du bien-tenant.

BIEUSSON. s. m. On donne ce mot comme signifiant *poire blette*; mais alors on doit dire *blesson*, du mot populaire *blet*, *blette*, dans le sens de mou, molle; dans le bon usage, on dit exclusivement *poire molle*.

BIFÈRE. adj. *bot.* Plante bifère, qui fleurit deux fois par an. — *minér.* Cristal à deux décroissemens.

BIFEUILLE. s. f. hist. nat. Animal marin, zoophyte-blanc en rosette.

BIFFAGE. s. m. Action de biffer, écriture biffée. Il suppose une autorité. Un auteur efface; on tribunal fait biffer ce qu'il condamne. *Voy.* BIFFER au Dict.

BIFIDE. adj. *bot.* Feuille bifide, *fendue* en deux parties.

BIFLORE. adj. *bot.* Tige biflore, portant deux fleurs, ou des fleurs deux à deux.

BIFTECK. s. m. Mot anglois adopté. Tranche de bœuf rôtie.

BIFURQUER (SE). Faire la fourche, se diviser en deux par le bout. Il y a des os, des plantes, qui sont bifurqués.

BIGARADIER. s. m. Espèce d'oranger qui produit la bigarade.

BIGÉMINÉ, E. adj. *bot.* Feuille bigéminées, à pétiole bifurqué, dont chaque extrémité porte deux folioles.

BIGNONE. s. f. Genre de plantes dont le nom est devenu celui de la famille des *bignonées*.

BIGNONÉES. adj. et subst. Arbres ou arbustes exotiques, dont plusieurs ont de belles fleurs en cloche, tube ou entonnoir. Il est fâcheux que la nom propres, ont qu'n'indiquent aucun caractère des plantes, ne soient pas en sous-ordre dans les divisions ou sous-divisions.

BIGORNE. s. f. Enclume dont un bout

---

au moins est en pointe arrondie pour rabattre le métal en rond.

BIGORNEAU. s. m. Petite bigorne, pour les menus objets de bijonterie, etc.

BIGORNER. v. a. Bigorner une pièce, c'est la travailler à la bigorne, l'arrondir en demi-cercle, en anneau, etc.

BIGOT. s. m. *mar.* Pièce de bois trouée pour passer un cordage.

BIGUER. v. a. *t. de jeu.* Changer de cartes ou de jeu avec son adversaire.

BIHAI. s. m. *bot.* Plante marécageuse d'Amérique, qui ressemble au bananier, quoiqu'elle porte aux Antilles le nom du *balisier.* (On pron. *bihaï.*)

BIHOREAU. s. m. *hist. nat.* Oiseau aquatique, du genre du héron.

BIJUGUÉ, E. adj. *bot.* Feuille bijuguée, à quatre folioles unies deux à deux sur un même pétiole.

BILATÉRAL, E. adj. *A deux côtés. T. de droit.* Contrat bilatéral, qui oblige les deux parties.

BILIMBI. s. m. *bot.* Fruit du carambolier cylindrique, au Malabar.

BILLARD. v. a. *mar.* Chasser avec le billard les cercles de fer qui se mettent sur les mâts, les pompes, etc.

BILLARDER. v. n. *t. de manège.* C'est, de la part du cheval, serrer les genoux de devant, et porter le bas de la jambe en dehors. *Voy.* ce mot au Dict.

BILLARDIÈRE. s. f. *bot.* Petite plante vivace de la Nouvelle-Hollande, à tige grimpante, qui se cultive en France.

BILLE. s. f. Petite boule ou globule en pierre ou en marbre, qui sert à un jeu d'enfant. — Pièce de bois brut prise sur la longueur de l'arbre. Bout de rondin pour serrer les cordes d'emballage, les peaux du chamoiseur. *Voy.* BILLE au Dict.

BILLER. v. a., Ne s'emploie guère que dans le sens de serrer avec une bille de bois ou de fer, comme dans l'emballage.

BILLETEUR. s. m. *mar.* Celui qui reçoit la paye pour en faire la distribution à ses camarades, suivant la quote-part de chacun.

BILLOTÉE. s. f. Vente du poisson en gros et par lots.

BILOBÉ, E. adj. *bot.* Feuille bilobée, pétiole bilobé; feuilles ou divisions plus ou moins séparées et profondes, sans atteindre le milieu.

BILOCULAIRE, adj. *bot.* A deux loges. Fruit, capsule biloculaire.

BIMANE. adj. Qui a deux mains. Ordre de mammifères qui ne comprend que l'homme. *hist. nat.*

BIMBELOTERIE. s. f. Fabrique, assortiment de jouets d'enfans; considérés comme un genre de marchandises.

BINÉ, E. adj. *bot.* Feuille binée, deux folioles sur un même pédoncule. *Voy.* BINÉ au Dict.

BINETTE. s. f. Petit instrument de jardinier pour biner les plantes.

BINI, mot latin, *deux à deux*, s'est dit ensuite dans les couvens de moines, pour désigner celui qui servoit de second à un autre qui sortoit : avoir un *bini*, chercher un *bini*.

BINOCHON. s. m. Outil de jardinier pour sarcler l'ognon.

BINOCLE. s. m. *hist. nat.* Genre de crustacés à *deux yeux* distincts; il a pour opposé *monocle.* *Voy.* BINOCLE au Dict.

BINOCULAIRE. adj. Télescope binoculaire, où l'on voit des deux yeux.

BINUBE. adj. et subst. Qui a contracté un second mariage, qui s'est remarié, ou marié en secondes noces. *V.* BIGAME au Dict.

BIOGRAPHIQUE. adj. Relatif à la biographie. Notice biographique.

BION. s. m. Outil de verrier pour fendre les bosses qui se forment au verre plat en le faisant.

BIPARTI, E. adj. *bot.* Feuille bipartie, fendue en deux parties jusqu'au dessous du milieu.

BIPARTIBLE. adj. Composé de deux parties naturellement séparables. L'ovaire des apocyns est bipartible.

BIPARTITION. s. f. *bot.* Action de se *bipartir* ou séparer en deux. La famille peut au besoin se compléter.

BIPHORES. s. m. pl. Vers marins transparens, dont on peut voir les organes internes.

BIPINNATIFIDE. adj. *bot.* Feuille pinnatifide, dont les lobes le sont aussi.

BIPINNÉ, E. adj. *bot.* Feuille bipinnée, dont le pétiole supporte d'autres pétioles.

BIQUADRATIQUE. adj. *Alg.* Quatrième puissance, ou carré du carré. (*qua* pron. coua.)

BIQUETER. v. a. Peser la monnoie avec le biquet, espèce de trébuchet à bec. — v. n. Mettre bas, en parlant de la chèvre qui fait un *biquet.*

BIQUINTILE. adj. *astr.* Deux planètes sont *biquintiles* quand elles sont éloignées l'une de l'autre de 144 degrés, on des *deux cinquièmes* du cercle, ce qui implique le mot. (On pron. *euin*.)

BIRAMBROT. s. m. Soupe à l'allemande: *beer und brod*, bière et pain, avec beurre, sucre et muscade.

BIRE ou BURE. s. f. Bouteille en osier; espèce de nasse.

BIROTINE. s. f. Sorte de soie du Levant.

BISAGE. s. m. Teinture d'une étoffe en une autre couleur que la première; et, par extension, moyen de masquer les défauts d'une marchandise.

BISAIGUE. s. f. Outil en bois, qui sert aux cordonniers pour polir.

BISAILLE. s. f. Farine de basse qualité, pour le pain bis. Mélange de pois gris et de vesces pour les pigeons bisets, etc.

BISCAIEN. s. m. Ancien fusil de rempart, gros et long. Aujourd'hui, grosse balle mêlée dans la charge d'un canon qui tire à mitraille. Recevoir un coup de biscaïen. Petit boulet de marine.

BISCAIENNE. s. f. Petite chaloupe qui va à la rame. Pron. bisca-ienne.

BISCHÉ, E. adj. Œuf *bisché*, entamé par le *bec* du petit qui est prês d'éclore, soit sous la couveuse, soit artificiellement.

BISCOTIN. s. m. Sorte de biscuit de farine, blanc d'œuf, sucre et fleur d'orange. Il est dur et cassant.

BIS-DORÉ, E. adj. et subst. Espèce de pigeons bruns, à bec et cou d'un jaune d'or.

BISÉ, E. adj. Une étoffe *bisée* est celle qui a passé au polir.

BISETIÉRE. s. f. Celle qui fait de la dentelle *bise*, appelée bisette.

BISEUR. s. m. Teinturier du petit teint, pour le *bisage*, etc.

BISEXE. adj. *bot.* Fleur *bisexe*, qui a les deux sexes; mot opposé à *unisexe*. On a avec la même valeur *monoïque* et *dioïque*, que la science peut préférer, mais que l'on adoptera moins dans la langue usuelle.

BISQUER. v. n. Prendre sa *bisque*, profiter de l'occasion pour rendre une mortification; et, par ext., avoir et montrer de l'humeur, du dépit. Ce n'est guère qu'un terme d'écolier.

BISTORTIER. s. m. Pilon de bois pour battre, piler ou mêler des drogues dans un mortier.

BISULCE, BISULQUE. adj. et subst. Quadrupède à pieds fourchus. On a aussi appliqué le dernier aux seuls mammifères ruminans. *Hist. nat.*

BITERNÉ, E. adj. *bot.*(Feuille, fleur.)dont le pétiole a trois rameaux terminés chacun par trois folioles.

BIT'ESTACÉ, E. adj. et subst. *hist. nat.* Famille de crustacés, à deux valves calcaires ou cornées.

BITTE, s. f., et son diminutif BITTON. s. m. *mar.* Pièce de bois ronde servant surtout à amarrer les cordages, les bateaux, les ancres, etc.

BITTER. v. a. *mar.* Amarrer en roulant autour des bittes une partie du câble, alors appelée *bitture*.

BITUMINER. v. a. Enduire de bitume; mêler du bitume avec une autre substance.

BIVIAIRE. adj. Place des forêts où aboutissent *deux chemins*.

BIVIAL, E. adj. Route biviale, qui se divise en deux. *Peu usité.*

BIVOIE. s. f. Route fourchue, à double voie, double issue ou direction.

BLANC-BOURGEOIS. s. m. Farine du premier gruau.

BLANC - D'ESPAGNE. s. m. Craie blanche tres-friable, qui se vend en petits pains.

BLANC DE FARD. s. m. Nitrate de bismuth, chargé d'oxyde.

BLANCHE. s. f. Note de musique valant deux noires, quatre croches, etc. — Hirondelle de mer. *Voy.* BLANC au Dict.

BLANCHER. s. m. Tanneur de petits cuirs.

BLANC-NEZ. s. m. *hist. nat.* Espèce de singes à nez blanc, du genre des guenons.

BLANC-RAISIN. s. m. *pharm.* Onguent de cire avec huile et céruse.

BLANC-SEING ou BLANC-SIGNÉ. *V.* BLANC au Dict.

BLANDICES. s. f. pl. Caresses artificielles pour obtenir un avantage, un consentement. *T. de palais.*

BLAQUE. s. f. Bourse de vessie ou de peau, où l'on met le tabac à fumer.

BLASONNEUR. s. m. Celui qui connoît, explique ou exécute des armoiries.

BLASTE. s. m. *bot.* Petit arbre des forêts de la Cochinchine, le seul où les ovaires se trouvent attachés aux anthères, qui contiennent les graines.

BLASTÈME. s. m. *bot.* Partie de l'embryon des graines, comprenant la radicule et la plumule.

BLÁTRER. v. a. Parer le blé, lui donner une belle apparence, par des compositions qui peuvent l'altérer. Toujours en mauvaise part.

BLATTE. s. f. *hist. nat.* Genre d'insectes orthoptères, de la famille des coureurs. La blatte évite le grand jour.

BLÉGNE. s. f. *bot.* Genre de fougères dont la fructification est rangée sur deux lignes, le long de la côte du milieu de la feuille. C'est une plante exotique.

BLEIME. s. f. Meurtrissure dangereuse aux pieds de devant du cheval. *Méd. vétér.*

BLENNORRHAGIE et BLENNORRHÉE. s. f. *méd.* Ce sont deux sortes d'inflammation de l'urètre.

BLÉPHARIQUE. adj. *pharm.* Collyre contre l'inflammation des *paupières*, dont on distingue plusieurs maladies peu importantes, toutes désignées sous des noms commençant par *blépha*....

BLÉSITÉ. s. f. Nom que l'on a donné à ce défaut de liberté dans les organes de la parole, qui fait substituer surtout le son doux *z* à *s* ou à *ch-j*. On en a même fait le verbe *bléser*, que beaucoup de personnes ont confondu avec *blesser*.

BLESTRISME. s. m. *méd.* Disposition maladive qui ne permet pas de tenir le corps en repos.

BLETIE. s. f. *bot.* Plante orchidée du Pérou.

BLET-TE. adj. *Voy.* plus bas BLOSSIR (SE).

BLEUET. s. m. *Voy.* BLUET au Dict.

BLEUISSOIR. s. m. Outil d'horloger servant à faire bleuir des pi ces d'acier. On le nomme aussi *revenoir.*

BLIN. s. m. t. de fabr. Pi ce de l'ordissoir, qui sert à arranger les fils, soies, etc. — *Mar.* Forte pièce de bois servant de bélier pour pousser des coins sous un bâtiment en cale, et le faire couler de dessus le chantier.

BLINDAGE. s. m. *mar.* Action de blinder; emploi des blindes. *V.* BLINDER, BLINDES au D.

BLONDIER. s. m. Ouvrier qui fait de la blonde. *Fém.* Blondière.

BLOSSIR (SE). v. pron. De la famille du vieux blet-blette, signifiant mou. Blesson, poire blette ou molle. On a renouvelé se blossir, pour marquer la disposition de certains fruits à céder sous le doigt apr s la maturité, et par suite à s'amollir tout-à-fait. La nèfle qui se blossit n'est pas encore blette ou molle; elle est près de le devenir.

BLOSSISSEMENT. s. m. Action du fruit qui se blossit; son état, sa qualité.

BLOT. s. m. *mar.* Instrument au moyen duquel on peut estimer la vitesse du vaisseau dans sa marche.

BLOUSSE. s. f. Laine trop courte pour être filée, traitée, et qu'on est obligé de carder.

BLUTAGE. s. m. Action de bluter; ce que l'on a bluté; travail de celui qui blute.

BOA. s. m. Genre de serpens sans venin, dont quelques-uns sont énormes et d'une force prodigieuse.

BOBILLE. s. f. Cylindre en bois des épingliers, fixé à un axe de fer qu'on fait tourner avec une manivelle.

BOBINEUSE. s. f. Ouvrière occupée à remplir les bobines au dévidoir. *T. de fabr.*

BOBINIÈRE. s. f. Partie du rouet de fileur d'or où la bobine tourne.

BOBO. s. m. (Le premier *o* est long et le second bref.) Espèce de bois des Philippines, auquel on donne jusqu'à 5o pieds de long, tandis que celui des savanes de l'Amérique n'arrive guère qu'à 3o. Mais le nom de bobo, niais, que lui donnent les Espagnols, ne le suppose pas aussi redoutable.

BODINE. s. f. Quille de navire. De là vient le nom de *bodinerie*, donné à une sorte de prêt à la grosse aventure, et assigné sur la *bodine* du bâtiment, c'est-à-dire sur le bâtiment lui-même, s'il ne périt pas.

BODINURE. s. f. *mar.* Petite corde que l'on entortille autour de l'arganeau, partie de l'ancre.

BOESSE. s. f. Instrument pour ébarber les lames des métaux, spécialement pour le monnoyage.

BOESSER. v. a. Ébarber les métaux avec la *boesse*; nettoyer des morceaux de sculpture, des ciselures, etc.

BOGHEI. s. m. Sorte de cabriolet découvert, dont la forme est à peu près abandonnée.

POGUE. s. f. Enveloppe piquante de la châtaigne, du marron d'Iude, etc.

BOHON-UPAS. s. m. Arbre de Java dont on croit que se tire un poison subtil. (On prou. *n* et *s* finals.)

BOICUABA. s. m. Serpent du Pérou dont on mange la chair, et qui a jusqu'à 10 pieds de long.

BOICUPÉCANGA. s. m. Serpent du Brésil, seul jusqu'ici de son genre.

BOIS. s. m. On distingue bien des sortes de bois. D'après leur usage : bois à baguettes, à balais, à barraque, à barrique; bois de lance; bois-citron ou de chandelle, qui sert de lumière; bois de chambre, qui sert d'amadou; bois-savonnette. — D'après la couleur : bois-blanc, isabelle, jaune, rouge ou de sang, bois-de-laît, à suc laiteux; bois-violet ou de campêche, pour la teinture en violet; bois-d'argent, à feuilles argentées. — D'après l'odeur: bois-d'anis, d'anisette, de rose, de cannelle ; bois-citron ci-dessus, bois de seringa (caoutchouc qui tombe de la gomme élastique). — D'après la substance, les propriétés, etc. : bois-de-liege, bois-léger, bois-de-fer, bois-de-masse, dont les feuilles sont soyeuses ; bois-de-lumière, dont les émanations preunent feu à la chandelle; bois-marbré, bois-de-lettres; bois-de-râpe, dont les feuilles sont très-rudes, etc. — Il y a aussi des bois-fossiles en divers état, soit pétrifiés, soit carbonisés, bitumineux, agatisés, minéralisés, etc., suivant les changemens qu'ils ont éprouvés sous terre et dans l'eau. *Voy.* Bois au Dict.

BOISEUX, EUSE. adj. Qui tient de la nature du bois : plante, racine boiseuse.

BOISILIER. s. m. *mar.* Coupeur de bois. Ce nom conviendroit bien, ainsi que le verbe *buisilier* des campagnes, à ceux qui coupent du menu bois sec des taillis, et qui certes ne sont pas des bûcherons.

BOITEMENT. s. m. Action de boiter; défaut, allure de celui qui boite. *Fam.*

BOKEI. s. m. Petit char très-léger, à peu près remplacé par le tilbury.

BOLET. s. m. Genre de champignons; d'où l'on a formé *boléttoïdes*, qui est le nom

4

d'une division; et *bolélite*, celui d'une pierre argileuse cendrée, qui représente une morille.

BOLIDE. s. f. *minér. Voy.* ci-dessus AÉ-ROLITHE.

BOMBALON. s. m. Trompette marine des Nègres, instrument très-bruyant.

BOMBAX. s. m. *bot.* Arbrisseau fromager.

BOMBIATE. s. m. *chim.* Sel formé par la combinaison de l'acide bombique avec une base.

BOMBIQUE. adj. *chim.* Acide *bombique*, tiré du bombyx ou ver à soie.

BONBANC. s. m. Pierre blanche des carrières de Paris, propre pour des colonnes, des ornemens.

BONDER, v. a. *mar.*, un tonneau, le remplir jusqu'à la bonde. Par analogie : bonder un navire, l'entrepont, y mettre autant de marchandises qu'on peut y en entasser, jusqu'au point le plus élevé.

BONDIEU. s. m. Gros coin de scieur de long.

BONDONNIÈRE. s. f. Outil de tonnelier pour percer la *bonde*, ainsi nommée parce qu'elle se point le plus *bondissant*, le plus élevé de la pièce.

BONDRÉE. s. f. *hist. nat.* Oiseau de proie peu différent de la buse.

BONHOMME. s. m. Celui qui a de la bonhomie. Il s'applique parfois, avec l'épithète de petit, à un jeune homme, à un homme de peu d'apparence, de peu de moyens ou d'importance : envoyez-moi votre petit bonhomme. Je vis arriver un petit bonhomme. On interrogea le petit bonhomme, qui ne sut que répondre. *Fam.* Il y a aussi la fleur de bonhomme ou bouillon-blanc, qui est la molène officinale, adoucissante. — *Petit bonhomme vit encore*, est un jeu de société qui consiste à faire passer promptement à son voisin, en disant ces mots, un morceau de papier ou une allumette en feu ; et celui entre les mains de qui le bonhomme s'éteint donne un gage. *Voy.* HOMME au Dict.

BONI. s. m. Ce qu'il y a de bon, de reste, en finances, dans une position, soit par excédant de recette ou diminution de dépense.

BONNE. s. f. Gouvernante d'enfant en bas âge; prendre une bonne. La bonne a mené les enfans à la promenade. *Fam.*

BONNEAU. s. m. *mar.* Liège flottant au-dessus de l'endroit où est mouillée l'ancre.

BONNET-A-PRÊTRE. s. m. *Voy.* PRÊTRE au Dict.

BONNET-CHINOIS. s. m. Instrument de musique militaire. — *hist. nat.* Espèce de singe du genre macaque, aussi appelé guenon *couronnée*. Coquille du genre patelle.

BONNET-DE-NEPTUNE. s. m. *hist. nat.* Fongipore arrondi ou madrépore fongite. Espèce d'éponge qui en a la forme.

BONNET-DE-PRÊTRE. s. m. *bot.* Nom donné au fruit du fusain à cause de sa forme, et appliqué ensuite à la tige elle-même.

BONNETAGE. s. m. Papier collé sur l'amorce d'un artifice, et qui l'empêche de prendre feu à contre-temps.

BONPLANDIE. s. f. *bot.* Grand arbre de l'Amérique méridionale, aussi nommé *cupaire*, dont l'écorce se vend sous le nom d'angustura.

BONTOUR. s. m. Évolution d'un navire pour défaire les tours de ses câbles, qui s'étoient croisés ou entortillés, ou pour en prévenir l'inconvénient.

BOOTÈS. s. m. *astr.* La constellation du *bouvier*.

BOQUET. s. m. Sorte de pelle ou d'écope pour enlever les boues des marais salans.

BORACIQUE. adj. *chim.* Acide boracique, tiré du borax.

BORACITE. s. f. *chim.* Sel formé par l'acide boracique combiné avec la magnésie et la chaux.

BORASSEAU. s. m. Borax en poudre pour la fusion de la soudure. Boîte qui en contient.

BORATE. s. m. *chim.* Sel formé par la combinaison de l'acide boracique avec une base.

BORATÉ, E. adj. *chim.* Combiné avec de l'acide boracique.

BORDAGE. s. m. Action de border ; travail de celui qui borde. Le bordage d'un chapeau. *Voy.* BORDAGE au Dict.

BORDAILLE. s. f. *mar.* Genre de planches brutes, propres, par leur qualité et leur forme, à faire des bordages de navire. Partie d'un bateau foncet voisine du rebord.

BORDEMENT. s. m. Action de border. *t. de peint. en émail.* Action de *bordoyer*, de coucher l'émail à plat sur le bord du métal.

BORÉLIE. s. f. Genre de coquilles, d'une demi-ligne à deux lignes de diamètre, formant des masses dans quelques montagnes et dans quelques mines de fer.

BORIN. s. m. Nom donné à l'ouvrier dans les mines de charbon.

BORNOYEUR. s. m. Celui qui bornoie. *Voy.* BORNOYER au Dict.

BORONIE. s. f. Genre de la famille des rutacées *(des rues)*, venant de la Nouvelle-Hollande, et dont on cultive en France la boronie pinnée.

BORRAGINÉE. adj. et s. f. De la famille des bourraches. *Plante borraginée.*

BORROU. s. m. Arbre des Indes, dont l'écorce est purgative.

BOSSELURE. s. f. *bot.* Forme des feuilles bosselées, prise dans son ensemble.

BOSSER. v. a. *mar.* Amener l'ancre sur ses bossoirs; appliquer les bosses sur le câble qui la retient en mer.

BOSSETIER. s. m. Fondeur d'ouvrages en bosse, bossettes, grelots, etc. — Verrier qui souffle la boule, et celui qui l'ouvre ensuite.

BOSSOIRS. s. m., ou BOSSEURS. *mar.* Pièces de bois sur lesquelles se place l'ancre quand on l'a levée.

BOSSUEL. s. m. *t. de jardin. fleur.* Espèce de tulipe, la seule qui soit odorante.

BOSTON. s. m. Jeu de cartes à quatre personnes et avec cinquante-deux cartes.

BOSWELLIA THURIFÈRE. s. m. *bot.* Arbre d'Arabie d'où se tire le véritable encens.

BOTANICON. s. m. Flore spéciale et succincte d'un canton, où plutôt recueil de notes pour servir d'élémens à une flore. C'est le livret, l'agenda du botaniste, où il inscrit avec notes les plantes du pays qu'il parcourt. Ce qu'il contient.

BOTANISER. v. n. Ce mot, hasardé pour signifier chercher des plantes, comme bota-

niseur pour chercheur de plantes, est moins propre que herboriser, herboriseur, pour exprimer la recherche matérielle des plantes ; dérivé du nom de la science, il voudroit plutôt dire s'appliquer à la science, à l'étude de la botanique.

BOTANOLOGIE. s. f. Traité sur la botanique, comme science, et dans son ensemble ou dans ses diverses branches : classification, procédés, direction, etc.

BOTANOPHILE. s. m. Amateur de botanique.

BOTEAU. s. m. Petite botte de foin.

BOTRYLLAIRES. s. m. *hist. nat. Voyez* ci-après TUNICIERS.

BOU, THÉ-BOU. s. m. *Voy.* THÉ au Dict.

BOUARD. s. m. Marteau pour bouer les pièces de monnoie.

BOUCHAGE. s. m. Terre détrempée pour le coulage de la fonte, dans les forges.

BOUCHARDE. s. f. Outil d'acier des sculpteurs en marbre.

BOUCHE-NEZ. s. m. Petit tampon, dans certains ateliers, pour se garantir des odeurs désagréables ou nuisibles. *T. de mét.*

BOUCHET. s. m. Sorte de boisson, hypocras fait avec eau, sucre et cannelle bouillis ensemble.

BOUCHOT. s. m. Parc établi sur le bord de la mer, où le poisson reste à découvert, et se pêche aux plus basses marées.

BOUCLETTES. s. f. pl. Petits anneaux traversés chacun par un fil de la chaîne, et placés au milieu de chaque lice.

BOUCLIER. s. m. *hist. nat.* Genre de poissons à nageoires cartilagineuses, nommé par d'autres *cycloptère.* Genre d'insectes coléoptères clavicornes. *V.* BOUCLIER au Dict.

BOUDIN-DE-MER. s. m. *hist. nat.* Ver à tuyau; mollusque à enveloppe en forme de boudin blanc.

BOUDINE. s. f. Bosse, nœud, au milieu d'un plateau de verre, dans la fabrication.

BOUDINIER, E. s. f. Celui ou celle qui fait et vend du boudin.

BOUDINURE. s. f. *mar.* Entourage des câbles en vieux cordages.

BOUER. v. a. Frapper une pièce, une plaque de métal, avec le marteau ou *bouard*, pour lui donner le poli de la ductilité; spécialement dans les hôtels des monnoies.

BOUFFE. s. m. Acteur comique de l'Opéra italien *buffa*, *(au* par ext., au pluriel, le théâtre où jouent les bouffes : Un bon ou un mauvais bouffe; aller aux bouffes. *Fam.* Au propre, le *bouffe* seroit un joueur de farces.

BOUFFEMENT. s. m. Action de bouffer, se de bouffer, en parlant d'une robe, d'une étoffe soulevée par l'air, etc.

BOUFFOIR. s. m. Instrument de boucher pour faire *bouffer*, gonfler la viande.

BOUGAINVILLÉE. s. f. *bot.* Arbre épineux du Brésil, à fleurs de belles-de-nuit.

BOUGIE. s. f. On appelle bougie *philosophique* une vessie remplie de gas hydrogène, qu'on presse pour la faire sortir par un tuyau, au bout duquel on peut l'enflammer. *Voyez* BOUGIE au Dict.

BOUGON. s. m. Celui ou celle qui est d'humeur à bougonner; qui a de l'habitude. Cet homme, cette femme, n'est qu'un bougon.

BOUGON. s. m. Un hareng *bougon*, en terme de pêche, est celui qui est mutilé, colui auquel il manque ou la tête ou la queue.

BOUGRANÉ, E. adj. Toile apprêtée comme le hougran.

BOUILLAISON. s. f. Ce mot, des pressoirs dans les campagnes, est remplacé ailleurs par celui de *fermentation*, soit pour le cidre, soit pour le vin.

BOUILLARD. s. m. *mar.* Nuage qui apporte ou qui fait craindre de la pluie et du vent.

BOUILLEUR ou **BRÛLEUR. s. m.** Celui qui convertit en eau-de-vie le cidre, le vin, etc.

BOUILLOTTE. s. f. Jeu de cartes qui tient du brelan. — Petite bouilloire.

BOUIN. s. m. Écheveaux de soie en paquet pour la teinture.

BOULBÈNE. s. f. *minér.* Terre argilo-sablonneuse, que la sécheresse met en poudre, et que l'eau convertit en boue. Elle est commune dans le midi de la France.

BOULDURE. s. f. Creux sous la roue du moulin à eau.

BOULE-DE-NEIGE. s. f. *bot.* Fleur d'une espèce de viorne dégénérée; le même nom se donne aussi à la plante.

BOULE-DOGUE. s. m. Espèce de chiens très-forts, à tête arrondie, ayant le museau raccourci. Ce nom paroît venir de l'anglois *bold dog*, chien hardi.

BOULÉE. s. f. Dépôt du suif au fond de la poêle où on l'a fondu.

BOULESIE. s. f. *bot.* Genre d'ombellifères, plante originaire du Pérou.

BOULET-DE-CANON. s. m. *bot.* Fruit d'un arbre de la Guyane il tire son nom de sa grosseur et de sa forme.

BOULEUR. s. m. *t. de pêche.* Celui qui, avec la bouille ou le bouloir, chasse le poisson vers les filets.

BOULOIS. s. m. Morceau d'amadou, de forme allongée, qu'on applique sur la mine.

BOUQUET, s. m., ou *museau noir.* Espèce de gale qui attaque le museau des moutons. *Méd. vétér.* *Voy.* Bouquet au Dict.

BOURACANIER. s. m. Ouvrier qui tisse le bouracan. *T. de fabriq.*

BOURACHE. s. f. Nasse d'osier en forme de souricière. On dit aussi bouraque et bourague. *T. de pêche.*

BOURBON. s. m. Pièce qui soutient la poêle dans les salines.

BOURDAIGNE. s. f. (pron. *agne.*) Pastel bâtard.

BOURDELAI. s. m. Espèce de gros raisin de treille.

BOURDELAS. s. m. Gros raisin à verjus.

BOURDIN. s. m. Espèce de pêche très-colorée et arrondie.

BOURDONNEUR, EUSE. adj. et subst. Qui bourdonne. Il se dit surtout des oiseaux à vol bruyant et précipité: colibri, oiseau-mouche, etc.

BOURDONNIER. E. s. m. Celui ou celle qui porte un bourdon. Il s'est dit en plaisantant sur les anciens pèlerins.

BOURÈCHE. s. f. *mar.* Nœud, bourrelet fixé sur un cordage de distance en distance.

BOURGÈNE, BOURDAINE. s. f. *bot.* Arbrisseau voisin du nerprun, qui fournit le meilleur charbon pour la poudre à canon. On le nomme encore *aune noir.*

BOURGUIGNON. s. m. Espèce de raisin noir, aussi appelé *damas, boucarès.*

BOURJASOTTE. s. f. Espèce de figue tirant sur le violet. *T. de jardin.*

BOURNONITE. s. m. *minér.* Minéral de l'Inde, composé d'alumine et de silice, presque blanc, à tissu fibreux, électrisable, de plus phosphorescent par le frottement, et infusible au chalumeau.

BOURRA-COURRA, s. m. *bot.*, ou *Bois-de-lettres*, dans la Guyane Hollandoise, à fond cramoisi avec mouchetures en noir.

BOURRAGE. s. m. Ce qui sert à bourrer, à garnir un trou, une fente, etc.

BOURRAT. s. m. Étoffe grossière, étoffe de laine et de *bourre.* De là on appelle bourrat un endroit peu uni d'un fil ou des fils entortillés.

BOURREAU-DES-ARBRES. s. m. *bot.* Évonymoïde, célastre grimpant, qui serre au point de les faire périr les arbres qu'il embrasse.

BOURRELERIE. s. f. Métier, ouvrages du bourrelier; son genre de commerce.

BOURRÈLEMENT. s. m. État, supplice d'une âme bourrelée, tourmentée par les remords de conscience.

BOURRIER. s. m. Brin de paille brisée, comme il s'en trouve dans le blé battu.

BOURRIR. v. n. Exprime le bruit que fait la perdrix en prenant son vol.

BOURRON. s. m. Laine qui se vend en bourre, en paquet.

BOURSAL. s. m. Bourse de filet en peau de sucre, placée dans le verveux de manière à empêcher le poisson pris d'en sortir.

BOURSEAU ou **BOURSAULT. s. m.** Instrument de plombier pour battre et plier le métal. Enfaîtement en plomb sur les toits couverts en ardoise.

BOURSETON. s. m. *V.* Bourson au D.

BOURSET. s. m. Corps flottant qui sert à tirer l'un des bouts de certains filets.

BOURSETTE. s. f. *bot.* Plante aussi nommée *bourse à berger.*

BOURSOUFLADE. s. f. Expression boursouflée, ou plutôt enfilade d'expressions boursouflées; ce que n'exprimeroient ni bouffissage ni boursouflure. *Voyez* ces mots au Diction.

BOURSOUFLEMENT. s. m. Augmentation de volume d'un corps, d'une substance, par l'action du feu. *Chim.*

BOUSARDS. s. m. pl. Fumées du cerf, qui en indiquent la voie. *T. de vén er.*

BOUSIERS ou **BOUZIERS. s. m. pl.** *hist. nat.* Genre d'insectes à ailes en étui, qui se nourrissent de fumier, surtout de bouse de vache.

BOUSSARDS. s. m. pl. Harengs qui viennent de frayer. *T. de pêche.*

BOUSSOIRS. s. m. pl. *mar.* Pièces de bois servant à lever l'ancre.

BOUSTROPHE, E. adj. Ce mot a presque partout remplacé l'expression en boustrophédon, qui a vieilli. Au lieu de dire que tel peuple écrivoit en boustrophédon, on dit que son écriture étoit boustrophée, qu'il avoit une écriture boustrophée. *V.* Boustrophédon au Dict.

BOUSURE. s. f. Composition qui sert à blanchir les pièces pour la mounoie.

BOUTAGE. s. m. Endroit d'un train de bois d'où le conducteur en dirige le flottage.

BOUT-DE-MANCHE. s. m. Bas de man-

---

che postiche, pour garantir la manche de la robe sur l'avant-bras.

BOUTÉE. s. f. *archit.* Maçonnerie pour contenir la poussée d'une voûte, d'une terrasse, etc.

BOUTEILLE - DE - LEYDE. s. f. *phys.* Bouteille contenant de l'eau avec une limaille électrisable par communication, et qui contribue à produire la commotion électrique.

BOUTEROUE. s. f. Borne pour empêcher que les roues des voitures approchent trop près des maisons; par ext., garde-fou, grilles, etc., qui en défendent l'approche.

BOUTEUX. s. m. Grande truble carrée, pour la pêche. — Bateau dans lequel on transporte et entretient le poisson vivant.

BOUTICLAR. s. m. *Voy.* Boutique dans le Diction. *T. de pêche.*

BOUVARDIE. s. f. *bot.* Genre de gentiane, houstone écarlate.

BOUVEMENT. s. m. *menuis.* Rabot à moulures pour pousser une doucine.

BOUVERET. s. m. **BOUVERON. s. m.** Espèces de bouvreuils ou gros-becs.

BOXER. v. n. et pron. Se battre à coups de poing. C'est un genre de combat admis entre les gens du peuple en Angleterre, d'où nous avons tiré le mot. Ils ont long-temps boxé, ils se sont bien boxés. Il nous manque de cette famille le boxe et le boxage, pour désigner le genre de combat, et la manière dont on s'y bat. La boxe n'est point honorée en France. Plusieurs Anglois se sont fait un nom par leur boxage.

BOXEUR. s. m. Celui qui boxe contre un autre. Il y a en Angleterre des boxeurs de profession.

BRACHÉLYTRES, s. m. pl. *hist. nat.* Famille d'insèctes coléoptères brévipennes (à ailes courtes). (On pron. qué.)

BRACHET. s. m. Espèce de chien de chasse; apparemment sorte de braque.

BRACHIÉ, E. adj. *bot.* Armé de bras, croisé, en croix. (On pron. qui-é.)

BRACHIOPODES, s. m. pl. *hist. nat.* (On pron. qui-o.) Ordre de crustacés, mollusques acéphales, à tentacules ciliés rentrant dans la coquille et servant à la marche.

BRACHYPNÉE. s. f. *méd.* (On prononce quipe.) Respiration courte et pressée, produite par des fièvres inflammatoires.

BRACHYPTÈRES. s. m. pl. *hist. nat.* (à ailes courtes.) Oiseaux nageurs, gallinacés, palmipèdes. (On pron. quipe.)

BRACHYURES. adj. et subst. *hist. nat.* (On pron. quiu dissyll.) *A courte queue.* Il se dit de plusieurs divisions d'animaux, notamment des crustacés décapodes.

BRACON. s. m. Appui d'une porte d'écluse. *Hydraul.*

BRACTÉATE. s. f. Ancienne médaille en feuilles de métal, où le relief d'un côté fait creux en dessous.

BRACTÉE. s. f. *bot.* Feuille tenant à la fleur, et qui fait souvent distinguer l'espèce de la plante.

BRACTÉIFÈRE. adj. *bot.* Qui est pourvu de bractées.

BRACTÉOLE. s. f. Petite feuille ou lame d'or, ou morceau, rognure.

BRADYPEPSIE. s. f. *méd.* Maladie de l'estomac paresseux.

BRADYPODE. adj. et subst. Animal à marche lente. *Hist. nat.*

BRAGUE. s. f. Cordage pour empêcher le canon du navire de trop reculer après le coup.

BRAILLEMENT. s. m. Action de brailler, d'avoir le verbe haut; bruit désagréable qui en résulte. Il s'étend à la voix et au cri des animaux.

BRAIMENT ou BRAYEMENT. s. m. Action de braire; cri de l'âne.

BRAISER. v. a. Faire cuire sur la braise. Il est plus employé au participe : Une viande braisée, cuite sur la braise.

BRAISINE. s. f. Mélange d'argile avec de la boue et de la bouse de vache, pour enduire certains moules de fonderie.

BRAK. adj. Hareng *brak*, à moitié salé.

BRANCHIAL, E. adj. *hist. nat.* Qui appartient aux branchies : Voie branchiale, respiration branchiale.

BRANCHIER. adj. Oiseau branchier, qui ne peut encore voler que de branche en branche. *T. de chasse.*

BRANCHIODÈLES. s. m. pl. *hist. nat.* Vers marins *à branchies découvertes.*

BRANCHIOPODES. s. m. pl. *hist. nat.* Ordre de crustacés *à pieds* servant de branchies, et propres à la respiration comme à la natation.

BRANCHIOSTÉGES. s. m. pl. *hist. nat.* Division des poissons à branchies libres, et n'ayant que des cartilages au lieu d'os et d'arêtes.

BRANDERIE. s. f. Lieu où l'on distille des eaux-de-vie de grain.

BRAQUES. s. f. pl. Pinces de l'écrevisse, placées à ses pates de devant.

BRASSADE. s. f. Filet à grandes mailles. *T. de pêche.*

BRASSEYAGE. s. m. *mar.* Action de *brasseyer*, de manœuvrer les cordages ; de tendre et de lâcher les branles.

BRASSICAIRES. s. m. pl. *hist. nat.* Insectes lépidoptères du genre piéris, dont les chenilles attaquent le *chou.* (Latin *brassica.*)

BRASSOIR. s. m. Instrument dont on se sert dans les monnoies pour brasser le métal en fusion.

BRASURE. s. f. Endroit où deux pièces de métal ont été brasées, soudées; trace qu'a laissée la soudure.

BRAULET. s. m. *bot.* Fruit de l'acacia *ongle-de-chat.*

BRAVACHERIE. s. f. Trait, propos de bravache. *Peu usité*, et toujours *fam.*

BRAYON. s. m. t. de chasse. Piège pour prendre les bêtes puantes.

BRÉANE. s. f. Toile de lin, de Bernay.

BREDINDIN. s. m. Petit palan, qui sert à soulever les petits fardeaux sur les navires.

BREDINS. s. m. pl. Coquillages dont la chair s'emploie en amorces d'hameçons.

BREDIR. v. a. Joindre ensemble du cuir avec des lanières : les pièces ainsi jointes font la bredissure.

BREDISSURE. s. f. Action de bredir. — *méd.* Adhérence des joues aux gencives, qui empêche d'ouvrir la bouche.

BRÉE. s. f. Garniture en fer qui se met au manche d'un marteau de forge.

BRÉHIS. s. f. Chèvre de Madagascar ayant une seule corne, placée au milieu du front.

On pense que ce pourroit bien être la licorne des anciens, qu'on a long-temps regardée comme un être fabuleux.

BRELÉE. s. f. Fourrage d'hiver pour les bergeries.

BRENÈCHE. s. f. Poiré nouveau, sans feu, de mauvaise qualité.

BREQUIN. s. m. Mèche mobile du vilebrequin, qui sert à la faire tourner pour faire un trou de sa grosseur.

BRÉSILLOT. s. m. bot. Bois de teinture de Saint-Domingue, et dont le suc mordant fait sur la peau une tache noire presque ineffaçable (*ll* mouillés).

BRESOLE. s. f., Est encore un terme de cuisine, et désigne une viande cuite dans son jus avaut que d'être mise en ragoût.

BRESOLER. v. a. Vieux mot qui signifioit faire cuire sans eau, rôtir. On faisoit bresoler des châtaignes. On mangeoit des châtaignes bresolées.

BRESSIN. s. m. *mar.* Cordage pour hisser, pour amener une voile, une vergue.

BRESTE. s. f. Chasse à la glu avec appât. *T. d'oiseleur.*

BRETAGNE. s. f. On dit une bretagne, pour une plaque de cheminée, apparemment tirée de la province de ce nom, à une époque reculée; et, dans les boutiques, une bretagne, des bretagnes, pour une toile, des toiles de Bretagne, expression qui ne s'emploie pas ailleurs.

BRETELLE ou BRETOLIÈRE. s. f. Demifolle, pour prendre des chiens de mer. *T. de pêche.*

BRETESSES. s. f. pl. *t. de blas.* Rangée de créneaux.

BRETTÉ ou BRETTELÉ. adj. Fait à *brettes*, à dents, comme certains outils.

BRETTURES. s. f. pl. Dents d'un outil bretté, ou traces qu'elles font sur l'ouvrage sur lequel on le passe.

BREUILLES. s. f. pl. *Voyez* ci-après Brouailles.

BREVET-D'INVENTION. s. m. Privilège temporaire accordé par le gouvernement à un inventeur. Il peut encore obtenir, pour un certain temps, un brevet de perfectionnement. *Voy.* BREVET au Dict.

BREVEUX. s. m. Crochet de fer pour tirer d'entre les rochers les crabes, homards, etc. *T. de pêche.*

BRÉVIPÈDE. adj. et s. m. Oiseau *à pieds courts*, ayant peine à marcher. *Hist. nat.*

BRÉVIPENNE. adj. et s. m. Oiseau *à ailes courtes*, ayant peine à voler. *Hist. nat.*

BRÉVIROSTRE. adj. et s. m. Oiseau *à bec court* et gros. *Hist. nat.*

BRICK. s. m. mar. Petit bâtiment armé.

BRICOLIER. s. m. Cheval attelé à une voiture *par une bricole*, à côté de celui du brancard.

BRIE. s. m. Manger du *brie*, mais mieux du fromage de Brie, qui se tire de l'ancienne province de ce nom.

BRIE. s. f. Barre de bois dont se sert le boulanger pour battre la pâte.

BRIÉE. s. f. Quantité de pâte qui se brie ensemble.

BRIER. v. a. Brier une pâte, la battre, la travailler avec la brie.

BRIFAUDER, v. a., les laines, leur donner le premier peignage.

BRIGAUT. s. m. Bois neuf à brûler, d'environ deux pieds de long.

BRILLOTTER. v. n. Diminutif de briller. Briller tout petitement, dans une sphère peu élevée. *Fam.* et *peu usité.*

BRIN-BLANC. s. m. Colibri de la Guyane, ainsi appelé des deux longues plumes blanches de sa queue.

BRIN-BLEU. s. m. Oiseau du Mexique, de couleur bleue, et que l'on croit être un colibri.

BRINDONE. s. m. *bot.* Fruit du mangoustan des îles Célèbes, dont l'écorce est propre à la teinture.

BRINGUE. s. f. Cheval maigre, dont les os sont saillans. De là l'expression *populaire :* une grande bringue, pour dire une personne mal faite et décharnée. On dit mettre une chose, une machine en bringue, pour dire la mettre en pièces, la désorganiser.

BRIQUAILLONS. s. m. pl. Morceaux de briques cassées.

BRIQUETÉ, E. adj. De couleur de brique. *Urine briquetée.*

BRIQUETTE. s. f. Poussière de charbon de terre, mouillée, battue, puis mise en brique, et séchée pour être livrée à la consommation des ménages, comme combustible plus commode à employer sous cette forme.

BRISABLE. adj. Qu'il est possible de briser quoique assez solide; car si la chose étoit facile à briser, elle seroit *fragile.*

BRISE-PIERRE. s. m. *chir.* Instrument pour briser la pierre dans la vessie. Le nom récent est *lithotritie.*

BROCANTE. s. f. Perche de laquelle pendent des bacts, des plumeaux à vendre, que le porteur promène dans les rues, les places, les marchés. De là est venu le nom de brocanteur.

BROCHETER. v. a. Brocheter une chose, c'est y faire entrer des broches, des brochettes, suivant le cas.

BROCOTTES. s. f. pl. Parcelles de beurre, de fromage, qui restent mêlées au petit-lait, quand on a levé le caillé.

BROMATOLOGIE. s. f. *méd.* Traité des alimens sous le point de vue médical.

BROMÉLIE. s. f. Nom de classification de l'ananas ; de là celui de broméliacées ou broméloïdes, pour le genre entier des ananas.

BRONCHEMENT. s. m. Action de broncher.

BRONCHIQUE. adj. Mot qui a remplacé bronchial. *Voy.* ce dernier mot au Dict.

BRONCHOIR. s. m. Instrument sur lequel on plie les draps. *T. de fabriq.*

BRONCHITIS. s. f. *méd.* (s final se pron.) Inflammation des bronches, catarrhe pulmonaire.

BRONTÉE, s. f., ou BRONTON. s. m. Vase d'airain où les anciens mettoient des cailloux, pour imiter au théâtre le bruit du tonnerre. *T. d'antiq.*

BRONTIAS, s., m., ou BATRACHITE. s. f. Sulfure de fer, pyrite autrefois nommée *pierre de tonnerre* ou *de foudre*, qui servoit de pierre à fusil, et que les anciens croyoient être des aérolithes. *T. de minér.*

BRONZITE. s. m. Minéral jaune ou brun, que l'on croit être une variété de diallage. *T. de min.*

BROQUELINES. s. f. pl. Bouts de manoques ou bottes de tabac en feuilles. *T. de fabriq.*

BROQUER. v. a. Broquer le petit poisson, c'est le percer avec l'hameçon pour servir d'amorce. *T. de pêche.*

BROSSURE. s. f. Couleur qui s'applique avec la brosse sur les peaux; application de la couleur; manière de teindre. *T. de mét.*

BROSSVELLIA-DENTELÉE. *Voy.* ci-dessus BOSWELLIA-TRURIFÈRE.

BROUAILLES. s. f. pl. Intestins de poissons, de volailles, destinés à être apprêtés. On se sert aussi du mot *breuilles.*

BROUGNÉE. s. f. Espèce de nasse de forme allongée. *T. de pêche.*

BROUI. s. m. Tuyau pour souffler contre l'émail la flamme de la lampe. *T. d'atel.*

BROUSSONNETIE. s. f. Papirier des Chinois et des Japonois; mûrier de la famille des urticées.

BRUANT. s. m. Oiseau gros comme le passereau; genre des passereaux.

BRUC.: s. m. Bruyère à balais. *T. de bot.*

BRUCELLES. s. f. pl. Petites pincettes flexibles, pour les travaux délicats.

BRUCHELE. s. f. Tribu d'insectes, voisins des charançonites. *Hist. nat.*

BRUCINE, s. f., ou BASE BRUCIQUE. Substance alcaline, extraite de la plante appelée brucée, du genre *brucia*, et de la famille des térébinthacées. *T. de chim.*

BRUÉE. s. f. Évaporation de l'eau qui a servi à faire la pâte. *T. de boul.*

BRUIR, v. a., une pièce d'étoffe, l'humecter à la vapeur afin de l'assouplir. *T. de fabriq.*

BRUISINER. v. a. Réduire en grosse mouture le grain germé des brasseries. *T. de brass.*

BRÛLABLE. adj. Qui peut être brûlé. Il ne s'est guère dit que pour signifier digne du feu, en parlant des victimes des idées religieuses, et par ironie.

BRÛLE-BEC. s. m. Il se dit de la mactre poivrée et des liqueurs très-fortes; ce que les gens du commun appellent *brûle-gueule*, de même qu'une pipe à tuyau court.

BRÛLEMENT. s. m. Action de brûler quelque chose, dans le sens de le mettre au feu pour être brûlé, pour le faire disparaître. Le brûlement du papier-monnoie en diminue la masse sans en relever toujours le crédit.

BRÛLE-QUEUE. s. m. Fer qu'on applique chaud à l'endroit où la queue d'un cheval a été coupée. *T. de maréch.*

BRÛLERIE. s. f. Lieu où le vin se brûle pour en faire de l'eau-de-vie.

BRUMAIRE. s. m. Mois des brumes, le second de l'année dans le calendrier républicain, et correspondant au signe du scorpion.

BRUMASAR, s. m., ou *esprit des métaux;* substance minérale, onctueuse et volatile, qu'on croit essentielle à leur formation. *Minér.*

BRUN-ROUGE. s. m. minér. Oxyde de fer, de couleur jaune, qu'on a calciné pour le rendre brun-rouge. Il s'emploie dans la peinture.

BRUSC. s. m. Espèce de bruyère. *T. de bot.*

BRUTE-BONNE. s. f. Espèce de poire, plus souvent nommée *broute-bonne.*

BRUT-INGÉNU. s. m. minér. Diamant qu'on trouve tout poli dans la mine.

BRUYAMMENT. adv. D'une manière bruyante.

BRYONE. s. f. bot. Nombreux genre de cucurbitacées, dont la plupart des espèces sont exotiques.

BRYOPHYLLE. s. f. bot. Plante des Moluques, qui se reproduit par le déchirement de ses feuilles.

BRYOPSIS. s. m. (s se pron.) Plante de la Méditerranée, fistuleuse, et portant sa graine dans la tige ou les rameaux. *Bot.*

BUADE. s. f. Espèce de bride à deux branches droites. *T. de mnnége.*

BUBALE. s. m. hist. nat. Quadrupède ruminant, du genre des antilopes, dont le nom annonce quelque rapport de forme avec le bœuf.

BUBBOLA. s. m. Agaric élevé, qui peut se manger. *T. de bot.*

BUBO. s. m. Division d'oiseaux de proie nocturnes, ainsi appelés du nom latin du hibou. *Hist. nat.*

BUCANÉPHYLLE. adj. bot. Qui a ses feuilles en forme de trompette, comme le sarrasin ou blé noir.

BUCARDE. s. f. Coquille en forme de cœur, dont une espèce, dite *cœur de bœuf*, ne se trouve que fossile, et se nomme *bucardite. Hist. nat.*

BUCCINITE. s. f. Buccin fossile. *Hist. nat.*

BUCÉPHALE. s. m. Nom du cheval d'Alexandre, donné aux animaux à grosse tête. *T. de zoolog.*

BUCK-BEAN. s. m. Trèfle aquatique, propre à remplacer le houblon dans la bière.

BUDGET. s. m. Mot emprunté de l'anglois, où il signifie *sac, bourse.* C'est l'état présumé des recettes et des dépenses du gouvernement, soumis chaque année à l'approbation des Chambres.

BUFFETER. v. n. Boire au tonneau après l'avoir percé. Il se dit des voituriers; et celui qui fraude ainsi est appelé *buffeteur.*

BUFFLETERIE. s. f. Art de préparer les peaux de buffle; objets d'équipement qui sont faits de ces peaux ou d'autres semblables.

BUFFLONNE. s. f. Femelle du buffle. *Hist. nat.*

BUGADIÈRE. s. f. Cuvier en maçonnerie dans les fabriques de savon.

BUHON-UPAS. *Voyez* ci-dessus BOHON-UPAS.

BUISSAIE. s. f. Lieu planté de buis. On a aussi employé *buissière* et *bussière.*

BUISSE. s. f. Barre de bois carrée sur laquelle le tailleur rabat les coutures du drap avec son fer chaud.

BUISSERIE. s. f. Merrain propre pour la tonnellerie.

BUISSONNER. v. n. Se tenir dans les buissons, en parlant du cerf, qui s'y cache quand son bois est tombé. *T. de véner.*

BUISSONNET. s. m. Petit buisson. *Fam.*

BUISSURE. s. f. Tache formée sur une pièce de métal à la cuisson.

BULBIFÈRE. adj. et subst. bot. Plante *bulbifère*, dont la tige porte des bulbes pour fruits.

BULBIFORME. adj. et subst. bot. Qui a la forme d'une bulbe, ou à peu près.

BULBIPARE. adj. et subst. bot. Le polype est *bulbipare.* Il se *reproduit* sur le polypier par des tubercules en forme de *bulbes. Hist. nat.*

BULIMES. s. m. pl. hist. nat. Mollusques gastéropodes, genre de testacés univalves, à petite coquille de forme allongée.

BULITHE. s. m. Concrétion pierreuse qu'on trouve parfois dans le dernier estomac des bœufs.

BULLÉ, E ou BULLEUX, EUSE. adj. bot. Feuille *bullée*, dont le tissu offre en dessous beaucoup de cavités qui font saillie en dessus, et réciproquement : la feuille du chou frisé est bullée. *Voy.* BULLÉ au Dict.

BULLÉE. s. f. hist. nat. Classe de testacés univalves, dont le type est le genre *bulle*, mollusque testacé, dont le corps plus gros que la coquille la recouvre plus ou moins, suivant l'espèce. *Voy.* BULLÉ, E, au Dict.

BULLIARDE. s. f. Nom donné à une tache de la lune. *T. d'astron.*

BULLICAME. s. m. Bulles d'acide carbonique ou de gaz hydrogène sulfuré, qui s'élèvent du fond de certaines sources, et leur donnent l'air de bouillonner. *Hist. nat.*

BUQUET. s. m. Instrument pour agiter l'indigo dans la cuve. *T. de teint.*

BUQUETTE. s. f. mar. Échelle des diamètres d'un mât dans ses diverses parties.

BUREAUCRATE. s. m. Employé du gouvernement qui, dans son bureau, fait le maître, se rend le maître, en prend le ton, les manières : il trancha, décide arbitrairement comme s'il en avoit le droit.

BUREAUCRATIE. s. f. Domination, administration usurpée des bureaux ou des bureaucrates; leur influence illégale, leur mauvais esprit, leurs mœurs.

BUREAUCRATIQUE. adj. Qui tient aux bureaucrates, à la bureaucratie, ou aux mœurs, aux habitudes de bureau.

BUREAUMANIE. s. f. Ce mot s'est employé pour reprocher à des ministres la manie de laisser les bureaux administrer, décider de tout.

BURGALÈSE. s. f. t. de comm. Laine d'Espagne, tirée de Burgos, par opposition à celle qu'on tire de Ségovie.

BURGEAGE. s. m. t. de verrer. Action de *burger* le verre fondu, d'y produire une sorte d'ébullition en y plongeant des baguettes de bois vert.

BURON. s. m. Hutte où les pâtres des montagnes de l'Auvergne se retirent, et font le fromage. Ceux qui habitent ces cabanes ou chalets se nomment *buronniers.*

BURSAIRE. s. m. hist. nat. Vers microscopiques des eaux douces ou salées, formant un genre de vers *amorphes*, dont le mouvement prouve seul la vitalité.

BUTOIR. s. m. Couteau de corroyeur, propre à ratisser.

BUTURE. s. f. Grosseur survenue à la jambe d'un chien de chasse. *T. de véner.*

BUVANDE. s. f. Petit vin exprimé du marc, ou vin coupé pour les pensionnats, séminaires, etc. On l'appelle aussi, dans ce dernier cas, *boisson.*

BY. s. m. Fossé en travers d'un étang, au-dessous de la bonde, pour recevoir les eaux et faciliter la pêche.

BYZANTIN, E. adj. Histoire byzantine, de Byzance, aujourd'hui Constantinople; du peuple byzantin.

C.

C. s. m. Devant e, i, c n'a le son s que dans le mot, et jamais en liaison; et si le c est redoublé, il en résulte le double son du x dur: Ac-cès, ac-cident. La cédille ne conserve au c le son sifflant que parce qu'il remplace l'e muet: Façade, autrefois faceade. C a le son ch, imité de l'italien, dans vermicelle, violoncelle, que l'on commence à écrire vermichelle, etc.

Ailleurs, c appartient à la touche gutturale, et peint le son fort que, dont le foible est g prononcé gue.

Comme initiale, cette lettre annonçoit à Rome, dans les jugemens, le mot condamné; dans les nombres, le mot cent. Elle rappelle chez nous centime, cent, contre, compte, etc., suivant le cas. En musique, elle marque à la clef le carré, mesure à quatre temps, qui deviennent rapides si le c est barré.

C est nul à la fin de quelques mots : Almanach, estomac, tabac, un lacs (lacet), croc, accroc, escroc, un broc (mesure), poids de marc, un clerc, un jeu d'échecs; et dans banc, blanc, flanc, franc, jonc, il sonne en liaison dans les trois premiers au singulier : Estomac affoibli, etc.

CABAL ou CABAN. s. m. mar. Marchandise qu'on prend à vendre, à débiter pour une part dans le profit.

CABALANT, E. adj. Secte, corporation cabalante, qui se livre à la cabale.

CABALHAU. s. m. Racine du Mexique, dont la décoction passe pour guérir les blessures faites par des flèches empoisonnées.

CABALLIN. adj. Aloès caballin, qui n'est employé que pour les chevaux. Substance tirée de l'aloès commun.

CABAN. s. m. mar. Redingote à capuchon servant aux matelots contre la pluie.

CABANAGE. s. m. Lieu garni de cabanes, où campent les sauvages de l'Amérique allant à la guerre ou à la chasse.

CABANER. v. n. Se cabaner, se faire des cabanes. — v. a. mar. Cabaner une embarcation, la renverser. Un navire peut aussi se cabaner, périr en se renversant.

CABILLAUD ou CABLIAU. s. m. Petite morue fraîche. (Il mouillés.)

CABIOU. s. m. Suc épaissi du manioc, à Cayenne.

CABLÉ. adj. Bois câblé, renversé. Voyez CHABLIS au Dict.

CABLEAU ou CABLOT. s. m. mar. Petit câble.

CABLIÈRE. s. f. Pierre trouée servant à tenir un filet au fond de l'eau. T. de pêche.

CABOMBE. s. f. bot. Plante aquatique de Cayenne, à tige grêle et rameuse, dont les feuilles supérieures sont seules entières et flottantes.

CABO-NEGRO. s. m. bot. (De deux mots espagnols signifiant bout noir.) Palmier des Philippines, et fil qu'on en tire pour fabriquer des cordages de vaisseau.

CABORGNE. s. f. hist. nat. Voy. CHABOT au Dictionn.

CABOTEUR. s. m. Qui fait le cabotage, bâtiment avec lequel on le fait. Voy. aussi CABOTIER au Diction.

CABOTIN. s. m. Comédien ambulant, acteur de mauvais goût, de mauvaise école; fém. Cabotine. On appelle aussi cabotinage le jeu même de cette sorte d'acteurs. Terme de mépris et fam.

CABRE. s. f. Espèce de chèvre bâclée par occasion sur un terrain, et garnie d'une poulie, pour tirer des fardeaux, des bois de construction, etc. T. de mar.

CABRILLET. s. m. bot. (Il mouillés.) Genre de sébestiniers ou borraginées, comprenant une vingtaine d'espèces d'arbres ou d'arbrisseaux exotiques.

CABRON. s. m. Peau de cabri.

CABUJA. s. m. bot. Plante d'Amérique dont on tire de la filasse.

CABURÉIRA. s. m. bot. Arbre dont on tire le baume du Pérou.

CACABER. v. n. La perdrix cacabe fait entendre le cri qui lui est propre. T. de chass.

CACAGOGUE. adj. Propre à provoquer les selles. Méd.

CACARDER. v. n. L'oie cacarde quand elle fait entendre son cri.

CACATOIRE. adj. et subst. Fièvre cacatoire, qui donne des selles forcées, et souvent douloureuses.

CACHATIN. s. m. Sorte de gomme laque, tirée de Smyrne par la voie de Marseille.

CACHE-ENTRÉE. s. f. Petite languette de fer, qui reste mobile, et qui recouvre le trou de la serrure quand on en retire la clef.

CACHEMIRE. s. m. Schall de laine fine, tiré de Cachemire, ville du Mogol, ou imitant ceux qu'on en tire. Un beau cachemire. Un cachemire françois. On fait même du cachemire, drap très-fin et très-léger, avec la laine des chèvres du Thibet naturalisées en France.

CACHOLONG ou CACHALON. s. m. Pierre des bords de la Cache, rivière des Kalmouks; elle est demi-transparente et susceptible d'un beau poli. C'est une variété du quartz-agate calcédoine, agate blanche, dure et chatoyante.

CACHONDÉ. s. m. Pâte composée de graines de l'espèce d'acacia nommé catche, mêlées avec d'autres graines aromatiques. V. CACHOU au Dict.

CACHOUTCHOU. s. m. Sorte de gomme élastique.

CACIQUE. s. m. Titre des princes ou gouverneurs des provinces du Mexique, avant l'invasion de ce pays par les Espagnols.

CACOCHYLIE. s. f. méd. Dépravation du chyle par un vice de digestion.

CACOGRAPHIE. s. f. Écriture mal orthographiée qu'on donne à corriger aux élèves. C'est un mauvais procédé qui familiarise avec ce que l'on doit éviter. T. de gram.

CACOLET. s. m. Panier à dossier pour charger les bêtes de somme.

CACOLOGIE. s. f. gramm. Locution vicieuse ou plutôt vice de locution. La cacologie est contraire à la pureté du style.

CACOTROPHIE. s. f. méd. Vice de nutrition dans les organes du corps, qui souvent précède et amène l'atrophie.

CACTIER. s. m. bot. Genre de plantes donnant le nom à la famille des cactoïdes. Il

est charnu, épineux et sans feuilles; c'est sur une espèce de cactier que se nourrit la cochenille.

CADASTRAL, E. adj. Relatif au cadastre; plan cadastral, mesure cadastrale.

CADASTRER. v. a. Cadastrer une commune, etc., en inscrire les propriétés au cadastre, avec leur mesure, leur estimation.

CADELLE ou CHEVRETTE BRUNE. s. f. Larve qui attaque le blé dans les greniers. Hist. nat.

CADETTER. v. a. Paver un pont, une rue, etc., en cadettes, pierres de taille de petite dimension, et aplaties.

CADI. s. m. Juge militaire dans les troupes de la Turquie.

CADRANÉ, E. adj. Arbre cadrané, tige cadranée; affectés de la maladie qu'on appelle cadran ou cadranure. T. d'eaux et forêts.

CADRANT. s. m. Instrument des lapidaires pour tenir les pierres sur la roue.

CADRANURE, s. f., ou CADRAN. Fente circulaire à rayons concentriques comme un cadran; effet d'une maladie qui attaque surtout les chênes. T. d'eaux et forêts.

CADRATURE. s. f. Rouages d'horlogerie placés entre le cadran et la platine, pour faire mouvoir les aiguilles, la répétition, etc.

CADRATURIER. s. m. Ouvrier qui fait les cadratures. T. d'horlog.

CADUCÉATEUR. s. m. Héraut, apparemment muni du caducée, que les Romains envoyoient annoncer la paix.

CÆSIO. s. m. Poisson thoracique, dont une espèce, de la grosseur du maquereau, et qui vit dans la mer des Indes, est parée des plus belles couleurs. Hist. nat.

CÆSIOMORE. s. f., hist. nat. Genre de poissons à une seule nageoire.

CAFARDAGE. s. m. ACTE, action de cafard. Le cafardage est plutôt extérieur; la cafarderie est plutôt le calcul, les combinaisons, et le choix des moyens. Cafarder comprendroit l'un et l'autre. T. de mépris.

CAFÉIER, E. subst. Propriétaire d'une plantation de cafiers.

CAFEYÈRE ou CAFETERIE, CAFEIRIE. s. f. Terrain consacré à la culture du cafier.

CAGÉE. s. f. Ce qu'il y a d'oiseaux dans une cage. Il a vendu toute sa cagée.

CAGNEUX, EUSE. adj. S'emploie familièrement pour exprimer l'état d'une personne mal à son aise, et peu disposée au travail, à la joie. En ce sens il paroît employé pour cagnard, quoique moins odieux. Voy. CAGNARD et CAGNEUX au Dict.

CAICA. s. m. Perroquet de Cayenne, à tête noire. (On pron. ca-ica.)

CAJEPUT. s. m. Huile verdâtre extraite des feuilles du mélaleuque à bois blanc, propre à préserver des insectes les collections d'histoire naturelle. Bot. (On pron. ca-ie.)

CAILLEBOTTÉ, E. adj. Réduit en caillebotte, en parlant du lait.

CAILLEBOTTIS. s. m. mar. Treillis à l'entre-deux des ponts, pour donner de l'air, et dissiper la fumée du canon, quand les sabords sont fermés.

CAILLETAGE. s. m. Propos de caillettes: Voilà du cailletage. Fam.

CAILLETER. v. n. Faire la caillette, se laisser aller au cailletage. Fam.

CAILLOTIS. s. m. Soude en morceaux durs comme des cailloux.

CAILLOUTEUX, EUSE. adj. Où il y a beaucoup de cailloux. Sol, terrain caillouteux.

CAÏMITIER. s. m. bot. Genre de sapotilliers, communs aux Antilles. (Ca-i.)

CAJOLABLE. adj. Susceptible d'être cajolé, d'être séduit par des cajoleries. T. de conversation.

CAJU-FANGA. s. m. Arbre des Moluques; le suc laiteux de son écorce peut s'employer en vernis. Bot.

CAJU-ULAR. s. m. bot. Vomique de Java, peu différente de celle de nos boutiques.

CALADION, s. m., ou CULCASIE. s. f. bot. Plante du Brésil, dont la feuille a le centre d'un beau cramoisi, et le contour d'un vert foncé.

CALAF, s. m., ou CHALEF. Arbuste, saule d'Égypte, dont on tire une liqueur employée contre la fièvre ardente. Bot.

CALALOU. s. m. Mets journalier des Créoles, dans les colonies d'Amérique et de l'Inde. Fruit de la ketmie esculente cuit avec des herbes, morella à fruit noir, amaranthe blanche ou verte, et poivre-long, girofle, etc. On fait aussi de ce fruit des confitures sèches.

CALAMBAC. s. m. bot. Espèce d'agaloche. Bois odoriférant, verdâtre, qu'on apporte des Indes en bûches, pour la tabletterie.

CALAMINAIRE. adj. Qui appartient à la calamine. Pierre calaminaire ou calamite. Minér.

CALANDRETTE. s. f. Petite grive des vignes. Hist. nat.

CALANDREUR. s. m. Tout ouvrier employé à la calandre.

CALAPITE. s. f. hist. nat. Concrétion pierreuse à l'intérieur des cocos, et qu'on enchâsse aux Moluques pour servir d'amulette.

CALATHIDE. s. f. bot. Nom collectif des plantes à fleurs composées.

CALAVÉE. s. m. bot. Arbre de l'écorce duquel on fait de la toile à Sumatra.

CALCALANTILE. s. f. Pierre mêlée de cuivre. Minér.

CALCANÉUM. s. m. anat. (on pron. néome bref.) Le principal os du tarse, formant le talon.

CALCARIFÈRE. adj. Qui contient plus ou moins de matière calcaire. Terre calcarifère. Minér.

CALCET. s. m. mar. Nom spécifique des mâts à antenne, carrés du haut, par opposition aux autres mâts. Emboîtement des poulies au haut du mât.

CALCILITHE. s. f. Espèce de pierre qui contient de la chaux. Minér.

CALCIN. s. m. Fragment, petite pièce de verre calciné. T. de verr.

CALCINABLE. adj. Susceptible d'être calciné.

CALCIUM. s. m. chim. (on pron. ciome bref.) Métal base de la chaux, qu'on ne trouve qu'oxydé.

CALCULEUX, EUSE. adj. méd. Qui est de la nature du calcul; qui souffre du calcul.

CALCULIFRAGE. adj. chir. Propre à briser, à dissoudre la pierre de la vessie. C'est aussi la valeur du mot lithontriptique, com-

posé de deux mots grecs, tandis que le premier l'est de deux mots latins.

CALDERON. s. m. hist. nat. Le plus gros des cétacés après la baleine.

CALÉ, E. adj. Relevé par une cale, un appui; fig. riche, puissant. Pop. et plutôt ironique. Le voilà bien calé!

CALEBOTIN. s. m. t. de cordon. Tête de chapeau où l'ouvrier met le fil, les alènes, etc.

CALEÇONNIER, E. adj. et subst. Faiseur, faiseuse de caleçons.

CALÉFACTEUR. s. m. Pot-au-feu économique et commode, où la chaleur concentrée de l'eau bouillante opère la cuisson à peu de frais, sans odeur et sans soin.

CALENDAIRE. s. m. Registre d'église.

CALENDRIER DE FLORE. s. m. bot. Tableau de la floraison des plantes, par semaines, mois, saisons, etc. V. CALENDRIER au Diction.

CALENTURA. s. m. bot. Bois très-amer des Philippines, employé comme fébrifuge (on pron. calintura).

CALFATEUR. s. m. mar. Celui qui calfate, qui est chargé de calfater un navire. Voy. CALFAT au Dict.

CALIBÉ, E. adj. Eau calibée, où il entre de l'acier.

CALICÉ, E. adj. bot. Fleur calicée, environnée d'un calice.

CALICINAL, E. adj. bot. Épines calicinales, qui tiennent au calice.

CALICOT. s. m. Toile de coton d'une finesse moyenne : Rideaux, chemises de calicot.

CALICULE. s. m. bot. Petites écailles à la base extérieure du calice des fleurs. On appelle calicules ceux qui en sont pourvus, comme celui de l'œillet.

CALIDUC. s. m. Les anciens nommoient ainsi ce que nous appelons tuyau de chaleur. Ce mot est formé d'après l'analogie d'aqueduc.

CALIFAT. s. m. Dignité de Calife.

CALIGO. s. m. méd. Tache sur la cornée. Obscurcissement de la vue qui en est la suite.

CALIMBÉ. s. m. Ceinture que portent, pour tout vêtement, les nègres mâles de la Guyane.

CALIN. s. m. Composition métallique à base d'étain, dont on fait, entr'autres, les boîtes à thé dans l'Orient.

CALIORNE. s. m. mar. Gros cordage de moufle pour soulever les gros fardeaux.

CALIPTIQUE. adj. Période caliptique, de 76 ans, pour rectifier le cycle lunaire. Astron.

CALISSOIRE. s. f. manuf. Poêle de fer que l'on chauffe pour lustrer certaines étoffes.

CALLE. s. f. Machine à tirer les vaisseaux hors de l'eau pour le radoub. Mar.

CALLÉE. s. f. commerce. Cuirs de callée : c'est la première qualité de ceux de Barbarie.

CALLIGRAPHE. s. m. Écrivain qui mettoit un manuscrit au net; celui qui a une belle plume.

CALLIGRAPHIE. s. f. Connaissance des anciens manuscrits; art, moyens d'acquérir une belle écriture.

CALLIGRAPHIQUE. adj. Relatif à la calligraphie.

CALLIPÉDIE. s. f. Art prétendu d'avoir de beaux enfans.

CALLIPYGE. adj. Vénus callipyge, nom distinctif d'une statue de Vénus, remarquable par la beauté de ses formes au-dessous des reins.

CALLITRIC. s. m. bot. Genre de plantes qui pullulent abondamment dans les eaux d'un cours lent, et dont on fait du fumier.

CALLITRICE ou CALLITRICHE. s. m. hist. nat. Espèce de singe vert d'Afrique.

CALMOUCK. s. m. Étoffe de laine grossière et à long poil, pour habits, et surtout d'hiver.

CALOMEL ou CALOMÉLAS. s. m. chim. Muriate de mercure doux; mercure mêlé de soufre.

CALORICITÉ. s. f. Propriété des êtres organisés d'attirer le calorique par l'action vitale. Phys.

CALORIFÈRE. adj. Qui transporte et transmet la chaleur par le calorique reçu. L'eau est le meilleur calorifère. Phys.

CALORIFICATION. s. f. Acte, action de la force vitale produisant de la chaleur; chaleur obtenue par ce moyen. Phys.

CALORIFIQUE. adj. Qui porte et répand la chaleur qui lui est propre. Les rayons du soleil sont calorifiques, ainsi que la circulation du sang. Phys.

CALORIMÈTRE. s. m. Instrument qui mesure le calorique d'un corps par la quantité de glace qu'il fait fondre. Phys.

CALORIMÉTRIE. s. f. Art de se servir du calorimètre. Phys.

CALORINÈSE. s. f. Maladie née de l'excès ou du défaut de calorique produit par l'action vitale. Méd.

CALORIQUE. s. m. Principe de la chaleur, fluide subtil, impondérable, qui pénètre tous les corps, les échauffe et les dilate plus ou moins. Chim. et phys.

CALOT. s. m. Tête de chapeau sans bords, ou à très-petits bords. Pop. Figure à la Calot, dessin grotesque dans le genre de cet artiste. Ce dernier mot n'a de commun avec le premier que la forme.

CALOTTIER, ÈRE. subs. Celui ou celle qui fait des calottes.

CALOTTIN. s. m. Porte-calotte. Nom trivial donné aux prêtres par la populace.

CALOU. s. m. Liqueur tirée du cocotier, boisson des pauvres parias de l'Inde.

CALP. s. m. minér. Pierre marneuse de couleur noire, dont il y a des carrières près de Dublin.

CALQUOIR. s. m. Poinçon émoussé servant à calquer.

CALVANIER. s. m. Homme de journée chargé de la rentrée des gerbes. Terme de localité, inconnu dans beaucoup de provinces.

CAMACARI. s. m. Arbre du Brésil à bois jaune, dont la gomme tue les vers. Bot.

CAMAGNOC. s. m. bot. Manioc de Cayenne, espèce dont la racine se mange cuite à l'eau ou grillée.

CAMALANGA. s. f. Cucurbitacée de Sumatra, dont les fruits font d'excellentes confitures. Bot.

CAMARADERIE. s. f. Mot familier dont on se sert quelquefois pour exprimer le défaut d'égard de celui qui traite de camarade, ou en camarade, quelqu'un qui n'est pas censé son égal. Cette camaraderie me déplaît.

CAMARA-LUCIDA. s. f. Mots étrangers signifiant *chambre claire*. Prisme polygone, dont une face fait miroir. *Minér.*

CAMARRE. s. f. Caveçon armé de pointes, pour retenir un cheval fougueux. *T. de manége.*

CAMBIUM. s. m. Sève de l'arbre épaissie sous l'écorce, et qui doit former une couche d'aubier. *Bot.* (On pron. *biome* bref.)

CAMBOGE. s. m. *bot.* Arbre du genre mangoustan, qui fournit la gomme-gutte de l'Inde.

CAMBRIQUE. adj. Langue *cambrique*, celle du midi de l'Europe. Ses fruits passent pour un violent purgatif.

CAMBROUZIER. s. m. *bot.* Gros roseau, commun le long des rivières de la Guyane.

CAMBUSE. s. f. *mar.* Dépôt des provisions de l'équipage dans l'entrepont.

CAMBUSIER. s. m. *mar.* Celui qui veille au dépôt des provisions dans la *cambuse.*

CAMELAN. s. m. *bot.* Arbre d'Amboine, à graine nuisée.

CAMELÉE. s. f. *bot.* Arbrisseau toujours vert du midi de l'Europe. Ses fruits passent pour un violent purgatif.

CAMÉLÉON - MINÉRAL. s. m. *chim.* Oxyde de manganèse combiné avec de la potasse, dont la dissolution change de couleur. *Voy.* CAMÉLÉON au Dict.

CAMÉLÉONIENS. s. m. pl. *hist. nat.* Famille de reptiles sauriens.

CAMÉLÉONTROIDES. s. m. pl. *bot.* Plantes dont la couleur change au soleil.

CAMÉLIFORME. adj. Qui a la forme du chameau, ou qui en approche.

CAMELLIA. s. f. *bot.* Arbrisseau toujours vert, que la beauté de ses fleurs fait cultiver dans les jardins de la Chine.

CAMÉLOPODIUM. s. m. *Pied de chameau*, espèce de marrube. *Bot.* (on pron. *diome* bref).

CAMELOTÉ, E. adj. Ondé comme le camelot.

CAMELOTER. v. a. Faire imiter le camelot à une étoffe.

CAMELOTTE. s. f. Commerce, débit clandestin de marchandises fabriquées ou introduites en fraude, comme sel, tabac, livres contrefaits, etc., par des hommes isolés, et sans violence. Par ext., marchandise de mauvaise qualité, sans valeur.

Le monopole et le privilège amènent la camelotte, qui disparoît avec eux. Il ne s'en fait plus guère que pour le tabac et les tissus prohibés.

CAMELOTTIER. s. m. Celui qui fait la camelotte, ou qui en fait son métier, son genre d'industrie. Il ne va point en troupe comme le contrebandier, et n'apporte pas de loin, du dehors, au moins par masse.

CAMOURLOT. s. m. Mastic pour enduire l'intérieur des navires, ou joindre des dalles, des carreaux, de la mosaïque.

CAMPAGNOL. s. m. Espèce de rongeur, approchant du mulot. Le campagnol volant est une espèce de chauve-souris. *Hist. nat.*

CAMPAN. s. m. Marbre de la vallée de Campan, dans les Hautes-Pyrénées. Du marbre de Campan, ou mieux du *marbre campan.* Du campan rouge, du campan vert, suivant la couleur qui domine.

CAMPANAIRE. adj. Qui regarde la fonte des cloches, ou l'art de les fondre.

CAMPANIEN. adj. m. Vases campaniens, de l'ancienne Campanie, où se trouvent Herculanum et Pompéia, et mal à propos dits Étrusques, puisqu'on n'en trouve aucun dans l'ancienne Étrurie.

CAMPANIFORME. adj. *bot.* Fleur *campaniforme*, en forme de cloche. Moins usité que campanulé, qui a la même valeur.

CAMPANULACÉES. adj. et subst. *bot.* Famille des plantes à fleur en forme de cloche; ainsi nommées de la *campanule*, qui en est un genre, et contient plus de 130 espèces.

CAMPANULÉ, E. adj. *Voy.* ci-dessus CAMPANIFORME.

CAMPHORIQUE. adj. *chim.* Acide *camphorique*, extrait du camphre.

CAMPHRIER. s. m. *bot.* Espèce de laurier du Japon, dont on tire le camphre.

CANALICULE. s. f. Rainure en long sur la tige, les pétioles, etc., de certaines plantes. *Bot.*

CANALICULÉ, E. adj. *bot.* Creusé en gouttière dans sa longueur : Tige, feuille canaliculée.

CANALISATION. s. f. Établissement d'un canal, ou mieux plan, système de canaux sous le point de vue de l'art, de leur combinaison : *La canalisation doit ouvrir des communications, offrir des débouchés aux produits. La canalisation de la France est encore bien incomplète.*

CANALISER. v. a. Canaliser une rivière, c'est en faire un canal. Canaliser un terrain, un canton, c'est y établir des canaux. Canaliser un État, c'est y établir des canaux, ou exécuter un plan de canaux bien ou mal conçu.

CANASSE. s. m. Tabac en feuilles filé menu pour fumer, et couvert d'une enveloppe. On dit du canasse, pour du tabac de canasse.

CANASSE. s. f. Feuille de plomb, servant de boîte ou d'enveloppe au tabac à fumer, au thé de la Chine, etc.

CANCELLATION. s. f. Action de canceller, acte qui en est dressé. Vieux ainsi que le verbe. *Voy.* CANCELLER au Dict.

CANCÉREUX, EUSE. adj. *méd.* Qui est ou qui tient de la nature du cancer. Ulcère cancéreux.

CANCRIDE. s. f. Coquille transparente de la Méditerranée, d'un tiers de ligne de longueur.

CANCRIFORME. adj. Qui a la forme du cancre, des crustacés, ou qui en approche. *Hist. nat.*

CANCRITES. s. f. pl. Crustacés fossiles.

CANDELETTE. s. f. *mar.* Corde le crampon pour accrocher l'anneau de l'ancre au sortir de l'eau, et la remettre en place.

CANETER. v. n. Marcher en canard, en avoir l'allure. Il s'en va canetant. On le dit peu usité; c'est parce que peu de personnes marchent ainsi, surtout dans les villes. Il s'emploie pourtant très-bien à l'infinitif et au participe actif. Les deux e restent muets dans les temps où ils se trouvent : Il canete, il canetera toujours. Il ne peut être que familier.

CANETTE. s. f. Bout de roseau garni de

soie, de dorure, qui se met dans la navette pour faire la trame des étoffes.

CANEVASSIER. s. m. Ouvrier qui fabrique le canevas.

CANICHON. s. m. Petit chien de la race des chiens canards.

CANINANA. s. m. Serpent d'Amérique naturellement privé.

CANIVEAU. s. m. Rangée de pavés posés de manière à faire rigole. Pavé qu'on emploie; forme qui en résulte. On prépare le caniveau en creusant davantage la terre. On pose le caniveau incliné. On creuse des dalles en caniveau pour l'écoulement des eaux dans les cours, les allées.

CANNETILLER. v. a. Garnir, couvrir de cannetille. *T. de broder.*

CANONNAGE. s. m. Art du canonnier, service du canon : *Se mettre au fait du canonnage. Art milit.*

CANOPE. s. f. *astron.* Étoile de première grandeur, dans l'hémisphère austral.

CANOTIER. s. m. *mar.* Matelot qui conduit un canot, ou y est employé.

CANQUETER, v. n. , CANQUETAGE, s. m., expriment le cri du canard. Ce canard ne cesse de canqueter; son canquetage est ennuyeux. *Peu usité hors de l'infinitif.*

CANSCHY. s. m. *bot.* Trévie à fleurs nues, gros arbre du Japon, dont on y fait du papier.

CANTABILE. s. m. (on pron. *lé* à l'ital.) *musiq.* Espèce de composition pour un chant modéré, facile. *Il y a dans cette pièce un beau cantabile.*

CANTALOUP. s. m. Variété de melons à écorce épaisse et bosselée. Le cantaloup est très-estimé. *T. de jardin.*

CANTANETTES. s. f. pl. *mar.* Trous ronds, des deux côtés du gouvernail, pour éclairer le gavon des galères.

CANTATRICE. s. f. Chanteuse de profession, mais surtout à l'Opéra. Il se prend plutôt en bonne part, supposant un talent distingué.

CAOUT-CHOUC. s. m. *bot.* (on pron. *caoute-chou*, et l'on écrit aussi caout-chou.) Résine élastique tirée de l'*hévé*, arbre de l'Amérique méridionale, et dont il se fait des vases, des chaussures, etc. — On nomme caout-chouc *minéral* un bitume élastique tiré des mines du comté de Derby.

CAPADE. s. f. Portion de laine ou de poil formée avec l'arçon. Il faut quatre capades pour un chapeau. *T. de chapell.*

CAP-DE-MORE. s. m. Un cheval rouan cap-de-more est d'un poil gris-sale, avec la tête et les extrémités noires.

CAPÉER ou CAPEYER. v. n. *mar.* Aller à la cape, sans autre voile que la grande.

CAPELER. v. a. *mar.* Capeler les haubans, les faire passer par-dessus la tête du mât. La manœuvre se nomme le *capelage.*

CAPENDU. s. m. Pour *court-pendu.* Variété de pomme, rouge, douce, à pédoncule très-court.

CAPILLACÉ, E. adj. *bot.* Racines capillacées, en forme de cheveux.

CAPILLARITÉ. s. f. Qualité, nature du tube capillaire.

CAPISTRUM. s. m. *hist. nat.* (um se pron. *ome* bref.) Partie de la tête des oiseaux où est emboîté le bec.

CAPITALISER. v. a. Convertir en capital un revenu, des intérêts, etc. *A la caisse d'épargne*, les intérêts se capitalisent en augmentant le premier capital.

CAPITAN-PACHA. Titre du grand amiral de l'empire ottoman.

CAPITÉ, E. adj. *bot*. Stigmate *capité*, dont le sommet forme une tête, une boule, etc. Fleur capitée, rassemblée en forme de tête.

CAPITON s. m. Soie grossière tirée du dessous du cocon.

CAPITULÉ, E. adj. *bot*. Ramassé en *capitule*, tête composée de diverses parties sans support sensible.

CAP-NOIR. s. m. *hist. nat.* Nom de divers oiseaux à tête noire.

CAPOC. s. m. *bot*. Ouate tirée du capoquier, arbre des Indes.

CAPOSER. v. n. *mar*. Mettre à la cape en amarrant ferme le gouvernail.

CAPOULIÈRE. s. f. Nappe de filets à larges mailles. *T. de pêche*.

CAPPARIDÉES. adj. et subst. Famille de plantes contenant le *câprier* et d'autres genres qui en approchent. *Bot*.

CAPPE. s. f. Croûte qui se forme à la surface du cidre en cave, et qui sert à le conserver.

CAPRÉOLÉ, E. adj. *bot*. Partie de plante pourvue de vrilles.

CAPRIFICATION. s. f. Art prétendu de féconder et faire mûrir les figues par des insectes sortant de figues mâles coupées en enfilées à l'arbre.

CAPRIFOLIACÉES. adj. et subst. Famille de plantes comprenant le chèvre-feuille et les autres genres qui en approchent. *Terme de bot*.

CAPRONIER. s. m. *bot*. Sorte de fraisier, qui produit le capron.

CAPSALE. s. f. *hist. nat.* Pou de poisson, sans pates, et qui suce le sang.

CAPTATOIRE. adj. Il se dit d'une disposition testamentaire, d'une donation, obtenues par captation. *Voy.* CAPTATION au Dict.

CAPUCHONNÉ, E. adj. *bot*. Couvert d'une enveloppe en capuchon; qui a la forme d'un capuchon.

CAPUCINAL, E. adj. Du couvent, propre au capucin, sentant la capucinade.

CAPUK. s. m. Coton fort doux, mais trop court pour être filé, et qui sert pour coussins, matelas, etc. *T. de comm*.

CAQUE-DENIER. s. m. Personne d'une avarice extrême, qui ne paye de ce qu'elle doit que très-peu à la fois. *Trivial*.

CAQUET-BON-BEC. s. m. Qui ne se lasse point de parler, dont le caquetage est sans fin. *Fam*.

CAQUEUR. s. m. Celui qui encaque les harengs. On appelle aussi *caqueux* le couteau dont il se sert.

CAQUILLE, s. f., et CAQUILLON s. m. C'est un tonneau pour la forme; mais la capacité est tout au plus celle d'un baril.

CARABACIUM. s. m. (on pron. *ome* bref.) Bois odoriférant de l'Inde, réputé anti-scorbutique.

CARABAS. s. m. Ancien char-à-banc fort long. *Vieux et pop*.

CARABINADE. s. f. Décharge de carabines. *Vieux*.

CARABINEUR. s. m. Celui qui carabine

un canon de fusil. *Voy.* CARABINER au Dict.

CARACAL. s. m. Animal carnassier, du genre des chats. *Hist. nat*.

CARACOL. s. m. Escalier en caracol; ce que le vulgaire appelle en escargot, en limaçon ou colimaçon. *Archit*.

CARACOLI. s. m. Mélange, par égales parties, d'or, d'argent et de cuivre, pour médailles, plaques, ornemens des sauvages, etc.

CARACOULER. v. n. Cri du pigeon mâle. Le pigeon caracoule; sa femelle roucoule. On dit vulgairement ce dernier pour les deux.

CARAÏBES. s. m. pl. Anciens habitans des îles Antilles, détruits ou dispersés par les conquérans européens. (*Caraï*.)

CARAMBOLAGE. s. m. Action de caramboler; suite de coup au jeu de billard; les deux points qui en résultent pour le joueur qui carambole. Le carambolage est difficile. Je n'ai d'autre coup que le carambolage. J'ai cinq points et un carambolage.

CARAMBOLE. s. f. Espèce de partie de billard; bille rouge avec laquelle on fait cette partie. On peut jouer au billard la poule, le doublet, la carambole, la partie russe, etc.

CARAMBOLER. v. n. Jouer sa bille de manière à en toucher du même coup deux autres, soit à la fois, soit successivement.

CARAMBOLEUR. s. m. Celui qui carambole, qui est habile à caramboler; c'est un grand caramboleur.

CARAPOUCHA. s. f. Graminée du Pérou, dont les grains produisent l'ivresse et même le délire.

CARATURE. s. f. Mélange d'or, d'argent et même de cuivre, dont on fait les aiguilles d'essai de l'or.

CARAVANIER. s. m. Conducteur des bêtes de somme d'une caravane.

CARBATINE. s. f. Peau de bête nouvellement écorchée.

CARBONARO. s. m. (on pron. *a* long.) Mot italien signifiant *charbonnier*. Les partisans du régime légal dans le royaume de Naples sont appelés CARBONARI.

CARBONATE. s. m. Genre de sels neutres, résultant de l'acide carbonique combiné avec une base. Carbonate de soude, etc.

CARBONATÉ, E. adj. Qui contient de l'acide carbonique.

CARBONCLE. s. m. *méd*. Tumeur inflammatoire. Ancien nom du rubis.

CARBONE. s. m. Principe du charbon; charbon pur. Il se dégage du charbon qu'on allume, et produit une vapeur capable d'asphyxier.

CARBONÉ, E. adj. Qui tient de la nature du carbone. Il s'est dit aussi pour carbonaté, qui lui a succédé.

CARBONIQUE. adj. Acide carbonique, composé de carbone combiné avec l'oxygène.

CARBONISATION. s. f. Art, action de réduire un corps à l'état de charbon.

CARBONISER. v. a. Réduire le bois en charbon. *Les tonneaux carbonisés à l'intérieur conservent l'eau douce en mer*.

CARBONNADE. s. f. Mode de cuisson des viandes, grillées sur le charbon. On fait une carbonnade de pigeons ou des pigeons à la carbonnade.

CARBURE. s. m. Carbone sans oxygène, combiné avec une base : Carbure de soude, carbure de fer.

CARCAILLER, v. n., exprime le cri de la caille, d'après lequel on lui donne souvent le nom de caracadet ou de carcaillot.

CARCÉRULE. s. f. *bot*. Fruit renfermé dans un péricarpe qui ne s'ouvre pas.

CARDÉE. s. f. Ce qu'il a été cardé à la fois de laine, coton, etc.

CARDÈRE, s. f. CARDIAIRE. s. m. Espèces de chardons, servant aux drapiers pour carder les étoffes sortant du foulon. On les nomme aussi chardons à foulon.

CARDIALGIE. s. f. *méd*. Douleur violente à la partie supérieure de l'estomac.

CARDIER. s. m. Celui qui fait ou vend des cardes.

CARDINALISER. v. a. Faire cardinal. Terme de plaisanterie.

CARDIOGME. s. m. *méd*. Palpitation du cœur; anévrisme.

CARDITE ou CARDITIS. s. f. Inflammation du cœur.

CARÉNÉ, E. adj. A forme de carène, en gouttière. On dit aussi cariné, e.

CARIOLE. s. f. *Voy*. CARRIOLE au Dict.

CARLIN. s. m. Petit chien à nez relevé, à museau noir; *fém*. carline.

CARNÈLE. s. f. Bordure autour du cordon de la monnoie, où se trouve la légende. On dit aussi carneler, faire la carnèle.

CARNIER. s. m. *V*. CARNASSIÈRE au Dict.

CARNIFIER (SE). v. pron. Se changer en chair.

CARNIFORME. adj. Qui a l'apparence de la chair sans en être en effet.

CARONADE. s. f. Canon gros et court, employé dans la marine.

CAROTIDAL, E. adj. Qui concerne les artères carotides.

CARPHOLOGIE ou CARPOLOGIE. s. f. *méd*. Symptôme de la fièvre ataxique, où le malade semble chercher à prendre quelque chose avec les doigts.

CARPIER. s. m., ou CARPIÈRE. s. f. Petit étang à carpes. On dit aussi *alevier*, mais ce mot comprend toute espèce de poissons, sans désigner la carpe en particulier.

CARPOLITHE. s. m. Fruit pétrifié, noix, glands, etc.

CARPOMORPHYTES. s. m. pl. Pierres où sont figurés des fruits, ou en forme de fruits.

CARPOPHAGE. adj. *V*. FRUGIVORE au D. Ce mot conviendroit mieux pour distinguer l'animal qui ne vit que de fruits. Il désigneroit le goût, l'instinct; et frugivore, un rapport à l'organisation: L'homme est frugivore, et ne seroit pas carpophage. *Hist. nat*.

CARQUÈSE ou CARCAISE. s. m. Four de frite où l'on place les pots. *T. de fabriq*.

CARRELETTE. s. f. Lime plate dont on se sert pour polir.

CARRELIER. s. m. Ouvrier qui fait les carreaux en terre cuite.

CARRICK. s. m. Redingote en surtout, à grand collet rabattu; s'il y en a plusieurs, ils sont de plus étagés.

CARTAUX. s. m. pl. *mar*. Collection, dépôt des cartes marines.

CARTOGRAPHE. s. m. Auteur de cartes géographiques. *Peu usité*.

CARTONNERIE. s. m. Fabrique de carton, commerce d'objets en carton.

CARTOUCHIER. s. m. Case où le soldat serre ses cartouches.

5

CARYOPHYLLÉES. adj. et subst. Famille de plantes voisines de l'œillet, qui en est un genre.

CARYOPHYLLOÏDES. s. f. pl. Caryophyllées fossiles. (On pron. *loï*.)

CASÉEUX, EUSE. adj. La partie caséeuse du lait, celle qui donne le fromage. On dit aussi *caseux, caseuse.*

CASÉIFORME. adj. Qui ressemble au fromage : Substance caséiforme.

CASERETTE. s. f. Moule à fromage, où l'on met en presse le caillé.

CASERNEMENT. s. m. Action de caserner, mode de logement des soldats. *Le casernement facilite la surveillance des chefs.*

CASIER. s. m. Meuble de bureau divisé en cases, pour recevoir des registres, cartons, etc.

CASIMIR. s. m. Léger drap de laine fine. *Casimir de Reims, casimir anglois.*

CASOAR. s. m. Gros oiseau du genre de l'autruche.

CASQUETTE. s. f. Sorte de bonnet imitant le casque.

CASSE-BOUTEILLE. s. m. *phys.* Récipient de cristal auquel s'adapte une bouteille, que casse le poids de l'air quand le vide est fait.

CASSE-CROÛTE. s. m. Instrument à dents pour broyer la croûte du pain à ceux qui ne peuvent la mâcher.

CASSE.... du verbe casser, forme d'autres composés : Casse-noix, casse-mottes, casse-pierre, casse-tête, etc., qui s'entendent aisément.

CASTANITE. s. f. Pierre argileuse offrant la forme ou la couleur de la châtaigne.

CASTEL. s. m. Vieux mot signifiant château. On l'emploie encore dans la romance et dans le langage imité du gascon : *Un vieux castel; le castel de mon père.*

CATACAUSTIQUE. s. f. Courbe formée par des rayons *réfléchis* et non *réfractés.*

CATACOUSTIQUE. s. f. Partie de l'acoustique traitant des sons réfléchis, des échos, etc.

CATADIOPTRIQUE. s. f. Réunion des effets de la lumière *réfléchie* et de la lumière *réfractée*, deux branches de l'optique.

CATÉCHISTIQUE. adj., instruction, *catéchistique*, donnée en forme de catéchisme.

CATILINAIRE. s. f. Oraison de Cicéron contre Catilina. *La première, la deuxième Catilinaire.*

CATISSEUR. s. m. Ouvrier qui donne le cati à une étoffe; le couteau dont il se sert pour cela se nomme *catissoir.*

CATOGAN. s. m. Cheveux relevés en plusieurs plis jusque près de la tête, et attachés au milieu de la longueur qui leur reste.

CAUCHER. s. m. Feuillets de vélin entre lesquels on bat l'or battu.

CAUDEX. s. m. *bot.* Partie de la plante qui reste sans rameaux.

CAUDICIFORME. adj. *bot.* Qui reste sans ramification.

CAUDIMANE. adj. et subst. Animal à qui sa queue peut servir de main pour saisir. *Hist. nat.*

CAULESCENT, E, ou CAULIFÈRE. adj. *bot.* Plante qui s'élève en tige.

CAULINAIRE. adj. *bot.* Qui naît de la tige, qui lui appartient. Feuilles caulinaires.

CAUSEUSE. s. f. Petit sopha pour deux personnes.

CAVATINE. s. f. *musiq.* Sorte de composition en une seule partie, et sans reprise, souvent employée dans le récitatif obligé.

CAVIN. s. m. Enfoncement du terrain, favorable aux approches d'une place de guerre. *Art milit.*

CAVISTE. s. m. Celui qui est chargé du soin de la cave. *Fam.* et *plaisant.*

CEDO-NULLI. s. m. Mots latins signifiant: *Je ne le cède à aucun*, et devenus le nom d'une belle coquille du genre cône ou du came.

CÉDRITE. s. m. Vin de cédride, baie du petit cèdre.

CEINTRE. s. m. *mar.* Gros bourrelet formé de cordages.

CEINTRER, v. a., on navire, le ceindre de plusieurs tours de câbles.

CEINTURONNIER. s. m. Celui qui fait, qui vend des ceinturons.

CÉLATION. s. f. Secret gardé sur un fait, et qui expose à des soupçons de culpabilité. *T. de méd. légale.*

CÉLÉRIFÈRE. adj. et s. m. Nom d'un genre de voiture publique, d'une marche accélérée. *Voiture célérifère; un célérifère.*

CELLULEUX, EUSE. adj. *bot.* Divisé en plusieurs petites cellules : *Fruit celluleux, tissu celluleux.*

CENDRER. v. a. Cendrer une couleur, lui donner le gris de cendre. Cendrer une lessive, y mettre de la cendre, des cendres.

CENDREUX, EUSE. adj. Sali par la cendre, couvert de cendres : *Côtelette cendreuse, toute cendreuse.*

CENDRURES. s. f. pl. Veines grisâtres dans l'acier, et qui y sont autant de défauts.

CENTÉSIMAL, E. Division centésimale, faite en cent parties, dont chacune est un centième.

CENTI.... entre dans la composition des noms fractionnaires de mesures décimales, où il annonce la centième partie de l'unité qui suit.

CENTI-ARE. s. m. Centième partie de l'are, mesure de superficie; elle vaut un mètre carré.

CENTIGRADE. adj. Divisé en cent degrés, chacun par conséquent du centième : Thermomètre centigrade, échelle centigrade.

CENTIGRAMME. s. m. Centième partie du gramme, qui est l'unité de poids, valant à peu près un cinquième de grain.

CENTILITRE. s. m. Centième partie du litre, unité des mesures de capacité pour les liquides.

CENTIME. s. m. Centième partie du franc. Cinq font un sou.

CENTIMÈTRE. s. m. Centième partie du mètre, qui est l'unité des mesures linéaires.

CENTISTÈRE. s. m. Centième partie du stère, mesure pour le bois.

CENT-PIEDS. s. m. Serpent de Siam, très-venimeux.

CENTRALISATION. s. f. Action de centraliser; état, qualité de ce qui est centralisé. La centralisation des forces, du pouvoir administratif.

CENTRALISER. v. a. Centraliser le pouvoir, le concentrer dans le ministère, dans l'administration. Le pouvoir veut tout centraliser.

CENTRER. v. a. Centrer un verre de lunette, mettre le centre à la plus grande épaisseur : *Un verre bien centré.*

CENTRIPÉTENCE. s. f. Tendance d'une force vers le centre. *T. de scol.*

CÉPHALALGIE. s. m. *méd.* Douleur de tête.

CÉPHALÉ. adj. Celui qui a une tête; l'opposé d'acéphale.

CÉPHALITE. s. f. Inflammation du cerveau et de ses membranes.

CÉPHALOÏDE. adj. *V.* ci-dessus CAPITÉ.

CÉPHALOMÈTRE. s. m. Instrument d'accoucheur pour mesurer la tête de l'enfant.

CÉRASITE. s. f. Pétrification en forme de cerise.

CERCLIER. s. m. Ouvrier qui fait des cercles. On pourroit bien aussi appeler *cercleur* celui qui les emploie; mais c'est du ressort du tonnelier.

CÉRÉALE. adj. et s. f. Les plantes céréales fournissent les graius dont se fait le pain. *La culture des céréales commence à se perfectionner.*

CÉRÉBREUX, EUSE, adj., et mieux CÉRÉBRIFORME. adj. *méd.* Qui ressemble à la substance du cerveau.

CERISETTE. s. f. Petite prune qui ressemble à la cerise.

CÉROMEL. s. m. Onguent dont la cire et le miel font l'essence. *T. de pharm.*

CÉROPLASTIQUE. s. f. Art de mouler, de figurer les corps avec la cire.

CÉTINE. s. f. Principe constituant le blanc de baleine.

CÉTOLOGIE. s. f. *hist. nat.* Traité sur les cétacés.

CH. s. m. C'est, dans la langue françoise, le signe d'un son particulier prononcé *che*, que l'on nomme *chuintant*, et qui est le son fort du J : *chose, j'ose.* CH représente un son simple par un signe composé, qui, devant les consonnes, et même devant les voyelles, dans beaucoup de mots tirés du grec, devient un équivalent du K : *chronique, archange*, etc.

CH ne se trouve point dans l'alphabet vulgaire, qui, d'un côté, admet des signes identiques, et, de l'autre, exclut des signes composés peignant des sons par eux seuls : *ch, l* mouillé, et *gn. Voy.* H au Dict.

CHABLAGE. s. m. Action de chabler, service du chablier.

CHABLEAU. s. m. Corde à remonter les bateaux.

CHABLER. v. a. Attacher une pièce avec un câble pour l'enlever, l'entraîner, etc.

CHABLEUR. s. m. Préposé chargé de faciliter les passages difficiles sur quelques rivières.

CHABOTS. s. m. pl. Menus cordages des échafauds de maçons.

CHABRAQUE. s. f. Espèce de caparaçon pour la cavalerie, spécialement dans les régimens de hussards.

CHABRILLON. s. m. Petit fromage de lait de chèvre. On dit aussi *cabrillon.*

CHACAL. s. m. Animal carnassier, tenant du loup et du chien.

CHAGRINIER. s. m. Ouvrier qui prépare la peau de chagrin.

CHAHUTE. s. f. Danse lascive, qu'on prétend ressembler au *fandango* espagnol.

CHAÎNETIER. s. m. Ouvrier qui fait des chaînettes, agrafes, etc.

CHALCOPYRITE. s. f. *minér.* Pyrite contenant du cuivre. (On pron. calco...)

CHALÉMIE. s. f. Chalumeau artificiel, fait avec un bois dont on a ôté la moelle. On donne aussi ce nom à la cornemuse.

CHALET. s. m. Retraite des vachers sur des montagnes de la Suisse, lieu où se font les fromages.

CHAMBRAGE. s. m. Charpente au pied du mât de beaupré pour l'affermir.

CHAMBRILLON. s. f. Nom donné par mépris à une femme de chambre. *Trivial.*

CHAMOISER. v. a. Préparer les peaux de chamois ou d'autres, de la même façon.

CHAMPIGNONNIÈRE. s. f. Couche de fumier où l'on fait venir des champignons. On dit plus souvent *couche de champignons.*

CHAMPLURE. s. f. Trou pratiqué au fond d'une cuve, etc., pour l'écoulement du liquide.

CHANÉE. s. f. Conduit incliné qui, dans les papeteries, mène l'eau sur la roue du moulin.

CHANFREINER, v. a., une pièce de bois, la couper en chanfrein ou biseau.

CHANGEOTER. v. n. Changer sans cesse. Il ne fait que changeoter. *Pop.*

CHANLATTE. s. f. Saillie à la corniche supérieure du bâtiment pour garantir de la pluie le mur de face. *T. de couvr.*

CHANTAGE. s. m. Sorte de pêche où l'on chante, et fait du bruit pour faire fuir le poisson vers les filets. On dit aussi *huage,* formé de *huer.*

CHANTONNER. v. n. Chanter à demivoix, ou chanter sans suite. *Fam.* Cette personne ne fait que chantonner.

CHANTOURNAGE. s. m. Art, action de chantourner, manière dont l'ouvrage est exécuté. Le chantournage est mauvais. Le menuisier dit *chantournement.* *Voy.* Chantourner au Dict.

CHANVRIER. s. m. Celui qui fait le commerce des chanvres.

CHAPEAU-CHINOIS. s. m. *musiq.* Instrument dont la partie supérieure est une calotte au lieu de croissant, et qui a d'ailleurs, comme le bastringue, des sonnettes ou grelots qu'on fait sonner en secouant le manche en mesure. *V.* ci-dessus Bastringue.

CHAPELLERIE. s. f. Art, travail, commerce du chapelier. *Apprendre la chapellerie. Les bonnets à poil font partie de la chapellerie.*

CHAPITRAL, E. adj. Qui appartient à un chapitre. Propriété chapitrale.

CHAPOTER. v. a. Dégrossir avec le plane une pièce de menuiserie. On l'emploie aussi pour *tapoter. Fam.* et surtout *pop.*

CHAPUT. s. m. Billot dont on se sert pour tailler l'ardoise.

CHAR-À-BANC. s. m. Longue voiture avec des bancs en travers. Il s'en fait aussi avec un seul banc sur le côté pour soutenir les pieds.

CHARADISTE. s. m. Celui qui s'adonne à faire ou à deviner des charades. Il ne se dit qu'en plaisantant et pour ridiculiser.

CHARANÇONITES. s. m. pl. *hist. nat.*

Famille d'insectes coléoptères, dont le type est le genre charançon.

CHARBON-DE-PIERRE. s. m. Sorte de charbon minéral, différant de l'autre charbon-de-terre par sa dureté.

CHARBONNEUX, EUSE. adj. *méd.* Qui tient du charbon : *Tumeur charbonneuse.*

CHARDONNET. s. m. Montant des grandes portes, tournant sur pivot.

CHARDONNIÈRE. s. f. Terrain couvert de chardons.

CHARGEOIR. s. m. Ce dont on se sert pour charger un canon, etc.

CHARMEUR. s. m. Celui qui charme, emploie des charmes. *En dérision.*

CHARNON. s. m. Anneau d'une charnière.

CHARPI. s. m. Billot pour préparer les douves du tonnelier.

CHARRETIN. s. m. Espèce de charrette où l'on ne peut pas mettre de ridelle.

CHARROYEUR, s. m. Inusité. *Voy.* Voiturier au Dict.

CHARTE. s. f. Ce mot, employé seul, ne s'entend, en France, que de la Charte constitutionnelle accordée par Louis XVIII en 1814, et qui renferme la constitution politique du royaume : *Vive la Charte! suivre la Charte; obéir à la Charte; violer la Charte; beaucoup d'anciens privilégiés en veulent à la Charte; la masse des Français est intéressée au maintien de la Charte.*

CHARTIL. s. m. (On ne pron. pas *l.*) Corps de la charrette; longue charrette pour les gerbes; lieu couvert pour abriter les chariots, harnois, etc.

CHASERET. s. m. Petit châssis pour faire égoutter le fromage.

CHASSÉ. s. m. Pas de danse dirigé à droite ou à gauche. Partie d'une figure de contre-danse. *Faire un chassé. La figure commence par un chassé.*

CHASSE-AVANT. s. m. Chef d'ouvriers à gros travaux, qui les pousse au travail.

CHASSE-BONDIEU. s. m. Morceau de bois pour enfoncer le coin des scieurs de long, qu'on appelle bondieu.

CHASSE-FLEURÉE. s. f. t. d'atel. Bout de planche pour écumer la teinture en ébullition.

CHASSE-POIGNÉE. s. m. CHASSE-POMMEAU. s. m. Outils de fourbisseur pour enfoncer les poignées, les pommeaux d'épée.

CHASSE-POINTE. s. m. Broche en équerre, qui sert à chasser les clous de leur place dans un ouvrage.

CHASSE-PUNAISE. s. f. *bot.* Plante de mauvaise odeur, qui fait fuir les punaises : C'est la renoncule de Sibérie.

CHASSER. v. n. Faire un chassé : On chasse et l'on déchasse. Le danseur chasse à droite et déchasse à gauche; la danseuse chasse à gauche, et déchasse à droite. *Voyez* Chasser au Dict.

CHASSOIR. s. m. Outil pour serrer les cerceaux.

CHATTÉE. s. f. Portée d'une chatte.

CHÂTIEUR. s. m. Celui qui châtie. *Fam.* et *plais.* Le châtieur ne vaut pas mieux que le châtié.

CHATOIEMENT. s. m. Action de chatoyer; changement de couleur et de forme qui en résulte.

CHATOUILLE. s. f. Petite lamproie mise en appât à l'hameçon.

CHATOYER. v. n. Changer de couleur et de rayons, comme l'œil du chat, suivant la direction de la lumière. *Voyez* Chatoyant au Diction.

CHAUDE. s. f. Action de chauffer, degré de chaleur donné à ce que l'on chauffe, comme à un métal pour le battre, l'étirer. *Donner une chaude, une bonne chaude à une lessive, au fer, à une pièce de métal.* Ce que l'on chauffe à la fois de matière fondue, etc. Cette chaude est de tel poids, etc.

CHAUDER, v. a., une terre, une prairie, y mettre de la chaux pour favoriser la végétation.

CHAUFFE-LIT. s. m. *Voyez* Bassinoire au Diction.

CHAUFFE-PIED. s. m. *Voyez* Chaufferette au Diction.

CHAUFFEUR. s. m. Celui qui tire le soufflet à la forge. On a aussi appelé *chauffeurs* des brigands en bande, qui approchoient du feu, jusqu'à leur brûler les pieds, ceux qui ne livroient pas leur argent.

CHAUFFURE. s. f. Défaut de fer qui s'écaille pour avoir été trop chauffé.

CHAVARIA. s. m. *hist. nat.* Oiseau échassier, qu'on emploie en Amérique à défendre la volaille contre les oiseaux de proie.

CHÉ. s. m. Instrument de musique des Chinois, à vingt-cinq cordes.

CHEBEC. s. m. *mar.* Petit bâtiment de guerre à voiles et à rames.

CHÉIROPTÈRES. s. m. pl. Animaux à pates unies par des membranes; famille des chauve-souris. *Hist. nat.*

CHÉMOSIS, CHÉMOSE. s. f. Gonflement du blanc de l'œil qui dépasse la prunelle. (On pron. ké.)

CHENALER. v. n. *mar.* Suivre les sinuosités d'une passe; chercher un passage à travers un bas-fonds.

CHÊNETEAU. s. m. Chêne laissé pour baliveau, jeune chêne.

CHÉNOPODÉES. s. f. pl. Famille de plantes à feuilles en *pates d'oie.* Bot.

CHEPTELLIER. s. m. Celui qui prend à cheptel un troupeau, des bestiaux, etc. (On pron. chetellier.)

CHERNITE. s. f. Genre de marbre qui ressemble à l'ivoire, et qui a passé pour conserver les cadavres.

CHÉTOCÈRES. s. m. pl. *hist. nat.* Famille d'insectes lépidoptères, à antennes en scie.

CHÉTODON. s. m. *hist. nat.* Genre de poissons thorachiques, munis de beaucoup de dents flexibles faisant la scie.

CHÉTOLIER. s. m. Mot patois employé mal à propos. *Voy.* ci-dessus Cheptellier.

CHEVALEMENT. s. m. Action de chevaucher, ce qui est chevauché ou chevauchant. *Le chevauchement des lettres est un défaut. Voy.* Chevaucher au Dict.

CHEVAL-FONDU. s. m. Jeu des jeunes gens d'une société qui se tient incliné pour que les autres lui sautent par dessus le dos. C'est un jeu dangereux.

CHEVALIS. s. m. Endroit d'une rivière, creusé pour servir de passage aux bateaux dans les basses eaux.

CHEVAUCHEMENT. s. m. Action de chevaucher, ce qui est chevauché ou chevauchant. *Le chevauchement des lettres est un défaut. Voy.* Chevaucher au Dict.

CHEVAUCHEUR. s. m. Terme de dérision. C'est un grand chevaucheur. *Fam.*

CHEVER. v. a. Dit pour *caver*, creuser; en terme d'arts et métiers.

CHEVETEAU. s. m. Pièce transversale de charpente, sur laquelle on fait tourner le tourillon d'un arbre de moulin.

CHEVÊTRIER. s. m. Support principal du tourillon.

CHEVILLAGE. s. m. Action de cheviller; art de cheviller les vaisseaux.

CHEVILLETTE. s. f. Petite cheville; tout ce qui en fait la fonction.

CHEVILLON. s. m. Bâton tourné au dossier d'une chaise.

CHÈVRE-BLEUE. s. f. Matière lumineuse ondoyante d'une aurore boréale.

CHEVREUSE. s. f. Sorte de pêche.

CHEVROTEMENT. s. m. Action de chevroter. Cadence formée en chevrotant. *Voy.* CHEVROTER au Dict.

CHIFFONNIER. s. m. Meuble à tiroirs, pour serrer des chiffons, des ajustemens de femme. *Voy.* ce mot au Dict.

CHIGNOLLE. s. f. Dévidoir à trois ailes; à l'usage des passementiers.

CHILOPODES. s. m. pl. Insectes, famille des *mille pieds*. (On pron. *kilo.*)

CHIMIÂTRE. s. m. Médecin qu'on suppose mieux connoître la chimie que la médecine, et dont on fait peu de cas.

CHIMOINE. s. m. Ciment imitant le marbre. C'est un mélange de pierre calcaire et de coquille.

CHINER. v. a., une étoffe, en former le tissu avec des fils teints de distance en distance, et de manière à offrir un dessin à la chinoise. Usité surtout au participe.

CHINÉ, E. part. Des bas chinés, une étoffe chinée; et, subst., des bas d'un joli chiné.

CHINOIS, E. adj. Café chinois, bains chinois, jardins chinois; ornés, disposés à la manière de ceux de la Chine.

CHINURE. s. f. Action de chiner, disposition des couleurs, dessin qui en résulte.

CHIPAGE. s. m. Action de chiper les peaux dans les tanneries; apprêt qui leur est donné.

CHIPER. v. a., des cuirs, les apprêter. Chiper, dans le sens de prendre, dérober, est un terme populaire.

CHIPOLIN. s. m. Sorte de détrempe vernie.

CHIQUE. s. f. Espèce de tabac à mâcher; morceau *coupé* pour être mâché. — Jeu de billes, où celui qui perd en reçoit des coups sur les doigts. — Petit insecte des Antilles, qui entre dans les chairs, et cause de vives démangeaisons.

CHIQUER. v. n. Mâcher du tabac préparé pour cela. *Il a chiqué une once de tabac en trois jours; il aime à chiquer.*

CHLORACIDE. s. m. Chlore acidifié.

CHLORATE. s. m. Sel neutre formé par la combinaison de l'acide chlorique avec une base.

CHLORE. s. m. Substance particulière, l'un des principes de l'acide chlorique.

CHLORIQUE. adj. Acide chlorique, acide muriatique oxygéné.

CHLORITE. s. f. Pierre verte, tenant du talc ou de la stéatite.

CHLORO-CYANATE. Sel formé par la combinaison de l'acide prussique oxygéné avec une base.

CHLOROPHANE. s. f. Spath-fluor de Sibérie.

CHLOROTIQUE. adj. *méd.* Qui est affecté de la chlorose.

CHLORURE. s. f. Chlore combiné avec une autre substance, mais sans acide.

CHOGRAMME. s. m. Serrure mécanique à combinaisons.

CHOIN, s. m., ou PIERRE DE CHOIN. Espèce de marbre coquillier, d'une couleur ardoisée.

CHOPINETTE. s. f. Boire la chopinette. *Pop.* Ce qui suppose un amateur de la chopine, du vin.

CHOQUE. s. f. Outil de chapelier pour donner au feutre la forme de chapeau.

CHORÉGRAPHE. s. m. (On pron. *koré.*) Celui qui met en pratique l'art de la chorégraphie; qui compose des ballets, etc.

CHOUCROUTE. s. f. Chou fermenté, mets importé d'Allemagne.

CHOU-FLEUR. s. m. Variété du chou, dont on ne mange que le cœur, pommé en parasol.

CHOU-NAVET, CHOU-RAVE. s. m. Chou qui tient du navet, de la rave.

CHOU-PALMISTE. s. m. Fruit d'une sorte de palmier, et bon à manger.

CHROMATE. s. m. Sel formé par la combinaison de l'acide chromique avec une base.

CHROMATIQUEMENT. adv. Procéder chromatiquement, en ordre chromatique, par sémi-tons. *Muiq.*

CHROME. s. m. Demi-métal propre à former diverses combinaisons colorées.

CHROMIQUE. adv. Acide chromique, formé par le moyen du chrome.

CHRONOSCOPE. s. m. Espèce de chronomètre, qui offre à l'œil la mesure du temps, comme montre, pendule, etc.

CHRYSALIDER (SE). v. pron. Se changer en chrysalide.

CHRYSALITHE. s. f. Pétrification dont la surface imite celle de la chrysalide.

CHRYSITE. s. f. Ancien nom de la pierre de touche. Pierre contenant des parcelles d'or. Insecte d'un vert doré.

CHRYSOBATE. s. f. Végétation d'or artificielle, opérée par le moyen du feu.

CHRYSOCALQUE. s. m. Sorte de métal imitant la couleur de l'or.

CHRYSOGRAPHE. s. m. Écrivain en lettres d'or.

CHRYSOPRASE. s. f. Sorte d'émeraude vert-pomme.

CHRYSOPRASIN. s. m. Variété inférieure de chrysoprase.

CHUCHETER. v. n., exprime le cri du moineau.

CHUCHOTEMENT. s. m. Action de chuchoter. Ce qui se dit en chuchotant.

CHUINTANT, E. adj. *gram.* Articulation chuintante, celle qui produit le son fort *ch*, et le son doux *j*: *cher, juge.*

CHYLEUX, EUSE. adj. Qui tient du chyle, qui en approche. Un fluide chyleux.

CHYME. s. m. Aliment déjà un peu élaboré, sans être encore en chyle.

CIBE ou CIBLE. s. f. But sur lequel on s'exerce au tir. C'est une petite planche en bois, ou un morceau de carton, placé à peu

près à hauteur d'homme, et attaché à un poteau; au centre est un rond noir où l'on vise.

CICERONE. s. m. (On pron. *one* à l'italienne, *o* long, *e* fermé bref.) En Italie, c'est celui qui montre aux étrangers les curiosités du pays; en France, c'est un livret qui en donne la liste.

CICÉRONIEN, NE. adj. En littérature, on a qualifié de cicéronien le style qui imite celui de Cicéron.

CIERGIER. s. m. Celui qui fait et vend des cierges. Ce nom a moins d'étendue que cirier, qui s'étend à tout ouvrage en cire.

CIGARE ou CIGARRE. s. m. Tabac à fumer de Cuba; petit rouleau en forme de tabé, qui se vend pour fumer. *Fumer un cigare.*

CIGOGNEAU. s. m. Petit de la cigogne.

CILIAIRE. adj. Glandes ciliaires, qui appartiennent aux cils.

CILIÉ, E. adj. Garni de cils. Il y a des parties de plantes qui sont ciliées.

CIMENTIER. s. m. Faiseur de ciment. Mais il ne tient point à une profession particulière; il n'y a pas une classe de cimentiers.

CIMEUX, EUSE. adj. Plantes ou fleurs cimeuses, terminées en cime, ou plutôt supportant une cime.

CINETHMIQUE. s. f. *didact.* Science du mouvement en général.

CINGLEAU. s. m. Cordeau pour mesurer la dimension graduelle des colonnes.

CINQUAIN. s. m. Ancien ordre de bataille pour cinq bataillons.

CINTRAGE. s. m. Action de cintrer; ce qui sert à cintrer.

CIPOLIN. s. m. Sorte de marbre rayé vert et gris-bleu, ou vert de ciboule.

CIRCONCISEUR. s. m. Celui qui fait la circoncision. *T. de plais.*

CIRCONSCISSE. adj. *bot.* Capsule circonscisse, qui se fend, qui divise son contour.

CIRCONSTANCIEL, LE. adj. et subst. Qui exprime une circonstance du verbe, ou du moins de l'attribut. Tous les adverbes, par exemple, sont des parties circonstancielles, ou des circonstanciels.

CIRCULATOIRE. adj. La distillation se fait mieux par des vaisseaux *circulatoires*, c'est-à-dire qui ramènent la vapeur à la substance dont elle s'étoit dégagée.

CIRRHE. s. m. Vrille, filament, qui sert à quelques plantes pour s'attacher, s'entortiller.

CIRRHÉ ou CIRRHIFORME. adj. Qui a la forme d'un cirrhe, ou en fait la fonction.

CIRRHEUX. adj. Qui se termine par un cirrhe; et *cirrhifère*, qui en porte.

CISAILLEMENT. s. m. Action de cisailler, état de ce qui est cisaillé.

CISMONTAIN, E ou CITRAMONTAIN, E. adj. Qui habite en deçà des monts, spécialement en deçà des Alpes. C'est l'opposé d'ultramontain, mais moins usité, n'étant employé qu'au sens propre.

CISOIR. s. m. Gros ciseaux à couper les métaux; outil pour graver les poinçons.

CISPADAN, E. adj. *géogr.* En deçà du Pô, par rapport à Rome. La Gaule cispadane étoit pour elle à l'ouest du fleuve, et la Gaule transpadane étoit à l'est.

CITATEUR. s. m. Celui qui cite un fait, une suite ou série de faits.

CITHARE. s. f. musiq. Instrument avec lequel on concouroit aux jeux pythiens, et qu'on croit être la lyre grecque à 6 ou à 9 cordes. On ne connoît point la cithare des Hébreux. Ce mot a dans le grec plusieurs composés ou dérivés.

CITRATE. s. m. chim. Sel formé par la combinaison de l'acide citrique avec une base. Du citrate de potasse, etc.

CITRIQUE. adj. chim. Acide citrique, extrait du citron.

CITRONNAT. s. m. Écorce de citron confite.

CITRONNER. v. a., un mets, surtout une boisson; lui donner un goût de citron.

CIVISME. s. m. Dévouement, sacrifice d'un homme en faveur de ses concitoyens: Faire un acte de civisme. Le civisme fait préférer les intérêts généraux, le bonheur des autres au sien propre.

CLAIRAN. s. m. V. CLARINE au Dict.

CLAIRE-SOUDURE. s. f. Sorte d'étain.

CLAIRÉE. s. f. Cuite de sucre qui se clarifie vers la fin de la cuisson.

CLAIRVOIR. s. m. Ornement à jour aux buffets d'orgues.

CLAMESI. s. m. Sorte d'acier tiré du Limousin.

CLAMEUX, EUSE. adj. Usité dans chasse clameuse, faite à grands cris.

CLAMPIN, E. adj. Lent dans sa démarche, son travail, etc. Il s'est employé dans le sens de boiteux, éclopé. Populaire.

CLAMPONIER. adj. et subst. Cheval qui a les paturons effilés et plians, ce qui le rend peu ferme sur ses jambes.

CLAPOTAGE. s. m. mar. Action de clapoter, en parlant de la mer, et de s'élever par lames courtes et serrées; elle devient alors clapoteuse.

CLAPOTIS. s. m. mar. Léger mouvement des eaux à la surface de la mer.

CLAQUEBOIS. s. m. musiq. Instrument à clavier, mû par des baguettes.

CLAQUETER. v. n. Exprime le cri de la cigale.

CLAQUEUR. s. m. Celui qui, par cabale ou pour de l'argent, applaudit à tort et à travers une pièce, un acteur, etc.

CLAREQUET. s. m. Pâte transparente de pommes, coins, etc.

CLARETTE. s. f. Espèce de vin très-blanc et mousseux.

CLASSEMENT. s. m. Action de classer, acte par lequel on classe; état de ce qui est classé dans un ordre quelconque.

CLASSIFICATION. s. f. Art de classer, classement fait sous le point de vue de la science. La classification est didactique, et doit faciliter l'étude élémentaire.

CLAUSOIR. s. m. Petit carreau qui sert à clore, à terminer juste une assise de maçonnerie.

CLAVÉ, E. adj. Voyez CLAVIFORME.

CLAVECINISTE. s. m. et f. Celui ou celle qui joue qui enseigne à jouer du clavecin. Pianiste a remplacé ce mot depuis que le piano a été substitué au clavecin.

CLAVEL. s. m. Soude de mauvaise qualité.

CLAVICORDE. s. m. Espèce de piano, où la vibration des cordes a lieu par une languette de cuivre terminant la touche.

CLAVICORNE. adj. et subst. hist. nat. A antennes en forme de clou. C'est le nom d'une famille d'insectes, de l'ordre des coléoptères, section des pentamères.

CLAVICULÉ, E. adj. Animaux claviculés, pourvus de clavicules.

CLAVI-CYLINDRE. s. m. Clavecin où la vibration des cordes est produite par l'action d'un cylindre de verre.

CLAVIFORME ou CLAVÉ, E. adj. Qui grossit en montant, qui fait massue : Racines claviformes, en forme de clou.

CLAYDAS ou CLAYDAR. s. m. Claie ou treillis servant à fermer une entrée, un passage, dans la campagne. Ce mot paroît venir de clavis arvi, clef-de-champ.

CLAYER. s. m. Grosse claie.

CLEF-À-BOUT. s. f. Clef non forée.

CLÉMATITE. s. f. bot. Genre de renonculacées, où se trouve la clématite des haies, dite herbe aux gueux et viorne des pauvres, parce que les mendians se font parfois venir des ulcères en se frottant les jambes de ses feuilles.

CLENCHE ou mieux CLINCHE. s. f. Pièce de fer ou de bois qui traverse la porte sous le loquet, et sur laquelle on appuie pour la lever et ouvrir.

CLIC-CLAC. s. m. Bruit plus ou moins fort de la main frappant à plat sur la chair. On lui a donné deux ou trois soufflets, clic-clac. J'ai entendu des clic-clac, je ne savois ce que c'étoit.

CLICHAGE. s. m. t. d'imprim. Action de clicher, art de clicher; procédé par lequel on reproduit, d'une seule pièce, avec du métal en fusion, une page de caractères mobiles d'imprimerie, une vignette en bois, un tout autre objet en relief, au moyen d'une empreinte dans du gypse, du plomb, du cuivre, etc. — Le clichage exige deux opérations : l'empreinte en creux qu'on nomme matrice; la fonte en relief qu'on nomme cliché.

CLICHÉ. s. m. Produit du clichage. Voy. CLICHAGE.

CLICHER. v. a. imprim. Faire des clichés.

CLIQUE. s. f. Coup du plat de la main, moins sonore que la claque; ce qui le suppose moins fort, ou donné en badinant. En ce sens on dit aussi cliquet, mais moins usité. V. CLIQUE au Dict.

CLISÉOMÈTRE. s. m. Instrument de chirurgie pour mesurer le degré d'inclinaison du bassin.

CLISSER. v. a. Garnir d'une clisse, ou claie d'osier.

CLISSON. s. m. Toile de lin tirée de Clisson, en Bretagne.

CLISSUS-DE-NITRE. s. m. chim. Potasse chargée d'acide carbonique.

CLOISONNER. v. a. Séparer par une cloison, ou former une cloisonnage.

CLOQUÉ, E. adj. Feuille cloquée, repliée et froncée par la cloque.

CLOQUETIER. s. m. Bois auquel est attaché l'archet en fil-de-fer du briquetier, pour couper la pâte selon le moule.

CLOROPHANE. s. f. Substance phosphorique violette, donnant une lumière d'un vert-émeraude.

CLOSERIE. s. f. Clos avec moyens d'exploitation : grange, pressoir, etc.

CLOSIER. s. m. Celui qui exploite une closerie; petit fermier, métayer, ou propriétaire.

CLOSSEMENT, CLOSSER. Voy. GLOUSSEMENT, GLOUSSER, au Dict.

CLOU-D'ÉPINGLE. s. m. Petit clou long, à petite tête aplatie.

CLOUÈRE. s. f. Petite enclume.

CLOUET. s. m. Petit ciseau de tonnelier pour garnir le jable d'un tonneau qui suinte.

CLOYÈRE. s. f. Panier à huitres; ce qu'il en contient.

CLUB. s. m. Association de personnes dans un but politique et la discussion des affaires de l'État. Les membres sont des clubistes, mot en défaveur en France.

CLUDIFORME. adj. Qui a la forme d'un clou. Terme scientifique.

CLUTE. s. f. Houille de qualité inférieure.

CLYPÉACÉS. s. m. pl. Crustacés munis d'un têt en forme de bouclier.

CLYPÉIFORME. adj. Qui a la forme d'un bouclier. Term. scient.

CLYSSE. s. f. chim. Esprit acide tiré par distillation d'un mélange de soufre, d'antimoine et de nitre.

CLYSTÉRISER. v. a. On le dit par plaisanterie, dans le sens de donner un lavement ou des lavemens.

CO. s. m. bot. Plante de la Chine, qu'on croit être la corète capsulaire, et dont on fait de la toile.

CO. Du latin cum, avec, peut former un grand nombre de composés, où il exprime un assemblage.

CO-ACCUSÉ. s. m. Celui qui est accusé avec un autre ou plusieurs autres. Il s'emploie mieux au pluriel : c'est l'un des co-accusés.

CO-ADNÉ, E. adj. Feuilles co-adnées, qui forment paquet sans se toucher à la tige.

COAILLE ou mieux QUOAILLE. s. f. Mauvaise laine de la queue.

COAILLER. v. n. Il se dit du chien de chasse qui porte la queue entre les jambes en quêtant. Voy. QUOAILLER au Dict.

COAK ou COK, ou mieux COCK, comme on le prononce. s. m. Poussière de charbon de terre, qu'un feu violent a épurée et réduite en masses solides, et dont on fait des bûches. — C'est un mot d'origine angloise.

CO-ASSOCIÉ. s. m. Celui qui est associé avec un autre ou mieux avec plusieurs autres. Il s'emploie rarement au singulier. L'un des co-associés.

CO-BOURGEOIS. s. m. Co-propriétaire d'un navire avec l'armateur, appelé le bourgeois dans quelques ports.

COCANGE. s. m. Tour de gobelet, jeu d'escamoteur, qui consiste à faire trouver la boule de liége sous un autre gobelet que celui où l'on aura parié qu'elle est.

COCAOTE. s. f. Pierre des Indes qui, échauffée, imite, dit-on, le bruit du tonnerre.

COCATRE ou COQUATRE. s. m. Coq à demi-chaponné.

COCCINELLE. s. f. Petit scarabée, dit la bête au bon dieu.

COCCOLITHE. s. m. Minéral vert-foncé, formé de grains peu adhérens.

COCHENILLIER. s. m. Arbre aussi appelé nopal, opuntia, sur lequel se nourrit la cochenille insecte, et croît la cochenille graine.

COCHER. v. a. Faire une coche; arrêter par une coche. Cocher un cerceau, une corde. Il s'emploie mieux au participe : Un trait *coché*. C'est de là qu'est venu décocher.

COCHLÉIFORME. adj. Qui a la forme spirale d'un limaçon. La fougère a des feuilles cochléiformes. *T. scient.*

COCHOIR. s. m. Outil de tonnelier pour cocher les cerceaux, afin de fixer l'osier.

COCONNIÈRE. s. f. Lieu où l'on élève les vers à soie, où se font les cocons.

CODOPAIL. s. m. *bot.* Plante aquatique des pays chauds, épurant l'air par l'absorption du carbone et de l'azote.

COELESTINE. s. f. Strontiane sulfatée; spécialement le sulfate de strontiane, d'un bleu-céleste. *T. d'hist. nat.*

COELIAQUE. adj. et s. f. *méd.* Passion, affection cœliaque, qui fait rendre par l'anus des excrémens mêlés de chyle.

COELICOLE. adj. et subst. Habitant du ciel; adorateur des astres. *Inusité.*

COENOPTÈRE. s. f. *bot.* Fougère de la Dominique, dont la feuille est pendante et prend racine à terre.

COFFIN. s. m. Petit panier d'osier, haut et *rond*, avec anse et couvercle.

COFFIN, E. adj. Courbé en s'arrondissant. Ardoise coffine, pour les toits en dôme.

COFFINER (se). v. pron. Se plier, se courber en voûte, en parlant des bois, des feuilles d'œillet, etc.

COGNAC. s. m. Du cognac, eau-de-vie renommée de la petite ville de Cognac, département de la Charente.

COGNET. s. m. Rôle de tabac en cône, pour *cogner*, serrer, ceux qu'on met en futaille.

COGNEUX. s. m. Outil de fondeur pour battre le sable à moule.

COGNOIR. s. m. Outil d'imprimerie pour serrer les coins, et qui s'appelle décognoir quand on l'emploie à les desserrer.

COGNOSCO. s. m. *mar.* Mastic de résine, suif, et brai ou goudron, pour boucher les gelivures des pièces de bois, et empêcher l'eau d'y pénétrer. (On pron. *cog-no*.)

COHEL. s. m. Préparation d'étain brûlé et de noix de galle, dont se servent les femmes turques pour se noircir les sourcils.

CO-INDIQUANT, E. adj. *méd.* Signes co-indiquans, qui se réunissent pour indiquer ensemble la nature de la maladie, les moyens curatifs.

CO-INDICATION. s. f. *méd.* Réunion des signes co-indiquans.

COINSER. v. a. *mar.* Serrer, affermir par un coin ou des coins.

COLACHON. s. m. Espèce de luth à long manche.

COLAPHISER. v. a. Terme de plaisanterie pour dire souffleter. Il s'emploie surtout au participe : Il a été *colaphisé*.

COLBACK. s. m. Nom étranger, donné par quelques personnes au bonnet à poil militaire.

COLÉOPTÈRE. adj. et s. m. Insecte *dvi-pare, à ailes supérieures en étui*. Un insecte coléoptère, un coléoptère. *Hist. nat.*

COLÉOPTILE. s. m. Étui de la plumule, dans la graine de quelques plantes. *Bot.*

COLÉORRHIZE. s. f. Étui de la radicule dans quelques plantes. *T. de bot.*

COLÉRITE. s. m. Liqueur corrosive pour l'épreuve de l'or, qu'elle fait changer de couleur s'il n'est pas pur.

COLIN-TAMPON. s. m. Son du tambour suisse. *Voy.* TAMPON au Dict.

COLISSE. s. f. Mailles entre lesquelles on fait passer les fils de la chaîne pour les élever ou les abaisser. *T. de fabriq. de soie.*

CO-LITIGANS, ES. adj. Qui plaident l'un contre l'autre. Les parties co-litigantes.

COLLAGE. s. m. Action d'appliquer la colle; objets collés; travail. Le collage est fini; le collage est sec; j'ai payé le collage.

COLLATIONNAGE. s. m. Action de collationner une copie, un ouvrage en feuilles. *Voy.* COLLATIONNER au Dict.

COLLEMENT. s. m. État des paupières collées; action de se coller.

COLLERET. s. m. Filet à bouts étroits et froncés. *T. de pêche.*

COLLETEUR. s. m. *t. de vén.* Celui qui tend des collets pour lièvres, lapins, etc.

COLLIÈRES. s. f. pl. Pièces de bois servant de trains de bois, et où se passent les cloupières.

COLLIMATION. s. f. *astr.* Axe optique de la lunette. — Ligne de vision dirigée sur l'objet par les pinnules du graphomètre.

COLLUDANT, E. adj. Qui prend ou a pris part à une collusion. *Voy.* COLLUDER, COLLUSION, au Dict.

COLOMBACÉ, E. adj. Qui tient de la colombe.

COLOMBELLE. s. f. Jeune colombe, colombe chérie, en style de romance. — Filet vertical entre deux colonnes d'une même page. *T. d'imprim.*

COLOMBINE. s. f. Fiente de pigeon, recherchée comme engrais.

COLOMBITE ou COLOMBIUM. s. m. *Voy.* TANTALITE ci-après.

COLONAILLE. s. f. Montant. *T. de vannier.*

COLONIAL, E. adj., au masc. plur. COLONIAUX. Qui regarde les Colonies, leur administration, leurs produits. Denrées coloniales. Assemblée coloniale.

COLONISATION. s. f. Action, système de *coloniser*, d'établir en colonie. Les Romains avoient colonisé des vétérans dans les Gaules. Cette colonisation avoit son bon côté.

COLOPHONITE. s. f. Variété de grenat d'un jaune tirant sur le roux, et luisant comme la résine colophane. *Hist. nat.*

COLOQUINELLE. s. f. *bot.* Fausse coloquinte.

COLORATION. s. f. Action naturelle de colorer. La coloration des fleurs est l'ouvrage de la nature; elle colore ce qui étoit sans couleur.

COLORIEUR, EUSE. subst. Celui ou celle qui colorie les gravures, estampes, etc.

COLORIFIQUE. adj. Qui produit la couleur, la fait naître. Les rayons solaires sont colorifiques pour les plantes.

COLORIGRADE. s. m. *phys.* Instrument qui rend et fixe invariablement les nuances possibles de la couleur des corps naturels.

COLORISATION. s. f. Changement de couleur, ou plutôt couleur nouvelle donnée à une substance par quelque opération chimique. C'est artificiel.

COLORISER. v. a. Donner un coloris, un assortiment de couleurs, de nuances.

COLUMBAIRE. s. m. Tombeau des Anciens destiné à la sépulture d'une famille illustre. (On pron. *colom*.)

COLUMELLE. s. f. Cylindre contenant la poussière séminale des mousses. Axe intérieur d'une coquille, de quelques fruits.

COLUMELLÉ, E. adj. *bot.* Pourvu d'une columelle ou de columelles.

COMBINÉ. s. m. Substance composée, résultant d'une combinaison chimique.

COMBLEAU ou COMBLAU. s. m. Cordage pour traîner le canon.

COMBRECELLE. s. f. Dit par corruption de *cambrecelle*, de *cambré*, courbé pour faire monter quelqu'un dessus : Faire la com-*brecelle*.

COMBUSTIBILITÉ. s. f. Propriété des corps comme combustibles, comme susceptibles de combustion.

COMÉTAIRE. adj. Système cométaire, qui concerne les comètes.

COMÉTOGRAPHIE. s. f. *astron.* Description, traité des comètes; titre d'un ouvrage d'Hévélius.

COMMA. s. m. Bel oiseau d'Afrique, à cou vert, ailes rouges et queue noire. *Voy.* COMMA au Dict.

COMMÉMORATIF, IVE. adj. Qui rappelle un fait passé, en facilite le souvenir : les mots sont des signes commémoratifs.

COMMÉRAGE. s. m. Titre, qualité de commère. Propos, conduite de commère; dits et redits, intelligences entre femmes.

COMMETTAGE. s. m. *mar.* Action de mettre, de réunir, de tortiller ensemble plusieurs fils ou torons. Celui qui fait ce travail se nomme en corderie commetteur.

COMMINUTIF, IVE. adj. Fracture comminutive, où l'os a été mis en esquilles.

COMMINUTION. s. f. Réduction en petites parties d'un os, d'un médicament.

COMMISSIONNER. v. a. Pourvoir quelqu'un d'une commission ou titre qui lui donne droit d'agir, d'exercer : Il y a au dépôt deux officiers de santé commissionnés:

COMMISSOIRE. adj. Clause commissoire, dont l'inexécution rend le contrat nul. *Voy.* COMMODAT au Dict.

COMMODATAIRE. s. m. ou f. Celui ou celle à qui il a été prêté à titre de commodat. *Voy.* COMMODAT au Dict.

COMMUABLE. adj. Qui peut être commué. Une peine est commuable.

COMPARUIT. s. m. (On pron. *ite*.) Mot latin admis au palais. On lui a délivré un comparuit, certificat de comparution.

COMPASSEUR. s. m. Celui qui compasse, qui compasse tout, qui est ce qu'on appelle compassé. En plaisanterie, c'est un grand compasseur, un beau compasseur.

COMPATERNITÉ. s. f. *Voy.* COMPÈRAGE au Dict.

COMPENSATEUR, TRICE. adj. et subs. Qui fait compensation. En mécanique, il faut un compensateur pour neutraliser une force, un poids, etc., qu'on ne veut pas employer. On a dit aussi une force *compensatoire. Inus.*

COMPERNE. adj. On a appelé comperne une statue qui a les pieds joints.

COMPLÉMENTAIRE. adj. Qui sert de complément, qui sert à compléter. Une somme complémentaire. Le calendrier républicain étoit de douze mois de trente jours, avec cinq jours complémentaires, et six pour les années bissextiles.

COMPLÉTIF, IVE. adj. *gramm.* qui sert à compléter les parties principales d'une proposition, ou une proposition principale. Les régimes forment en ce sens des parties complétives. On a aussi donné le nom de complétif au mode subjonctif.

COMPLEXITÉ. s. f. Qualité de ce qui est complexe. La complexité des termes empêche souvent deux personnes de s'entendre.

COMPLIQUER. v. a. Opposé de simplifier; rendre les parties d'un tout difficiles à démêler; en augmenter les parties.

COMPOTIER. s. m. Vase dans lequel on sert les fruits en compote.

COMPRESSEUR. s. m. Muscle compresseur (qui comprime); comme celui de la prostate. T. *d'anat.*

COMPRESSIF, IVE. adj. *chir.* Bandage compressif, destiné à exercer une compression. — *phys.* Une force compressive.

COMPTE-RENDU. s. m. Écrit où l'on rend compte d'une gestion. Il ne se dit guère que de l'administration publique. Le compte-rendu de M. Necker est, en France, le premier exemple de la publicité en fait de finances.

COMPTEUR, EUSE. subst. Celui ou celle qui fait un compte simple. *Fam.* Le compteur s'est trompé de trois bottes de foin. — Horloge qui bat les secondes; roue dont l'axe porte une aiguille.

COMPULSEUR. s. m. Celui qui compulse.

COMPUTATION. s. f. Supputation du temps relative au calendrier.

COMTAT. s. m. Pour *comté*, dans le titre de comtat venaissin, donné à la contrée du département de Vaucluse, dont Carpentras étoit la capitale.

CONCAVO - CONCAVE. adj. Concave des deux côtés; forme de verre pour les myopes. T. *d'optiq.*

CONCAVO-CONVEXE. adj. optiq. Concave d'un côté et convexe de l'autre.

CONCENTRIQUEMENT. adv. Cercles disposés concentriquement, autour d'un même centre.

CONCEPTACLE. s. f. Loge des parties fécondantes dans quelques cryptogames, lichens, etc.

CONCEPTIF, IVE. adj. Faculté conceptive, faculté de concevoir. *Didact.*

CONCHE. s. f. Grand vase à fond étroit, et qui s'élargit en montant. Second réservoir dans les marais salans.

CONCHIFÈRES. adj. et subst. (On pron. ki.) Nom donné aux mollusques acéphales, comme *porte-conque.*

CONCHILE. s. f. V. CONCHOÏDE au Dict. (On pron. ki dans ce mot et dans les huit suivans.)

CONCHOÏDAL, E. adj. Qui est relatif, qui appartient à la conchoïde.

CONCHYLE. s. m. (On pron. ki.) Coquillage dont on tire la pourpre.

CONCHYLIFÈRES. adj. et s. m. pl. Nom donné aux testacés, comme munis de coquilles.

CONCHYLIOÏDE. adj. Conchyliforme, qui a la forme d'une coquille. (On pron. ki-o-i.)

CONCHYLIOLOGIQUE. adj. Qui concerne la conchyliologie. V. ce mot au Dict.

CONCHYLIOLOGISTE. s. m. Celui qui a étudié, approfondi la conchyliologie.

CONCHYLIOPHILE. s. m. Celui qui a le goût, la passion des coquillages.

CONCHYLIOTYPOLITHES. Pierres portant des empreintes de coquilles fossiles.

CONCILIABLE. adj. Qui peut se concilier, être concilié. Ces deux rapports ne sont pas conciliables.

CONCILIAIRE. adj. Décision conciliaire, prise en concile, par un concile. On a dit même *conciliairement*, en concile. *Peu usité.*

CONCLUSUM. s. m. Décret de l'ancien conseil aulique, et aujourd'hui de la diète germanique, siégeant à Mayence. (*um* pron. *ome* bref.)

CONDEMNATOIRE. adj. Jugement condemnatoire, qui prononce condamnation; opposé d'absolutoire. T. *de palais.* (Pron. *dèmmena.*)

CONDENSABILITÉ. s. f. Propriété qu'ont les corps de se condenser, d'être condensés.

CONDENSABLE. adj. Susceptible de se condenser, d'être condensé.

CONDENSATEUR. s. m. Instrument à condenser l'air, la vapeur et autres fluides, de manière à en faire tenir une plus grande quantité dans un espace donné.

CONDICTION. s. f. Droit de revendiquer en justice ce qui a été pris, usurpé. *Terme de palais.*

CONDIGNE. adj. Terme mystique. Donner une satisfaction condigne, bien proportionnée à la faute. On emploie même condiguité et condignement.

CONDIMENT. s. m., s'emploie encore comme nom scientifique pour assaisonnement; ainsi que *condit, e,* adj. et subs., pour *confit, e,* confiture.

CONDUCTIBILITÉ. s. f. Propriété qu'ont certains corps de servir de conducteurs à quelques fluides, tels que l'électricité, le magnétisme, le calorique et le galvanisme; ou plutôt faculté qu'ont ces fluides d'être conduits, transmis par tel corps.

CONDUISEUR. s. m. Celui qui conduit les affaires d'un pupille, une acquisition, une vente de bois. Vieux mot remplacé par curateur, fondé de pouvoirs, agent, etc.

CONDUPLIQUÉ, E. adj. bot. Feuille pliée en long dans le bourgeon, les deux bords appliqués l'un contre l'autre.

CONFECTIONNER. v. a. Mot peu ancien, appliqué particulièrement à la fabrication en grand des équipemens militaires, avec rapport à la matière et à la manière dont l'ouvrage est traité. On fait confectionner des casques, des habits, des chemises, des bas, des souliers, etc. On appelle confectionnaire celui qui est chargé de l'entreprise.

CONFERVE. s. m. bot. Genre de plantes de la famille des algues, et qui forment sur les eaux stagnantes comme une écume verte.

CONFESSIONISTE. s. m. ou f. Celui ou celle qui suit la confession luthérienne d'Augsbourg.

CONFISERIE. s. f. Mot donné comme signifiant art, profession du confiseur. On ne dit pas plus la *confiserie* que la *traiterie.* On dit l'état de confiseur, de traiteur, etc.

CONFIT. s. m. Peaux confites, macérées

ensemble dans une cuve de chamoiseur; préparation qu'on y emploie.

CONGÉLABLE. adj. phys. Qui peut être congelé, qui peut passer à l'état de congélation.

CONGÉMINATION. s. f. phys. Double formation simultanée.

CONGÉNIAL, E, ou CONGÉNITAL, E. adj. méd. Affections congéniales ou congénitales, nées avec nous, qu'on apporte en naissant.

CONGLOMÉRATION. s. f. phys. Action de conglomérer; ce qui est congloméré. V. CONGLOMÉRER au Dict.

CONGLUTINANT, E. adj. méd. Il se dit des remèdes propres à réunir les chairs.

CONGLUTINATIF, IVE. adj. Qui rend visqueux, et propre à réunir les chairs.

CONGRUISTE. s. m. théol. Partisan du congruisme, qui admet l'efficacité de la grâce comme ne pouvant nuire au libre arbitre.

CONIROSTRE. adj. et s. m. hist. nat. Oiseau ayant le bec en cône.

CONJUGABLE. adj. gram. Qui peut être conjugué. Voyez CONJUGUER au Dict.

CONJUNGO. s. m. Mot latin signifiant je joins ensemble. Faire un conjungo, c'est écrire sans intervalle des mots qui devroient être séparés; comme potaleau au lieu de pot-à-l'eau. On dit aussi prononcer le conjungo, pour signifier le mariage. *Fam.*

CONNÉ, E. adj. bot. Feuille connée, née sur la tige, et l'enveloppant à sa base. Parties connées, qui naissent et croissent ensemble en restant unies.

CONNECTIF, IVE. adj. bot. Qui sert à unir les deux lobes des anthères de quelques fleurs.

CONOÏDAL, E. adj. Une surface conoïdale, qui a rapport ou ressemble au conoïde. Voy. CONOÏDE au Dict.

CONSCRIPTION. s. f. Liste des jeunes gens de 21 ans appelés par la loi au service militaire. Levée qu'on en fait chaque année. La conscription est le mode légal d'enrôlement. On dit qu'un jeune homme est de la conscription, qu'il a passé la conscription, qu'elle est terminée, etc.

CONSCRIT. adj. et s. m. Qui est sur la liste de conscription, sujet à être appelé au service militaire, ou qui y est appelé. Ce jeune homme est conscrit, c'est un conscrit. Les conscrits de tel endroit furent aujourd'hui au sort. Les conscrits se rendent à leur corps respectif.

CONSEIGLE. s. m. Mélange de seigle et d'orge. T. de ferme.

CONSEILLEUR, EUSE. subst. Celui ou celle qui conseille. *Fam.* Il est propre à marquer la passion, la fureur de donner des conseils. C'est un grand conseilleur. Les conseilleurs ne sont pas les payeurs, c'est-à-dire ne courent pas les chances de l'exécution, n'encourent pas la responsabilité.

CONSISTOIRE. s. m. Conseil administratif pour l'Église protestante et la religion juive; lieu de leurs assemblées. V. ce mot au Dict.

CONSISTORIALITÉ. s. f. Qualité de ce qui est consistorial.

CONSŒUR. s. f. Ce mot signifie, dit-on, femme d'une même confrérie. Ce n'est qu'un terme de mauvaise plaisanterie.

CONSTABLE. s. m. Officier de police en Angleterre.

CONSTITUANT, E. adj. et subst. Qui constitue. Les parties constituantes d'un corps; un pouvoir constituant. Les états généraux de 1789 formèrent, en France, une assemblée constituante. — On dit, substantivement, le constituant d'une rente; un constituant, les constituans, en parlant des membres de l'assemblée constituante, appelée aussi la constituante.

CONSTITUTIONNAIRES. s. m. pl. Partisans de la constitution *unigenitus*, bulle dirigée par les jésuites ou molinistes contre leurs adversaires, qu'ils qualifioient de jansénistes.

CONSTITUTIONNALITÉ. s. f. Qualité de ce qui est constitutionnel, personnes ou choses.

CONSTITUTIONNEL. s. m. Partisan de la constitution de l'État; et, en France, de la Charte. C'est un constitutionnel. Les constitutionnels sont les appuis du régime légal. *Voy.* ce mot au Diction.

CONSTITUTIONNELLEMENT. adverb. D'une manière constitutionnelle, conforme à la constitution de l'État, qui, en France, est la Charte.

CONTAGIONISTE. s. m. Médecin qui croit contagieuse une maladie que d'autres assurent ne pas l'être.

CONTEXTE. s. m. Ce qui accompagne le texte d'une citation, et se trouve soit avant soit après.

CONTRACTIF, IVE. Qui tend à produire ou qui produit une contraction. Force contractive.

CONTRACTILE. adj. Susceptible de se contracter. Les muscles sont contractiles.

CONTRACTILITÉ. s. f. Faculté de se contracter. La contractilité des fibres musculaires.

CONTRAIREMENT. adv. Ou dit parfois un palais contrairement à la loi, à tel texte, etc., c'est-à-dire d'une manière contraire à... Ce mot s'emploie aussi quelquefois en plaisantant.

CONTRALTO. s. musiq. Haute-contre. La traduction littérale de ce mot ne donne pas sa véritable acception. La *haute-contre* est la voix haute d'un homme, par opposition avec la *basse-taille*. Le *contralto* est la voix basse d'une femme, par opposition avec le *soprano*. Le *contralto* est chez les femmes ce que la *basse-taille* est chez les hommes; mademoiselle Sontag a un *soprano*, madame Pisaroni un *contralto*.

CONTRE-APPEL. s. m. Second appel, pour servir de contrôle au premier.

CONTRE-MOT. s. m. Second mot donné en consigne, de crainte que le premier soit connu de l'ennemi. *Art milit.*

CONTRE-PENTE. s. f. Pente contraire à celle d'un cours d'eau, et qui l'arrête.

CONTRE-PERCER. v. a. Percer en sens contraire.

CONTREPOINTISTE. s. m. musiq. Compositeur de contrepoint.

CONTRE-PROJET. s. m. Projet formé pour en contrecarrer un autre, et en empêcher l'exécution ou l'adoption.

CONTRE-RÉVOLUTION. s. f. Révolution nouvelle qui abolit ce que la précédente avoit établi. Quand la révolution a détruit des priviléges, la contre-révolution doit être l'œuvre des anciens priviléges.

CONTRE-RÉVOLUTIONNAIRE. adj. et subst. Qui opère ou favorise la contre-révolution. Manœuvres contre-révolutionnaires. Il est rare que les contre-révolutionnaires soient désintéressés.

CONTRE-RÉVOLUTIONNER. v. a., un pays, y opérer la contre-révolution. *Peu usité.*

CONTRE-SALUT. s. m. Salut rendu par un vaisseau, un fort.

CONTRE-SOMMATION. s. f. Sommation faite par celui qui en a reçu une. On dit même en ce sens contre-sommer, faire une contre-sommation.

CONTRE-TAILLE. s. f. *grav.* Taille qui en coupe, qui en croise une autre.

CONTRE-TAILLER. v. a., une planche, la travailler en contre-taille.

CONTRE-TERRASSE. s. f. Terrasse adossée à une autre, ou en face d'une autre.

CONTRE-TRANCHÉE. s. f. Tranchée dirigée contre celle des assiégeans.

CONTRE-VISITE. s. f. Visite des lieux par un magistrat, pour faire constater l'inexactitude de la première.

CONTRIBUTIF, IVE. adj. Relatif aux contributions. Rôle contributif. *Peu usité.*

CONVENTION, s. f., nationale, assemblée des représentans de la France, en 92 et 93. Lieu de leurs séances. La Convention faisoit des décrets. On alloit à la Convention, aux séances de la Convention. Ses membres ont été nommés les *Conventionnels. Voy.* ces deux mots au Dict.

CONVERSEAU. s. m. *t. de charp.* Quatre planches posées au-dessus des archures du moulin.

CONVERSO. s. m. *mar.* Endroit du tillac où l'on va faire la conversation.

CONVERTISSABLE. adj. Susceptible de se convertir, ou d'être converti en autre chose.

CONVEXO-CONCAVE. adj. *optiq.* Convexe d'un côté et concave de l'autre.

CONVEXO-CONVEXE. adj. *optiq.* Convexe des deux côtés; forme de verres pour les presbytes, gens à vue longue.

CONVOLUTÉ, E. adj. *bot.* Feuille de plante qui se roule en cornet.

CONVOLUTIF, VE. adj. *bot.* Feuille roulée autour de l'un de ses bords, qui en devient le centre.

CONVOLVULACÉES. s. f. pl. *bot.* Plantes à cotylédons contournés.

CONVOLVULOÏDES. s. m. pl. Genre de plantes contournées comme les liserons. (loi pron. *lo-i*.)

CONVOLVULUS. s. m. *bot.* Liseron, considéré comme plante contournée (pr. *s* final).

CONVULSIONNER , CONVULSIONNER (se), ne sont que des termes de plaisanterie pour ridiculiser des gestes, des mouvemens exagérés ou affectés.

CONVULSIONNISTES. s. m. pl. Ceux qui croyoient *réelles* les convulsions des dévots de Saint-Médard, que d'autres regardoient comme un jeu.

COORDONNER. v. a. Établir entre diverses choses un ordre propre à les faire concourir à une fin. Coordonner entre elles les lois, les diverses branches d'administration. *Coordonné, e.* part. Les choses sont bien ou mal coordonnées; et, subst., les co-ordonnées, f. pl., Lignes de géométrie mises ou rapport : Les abscisses et les ordonnées.

COPAÏER. s. m. *bot.* (On pron. *pa-ier.*) Arbre qui fournit le baume de copahu. C'est un arbre du Brésil, dont les rameaux sont foibles et anguleux.

COPALLINE. s. f. Gomme résine médicinale du liquidambar d'Amérique. On appelle aussi copaline l'arbre et la résine.

COPARTAGER. v. a. Partager plusieurs ensemble. Ce mot n'est guère usité qu'au participe actif, et comme terme de pratique. *Voy.* COPARTAGEANT au Diction.

COPERMUTER, COPERMUTATION, n'expriment qu'un échange de bénéfices, comme permuter, permutation. *Voyez* ces derniers mots au Dict.

COPRENEUR. s. m. Celui qui prend avec un autre ce qui peut se vendre, affermé, etc.

COQUAR. s. m. Oiseau métis, produit par le faisan avec la poule. Coque du Levant.

COQUATRE. *Voy.* ci-dessus COCATRE.

COQUERELLES. s. f. pl. Noisettes vertes encore en fourreau.

COQUÉRIQUER. v. n. Chanter coquerico, en parlant du coq ou de ceux qui l'imitent. *A peu près inusité.*

COQUILLART. s. m. Pierre de taille parsemée de coquilles. Lit de carrière où il s'en trouve.

COQUILLER (se). v. pron. La croûte du pain se coquille, est coquillée, c'est-à-dire soulevée en forme de coquille.

COQUILLEUX, EUSE. adj. Rempli de coquilles, en parlant d'un terrain, d'une carrière, etc.

COQUILLON. s. m. Coquille d'argent fin en fusion, qui s'attache au bout du brassoir.

COQUINBAT ou COQUINPERD. s. m. Nom donné par plaisanterie à la partie de dames à qui perd gagne, et que les joueurs se renvoient l'un à l'autre.

COQUINER. v. a., quelqu'un, lui faire un trait de coquin. Peu usité en ce sens. — v. n. Mener une vie de coquin.

COQUINET. s. m. Petit coquin. Mot familier et plutôt d'amitié, qui se dit à l'égard des enfans : Ah! le petit coquin, le coquinet.

CORAIGNES. s. f. pl. Boucles d'oreilles en corail.

CORAILLER. v. n. Pêcher le corail, aller à la pêche du corail.

CORAILLÈRE. s. f. Bâtiment pour la pêche du corail.

CORAILLEUR. s. m. Pêcheur de corail.

CORALIOIDE. adj. Qui appartient au corail. — s. m. Semence de corail. (oi pron. o-i.)

CORALLÉ. E. adj. Où il entre du corail.

CORALLIGÈNES. s. m. pl. Polypes qui forment le corail.

CORALLOÏDE. adj. Qui ressemble au corail. (loi pron. lo-i.)

CORALLOPÈTRE. s. m. Corail pétrifié.

CORBEILLE D'OR. s. f. Alysse saxatile, à fleur jaune et printannière.

CORBEILLÉE. s. f. Ce que contient ou peut contenir une corbeille.

CORDAGER. v. n. *mar.* Faire du cordage.

CORDÉE. s. f. Ce que peut contenir une corde. Une feuille cordée, aplatie mais en forme de cœur.

CORDIFORME. adj. *bot.* Bombé en forme de cœur.

CORDON-BLEU. s. m. Cuisinière du premier ordre ; habile cuisinière, cuisinière d'une grande maison. *Familier* ou *plaisant. Voy.* CORDON-BLEU au Dict.

CORDOUAN. s. m. Peau de chèvre passée en tan. Celui qui les prépare s'appelle aussi cordouanier.

CO-RELIGIONNAIRE. s. m. et f. Il se dit de tous ceux qui professent la même religion.

CORESSE. s. f. Lieu où l'on fait saurer les harengs.

CORIACES. s. m. pl. Tribu d'insectes.

CORIAIRE. adj. Écorce coriaire, propre au tannage des cuirs.

CORINDON. s. m. Pierre ou gemme orientale, la plus dure après le diamant.

CORIS. s. m. Coquille très-blanche des Philippines, etc., servant de monnoie aux Indes et en Afrique.

CORMO-VEIDAM. s. m. Rituel des brames aux Indes orientales.

CORNEAU. s. m. Chien provenant d'un mâtin et d'une chienne courante.

CORNEMENT. s. m. Action de corner aux oreilles. Bruit forcé et désagréable.

CORNETIER. s. m. Artisan qui travaille la corne.

CORNIOLE. s. f. Nom populaire donné à la gorge ou jugulaire. Prendre par la corniole.

CORNIOLE. s. f. Fruit de la macre, ou *cornuelle.*

CORNUCHET. s. m. Petit cornet. Le jardinier ente en cornuchet.

CORNUELLE. s. f. Plante aquatique ; son fruit, aussi appelé châtaigne d'eau.

CORNUET. s. m. Pièce de pâtisserie à cornes.

CORNUPÈDE. adj. et subst. Dont le pied est armé de corne, comme le cheval, etc.

COROLITIQUE. adj. Il se dit du fût orné de feuillages en spirale, qui portoit une statue antique, aussi appelée de ce nom.

COROLLACÉ, E. adj. Qui tient de la corolle ou du pétale. *T. de bot.*

COROLLE. s. f. Partie intérieure du calice, qui sert de base aux feuilles de la fleur.

COROLLIFÈRE. adj. bot. Qui porte une corolle.

COROLLULE. s. f. Petite corolle. *Bot.*

CORONOÏDE. adj. Qui est en forme de couronne (*oï* se pron. *o-i*).

CORPORÉITÉ. s. f. Qualité de ce qui est corporel, ou qui le constitue comme corps.

CORPORIFICATION. s. f. chim. Action de corporifier, de mettre en corps des parties qui étoient distinctes.

CORPULENT. s. adj. D'une grosse corpulence ; en plaisanterie : Le corpulent personnage, etc. Autrement on dit gros ou gras, et même gros et gras, d'une forte corpulence, etc.

CORRECTIONNEL, LE. adj. Dans nos nouvelles lois, ce qui regarde la punition des délits. Tribunal de police correctionnelle ; simple peine correctionnelle ; *Voy.* ce mot au Diction.

CORRECTRICE. s. f. Celle qui corrige. C'est le féminin de *correcteur. Voy.* ce mot au Dict.

CORROYÈRE. s. f. Espèce de sumac servant au tannage.

CORRUGATEUR. s. m. Muscle qui fait

rider le front entre les deux sourcils. *Anat.*

CORRUGATION. s. f. Action du muscle corrugateur ; rides qui en résultent. *Anat.*

CORRUPTIF, IVE. adj. Qui corrompt. Il ne se dit que des choses, et au physique : aussi est-il peu usité.

CORTÈS. s. m. pl. (On pron. *s.*) Du mot espagnol *corte,* signifiant cour, état. États généraux ou provinciaux en Espagne et en Portugal. Ce nom doit être du masculin, et par sa forme pleine en françois et par son origine, étant du masculin en espagnol.

CORTIQUEUX, EUSE. adj. Se dit des fruits à écorce dure, coriace, sur la pulpe.

CORVÉIEUR. s. m. Celui qui fait sa corvée, qui est commandé de corvée.

CORYBANTIASME. s. m. (On prononce *ti-asme.*) Frénésie où l'on croit voir des spectres. C'étoit la maladie des fanatiques et des superstitieux chez les anciens.

CORYMBEUX, EUSE. adj. bot. Qui est en forme de corymbe.

COSMIQUE. adj. astron. Il se dit du lever ou du coucher d'un astre avec le soleil. On dit aussi qu'un astre se lève, se couche cosmiquement, etc., en même-temps que le soleil.

COSMOLABE. s. m. *Mesure du monde.* Ancienne espèce d'astrolabe.

COSMOPOLITAIN, E. adj. et subst. Ce n'est pas, comme on le dit, le cosmopolite ou citoyen du monde. C'est celui qui pratique, met en action le système, les opinions du cosmopolite. Ce mot est analogue à *mondain, e,* qui signifie, non l'habitant du monde, mais celui qui suit et met en pratique les maximes du monde.

COSMOPOLITISME. s. m. Système, opinions, sentimens du cosmopolite.

COSMORAMA. s. m. Invariable au plur. Tableau du monde. Série de vues d'optique qui représentent les diverses parties du monde.

COSTO forme plusieurs mots composés pour les muscles relatifs aux côtes : Costo-abdominal, costo - claviculaire, costo - pubien, etc.

CÔTELÉ, E. adj. Fruit côtelé, *à côtes.* Peu usité, même en botanique.

CÔTE-RÔTIE. s. f. Coteau des environs de Vienne, sur le Rhône, département de l'Isère, renommé par ses vins. On dit du vin de Côte-Rôtie ou du vin de la Côte.

COTINGA. s. m. Oiseau, des sylvains baccivores, habitant les Tropiques, paré des plus belles couleurs, au moins dans le temps des amours.

COTONNADE. s. f. Toile de coton en général ; celle de Rouen en couleur avec dessin, en particulier.

COTYLÉDONS. s. m. pl. Lobes séminaux des plantes. Ils ont servi à établir trois grandes divisions dans les plantes : Les acotylédones, sans cotylédon ; les monocotylédones, et les dicotylédones, à un seul ou à plusieurs cotylédons. *Voy.* COTYLÉDON au Dict.

COTYLÉDONAIRE. adj. Qui a rapport aux cotylédons.

COTYLÉDONÉ, E. adj. Pourvu de cotylédons.

COUBLANDE. s. f. Arbrisseau légumineux de la Guyane, presque toujours en fleur.

COUCHART. s. m. Celui qui reçoit la pâte en forme, et la couche sur les feutres, dans les papeteries.

COUCHOIR. s. m. Outil pour coucher, appliquer les feuilles d'or sur les livres.

COU-DE-CHAMEAU. s. m. bot. C'est un autre nom du narcisse des poëtes.

COU-DE-CIGOGNE. s. m. bot. Autre nom d'une espèce de géranium.

COUDRAN. s. m. Espèce de gondron pour enduire et conserver les cordes des bateliers. Les coudranner, c'est les tremper dans le coudran ; et celui qui le fait est le coudranneur.

COUDREMENT. s. m. Action de *coudrer* les cuirs, de les étendre dans la cuve, à l'eau chaude et au tan, pour leur donner le grain.

COUETS. s. m. pl. Quatre câbles amarrés au bas des voiles d'avant. *Marine.*

COUFLE. s. f. Balle de séné du Levant.

COUGOURDE. s. f. Autrement courge-bouteille ; c'est la courge à calebasse.

COUGUARD. s. m. Grande espèce de chat de l'Amérique méridionale. *Hist. nat.*

COULEMENT. s. m. Action de couler, de se couler ; mouvement d'escrime pour faire couler sa lame le long de celle d'un adversaire.

COULEQUIN ou **BOIS-TROMPETTE. s. m.** Arbre de la Guyane, creux en dedans, et n'ayant de feuilles qu'au sommet.

COULERESSE. s. f. Bassin de raffineur de sucre.

COULE-SANG, s. m., ou **FER-DE-LANCE.** Dangereuse vipère de la Martinique.

COULISSÉ, E. adj. Fait à coulisse.

COULISSEAU. s. m. Languette servant de rainure, dans une pièce de menuiserie. Bâtis préparés pour des tiroirs.

COULISSEUR. s. m. Outil à faire des coulisses. Dans quelques professions on dit coulissoire.

COULISSIER. s. m. Celui qui fréquente les coulisses, c'est-à-dire le théâtre, les acteurs, les actrices. On le dit aussi des spéculateurs de la Bourse, de ceux qui se tiennent dans les coulisses, sans paroître ou sans agir eux-mêmes et en leur nom. *Familier.*

COULOTTES. s. f. pl. Pièces de bois sous le plomb laminé, pour faire couler et enlever la lame. *T. de plomberie.*

COUMIA. s. m. Racine du balsamier ambrosiacé de Cayenne, qui tient lieu d'encens.

COUMIER. s. m. Arbre résineux et laiteux de la Guyane. Son fruit, âcre et laiteux quand il est vert, s'adoucit en mûrissant.

COUMON. s. m. Nom donné à un palmier de la Guyane, dont le fruit, écrasé dans l'eau, donne une boisson vineuse.

COUP-DE-POING. s. m. Vrille pour percer un tonneau d'un seul coup.

COUPE-BOURGEON, COUPE-CERCLE, COUPE-CORS, COUPE-PAILLE, COUPE-PÂTE, COUPE-QUEUE. s. m. Coupé, du verbe couper, forme plusieurs composés, où le sujet du verbe est ellipsé. Ainsi le coupe-bourgeon est *l'insecte qui* coupe les bourgeons de la vigne, et qu'on nomme aussi *bêche* ou *lisette.* Coupe-cercle, coupe-cors, coupe-paille, coupe-pâte, coupe-queue, sont des instrumens à couper le carton en cercle, les cors aux pieds, la paille, la pâte, les queues de peaux ou de chandelles.

6

COUPELLATION. s. f. Action de coupeler les métaux, de les passer à la coupelle pour les purifier. Opération que cela exige.

COUPLAGE. s. m. Bois couplés entre eux pour faire partie d'un train, qui se compose de seize couplages.

COUPLIÈRE. s. f. Assemblage de huit rouettes, servant à régler la branche du train. T. de mariniers.

COURABLE. adj. t. de chasse. Qui peut être couru.

COURANTILLE. s. f. Filet à thons, abandonné au courant de l'eau (ll mouillés).

COURANTIN. s. m. pyrotechnie. Fusée qui porte le feu d'un lieu à un autre le long d'une corde.

COURAU. s. m. Bateau léger, pour la pêche, pour servir d'allége.

COURREMENT. s. m. Action de courber. Inusité, et omis par l'Académie, comme étant suppléé par l'acception du mot courbure.

COURBETER. v. n. Faire des courbettes; spécialement terme de manége.

COURCE. s. f. Bois laissé à la taille de la vigne. Voy. COURSON au Dict.

COURCET. s. m. Grande serpe à tailler les arbres en allée.

COURÇON. s. m. Pieu d'un ouvrage sous l'eau qui gêne la navigation.

COURONNÉ, E. adj. On appeloit rime couronnée celle où la première faisoit le vers suivant, comme colombelle-belle.

COURONNURE. s. f., du cerf; sept ou huit petits cors ou couronne du haut de la tête.

COURROYER. v. a. Étendre sur le courroi les étoffes sortant de la teinture.

COURROYEUR. s. m. Celui qui étend les étoffes sur le courroi.

COURTAILLES. s. f. pl. Épingles écourtées, manquées.

COURTAUD. s. m. Basson raccourci, basse de musette. Voy. ce mot au Dict.

COURTE-POINTIER. s. m. Faiseur ou marchand de courtes-pointes.

COURTES-LETTRES. s. f. pl., coupées des deux côtés à la fonderie, pour isoler l'œil.

COURTIGE. s. m. Mesure dont une pièce d'étoffe est trop courte.

COURT-JOINTÉ. adj. man. Cheval dont le paturon est court.

COURT-MONTÉ. adj. man. Cheval bas des reins.

COUSAMBI. s. m. Végétal dont on fait des chandelles à Timor.

COUSEUR, EUSE. subst. Celui ou celle qui coud. Je ne me donne pas pour un bon conseur. Portez ces brochures à la couseuse.

COUSOIR. s. m. Machine dressée sur une table pour y coudre des livres.

COUTARÉE. s. f. Arbre rubiacé de Cayenne, employé contre les fièvres intermittentes.

COUTELURE. s. f. Coupure faite au parchemin par le couteau.

CO-VENDEUR. s. m. Celui qui vend avec un autre ce qui leur appartenoit en commun.

COWPOX. Voy. ci-après VACCIN.

COXAL. adj. m. t. d'anat. Os coxal, l'os de la hanche.

COXO-FÉMORAL, E. adj. Articulation coxo-fémorale, celle de l'os coxal avec le fémur.

CRABITE. s. m. Crabe pétrifié.

CRAMAILLER. s. m. Râteau denté, qui sert en horlogerie pour les répétitions.

CRÂNERIE. s. f. Caractère, disposition de celui qu'on appelle un crâne, ou qui fait le crâne, soit sa tête sans regarder aux suites de ses actions. Il y a en cela de la crânerie. Familier.

CRÂNOLOGIE. s. f. Science nouvelle et fort incertaine encore, qui consisteroit à connoître les dispositions morales par la forme du crâne. On dit aussi crâniologie.

CRÂNOLOGUE ou CRÂNIOLOGUE, et même CRÂNIOSCOPE. s. m. Celui qui se livre à la crânologie, qui l'approfondit ou la connoît.

CRÂNOMANCIE. s. f. Art de connoître les dispositions ou qualités de quelqu'un par l'inspection de son crâne. Ceux qui ne croient point à la crânologie l'appellent crânomancie, la rangeant ainsi parmi les rêves, les folies des diseuses de bonne aventure.

CRAQUELÉ, E. adj. Porcelaine craquelée, qui a craqué, qui s'est fêlée.

CRASSULACÉES ou CRASSULÉES. adj. et s. f. pl. Plantes à feuilles succulentes, à feuilles grasses, comme la joubarbe.

CRAVACHE. s. f. Fouet court, et d'une seule pièce.

CRAYEUX, EUSE. adj. Abondant en craie, mêlé de beaucoup de craie. Terre crayeuse. Voy. CRÉTACÉ.

CRÉDITEUR. s. m. Celui qui en crédite un autre sur ses livres, l'y déclare créancier. Il peut signifier aussi celui qui ouvre un crédit à quelqu'un, volontairement et sans devoir.

CRÉDULEMENT. adv. D'une manière crédule. Il s'est crédulement laissé persuader que.... Peu usité.

CRENER. v. a. Dégager la partie saillante des lettres de l'excédant de fonte attachée à leur tige. L'opération se nomme crenerie; et les lettres sont crenées, ou, substantivement, des crenées.

CRÉNIROSTRE. adj. et s. m. Oiseau à bec échancré par le bout. Hist. nat.

CRÉNULÉ, E. adj. Qui a de petites crénelures.

CRÉNURES. s. f. Trous aux barres du châssis de l'imprimeur, pour recevoir les ardillons des pointures.

CRÊPAGE. s. m. açon donnée au crêpe pour l'affermir.

CRÉPINETTE. s. f. Petit cervelas aplati, entouré de crépine d'agneau.

CRÉPUSCULAIRE. adj. Qui appartient au crépuscule, ou lui ressemble.

CRESCENDO. musiq. Mot italien; aller crescendo, en augmentant insensiblement le son. Exécuter un crescendo.

CRESEAU. s. m. Étoffe de laine, croisée; grosse serge à poil des deux côtés.

CRÉSUS. s. m. (On pron. s final.) Riche roi de Lydie. De là on dit que tel homme est un Crésus, pour dire qu'il est immensément riche.

CRÉTACÉ, E. adj. Qui est de la nature de la craie, ou qui en contient.

CRÉTELER, exprime le cri de la poule qui vient de pondre.

CRÉTIN. s. m. Nom que l'on donne à certains hommes habitant les gorges humides des montagnes, comme dans le Valais,

et que la localité rend goîtreux, languissans, et presqu'imbécilles.

CRÉTINISME. s. m. État, infirmité du crétin. Le crétinisme finit par se transmettre de père en fils, et forme une espèce d'idiots.

CRETONS. s. m. pl. Résidu des pellicules graisseuses après la cuisson du suif ou de la graisse de porc.

CREUSAGE. s. m. Action de creuser le bois, pour gravure.

CREUSOIR. s. m. Outil de luthier, propre à creuser l'instrument.

CREUSURE. s. f. Creux opéré par le creusage; endroit creusé, forme qu'on a obtenue en creusant.

CREVET. s. m. Lacet de tresse ferré par les deux bouts.

CRIBLIER. s. m. Celui qui fait, qui vend des cribles.

CRI-CRI. s. m. Nom vulgaire du grillon domestique, donné d'après son cri.

CRIN-CRIN. s. m. Mauvais violon à sons aigres. Pop.

CRISSEMENT. s. m. Action de crisser. Voy. ce mot au Dict.

CRISTALLERIE. s. f. Fabrique, fabrication de cristaux; mieux crystallerie.

CRISTALLIER. s. m. Qui travaille le cristal, le taille; qui grave sur cristal.

CRISTALLIÈRE. s. f. Mine de cristal.

CRISTALLOGRAPHE. s. m. Celui qui connoît et décrit les cristaux.

CRISTALLOGRAPHIE. s. f. Connoissance et description des divers cristaux, avec leur mode de formation et leur décomposition.

CRISTALLOÏDE. s. f. anat. Membrane arachnoïde, ainsi nommée parce qu'elle a la transparence du cristal. (On pron. o-ï.)

CRISTALLOLOGIE. s. f. Traité sur les cristaux.

CRISTALLOTECHNIE. s. f. Art de faire cristalliser les sels.

CRISTALLOTOMIE. s. f. Division, décomposition des cristaux.

CROCHETAGE. s. m. Action de crocheter. Voy. CROCHETER au Dict.

CROCHETIER. s. m. Faiseur de crochets pour les porte-faix.

CROCHETON. s. m. Petit crochet.

CROCHEU. s. m. Instrument de cordier.

CROISERIE. s. f. Ouvrage de brins d'osier employés en croisé. T. de van.

CROISILLE. s. f. Pièce de bois en cintre sur le rouet du cordier.

CRONHYOMÈTRE. s. m. Machine propre à mesurer la quantité d'eau qui est tombée pendant un certain temps.

CROQUEUR. s. m. Celui qui croque une chose, qui la fait croquer sous la dent. Grand croqueur de poulets.

CROSSILLON. s. m. Sommet recourbé de la crosse.

CROTALE. s. m. Espèce de castagnettes des anciens.

CROTON. s. m. Genre de plantes tithymaloïdes, dont le fruit est très-purgatif.

CROUCHANT. s. m. Pièce arrondie qui termine le devant du bateau.

CROULIÈRE. s. f. Terrain sablonneux, mouvant, facile à crouler. Voy. CROULIER au Diction.

CROUP. s. m. Inflammation de la membrane muqueuse chez les enfans. Il gêne ou obstrue le passage de l'air, et souvent suffoque en peu de temps ceux qui en sont atteints (*p* final se pron.).

CROUPAL, E. adj. La voix croupale, c'est-à-dire telle que le croup la rend chez les enfans, est une espèce de sifflement aigu.

CROUPETONS (à). *expres. adv.* En posture d'une personne accroupie. Être à croupetons; se mettre à croupetons. *Fam.*

CROUPISSEMENT. s. m. Action de croupir, état des choses qui croupissent. Le croupissement des humeurs.

CROUPON. s. m. Gros cuir tanné, dont on a ôté la tête et le ventre.

CROWN-GLASS. s. m. (On pron. *crônaglace*.) Verre blanc d'Angleterre, en plateau, et qui se combine avec le flint-glass, pour les lunettes achromatiques.

CRUCHERIE. s. f. Trait d'une cruche, d'un cruchon; de celui qui n'entend pas, qui ne devine pas ce qu'on veut lui dire, ce qu'il a à faire. *Fam.*

CRUOR. s. m. *méd.* Partie colorante du sang.

CRUORIQUE. adj. *chim.* Acide cruorique, tiré du sang caillé.

CRUSTACITES. s. m. pl. Crustacés fossiles.

CRUZÉIRO. s. m. Plante du Brésil, plus amère que le quinquina.

CRYOLITHE, s. f., ou PIERRE DE GLACE. Spath du Groënland, aussi nommé, d'après ses parties composantes, *alumine fluatée alcaline.*

CRYPTOGAME. adj. et s. f. Plante dont les parties sexuelles sont cachées, douteuses ou inconnues.

CRYPTOGAMIE. s. f. Classe des plantes cryptogames, la vingt-quatrième dans le système de Linné.

CRYPTOGAMISTE. s. m. Celui qui étudie, observe, connoit les plantes cryptogames.

CURAGE. s. m. Mesure prise par cubes, application usuelle du cube à des bois, des pierres, etc. C'est un mode de mesure, un terme pratique.

CUBATION. s. f. *géom.* Art, action de réduire en mesure cubique l'espace occupé par un solide, quelle que soit sa forme.

CUBATURE. s. f. *géom.* Résultat de la cubation, relatif à la mesure qu'elle a fait trouver dans un solide. La cubature d'un cône est de 12 pieds cubes.

CUBER. v. a. *géom.* Porter un nombre à son cube; réduire en cubes un corps solide. *Voy.* CUBE au Dict.

CUBO-CUBE. s. m. *math.* Cube du cube; sixième puissance d'un nombre, obtenue aussi par le carré du cube.

CUCERON. s. m. Petit insecte qui attaque les légumes.

CUCULLAIRE. adj. et s. m. En forme de capuchon; muscle de cette forme.

CUEILLAGE. s. m. Action, saison de cueillir; ce que l'on cueille ou enlève de matière en cueillant.

CUEILLÉE. s. f. Ce qu'on cueille à la fois. On a fait deux cueillées de pois.

CUEILLEUR s. m., CUEILLEUSE, s. f. Celui ou celle qui cueille, qui fait le cueillage d'une chose.

CUIR-DE-LAINE ou CUIR-LAINE. s. m. Étoffe de laine, très-forte.

CUISEUR. s. m. Celui qui fait cuire, qui préside au four ou fourneau, etc.

CUISSE-MADAME. s. f. Variété de poire, de forme allongée.

CUIVRÉ, E. adj. Qui a la couleur du cuivre; qui est recouvert de cuivre en feuille. Quelques races d'hommes ont le teint cuivré.

CUIVRER, v. a., une chose; lui faire imiter la dorure par le cuivre en feuille, comme font les doreurs.

CUIVRETTE. s. f. Anche de cuivre du basson.

CUIVREUX, EUSE. adj. Écume couleur de cuivre dans les cuves de teinturiers.

CUIVROT. s. m. Poulie de laiton, employée dans l'horlogerie.

CULAIGNON. (On ne pron. pas l'*i.*) Fond d'un filet de pêcheur.

CUL-DE-PLOMB. s. m. (On pron. *ku.*) Expression figurée par laquelle on désigne un homme peu actif, mais sédentaire, assidu au travail d'un bureau, d'une comptabilité, etc. *Fam.*

CULER. v. n. *mar.* Aller en arrière.

CULERON. s. m. Partie de la croupière qui passe sous la queue du cheval.

CULINAIRE. adj. Qui regarde la cuisine. Vase culinaire, art culinaire. *Style scient.*

CULMIFÈRE. adj. et subst. *bot.* Plante culmifère, à tige ou chaume.

CULMINANT, E. adj. *astron.* Le point culminant, celui qui est au centre de la voûte céleste, par conséquent le plus haut sur l'horizon.

CULMINER. v. n. *astron.* Passer par le méridien, par le plus haut point au-dessus de l'horizon, en parlant d'une étoile.

CULOTTIN. s. m. Enfant nouvellement mis en culotte ou en pantalon; un petit culottin. *Fam.*

CULPABILITÉ. s. f. Qualité de coupable, état du coupable.

CULTELLATION. s. f. *géom.* Manière de mesurer les hauteurs et les distances par parties successives, et non d'une seule opération.

CULTRIROSTRE. adj. et subst. Oiseau cultrirostre, ayant le bec en forme de couteau. On en a fait une famille.

CUNÉIROSTRE. adj. Il se dit des oiseaux qui ont le bec en forme de coin.

CUPULE. s. f. *bot.* Petite coupe ou godet tenant à la fructification, comme le support du gland, de la noisette.

CURABILITÉ. s. f. Qualité de la maladie curable. *La curabilité de cette maladie est prouvée par l'expérience.*

CURAÇAO. s. m. Liqueur tirée d'abord de l'île de ce nom, espèce d'orangeade.

CURCUMA. s. m. Genre de balisiers, safran des Indes, servant à l'assaisonnement ou à la teinture. Le curcuma d'Amérique est le galanga jonc, servant à peu près au même usage, et dont on mange la racine aux Antilles sous le nom de *topinambour.*

CURE-FEU. s. m. Outil de forge pour *curer*, débarrasser le foyer du mâche-fer qui s'y trouve.

CURE-LANGUE ou GRATTE-LANGUE. s. m. Instrument pour nettoyer la langue.

CURE-MÔLE. s. m. Machine pour curer les ports, enlever le sable, la vase qui les encombre.

CURLE ou MOLETTE. s. f. Rouet des corderies pour le fil de caret.

CURVIROSTRE. adj. et subst. Tout oiseau à bec recourbé vers la pointe.

CUSPIDE. s. f. *bot.* Pointe filiforme et terminale dans les plantes.

CUSPIDÉ, E. adj. *bot.* Muni de cuspides ou pointes.

CUSPIDIE. s. f. *bot.* Genre de plantes cuspidées, comprises dans la syngénésie.

CUTAMBULES. adj. et s. m. Il se dit de certains vers qui se meuvent sur la peau ou au-dessous. *T. de méd.*

CUTTER. s. m. (On pron. *er* comme dans *fer.*) Nom anglois d'un bâtiment à une voile, et qu'on a imité en France. *T. de mar.*

CUVAGE. s. m. Action de cuver ou de se cuver, en parlant du vin. La couleur du vin et sa conservation dépendent du cuvage.

CYANÉE. s. f. Pierre bleue; lapis-lazuli.

CYANITHE. s. f. Variété de schorl bleu, ou sappare.

CYANOGÈNE. s. m. *chim.* Gaz à flamme bleue, composé de gaz carbonique et d'azote.

CYANOÏDE. adj. De la couleur du bluet ou de sa forme (*noi* se pron. *no-i*).

CYANOMÈTRE. s. m. Instrument propre à marquer la nuance de bleu du ciel, suivant la hauteur où l'on est.

CYANOSE. s. f. *méd.* Maladie bleue, ou ictère bleu.

CYATHIFORME. adj. *bot.* Disposé en forme de gobelet.

CYBÈLE. s. f. *astron.* Planète d'Herschel, ou Uranus.

CYBISTIQUE. s. f. C'étoit, chez les anciens, l'art de faire des sauts périlleux.

CYCLADES. adj. et s. f. pl. Nom des cyclades, disposées en cercle, comme celles de l'archipel de la Grèce. Les Cyclades s'opposent aux *Sporades* (*éparses*).

CYCLOÏDAL, E. adj. Qui concerne la cycloïde. Espace cycloïdal, compris dans la cycloïde.

CYCLOMÉTRIE. s. f. Art de mesurer les cercles, les cycles.

CYCLOPÉEN, NE. adj. Architecture cyclopéenne, des temps antiques. (On pron. *pé-in*.)

CYCLOTOME. s. m. Instrument à cercle d'or avec une lame tranchante, pour lever la cataracte. *T. de chirurgie.*

CYDONITE. s. f. Pierre friable, de couleur blanche, et qui a une odeur de coing.

CYLINDRACÉ, E. adj. Qui approche de la forme du cylindre. Si c'est un corps solide, c'est un cylindroïde.

CYLINDRITE. s. f. *hist. nat.* Cylindre fossile.

CYMBIFORME. adj. Fait en forme de nacelle. *T. de bot.*

CYMOPHANE. s. f. *chim.* Pierre gommeuse à reflets laiteux, mêlés de bleu.

CYNANQUE. s. f. Genre d'apocynées, d'où vient la scammonée de Montpellier.

CYNANTHROPIE. s. f. *méd.* Manie du malade qui se croit transformé en chien.

CYNOCÉPHALE. adj. et subst. Singe à museau de chien, à mâchoire allongée.

CYPÉRACÉES, CYPÉROÏDES. adj. et s. f.

6.

pl. Famille de plantes des lieux humides ; leur nom est tiré du cyprès (*oi* pron. *o-i*).

CYPRIN. s. m. Genre de poissons abdominaux, à quatre rayons au plus à la membrane branchiale, une seule nageoire dorsale, et sans dents. Il comprend plus de la moitié des poissons d'eau douce : la carpe, la tanche, etc.

CYSTOCÈLE. s. f. Hernie de la vessie. De *cysti*, *cysto*, vessie, on a fait beaucoup de composés à peu près inusités, et relatifs aux maladies de la vessie.

D.

D. s. m. Son de la touche dentale, le foible du *t*, et prononcé vulgairement *dé*, mais beaucoup mieux *de*. Il prend parfois le son *t* dans la liaison 1° de l'adjectif avec son nom; 2° du verbe avec son régime : Le second article, il *fond* en eau; et dans quelques expressions : De fond en comble, quand *on* veut. Il est nul à la fin des mots après les voyelles composées : Chaud, nœud, Saint-Cloud, brigand, faire un bond, etc. , où il ne se prête pas même à la liaison. — Comme lettre numérale, le *d* valoit chez les Romains 500; chez nous il tire de sa place dans l'alphabet la valeur du nombre 4 dans une série. Le registre *d* suppose avant lui a, b, c. — Il s'emploie comme initiale des mots denier, don ou dom, notre dame, doux, dessus ou dessous, etc. Un sou vaut 12 d; D. Pedro; aller à l'église de N. D.; aller du grave au d.; nous avons vu ci-d.; vous trouverez ci-d., etc. *Voy.* D au Dict.

DABOIE. s. m. Serpent idole ou serpent fétiche, qui, vers la partie orientale du midi de l'Afrique, a un temple, des autels, et des prêtres richement dotés pour le faire adorer.

D'ABORD. *Voy.* ABORD au Dict.

DA CAPO. *musiq.* Mots italiens marquant qu'à la fin d'un second air il faut reprendre à la tête du premier jusqu'au point final.

DACTYLÉS. s. m. pl. Famille de poissons à rayons libres, en forme de doigts.

DACTYLION. s. m. *anat.* Réunion des doigts entre eux.

DACTYLOLOGIE. s. f. Art de converser par signes au moyen des doigts.

DAGORNE. s. f. Vache écornée, qui n'a plus qu'une corne.

DAILLOTS. s. m. pl. *mar.* Anneaux pour amarrer (*i* est nul, et rend *ll* mouillés).

DALEAU, DALON, DALOT. s. m. Trou, gouttière, canal, pour l'écoulement des eaux de la cave. *T. de teinture.*

DALÈME. s. f. Combinaison de tuyaux de fer, emboîtés l'un dans l'autre pour empêcher la fumée.

DAMASSERIE. s. f. Art de damasser, lieu où l'on y travaille.

DAMASSEUR. s. m. Celui qui travaille à damasser, au linge damassé.

DAMASSIN. s. m. Étoffe légèrement damassée. Damassé foible.

DAMMER. s. m. (On pron. *mer* comme la mer.) Résine de l'arbre nommé dammara, dont on se sert aux Moluques pour s'éclairer.

DANOIS, E. adj et subst. Espèce de chien à poil ras, moucheté, originaire du Danemarck.

DANSOMANE. s. m. Celui qui est atteint de la dansomanie, ou manie, fureur de la danse. *Genre comique.*

DAPÊCHE. s. f. Bitume souterrain de l'Amérique méridionale, élastique comme le caout-chouc.

DAPHNOÏDES. s. f. pl. Famille de plantes à fleurs toujours hermaphrodites. (Pron. *no-i*.)

DARDILLON. s. m. Languette piquante de l'hameçon.

DARTRIER. s. m. Arbre légumineux de la Guyane, dont la semence fait, avec le saindoux, une pommade contre les dartres.

DASIMÈTRE. s. m. Instrument à mesurer la densité des diverses couches de l'atmosphère. *T. de phys.*

DATIF, IVE. adj. Tuteur datif, donné par justice. — s. m. *gram.* Cas attributif.

DAULLONTE. s. m. Arbrisseau d'Amérique, dont la baie s'emploie contre l'asthme et la colique. *T. de bot.*

DAUMUR. s. m. Serpent employé dans la composition de la thériaque.

DÉBACHER. v. a., une voiture, en ôter la bâche qui la couvroit.

DÉBALLAGE. s. m. Action de déballer; ce que l'on a déballé.

DÉBARBOUILLEUR, EUSE. subst. Celui ou celle qui en débarbouille un autre; *fig.*, qui corrige les fautes de dessin, d'écriture, etc. *Fam.*

DÉBILLARDEMENT. s. m. Action de *débillarder* une pièce de bois, de la dégrossir pour être ensuite appropriée à sa destination. *T. de charpente.*

DÉBILLER. v. a. Dételer les chevaux qui remontent un bateau. *T. de mariniers.*

DÉBITTER. v. a. *mar.* Dérouler le câble des bittes, et l'en détacher.

DÉBORDOIR. s. m. Outil de plombier, de tonnelier, d'opticien, pour relever ou travailler les bords.

DÉBOUCHOIR. s. m. Outil de lapidaire, servant à déboucher la coquille.

DÉBRAISAGE. s. m. Action de *débraiser* un four, d'en retirer la braise. Il se dit surtout dans les verreries.

DÉBRÛLER. v. a. *Voy.* DÉSOXYDER.

DÉBRUTISSEMENT. s. m. Action de *débrutir*; état de ce qui est débruti. *T. de mét.*

DÉCADAIRE. adj. Divisé par décades, relatif à la décade, au décadi. *Division décadaire;* jour décadaire; l'histoire décadaire de Tite-Live.

DÉCADI. s. m. Dixième jour de chaque décade, dans le calendrier républicain.

DÉCAGRAMME. s. m. Poids de dix grammes, 2 gros 42 grains environ.

DÉCAGYNE. adj. Plante de la Décagynie, à dix pistils ou stigmates sessiles.

DÉCALITRE. s. m. Mesure décimale contenant dix litres ; environ dix pintes et demie de liquides, où 12 litrons et demi de matières sèches.

DÉCALOBÉ, E. adj. *bot.* Qui a dix lobes.

DÉCAMÉRIDE. s. f. *musiq.* Système de division de l'octave en 3 10 parties égales, pour mieux saisir les rapports de tous les intervalles des sons.

DÉCAMÈTRE. s. m. Mesure linéaire de dix mètres (environ 30 pieds, neuf pouces et demi), et remplaçant la chaîne d'arpentage.

DÉCANDRIE. s. f. Classe du système de Linné , comprenant les plantes dont les fleurs sont à dix étamines. *T. de bot.*

DÉCANONISER. v. a. Retrancher de la liste des saints. *fig.* Perdre de son ancien crédit dans son parti, dans l'opinion.

DÉCAPELER, v. a., un navire, lui ôter le capelage. *Mar.*

DÉCAPÉTALÉ, E. adj. *bot.* Fleur à *dis* pétales.

DÉCAPHYLLE. adj. *bot.* Calice de fleur à dix feuilles ou folioles.

DÉCAPODES. adj. Crustacés pourvus de dix pieds. *T. de bot.*

DÉCARE. s. m. Mesure de superficie de dix ares, environ 260 toises carrées.

DÉCASTÈRE. s. m. Mesure de bois, de dix stères, environ cinq voies.

DÉCATIR. v. a. Ôter le *cati*, l'apprêt d'un drap en l'humectant. *T. de drap.*

DÉCATISSAGE. s. m. Action de décatir, opération qu'elle exige.

DÉCAVER. v. a. Décaver du vin, un tonneau, le retirer de la cave. — Un joueur de brelan, de bouillotte, lui gagner tout l'argent qu'il a devant lui sur la table de jeu.

DÉCESSER. v. n. Il ne s'emploie que dans les phrases négatives, et relativement aux interlocuteurs qu'on devroit laisser parler à leur tour. Celui qui ne décesse de parler ne s'arrête pas à propos, et reprend trop souvent ou trop vite la parole.

DÉCHALASSER. v. a., une vigne, en ôter les échalas.

DÉCHARGEOIR. s. m. Ce qui sert à décharger un métier, une cuve, une machine à vapeur, en recevant ou faisant échapper la charge ou la surcharge.

DÉCHASSER. v. a. Faire sortir par force de sa place une cheville, un clou, etc. — v. n., *danse.* Aller du côté opposé à celui où l'on avoit chassé.

DÉCHEVÊTRER. v. a. Ôter à une bête de somme son licou. *Peu usité.*

DÉCHIQUETEUR. s. m. Celui qui déchiquette. *Fam.*

DÉCHIREUR. s. m. Celui qui déchire, spécialement les vieux bateaux.

DÉCIARE. s. m. Dixième partie de l'are, mesure de superficie.

DÉCIDEUR. s. m. Celui qui décide. *Fam.* et le plus souvent ironique.

DÉCIGRAMME. s. m. Dixième partie du gramme, poids décimal.

DÉCILITRE. s. m. Dixième partie du litre, mesure de capacité.

DÉCIMATION. s. f. Action de décimer un corps, des rebelles, etc., d'en faire mourir un sur dix. La décimation des rebelles ne fait qu'exaspérer.

DÉCIME. s. m. Dixième partie du franc.

DÉCIMÈTRE. s. m. Dixième partie du mètre, mesure linéaire.

DÉCINTROIR. s. m. Marteau à deux tranchans, pour disjoindre des pierres, des planches, etc.

DÉCIRER. v. a. Ôter la cire : La pluie décire les souliers.

DÉCISTÈRE. s. m. Dixième partie du stère, mesure du bois.

DÉCLARATEUR, TRICE. subst. Celui ou celle qui fait une déclaration, qui déclare, proclame librement et avec éclat. *Peu usité.*

DÉCLASSER. v. a. Ôter d'une classe, changer de classe.

DÉCLAVER. v. a. *musiq.* Changer un air de clef. On se sert mieux de transposer.

DÉCLIMATER. v. a. Déshabituer d'un climat. Peu usité, parce qu'on ne déclimate qu'en acclimatant ailleurs.

DÉCLINABILITÉ. s. f. *gram.* Qualité de déclinable. *Peu usité.*

DÉCLIVE. adj. Qui va en pente. Terre déclive.

DÉCLOÎTRER. v. a. Tirer quelqu'un du cloître; le laisser sortir. Se décloîtrer, se mettre en liberté, sortir du cloître.

DÉCOGNOIR. s. m. Outil d'imprimeur pour chasser et déchasser les coins.

DÉCOLLEMENT. s. m. Action de décoller.

DÉCOMMANDER. v. a. Terme de commerce et d'atelier. Ordre de ne pas livrer ou de ne pas faire ce qu'on avait commandé.

DÉCONSIDÉRER. v. a., quelqu'un, diminuer ou faire perdre la considération dont il jouissoit. On peut se déconsidérer soi-même par sa propre conduite.

DÉCOR. s. m. Art de décorer, ensemble de décorations sous le rapport du goût, de la destination. C'est pour cela qu'il s'applique mieux au théâtre.

DÉCOUPOIR. s. m. Ce qui sert à découper, spécialement à denteler le bord des étoffes, des gazes, etc.

DÉCOURBER. v. a. *Voy.* ci-dessus Démailler. *T. de mariniers.*

DÉCRAMPILLER. v. a. Défaire les tortillons de la soie teinte, la démêler.

DÉCROCHEMENT. s. m. Action de décrocher, de séparer ce qui est accroché.

DÉCROCHOIR. s. m. Outil pour décrocher ce qui est accroché.

DÉCROTTOIR. s. m. Lame de fer au bas d'un escalier, pour ôter le gros de la crotte des souliers.

DÉCROÛTER. v. a. Ôter la croûte. *Fig.* Faire perdre à quelqu'un de sa grossièreté, lui ôter un peu de son ignorance.

DÉCRUE. s. f. Quantité dont une rivière a diminué de hauteur. Le mot est moins usité que crue, qui est son opposé.

DÉCURTATION. s. f. Maladie des plantes qui fait périr le sommet de la tige, des jets, surtout dans les chênes. On dit alors que le chêne se couronne.

DÉCUSSÉ, E. adj. Feuilles décussées, croisées en sautoir. *Bot.*

DÉCUVER. v. a. Décuver le vin, le tirer de la cuve. On dit plus simplement *tirer.* Le vin est assez cuvé, il faut le tirer.

DÉDAIGNEUR. v. a. Muscle de l'œil, autrement nommé abducteur, dont l'action donne l'air du dédain. *T. d'anat.*

DÉDOUBLEMENT. s. m. Action de dédoubler. Le dédoublement des compagnies doit avoir lieu à la paix, comme leur doublement avoit été occasioné par la guerre.

DÉFEUILLAISON. s. f. Action de défeuiller, de perdre ses feuilles par le cours de la saison. Pour la saison elle-même, on dit mieux à la chute des feuilles.

DÉFEUILLER. v. a. Défeuiller une branche, en ôter des feuilles à dessein, par la force. Le vent défeuille les arbres; les arbres se défeuillent, perdent leurs feuilles en automne, par le cours des saisons.

DÉFINISSEUR. s. m. Celui qui donne une définition. *Fam.*

DÉFLUER. v. n. *astr.* S'écarter du point de conjonction, en parlant d'une planète.

DÉFOURRER. v. a. On défourre ce qui a été fourré. *Fam.*

DÉFRANCISER. v. a. Ôter la qualité de François. Se défranciser, la perdre, y renoncer. Familier, et presque toujours pour plaisanter et ridiculiser.

DÉGAINEUR. s. m. Celui qui est prompt à dégainer, spadassin. *Fam.* C'est un grand dégaineur. *Fam. et iron.*

DÉGÉNÉRESCENCE. s. f. Tendance à dégénérer, état de ce qui commence à dégénérer.

DÉGOMMAGE. s. m. Action de *dégommer*, d'ôter la gomme de la soie, d'une étoffe.

DÉGONDER une porte, v. a., l'ôter de dessus ses gonds.

DÉGONFLER. v. a. Ôter le gonflement. Se dégonfler, perdre le gonflement. *Fig.* Exposer ses sujets de plainte. *Fam.*

DÉGORGEOIR. s. m. Ce qui sert à nettoyer, à débarrasser ce qui est engorgé de malpropreté d'un excédant de liquide. *T. de métiers.*

DÉGOUTTEMENT. s. m. Action de dégoutter. *Fam.*

DÉGRAISSOIR. s. m. Outil à dégraisser les boyaux, les laines et autres corps gras.

DÉGRÉEMENT. s. m. Action de dégréer, perte d'agrès. *Mar.*

DÉGREVEMENT. s. m. Action de dégrever, somme dont on dégrève. *T. admin.*

DÉGREVER. v. a. Dégrever quelqu'un, c'est le décharger d'une partie de ses impositions, jugées trop fortes. On dégrève aussi une commune, un département.

DÉGRINGOLADE. s. f. Action de dégringoler. *Fam.*

DÉGRISEMENT. s. m. Action de dégriser ou se dégriser. *Fam.*

DÉGRISER. v. a. Tirer quelqu'un de sa demi-ivresse, ou même de l'ivresse; *fig.* lui ôter une illusion. Le café dégrise; le mauvais trait d'un ami nous dégrise. *Fam.*

DÉGROSSAGE. s. m. Action de *dégrosser*, d'ôter le gros, le plus gros, des pierres, des pièces de bois, etc. *T. de mét.*

DÉGUSTATEUR. s. m. Officier chargé de faire la dégustation, de juger de la qualité des liqueurs; *fig.* connoisseur en vins, liqueurs.

DÉHISCENCE. s. f. *bot.* Ouverture des enveloppes de la fructification par la disjonction des bords. Celles qui en sont susceptibles se nomment déhiscentes.

DÉHONTÉ, E. adj. Sans honte, insensible à la honte.

DÉICOLE. adj. et subst. Qui adore un seul Dieu. *T. dogm.*

DÉLÉATUR. s. m. Mot latin signifiant *soit effacé*, admis comme signe de suppression dans l'imprimerie, où il se marque par l'initiale *d.* (On pron. *a* long et *r* final.)

DÉLÉGATAIRE. adj. et subst. A qui il a été fait une délégation, porteur d'une délégation. *T. de prat.*

DÉLÉGATOIRE. adj. Écrit portant délégation. *T. de prat.*

DÉLEURRÉ, E. adj. *t. de fauc.* Oiseau à qui on a retiré le leurre, parce qu'il est formé à la chasse. Il en est resté le mot populaire *déluré.* C'est un jeune homme déluré, adroit, fin, à qui l'on n'en fait point accroire.

DÉLIGATION. s. f. Application raisonnée des bandages. *T. de chir.*

DÉLIQUESCENT, E. adj. *chim.* Il se dit d'une substance qui se liquéfie par l'humidité de l'atmosphère, et tombe en *deliquium.*

DÉLIRER. v. n. Être en délire; plus usité au participe. Être délirant, dans un état prolongé ou fréquent de délire; *fig.* une imagination délirante.

DÉLUSTRER. v. a., une étoffe; en ôter le lustre.

DÉMAGOGIQUE. adj. Relatif à la démagogie ou aux démagogues. Sociétés démagogiques; menées démagogiques.

DÉMAIGRIR. v. a., une pierre, une pièce de bois, en ôter une partie. *Archit.*

DÉMAILLER. v. a., un bas, etc. En défaire les mailles. — *mar.* Démailler la bonnette veut dire la détacher de la voile.

DÉMARRAGE. s. m. Action de démarrer; rupture des amarres. *T. de mar.*

DÉMASTIQUER. v. a., une vitre, etc; en ôter le mastic.

DÉMÂTAGE. s. m. Action de démâter; rupture des mâts. *T. de mar.*

DÉMATÉRIALISER. v. a., un corps. *chim.* Le réduire en vapeurs, en parties insensibles; comme on ne dématérialise qu'en décomposant, on se sert à peu près toujours de décomposer, quoiqu'on puisse décomposer sans dématérialiser.

DÉMÊLEUR. s. m. Celui qui démêle quelque chose de mêlé. *Fam.* — Ouvrier briquetier qui corroie.

DÉMÊLOIR. s. m. Gros peigne à clairevoie pour démêler les cheveux; machine à dévider.

DEMI-BAIN. s. m. Bain pris jusqu'à mi-corps.

DEMI-BOSSE. s. f. Bas-relief avec quelques figures saillantes.

DEMI-CANON. s. m. *Voy.* Couleuvrine au Dictionnaire.

DEMI-COLONNE. s. f. Colonne à moitié engagée dans le mur. *T. d'archit.*

DÉMIELLER. v. a., la cire, en ôter le miel.

DEMI-FUTAIE. s. f. Futaie à moitié de sa grosseur, de 40 à 60 ans.

DEMI-MESURE. s. f. Moitié de mesure; *fig.* mesure insuffisante : ne prendre que des demi-mesures.

DEMI-PAUME. s. f. Raquette plus légère.

DEMI-PAUSE. s. f. *musiq.* Silence durant moitié moins que la pause.

DEMI-QUEUE. s. f. Pièce d'eau-de-vie, contenant la moitié d'une queue, environ 250 pintes.

DEMI-SECRET. s. m. Secret à moitié connu, répandu.

DEMI-SOLDE. s. f. Mettre un officier à la demi-solde (à la moitié de la solde de son grade).

DEMI-SOUPIR. s. m. *musiq.* Silence de la durée d'une croche.

DEMI-TEINTE. s. f. Teinte moyenne entre la couleur et l'ombre; passage ménagé d'un ton à un autre. *T. de peint.*

DÉMOLISSEUR. s. m. Celui qui démolit.

DÉMONÉTISATION. s. f. Action de démonétiser ; acte de l'autorité qui démonétise un papier-monnoie , des pièces monnoyées.

DÉMONÉTISER. v. a. Exclure du nombre des monnoies un papier, certaines espèces, qui avoient auparavant un cours forcé.

DÉMONTOIR. s. m. Ce qui sert pour démonter. — *imprim.* Planche sur laquelle on monte et l'on démonte les balles.

DÉMORALISATION. s. f. Action de démoraliser, état de ceux qu'on a démoralisés.

DÉMORALISER , v. a. , un homme, une armée, un peuple, en corrompre les mœurs, en altérer la morale ; *fig.* le moral, la vigueur.

DÉMORALISEUR. s. m. Celui qui corrompt ou a corrompu la morale publique.

DENASALER , v. a. , une syllabe, lui ôter le son nasal : *an* se dénasale, ou est dénasalé dans *annuel*. *Gram.*

DÉNATIONALISER. v. a. Priver du caractère national ; mettre hors du droit des gens , hors de la loi des nations.

DENDRITE. s. f. (On pron. *din* dans ce mot et les 3 suivans.) Pierre herborisée, chargée d'empreintes imitant des végétaux.

DENDROÏTE ou DENDROLITHE. s. f. Fossile ramifié , arbre pétrifié.

DENDROMÈTRE. s. m. Instrument pour mesurer le volume, la hauteur d'un arbre.

DÉNÉRAL, pl. DÉNÉRAUX. s. m. Étalon des monnoies , pour en régler le poids légal. *T. de monn.*

DÉNIAISEMENT. s. m. Action , moyen de déniaiser quelqu'un; tour qu'on lui fait connoître.

DÉNIAISEUR. s. m. Celui qui en déniaise un autre. *Fam.*

DÉNIGREUR. s. m. Celui qui dénigre, qui aime à dénigrer. On dit plutôt censeur ; mais ce mot n'est pas aussi odieux, et ne suppose pas autant de méchanceté.

DENTICULÉ , E. adj. Feuilles denticulées , découpées à très-petites dents. *Bot.*

DENTIFORME. adj. En forme de dents.

DENTIFRICE. adj. et s. m. Préparation pour nettoyer et blanchir les dents en les frottant. *T. de pharm.*

DENTIROSTRES. s. m. pl. Oiseaux dentirostres , à bec denté. *Hist. nat.*

DÉPARTEMENT. s. m. L'une des principales divisions de la France, quant à l'administration civile. La France est divisée en 86 départemens ; chacun a un chef-lieu, résidence du préfet. *Voy.* ce mot au Dict.

DÉPARTEMENTAL , E. adj. Qui concerne chaque département. Dépenses départementales ; administration départementale. Sans masculin pluriel.

DÉPÂTISSER , v. a. , les caractères d'*imprimerie.* Trier, composer et mettre en paquets un mélange de caractères d'une même espèce ou d'espèces différentes, et les distribuer ensuite chacun dans sa casse. Ce mélange, qu'on nomme *pâté*, est l'effet de la paresse et du désordre des mauvais ouvriers. Dans une imprimerie bien surveillée ; il ne devroit jamais y avoir de *pâtés*.

DÉPEÇOIR. s. m. Outil pour dépecer.

DÉPERSUADER, v. a., qu lqu'un d'une chose, lui en ôter la persuasion.

DÉPHLOGISTIQUER , v. a., une substance ; en soustraire le phlogistique, ou air

inflammable , aujourd'hui gaz oxygène, ou air vital. Ce mot a vieilli. *T. de chim.*

DÉPLÂTRER, v. a., un mur, un plafond , en ôter le plâtre.

DÉPOCHER. v. a. Tirer de sa poche. Il suppose peu de bonne volonté, et s'emploie aussi sans régime : Il a dépoché cent écus. Il a fallu dépocher. *Pop.*

DÉPOPULARISER , v. a., quelqu'un, lui ôter la faveur du peuple , du public. Se dépopulariser, c'est se l'ôter soi-même par sa conduite, ses opinions, etc.

DÉPRAVATEUR, TRICE. adj. et subst. Qui déprave, qui amène la dépravation.

DÉPRÉCIATION. s. f. Action de déprécier, état de ce qui est déprécié. La dépréciation d'un papier-monnoie gêne le commerce.

DE PROFUNDIS. s. m. (On pron. *dé profondice.*) Les deux premiers mots latins d'un psaume pour les morts. Dire un de profundis.

DÉRISOIRE. adj. Acte, proposition qui se fait ou paroît se faire par dérision. Un acte dérisoire ; c'est une offre dérisoire.

DÉRIVOIR. s. m. Outil pour dériver, spécialement en horlogerie.

DERME. s. m. De derme, signifiant la *peau*, on a formé, par derma, dermé, et dermo , plusieurs composés qui y ont rapport, et très-peu usités, même comme mots scientifiques.

DERMOBRANCHES. s. m. *Voyez* ci-après TECTIBRANCHES.

DÉROIDIR, v. a., une chose, du linge, une étoffe , lui ôter sa roideur, son apprêt; *fig.* se déroidir, prendre des manières plus liantes. (On pron. *roa* dipht.)

DÉROUILLEMENT. s. m. Action de dérouiller, ou de se dérouiller.

DÉROULEMENT. s. m. Action de dérouler. — *géom.* Arrangement des rayons d'une courbe pour en produire une autre.

DÉSAFFAMÉ, E. adj. Qui a cessé d'être affamé. *Peu usité.*

DÉSAFFECTIONNER. v. a. Mot qui commence à s'employer, sans avoir une acception bien déterminée. Cependant, en général, on dit désaffectionner le prince, diminuer l'affection que le peuple lui portoit ; on dit que le peuple se désaffectionne, qu'il perd de son affection pour le prince.

DÉSAGENCER , v. a. , une machine , en déranger l'agencement ; ce qui fait qu'elle ne va plus, ou qu'elle va mal. *Peu usité.*

DÉSAISONNER. v. a. (Le premier *s* est pron. dur.) Changer la saison des récoltes par un autre assolement. Cueillir des fruits avant leur maturité. Ces fruits sont désaisonnés.

DÉSALLIER (SE). v. pron. On a tort de faire signifier à ce mot faire une alliance mal assortie , puisqu'il voudroit plutôt dire défaire une alliance. Il doit céder la place à se mésallier.

DÉSANCHER, v. a., un instrument, lui ôter son anche. *T. de luth.*

DÉSAPPOINTÉ, E. part. p. Être désappointé ; *fig.* être trompé dans ses espérances. Il a été fort désappointé de cet événement ; ce désappointement le jeta dans la confusion. *Voy.* ces mots au Dict.

DÉSARRIMER. v. n. Changer l'arrimage, l'arrangement de la charge du navire. *Mar.*

DÉSASSORTISSEMENT. s. m. Action de désassortir. *Peu usité.*

DESCRIPTEUR. s. m. Auteur d'une description ou de descriptions. *Peu usité.*

DESCRIPTIF, IVE. adj. Qui a la description pour objet : Il y a un genre descriptif, des poëmes descriptifs.

DÉSENCLOUAGE. s. m. Action de désenclouer une pièce de canon, une batterie, etc. *Art milit.*

DÉSENGRENER. v. a. Dégager des pièces d'engrenage. *T. de mécan.*

DÉSENLACER. v. a. Dégager ce qui est enlacé, le tirer des lacs, *fig.* de la gêne.

DÉSENLAIDIR. v. a. Diminuer ou ôter la laideur. Se désenlaidir, perdre de sa laideur ou sa laideur. *Peu usité.*

DÉSENTORTILLER. v. a. Défaire ce qui est tortillé. On préfère, dans ce mot comme dans beaucoup d'autres semblables, le verbe simple avec *dé* : On détortille ce qui est tortillé ou ce qui est entortillé. *Très-peu usité.*

DÉSENTRAVER. v. a., un cheval, lui ôter les entraves.

DÉSENVENIMER. v. a. Diminuer ou détruire le venin ; par ext., le mal. Les cataplasmes ont désenvenimé la plaie. On diroit mieux encore calmé, adouci, etc.

DÉSENVERGUER , v. a., les voiles, les ôter des vergues. *T. de mar.*

DÉSERGOTER, v. a., un cheval, lui ouvrir l'ergot jusqu'au vif.

DÉSINVITER, v. a., quelqu'un, révoquer l'invitation qu'on lui avoit faite. Ce n'est qu'un terme familier, et plus propre au style grotesque ou épigrammatique. *Voy.* DÉPRIER au Dict.

DÉSOXYDER , v. a., une substance, en extraire l'oxygène. *T. de chim.*

DESSERROIR. s. m. Outil pour desserrer.

DESSOLURE. s. f. Action de dessoler un cheval.

DESSOUFRAGE. s. m. Action de dessoufrer le charbon minéral. Ce peut être un terme d'atelier, mais il n'est point du langage courant.

DESSUINTAGE. s. m. Action de dessuinter les laines, de leur ôter le suint ; c'est leur premier dégraissage.

DÉSUDATION. s. f. méd. Sueur abondante terminée par des pustules.

DÉSUSITÉ, E. adj. Mot qui a cessé d'être en usage. Malgré l'autorité de Voltaire, même dans les dictionnaires qui l'approuvent, on dit plutôt qu'un mot a vieilli, ou qu'il est vieux, qu'il n'est plus en usage, qu'il est hors d'usage , etc.

DÉTAILLEUR. s. m. Ce mot n'est plus, comme on l'a dit, le terme actuel du commerce pour désigner le marchand en détail. Tout le monde dit le détaillant, un détaillant ; c'est aussi l'opposé, non du marchand *grossier,* mais du marchand *en gros.*

DÉTALAGE. s. m. Action de détaler ou de retirer l'étalage.

DÉTAPER, v. a., une pièce de canon, la déboucher pour tirer. *T. d'artill.*

DÉTENDOIR. s. m. Instrument du tisserand pour tendre ou détendre la chaîne.

DÉTENTILLON. s. m. Détente de la roue des minutes. *T. d'horlog.*

DÉTERREUR. s. m. Celui qui déterre; *fig.* c'est un déterreur d'anecdotes, de vieilleries, de vieux contes. *Fam. et peu usité.*

DÉTISSER, v. a., une bande de la pièce, en défaire le tissu.

DÉTOUCHER. v. a. Cesser de toucher, en parlant d'un navire échoué qui se retrouve à flot. *T. de mar.*

DÉTOUPER. v. a. Ôter l'étoupe qui bouchoit un trou, un tuyau. *Mar.*

DÉTRANSPOSER, v. a., des lettres, des pages ; en corriger la transposition, y remédier en mettant les choses à la bonne place. *Imprim.*

DÉTRANSPOSITION. s. f. Action de détransposer. *Imprim.*

DÉTRESSER, v. a., des cheveux, de la soie, etc., en défaire la tresse, les tresses.

DÉTRIPLER. v. a. Réduire à être double ce qui étoit triple, comme les compagnies, les files qui étoient triplées. *Art. milit.*

DÉTRITER, v. a., les olives, les écraser sous la meule.

DÉTRITOIR. s. m. Madrier du moulin où l'on écrase les olives.

DÉTRITUS. s. m. (*s* final se pron.) Mot latin, qui signifie détaché par le froissement. Nom donné surtout par les minéralogistes aux parcelles de cristal qui se détachent dans la décomposition.

DÉTROMPEMENT. s. m. Action de détromper, ce qui détrompe. *Fam. et peu usité.*

DÉTRONCATION. s. f. Séparation de la tête d'avec le tronc.

DÉTRÔNEMENT. s. m. Action de détrôner ; acte par lequel on détrône un prince, par lequel il est détrôné. On a essayé d'y substituer *détronisation*, forgé sans doute, par analogie, sur *intronisation ;* mais ce dernier terme ne s'applique qu'à l'épiscopat.

DÉTUMESCENCE. s. f. Résolution d'une tumeur qui diminue de volume. *T. de méd.*

DÉTURBATEUR, TRICE. adj. astron. Force détarbatrice, qui trouble le mouvement d'une planète, en agissant perpendiculairement au plan de son orbite.

DEUTZIE. s. f. Arbrisseau du Japon, où ses feuilles servent à polir les ouvrages en bois, comme chez nous la tige de la presle.

DEUX-POINTS. s. m. *imprim.* Caractère une fois plus gros que ceux de son espèce : Un deux-points de gros romain, de petit-texte, de parisienne, etc.

DEVANTURE. s. f. Clôture de devant d'une boutique, d'une crèche, et autres objets.

DÉVELOPPABLE. adj. Susceptible d'être développé. *Peu usité.*

DÉVENTER. v. a. Les voiles, leur ôter le vent, en les mettant au vent ; les détourner. *Mar.*

DÉVERGONDAGE. s. m. Action de se dévergonder ; trait, état d'une personne dévergondée. C'est un vrai dévergondage ; c'est du dévergondage, etc. *Fam.*

DÉVERGONDER (SE). v. pron. Perdre toute *vergogne*, comme on disoit autrefois, toute honte, toute pudeur. Familier et peu usité aujourd'hui.

DÉVERGUER. v. a. *mar.* Dégarnir un vaisseau de ses vergues.

DÉVIDOIR. s. m. *Voyez* ci-après RÉVERSOIR.

DÉVIDAGE. s. m. Action de dévider, ce qui a été dévidé.

DEVINE. s. f. Nom *populaire* de la devi-

neresse, de celle qui fait, ainsi que le devin, métier de deviner ; tandis que devineur est le mot familier pour quiconque devine accidentellement ; un devineur, une devineuse d'énigmes, etc. *Voy.* ces mots au Dict.

DÉVORATEUR, TRICE. adj. et subst. Qui dévore beaucoup de choses. Il se dit spécialement de ce qui agit en grand sur des masses. Un feu dévorateur consume des villes entières. Un conquérant pourroit être appelé au figuré un dévorateur. Il est très-propre au style poétique ; au lieu que dévoreur n'est qu'un mot familier, et foible en comparaison.

DEXTRIBORD. s. m. *mar. Voy.* STRIBORD au Dict.

DIABLON. s. m. *mar.* Petite voile d'étai.

DIABOTANUM. s. m. *pharm.* (um pron. ome bref.) Mélange d'herbes, pour jus, pour emplâtre résolutif.

DIABROSE. s. f. méd. Corrosion des chairs par une humeur âcre, ou par des applications mordantes.

DIACAUSTIQUE. adj. opt. et géom. Caustique par réfraction.

DIACOMMATIQUE. adj. et subst. musiq. Note élevée ou abaissée d'un comma, pour opérer une transition harmonique.

DIACONAL, E. adj. Qui a rapport au diacre ou au diaconat.

DIACOUSTIQUE. s. f. phys. Théorie de la réfraction des sons en changeant de milieu.

DIADELPHIE. s. f. Classe des plantes *diadelphes*, à deux étamines réunies. *T. de bot.*

DIANDRIE. s. f. Classe des plantes *diandres*, à deux étamines. *T. de bot.*

DIAPHANOMÈTRE. s. m. Instrument à mesurer la transparence de l'air. *T. de phys.*

DIASTROPHIE. s. f. chir. Déplacement des muscles avec ou sans luxation.

DIATHÈSE. s. f. méd. Disposition à une maladie : Diathèse cancéreuse, etc.

DICLINE. adj. bot. Plante dicline, dont les parties sexuelles sont séparées, et sur deux différentes parties d'un même pied.

DICOTYLÉDONE. adj. Graine à *deux* cotylédons. Il y a une grande division de plantes dicotylédones, dont la graine a au moins deux cotylédons.

DICTATORIAL, E. adj. Relatif au dictateur ou à la dictature.

DIDACTIQUEMENT. adv. D'une manière didactique, dans un ordre didactique. Ce mot est malsonnant et peu usité.

DIDACTYLE. adj. et s. m. Classe d'oiseaux distingués par deux doigts à chaque pied. *T. d'hist. nat.*

DIDELPHE. s. m. Genre de mammifères carnassiers, aussi nommés sarigues, ayant seuls 50 dents ; les femelles ont une poche sous les mamelles, où elles mettent leurs petits pour les faire téter, ou les emporter. *Hist. nat.*

DIDYNAMIE. s. f. Classe de plantes *didynames*, à fleurs pourvues de deux paires d'étamines d'une égale grandeur, deux grandes et deux petites. Ces fleurs sont aussi appelées *didynamiques*. *T. de bot.*

DIEL. s. m. Glaise des houillères d'Anzin, mêlée de terre calcaire et de fer sulfuré.

DIGITIE. s. f. méd. Dessèchement d'un doigt.

DIGITIGRADES. adj. et s. m. Classe de mammifères carnivores, qui marchent sur

leurs ongles crochus : Le chien, le chat, etc.

DIGLYPHE. s. m. *archit.* Console à deux gravures.

DIGYNIE. s. f. Ordre de plantes *digynes*, pourvues de fleurs à deux pistils ou deux styles, deux stigmates sessiles. *Bot.*

DILAPIDATEUR. s. m. Celui qui dilapide, qui se rend coupable de dilapidation. Ce mot suppose un grand maniement d'argent, et s'applique mieux à ce qui regarde les finances d'un État. *Fém.* dilapidatrice.

DILATATEUR. adj. et s. m. *anat.* Tout muscle qui sert à étendre, à dilater une partie du corps.

DILATOIREMENT. adv. D'une manière dilatoire, avec on après délai. *Terme de pratique.*

DILOGIE. s. f. *littér.* Drame à double action, offrant deux pièces en une, comme dans les *Horaces* de Corneille.

DINANDIER. s. m. Celui qui fabrique, qui vend de la dinanderie.

DINATOIRE. adj. Qui a rapport au dîner. Heure dînatoire. *Peu usité.* Un déjeûner dînatoire, qui se prolonge et tient lieu de dîner. *Fam.*

DINETTE. s. f. Dîner réel ou supposé que font les enfans en jouant. C'est un mot enfantin, mais très-usité, quoique familier.

DIOECIE. s. f. bot. Classe de végétaux où les organes sexuels sont séparés, et sur deux sujets différens.

DIOIQUE. adj. Qui appartient à la diœcie. Plante dioïque, à fleurs dioïques. *T. de bot.*

DIONÉE. s. f. Plante irritable de la Caroline ; espèce de sensitive. *T. de bot.*

DIOPTRE. s. m. Instrument de chirurgie, pour dilater les parties, et voir l'intérieur des plaies. Trous aux pinnules de l'alidade pour viser, au moyen du graphomètre.

DIORAMA. s. m. Tableau d'un horizon successivement éclairé comme aux diverses parties de la journée.

DIPÉTALÉ, E. adj. bot. Fleur dipétalée, à deux pétales ; corolle dipétalée.

DIPHYLLE. adj. bot. Fleur, calice, à deux feuilles. Tige diphylle, à deux parties.

DIPLANTIDIENNE. adj. et s. f. optiq. Lunette où l'on voit deux images du même objet, l'une droite et l'autre renversée.

DIPLOMATE. s. m. Celui qui est versé dans la diplomatie ; celui qui exerce une fonction diplomatique.

DIPLOPIE. s. f. méd. Disposition des yeux qui fait voir double par la divergence des rayons lumineux.

DIPLOPTÈRES. adj. et s. m. pl. hist. nat. Famille d'insectes hyménoptères, à ailes supérieures doublées dans leur longueur.

DIPODE. adj. et s. m. A deux pieds ou à deux nageoires. *T. d'hist. nat.*

DIPSACÉES. s. f. pl. bot. Famille de plantes à feuilles en godet, et retenant l'eau.

DIPTÈRES. s. m. pl. hist. nat. Insectes à deux ailes nues, comme les mouches.

DIRECTOIRE. s. m. Conseil de cinq membres, composant en France le pouvoir exécutif d'après la constitution de 1795. Chaque membre avoit le titre de directeur ; les fonctions *directoriales* étoient de cinq ans. *Voy.* DIRECTOIRE au Dict.

DISCOÏDE. adj. Coquille discoïde, à spire tournant sur un même plan. Fleur discoïde, en forme de disque; on dit aussi dans le même sens, *discoïdé*, *e. Hist. nat.*

DISCRÉTIONNAIRE. adj. Il se dit d'un pouvoir qu'on peut exercer à sa discrétion : Le président d'un tribunal a, dans certains cas, un pouvoir discrétionnaire pour la police, pour la citation des témoins, etc.

DISPARTE. s. f. Machine à deux poulies.

DISPERMATIQUE. adj. *bot.* Plante qui n'a que deux graines ou semences.

DISPERME. adj. *bot.* Fruit ou loge *à deux graines.*

DISPONIBILITÉ. s. f. État, qualité de ce qui est disponible. Les militaires en disponibilité rentrent, au premier ordre, en activité de service.

DISPUTAILLER. v. n. DISPUTAILLER (se). v. pron. Disputer long-temps entre soi sur des riens. *Fam.*

DISSECTEUR. s. m. Celui qui fait une dissection. Ce mot est plutôt de la science; et disséqueur, du langage familier.

DISSÉMINATION. s. f. Action de disséminer, ou de se disséminer, au propre ou au figuré.

DISSENTIMENT. s. m. Sentiment contraire. Opposé de assentiment. On donne son assentiment; on montre, on manifeste son dissentiment.

DISSERTATIF, IVE. adj. Qui est relatif, qui est propre à la dissertation.

DISSIDENCE. s. f. Qualité, état de dissident, manque de conformité. La dissidence fait qu'on n'est pas d'accord en fait de croyance, de politique, etc., avec une majorité, ou un parti dominant. La dissidence est plutôt dans la minorité.

DISSIMILITUDE. s. f. Manque de similitude, d'analogie.

DISSIVALVES. adj. et s. m. pl. Mollusques *à valves désunies. Hist. nat.*

DISTHÈNE. s. m. Nom donné au schorl bleu, comme susceptible d'être électrisé de deux manières. *Phys.*

DISTIQUÉ, E, ou DISTIQUE. adj. Disposé sur deux rangs, aux deux côtés du rameau. Feuilles distiquées; tige, épi distiqué. *T. de bot.*

DISTYLE. adj. Fleur distyle, qui a deux styles. *Bot.*

DITO. Mot italien, employé comme invariable dans le commerce, pour susdit et susdite, etc. Il suppose une conformité de matière, ou de couleur, de mesure, de prix, etc., suivant le cas.

DIVAGATION. s. f. Action de divaguer, discours où l'on divague en s'éloignant de la question, de son sujet, en divers sens.

DIVERSIFIABLE. adj. Qui peut se diversifier. *Peu usité.*

DIVISIONNAIRE. adj. Il appartient à une division. Nous avons eu des généraux divisionnaires. Il se fait dans les bureaux des répartitions divisionnaires, ou par divisions.

DIVORCER. v. n. Faire divorce. *Divorcé, e. part. p.* Il est divorcé; subst., c'est un divorcé, une divorcée. Quand le divorce a été aboli en France, les divorcés ont perdu jusqu'au droit de se remarier.

DIVULSION. Séparation violente produite par une grande force. *Chir.*

DOCTORALEMENT. adv. D'un ton doctoral, en docteur.

DOCTORESSE. s. f. Terme de plaisanterie. Femme qui fait le docteur, qui prend le ton doctoral. *Fam.*

DOCTRINAIRE. s. m. Religieux de la doctrine chrétienne; et par ext., celui qui se livre à des théories abstraites en philosophie, en politique. Être de l'école des doctrinaires; c'est un doctrinaire.

DODÉCAFIDE. adj. *bot.* Divisé en douze parties.

DODÉCAGYNIE. s. f. Ordre des plantes *dodécagynes*, pourvues de douze pistils, styles ou stigmates sessiles. *Bot.*

DODÉCANDRIE. s. f. *bot.* Classe de plantes dont les fleurs ont douze étamines.

DODÉCA, mot grec signifiant *douze*, forme plusieurs composés en termes scientifiques peu usités : Dodécaparti, e; dodécapétalé; dodéchédron, à douze angles; dodécuple, douze fois plus grand, etc.

DODINAGE. s. m. Action de dodiner un enfant, de lui imprimer un léger balancement uniforme pour l'endormir, l'apaiser, etc.; et, par extension, état de ce qui éprouve un balancement. Le dodinage d'un moulin, d'une pièce d'horlogerie, etc.

DOIGTER. v. n. (*g* ne se pron. pas.) *musiq.* Placer ses doigts sur l'instrument. On doigte bien ou mal. *Peu usité.* On dit mieux avoir le doigté, connoître le doigté, avoir un bon ou un mauvais doigté.

DOLABRIFORME. adj. *bot.* Partie de plante en forme de doloire.

DOLEAU. s. m. Outil d'ardoisier pour travailler l'ardoise.

DOLICHOPODES. s. m. pl. (*cho* se pron. *co.*) Insectes à pieds longs et grêles. *Hist. nat.*

DOLLAR. s. m. Monnoie des États-Unis, d'environ 5 fr. 42 cent.

DOLOMIE. s. f. *minér.* Chaux carbonatée, à grains. Espèce de marbre blanc, phosphorique.

DOMANIALISER, v. a., des terres, des bois, etc.; les faire entrer dans les domaines de la couronne; ou réunir en un seul domaine des possessions auparavant éparses et détachées.

DOMANIALITÉ. s. f. Qualité de ce qui est domanial.

DOMICILIAIRE. adj. Visite domiciliaire, faite par l'autorité dans le domicile d'un habitant ou de plusieurs.

DOMINANCE. s. f. Qualité de ce qui est dominant. La dominance d'un son. Il ne s'applique naturellement qu'aux choses; encore est-il peu usité.

DONDAINE. s. f. Ancienne machine à lancer de grosses pierres. Il n'est plus connu que dans quelques refrains de chansons appelées flon-flon : dondon, dondaine, dondon.

DON QUICHOTTE. s. m. Héros d'un roman espagnol de Michel Cervantes, et chevalier aventurier, grand défenseur des dames; d'où est venue l'expression : *Faire le Don Quichotte*, pour dire s'aventurer, se mettre en avant mal à propos; faire des bravades, se constituer sans mission le défenseur de quelqu'un. On a même appelé *donquichottisme* la manie de l'imiter.

DONTE. s. f. Corps de certains instrumens à côtes saillantes, comme le luth, le tuorbe, etc.

DORAGE. s. m. Action de dorer, spécia-

lement de colorer la pâtisserie avec du jaune d'œuf. En chapellerie, le dorage consiste à parer le chapeau d'une couche plus fine et peu solide.

DOROIR. s. m. Ustensile pour dorer, spécialement la pâtisserie.

DORSIFÈRES. adj. Les feuilles de fougère sont *dorsifères*, elles portent au dos les parties de la fructification. *T. de bot.*

DORSO-COSTAL, E. adj. et s. m. *anat.* Muscle attaché aux vertèbres dorsales et aux côtes.

DOSSIÈRE. s. f. Large bande de cuir qui porte sur la selle, et soutient le brancard.

DOUANER, v. a., une marchandise, la marquer du sceau de la douane. Il faut faire douaner cette caisse, elle n'est pas douanée.

DOUBLE-CANON. s. m. Caractère d'imprimerie, tenant le milieu entre le gros-canon et le triple-canon.

DOUBLE-CROCHE. s. f. *musiq.* Note à deux crochets, qui ne vaut que la moitié de la croche quant à la durée.

DOUBLE-EMPLOI, s. m. Terme de commerce. Somme portée deux fois en compte, ou marchandise fournie deux fois; c'est un genre d'erreur ou de fraude. Hors de là il y a double-emploi dans les étoffes quand on coupe la même chose deux fois pour une, etc.

DOUBLEUR, EUSE. subst. Celui ou celle qui double les fils, les soies, etc., dans les fabriques. La doubleuse est aussi une machine qui met une seconde fois la canne à sucre entre les cylindres du moulin.

DOUBLEUR. s. m. Instrument de physique, servant à marquer à la fois le degré de pureté et celui de l'électricité de l'air dans un lieu clos.

DOUBLIS. s. m. Rang de tuiles qui recouvrent la chaulatte. *T. de couv.*

DOUBLOIR. s. m. Outil, machine servant à doubler, dans diverses professions.

DOUBLOT. s. m. Fil double, ainsi employé dans diverses fabrications.

DOUCE-AMÈRE. s. f. Espèce de morelle, employée comme anti-dartreuse. *Bot.*

DOUCERET, TE. adj. C'est un diminutif de doucereux, comme *doucet, te* l'est de doux. *Mot-fam.*

DOUCI. s. m. Poli des glaces, marquant l'effet sur le toucher. Le poli regarde la matière; le douci a rapport à celui qui touche.

DOUCIN. s. m. Eau douce mêlée avec de l'eau de mer. Sorte de pommier tendre employé en greffes par les jardiniers.

DOUILLEUX, EUSE. adj. Il se dit des étoffes où il y a douillage, et qui ne sont pas également larges dans toute leur longueur.

DOUTANCE. s. f. Vieux mot encore usité dans la classe inférieure. Être en doutance, dans le doute, dans l'incertitude. *Pop.*

DOUTEUR, EUSE. adj. et subst. Qui est porté à douter, enclin au doute. *Fam.*

DRAGANTE. s. m. *bot.* Astragale épineux, d'où se tire la gomme d'adragant.

DRAGOIRE. s. m. Cuteau à revers du corroyeur. On dit aussi une dragoire.

DRAGONNE. s. f. Ornement de la poignée d'une épée; manière de battre le tambour, propre aux dragons. On dit aussi : c'est une dragonne, en parlant d'une femme hardie; mais on dit mieux encore : c'est un dragon, un vrai dragon.

DRAGUER. v. a. Draguer un port, c'est en nettoyer le fond avec la drague. Draguer une ancre, c'est la chercher avec le cordage appelé drague. — **v. n.** Draguer, c'est pêcher avec le filet appelé drague.

DRAGUETTE. s. f. Petite drague, filet que traîne un bateau. *T. de pêche.*

DRAGUEUR. s. m. Celui qui drague; bâtiment pour la pêche à la drague, de la morue, du hareng, etc.

DRAINE. s. f. Grosse espèce de grives.

DRAINETTE. s. f. Filet qui se jette à la dérive, pour le petit poisson.

DRAMATIQUEMENT. adv. D'une manière dramatique.

DRAMATURGE. s. m. Faiseur de drames, pris en mauvaise part. Quelques personnes désignent les auteurs de drames par le mot de dramatistes, qui seroit mieux appliqué aux partisans du drame, comme il se joue aux boulevarts.

DRAYER. v. a. Drayer un cuir, une peau, en enlever le couteau ce qui peut y être resté de parties charnues. *T. de corr.*

DRÉGER. v. a. Séparer la graine de lin d'avec la tige avec la *drège*, sorte de peigne propre à cela.

DRELIN. s. m. Bruit de la sonnette, par imitation du son. J'entendis un drelin, drelin.

DRESSEUR. s. m. Celui qui dresse, qui est chargé de dresser quelque chose.

DRESSOIR. s. m. Buffet où l'on dresse la vaisselle, où elle se range presque droite. Outil pour dresser ou redresser.

DRILL. s. m. Semoir tiré par un cheval ou par deux; il fait le sillon, et y verse le grain, qui se recouvre de lui-même.

DRISSE. s. f. *mar.* Cordage pour hisser.

DROGUEUR. s. m. Celui qui drogue. Il se dit surtout de celui qui drogue ou altère des liquides par des ingrédiens. Ces vins, ces liqueurs, sont drogués. Ce marchand de vin est un drogueur. *Fam.*

DROSSE. s. f. Corde ou palan pour manœuvrer le canon du sabord. *Mar.*

DROUINE. s. f. Havresac, charge du *drouineur*, chaudronnier ambulant.

DROUSSAGE. s. m. Action de drousser, de carder et huiler les laines; laines ainsi préparées.

DROUSSER. v. a., la laine, la carder en long avec l'espèce de cardes appelées droussettes. Donner le lustre au drap. On dit aussi drosser.

DRUGE. s. f. Pousse trop drue, trop forte des céréales et des légumineuses : *familier et rustique.* Druger, drugerie, drugeon, de cette famille, ne se disent qu'au village.

DRUIDESSES. s. f. pl. Femmes de druides ou de l'ordre des druides, qui, dans les Gaules, faisoient de la bonne aventure un métier lucratif.

DRUIDISME. s. m. Doctrine des druides; leur système de conduite politique; exposé des pieuses fraudes druidiques.

DRUPE. s. m. *bot.* Sorte de fruit, charnu, avec un seul noyau : Pêche, cerise, etc. Ces fruits sont aussi appelés *drupacés*. Drupe a pour diminutif drupéole. s. f.

DRUSE. s. f. Cavité des filons garnie de cristallisations minérales ou spathiques.

DRYADÉES. s. f. pl. Famille de plantes

rosacées, dont la feuille ressemble à celles du chêne.

DUBITATIVEMENT. adv. D'une manière dubitative.

DUIT. s. m. Du latin *ductus*. Conduit, chaussée pratiquée à travers un marais, etc.

DUITE. s. f. Jet de trame à chaque coup de navette. *T. de fabriq.*

DULCINÉE. s. f. Héroïne d'un amour chevaleresque. Il va voir sa dulcinée; style emphatique et burlesque.

DULCORÉ, E. adj. *Voy.* ÉDULCORÉ au Diction.

DUODI. s. m. Second jour de chaque décade dans l'ancien calendrier républicain.

DURABLEMENT. adv. D'une manière durable.

DURCISSEMENT. s. m. Action de durcir; état de ce qui est durci.

DURELIN. s. m. Nom vulgaire du chêne rouge à larges feuilles, relatif à sa dureté.

DURET. s. m. Espèce d'érable des Alpes, à bois moins tendre.

DURION. s. m. Arbre des Indes, de la famille des câpriers, dont le fruit est comme un melon à chair blanche et crémeuse. Durione; c'est le nom de ce fruit.

DUSIL. s. m. (On ne pron. pas *l.*) Petite cheville vers le bout du devant du tonneau, pour donner de l'air, ou tirer des échantillons du vin qu'il contient.

DUVETÉ, E. adj. Garni d'un peu de duvet, d'un petit duvet. C'est comme un diminutif de duveteux.

DYNAMÈTRE. s. m. *optiq.* Instrument, au moyen duquel on peut mesurer de combien le télescope grossit les objets.

DYNAMOMÈTRE. s. m. Machine propre à mesurer la force relative tant des hommes que des bêtes de trait, et même le degré de résistance ou d'impulsion dans beaucoup de mécaniques.

E.

E. s. m. Cette lettre se prononce toujours *é* quand elle est isolée, et les trois sons qu'elle est susceptible de peindre tiennent à des dispositions différentes des organes de la voix, et peuvent se produire, ainsi que ceux des autres voyelles, sur divers points de la corde vocale. Chacun des trois pourroit avoir son signe particulier.

Il est à remarquer que la liaison finale ne change point la nature de l'*é* dans l'infinitif, ainsi qu'on le dit dans un volumineux dictionnaire : Je veux marcher, je veux marcher à l'ennemi.

E s'emploie parfois seul, comme initiale : S.-E., sud-est; E. ou EX., Excellence; E. ou EM., Éminence, etc. Sa valeur numérale au registre E en suppose quatre avant lui, etc. *Voy.* E au Dict.

EAU. s. f. Eau grasse, *t. de fabriq.*, dont le sel a été imbibé par les étoffes qu'on y a trempées. *Voy.* Eau dans le Dict.

EAU-RÉGALE. chim. Acide nitro-muriatique. Eau-seconde, eau-forte affoiblie.

EAU-DE-VIE. *Voy.* VIE au Dict.

EAU-FORTE. s. f. *Voy.* EAU au Dict.

ÉBARBEMENT. s. m. Action d'ébarber. *Voy.* ÉBARBER au Dict.

ÉBARBURE. s. f. Ce qu'on ôte en ébarbant. *T. d'acier.*

ÉBARDOIR. s. m. Grattoir de menuisier à quatre côtés au lieu de trois.

ÉBÉNACÉES. s. f. pl. Plantes de la famille des ébéniers.

ÉBERTAUDER. v. a., un drap, une ratine, etc., la tondre en première coupe.

ÉDIZELER. v. a. Former en bizeau, en entonnoir, l'entrée d'une ouverture. *T. de tourneur.*

ÉBOTER. v. a., un arbre malade, lui ôter tout le menu bois pour le raviver.

ÉBOULIS. s. m. Tas formé par un éboulement de terre, sable, etc.

ÉBOUTER. v. a., une pièce de bois; l'entamer par le bout pour la juger.

ÉBRAISOIR. s. m. Pelle, outil, pour tirer la braise des fourneaux.

ÉBRANCHOIR. s. m. Outil pour ébrancher. *T. de jard.*

ÉCACHEUR. s. m. Ouvrier qui écache l'or (s'il y a ou qui ne fassent que cela).

ÉCAFER. v. a., l'osier, le fendre pour ourdir. *T. de vann.*

ÉCAGNE. s. f. Portion ôtée d'un écheveau de soie à dévider pour le ruban, soit comme rebut, soit comme étant trop gros.

ÉCAILLAGE. s. m. Action d'écailler les huîtres; ce qui s'est écaillé; enlèvement des croûtes écailleuses des poêles de salines.

ÉCAILLEMENT. s. m. Défaut produit dans une pièce de cuivre, etc., qui s'écaille.

ÉCAILLURE. s. f. Parcelle détachée en forme d'écaille.

ÉCANGUER. v. a., du lin, du chanvre, etc.; en faire tomber la paille avec l'outil de bois qu'on nomme *écang* : celui qui fait ce travail se nomme *écangueur.*

ÉCARNER. v. a. Échancrer. *V.* ÉCORNER au Diction.

ÉCARRISSOIR. s. m. Outil servant à équarrir. *Voy.* ci-après ÉQUARRISSOIR.

ÉCARTELURE. s. f. *blas.* Division de l'écu en quatre parties.

ÉCARVER. v. a. *mar.* Travailler les écarts, ajuster bout à bout, etc.

ÉCATIR. v. a., du drap, le presser légèrement, et sans cartons.

ÉCATOIR. s. m. Ciselet de fourbisseur, propre à sertir.

ÉCAVEÇADE. s. f. *manége.* Secousse donnée à la tête du cheval.

ECCATHARTIQUE. adj. *méd.* Propre à purger et à désobstruer le canal intestinal.

ECCE HOMO. s. m. Mots latins signifiant *voilà l'homme*. Représentation de Jésus-Christ couronné d'épines. — *Fig. et fam.*, on dit d'une personne pâle et défaite : c'est un *ecce homo*; il a bien changé, il est comme un *ecce homo*.

ECCOPE. s. f. *chir.* Fracture perpendiculaire du crâne par un instrument tranchant.

ÉCHANDOLE. s. f. Petit ais à couvrir les maisons.

ÉCHANGISTE. s. m. *t. de palais.* Celui qui a fait un échange.

ÉCHANTIGNOLE. s. f. Pièce de bois qui soutient un tasseau; qui fixe l'essieu.

ÉCHANVRER. v. a., la filasse, en ôter les plus grosses chènevottes avec l'échanvroir. *Écon. rur.*

ÉCHARBOT. s. m. Châtaigne d'eau, fruit de la tribune aquatique.

ÉCHARDONNOIR. s. m. Outil pour échardonner.

ÉCHARSETER. v. a. Fabriquer de la monnoie au-dessous du titre.

ÉCHASSIERS. s. m. pl. Ordre d'oiseaux très-haut montés sur pieds.

ÉCHAUFFE. s. f. Étuve de tanneur pour faire tomber le poil des cuirs.

ÉCHAUFFÉE. s. f. Première opération du salinage sur le fourneau.

ÉCHAUX. s. m. pl. Fossés pour recevoir les eaux des forêts, des terres.

ÉCHÉE. s. f. Charge du dévidoir formant un écheveau, de trois cents tours dans quelques contrées.

ÉCHELAGE. s. m. Droit d'échelage, de poser l'échelle autour de ses murs pour réparation.

ÉCHELIER. s. m. Échelle à un seul montant, traversé par des chevilles qui débordent de chaque côté.

ÉCHELONNER. v. a., des troupes, les ranger en échelons. Art milit.

ÉCHENAL ou ÉCHENEAU. s. m. Conduit en gouttière pour recevoir les eaux des toits, et les faire tomber où l'on veut.

ÉCHENILLAGE. s. m. Action d'écheniller ; soin, travail pour détruire les œufs des chenilles.

ÉCHENILLEUR. s. m. Celui qui échenille ; genre d'oiseaux vivant de chenilles.

ÉCHENILLOIR. s. m. Outil pour écheniller les arbres.

ÉCHIGNOLE. s. f. Sorte de bobine ou fuseau où l'on dévide la soie qu'on veut employer. T. de passem.

ÉCHINOÏDES ou ÉCHIOÏDES. s. f. pl. (On pron. ékinoï.) Plantes épineuses, à semences en tête de vipère.

ÉCHINOMES. s. m. pl. (On pron. éki.) Oursins, coquillages de mer, qui ont l'anus sous la bouche.

ÉCHOMES. s. m. pl. mar. Chevilles pour tenir la rame. On dit aussi scalmes et tolets.

ÉCHOMÈTRE. s. m. musiq. (On pron. éko.) Échelle des sons, pour apprécier leur durée, leurs intervalles et leurs rapports.

ÉCHOMÉTRIE. s. f. (éko) Art de ménager des échos par la construction des voûtes.

ÉCHOPPER. v. n. Graver à l'échoppe.

ÉCHOUAGE. s. m. mar. Situation d'un bâtiment portant sur le fond, faute d'eau.

ÉCHOUEMENT. s. m. mar. Action d'échouer, choc d'un navire qui échoue ou qui s'échoue.

ÉCLAIREUR. s. m. Celui qui va à la découverte, spécialement pour observer l'ennemi. Il y a des troupes légères pour servir d'éclaireurs. Art milit.

ÉCLOGITE. s. f. Sorte de roche dans la Styrie, la seule composée de disthène et de diallage réunis.

ÉCOBUAGE. s. m. Action d'écobuer, d'enlever par tranches, avec l'écobue ou écobure, large pioche en forme de houe, et à manche rentrant, la croûte d'un terrain, d'un gazon. T. d'agric.

ÉCOLETER, v. a., un vase d'orfèvrerie, en élargir le col au marteau pour en former l'orifice. Écoleté, e. part. pass.

ÉCONOMISTE. s. m. Celui qui s'occupe des diverses branches de l'économie politique, du développement de l'agriculture comme de l'industrie manufacturière, et du besoin de liberté pour la prospérité générale de l'État. T. d'écon. polit.

ÉCORCEMENT. s. m. Action d'écorcer les arbres.

ÉCORCIER. s. m. Dépôt d'écorces aux moulins à tan, aux tanneries.

ÉCÔTAGE. s. m. Action d'écôter des feuilles de tabac; second travail de la trefilerie; travail de l'écôteur.

ÉCOUER, v. a., un animal, lui couper la queue.

ÉCOUET. s. m. mar. Grosse corde qui sert à amurer la grande voile.

ÉCOUTEUR, EUSE. subst. Celui ou celle qui écoute, ou qu'une curiosité déplacée porte à écouter.

ÉCOUTILLON. s. m. mar. Petite trappe dans l'écoutille d'un vaisseau.

ÉCRANCHER, v. a., une étoffe, en défaire, en effacer les faux plis. T. de fabriq.

ÉCRASEMENT. s. m. Action d'écraser, état de ce qui est écrasé.

ÉCRÉMOIRE. s. f. Cuiller à écrémer du lait, des matières en fusion, des matières d'artifice broyées.

ÉCRIVAILLER. v. n. Écrire beaucoup sur un sujet, ou écrire sur beaucoup de sujets, mais sans grand succès; ce qui constitue l'écrivailleur. Si de plus c'est bien mauvais, on donne à l'auteur le nom plus odieux encore d'écrivassier.

ÉCRIVE. s. f. Arbre de l'écrou de la presse à drap. T. d'apprêteur.

ÉCROUELLEUX, EUSE. adj. Qui est affecté des écrouelles; qui tient des écrouelles. Les médecins disent scrofuleux.

ÉCRUES. s. f. pl. Pousses de bois récentes sur des terres labourables.

ÉCUMERESSE. s. f. Grande écumoire dans les raffineries de sucre.

ÉCUMETTE. s. f. Petite écumoire; sorte de tamis pour épurer la terre de pipe détrempée.

ÉCURAGE. s. m. Action d'écurer.

ÉCUREAU. s. m. Ouvrier chargé de nettoyer les cardes de chardons.

ÉCURETTE. s. f. Grattoir de luthiers pour les chalumeaux de musettes.

EDDA. s. m. Recueil des dogmes religieux des peuples du Nord.

ÉDENTÉS. part. m. pl. et subst. Famille de mammifères sans dents, au moins incisives. Voy. ÉDENTÉ au Dict.

EFFÉLURES. s. f. pl. Rognures de peau blanche, qui sert à faire de la colle.

EFFÉMINATION. s. f. Action d'efféminer ou de s'efféminer; état de l'homme qui est efféminé, sans vigueur.

EFFERVESCENT, E. adj. phys. Qui entre ou qui est en état d'effervescence; propre à faire effervescence.

EFFEUILLAISON. s. f. Action des plantes qui s'effeuillent; chute, époque de la chute des feuilles.

EFFEUILLEMENT. s. m. Action d'effeuiller, de dépouiller les plantes de leurs feuilles.

EFFILOCHEUR. s. m. Cylindre des papeteries, garni de lames de fer, pour déchirer les chiffons.

EFFILOQUES. s. f. Soies non torses, foibles; bouts de soie ou de fil sortant des bordures, des lisières.

EFFILURE. s. f. Ce qu'on a tiré d'une étoffe en l'effilant.

EFFLEURAGE. s. m. Action d'effleurer les peaux.

EFFLEUROIR. s. m. Peau de parcheminiers pour ôter le blanc.

EFFLEURURE. s. f. Tache produite sur une peau par l'effleurage.

EFFLORESCENT, E. adj. chim. Qui entre, qui tombe en efflorescence.

EFFLUVE. s. m. phys. Fluide qui s'exhale d'un corps; sorte d'émanation.

EFFUMER. v. a. peint. Représenter un personnage, un objet, offrir une partie du tableau comme sortant d'une fumée, d'une vapeur dont il reste encore un peu à l'entour.

ÉGAGROPILE. s. f. Boule de poil qui se trouve dans l'estomac de plusieurs animaux ruminans, et qu'ils forment en se léchant.

ÉGALISURES. s. f. pl. Grains de poudre à canon, séparés des galets ou pelotons qu'elle formoit.

ÉGLANDER, v. a., un cheval, lui extirper une glande. T. de maréchal.

ÉGOGER, v. a., une peau de veau, lui ôter les oreilles, la queue, pour la tanner.

ÉGOHINE. s. f. Sorte de scie à main.

ÉGORGEUR. s. m. Celui qui égorge. — pluriel. Classe de meurtriers.

ÉGOUGEOIR, s. m., ou ÉGOUGEOIRE. s. f. Dans les mines, endroits où se perdent les eaux.

ÉGOUTTURES. s. f. pl. Restant de liquide tombé goutte à goutte d'un vase, etc. Par ext., le le moins bon.

ÉGRAPPAGE. s. m. Action d'égrapper; ce qu'on a égrappé.

ÉGRAPPOIR. s. m. Outil pour égrapper le raisin; lavoir où l'on purge la mine de fer des grappes ou pierres de sable qui s'y trouvent mêlées.

ÉGRATIGNEUR, EUSE. subst. Celui ou celle qui égratigne, qui aime à égratigner.

ÉGRAVOIR. s. m. Outil de paumier pour percer les raquettes.

ÉGRÈNE. s. f. Ferrement pour empêcher l'écart d'un assemblage de pièces de bois.

ÉGRILLOIR. s. m. Grillage pour retenir le poisson en laissant couler l'eau de l'étang.

ÉGRISÉE. s. f. Poudre de diamans pour en polir d'autres.

ÉGRISOIR. s. m. Double boîte dont se servent les lapidaires pour égriser le diamant.

ÉGRUGEURE. s. f. Ce qu'on a été mis en poudre en égrugeant. (On pron. ju.)

EIDER. s. m. (On pron. der comme fer dans fermé.) Oiseau du Nord, espèce de canard qui fournit l'édredon.

ÉJAMBER, v. a., les feuilles de tabac, en abattre le fin en le séparant de la côte.

ÉJARRER, v. a., des peaux pour la chapellerie, en ôter les poils jarreux pour mettre les bons au feutrage. T. de chap.

ÉJECTION. s. f. méd. Voy DÉJECTION au Dict.

ÉJOUIR (s'). v. pron. Vieux mot. Voyez se RÉJOUIR au Dict.

ÉLAMBICATION. s. f. chim. Analyse des eaux minérales sous le rapport des propriétés médicales.

ÉLATÉROMÈTRE. s. m. *phys.* Instrument pour mesurer le degré de condensation de l'air sous le récipient. On le nomme aussi *éprouvette.*

ÉLECTRICISME. s. m. Système de l'électricité.

ÉLECTRISABLE. adj. Susceptible d'être électrisé.

ÉLECTRISATION. s. f. Action d'électriser un corps; procédé pour lui communiquer la faculté électrique; état du corps électrisé.

ÉLECTRO-MICROMÈTRE. s. m. Instrument pour mesurer les plus petites quantités d'électricité galvanique.

ÉLECTRO-MOTEUR. s. m. Appareil qui développe l'électricité par le simple contact des diverses substances qu'on y emploie: deux métaux hétérogènes, comme dans la pile de Volta, ou un corps résineux avec un autre.

ÉLECTRO-PHORE. s. m. Instrument qui conserve long-temps la matière électrique dont il a été chargé.

ÉLECTRO-SCOPE. s. m. Instrument propre à faire voir, à faire connoître, combien l'air contient d'électricité.

ÉLIMINATION. s. f. Action d'éliminer, spécialement des termes en algèbre, pour trouver une équation à une seule inconnue dont la valeur fait ensuite découvrir celle des autres.

ÉLINGUE. s. f. Grosse corde à nœud coulant, pour embarquer ou débarquer des fardeaux; ce qu'on appelle *élinguer.*

ELKISMOMÈTRE. s. m. Machine propre à mesurer la force des secousses dans un tremblement de terre.

ELLIPSOÏDE. s. m. Solide formé par la révolution d'une ellipse autour de l'un ou de l'autre de ses axes. (On pron. *pso-ïde.*)

ÉLUCIDATION. s. f. Coup de lumière, qui fait voir nettement une chose qui avoit été mal comprise. *Style didact.*

ÉLUDORIQUE. adj. Sorte de peinture à l'huile et à l'eau, exécutée sur taffetas.

ÉLYTRE. s. m. Étui qui recouvre l'aile mince des insectes coléoptères. En botanique, il s'applique aussi aux organes de quelques plantes agames.

EMBARCATION. s. f. *mar.* Tout bateau à rames, ou petit bâtiment qui prend peu d'eau, et peut aisément se charger à la côte.

EMBARRER (s'). v. pron. Il se dit d'un cheval qui passe une jambe par dessus la barre qui le sépare d'autre, et ne peut la retirer.

EMBARILLER. v. a. Mettre en baril, arranger dans des barils.

EMBARRURE. s. f. Position ou blessure du cheval qui s'est embarré; fracture du crâne, quand une esquille s'est cachée sous un os sain.

EMBASE. s. f. Ce qui est disposé pour servir de base ou d'appui dans plusieurs métiers ou professions.

EMBASSURES. s. f. Parois des fours à glaces, jusqu'à la naissance de la voûte.

EMBATTAGE. s. m. Application de bandes de fer sur le contour des roues des voitures. *T. de charron.*

EMBATTOIR. s. m. Fosses des charrons pour y embattre les roues.

EMBAUMEUR. s. m. Celui qui embaume les morts.

EMBECQUER. v. a. Mettre un appât au bec du haim, pour la pêche.

EMBELLE. s. f. *mar.* Longueur du vaisseau prise au milieu de sa largeur.

EMBELLIE. s. f. *mar.* Changement de temps en beau.

EMBICHETAGE. s. m. *horlog.* Mesure de la platine supérieure d'une montre.

EMBISTAGE. s. m. Situation des deux platines d'une montre entre elles.

EMBODINURE. s. f. *Voyez* ci-dessous BODINE.

EMBOSSAGE. s. m. *mar.* Mouillage, position de bâtimens de guerre présentant le travers à l'ennemi.

EMBOSSER. v. a., un bâtiment ou plusieurs; les faire mouiller en présentant le travers et les batteries, pour l'attaque ou la défense. *T. de mar.*

EMBOUCHEMENT. s. m. Action d'emboucher. *Voy.* EMBOUCHER au Dict.

EMBRANCHEMENT. s. m. Point de réunion des branches à la tige; nœuds de soudure des tuyaux; réunion de plusieurs chemins sur une route principale, et autres ramifications au propre ou au figuré.

EMBRAQUER. v. a. *mar.*, une corde, la tirer dans un vaisseau à force de bras.

EMBRASSEUR, EUSE. Celui ou celle qui embrasse, qui aime à embrasser. Les dames des petites villes sont de grandes embrasseuses. — Morceau de fer qui embrasse les tourillons d'une pièce de canon pour l'élever. *T. de fonderie.*

EMBRASSURE. s. f. Pièce de fer dont on entoure une poutre qui menace d'éclater.

EMBREVER. v. a., une pièce de bois, en faire entrer le bout dans une autre qui a un *embrèvement* ou entaille pour le recevoir.

EMBROUILLEUR. s. m. Celui qui embrouille une affaire, ou qui cherche, qui aime à embrouiller. Ce sera le terme de plaisanterie; car le mot couvant est brouillon, qui pourtant exprime moins un dessein formé qu'une disposition naturelle à le faire, même sans le vouloir.

EMBRUINÉ, E. adj. Atteint, couvert; et, par ext., gâté, brûlé par la bruine.

EMBRUN. s. m. *mar.* Espèce de bruine formée par le choc des lames, réduites comme en poussière.

EMBRUNCHER. v. a. Mettre, faire tenir des chevrons les uns sur les autres; par ext., faire tenir, fixer les tuiles, les ardoises, etc., d'un toit.

EMBRUNIR. v. a. *t. de peint.* Rendre brun ou un peu brun ce qui étoit trop clair. Si l'on ajoutoit au brun pour le rendre bien brun, ce seroit rembrunir.

EMBU, E, part. d'emboire. *Voyez* EMBOIRE au Dict.

ÉMERAUDINE. s. f. Minéral d'un beau vert, espèce de cristallisation cuivreuse qu'on avoit prise pour une pierre.

ÉMÉTINE. s. f. Substance purgative extraite de l'ipécacuanha. *T. de pharm.*

ÉMINE ou HÉMINE. s. f. Ancienne mesure de farine; levée faite par le meunier pour la mouture du grain. *Voyez* HÉMINA au Dict.

ÉMITE. s. f. Pierre blanche connue des anciens, et qu'on croit être un albâtre gypseux. *T. d'hist. nat.*

EMMAILLOTTEMENT. s. m. Action, manière d'emmailloter les enfans.

EMMALLER, v. a., des effets, les mettre, les ranger dans une malle. *Inusité.* On se sert du terme générique *emballer.*

EMMANCHURE. s. f. Partie de la façon d'une robe, d'un habit, qui consiste à joindre les manches au corps; manière dont est faite cette jonction.

EMMARCHEMENT. s. m. Entaille pour recevoir une marche d'escalier; effet produit dans l'ensemble par la distance ou la direction des entailles.

EMMARQUISER (s'). v. pron. Se donner ou acquérir le titre de marquis, ou autre titre de noblesse. Fréquenter les marquis, les nobles; en prendre le ton, les manières, la morgue. Familier, et propre à ridiculiser.

EMMÊLÉ, E, part. du verbe emmêler, qui est hors d'usage. Il se dit des fils, soie, etc., bien mêlés, et surtout s'il y en a beaucoup et de diverses sortes; ce qui n'est que mêlé peut être aisément démêlé; ce qui est emmêlé ne l'est jamais sans difficulté.

EMMÉNAGOLOGIE. s. f. Traité sur les remèdes emménagogues.

EMMÉNALOGIE. s. f. Traité sur les menstrues.

EMMÉSOSTOME. adj. Qui a la bouche au milieu de la base. Il se dit de quelques oursins, coquillages de mer. *Hist. nat.*

EMMEULER, v. a., du foin, le mettre en meule. On ne dit guère que faire une meule ou des meules, ou mettre en meule.

ÉMOELLER, v. a., un os, c'est en tirer la moelle, expression seule usitée.

ÉMOLUMENTAIRE. adj. Provenant des émoluments, qui les concerne. Céder les bénéfices émolumentaires d'une charge.

ÉMONDAGE. s. m. Action d'émonder des arbres, des noix; d'en ôter ce qui nuit et ce qui dépare.

ÉMONDEUR. s. m. Celui qui émonde; *fém.,* émondeuse.

ÉMORFILER, v. a., un instrument tranchant, en ôter le morfil. *T. de coutel.*

ÉMOTTOIR. s. m. Outil pour émotter. On dit plutôt casse-mottes, brise-mottes.

ÉMOUCHEUR, EUSE. subst. Celui ou celle qui chasse les mouches.

ÉMOUSTILLER. v. a., quelqu'un, le stimuler, le faire sortir de son indolence, de son inertie; *fig.,* lui donner de la gaîté, de la vivacité d'esprit, et même le provoquer, l'agacer. On s'émoustille aussi en se mettant en train, en mouvement, ou en se piquant de ce qu'on nous dit ou nous fait. *Fam., mais très-usité.*

EMPAILLAGE. s. m. Action d'empailler; art d'empailler les animaux morts pour les conserver, spécialement les oiseaux.

EMPASTELER. v. a., une étoffe, la tremper, la tenir dans une teinture de pastel pour lui donner le bleu.

EMPEAU. s. m. Ente en écorce. *Jardin.*

EMPELLEMENT. s. m. Large pelle enrayée dans les coulisses de deux montants, et qu'on peut hausser ou baisser, suivant qu'on veut retenir ou faire écouler les eaux d'un étang.

EMPELOTÉ, E. adj. Il se dit d'un oi-

7.

seau dont la nourriture reste en pelote au lieu de se digérer.

EMPENNELAGE. s. m. mar. Action d'empenneler des ancres, de les mouiller à la suite l'une de l'autre ; rangée d'ancres ainsi empennelées.

EMPENOIR. s. m. Ciseau de serrurier pour lever du bois à une porte, afin de pouvoir poser la serrure.

EMPIERREMENT. s. m. Lit de pierres sous la couche de gravier, pour affermir un chemin. T. d'ingén.

EMPIÈTEMENT. s. m. Action d'empiéter sur le terrain ou les droits d'autrui ; ce que l'on a pris à son préjudice.

EMPILEUR, EUSE. subst. Celui ou celle qui empile, fait des piles de bois, etc. Fam.

EMPLASTIQUE. V. EMPHRACTIQUE au D.

EMPLÂTRER, v. a., quelqu'un ; au propre, lui appliquer un emplâtre ; au fig. et populairement, on emplâtre une personne, ou l'on s'emplâtre soi-même, par union avec quelqu'un qui n'est qu'un emplâtre, qui n'est bon à rien.

EMPLI. s. m. Ce qu'on a rempli de formes pour une nuit dans les raffineries de sucre : Voilà l'empli de ce matin. Lieu où l'on dépose et reprend les formes pour faire un empli.

EMPLURE. s. f. Garniture de premier-vélin que les batteurs d'or mettent au bout de leur outil, pour ménager la feuille.

EMPOIGNEUR. s. m. Celui qui empoigne quelqu'un, qui l'arrête. T. de plaisanterie.

EMPOINTEUR. s. m. Ouvrier qui empointe les épingles, etc., qui en forme et en aiguise la pointe.

EMPOTER. v. a. Mettre en pot, spécialement de petites plantes, des fleurs. L'opposé est dépoter.

ENCÂBLURE. s. f. mar. Longueur du câble, 120 brasses ou 100 toises. Les marins estiment par encâblures les distances moyennes.

ENCANTRER, v. a., la chaîne, passer les canons dans le cantre pour ourdir. Fabr.

ENCAPELÉ, E. adj. mar. Arrêté, attaché. Voy. ci-devant CAPELÉ.

ENCAPPER. v. n. mar. Avancer entre deux caps. Un navire encappé.

ENCAQUEUR. s. m. Celui qui encaque les harengs, qui les met en caque.

ENCASSURE. s. f. Entaille au lissoir de derrière, et à la sellette de devant pour placer les essieux. T. de charron.

ENCASTER. v. a. Disposer en château, c'est-à-dire les unes sur les autres, les pièces de porcelaine à enfourner dans les gazettes, et cela de manière que celles de dessus ne déforment pas celles de dessous. T. de faïence.

ENCASTILLEMENT. s. m. Voy. ENCASTREMENT au Dict.

ENCAVEUR. s. m. Celui qui encave, spécialement du vin.

ENCAVURE. s. f. méd. Ulcère profond à la cornée.

ENCÉPHALIQUE. adj. med. Qui est dans la tête. Tumeur encéphalique.

ENCÉPHALITE. s. f. méd. Inflammation du cerveau.

ENCHAPER, v. a., un baril de poudre à canon, le mettre dans une chape ou autre enveloppe pour le garantir.

ENCHARNER. v. a. t. de layetier. Faire tenir le couvercle par une charnière de fil de fer ou d'autre matière.

ENCHAUX. s. m. Vase rempli de chaux détrempée. T. de maçonn.

ENCHENOTS. s. m. pl. Rigoles en bois.

ENCHEVALEMENT. s. m. Combinaison d'étaies pour reprendre une maison en sous-œuvre. T. de charp.

ENCLIQUETAGE. s. m. horlog. Action d'encliqueter, d'engager le cliquet dans les dents du rochet ; mécanisme pour forcer une roue à ne tourner que dans un sens.

ENCLOÎTRER, v. a., une personne, la mettre dans un cloître, ou comme dans un cloître, l'isoler. Une personne peut être encloîtrée sans être cloîtrée, c'est-à-dire assujettie à la règle d'un couvent.

ENCLUMETTE. s. f. Petite enclume du metteur en œuvre ; outil de boisselier.

ENCOCHEMENT. s. m. Action d'encocher. Voy. ENCOCHER au Dict.

ENCOCHURE. s. f. Endroit au bout de chaque vergue, où l'on arrête les bouts des voiles. T. de mar.

ENCOLLAGE. s. m. Action d'encoller, de couvrir d'une couche de colle, de gomme ; matière dont on se sert pour cet enduit.

ENCOQUER, v. a., une vergue, y faire passer l'anneau d'un cordage pour l'y attacher. L'encoqure est l'entrée de la vergue dans l'anneau.

ENCOULOIR. s. m. Pièce de bois fendue où passe l'étoffe à mesure qu'on la tisse. Fabr.

ENCROÛTER, v. a., un mur, le couvrir d'un enduit. S'encroûter, se couvrir d'une croûte ; fig., être encroûté de préjugés. T. familier.

ENCULASSER, v. a., un canon de fusil, de pistolet, y mettre la culasse.

ENCUVEMENT. s. m. Action d'encuver, de mettre en cuve.

ENDÉCAGONE. adj. et s. m. géom. Figure à onze angles. V. HENDÉCAGONE au D.

ENDENTE, s. f., ou ENDENTS, s. m. pl. Liaison de deux pièces de bois par des dents qui entrent de l'une dans l'autre. T. de charp.

ENDENTEMENT. s. m. Action d'endenter, de garnir de dents une roue, des bois, etc. Pièces assemblées par ces dents. On a dit aussi endentures, mais pour les actes en chartes-parties, coupées en dentelures ou zig-zag.

ENDOS. s. m. t. de comm. Le mot s'emploie quelquefois mal à propos pour endossement ; c'est l'ensemble de ce qui est écrit au dos, par conséquent des endosseurs. L'endos du billet est bon, est une bonne garantie.

ENDRACH. s. m. (On pron. drac.) Gros arbre de Madagascar, espèce de bois de fer, dur, pesant, et presque incorruptible.

ÉNÉLÉUM. s. m. pharm. (pron. ome bref.) Mélange de vin et d'huile rosat.

ÉNERVE. adj. bot. Feuilles énerves, sans nervures.

ENFILEUR. s. m. Celui qui enfile, qui est chargé d'enfiler. Fém. enfileuse.

ENFONÇAGE. s. m. Action de mettre les fonds au tonneau. Voy. ENFONÇURE au D.

ENFONÇOIR. s. m. Pilon pour enfoncer et battre les peaux, dans la mégisserie.

ENFOUISSEMENT. s. m. Action d'enfouir ; ce qui a été enfoui.

ENFOUISSEUR. s. m. Celui qui enfouit ; fém., enfouisseuse.

ENFOURCHI, E. adj. Qui fait la fourche.

ENFOURCHURE. s. f. vén. Fourches au bois d'un cerf. — manég. Partie du corps humain entre cuisses, qui porte sur le cheval.

ENFOURNEMENT. s. m. Action d'enfourner ; mise en formes, en creusets, de la matière destinée à la fabrication du verre.

ENFOURNEUR. s. m. Celui qui enfourne. Voy. ENFOURNER au Dict.

ENFRAYURE. s. f. Action d'enfrayer, de mettre en train des cardes neuves ; première laine sortie de ces cardes.

ENGAÎNANT, E. adj. bot. Feuilles engaînantes, dont la base embrasse la tige. Ce mot vaut mieux que caulicole.

ENGAÎNÉ, E. part. pas. bot. Tiges engaînées, enveloppées de membranes.

ENGALLAGE. s. m. Action d'engaller, de teindre à la noix de galle. T. de teint.

ENGARRE. s. f. Long filet plombé et traîné par des bateaux.

ENGAVER. v. a. Du vieux verbe gaver. Il se dit du pigeon qui donne à manger à ses petits ; et, par analogie, de ceux qui font manger les jeunes oiseaux.

ENGLUEMENT. s. m. Emplâtre gluant fait pour être appliqué sur la plaie d'un arbre malade ou entamé.

ENGONCEMENT. s. m. État d'une personne engoncée, trop peu dégagée dans ses vêtements.

ENGOULE-VENT. s. m. Ordre d'oiseaux volant le bec ouvert, et avalant des insectes en passant.

ENGRAISSAGE. s. m. Action d'engraisser. Voy. ENGRAISSEMENT au Dict.

ENHARNACHEMENT. s. m. (h aspiré.) Action d'enharnacher ; diverses pièces de harnois.

ENHUCHÉ, E. adj. (h s'aspire.) mar. Vaisseau enhuché, juché haut sur l'eau.

ENHYDRE. s. f. Serpent d'eau ; géodes enchâssés en pierre à bague.

ENJABLER. v. a. Mettre le fond du tonneau dans les jables ou rainures des douves.

ENJALER, v. a. mar., une ancre, y mettre les jas.

ENLAÇURE. s. f. Cheville traversant une mortaise et un tenon, pour lier deux pièces de bois assemblées.

ENLAIDISSEMENT. s. m. Action d'enlaidir ; état de ce qui est enlaidi.

ENLIGNEMENT. s. m. Action d'enligner ; état de ce qui est enligné. On dit mieux alignement.

ENNÉACONTAÈDRE. adj. et s. m. Cristaux à 90 faces.

ENNÉACORDE. s. m. Instrument de musique à 9 cordes.

ENNÉANDRIE. s. f. bot. Classe de plantes dont les fleurs ont 9 étamines.

ENNÉAPÉTALE. adj. et subst. bot. Fleurs à 9 pétales, ou feuilles.

ÉNODÉ, E. adj. bot. Tige énodée, sans nœuds. On dit aussi énoué, qui est plus dans l'analogie de nouer, dénouer.

ENRAYEMENT. s. m. Action d'enrayer. Voy. ENRAYER au Dict.

ENRÊNOIRE. s. f. Pièce de bois ou de fer pour enrêner, ou recevoir le bout des rênes, et les retenir.

ENRHUNER, v. a., les têtes d'épingles, les mettre au bout des fils de laiton.

ENROCHEMENT. s. m. Fondation en quartiers de roche liés entre eux, pour servir de base à une construction sur un sol mobile. *T. de ponts et chaussées.*

ENRÔLEUR. s. m. Celui qui enrôle, qui est chargé d'enrôler.

ENRUBANER. v. a. Charger, surcharger de rubans. Il suppose une affectation, ou un défaut de goût. *Fam.*

ENSACHEUR. s. m. Celui qui met en sac, dans les sacs.

ENSADE. s. m. Figuier de l'Inde et de l'Éthiopie, dont l'écorce est propre à faire des étoffes.

ENSAFRANER, v. a., une étoffe, la teindre au safran.

ENSEMENCEMENT. s. m. Action d'ensemencer.

ENSEUILLEMENT. s. m. *archit.* Pose d'un seuil, d'un appui à une certaine hauteur. Cette fenêtre a cinq pieds d'enseuillement.

ENSEVELISSEUR, EUSE. subst. Celui ou celle qui ensevelit les morts, les enveloppe pour être déposées dans le cercueil.

ENSIFORME. adj. *bot.* Feuilles ensiformes, en forme d'épée.

ENSIMAGE. s. m. Action d'*ensimer* une étoffe, de la graisser. *Voy.* ENSIMER au Dict.

ENSOUAILLE. s. f. Corde qui retient le bout de la crosse du gouvernail d'un bateau foncet.

ENSOUFROIR. s. m. Lieu où l'on passe les étoffes blanches à la vapeur du soufre.

ENSOUPLE. s. f. *Voy.* ci-après ENSUPLE.

ENSOUPLEAU. s. m. Petite ensuple; cylindre sur lequel on roule la toile tissue.

ENSOYER, v. a., du fil de cordonnier, le garnir d'une soie de sanglier, pour mieux enfiler les trous de l'alêne.

ENSUIFER. v. a. Frotter, enduire de suif.

ENSUPLE, ENSUBLE, ENSOUPLE, ENSELLE. s. f. Rouleau aux deux bouts du métier, pour dérouler la chaîne, et rouler la tissu.

ENTACAGE. s. m. Baguettes placées en long sur l'ensuple de devant, pour empêcher le frottement de faner le velours. On dit aussi *entachage.*

ENTAILLOIR. s. m. Outil à faire des entailles; dans divers métiers.

ENTELLE. s. f. Guenon du Malabar, à longue queue, et tirant sur le jaune paille.

ENTEMENT. s. m. Action d'enter les arbres; appareil qu'on y joint.

ENTÉRADÈNES. s. f. pl. *anat.* Glandes intestinales.

ENTÉRALGIE ou ENTÉRITE, ENTÉRITIS. s. f. Douleur d'entrailles.

ENTÉRO... forme beaucoup de composés relatifs aux maladies des intestins.

ENTERRAGE. s. m. Massif de terre autour du moule de fondeur.

ENTOIR. s. m. Couteau de jardinier, propre à enter.

ENTOISER, v. a., des pierres, les ranger en carrés pour être toisées.

ENTOMOLOGIE. s. f. Partie de la zoologie , qui traite des insectes.

ENTOMOLOGISTE. s. m. Celui qui connoît les insectes, ou en donne un traité.

ENTOMOZOOLOGIE. s. f. Mot hasardé pour désigner un traité, comprenant les cinq classes d'animaux qu'on a nommés entomozoaires : Insectes, crustacés, arachnides, vers intestinaux, et annélides.

ENTONNEMENT. s. m. Action d'entonner un liquide, de le mettre en tonneau.

ENTONNERIE. s. f. Emplacement au-dessous des cuves de brasseurs, où l'on met les tonneaux pour recevoir la bierre qu'on en tire.

ENTOURAGE. s. m. Ce qui entoure, qui est placé pour entourer une chose principale, comme une pierre fine, un diamant, et même un personnage.

ENTR'ACCORDER (s') S'accorder entre soi, l'un avec l'autre. *Peu usité.* On dit simplement *s'accorder.* Ces personnes ou ces choses s'accordent bien ou s'accordent mal.

ENTR'ADMIRER (s'). S'admirer l'un l'autre, ou les uns les autres.

ENTRAIT. s. m. Pièce de bois qui traverse et lie deux parties opposées d'une toiture.

ENTRAVON. s. m. Partie des entraves qui touche au paturon du cheval.

ENTRE-BANDES ou ENTRE-BATTES. s. f. pl. Bandes d'une autre façon aux bouts de chaque pièce d'étoffe.

ENTRE-BAS. s. m. Distance inégale des fils de la chaîne entre eux.

ENTRE-BATTRE (s'). v. récipr. Se battre l'un l'autre, ou plutôt les uns les autres. Entre ne se joint au verbe que pour faire ressortir la force du nombre. Il peut se joindre à tous les verbes datifs ou accusatifs, et former des verbes réciproques, sans en changer autrement la valeur.

ENTRE-COUPE. s. f. *archit.* Intervalle vide entre deux voûtes placées l'une au-dessus de l'autre.

ENTRE-MODILLON. s. m. *archit.* Espace entre deux modillons.

ENTRE-NERFS. s. m. pl. Espace au dos des livres entre les ficelles de la reliure.

ENTRE-NOEUDS. s. m. *bot.* Espace entre deux nœuds de la tige.

ENTRE-PILASTRE. s. m. *archit.* Espace entre deux pilastres.

ENTRE-POINTILLÉ, E. adj. et s. m. Gravure entre-pointillée, mêlée de tailles et de pointillés.

ENTRE-PONT. s. m. *mar.* Espace, étage entre deux ponts d'un vaisseau.

ENTRE-SABORDS. s. m. pl. *mar.* Bordages entre les ouvertures des sabords d'un vaisseau.

ENTRETENEUR. s. m. Celui qui entretient une femme. Toujours pris en mauvaise part.

ENTRE-VOÛTER. v. a. *archit.* Garnir de plâtre l'entre-deux des solives.

ÉNUCLÉATION. s. f. *pharm.* Action de retirer d'un fruit son amande ou son noyau.

ÉNUMÉRATEUR. s. m. Celui qui fait une énumération.

ÉNURÉSIE. s. f. *méd.* Écoulement involontaire des urines.

ENVAHISSEUR. s. m. Celui qui envahit, qui se plaît à envahir.

ENVASEMENT. s. m. *mar.* Grand amas de vase sur une côte.

ENVÉLIOTER, v. a., du foin, le mettre par petits tas appelés *véliotes.*

ENVELOPPEMENT. s. m. Action d'envelopper; état de ce qui est enveloppé.

ENVERGEURE. s. f. (On pron. *ju.*) Action d'enverger; ce dont on se sert pour enverger; manière dont le travail est fait.

ENVERSER, v. a., une étoffe, la façonner en l'étirant.

ENVINÉ, E. adj. On dit qu'un tonneau est enviné quand il y a eu du vin, ou qu'on en a passé dedans pour lui donner goût; il se dit aussi d'une personne qui a bu trop de vin.

ÉPAGOMÈNES. adj. et s. m. pl. Les cinq jours complémentaires ajoutés par les Égyptiens à leurs douze mois de trente jours, pour former leur année.

ÉPAILLER, v. a., l'or, en enlever avec l'échoppe les paillettes salies à la fonte ou à la forge.

ÉPANCHOIR. s. m. Ouverture, enfoncement pour faire épancher l'eau d'un canal, etc.

ÉPANNELER, v. a., un bloc de marbre, le couper à pans avant de le travailler.

ÉPATEMENT. s. m. Angles des haubans avec leurs mâts. Distance entre les haubans et les mâts prise par le pied.

ÉPAUFRURE. s. f. Éclat de pierre enlevé par maladresse au bord du parement.

ÉPENTHÈSE. s. f. *gram.* Insertion d'une lettre dans le corps d'un mot. (On pron. *épin.*)

ÉPERONNIER. s. m. Espèce de paons de la Chine, à deux ergots ou éperons, et d'un beau plumage. *Voy.* ÉPERONNIER au Dict.

ÉPHORES. s. m. pl. Magistrats qui contrebalançoient à Sparte l'autorité royale.

ÉPIERREMENT. s. m. Action d'épierrer, d'ôter les pierres d'une terre, d'un jardin; pierres ainsi enlevées.

ÉPIGASTROCÈLE. s. f. Hernie épigastrique. *T. de méd.*

ÉPIGÉNÉSIE. s. f. Doctrine de la croissance des corps par juxta-position. — *méd.* Succession d'un symptôme à un autre.

ÉPIGLOTTIQUE. adj. *anat.* Qui a rapport à l'épiglotte.

ÉPIGYNE. adj. *bot.* Il se dit des étamines, des pétales, etc., *insérés sur le pistil ou sur l'ovaire de la fleur.*

ÉPIGYNIE. s. f., ou GYNANDRIE. Disposition des étamines, des pétales, etc., sur le pistil. *T. de bot.*

ÉPILLET ou ÉPILET. s. m. *bot.* Petit épi, qui n'est qu'une partie du grand épi des graminées (On pron. *ll* mouillés.)

ÉPILOBIENNES. adj. et s. f. pl. *bot.* Plantes à fleurs rosacées, famille des épilobes, d'où leur est venu leur nom.

ÉPILOGAGE. s. m. Action d'épilogner; propos d'épilogueur.

ÉPIMÈDE. s. f. Plante cultivée dans les jardins sous le nom de chapeau d'évêque.

ÉPINCER, ÉPINCELER, ÉPINCETER. v. a. Nettoyer les draps avec l'épincette ; en ôter les nœuds, pailles, bourrats, etc.

ÉPINGLER, v. a., une dentelle, l'attacher avec des épingles à chaque maille du bord. — *t. de cartier.* Passer les épingles dans les étresses.

ÉPINGLETTE. s. f. Sorte d'épingle pour percer les gargousses, nettoyer la lumière du fusil, faire entrer la poudre dans la lumière du canon, etc.

ÉPIPAROXISME. s. m. Paroxisme plus fréquent qu'auparavant. *T. de méd.*

ÉPIPÉTALE. adj. *bot.* Étamines épipétales, qui adhèrent aux pétales.

ÉPISSIÈRE. s. f. *manég.* Filet étendu sur un cheval pour le garantir des mouches.

ÉPISSOIR. s. m. Poinçon de cordier pour épisser les cordages.

ÉPISSURE. s. f. Action d'épisser; entrelacement des cordes épissées.

ÉPISTAPHYLIN. adj. et s. m. Nom de plusieurs muscles de la luette. *T. d'anat.*

ÉPISTER. v. a. *pharm.* Réduire une substance en pâte avec le pilon.

ÉPIT. s. m. Manche d'une pelle de salines.

ÉPITE. s. f. *mar.* Coin de bois introduit dans une cheville pour la grossir.

ÉPITOIR. s. m. *mar.* Outil pour faire entrer l'épite dans la cheville.

ÉPIZOAIRES. s. m. pl. Animaux *sans vertèbres. T. d'hist. nat.*

ÉPLAIGNER, ÉPLAIGNEUR. *Voy.* ci-devant APLANER, APLAIGNER.

ÉPLUCHAGE. s. m., écrit pour épeluchage. Action d'épelucher; ce que l'on a épeluché.

ÉPOINTILLER. v. a. *Voyez* ci-dessus ÉPINCER.

ÉPOINTURE. s. f. Maladie des chevaux ou des chiens épointés, déhanchés.

ÉPONGIER. s. m. Dans La Fontaine, ce mot signifie chargé d'éponges. Il peut se dire aussi, par analogie, de celui qui apprête ou vend des éponges.

ÉPONTE. s. f. Enveloppe d'un filon de minéral. *T. d'hist. nat.*

ÉPONTILLAGE. s. m. *mar.* Action d'épontiller, de garnir un vaisseau d'épontilles ou pièces de bois pour soutenir les ponts; assemblage et emploi des épontilles.

ÉPOULARDAGE. s. m. Séparation des feuilles de tabac, selon les qualités.

ÉPOULLE. s. f. Fil de la trame dévidé par l'épouleur sur l'époullin, ou roseau qui se met dans la navette. Au lieu d'époullin, on dit aussi épolet, épulet; c'est la même chose que la canette.

ÉPOUSSETOIR. s. m. Pinceau de poil très-doux pour nettoyer le diamant de sa poussière avant de le mettre en œuvre.

ÉPOUTI. s. m. Petite ordure dans les étoffes de laine.

ÉPOUTIER. v. a. *Voy.* ci-dessus ÉPOINTILLER, ÉPLAIGNER, APLAIGNER et APLAIGNEUR. (On pron. *tié* diphth.)

ÉPOUTIEUSE. s. f. Celle qui nettoie l'étoffe, en ôte les épouts.

EPSOM. s. m. *pharm.* Sel d'epsom ou epsum. (On pron. *ome* bref.) Combinaison d'acide vitriolique et de magnésie.

ÉPUCHE, ÉPUCHETTE. s. f. Pelle pour enlever la poussière de tourbe brisée.

ÉPUISETTE. s. f. Petit filet pour prendre dans une volière un oiseau qui s'effarouche.

ÉPUISE-VOLANTE. s. f. Moulin-à-vent dont on se sert pour nager une fondrière.

ÉPURATION. s. f. Action d'épurer une substance en extrayant les matières hétérogènes; action de s'épurer. Il est des épurations qui se font par un laps de temps. Au *fig.*, il se fait des épurations, par ext., dans une société qui ne veut pas souffrir d'opposition.

ÉPUREMENT. s. m. Action matérielle d'épurer des substances physiques, sans acception figurée. C'est de l'épurement que

naît l'épuration, qui marque alors l'état de la chose épurée.

ÉQUANIMITÉ. s. f. Constante égalité d'âme; preuve de force dans des situations où il est difficile de ne pas s'irriter. (On pron. *coua* diphth.)

ÉQUARRISSEUR. s. m. Dit pour *écorrisseur.* Celui qui écorche les chevaux morts, les vieux chevaux qu'on lui fait tuer, et qui les dépèce.

ÉQUARRISSOIR. s. m. Poinçon trempé; espèce de carrelet d'horloger, pour percer ou agrandir les trous.

ÉQUATORIAL, E. adj. (*u* se pron. *ou* en diphthongue avec l'*a.*) Qui appartient à l'équateur; et par extension, à la zone torride. Il se dit surtout en botanique. Les productions équatoriales, la végétation équatoriale. On évite le masculin pluriel *équatoriaux.*

ÉQUATORIAL. s. m., est un instrument d'astronomie pour suivre le mouvement diurne des astres.

ÉQUIAXE. adj. *géom.* (*u* se pron. en diphthongue avec l'*i.*) Dont les axes sont égaux.

ÉQUICRURAL, E. adj. *Voyez* ISOCÈLE au Diction.

ÉQUILBOQUET. s. m. Instrument à mesurer les calibres des mortaises.

ÉQUILLETTE ou ÉQUINETTE. s. f. *mar.* Il se dit de deux morceaux de bois mis au haut et au bas de la girouette pour la soutenir. (On pron. *ll* mouillés.)

ÉQUIPE. s. f. Train de bateaux attachés l'un à l'autre, sur les rivières.

ÉQUIPET. s. m. *mar.* Barricade pour contenir les effets que pourroit déranger le roulis.

ÉQUIPONDÉRANCE. s. f. *phys.* (On pron. *cui* diphth.) Égalité de tendance entre des corps vers un centre commun.

ÉQUIVALVE. adj. *hist. nat.* (On pron. *cui* dipht.) Mollusques à *valves égales.*

ÉQUIVOQUER. v. n. User d'équivoque. Il cherche à équivoquer. *Fam.*

ERGO. s. m. Mot latin signifiant *donc*; il a passé des écoles dans le langage commun, où il prend un petit air comique. Vous n'avez pas réussi, *ergo* vous avez tort. *Voy.* ERGO-GLU au Dict.

ERGOTERIE. s. f. Mauvais raisonnement, chicane sur des riens. Manie de pointiller; ce que l'on rend aussi par ergotisme. *Terme de scol.*

ÉRICACÉES. adj. et s. f. pl. *bot.* Plantes composant la famille des bruyères. On dit aussi éricinées.

ÉRICOIDES. adj. et s. f. pl. *bot.* Plantes de la nature des bruyères, ou qui en tiennent. (On pron. *co-i.*)

ÉRIGONE. s. f. *astron.* Constellation de la Vierge.

ÉRIOCAULON. s. m. Jolie petite plante des marais du nord de l'Amérique, dont la tige anguleuse se couvre d'une laine noire et luisante.

ÉRIOPILA. s. m. Arbre de Surinam, à fruits sphériques, et hérissés de poils très-serrés.

ERMINETTE. s. f. Espèce de hache qui sert à planer et à doler les douves.

ÉRODÉ, E. adj. *bot.* Feuille érodée, à dentelures inégalement profondes.

ERPÉTOGRAPHIE. s. f. *Voy.* ci-après HERPÉTOGRAPHIE.

ESCACHE. s. f. Mors de cheval, de forme ovale. *T. de manége.*

ESCADRILLE. s. f. *mar.* Petite escadre.

ESCALADON. s. m. Petit moulin à dévider la soie.

ESCAMOTAGE. s. m. Action d'escamoter.

ESCAMOTE. s. f. Petite boule de liége pour les tours de gobelets.

ESCARBILLES. s. f. pl. Morceaux de braise éteinte (*ll* mouillés).

ESCAROLE. s. f. Plante potagère, espèce de chicorée.

ESCARPINE. s. f. *mar.* Ancienne arquebuse, dont on se servoit dans les galères.

ESCOBARDER. v. n. User dans son langage d'escobarderies, de réticences, à l'imitation du jésuite Escobar.

ESCOBARDERIE. s. f. Langage à double entente, pour tromper, induire en erreur.

ESCOPE, ÉCOPE, ESCOUPE. s. f. ESCOUP. s. m. *mar.* Sorte de pelle plus ou moins creuse pour rejeter l'eau d'un navire.

ESCOPERCHE. s. f. Gruau supportant une pièce de bois avec poulie, pour élever des fardeaux.

ESPADER. v. a., du chanvre, le battre sur le chevalet avec l'*espade,* palette pour en ôter les brins de chènevottes qui peuvent y être restés.

ESPADOT. s. m. Perche à crochet pour atteindre le poisson au fond de l'eau.

ESPALEMENT. s. m. Vérification du jaugeage aux barrières; celle des mesures neuves comparées avec l'étalon.

ESPARCEITE. s. f. L'un des noms du sain-foin dans quelques contrées.

ESPINGOLE. s. f. Espèce du fusil de cavalerie, à canon court et large, qu'on charge de plusieurs balles à la fois.

ESPOLE, ESPOLIN, ESPOLEUR. *Voy.* ci-dessus ÉPOULLE, ÉPOULLIN, ÉPOULLEUR.

ESQUIVE. s. f. Terre dont on couvre les pains de sucre dans les raffineries.

ESSAIMAGE. s. m. Action de donner un essaim, en parlant d'une ruche, des abeilles; temps où elles donnent des essaims.

ESSALER. v. a. *salines.* Enduire la poêle de matière gluante.

ESSANDOLES. s. f. pl. Sortes d'ais à couvrir les maisons. On se sert plus souvent d'échandole.

ESSART. s. m. Terrain essarté. *Voy.* ESSARTER au Dict.

ESSAUGUE ou ESSAUGE. s. m. Filet formant une bourse au milieu et deux ailes sur les côtés.

ESSAYERIE. s. f. Lieu des monnoies destiné à l'essai de l'or, etc.

ESSEAU. s. m. Ais plus petit que l'essandole, pour couvrir les maisons. Sorte de hache recourbée.

ESSERET. s. m. Grosse vrille de charron.

ESSOUCHER. v. a., un bois, y arracher les souches des arbres anciennement coupés.

ESSOUFFLEMENT. s. m. Action d'essouffler ou de s'essouffler; état de la personne essoufflée.

ESTAMPEUR. s. m. Celui qui estampe; pilon de raffinerie pour estamper les formes.

ESTASES. s. f. pl. Deux pièces d'un métier de soierie, où sont fixés les 4 pieds.

EST-EST-NORD. s. m. Point de l'horizon entre l'est et le nord-est; vent qui en vient. *Voy.* Nord-est.

ESTHÉTIQUE. s. f. Théorie nouvelle des beaux-arts déduite de la nature du goût.

ESTIVAL, E. adj. *bot.* Plante estivale, qui naît on qui produit en été.

ESTOUFFADE. s. f. Mets accommodé dans un vase bien fermé. *Vieux.* On dit, un mets à l'étouffée.

ESTOUPIN. s. m. Pelotte d'étoupes pour bourrer le canon.

ESTRAPER, ESTRAPOIRE. *Voy.* Étraper ou Diction.

ESTRIGUE. s. f. Fourneau pour recuire les glaces.

EST-SUD-EST. s m. Point de l'horizon entre l'est et le sud-est; vent qui en a la direction. *Voy.* Sud-est-est.

ÉTAGÈRES. s. f. pl. Pour tablettes étagères. Tablettes rangées par étages.

ÉTALAGISTE. s. m. Marchand qui étale ses marchandises dans les places ou marchés. Il s'oppose aux marchands en boutique.

ÉTALEUR. s. m. Celui qui étale. C'est un travail, un emploi même, et non une profession comme celle de l'étalagiste.

ÉTALIÈRES. s. f. pl. Filet tendu circulairement sur des perches. *T. de pêche.*

ÉTALIERS. s. m. pl. Pieux pour étendre des filets. Épines rangées autour d'un champ pour en défendre l'entrée.

ÉTAMINÉ, E. adj. *bot.* fleur étaminée, qui a des étamines.

ÉTAMINEUX, EUSE. adj. *bot* Plantes à fleurs munies d'étamines sans pétales.

ÉTAMOIR. s. m. Vase propre à préparer l'étamure, la soudure, etc.

ÉTAMPE. s. f. Outil propre à *étamper*, à comprimer.

ÉTAMPURE. s. f. Trous faits avec l'étampe au fer-à-cheval pour recevoir les clous.

ÉTANCHOIR. s. m. Couteau de tonneliers pour enfoncer les étoupes entre les douves qui laissent couler un liquide.

ÉTANGUE ou **ÉTANQUE.** s. f. Grandes tenailles des monnoyeurs pour tenir les flans qu'on va battre.

ÉTENDELLE. s. f. Division d'un bloc d'ardoise.

ÉTENDEUR. s. m. Celui qui étend une chose ou une autre.

ÉTERNUEUR, EUSE. subst. Celui ou celle qui éternue souvent, sans cesse. C'est un éternueur sempiternel.

ÉTIOLEMENT. s. m. État, maladie de plantes étiolées.

ÉTIRE. s. f. Instrument de corroyeurs pour. étirer les bois.

ÉTIRER, v. a., une étoffe, etc., la tirer à droit fil. On étire le fer battu à chaud en le faisant céder en long, en large.

ÉTOUFFADE. s. f. *Voy.* ci-dessus Estouffade.

ÉTOUPAGE. s. m. Reste de l'étoffe d'un chapeau, qui sert à réparer les parties foibles. *T. de chap.*

ÉTOUPERIE. s. f. Grosse toile d'étoupe.

ÉTOUPIÈRES. s. f. pl. Revendeuses de vieux cordages mis en étoupes. *T. de port.*

ÉTOUPILLE. s. f. Mèche d'artillerie et d'artifices, en coton filé, imbibée d'eau-de-vie et roulée dans la poudre, pour mettre le feu. *Art milit. et pyrotech.*

ÉTOUPILLER. v. a. Garnir les étoupilles, ou en garnir les artifices.

ÉTOUPIN. s. m. *mar.* Peloton de fil de caret en étoupe, pour bourrer le canon. *V.* ci-dessus Estoupin.

ÉTOUTEAU s. m. Cheville placée à la roue d'une pendule pour régler la sonnerie.

ÉTRAMÉES ou **TRAMÉES.** s. f. pl. Toiles d'étoupe de Picardie.

ÉTRAQUER, v. a., une pièce de gibier, en suivre les traces à la piste sur la neige jusqu'à son gîte. *T. de vén.*

ÉTREIGNOIR. s. m. Deux languettes de bois jointes par des chevilles pour resserrer un ouvrage. *T. de menuis.*

ÉTRESSE. s. f. Papier à carte composé de deux feuilles étroitement collées, de manière à n'en faire qu'une.

ÉTRIÈRE. s. f. Courroie qui sert à tenir et à faire monter ou descendre l'étrier.

ÉTROPE. s. f. *mar.* Corde à laquelle est suspendu la mouffle. On dit aussi *herse de poulie.*

ÉTRUSQUES. s. m. pl. Anciens peuples de l'Étrurie, auxquels on a fait honneur des monumens de l'ancienne Grèce dans la Campanie, quoique l'Étrurie n'en ait offert aucun. Ainsi les vases étrusques, le style étrusque, sont des aux colonies grecques, fixées au sud de l'Italie.

ÉTUAILLES. s. f. pl. Magasin des salines pour le dépôt du sel cristallisé.

EUCLASE. s. f. Pierre gemme du Pérou qui a de l'éclat, mais qui est facile à briser.

EUCRYPHIE. s. f. *bot.* Bel arbre du Chili, à bois rouge et comme incorruptible.

EUDIOMÈTRE. s. m. *phys.* Instrument récent propre à mesurer la pureté de l'air, par son mélange avec du gaz nitreux.

EUDIOMÉTRIE. s. f. Art de connoître la pureté de l'air, par la quantité d'oxygène qu'il contient.

EUPHORBIACÉES. s. f. pl. Famille des euphorbes. *T. de bot.*

EURUS. s. m. Mot grec transmis par les Latins, et désignant le vent d'est au solstice d'été. On l'emploie volontiers en françois, surtout en traduisant. C'est à tort qu'on lui a fait signifier le vent du midi; par son étymologie, il veut dire bon vent; et certes, soit pour les Grecs, soit pour les Romains, le vent brûlant d'Afrique n'étoit pas le bon. Aussi rendoient-ils ce dernier par le nom d'*auster*; et l'orient équinoxial étoit le *solanus*.

EUSÉMIE. s. f. *méd.* Réunion de symptômes favorables dans une maladie.

EUSTACHE. s. m. (On pron. *usta.*) Couteau à manche de bois, de couleur noire, où la lame ne tient que par un clou, sans aucun ressort. Il a pris le nom du coutelier qui lui donna cette forme, et en eut un grand débit à cause du bas prix.

ÉVALVE. adj. *bot.* Péricarpe évalve ou indéhiscent, sans valve, qui ne s'ouvre pas.

ÉVASURE. s. f. Forme de l'ouverture d'un vase, d'un tuyau; manière dont le travail est fait, dirigé, exécuté.

ÉVEILLURE. s. f. Porosité des meules de moulin, qui rend la surface inégale et les meules plus mordantes. *T. de meun.*

ÉVENTAILLIER. s. m. Colporteur d'éventails.

ÉVENTE. s. f. Caisse à compartimens des chandeliers, épiciers, etc., pour l'étalage.

ÉVENTEMENT. s. m. Action d'éventer.

ÉVENTILLER (s'). v. pron. Il se dit des oiseaux, des canards, etc, qui battent des ailes pour s'égayer.

ÉVENTUALITÉ. s. f. Qualité de ce qui est éventual.

ÉVENTURE. s. f. Fente à un canon de fusil. *T. d'armurier.*

ÉVERSIF, IVE. adj. Qui renverse, détruit. Il ne s'emploie qu'avec un régime par *de* : Les principes d'Escobar sont éversifs de toute morale.

ÉVEUX. adj. m. Terrain éveux, qui prend et retient l'eau, devient boueux.

ÉVIDOIR. s. m. Outil pour *évider* un intérieur en creux, en ventre.

ÉVOLUER. v. n. *mar.* Faire des évolutions de vaisseaux en diverses directions, avec manœuvres, changement d'ordre et de position.

ÉVONYMOÏDE. s. m. Arbrisseau grimpant du Canada, qui serre, jusqu'à les étouffer, les arbres auxquels il s'attache. (On pron. *mo-ï*).

ÉVULSION. s. f. *chir.* Action d'arracher, mode d'opération. Il y a eu évulsion de deux dents. Après l'évulsion des squilles.

EXACERBATION. s. f. Augmentation de malignité, manifestée dans les fièvres continues par des symptômes plus alarmans.

EXANTHÉMATEUX, EUSE, ou **EXANTHÉMATIQUE.** adj. Qui tient à l'exanthème, qui en est le produit, la suite, ou qui est de sa nature. *T. de méd.*

EXANTLATION. s. f. *phys.* Extraction d'un fluide par le jeu de la pompe.

EXAUCEMENT. s. m. Action d'exaucer.

EXCARNER, v. a., une peigne, en faire et séparer les dents. *V.* ci-devant Écarner.

EXCELLENTISSIME. adj. Très-excellent. C'est un genre de superlatif à l'italienne, adopté pour quelques adjectifs, comme illustrissime, sérénissime. Celui-ci est familier ou burlesque.

EXCIPIENT. s. m. *pharm.* Substance au moyen de laquelle on peut opérer un mélange, ou faire prendre un médicament.

EXCISION. S. f. *chir.* Action de couper; opération pour retrancher une petite partie d'une autre principale.

EXCITABILITÉ. s. f. Faculté des êtres vivans d'être excités.

EXCITANT. s. m. *méd.* Substance propre à accélérer l'action vitale. Employer les excitans. Il est formé de l'adjectif *excitant, e,* qui s'emploie dans le même sens. C'est une plante excitante. Ce qui est excitant, l'est de sa nature; ce qui est excitatif est préparé.

EXCITATEUR. s. m. *phys.* Tuyau de métal dans l'appareil électrique, pour attirer les étincelles, par la décharge par une chaînette qui communique avec le réservoir.

EXCITEMENT. s. m. *méd.* Action du cerveau reprenant son énergie après le sommeil ou un affaissement.

EXCLAMATIF, IVE. adj. Qui est propre à l'exclamation. Il a un ton exclamatif. C'est une phrase exclamative. On dit quelquefois un point exclamatif; mais on dit plutôt un point d'exclamation.

EXCORTICATION ou DÉCORTICATION. s. f. *pharm.* Action de dépouiller une racine, un rameau, etc., de son écorce ou enveloppe.

EXCUSSION. s. f. *méd.* Secousse envisagée comme dérangeant le cours des fluides, l'action des muscles.

EXÉCRATOIRE. adj. *théol.* Qui profane une chose sacrée ou consacrée.

EXÉCUTABLE. adj. Susceptible d'être exécuté. Ce plan n'est pas exécutable.

EXEQUATUR. s. m. Mot latin marquant l'ordre d'exécuter, et employé dans les tribunaux et les chancelleries d'État, avec le sens de *soit exécuté.* Tel consul a obtenu son exequatur. On a expédié l'exequatur.

EXHALATOIRE. adj. Propre à faire exhaler; par où les exhalaisons peuvent s'échapper.

EXHAUSTION. s. f. *géomét.* Tiré d'un mot latin signifiant *épuisement.* Opération négative par laquelle on prouve l'égalité de deux grandeurs, en démontrant qu'on n'y trouve aucune des plus petites différences assignables.

EXIGIBILITÉ. s. f. Qualité de ce qui est exigible.

EXISTÉE. s. f. *bot.* Sorte de fleur, anémone à peluche.

EXOCYSTE. s. m. *méd.* Renversement de la vessie urinaire.

EXONÉRER. v. a. Affranchir, délivrer d'une chose onéreuse, gênante. Il ne s'emploie guère qu'à l'égard des biens-fonds grevés de rente, servitude, etc., et plutôt au participe.

EXPÉDITEUR. s. m. Celui qui expédie des marchandises.

EXPILATION. s. f. *Voy.* Soustraction au Diction.

EXPIRANT, E. adj. Qui expire, qui est près d'expirer, de rendre le dernier souffle.

EXPLOITEUR. , m. Celui qui exploite, qui est chargé d'une exploitation.

EXPLORATION. s. f. Action d'explorer. — *méd.* Examen attentif d'une maladie, d'une plaie, d'un ulcère, etc., pour en connoître la nature.

EXPLORER, v. a., un pays, une contrée; les parcourir pour en observer les productions, les habitans. Il ne s'emploie plus que dans ce sens-là.

EXPORTATEUR. s. m. Celui qui exporte, qui fait des exportations.

EXPROPRIATION. s. f. Action d'exproprier; acte, procédure faite pour exproprier. En France, l'expropriation est aussi difficile que coûteuse.

EXPROPRIER, v. a., quelqu'un, l'exclure de la propriété, du bien-fonds dont il étoit propriétaire.

EXSANGUIN, E. adj. *méd.* Privé de sang.

EXSICCATION. s. f. *chim.* Action de sécher. *Voy.* Dessication au Dict.

EXSTIPULACÉ, E ou EXSTIPULÉ, E. adj. *bot.* Dépourvu de stipules, sans stipules.

EXTRA-AXILLAIRE. adj. *bot.* Il se dit des fleurs qui naissent *en dehors* et à côté des aisselles des feuilles.

EXTRACTIF, IVE. adj. Qui a la propriété, la force de tirer, d'extraire. La force extractive prépare les extraits. C'est la cause et l'effet. *Voy.* Extractif au Dict.

EXTRACTIF. s. m. *chim.* Partie d'une substance qui s'extrait, ou peut s'extraire.

EXTRACTO-RÉSINEUX , EUSE. adj. et subst. *chim.* De la nature de l'extractif et de la résine.

EXTRA-SÉCULAIRE. adj. Mot peu usité, et avec raison. On lui a fait signifier qui a vécu plus d'un siècle, tandis qu'il voudroit plutôt dire un homme d'un autre siècle, qui n'a pas vécu dans le nôtre.

EXTRAVAGANTES. adj. et s. f. pl. Constitutions ajoutées par la cour de Rome aux canons de l'Église.

EXTREMIS (in). Mots latins admis au palais, et signifiant à l'extrémité de la vie, près de la mort. C'est un acte passé *in extremis,* circonstance qui peut, dans certains cas, influer sur sa validité.

EXULCÉRATIF, IVE. adj. Qui forme, qui produit des ulcères, des exulcérations ou commencemens d'ulcères.

EXUTOIRE. s. f. *méd.* Ulcère artificiel, produit à dessein et comme moyen de détourner une tumeur, de détruire un vice du sang, etc.

F.

F. Son fort de la touche *labio-dentale,* ainsi nommée de ce que la *lèvre* inférieure et les *dents* supérieures contribuent à former le son. Le son foible de cette touche est *v,* qui remplace souvent pour cela le *f,* entre autres, dans le féminin des adjectifs ; vif, *vive* ; neuf, neuve; juif, juive; bref, brève; brief, brièv, etc. F est nul dans chef-d'œuvre, qui se prononce ché-d'œuvre, è bref; et dans clef, qui se prononce et même s'écrit aussi *clé.*

F s'emploie peu seul comme initiale d'un mot abrégé. On écrit cependant en musique F pour *fort,* ou pour l'italien *forte,* opposé de piano (doux); et dans les sermons, etc., M. T. C. F. pour *mes très-chers frères,* et peut-être dans quelques autres expressions. *Voy.* F au Diction.

FACIAL, E. adj. *anat.* Angle facial, formé à la face, par la face; qui appartient à la face.

FACIENDAIRE. s. m. Commissionnaire d'une communauté. *Vieux.*

FAC-SIMILE. s. m. Mots latins signifiant *fais pareil.* Ce fut sans doute une formule adoptée pour recommander au graveur de bien imiter l'écriture d'un auteur; ensuite elle signifia l'imitation exacte des caractères. Les *fac-simile* sont très en vogue. On fait réimprimer peu d'ouvrages anciens sans y joindre, comme pièce importante, un *fac-simile.*

FACTORAGE. s. m. Frais de facteurs; ce qu'on paye aux facteurs ou aux factoreries. Entremise, emploi des facteurs. *T. de comm.*

FACULE. s. f. Point très-brillant et passager sur le disque du soleil; le pendant de *macule* ou tache obscure. *T. d'astr.*

FADASSE. adj. Qui est d'une fadeur repoussante. *Fam.*

FAGOTAILLE. s. f. Menues branches d'une coupe de bois, qui ne sont bonnes qu'à mettre en fagots; bois en fagots, fagots entassés. J'ai acheté toute la fagotaille. *Pop.*

FAGOTINES. s. f. pl. Pacotilles de soies recueillies en petit chez des particuliers, et inégales entre elles.

FAIBLAGE. s. m. *Voy.* ci-après Foiblage.

FAILLES. s. f. pl. *minér.* Interruption des filons, occasionée par des roches souterraines.

FALLOISE. s. f. *mar.* C'est le terme des marins pour désigner le lieu où se couche le soleil. Ce mot vient de *faillir,* manquer.

FAIM-CALLE. s. f., pour *faim-cavalle,* ou de *cheval.* Maladie qui donne aux chevaux échauffés une faim dévorante, aussi appelée *boulimie.* Elle diffère de la *faim-valle,* qui est une épilepsie produite par la faim. *V.* Faim-valle au Diction.

On emploie aussi, à l'égard des personnes qui éprouvent une faim subite avec menace de défaillance, le nom de *faim-calle,* que le peuple dénature en *fringalle.*

FAISSELLE. s. f. Vase à faire les fromages. Ce nom le suppose en osier. On se sert en quelques endroits des mots *faitier, faitière,* du verbe faire.

FAISSER. v. a. Fortifier un ouvrage de vannerie par des *faisses,* ou cordons saillans à plusieurs brins.

FAISSIER. s. m. Vannier qui travaille à de la *faisserie,* ouvrage en forme de faisses, c'est-à-dire non tressé, ou à claire-voie.

FALCIFORME. adj. *anat.* En forme de faux.

FALCIROSTRE. adj. et subst. Oiseau à bec en forme de faux.

FALERNE. s. m. Vin des coteaux de Falerne, en Italie, chanté par les poëtes latius, surtout par Horace, et aujourd'hui inconnu.

FALIN ou FALLIN. s. m. Énorme bouillon d'écume formé par les eaux de la mer. Ce mot paroit venir de *fallin,* tromper, parce que le fallin fait paroitre la mer plus haute ou plus avancée sur la côte qu'elle ne l'est en effet.

FALQUE. s. m. *manège.* Action de falquer, de la part du cheval ; mouvement exécuté en falquant. *Voy.* Falquer au Dict.

FALQUES. *mar.* Petits panneaux en coulisses, pour élever les bords d'un navire.

FALQUÉ, E. adj. *bot.* Il se dit d'une partie plane et recourbée par un bout, en pointe de faux.

FALTRANK. s. m. *Voy.* Vulnéraire au Diction.

FALUNER, v. a., une terre, y répandre du falun pour l'améliorer.

FANATISER, v. a., quelqu'un, le rendre fanatique, le porter ou le disposer au fanatisme. On peut se fanatiser soi-même, devenir fanatique, au propre, en morale; par extension, en politique. Fanatiseur se dit quelquefois de celui qui fanatise, qui cherche à fanatiser les autres, à les porter au fanatisme.

FANDANGO. s. m. Sorte de danse espagnole; air de cette danse. Jouer ou danser un *fandango.*

FANTASMAGORIE. s. f. Illusion d'optique, par laquelle on voit apparoître et grandir ou diminuer, des fantômes, des ombres. Art de produire cet effet; genre de spectacle. On a parfois nommé, au figuré, fantasmagorie politique, la puissance apparente obtenue par les intrigues d'un parti, d'une coterie. Le monde politique est une vraie fantasmagorie. On a dit aussi *fantasmascope*.

FANTASMAGORIQUE. adj. Qui regarde la fantasmagorie, qui lui appartient; *fig.*, variable et de peu de durée; qui n'est pas ce qu'il paroît être. Ce sont des figures fantasmagoriques, des effets fantasmagoriques.

FANTINE. s. f. Partie du chevalet qui sert à tirer la soie de dessus les cocons trempés dans l'eau bouillante pour en détacher les fils.

FANTOCCINI. s. m. pl. (On pron. fantocini, et quelques personnes, un peu à l'italienne, fantochini.) Figures de bois mues par des fils d'archal pour exécuter un jeu théâtral. On va voir les fantoccini; on va aux fantoccini.

FANTON. s. m. Ferrure employée à affermir des tuyaux de cheminée; tringles en bottes.

FARAILLON. s. m. *mar.* Petit banc de sable séparé d'un plus grand par un canal.

FARANDOLE. s. f. Danse vive des Provençaux; *fig.*, faire danser la farandole à quelqu'un, c'est le mener, le poursuivre vivement. Pop.

FARDIER. s. m. Sorte de voiture destinée à transporter, sans les endommager, des pierres taillées, des statues, etc., qui exigent des précautions.

FARINACÉ, E. adj. *bot.* Semblable à de la farine, couvert d'une poussière qui y ressemble.

FARINER. v. a. Saupoudrer de farine.

FARINET. s. m. Sorte de dé à jouer, marqué de points sur une seule face.

FARINIÈRE. s. f. Lieu, vase où l'on serre la farine.

FARRAGE ou FARRAGO. s. m. Mélange de plusieurs sortes de grains, de restans, etc.; ce qui lui suppose peu de valeur. On a fait de tout cela un farrago.

FASCICULE. s. m. *pharm.* Petit faisceau d'herbes, brassée. — *bot.* Disposition de feuilles, etc., par faisceaux.

FASCICULÉ, E. adj. *bot.* Arrangé, disposé en faisceau, divisé par faisceaux.

FASCIÉ, E. adj. Il se dit de certaines coquilles distinguées par des bandes ou cercles qu'on appelle *fasciés*.

FASCIOLE. s. f. Vers intestinaux à corps plat, ovoïdes, d'un brun clair, dont on a découvert un grand nombre d'espèces dans les animaux. *Hist. nat.*

FASQUIER. s. m. *mar.* Pêche aux flambeaux.

FASSURE. s. f. Partie d'une pièce d'étoffe, étendue entre le peigne et l'ensuple. *Il reste quatre fassures à faire pour terminer la pièce.*

FASTIGIÉ, E. adj. Qui se réunit au faîte, en parasol. *V.* CORYMBIFÈRE au Dict.

FAUBERT. s. m. *mar.* Balai de vieux cordages, pour *fauberter*, balayer le vaisseau.

FAUCHARD. s. m. Faucille à long manche.

FAUCHÈRE. s. f. Arceau de bois servant de croupière.

FAUCHON. s. m. Petite faux pour couper le chaume.

FAUDAGE. s. m. Action de *fauder* les étoffes de laine, de plier les pièces en deux, et de joindre ensemble avec de la soie les lisières des deux moitiés. Il se dit du pliage et de la marque.

FAUDET. s. m. Espèce de gril en bois, sur lequel on reçoit chaque partie d'une pièce de drap, à mesure qu'on l'a lainée ou tondue.

FAULDE. s. f. Aire des fosses où l'on fait le charbon.

FAURRADE. s. f. Enceinte de filets tendus pour la pêche. C'est apparemment la même chose qu'on appelle ailleurs *pauvrade*.

FAUSSE-AIRE. s. f. Aire en plâtres, en charbon pilé, etc., sous le carrelage ou le plancher. *T. d'archit.*

FAUSSE-POSITION. s. f. Position peu naturelle. Règle d'arithmétique où l'on opère par un nombre supposé.

FAUSSE-QUINTE. s. f. *musiq.* Quinte diminuée d'un demi-ton. — Au piquet, quinte pour laquelle il ne manque qu'une carte. *V.* QUINTE au Dict.

FAUX-FRÈRE. s. m. *V.* FRÈRE au Dict.

FAUX-PERDRIEUX. s. m. Oiseau de proie qui détruit les perdrix.

FAYARD. s. m. Nom vulgaire du hêtre. C'est de lui qu'est formé le nom de la faîne, qui en est le fruit.

FÉCONDATEUR. adj. Qui féconde, propre à féconder. Ce mot est plus dans la poésie, et au style élevé, que *fécondant*, e, qui exprime d'ailleurs la même idée. Fém. fécondatrice.

FÉDÉRAL, E. adj. Qui a rapport à une fédération. La décision fédérale est que...

FÉDÉRALISME. s. m. Système du gouvernement fédératif.

FÉDÉRALISTE. s. m. Partisan du gouvernement fédératif.

FÉDÉRÉ, E. adj. Lié par une fédération, qui en est membre. On dit, substantivement, un fédéré, les fédérés. Quant au verbe, la fédération suppose un grand concours, on préfère se *confédérer* à se *fédérer*.

FÉLATIER. s. m. Ouvrier qui, avec la fèle, tire et souffle le verre fondu.

FELD-SPATH, SPATH ÉTINCELANT. s. m. Granit fort dur, qui raye le verre et étincelle sous le briquet.

FÉLIN. s. m. Petit poids, d'environ sept grains, pour les matières d'or et d'argent.

FÉLINS. s. m. pl. Famille d'animaux comprenant le genre des chats et celui des civettes.

FÉMORAL, E. adj. Qui appartient à la cuisse, à l'os de la cuisse appelé *fémur*; qui y correspond. Muscle fémoral. Il entre dans plusieurs termes d'anatomie, comme fémorocoxal, — tibial, etc.

FENASSE. s. f. Mélange de différens menus grains semés pour fourrages.

FENDILLER. v. a. Le soleil a fendillé le bois, y a fait plusieurs petites fentes. On dit aussi que le bois se fendille, s'est fendillé. *Familier.*

FENDIS. s. m. Ardoise *fendue* en plaque, et qui n'a plus besoin que d'être coupée en pièces régulières.

FENESTRÉ, E. adj. *bot.* Feuille fenestrée, percée à jour, à *fenêtre*.

FENESTRELLE. s. f. Giroflée des fenêtres.

FENTOIR. s. m. Pour *fendoir*. Large couperet de boucher, pour *fendre* les os.

FERAMINE. s. f. Pyrite ferrugineuse, qui se trouve dans l'argile.

FER-DE-LANCE. s. m. Espèce de chauvesouris et de serpent.

FÉRIN, E. adj. *méd.* Une toux férine, d'un mauvais caractère : comme on dit, populairement, une toux de chien.

FERLAGE. s. m. *mar.* Action de ferler les voiles, de les plier, de les retirer.

FERMENTABLE. adj. Susceptible d'entrer en fermentation. On dit aussi *fermentescible*, qui est plus dans les habitudes scientifiques.

FERMEUR. s. m. Celui qui ferme. — *anat.* Muscle fermeur, celui qui sert à fermer les yeux.

FÉROLE. s. m. Grand arbre de la Guyane, à suc laiteux, bois dur, et d'un rouge mêlé de jaune. Il est connu dans la marqueterie sous le nom de bois de fénoé, et de bois satiné.

FERRAILLAGE. s. m. Action, habitude de ferrailler; usage qu'on fait de l'épée sans principes, ou sans une certaine adresse. *Son jeu n'est que du ferraillage.*

FERRASSE. s. f. Carré de fer en tôle pour faire recuire le verre. Porte en tôle pour fermer le fourneau. *T. de verr.*

FERRE. s. f. Sorte de pince qui sert à faire le cordon et le goulot de la bouteille.

FERRET. s. m. *Petit fer*; fer d'aiguillette, garniture en cuivre du bout du lacet.

FERRETIER. adj. et s. m. Marteau à forger les fers.

FÉRON. s. m. Marchand de fer en barres. *Il n'est plus usité.*

FERROTIER. s. m. Ouvrier, compagnon verrier, apparemment comme maniant la ferre, la ferrasse, sans quoi ce devroit être verrotier.

FERTÉ. s. f. Abrégé de fermeté, désignant une place forte. Ce nom s'est appliqué à beaucoup de lieux, distingués entre eux par un nom additionnel : La Ferté-Gaucher, la Ferté-Milon, etc.

FÉRULACÉ, E. adj. *bot.* En forme de férule, considérée comme palette.

FÉTICHISME. s. m. Culte des fétiches; système religieux ridicule dans son objet.

FÉTIDITÉ. s. f. Qualité de fétide, de ce qui est fétide; son état.

FÉTUQUES ou FESTUQUES. s. f. pl. Genre de plantes de la famille des graminées, et sous-divisées d'après la disposition de leurs épillets. *T. de bot.*

FEUILLADE. s. f. *bot.* Genre de feuilles dans certaines plantes ou mousses, ou ce qui y tient lieu de feuilles.

FEUILLAISON. s. f. Action de *feuiller*, de se garnir de feuilles, en parlant spécialement des arbres. Développement des feuilles; saison où il a lieu, sa durée. La feuillaison commence, est prompte. *V.* FEUILLER au Diction.

FEUILLÈRE. s. f. Veine de terre. *Carr.*

FEUILLERET. s. m. Rabot pour les feuillures. *Voy.* ce dernier mot au Dict.

FEUILLETIS. s. m. Feuille d'or ou d'argent qui sert à engager et retenir la pierre fine. *Serrer le feuilletis de manière qu'il joigne bien.* Un feuilletis d'ardoise est un en-

8

droit de la carrière où l'ardoise est tendre, et se met aisément en feuilles ou feuillets.

FEUILLETON. s. m. Petite feuille. Coupon d'un journal réservé pour traiter un sujet spécial. Réglette de bois employée dans l'imprimerie.

FEUTREMENT. s. m. Action de feutrer. Ce mot paroit faire un double emploi avec *feutrage*. Dans les familles de mots, la finale *age* se charge aussi de l'idée active; et l'on n'y trouve point alors de noms en *ment*.

FEUTRIER. s. m. Celui qui feutre, qui est chargé de l'opération du feutre.

FEUTRIÈRE. s. f. Toile forte où l'on met le feutre pour le préparer à chaud.

FEUX, s. m. pl., se dit d'une rétribution convenue entre le directeur d'un théâtre, un acteur ou une actrice, en sus de son traitement annuel, pour chaque fois qu'il joue. On n'accorde guère de feux qu'aux acteurs et actrices dont le jeu attire la foule.

FÉVIER ou FABAGO, s. m. bot. Genre de plantes, arbres légumineux et à gousses de fèves.

FÈVRE. s. m. Vieux mot, signifiant forgeron, comme travaillant au *feu*. Encore usité dans les salines, où il se dit des ouvriers chargés du soin du feu, des chaudières.

FI. s. m. Lèpre qui attaque les bœufs.

FIASQUE. *Voy.* ci-après FLASQUE.

FIBRILLAIRE. adj. Qui a rapport à la fibrille. *Voy.* FIBRILLE au Dict.

FIBRINE. s. f. *méd. et chim.* Principe de la fibre, spécialement de la fibre musculaire, et qui se trouve en parcelles blanchâtres dans les chairs et dans le sang.

FIBULE, FIBULATION. *Voy.* INFIBULATION au Dict.

FICELEUR. s. m. Celui qui ficelle. *Fém.* ficeleuse.

FICHERON. s. m. Sorte de fiche de fer, en usage dans divers métiers.

FICHEUR. s. m. Celui qui fiche; maçon qui fiche le mortier dans les joints des pierres calées.

FICHOIR. s. m. Fiche plate et fendue par un bout, pour pincer et fixer, sur une corde, une estampe, du linge blanchi, etc.

FICHURE. s. f. Espèce de trident aigu pour *percer* le poisson dans l'eau.

FICOÏDAL, E. adj. Qui tient du ficoïde, qui y a rapport. (On pron. *co-i*.)

FICTIONNAIRE. adj. Fondé sur une fiction en fait de droit.

FICTIVEMENT. adv. D'une manière fictive; par supposition.

FIGNOLER. v. n. Mot populaire qui signifie affecter un goût plus *fin* que ceux de sa condition, pour la mise, le ton, les manières.

FIGURABILITÉ. s. f. *phys.* Propriété des corps comme *figurables*, comme susceptibles d'adopter telle ou telle figure à d'être figurés.

FIGURINES. s. f. pl. Très-petites figures des fonds de tableaux, comme supposées plus éloignées que celles du premier ou du second plan.

FILAGORE. s. m. Ficelle pour serrer les pièces d'artifice. *T. de pyrot.*

FILAGRAMME. *Voy.* FILIGRANE au Dict.

FILAO. s. m. Arbre conifère, originaire du Levant, sans feuilles, à rameaux filiformes, dont on cultive quelques espèces dans les jardins. *T. de bot.*

FILATEUR. s. m. Propriétaire, chef d'une filature; celui qui connoît bien cette branche d'industrie et de mécanique. *Fém.* filatrice, celle qui tire la soie des cocons.

FILATIER. s. m. Marchand de fil; ce mot est hors d'usage, ainsi que la filaterie, qui signifioit la fabrication et le commerce du fil, et qui est encore en beaucoup de villes un nom de rue.

FILICORNES. s. m. pl. Famille d'insectes lépidoptères, à antennes filiformes.

FILIFORME. adj. *bot.* En forme de fil, mince comme un fil.

FILOTIER, ÈRE. subst. Celui ou celle qui, dans les marchés, achète en gros du fil de ménage pour le revendre en détail.

FINÂTRE. s. f. Ellipse de soie finâtre. C'est une soie qui n'est pas partout d'un grain égal, d'une finesse égale, ce qui en fait la mauvaise qualité.

FINCHELLE. s. f. *Funicella.* Corde qui sert à hâler les bateaux.

FINISSEUR. s. m. Celui qui finit une eau-forte, et spécialement les mouvemens d'horlogerie; ouvrier qui fait la pointe des épingles.

FINITO. s. m. *Voy.* au Diction. On le dit venu du latin, c'est plutôt de l'italien *finito*, très-analogue à *dito*. Le commerce a toujours eu moins de relations avec le latin qu'avec l'italien.

FIN-OR. s. m. Variété de poires.

FION. s. m. On dit populairement que quelqu'un a le fion, pour dire qu'il met de la finesse et de la grâce dans ce qu'il fait ou ce qu'il dit. On donne un certain fion à un compliment, en le tournant agréablement.

FIRMAN. s. m. Ordre public et officiel de l'empereur de Turquie; permission du grand-mogol pour commercer dans ses États.

FISCALITÉ. s. f. Qualité de ce qui est fiscal; direction, avidité du fisc. Il est du langage parlementaire. La fiscalité se mêle à toutes les lois de la presse.

FISSI... De *fissus*, fendu, on a formé fissident, fissilabres, fissirostres, désignant des classes d'animaux pourvus de dents, de lèvres, de bec, distincts ou bien fendus.

FIST-JURI. s. m. *bot.* Espèce de lis du Japon, que l'on croit être le lis pompon.

FLABELLAIRE. s. f. *bot.* Conferve flabelliforme de la Méditerranée. — s. m. Genre de polypiers, détaché des corallines.

FLABELLIFORME. adj. *bot.* Partie des plantes qui est disposée en forme d'éventail.

FLABELLIPÈDES. adj. et s. m. pl. Il se dit des oiseaux qui ont aux pieds 4 doigts en avant, et unis par une même membrane.

FLACCIDITÉ. s. f. *méd.* Qualité, état de ce qui est *flasque*, des parties relâchées des chairs.

FLAGEOLER. v. n. Jouer du flageolet; et flageoleur, celui qui en joue. *Fam. et peu usités.* — Flageoler se dit, en terme de manége, des jambes du cheval qui frémissent après la course.

FLAMBART. s. m. Charbon à demi-consumé. — *mar.* Feux-follets qui s'attachent aux mâts.

FLAMBURE. s. f. Tache produite dans une étoffe par une inégalité dans la teinte.

FLAMMEROLE. s. f. Légère flamme, feu-follet, comme il s'en élève souvent l'été dans des lieux marécageux.

FLAMMÈQUE. s. f. Filet pour la pêche du hareng.

FLAMMETTE. s. f. Petite flamme ou lancette, qui sert à faire des incisions après les ventouses.

FLAMMULE. s. f. Nom d'une espèce de clématites, qui est la clématite droite.

FLANCHET. s. m. Partie de morue prise sous les ailes; partie de la surlonge du bœuf.

FLANER. v. n. Perdre son temps à examiner ce qui se passe, à écouter ce qui se dit, sans songer à ce qu'on doit faire; c'est ce qu'aime à faire le flaneur. Ces mots familiers paroissent être de la famille de *flairer*.

FLAQUIÈRE. s. f. Partie du harnois de mulet.

FLASQUE. s. f. Bouteille de verre couverte d'osier. Bouteille aplatie, en corne, contenant la poudre du chasseur. Ces deux acceptions doivent venir de l'italien fiasco, comme flacon de fiascone, et blanc de bianco. Dans l'artillerie, il y a les flasques d'un affût, qui se trouvent sur les *flancs* de la pièce qu'il supporte.

FLATIR. v. a. Battre les flans de la monnoie pour la mettre sous le balancier.

FLATOIR. s. m. Marteau servant à flatir les monnoies.

FLATRURE. s. f. Lieu où se couche le lièvre ou le loup, fatigué de la poursuite des chiens. *T. de vén.*

FLAVESCENT, E. adj. *bot.* Tirant sur le jaune, d'un jaune tendre, et non désagréable, comme ce qui est jaunâtre.

FLÉCHISSABLE. adj. Qui peut fléchir, sans être aussi facile à fléchir que ce qui est flexible.

FLEGMASIE. s. f. *méd.* Inflammation locale d'un certain caractère, affectant la peau et les membranes.

FLERTOIR ou FLESTOIR. s. m. Marteau de ciseleur.

FLETTE. s. f. Petit bateau pour le passage d'une rivière, pour un transport de marchandises.

FLEURAGE. s. m. Son du grain; enveloppe dégagée du grain.

FLEURÉE. s. f. Légère écume qui se forme à la surface de quelques teintures.

FLEURONNÉ, E. adj. A fleurons, disposé en forme de fleuron. *T. de bot.*

FLEXUEUX, EUSE. adj. Qui se fléchit en divers sens, en z, en zig-zag.

FLEXUOSITÉ. s. f. Qualité de ce qui est flexueux.

FLIC-FLAC. *Voy.* CLIC-CLAC ci-devant.

FLIN, s. m., ou *pierre de foudre*, dont les fourbisseurs employoient la poudre à fourbir les lames d'épée.

FLINQUER. v. a., un métal, le rayer avec le *flin* pour faire tenir l'émail.

FLINT-GLASS. s. m. Sorte de verre, cristal anglois blanc, pour gobelets, carafes, lunettes achromatiques; (*t* se pron.).

FLIPOT. s. m. Pièce de rapport pour cacher un défaut en menuiserie, etc.

FLISQUETTE. s. f. *V.* FRISQUETTE au D.

FLOCONNEUX, EUSE. adj. Qui est par flocons, ou semblable à des flocons.

FLORAN. s. m. Pile pour le raffinement de la pâte à papier.

FLORE. s. f. Traité des plantes d'un pays. On a donné le nom *peu usité* de *floriste* à l'auteur d'une flore.

FLORÉAL. s. m. Second mois du printemps, celui des fleurs, dans le calendrier républicain.

FLORÉE. s. f. Indigo de moyenne qualité, pour teindre en bleu-foncé.

FLORIPARE. adj. *bot.* Qui produit des fleurs sans aucun fruit, en parlant de certains bourgeons.

FLOSCULAIRES. adj. et s. f. pl. *hist. nat.* Zoophytes en tube, habités par des vers infusoires, appelés rotifères ou vorticelles.

FLOSCULEUX, EUSE. adj. et s. f. pl. Classe de plantes, *à fleurons réguliers,* à cinq divisions. *T. de bot.*

FLOTRES ou FLEUTRES. s. m. pl. Morceaux d'étoffe de laine sur lesquels on étend le papier au sortir des formes.

FLOU. s. m. *peint.* Peindre flou, d'une manière légère et gracieuse. Avoir un pinceau flou, léger et délicat. Le flou laisse du vague dans l'harmonie des couleurs.

FLOU-FLOU. s. m. Bruit léger, comme celui d'un liquide légèrement frappé ou coupé avec une baguette. Il exprime assez bien ce qu'on désignoit par l'ancien verbe floflotter, aujourd'hui inusité.

FLUANT, E. adj. Du papier fluant, sur lequel l'encre, coule, s'étend, parce qu'il n'est pas collé, ou qu'il est mal collé.

FLUATE. s. m. *chim.* Sel formé par la combinaison de l'acide fluorique avec une base ; fluate d'arsenic, d'alumine, etc.

FLUATÉ, E. adj. *chim.* Combiné avec de l'acide fluorique.

FLUE. s. f. *pêche.* Nappe du milieu dans le tramail.

FLUORIQUE. adj. *chim.* Acide fluorique, extrait du spath-fluor, et qui dissout le verre.

FLUTEAU. s. m. Joujou d'enfant pour le faire *flûter,* ou siffler.

FLUVIAL, E. adj. Qui concerne les fleuves. Les eaux fluviales. Lois fluviales.

FOC. s. m. *mar.* Voile d'étai, triangulaire, hissée sur le mât de hune ou sur celui de perroquet.

FOCAL, E. adj. *optiq.* Qui a rapport au *foyer* ou centre des rayons lumineux.

FOËNE ou FOUANE. s. f. *mar.* Trident dont le manche tient à une corde, pour le retirer quand on l'a lancé sur un gros poisson qu'on veut harponner.

FOGUE. s. f. Passage ouvert à la navette entre les fils de la chaîne.

FOIROLLE. s. f. *V.* MERCURIALE au Dict.

FOISONNEMENT. s. m. Action de foisonner ; propriété de ce qui foisonne, spécialement de la chaux réduite en pâte.

FOLIACÉ, E. adj. *bot.* Qui est de la nature des feuilles des plantes.

FOLIAIRE. adj. Qui tient ou appartient à la feuille, aux feuilles. Aiguillon foliaire.

FOLIATION. s. f. Formation, disposition des feuilles dans le bourgeon.

FOLICHONNER. v. n. Faire le folichon, la folichonne, etc. *Fam. V.* FOLICHON au D.

FOLIÉ, E. adj. *bot.* Pourvu de feuilles.

FOLIIFORME. adj. *bot.* Qui a la forme de la feuille, qui ressemble à une feuille.

FOLIIPARE. adj. *bot.* Bourgeon foliipare, qui produit des feuilles, sans fleurs. C'est le pendant de floripare.

FOLILET ou FOLLET. s. m. *véner.* Morceau levé sur le cerf, le long de l'épaule.

FOLIOT. s. m. Ressort qui pousse le demi-tour de la serrure.

FOLLE. s. f. *pêche.* Filet pour le gros poisson, à larges mailles, et tendu lâche.

FOLLÉE. s. f. Bourse qu'on fait faire au milieu d'un filet en le tendant.

FOLLICULEUX, EUSE. adj. *anat.* Glandes folliculeuses, de la nature du follicule.

FOLLIER. s. m. Bateau qui sert à pêcher à la folle ; filet à raies, turbots, etc.

FONÇOIR. s. m. Outil de forges à ancres, à tête et à tranchant pour *enfoncer* les mises carrées. Ainsi l'on ne doit pas écrire *fonsoir.*

FONDIS. s. m. Enfoncement souterrain sous le poids d'un édifice ; dans une carrière, sous le poids de la voûte, faute de consistance et de soutien.

FONDRIER. s. m. Mur qui termine le foyer d'un four de salines. Train de bois qui touche au fond et ne se trouve plus à flot.

FONDRILLES. *V.* EFFONDRILLES au D.

FONDUE. s. f. Sucre encore mêlé de sirop ; mets où il entre du fromage fondu au feu. *T. de cuis.*

FONGER. v. n. Faire l'éponge, boire l'encre, emboire, en parlant du papier. *Voyez* ci-dessus FLUANT.

FONGOÏDES et FONGÉS. s. m. pl. Champignons. Les fongés en forment un ordre. *Bot.*

FONTANELLE. s. f. *anat.* Point de rencontre des sutures du crâne, flexible dans les nouveau-nés. — *chir.* Ulcère artificiel. *Voy.* FONTICULE au Dict.

FONTANÈSE. s. m. *bot.* Arbuste jasminée de la Syrie, qui teint en jaune.

FOQUE. s. f. *mar.* Petite voile à trois pointes.

FORAGE. s. m. Action, art de *forer* les canons, les tubes d'armes à feu ; vide, jour qu'on y pratique. Il se dit aussi d'une entrée pratiquée à une carrière.

FORCEAU. s. m. Piquet qui retient un filet de chasse. *T. de véner.*

FORCET. s. m. Sorte de ficelle pour bouts de fouet, pour serrer les carottes de tabac. Elle est fine et forte.

FORCETTES. s. f. pl. Petites forces ou ciseaux à couper les draps, etc. *T. de manuf.*

FORCIÈRE. s. f. Petit étang, pour élever du poisson et le faire multiplier.

FORCINE. s. f. Gonflement à la jonction d'une branche d'arbre avec la tige.

FORERIE. s. f. Établissement où l'on *fore* les canons pour l'artillerie.

FORGIS. s. m. Barre de fer forgée pour être passée à la filière.

FORJET. s. m. *archit.* Jet d'un bâtiment hors de l'aplomb. Le forjet de ce mur est de huit pouces.

FORJETER. v. a., un mur, etc. ; y produire un forjet. Un éboulement a forjeté ce mur de huit pouces. Il est aussi *pron.* Ce mur s'est forjeté (s'est jeté *hors* de l'aplomb).

FORJETURE. s. f. Partie forjetée d'un bâtiment. Il faut abattre la forjeture.

FORLACHURE. s. f. Défaut des étoffes où les fils de la chaîne n'ont pas été séparés suivant le dessin.

FORLANÇURE. s. f. Défaut dans une étoffe où la navette a enjambé quelques fils de la chaîne.

FORMAISON. s. f. *gram.* La formaison des temps du verbe. Ce vieux mot est remplacé par *formation. Voyez* FORMATION au Diction.

FORMATEUR, TRICE. adj. Qui donne la forme, une forme. Une cause, une puissance formatrice.

FORMIATE. s. m. *chim.* Sel formé par l'acide formique combiné avec une base. Formiate de chaux, d'alumine, etc.

FORMICATION. s. f. *méd. Voy.* FOURMILLEMENT au Dict.

FORMIQUE. adj. *chim.* Il ne se dit que de l'acide tiré des fourmis.

FORMULER. v. a., *méd.,* une ordonnance, la rédiger selon les règles et les termes de l'art. Ce médecin ne sait pas formuler une ordonnance ; on, absolument et par ellipse, ce médecin ne sait pas formuler.

FORMULISTE. s. m. *méd.* Celui qui formule bien ses ordonnances, qui tient beaucoup à un genre de formules.

FORNOUER. v. a. Déparer une pièce de tissu par des nœuds qu'on fait aux fils.

FORTE-PIANO. s. m. *V.* ci-après PIANO.

FORURE. s. f. Trou percé avec le foret ou autrement.

FOUIE. s. f. Arbrisseau dont la feuille sert à la teinture en noir. *T. de teint.*

FOUILLURES. s. f. pl. Lieux fouillés par le sanglier, dégât qu'il a fait.

FOUISSEMENT. s. m. Action de fouir, état d'une terre fouie.

FOUISSEUR. s. m. Il se dit spécialement de plusieurs espèces d'insectes qui fouissent la terre. *T. d'hist. nat.*

FOULAGE. s. m. Action de fouler. Opération de chapellerie, d'imprimerie.

FOULEUR. s. m. Celui qui foule. Classe d'ouvriers chapeliers, distingués des apprêteurs.

FOULOIR. s. m. Instrument dont on se sert pour fouler.

FOULOIRE. s. f. Vase, table où l'on met ce qu'on veut fouler.

FOULONNIER. s. m. Celui qui apprête le drap pour le passer au foulon.

FOUPIR. v. a., une étoffe, la défaîtrer à force de la manier, la faner. *T. de fabriq.*

FOURBANDRÉE. s. f. Mélange de plusieurs sortes de laines mal assorties.

FOURBISSIME. adj. Terme de plaisanterie familière ; très-fourbe, maître-fourbe.

FOURCHE-FIÈRE. s. f. Fourche *de fer* avec un manche de bois.

FOURCHES. s. f. pl. Abcès à l'enfonchure des doigts, même sur les mains, communs chez les gens de peine.

FOURCHET. s. m. Apostème à la fonchure du pied du mouton. Branche d'arbre faisant la fourche.

FOURCHURE. s. f. Action de fourcher, de se fourcher. Endroit où se fourchent une branche, une fourche.

FOURMEIRON. s. m. Nom donné à plusieurs espèces d'oiseaux qui mangent les fourmis. *T. d'hist. nat.*

FOURMILLIER. s. m. Nom donné à des quadrupèdes, à des oiseaux de la Guyane, qui vivent surtout de fourmis.

8.

FOURNAGE. s. m. Ce qu'il en coûte pour la cuite du pain.

FOURNALISTE. s. m. Faiseur de fourneaux de terre pour la fonte des métaux.

FOURNETTE. s. f. Petit four pour calciner l'émail de la faïence.

FOURQUE, s. f., ou FOURCAT. s. m. Pièces de la quille d'un vaisseau, faisant la fourche. T. de mar.

FOURQUET. s. m. Pelle de brasseur, en fer, et divisée en deux par une lame placée en long jusqu'à la douille, où elle s'emmanche.

FOURQUETTE. s. f. Croix de métal, formant plusieurs fourches garnies d'hameçons. T. de pêche.

FRAC. s. m. De fractus. Habit bourgeois, étroit et échancré au-dessus des hanches. Il diffère de l'habit militaire qui a des revers, et de l'habit françois, celui d'étiquette, qui est ample et sans échancrure.

FRAISIÈRE. s. f. Lieu planté de fraisiers.

FRAISOIR. s. m. Outil à percer, sans faire éclater le bois; à rabattre l'or ou l'argent en fraise, au niveau du plan.

FRANC. s. m. Unité des nouvelles monnoies dans le calcul décimal. Elle remplace l'ancienne livre, et se divise en dix décimes ou cent centimes. Voy. FRANC au Dict.

FRANC-FUNIN. s. m. Corde sans goudron, pour les fortes manœuvres.

FRANCHISSABLE. adj. Qui peut être franchi.

FRANCISATION. s. f. mar. Action de franciser un navire; acte qui le fait reconnoitre pour françois.

FRANC-MAÇON. s. m. Membre de la société appelée franc-maçonnerie.

FRANC-MAÇONNERIE. s. f. Société de bienfaisance, formant un lien de confraternité entre les hommes de toute nation.

FRANC-PARLER. s. m. Avoir son franc-parler, c'est-à-dire un caractère à dire franchement tout ce qu'on pense; c'est celui des hommes libres.

FRANC-TILLAC. s. m. Le premier pont en montant. T. de mar.

FRANGIBLE. adj. Susceptible d'être rompu. Peu usité.

FRASER, v. a., la pâte; l'épaissir avec de la farine, lui donner le second tour pour en bien faire le mélange. T. de boulang.

FRASIL ou FRASIN. s. m. Mélange de cendres et de menues braises, pour couvrir et ménager le feu.

FRAYE. s. f. Voy. ci-devant DRAISE.

FRAYÈRE. s. f. Endroit où frayent les poissons.

FRAYURE. s. f. Action du cerf qui fraye son bois; dégagement de la peau velue dont il le décharge par le frottement.

FREDONNEMENT. s. m. Action de fredonner.

FREINS ou REFREINS. s. m. pl. mar. Mouvement des vagues repoussées par les rochers contre lesquels elles ont frappé.

FREQUIN. s. m. Sorte de futaille serrée, pour les huiles, et autres liquides sujets à couler. T. de tonnell.

FRÉTILLARD, E. adj. Il se dit, en terme de manège, de la langue du cheval quand elle s'agite trop.

FREZE. s. f. Voracité des vers à soie aux approches de la mue; sa durée.

FRICOT. s. m. Toute sorte de mets apprêtés, surtout en viande. Trivial.

FRICOTER. v. n Manger du fricot, se régaler de gros mets, de beaucoup de viandes. Trivial.

FRICTIONNER, v. a., quelqu'un, lui faire des frictions, comme genre de remèdes. On peut aussi se frictionner soi-même, se faire des frictions.

FRIGOTER. v. n. Il se dit du pinson pour le caractère de son chant. Le pinson frigote.

FRILLER. v. n. Il se dit du petit bruit qui se produit dans la cuve du teinturier avant qu'elle soit à point. La cuve commence à friller.

FRIMAIRE. s. m. Mois des frimas, le troisième de l'automne et de l'année républicaine, qui commençoit à l'équinoxe, au premier degré du signe de la Balance.

FRISAGE. s. m. Sorte de treillage en lattes derrière les jeunes espaliers, le long d'un mur, pour attacher la vigne, etc.

FRISEUR, EUSE. subst. Celui ou celle qui frise, les cheveux, les draps, etc. Il ne désigne pas un état.

FRISOIR. s. m. Outil de ciseleur; machine à friser les draps.

FRISON. s. m. Boucles de cheveux frisés et arrêtés avec une épingle, qu'on faisoit autrefois dans la coiffure. Ondulations sur le papier marbré, et autres choses semblables, par analogie.

FRITTER. v. a., du verre, le faire calciner. T. de verr.

FRITTIER. s. m. Celui qui est chargé de la fritte du verre.

FRITTOLE. s. f. Gâteau de farine de froment, avec du raisin de Corinthe frit dans de l'huile de noix.

FROLE. s. m. bot. Chèvre-feuille des Alpes.

FRÔLÉE. s. f. Il ne s'emploie que dans ces expressions : Donner ou recevoir une frôlée, une bonne frôlée, c'est-à-dire des coups; surtout à l'égard des jeunes gens, et en forme de correction. Pop. La frôlée est censée plus légère que la frottée.

FROMAGEON. s. m. Nom vulgaire de la mauve, qui lui a été donné à cause de la forme de son fruit arrondi, et plat en forme de fromage.

FROMENTEAU. s. m. Sorte de raisin de Champagne, d'un bon goût, gris-rouge, grappe serrée, peau dure.

FRONCE. s. f. Action de froncer du papier, des étoffes, qui les empêche d'être lisses, sans être plissés. La fronce fait rider une chemise, mais moins que le pli.

FRONCHE. s. f. bot. Sorte de figuier à feuilles percées.

FRONT-DE-BANDIÈRE. Voy. BANDIÈRE au Diction.

FRONTEVAL. s. m. Nom d'une variété de tulipe rose et blanche. T. de fleur.

FRONTIGNAN. s. m. Vin muscat du crû de Frontignan, vers les côtes de la Méditerranée, département de l'Hérault.

FRONTIROSTRES. s. m. pl. Famille d'insectes dont la trompe paroit sortir du front.

FRONTO-NASAL. adj. et s. m. anat. Muscle qui descend du front jusqu'aux cartilages du nez.

FROTTÉE. s. f. Donner une frottée, une

bonne frôttée à quelqu'un; le frapper, lui donner des coups. Pop.

FROTTON. s. m. Tampon de drap pour frotter le papier, les cartes, etc.

FROU-FROU. s. m. Onomatopée, ou imitation du bruit que fait une étoffe de soie, par exemple, en frottant contre elle-même. C'est un bruit plus prononcé que le flou-flou : J'entendis un frou-frou. On dit, au figuré, faire frou-frou, pour dire se faire valoir, chercher à paroître. Fam.

FROUER. v. n. Imiter avec une feuille de lierre, ou autre, le cri de différens petits oiseaux, pour les attirer au piége. Il sait bien frouer. On dit même activement : il sait bien frouer les geais, les grives, etc.

FRUCTIDOR. s. m. Mois des fruits. Troisième mois d'été, sous le signe de la Vierge; c'étoit le douzième de l'année républicaine.

FRUCTIFÈRE. adj. bot. Qui porte, qui est propre à porter des fruits.

FRUCTIFICATION. s. f. bot. Production des fruits par les plantes; organes qui y concourent; temps où elle a lieu.

FRUCTIFORME. adj. bot. Qui a la forme, l'apparence d'un fruit.

FRUTESCENT, E. adj. Il se dit des plantes à tige ligneuse, soit arbustes ou arbrisseaux.

FRUTICULEUX, EUSE. adj. Diminutif de frutiqueux. Il se dit des plantes à tige ligneuse, mais petite, et ne formant qu'un arbrisseau à peu près nain.

FRUTIQUEUX, EUSE. adj. Tige frutiqueuse, capable d'atteindre la consistance et la hauteur de l'arbrisseau.

FUCACÉES. adj. et s. f. pl. bot. Ordre des plantes comprenant les fucées : algues, et varechs ou fucus.

FUGACE. adj. méd. Symptôme fugace, de courte durée, c'est-à-dire sans consistance et sans caractère.

FUGACITÉ. s. f. Qualité de ce qui est fugace. T. de méd.

FULIGINOSITÉ. s. f. Qualité de ce qui est fuligineux.

FULVERIN. s. m. (de fulvus.) peint. Couleur mise en détrempe pour glacer les bruns.

FUMEROLLES. s. f. pl. Vapeurs aqueuses s'élevant en fumée dans les chaleurs.

FUMIGATOIRE. adj. Qui sert à faire des fumigations. Plantes fumigatoires.

FUMIVORE, adj. et s. m. Qui consume, qui décompose la fumée. Machine disposée pour cet effet dans les lampes, les poêles, etc.

FUMURE. s. f. Action de fumer les terres; fumier et engrais déposés par les moutons dans leur parc. T. d'agric.

FUNER. v. a. mar. Funer un câble, le garnir de ses funins, cordages ou manœuvres, hanbans, etc.

FUNEUR. s. m. mar. Celui qui fune, qui est chargé de funer les câbles.

FUNICULAIRE. adj. Machine funiculaire, composée de cordes, agissant par des cordes.

FUNICULE. s. m. bot. Cordon ombilical, filet qui unit la graine au placenta, et transmet la nourriture à la nouvelle plante pour son développement.

FURFURACÉ, E. adj. méd. Qui ressemble à du son.

FURFURE. s. f. méd. Légère pellicule en forme de son, qui se forme dans les cheveux, sur les dartres, etc.

FUSCITE. s. m. minér. Sorte de minéral trouvé dans des mines de la Norwége.

FUSIFORME. adj. bot. Qui est en forme de fuseau; racine qui grossit en montant, comme la petite rave.

FUSILLADE. s. f. Action de fusiller ; coups de fusil tirés à la fois. On a entendu d'ici les fusillades.

FUSILLETTE. s. f. Petite fusée d'artificier. T. technique.

FUSTER. v. n. Il se dit des oiseaux qui fuient à la vue du piége, qui y échappent. T. d'oisel.

FUSTOC, s. m., ou BOIS JAUNE. Arbre des Antilles qui s'emploie en teinture, en ouvrages de tour et de marqueterie. Bot.

FUTIER. s. m. Ouvrier qui assemble les fûts ou bois, ais, etc., pour les ouvrages de coffretiers.

G.

G. Initiale de gros, grandeur, g-ré-sol, gramme, grain (poids), etc. — Numérale : en latin, 400, et G̅ 40,000 ; en François, 7; le regltre g en suppose six autres. — G, peignant le son gue, est le foible du c prononcé que; et tous les deux forment ensemble la touche gutturale, la plus basse de toutes, étant placée à la racine de la langue. Le g, prononcé je devant e, i, est le foible du ch, appartient à la touche chuintante, et n'est que l'équivalent du j dans le corps du mot et dans les syllabes finales. Voy. G au Dict.

GABARÉER. v. a. mar. Mettre des pièces de bois en œuvre sur des gabarits.

GABARER. v. n. Faire aller un canot à force de bras, ou au moyen d'un seul aviron sur la poupe. T. de mar.

GABARIAGE. s. m. mar. Contour de la côte de la gabare.

GABEGIE. s. f. Tour de gobelet, fraude cachée. Il y a de la gabegie, quelque gabegie. Pop. et toujours en mauv. part.

GABELOUX. s. m. Nom populaire et injurieux, donné au gabeleur, et continué au commis des barrières.

GABIE. s. f. mar. Guérite de matelot sur le haut du mât, pour y faire le guet.

GABIER. s. m. mar. Matelot qui fait le quart, en observation sur la hune.

GABIONNADE, s. f., ou GABIONNAGE. s. m. Action de gabionner; ouvrage en gabions.

GABIRA. s. f. hist. nat. Espèce de gueuon d'Afrique, à poil noir et longue queue.

GABORDS. s. m. pl. mar. Premières planches d'en bas, faisant le bordage extérieur du vaisseau.

GABURON. s. m. mar. Pièce de bois appliquée à un mât, etc., pour le fortifier.

GÂCHEUR. s. m. Maçon qui gâche le mortier. — Fig. et fam. Ouvrier maladroit, marchand qui vend au-dessous du cours.

GAERTNÈRE. s. f. Genre de plantes des Indes, velues, dans toutes leurs parties, et cultivées pour la beauté des fleurs.

GAFFEAU. s. m. Petite gaffe. V. Gaffe au D.

GAGATHES. s. f. Pierre d'Islande, de deux espèces, l'une combustible et l'autre vitrifiée ; l'autre noir, pierre à fusil noire.

GAGNABLE. adj. Qui peut être gagné. Cette partie n'est pas gagnable.

GAÏACINE. s. f. Résine de Gaïac (pron. ïa diphth.).

GAILLARDET. s. m. mar. Pavillon échancré du mât de misaine.

GAÏNERIE. s. f. Genre d'industrie et de commerce, comprenant tous les petits ouvrages du gaînier, couverts en cuir poli, chagrin, maroquin, etc.

GALACTES. s. m. pl. Sels tirés du lait. Voy. ci-après. Lactate.

GALACTIQUE. adj. Voy. ci-après Lactique.

GALACTIRRHÉE. s. f. méd. Disposition qui fait couler le lait du sein.

GALACTODE. adj. méd. Qui est de la couleur du lait.

GALACTOGRAPHIE, GALACTOLOGIE. s. f. Description, traité des sucs laiteux.

GALACTOMÈTRE. s. m. Instrument qui fait connoître les qualités d'un lait.

GALACTOPHORE. adj. Il se dit du vaisseau qui porte le lait aux mamelles, et des alimens qui donnent plus de lait aux nourrices. — s. m. Instrument pour opérer la succion d'un sein malade ou sans bout.

GALACTOPOSIE. s. f. Régime laiteux, comme traitement. T. de méd.

GALACTOSE. s. f. Conversion du chyle en lait. T. de méd.

GALANDAGE. s. m. Cloison en briques posées de champ. T. de maçonn.

GALANTINE. s. f., ou PERCE-NEIGE. Plante narcissoïde. T. de bot.

GALAUBANS. s. m. pl. mar. Cordes pour retenir les mâts.

GALGALE. s. f. mar. Mastic composé d'huile, chanx et goudron.

GALIBI. s. m. Nom donné, dans la Guadeloupe, aux squelettes humains trouvés englobés dans un tuf calcaire.

GALIETTE. s. f. Plante de l'île Bourbon, à feuilles salées. T. de bot.

GALLATE. s. m. chim. Sel formé par la combinaison de l'acide gallique avec une base quelconque.

GALLICOLES. s. m. pl. Tribu d'insectes.

GALLINACÉ, E. adj. Qui est de l'ordre des poules. Oiseaux gallinacés. — subst. Les gallinacés.

GALLINAPANE. s. m. Espèce de coq d'Inde de l'Amérique méridionale.

GALLINSECTES. s. m. pl. Insectes hémiptères, attachés à l'écorce des arbres, et qui ont l'air d'en être une galle.

GALLINULES. s. f. pl. hist. nat. Poules d'eau; genre d'oiseaux échassiers et macrodactyles.

GALLIQUE. adj. Acide gallique, tiré de la noix de galle.

GALONNIER. s. m. Fabricant de galons.

GALORRHÉE. s. f. méd. Trop grande sécrétion de lait chez les nourrices.

GALOUBET. s. m. Petite flûte à trois trous, dont le son très-aigu accompagne le tambourin dans le midi de la France.

GALUCHAT. s. m. Peau de poisson, soit de raie ou de squale, employée pour couverture d'étuis à bijoux, etc.

GALVANIQUE. adj. Qui appartient au galvanisme. Fluide galvanique. On forme la pile galvanique, d'après Volta, de plaques de métaux différens, alternativement placées l'une sur l'autre.

GALVANISME. s. m. Système d'électricité métallique, découvert par le physicien italien Galvani, qui a démontré l'action électrique des métaux sur les muscles vivans ou morts. On s'est assuré ensuite qu'elle a lieu entre les nerfs et les muscles, comme entre toutes les substances hétérogènes mises en contact.

GALVANOMÈTRE ou GALVANOSCOPE. s. m. Instrument pour trouver la force de l'électricité galvanique.

GAMACHES. s. f. pl. Guêtres de toile cirée, qu'on portoit pour se garantir de la crotte. On ne s'en sert plus.

GAMIN. s. m. Rinceur de gamelles chez les traiteurs, pâtissiers, etc. Apprenti. Fig., enfant des rues, malpropre, grossier dans ses jeux, ses manières. Fém., gamine. Pop.

GANER. v. n. Au jeu de cartes, laisser aller la main à son partenaire.

GANGLIFORME. adj. anat. Qui a la forme d'un ganglion, ou qui en approche.

GANGLIONIQUE. adj. Qui appartient aux ganglions. Le système nerveux ganglionique est indépendant du cérébral, et n'est pas soumis à la volonté. On dit aussi ganglionaire.

GANGUI. s. m. Filet à mailles très-serrées. Il a pour diminutif ganguiel.

GANTE. s. f. Faux bord en bois aux chaudières des brasseurs.

GARANÇAGE. s. m. Action de garancer; teinture de garance.

GARANCIÈRE. s. f. Lieu où il croît de la garance, cultivée ou sauvage.

GARDE - CHAMPÊTRE. s. m. Officier public chargé de veiller à la garde des productions champêtres de la commune, de dresser procès-verbal des dégâts, et d'arrêter les délinquans s'il y a lieu.

GARDE-FILET. s. m. Boîte de cuivre qui garantit du vent le fil à plomb du quart de cercle mobile.

GARDE-MAIN. s. m. Papier qui couvre une broderie, pour que la main ne la fane pas.

GARDE-PLATINE. s. m. Pièce du métier à bas qui garantit les platines contre la presse.

GARDE-SALLE. s. m. Prevôt du maître d'escrime dans une salle d'armes.

GARDE-VENTE. s. m. Garde des bois coupés et vendus, dans une forêt.

GARDIENNAGE. s. m. mar. Emploi de gardien.

GARDIENNERIE. s. f. mar. La saintebarbe, chambre des canonniers.

GARGOUILLÉE. s. f. Eau sortant de la gargouille.

GARGOUSSIER. s. m. Porte-gargousses.

GARGOUSSIÈRE. s. f. Espèce de gibecière où se mettent les petites gargousses.

GARNISAIRE. s. m. Homme placé en garnison chez des contribuables en retard, et logé, nourri à leurs frais jusqu'à ce qu'ils payent.

GARNISSEUR. s. m. Celui qui garnit. Fém., garnisseuse.

GAROUENNE. s. f. Pièce de bois qui porte une poulie agencée.

GARUM. s. m. Saumure pour garder le poisson; liqueur médicinale (um pron. ome bref).

GARZOTTE. s. f. Nom vulgaire du canard-sarcelle.

GASFOTS. s. m. pl. Petits crocs de fer pour tirer les crustacés d'entre les roches.

GASTÉROPODES. s. m. pl. Mollusques à tête libre, et qui rampent sur le ventre.

GASTRICITÉ. s. f. méd. État des premières voies de l'estomac.

GASTRITE. s. f. méd. Inflammation de l'estomac.

GASTROCÈLE. s. f. méd. Hernie de l'estomac.

GASTRODYNIE. s. f. méd. Inflammation douloureuse de l'estomac et des intestins. On dit aussi gastro-entérite.

GASTROMANIE. s. f. Manie, passion du gastromane pour la bonne chère.

GASTRONOME. s. m. Celui qui indique les moyens de faire bonne ou meilleure chère, qui aime les mets fins, recherchés.

GASTRONOMIE. s. f. Art, science de la bonne chère; traité, écrit qui la perfectionne.

GASTROSE. s. f. méd. Mal d'estomac, affection dont le siège est à l'abdomen.

GAT. s. m. Escalier pour descendre du quai à la mer.

GÂTE-BOIS. s. m. Celui qui gâte le bois en le travaillant, qui le travaille mal. Pop.

GÂTE-MÉNAGE. s. m. et f. Celui ou celle qui met la division dans un ménage.

GATONS. s. m. pl. Leviers du cordier pour tordre les cordages.

GAUCHEMENT. adv. D'une manière gauche, sans art, sans grâce. Il se présenta gauchement; il s'y prit gauchement, au propre et au figuré.

GAUDAGE. s. m. teint. Action de gauder, de teindre à la gaude.

GAUDRIOLE. s. f. Du vieux verbe se gaudir; latin; gaudere. Paroles libres dites en plaisantant. Dire des gaudrioles. Fam.

GAUDRON. s. m. V. Goudron au Dict.

GAUGALIN. s. m. Poule qui imite le chant du coq.

GAULADE. s. f. Action de gauler; coups de gaule répétés. Fam.

GAUTIER. s. m. Espèce de vanne, arrêt pratiqué pour le flottage à bois perdu.

GAVACHE. s. m. Homme lâche et sans honneur, qui sert de risée. Fam. et bas.

GAVAUCHE. adj. mar. Jouet des vents, en désordre, sens dessus dessous. Vaisseau gavauche; et, subst., vaisseau en gavauche.

GAVETTE. s. f. Lingot d'or préparé pour être filé. T. de tir. d'or.

GAZÉIFIABLE. adj. Susceptible d'être converti en gaz.

GAZÉIFORME. adj. Qui a été amené à l'état de gaz, ou qui s'y trouve.

GAZIFÈRE. s. m. chim. Appareil pour produire le gaz inflammable pur.

GAZOLITRE. s. m. chim. Appareil propre à faire connoître combien de gaz renferme un corps, et quelle en est la pression.

GAZOMÈTRE. s. m. chim. Instrument propre à faire connoître combien il entre de gaz dans une opération.

GAZOMÉTRIE. s. f. Art de mesurer les gaz, partie de la chimie qui en traite.

GAZONNEUX, EUSE. adj. Qui fait gazon, touffu comme le gazon.

GAZOUILLIS. s. m. Gazouillement désagréable d'un oiseau. Vieux et fam.

GECKO. s. m. Reptile saurien de Madagascar, qui saute à la poitrine de l'homme qui l'approche, et qu'il faut en arracher avec un fer tranchant.

GEIGNEUR, EUSE. adj. et subst. Celui ou celle qui a coutume de geindre, qui va toujours se plaignant de ses souffrances, de sa santé, de sa misère, etc. Fam. et popul.

GEINDRE. s. m. Premier garçon boulanger. Il se dit plus souvent de celui qu'on entend geindre en pétrissant, de celui qui pétrit.

GEL. s. m. Action de geler, état de l'atmosphère qui produit la gelée. La succession du gel et du dégel est très-nuisible aux plantes.

GELABLE. adj. Qui peut être gelé. On dit mieux qu'une plante est sujette à geler, qu'elle craint le froid, la gelée, etc.

GÉLATINE. s. f. Substance animale qui forme la gelée. On en extrait des chairs et même des os d'animaux, et l'on en fait actuellement des tablettes qui se conservent, et peuvent fournir du bouillon frais aux marins dans les voyages de long cours.

GÉLIDE. adj. chim. Huile gélide, facile à geler. Peu usité.

GÉLIF, IVE. adj. Arbres gélifs, qui ont été affectés, altérés par la gelée.

GÉLIS. s. m. bot. Partie des arbres affectée, altérée par la gelée, comme les jeunes pousses par les gelées du printemps.

GÉLISSE. adj. f. Pierre gélisse, qui se fend, se décompose par la gelée; ce qui arrive aux pierres encore humides.

GEMMATION. s. f. bot. Action de bourgeonner; formation et développement des bourgeons; parties dont ils se composent; saison où ils se développent.

GEMMIPARE. adj. bot. Qui porte ou peut porter les bourgeons.

GEMMULE. s. f. bot. Bouton de la plumule dans les graines.

GENDARMEUX, EUSE. adj. Diamans gendarmeux, pierres gendarmeuses, c'est-à-dire altérées par des taches, des pailles.

GÉNÉPI. s. m. Absinthe des Alpes, où elle s'emploie comme remède à tout.

GENEQUIN. s. m. Coton filé, de mauvaise qualité.

GÉNÉSIE. s. f. méd. Génération, production.

GENÉTIÈRE. s. f. Lieu planté ou couvert de genêts.

GENIÈVRETTE. s. f. Infusion de baies de genièvre; eau de genièvre, où elles ont été infusées.

GENEVRIÈRE. s. f. Espèce de grive qui se nourrit de graines de genièvre, dont sa chair conserve le goût.

GÉNICULÉ, E. adj. Uni par des articulations semblables à celles du genou : cristaux géniculés; tige géniculée.

GENIÈVRERIE. s. f. Fabrique d'eau-de-vie de genièvre; de vin, de liqueurs de genièvre.

GENISTELLE. s. f. GENISTOÏDE. Bot. Espèce de genêts.

GENTIANÉES. s. f pl. bot. Famille des gentianes.

GÉOCYCLIQUE. adj. Machine géocyclique, et, s. m., un géocyclique, représentant le mouvement de la terre autour du soleil.

GÉOGÉNIE. s. f. V. Cosmogonie au Dict.

GÉOGNOSIE. s. f. (On pron. gueno...) Connoissance de la nature des montagnes et des couches remarquables de la terre.

GÉOGNOSTE. s. m. (gueno...) Celui qui connoît la géognosie.

GÉOGNOSTIQUE. adj. Qui a rapport, qui tient ou appartient à la géognosie (gueno).

GÉOHYDROGRAPHIE. s. f. Description de la terre, et en même temps des eaux.

GÉOHYDROGRAPHIQUE. adj. Qui appartient à la géohydrographie.

GÉOLOGIE. s. f. Théorie de la terre; traité, connoissance du globe terrestre sous le rapport de son origine et des lois de sa formation, de ses diverses substances et de leur disposition; des causes et des effets dans ses changemens successifs.

GÉOLOGIQUE. adj. Qui a rapport à la géologie : avoir des connoissances géologiques.

GÉOLOGUE. s. m. Celui qui se livre à la géologie, qui l'approfondit, ou en expose le système.

GÉOMÉTRALEMENT. adv. D'une manière géométrale.

GÉONOMIE, GÉOSCOPIE. s. f. Voyez Agronomie au Dict.

GÉRANCE. s. f. Machine pour décharger les vaisseaux.

GÉRANIS. s. m. chir. Bandage pour les luxations de l'omoplate, ou la fracture des clavicules.

GÉRANOÏDES. s. f. pl. Famille des géranium, à fruits en bec de grue. (On pron. no-i.)

GÉRANT. s. m. Celui qui gère un domaine, une administration, une affaire; qui est chargé d'une gestion. Fém., gérante. Avoir besoin d'un gérant pour une terre. C'est un intendant en petit.

GERBIÈRE. s. f. Charrette à transporter les gerbes des champs à la grange.

GERBOISE. s. f. Quadrupède rongeur, qui a les pattes de devant très-courtes. Espèce de rats.

GERLE. s. f. Grand baquet à couvercle, où l'on conserve, en quelques endroits, le fromage de gruyère, etc. On dit aussi gerlon et gerlot, mais celui-ci plus souvent comme diminutif de gerle.

GERMINAL. s. m. Premier mois du printemps, comprenant les 30 degrés du Bélier; septième mois de l'année républicaine, qui commençoit à l'équinoxe d'automne.

GERMOIR. s. m. Lieu où les brasseurs font germer leurs grains pour faire la bière.

GERSÉE. s. f. Céruse servant à blanchir la peau.

GÈSE. s. f. Sorte de javelot des Celtes.

GESTION. s. f. Action de gérer; charge de celui qui gère; manière de gérer.

GIBBON. s. m. Singe du genre des orangs, à longs bras, à face humaine.

GIBOYA. s. m. Serpent du Brésil, le plus grand de tous, mais sans venin. On croit que c'est le même que le boa-géant (boia).

GIGANTE. s. f. mar. Figure gigantesque, ordinairement placée à l'arrière des galères.

GIGUER. v. n. Danser la gigue; faire de grands mouvemens en courant, ou comme si l'on dansoit. Pop.

GILLERIE. s. f. Un trait de gille, de gillotin. T. de plaisanterie.

GINGE. s. f. Graine rouge à point noir d'Amérique; chanvre gigantesque du Japon.

GINGEOLE. s. f. Place de la boussole d'une galère, près de la poupe.

GINGIBRINE. s. f. Poudre de gingembre.

GINGO. s. m. Arbre du Japon et de la Chine, de la grosseur du noyer, avec feuilles en coin, arrondies du haut, et très-creusées au milieu.

GINGUER. v. n. Donner des coups de pied, en parlant des chevaux, etc. *Pop.*

GIRANDE. s. f. Réunion de jets d'eau, de fusées volantes. Dans quelques provinces, on appelle la *girande* la femme en couches ; ce qui est populaire.

GIRARDIN. Greffe girardin, ou à la girardin (à la manière de G.). Greffe par scions, de côté, avec rameaux chargés de boutons à fleur.

GIRONDINS. s. m. pl. Partisans du gouvernement fédératif en France, dont les chefs étoient les députés de la Gironde à la Convention nationale, en 1793.

GIRONNER, v. a., une pièce d'orfévrerie, lui donner de la rondeur.

GIVROGNE. s. f. Dartre qui attaque le nez et les lèvres du mouton. *Art vétér.*

GLABRE. adj. *bot.* Tige glabre, sans poils et sans aspérités, lisse.

GLABRÉITÉ. s. f. Qualité de ce qui est glabre. La glabréité des feuilles distingue cette plante.

GLABRIUSCULE. adj. Qui approche d'être glabre, un peu glabre.

GLACERIE. s. f. Partie de la verrerie qui consiste à fabriquer les glaces; art de la fabriquer, lieu où elles se fabriquent.

GLADIÉ, E. *Voy.* ci-devant **Ensiforme.**

GLAI. s. m. Masse de glaïeuls, dans une étendue marécageuse.

GLANDIFORME. adj. *méd.* Qui a la forme d'un gland.

GLANDIVORE. adj. Qui vit de glands.

GLANÉE. s. f. Espèce de chasse aux canards; piége qu'on y emploie.

GLASS-CORD. s. m. Piano Franklin, où des lames de verre tiennent lieu de cordes métalliques.

GLAUBER (SEL DE). s. m. *pharm.* Acide marin, combiné avec l'acide vitriolique.

GLAUBERITE. s. m. Substance minérale qui, seule jusqu'ici, offre deux sels complets combinés entre eux.

GLAUQUE. adj. Vert tirant sur le blanc.

GLÉNER, v. a., *mar.,* les manœuvres, en faire la *glène,* les arranger en rond chacune à sa place.

GLEUCOMÈTRE ou **GLEUCO-OENOMÈTRE.** s. m. Instrument propre à marquer le degré de fermentation du moût dans la cuve, et la prospérité du tirage du vin.

GLINE. s. f. Panier couvert, pour mettre le poisson pris.

GLISSEUR. s. m. Celui qui glisse, qui sait glisser sur la glace. *Fém.,* glisseuse.

GLOBBÉE. s. f. *bot.* Plante vivace des Indes, de la famille des drimyrrhizées. La globbée pendante des serres du Jardin des plantes produit de belles fleurs.

GLOBEUX, EUSE. adj. Arrondi en forme de globe. *T. de bot.*

GLOMÉRÉ, E. adj. *bot.* Ramassé en peloton, par pelotons. Fleurs formant une tête à un sommet. Diminutif, *glomérulé, e.*

GLORIA. s. m. Mélange de thé et d'eau-de-vie des marins; de café et d'eau-de-vie, pris à nos tables après le dessert.

GLORIEUSE. s. f. *bot.* Genre de liliacées, à fleur éclatante.

GLOSSANTHRAX. s. m. Charbon de la langue, maladie du gros bétail. *Art vétér.*

GLOSSITE. s. f. *méd.* Inflammation à la langue.

GLOSSOCÈLE. s. f. *méd.* Langue tuméfiée, sortant de la bouche.

GLOSSOGRAPHIE. s. m. Auteur qui a écrit sur une langue étrangère, sur les langues savantes.

GLOUME ou **GLUME.** s. f. *bot.* Enveloppe des fleurs semblable à la balle des graminées. Il a pour diminutif *glumelle,* s. f.

GLUCINE. s. f. Substance terreuse qu'on n'a trouvée qu'en combinaison avec d'autres terres, comme dans le béryl, l'émeraude, etc. *T. de minér.*

GLUMACÉ, E. adj. f. *bot.* Pourvu de glume. *Glumelacé, e,* pourvu de glumelle.

GLUTINATIF, GLUTINATION. *Voyez* **Agglutinatif, Agglutination,** au Dict.

GLYPHITE. s. f., ou **PIERRE DE LARD.** Talc compact, dont se composent les magots de la Chine.

GLYPTIQUE. s. f. Art de graver sur les pierres fines.

GLYPTOGRAPHIE. s. f. Connaissance en gravures sur pierres fines.

GNEISS. s. m. (On pron. *guenéisse.*) Roche primitive, espèce de granit, contenant aussi du quartz, du feldspath, avec du mica, mais celui-ci par couches sensibles.

GOACONAS. s. m. Arbre du Pérou, qui donne le baume de tolu.

GOAILLER, v. a., quelqu'un, c'est le badiner avec éclat, persévérance, et sans ménagement: c'est ce qui constitue la goaille ou la goaillerie; et celui ou celle qui le fait est un goailleur, une goailleuse.

GOBELETIER. s. m. Celui qui fabrique les gobelets.

GOBELETTE. s. f. *mar.* Petit bateau côtier à mâts.

GOBELETTERIE. s. f. Art de fabriquer les gobelets; genre de fabrication, spécialement dans la verrerie. Assortiment de gobelets.

GOBERGES. s. f. pl. Ais qui supportent la paillasse d'un lit.

GOBEUR, EUSE. subst. Celui ou celle qui *gobe,* qui avale sans mâcher, comme on avale les huîtres, etc.

GOBILLARD. s. m. Planche préparée pour de grandes douves de cuve.

GOBILLE. s. f. Outil de bonnetier; globule de pierre on de marbre pour jouer aux billes. Le mot *bille* est plus usité.

GODAGE. s. m. Action de goder, défaut de ce qui gode.

GODAILLE. s. f. Action de godailler, défaut de celui qui godaille; mauvais vin qui a pris l'évent. Il se livre à la godaille. Ce vin n'est que de la godaille. *Fam.* et *pop.*

GODAILLEUR. s. m. Celui qui godaille, qui aime la godaille. *Fam.* et *pop.*

GODER. v. n. Être trop évasé, trop *gai* par places, ne pas joindre; spécialement en parlant des parties d'habillemens qui doivent être collantes, ou former un contour exact. *T. de mét.*

GODICHE. adj. et subst. Qui se réjouit sans fondement, qui compte sur une chose

sans apparence, et se prête ainsi à être trompé, dupé. Il a pour diminutif godichon, ne. *Pop.*

GODURE. s. f. Partie d'une manche, d'un vêtement, qui gode.

GOËLETTE. s. f. *mar.* Petit bâtiment de 50 à 90 tonneaux, et à deux mâts.

GOMMEMENT. s. m. Action de gommer.

GOMMO-RÉSINEUX, EUSE. adj. Qui tient de la résine et de la gomme; où il y a de l'une et de l'autre.

GONAGRE. adj. Qui a la goutte aux genoux. — s. f. La goutte aux genoux.

GONIOMÈTRE. s. m. Instrument propre à mesurer les angles formés dans les cristaux naturels.

GORDIEN. adj. Nœud gordien, difficile à vaincre; obstacle à surmonter. C'est là le nœud-gordien, ou simplement c'est là le nœud. Trancher le nœud gordien; expression tirée du trait réel ou supposé d'Alexandre-le-Grand à Gordium.

GORGET. s. m. Outil de menuisier pour faire les gorges des moulures.

GOSCHIS. s. m. Espèce de petits chiens de Saint-Domingue, sans voix.

GOSSE. s. f. Parole menteuse, conte, fausseté, invention pour s'amuser. *Pop.*

GOUDRONNERIE. s. f. Lieu où se prépare le goudron.

GOUET. s. m. Serpe de bûcheron. — Plante, genre d'aroïdes.

GOUGER, v. a., une pièce de bois, la travailler avec la gouge.

GOUGETTE. s. f. Petite gouge.

GOUJONNER, v. a., un ouvrage, en lier les parties avec des chevilles de fer qu'on appelle goujons.

GOUJURE. s. f. Entaille faite autour d'une poulie.

GOULET. s. m. *mar.* Étroite entrée d'un port. Goulet est ici ce qu'est la gorge ou le col dans les montagnes.

GOULETTE. s. f. Entaillure en demi-goulot, pour amener l'eau d'une coquille à une autre dans le jeu des eaux.

GOUPILLER, v. a., deux pièces, les faire tenir ensemble par des goupilles.

GOUPILLONNER. v. a. Arroser, nettoyer avec un goupillon.

GOURER, v. a., quelqu'un, le tromper à la vente ou dans un échange. *Pop.*

GOURNABLE. s. f. Cheville de bois pour faire tenir le bordage. *T. de mar.*

GOUSTOSE. adj. et s. m. *peinture.* Peint avec goût, d'un ton léger et badin. *Peu usité.*

GOUVERNE. s. f. Écrit d'après lequel un correspondant doit se gouverner : ma lettre vous servira de gouverne. Votre lettre m'a servi de gouverne. Style de commerce. Il vieillit.

GOUVERNANT. s. m. Celui qui gouverne, par opposition à celui qui est gouverné. Tous les habitans d'un pays se divisent en deux classes : Les gouvernans, qui veulent un gros budget, et les gouvernés, qui en demandent un très petit.

GRADER, v. a., quelqu'un, lui donner un grade militaire. Peu usité, malgré son analogie avec dégrader. C'est apparemment parce qu'il ne s'applique bien qu'à celui qui sort du rang de simple soldat.

GRADINE. s. f. Ciseau dentelé et fort acéré du sculpteur.

GRADUELLEMENT. adv. D'une manière graduelle, d'un degré à l'autre.

GRAILLONNER. v. n. Ramasser les graillons, les chiffons, les restes. — Cracher souvent et épais.

GRAILLONNEUR. s. m. Celui qui graillonne, qui a l'habitude de graillonner. Fém., graillonneuse.

GRAIN-D'ORGE. s. m. Maladie des cochons trop gras; outil de tourneur. Voyez Grain et Orgeolet au Dict.

GRAINOIR. s. m. Crible pour donner le grain à la poudre à canon.

GRAISSANE. s. f. Figue de Provence, ronde, blanche et sans goût.

GRAISSET. s. m. Petite grenouille verte, que le vide qui se fait sous ses pates met en état de monter le long des corps polis.

GRAISSOIR. s. m. Auge pour graisser les laines.

GRALLIPÈDES. adj. et subst. Oiseaux à longs pieds. On a dit aussi grallœ et grallatores. Voy. Échassiers.

GRAMMATITE. s. f. Voy. ci-après Trémolithe.

GRAMME. s. m. Unité de poids, d'environ 19 grains. Il a pour multiples le décagramme, l'hectogramme, le kilogramme; et pour sous - multiples ou fractionnaires, le décigramme, le centigramme, le milligramme.

GRAND'CHOSE. m. sing. Avec la négation et avec sans : Il n'y a pas grand'chose qui soit bon. Il est revenu sans avoir gagné grand'chose. Y a-t-il grand'chose à dire à cela? non. L'interrogation affirmative est un équivalent de la négation, quand celle-ci est supposée dans la réponse. Voyez Grand et Chose au Dict.

GRAND-DUC. s. m. Titre d'un prince qui a un grand-duché, et qui donne un degré au-dessus des ducs. Grand-duc de Toscane; fém., grande-duchesse.

GRAND'GARDE. Voy. Garde au Dict.

GRANDIOSE. adj. et s. m. Grand et imposant. Il s'applique surtout aux objets d'art, quant à la conception, l'exécution, les effets. La nature offre parfois des sites grandioses. Ce tableau, ce poème, cette monument a quelque chose de grandiose. Avoir un style grandiose. Le grandiose produit un effet durable. On ne dit pas la grandiosité.

GRAND'RUE. s. f. Rue principale, distinguée par le nom de grand'rue.

GRAND-TURC. s. m. Souverain de l'empire de Turquie. Pop. et fam.

GRANGEAGE. s. m. Genre de fermage, celui d'une grangerie, donné pour une portion du produit à un métayer, qui porte le nom de granger; ce qui a lieu dans les pays de très-petite culture.

GRANITIQUE. adj. Roche granitique, en granit, pierre à gros grain.

GRANIVORE. adj. Qui vit de grains. Les oiseaux granivores forment une famille dans l'ordre des sylvains.

GRANULEUX, EUSE. adj. Terre granuleuse, composée de petits grains ramassés.

GRANULIFORME. adj. Qui a la forme de petits grains.

GRAPHITE ou CARBURE de FER. s. m. Plombagine, autrement mine de plomb.

GRAPPILLAGE. s. m. Action de grappiller; ce que l'on a grappillé. Au propre et au figuré, comme grappiller.

GRAPPINER, v. a., un navire, l'accrocher avec les grappins pour l'aborder. Mar.

GRASSEYEUR, EUSE. subst. Celui ou celle qui grasseye, qui prononce r près de la racine de la langue au lieu de le frôler contre le palais. C'est ce qu'on appelle parler gras.

GRATEAU. s. m. Instrument avec lequel on prépare l'ouvrage à dorer.

GRATTE-BOSSE. s. m. Brosse de fils de laiton, pour gratte-bosser, gratter, polir un ouvrage.

GRATTELER, v. a., un ouvrage, le gratter légèrement pour le disposer au poli.

GRAVATIF, IVE. adj. Douleur gravative, douleur avec pesanteur de la partie malade. T. de méd.

GRAVIGRADES. adj. et s. m. pl. Animaux à marche lourde : le chameau, l'éléphant, etc.

GRAVIMÈTRE. s. m. Instrument propre à mesurer la pesanteur spécifique des liquides et des solides.

GRAVOIR. s. m. Outil propre à graver une marque ou empreinte, à faire une rainure, etc. T. de mét.

GRECQUER, v. a., un livre, le couper sur le dos avec la petite scie à mains qu'on appelle grecque, pour faire une reliure à la grecque, où les nerfs ne restent pas saillans.

GRÉEUR, s. m. Celui qui se charge de gréer les navires.

GREFFEUR. s. m. Celui qui greffe, qui fait la greffe des arbres.

GRÉGARII. adj. et s. m. pl. Allant en troupe. Il sert à distinguer une famille d'oiseaux qui on ne trouve que par bandes.

GRELET. s. m. Marteau de maçon, aussi nommé gurlet.

GRÉLON. s. m. Vaisseau pour grélonner la cire, la mettre en grains; l'opération se nomme le grélonnage.

GRÉLOIRE. s. f. Outil pour gréler la cire, la mettre en grains.

GRENADILLE, s. f., ou fleur de la passion, à triple couronne frangée.

GRENADINE. s. f. Soie forte et bien grenée, qu'on emploie surtout en dentelle noire. Il en est aussi de couleur, et dont on fait des étoffes qui ne se chiffonnent pas.

GRENAGE. s. m. Action de mettre en grains la poudre à canon; genre d'opération, et ce qui en résulte.

GRENAILLEUR. s. m. Celui qui fait la grenille; celui qui retire du son les restans de grains pour en faire une seconde farine.

GRENAISON. s. f. Action de grener des plantes, récolte des graines. Peu usité en ce dernier sens.

GRENASSE. s. f. mar. Petit grain, soit de pluie ou de vent.

GRENETTE. s. f. Halle aux grains ou aux graines, en beaucoup d'endroits.

GRENOIR. s. m. V. ci-devant Grainoir.

GRÉSEUX, EUSE. adj. Qui est de la nature du grès.

GRÉSILLON. s. m. Troisième mouture du même grain.

GRÉSOIR. s. m. Outil de vitrier pour rogner le verre.

GRIAS. s. m. Arbre guttifère des Antilles, dont on mange ou confit les fruits appelés poires d'anchois.

GRIBOUILLE. s. m. Il ne s'emploie guère que dans cette phrase : Il est adroit comme gribouille, qui se met à l'eau de peur de se mouiller. Pop.

GRIBOUILLER. v. n. Écrire d'une manière peu lisible; les lettres et les mots ou les lignes étant peu distincts, entremêlés, etc. Le barbouillage suppose les lettres grosses, des taches, des pâtés, etc. Le gribouillage peut être trop fin et sans tache. Fam.

GRIFFONNEUR. s. m. Celui qui griffonne, écrit comme avec une griffe; ce qui donne des lettres empâtées et mal formées, mal liées. Fém., griffonneuse.

GRIGNE. s. f. Défaut du feutre mal égalisé, semé de grains.

GRIGNOTIS. s. m. Tailles de gravure courtes, tremblotées, entremêlées de points.

GRILLETIER. s. m. Celui qui fait les grilles. T. de forg.

GRILLOÏDES. s. m. Insectes de la famille des grillons. T. d'hist. nat. (On pron. o-i.)

GRILLOIR. s. m. Fourneau à griller, à sécher les étoffes rases; lieu où elles se grillent.

GRILLOTTER, v. n., exprime le cri particulier du grillon.

GRIMACERIE. s. f. Art, affectation de faire des grimaces; ce qui grimace. Peu usité.

GRIMPEREAUX. s. m. pl. Oiseaux, famille des sylvains, portés par instinct à grimper. T. d'hist. nat. (On pron. o-i.)

GRIMPEURS. s. m. pl. Oiseaux, ordre composé des espèces qui ont deux doigts devant et deux derrière, qui leur servent à grimper. T. d'hist. nat.

GRINGUENOTTER, v. n. Il exprime le chant du rossignol. Peu usité. On se sert plutôt de chanter, qui est le mot générique pour tous les oiseaux.

GRIOT, s. m. Nom du genêt purgatif. Issue de blé après la grosse farine; c'est la troisième portion sortant du bluteau.

GRIPPELER, v. pron. Se gripper un peu, par places, en parlant des toiles. T. de tisserand.

GRISARD. s. m. Grès trop dur pour être taillé même en pavés.

GRIVOISER. v. a., du tabac, le râper avec la grivoise, le mettre en poudre. On dit, populairement, grivoiser, pour dire prendre du tabac, priser.

GRUMEL. s. m. Fleur de farine d'avoine, employée au foulage des étoffes.

GRUMELURES. s. f. pl. Petits creux dans des pièces d'étain, produits à la fonte.

GRYPOSE. s. f. méd. Courbure des ongles chez les phthisiques au troisième degré.

GUAIS. adj. Hareng guais, vide, sans laite et sans œuf.

GUANO. s. m. (On pron. goua diphth.) Couche terreuse du Pérou, exploitée comme engrais, et approchant de la fiente de pigeon. L'analyse de cette substance pourroit mener à un engrais artificiel.

GUÉDER, v. a., une étoffe, la teindre à la guède.

GUETTE. s. f. Demi-croix de Saint-André

dans les pans d'une charpente. Il a pour diminutif *guetton*, petite guette.

GUETTEUR. s. m. Celui qui guette, qui fait le guet. *Fém.*, guetteuse. *Fam.*

GUEULE-DE-LOUP. s. f. Nom d'une plante à fleurs labiées. — *mar.* Pièce de bois entaillée à angle. — *menuis.* Petite croisée enchâssée dans une grande, sur laquelle elle bat.

GUEULETTES. s. f. pl. Gueules pratiquées au four de recuisson des verriers pour y manœuvrer.

GUEUSET, GUEUSILLON. s. m. Petite gueuse de fer non épuré.

GUEUSETTE. s. f. Petit godet de cordonnier, pour mettre la couleur.

GUIDE-CHAÎNE. s. m. *horlog.* Pièce qui empêche la fusée de tourner, et qu'on nomme aussi garde-corps, garde-chaîne.

GUIGNEAUX. s. m. pl. Pièces de bois disposées pour laisser vide l'espace d'une cheminée.

GUIGNOLE. s. f. Pied qui porte les balances des monnoies; du vieux verbe *guigner*, qui vouloit dire vaciller, n'être pas fixe.

GUIGNOLET. s. m. Liqueur faite avec des guignes.

GUIGUE. s. f. Sorte de voiture de chasse.

GUILBOQUET. s. m. Outil propre à tracer des lignes parallèles. *T. d'ében.*

GUILDILLE. s. f. Pâte de poissons écrasés, pour servir d'appât à la pêche des harengs, etc. (*ll* mouillés).

GUILLAGE. Action de guiller.

GUILLEMETER, v. a., un passage, etc., le marquer de guillemets. *Imprim.*

GUILLER. v. n. Jeter sa levure par fermentation, en parlant de la bière. p. a. *Guillant*, *e*.

GUILLOIRE. s. f. Cuve de brasseur pour faire *guiller* la bière.

GUILLOTINE. s. f. Mécanique pour trancher la tête des criminels condamnés à mort.

GUILLOTINER, v. a., un condamné, lui trancher la tête avec la guillotine.

GUINCHE. s. f. Outil de cordonnier, pour *guincher*, polir, les talons des souliers de femmes.

GUINDAL. s. m. Machine pour *guinder*, élever et charger de lourds fardeaux.

GUINDE. s. f. Petite presse à moulinet, des tondeurs de drap.

GUINDERESSE. s. f. *mar.* Cordage qui sert à guinder, ou à amener les mâts de hune.

GUINDOULE. s. f. Machine pour décharger un navire.

GUINDRE. s. m. Petit métier à doubler les soies filées.

GUINGUIN. s. m. *menuis.* Petit panneau de parquet.

GUIPÉ. s. m. Point de broderie sur le vélin. *T. de mét.*

GUIPER. v. a. *ruban.* Passer un nouveau brin de soie sur ce qui est déjà tors.

GUIPOIR. s. m. Outil à *guiper* les franges torses. *T. de rubanier.*

GUISARME. s. f. Ancienne hache à deux tranchans.

GUTTE. s. f. Gomme gutte, mélange purgatif de résine et d'extractif tiré d'un arbre guttifère.

GUTTIERS ou **GUTTIFÈRES. s. m. pl.** Plantes à sucs laiteux, soit résineux, soit gommeux, qui se durcissent aisément à l'air.

GYMNOPTÈRES. adj. et s. m. pl. Il se dit des insectes à 4 ailes nues.

GYMNOSPERME. adj. *bot.* Garni de graines nues et sans péricarpe.

GYNANDRIE. s. f. *bot.* Classe des végétaux à étamines insérées sur le pistil.

GYNOBASE. s. f. *bot.* Base d'un style unique, aboutissant à plusieurs loges distinctes.

GYROSELLE. s. f. *bot.* Jolie plante de la Virginie, dont chaque feuille produit au moins une hampe, qui se garnit de 12 fleurs pendantes.

H.

H aspiré ne produit guère dans le françois d'autre effet que d'empêcher la liaison et l'élision. Ce n'est que dans le discours soutenu que l'aspiration devient plus sensible. Entre deux voyelles, *h* nul les empêche de s'unir : *Trahi*, *cohue*, etc. Il admet la liaison dans le mot : *inhabile*, *bonhomie*, etc. — Il fait mouiller dans quelques noms *l* qui précède : *Milhaud*, *nom de ville*; *cabilhau*. Placé après *r* il le rend toujours dur. *Voy.* ci-devant CH. *Voy.* H au Diction.

HABEAS CORPUS. s. m. Deux mots latins servant à désigner une loi d'Angleterre qui donne aux personnes arrêtées pour délits ordinaires le droit de sortir de prison, en donnant caution de se présenter.

HABILITATION. s. f. Action d'habiliter; acte par lequel on habilite, ou l'on est habilité.

HABILLEUR. s. m. Celui qui fait un habillage. *Fém.*, habilleuse.

HACHEBACHE, E. adj. Brodé en enlaçant de longs poils, pour imiter des plis ou des ombres. (*h* asp.)

HACHE-PAILLE. s. m. Instrument pour hacher la paille à donner en fourrage.(*h* asp.)

HACHOT, s. m., **HACHOTTE.** s. f. *Voy.* HACHEREAU au Diction. (*h* aspiré.)

HAIM. s. m. Crochet de l'hameçon. *T. de pêche.* (*h* aspiré.)

HALE-BOULINE. s. m. *mar.* Mauvais matelot. *T. de mépris.* (*h* aspiré.)

HALIN. s. m. Corde passée dans les filets, pour les traîner. (*h* aspiré.)

HALITUEUX, EUSE. adj. Qui exhale une vapeur légère comme l'haleine. (*h* aspiré.)

HALLECROC. s. m. Croc pour tirer à bord le gros poisson. (*h* aspiré.)

HALLER. (*r* se pron.) Plante personnée du Cap. Le baller luisant, à fruit allongé, se cultive dans nos jardins. (*h* aspiré.)

HALLUCINATION. s. f. Affection de la vue, qui fait voir certains objets autrement qu'ils ne sont; ou du cerveau, qui les fait mal juger. *T. de méd.* (*h* aspiré.)

HALOGRAPHIE, HALOLOGIE. s. f. Description, traité des sels. (*h* aspiré.)

HALURGIE. s. f. *V.* HALOTECHNIE au D.

HAMÉE. s. f. Manche de l'écouvillon des canonniers. (*h* aspiré.)

HANSARD. s. m. Espèce de scie. (*h* asp.)

HAPPE-CHAIR. s. m. Il se dit populairement des gens de police chargés des arrestations; et figurément, des gens acharnés contre quelqu'un. C'étoit un vrai happe-chair. (*h* aspiré.)

HARAME. s. m. Arbre résineux, qui

fournit la gomme tacamaque. (*h* aspiré.)

HARASSEMENT. s. m. Action de harasser ou de se harasser; état de celui qui est harassé. (*h* aspiré.)

HARASSIER. s. m. Celui qui a soin du haras. *Inusité.* (*h* aspiré.)

HARAUX. *terme milit.* Donner le haraux (*h* aspiré). *Voy.* HARO au Dict.

HARD. s. m. Cheville de fer, sur laquelle on passe les peaux de gants pour les adoucir. (*h* aspiré.)

HARDÉES. s. f. pl. Branches rompues, dans les taillis, par les bêtes fauves, en pâture. *T. de véner.* (*h* aspiré.)

HARDERIE. s. f. Composition de limaille et de soufre pour les émailleurs (*h* aspiré).

HAREM. s. m. (On pron. *rème* bref.) Partie du sérail, du palais, où sont les femmes des grands, en Turquie. (*h* aspiré.)

HARENGERIE. s. f. Marché aux harengs. (*h* aspiré.)

HARMONICA. s. f. Instrument de musique, composé de timbres ou de plateaux en verre, dont on tire des sons par le frottement ou la percussion, suivant sa forme. Il y a des harmonica de plusieurs façons.

HARMONOMÈTRE. s. m. Monocorde qui se divise à volonté par des chevalets mobiles, et sert à mesurer les rapports harmoniques. *T. de musiq.*

HARMOPHANE. adj. Il se dit des cristaux à joints apparens. *Minér.*

HARPIN. s. m. (*h* asp.) Croc de bateliers.

HARPISTE. s. m. et f. Celui ou celle qui joue, ou sait jouer de la harpe.

HARVIAU. s. m. Corde pour attacher les grands filets aux arches d'un pont.

HASTÉ, E. adj. *bot.* Feuille hastée, à deux lobes et en fer de pique.

HATELET. s. m. (*h* s'aspire.) Petite broche où se hâte la cuisson.

HATELETTES. s. f. pl. (*h* s'aspire.) Pièces rôties au hâtelet.

HATEREAU. s. m. (*h* asp.) Mets fait à la hâte : Tranches de foie avec farine et persil.

HATURE. s. f. Dit pour *haveture*. (*h* asp.) Havet servant à retenir un pêne, un verrou.

HAUBANER. v. a. (*h* asp.) Affermir une machine par des cordages ou haubans, pour qu'elle résiste au fardeau qu'on veut monter.

HAUBELONNE. s. f. Nom marquand du fromage de Hollande le plus recherché.

HAUSSE-PIED. s. m. Lacs tendus pour prendre le loup. (*h* aspiré.)

HAUSSIER. s. m. t. de bourse. Celui qui joue à la hausse. (*h* aspiré.)

HAUSSOIRE. s. f. Palette qui se hausse à l'écluse d'un moulin, pour lui donner l'eau. (*h* aspiré.)

HAUT-DE-CASSE. s. m. Le haut de la casse d'une imprimerie, divisé en 98 casetins. (*h* aspiré.)

HAUTE-LICIER. s. m. Celui qui fait des ouvrages de haute-lice. (*h* aspiré.)

HAVENEAU ou **HAVENET. s. m.** Sorte de filet pour le poisson plat. (*h* aspiré.)

HAVET. s. m. Clou à crochet; outil d'ardoisier faisant le crochet (*h* aspiré.)

HAYON. s. m. Étalage en *haie*, de chandelles enfilées, de marchandises sous une tente, aux cabanes des foires. (*h* aspiré.)

HEC. s. m. Pièce du pressoir, qui porte sur le marc. (*h* aspiré.)

9

HÈCHE. s. f. Espèce d'échelle couchée de chaque côté d'une charrette. (*h* aspiré.)

HECTARE. s. m. Mesure de superficie, valant 100 ares (10,000 mètres carrés, à peu près deux arpens ; ancienne mesure).

HECTOGRAMME. s. m. Poids de 100 grammes, environ 3 onces 2 gros 12 grains.

HECTOLITRE. s. m. Mesure de capacité de 100 litres (à peu près 105 pintes de liquide; 3 minots de sel, graines, etc.).

HECTOMÈTRE. s. m. Mesure linéaire de 100 mètres (à peu près 50 toises 7 pieds 10 pouces).

HÉLIANTHÉES. adj. et s. f. pl. Plantes de la tribu des hélianthes. *V.* HÉLIANTHÈME au Diction.

HÉLICOÏDE. adj. (*co-i.*) Qui ressemble à l'hélice, qui est en forme d'hélice, de *spirale*. *Voy.* HÉLICE au Diction.

HÉLIOCENTRIQUE. adj. Dont le soleil est le centre; vu du centre du soleil.

HÉLIOCOMÈTE. s. f. Trainée de lumière du soleil couchant, qui figure une comète.

HÉLIOMÈTRE. s. m. Instrument pour mesurer le diamètre des astres.

HÉLIOSTATE. s. m. Instrument pour projeter un trait de lumière dans un lieu obscur; ou pour observer un astre sans être dérangé par son mouvement.

HELLÈNES. s. m. pl. Nom des Grecs entre eux, de eiléô, *confédérés. Grecs*, de géraios-graikos, *anciens*, étoit leur nom à l'égard des colonies et des étrangers.

HELMINTHES. s. m. pl. Vers intestinaux.

HELMINTHOLOGIE. s. f. *méd.* Traité des vers intestinaux.

HELMINTHOLOGISTE. s. m. Celui qui est versé dans l'helminthologie.

HEMA, signifiant *sang*, forme plusieurs composés ou dérivés en *hema* ou en *hemo*...

HÉMAGOGUE. s. m. Remède propre à évacuer du sang.

HÉMAPHOBE. adj. et subst. Qui a horreur du sang, et n'en peut supporter la vue.

HÉMASTATIQUE. s. f. Partie de l'hématologie qui traite de l'équilibre entre la force du sang et celle des vaisseaux sanguins.

HÉMATÉMÈSE. s. f. Vomissement de sang. T. *de méd.*

HÉMATINE. s. f. Principe colorant en rouge, des bois de Campêche et autres.

HÉMATOÏDE. adj. De couleur de sang, qui ressemble à du sang. (On pron. *to-i.*)

HÉMATOLOGIE. s. f. Partie de la médecine qui traite du sang.

HÉMATURIE. s. f. Maladie qui fait uriner du sang.

HÉMÉRA... *jour*, a aussi plusieurs composés et dérivés.

HÉMÉRALOPIE. s. f. *méd.* Affection de l'héméralopie, qui ne distingue les objets qu'à un grand jour.

HÉMÉROPATHIE. s. f. *méd.* Efflorescence qui ne dure qu'un jour, à peu près.

HÉMI, *Demi*-

HÉMICRANIE. Nom scientifique de la migraine.

HÉMIOPIE. s. f. Affection de la vue dans laquelle on ne voit qu'une partie des objets, au lieu de les voir en entier.

HÉMIPTÈRE. adj. et s. m. *A demi-aile*. Il se dit des insectes dont les ailes sont à moitié recouvertes d'un étui coriace.

HÉMI-SPHÉRIQUE. adj. A demi-sphérique, offrant une moitié de sphère.

HÉMI-SPHÉROÏDE. s. m. Solide, offrant la moitié d'un corps sphérique. (Pron. *ro-i.*)

HÉMI-TRITÉE. s. f. *méd.* Fièvre-continue, avec redoublement tous les trois jours; ou intermittente, donnant un jour un accès, et le suivant deux.

HÉMITROPE. adj. A moitié renversé, en parlant d'un cristal ayant la moitié de ses pyramides dans un sens, et l'autre moitié en sens inverse.

HÉMITROPIE. s. f. Renversement des pyramides d'un cristal entre elles, moitié dans un sens, moitié dans le sens opposé, base et sommet.

HÉMOPHOBE, HÉMOPHOBIE. *Voyez* ci-devant HÉMAPHOBE.

HÉMORROÜS. s. m. (On pron. *ro-üce.*) Serpent d'Afrique, dont la morsure fait couler le sang par toutes les issues du corps.

HÉMOSTASE ou HÉMOSTASIE. s. f. Stagnation générale du sang, produite par un état de pléthore.

HÉPATALGIE. s. f. Maladie du foie; douleur au foie; colique hépatique.

HÉPATIRRHÉE. s. f. Diarrhée provenant d'une maladie du foie.

HÉPATOLOGIE , HÉPATOGRAPHIE. s. f. Traité, description du foie.

HEPTA (DE), *Sept* :

HEPTAGYNIE. s. f. Sous-ordre de plantes, dont les fleurs ont sept pistils.

HEPTANDRIE. s. f. Classe de plantes dont les fleurs ont sept étamines.

HEPTANGULAIRE. adj. Qui a sept angles. *Voy.* HEPTAGONE au Dict.

HEPTAPÉTALÉ, É. adj. Pourvu de sept pétales, en parlant des fleurs ou de la plante qui les porte. T. *de bot.*

HEPTARCHIE. s. f. L'histoire donne ce nom à l'ancienne division de l'Angleterre en sept petits États souverains.

HÉRACLIDES. s. m. pl. Nom des anciens descendans d'Hercule.

HERBERIE. s. f. Marché aux herbes; pré où l'on fait blanchir la cire.

HERBIVORE. adj. et subst. Qui vit d'herbes, d'herbage, en parlant des animaux.

HÉRÉSIOLOGIE. s. m. Auteur d'un ouvrage sur les hérésies.

HERGOME. s. f. Tissu formé avec des fils tirés de la toile de certaines araignées d'Islande.

HÉRIGOTÉ. *Voy.* HERPÉ.

HERMAPHRODISME. s. m. État, qualité d'hermaphrodite.

HERMÈS. s. m. (On pron. le *s* final.) Buste de Mercure supporté par un piédestal en gaîne; par extension, tout buste ainsi supporté. On en a formé : Hermėracle, hermérote, hermharpocrate, etc., lorsque Hermès étoit réuni à Hercule, à l'Amour, à Harpocrate.

HERNIEUX, EUSE. adj. (*h* s'aspire.) Qui a une hernie ou descente. *Peu usité.*

HÉROÏCITÉ. s. f. Qualité d'héroïque, en parlant des vertus d'un saint.

HERPAILLE. s. f. (*h* s'aspire.) *vén.* Biches et faons en troupe, présentés comme une proie.

HERPÉ, E,ou HÉRIGOTÉ, E, adj., se dit d'un chien de chasse qui a une marque aux jambes de derrière.

HERPÉTIQUE. adj. *méd.* Qui regarde la *herpe*, la dartre. (*h* s'aspire.)

HERPÉTOLOGIE. s. f. Traité des reptiles. *T. d'hist. nat.*

HERSCHELL. *Voy.* ci-après URANUS.

HERSEMENT. s. m. Action de herser; genre d'opération dans l'agriculture. (*h* asp.)

HERSILLON. s. m. Petite herse, planche garnie de pointes dont on faisoit usage contre l'ennemi. (*h* aspiré.)

HESPÉRIDÉES. adj. et s. f. pl. De la famille des hespéris ou juliennes, dont l'odeur est plus sensible le soir.

HÉTÉRO... *Autre*, et composés : Hétérobranches, etc.

HÉTÉRODROME. adj. A direction différente. Il se dit du levier placé entre le poids et la puissance qui agissent en sens inverse.

HÉTÉROGYNES. adj. et s. m. pl. Insectes de différente nature; famille où les femelles sont sans ailes ; tandis que les mâles en sont pourvus.

HÉTÉROMÈRES. adj. et s. m. pl. A articulations différentes. Famille d'insectes ayant cinq articulations aux tarses de devant, et quatre seulement à ceux de derrière.

Hétéranthère, hétérobranche, hétérocère, hétérocome, hétérodactyle, hétéroderme, hétérodonte, hétéromorphe, hétérophylle, hétéropodes, hétéroptère, hétérosome, hétérosperme, hétérotome, hétérozoaires, diffèrent par les anthères, les branchies, les antennes, la chevelure, les doigts, la peau, les dents, la forme, les feuilles, les pattes, les ailes, le corps, la semence, par la division de la corolie, par les espèces.

HEUSE. s. f. *mar.* Piston de la pompe.

HÉVÉ. s. m. *Voy.* ci-devant CAOUT-CHOUC.

HEX... (DE), *Six* :

HEXACORDE. s. m. Instrument à six cordes; système musical de six sons.

HEXAGONAL, E. adj. Qui appartient à l'hexagone.

HEXAGYNIE. s. f. Classe de plantes à fleurs de six pistils, ou organes femelles.

HEXANDRIE. s. f. Classe de plantes à fleurs de six étamines, ou organes mâles.

HEXANDRIQUE. adj. *bot.* Qui est de l'hexandrie, qui en fait partie.

HEXAPÉTALÉ, E. adj. *bot.* Pourvu de six pétales, en parlant des fleurs.

HEXAPHYLLE. adj. *bot.* Pourvu de six feuilles ou folioles.

HEXAPODE. adj. Qui est pourvu de six pieds ou pates, tel que les insectes.

HEXAPTÈRE. adj. Qui a six ailes, en parlant des insectes.

HEXASTYLE. adj. Qui a six colonnes de front. T. *d'archit.*

HIBERNACLE. s. m. *bot.* Enveloppe d'hiver des jeunes pousses; bourgeon ou bulbe.

HIBRIDE. adj. Né de deux espèces, comme le mulet et certaines plantes. — *gramm.* Il se dit des mots composés dont les élémens appartiennent à deux langues différentes; l'un au grec, l'autre au latin, par exemple.

HIDROTIQUE. adj. et s. m. *méd.* Qui fait suer. Fièvre hidrotique; remède hidrotique.

HIEMENT. s. m. (*h* s'aspire.) Action de hier. Bruit de pièces de bois, produit par le frottement des joints.

HIER. v. a. Enfoncer avec la bie; bruire dans les joints. (*h* asp.) *Voy.* HIE au Dict.

HIÉRARQUES. s. m. pl. Ceux qui occupent les divers degrés de la hiérarchie.

HIÉROGRAMMES. s. m. pl. Caractères sacrés; lettres de l'écriture des anciens prêtres égyptiens.

HILE. s. m. *bot.* Lien ombilical de la graine, qui la lie à son enveloppe. (*h* aspiré.)

HINNÉ. s. m. *bot.* Arbre dont les dames de l'Orient emploient les feuilles à se teindre les ongles en rouge et les cheveux en roux. (*h* aspiré.)

HIPPARQUE. s. m. Commandant de cavalerie, en Grèce.

HIPPOBOSQUE. s. m. *Mange-chevaux.* Insecte qui pique les chevaux.

HIPPOCRATIQUE. adj. Qui concerne Hippocrate, qui est conforme à sa doctrine.

HIPPOMANIQUE. s. f. Plante du Chili, qui est un poison pour les chevaux.

HIRSUTÉ, E. adj. *bot.* Garni de poils durs et longs.

HISPANISME. s. m. Locution, tour, propre à la langue espagnole.

HISPIDE. adj. *bot.* Velu, garni de longs poils. Il y a aussi des vers hispides, garnis de soies, de poils, des deux côtés, et qui forment un ordre.

HISPIDITÉ. s. f. Qualité, état de ce qui est hispide.

HIVERNAGE. s. m. Action d'hiverner, de passer ou de faire passer l'hiver; labour d'hiver. L'hivernage des bestiaux est parfois coûteux.

HOLER, v. n., exprime le cri de la hulotte, en en imitant la voix.

HOLÊTRES. s. m. pl. Famille d'arachnides trachéennes, divisées en deux tribus : les phalangiens et les acarides.

HOLO (DE), Tout, e :

HOLOBRANCHES. s. m. pl. *hist. nat.* Ordre de poissons osseux, qui ont les branchies complètes.

HOLOMÈTRE. s. m. *géom.* Instrument à prendre toute sorte de hauteurs.

HOLOTONIQUE. adj. *méd.* Tétanos *holotonique*, très-douloureux, et attaquant *toutes les parties du corps.*

HOMARDIENS. s. m. Famille des homards, tirée des crustacés dont ils font partie.

HOMMÉE. s. f. Étendue de terrain que peut labourer un homme dans sa journée, et qui est devenue une mesure en plusieurs contrées.

HOMO (DE), *Semblable* :

HOMODERMES. s. m. pl. Reptiles ophidiens *à peau semblable*, formant une famille.

HOMODROME. adj. A même direction. Il se dit du levier qui agit dans le même sens que le poids du fardeau.

HOMOLOGATIF, IVE, adj. Qui sert à homologuer. *Arrêt homologatif.*

HOMONYMIE. s. f. *gramm.* Ressemblance des mots quant au son, quoiqu'ils diffèrent quant à l'idée. Il y a homonymie entre un *têt* et une *taie.*

HOMOPTÈRES. adj. et s. m. pl. *A ailes semblables*, division d'insectes.

HONGNETTE. s. f. (*h* s'aspire.) Ciseau à pointe plus épaisse que large, dont on se sert pour tailler le marbre.

HONNISSEMENT. s. m. Action de honnir. *Peu usité.* (*h* aspiré.)

HOPLITE. s. f. Pierre à croûte métallique très-luisante.

HORRIPILATION. s. f. *méd.* Hérissement du poil, produit par un frisson général de la peau.

HORTENSIA. s. f. *bot.* Rose du Japon; les fleurs en sont belles, mais sans odeur.

HORTICULTEUR. s. m. Celui qui se livre à l'*horticulture*, à la culture du jardin. Mots proposés au lieu de *jardinier, jardinage.*

HOUAGE. s. m. (*h* s'aspire.) Action de houer; ce que l'on a houé; ce qu'il faut houer pour découvrir une veine de métal. Il se dit aussi de ce que le foulon a enfoncé de drap dans l'eau.

HOUILLÈRE. s. f. (*h* s'aspire.) Mine de houille ou charbon de terre.

HOUILLEUR. s. m. (*h* aspiré.) Celui qui travaille à l'exploitation d'une houillère.

HOUPPÉ, E. adj. *bot.* Disposé en forme de houppe. (*h* aspiré.)

HOUPPÉE. s. f. (*h* aspiré.) *mar.* Houppe formée par les vagues, et qui blanchit par leur choc.

HOUPPIER. s. m. Celui qui houppe, ou peigne la laine; arbre auquel on n'a laissé qu'une houppe de rameaux à la cime. (*h* asp.)

HOURA. s. m. (*h* s'aspire.) Cri de guerre des Russes et des Cosaques au moment du combat.

HOURDIS. s. m. (*h* s'aspire.) Ce qui a été hourdé; où l'on a fait un hourdage. *Voy.* HOURDAGE au Dict.

HOUSCHE. s. f. Jardin à la sortie de la maison, sur le derrière. *Vieux.*

HOUSSET. s. m., HOUSSETTE. s. f. Serrure de coffre, mise en dedans. (*h* aspiré.)

HOUSSIÈRE. s. f. Lieu planté de houx, d'arbustes. (*h* aspiré.)

HOUT. s. m. *mar.* Tréteau de scieurs de long. On dit aussi *baudet.* (*h* aspiré.)

HOUZURES. s. f. pl. *vén.* Ordures que le sanglier laisse en se frottant, et qui en font juger la taille. (*h* aspiré.)

HOYÉ, E. adj. Poisson hoyé, fatigué ou meurtri par des poursuites. (*h* aspiré.)

HUBLOT, s. m., ou *ventouse. mar.* Petit sabord; jour pratiqué à l'entrepont. (*h* asp.)

HUILERIE. s. f. Moulin à huile; magasin, dépôt d'huile.

HUILIÈRE. s. f. *mar.* Cruche à l'huile, des vaisseaux.

HUIT-PIEDS. s. m. Un des jeux de l'orgue.

HUMÉRAL, E. adj. Qui a rapport à l'huméral, à l'épaule.

HUMIFUS, E. adj. *bot.* Tige humifuse, étendue à terre, sans pousser des racines.

HUMORISME. s. m. *méd.* Doctrine médicale basée sur les humeurs.

HUMUS. s. m. (On pron. *uce.*) *physiq.* Terre, considérée comme humide et comme siège de la végétation.

HUTIN. Vieux mot usité seulement dans Louis-le-Hutin. *Voy.* MUTIN au Dict.

HYACINTHIN. s. m. De couleur hyacinthe, relatif à l'hyacinthe. — s. f. Pierre qui ressemble à l'hyacinthe.

HYALIN, E. adj. Quartz hyalin, ou hyalithe. — s. f. Roche, pierre, qui ressemble au *verre.*

HYALODE. adj. Qui est de couleur de verre, blanc et transparent.

HYALURGIE. s. f. Art de la verrerie.

HYDOR (DE), *Eau* :

HYDARTHRE, s. m., ou HYDAR-

THROSE. s. f. *méd.* Hydropisie des articulations.

HYDRACHNES. adj. et s. f. pl. Arachnides *nageuses.*

HYDRACIDE. s. m. *chim.* Acide produit par la combinaison d'un corps simple avec l'hydrogène.

HYDRARGIRO-PNEUMATIQUE. *Voy.* ci-après HYDRO-PNEUMATIQUE.

HYDRARGYROSE. s. f. *méd.* Friction mercurielle.

HYDRATES. s. m. pl. *chim.* Oxydes métalliques combinés avec de l'eau.

HYDRAULICO - PNEUMATIQUE. adj. Il se dit d'une machine qui élève l'eau par le moyen de l'air.

HYDRIODATE. s. m. Tout sel provenant de l'acide hydriodique combiné avec une base. *T. de chim.*

HYDRIODIQUE. adj. Acide, provenant de l'iode combiné avec l'hydrogène.

HYDRO-CARBURE. s. m. Mélange d'hydrure et de carbone.

HYDROCÉRAME. s. m. Vase à rafraîchir l'eau par évaporation.

HYDROCHARIDÉES. s. f. pl. Famille de plantes herbacées, aquatiques, présentées comme ornement des eaux. (On pron. *cari.*)

HYDROCISTE. s. m. Hydropisie enkystée. *T. de méd.*

HYDROGÈNE. adj. et s. m. Gaz hydrogène; air inflammable. Principe générateur de l'eau. *T. de chim.*

HYDROGÉNÉ, E. adj. Combiné avec de l'hydrogène.

HYDROLITHE. s. f. Sorte de cristallisation, quelquefois d'un blanc de lait.

HYDROLOGIE. s. f. Traité sur la nature, sur les propriétés des eaux.

HYDROMÈTRE. s. f. Tout instrument propre à mesurer le poids, l'action et la propriété des liquides.

HYDROPHANE. adj et s. f. Espèce d'opale qui devient transparente en la tenant plongée dans l'eau. *T. de minér.*

HYDROPHOBIQUE. adj. *méd.* Virus hydrophobique, qui tient à l'hydrophobie.

HYDROPHOSPHURE. s. m. *chim.* Hydrogène phosphoré, combiné avec une base.

HYDRO-PNEUMATIQUE. adj. et s. *chim.* Appareil propre à recueillir les gaz solubles dans l'eau.

HYDROPOTE. adj. et subst. Celui ou celle qui, par goût ou par ordonnance, ne boit que de l'eau. *T. de méd.*

HYDROPYRIQUE. adj. Il se dit d'un volcan dont les eaux peuvent s'enflammer.

HYDRO-SULFURE. s. m. *chim.* Hydrogène sulfuré combiné avec une base.

HYDROTHORAX. s. m. *méd.* Hydropisie de poitrine.

HYDRURE. s. m. *chim.* Hydrogène combiné avec une base quelconque.

HYGIÉTÉTIQUE. adj. *méd.* Qui a rapport à l'hygiène.

HYGIOCÉRAME. s. f. Poterie fine et salubre, c'est-à-dire où il n'entre aucun ingrédient nuisible à la santé.

HYGROBAROSCOPE. s. m. *V.* ci-dessus HYDROMÈTRE, quant au poids.

HYGROLOGIE. s. f. Traité des fluides dans les corps animés.

HYGROMÉTRIE. s. f. Art d'observer les

9.

phénomènes résultant de l'humidité, et par conséquent de la sécheresse de l'air.

HYGROMÉTRIQUE. adj. Qui regarde l'hygrométrie, ou les effets de l'humidité sur les objets.

HYLONGONES. s. m. pl. Sauvages vivant dans les bois, et se retirant sur les arbres. *T. scientifique.*

HYMÉNÉLYTRES. s. m. pl. Insectes, famille des hémiptères, ayant pour membranes des élytres. *T. d'hist. nat.*

HYMÉNOGRAPHIE. s. f. Description des membranes. *T. d'anat.*

HYMÉNOLOGIE. s. f. Traité des membranes, de leurs fonctions, propriétés, etc.

HYMÉNOPODES. adj. et s. m. pl. Oiseaux pourvus d'une petite membrane à l'origine des doigts.

HYMÉNOPTÈRES. s. m. pl. Insectes à quatre *ailes membraneuses;* ordre divisé en deux sections : Térébrans, porte-aiguillons.

HYMÉNOTOMIE. s. f. *anat.* Dissection des membranes.

HYMNAIRE. s. m. Livre d'église contenant les hymnes.

HYMNISTE. s. m. Auteur d'hymnes des anciennes liturgies.

HYPERBOLISME. s. m Goût, emploi fréquent, affecté, de l'hyperbole.

HYPÉRICOÏDES. s. f. pl. Plantes, famille dout un genre est l'hypéricum, qui lui donne son nom. (On pron. *co-i.*)

HYPERTONIE. s. f. *méd.* Excès de ton dans les parties solides du corps.

HYPERTROPHIE. s. f. *méd.* Excès d'embonpoint, de volume.

HYPOCAUSTE. s. m. Fourneau, poêle, dont les tuyaux de chaleur passent sous le carrelage, dans les murs, etc.

HYPOCHONDRIE. s. f. (Ou prononce bypocon.) Maladie, affection aux hypochondres. *T. de méd.*

HYPOCRATÉRIFORME. adj. *bot.* En forme de *soucoupe.*

HYPOGYNIE. s. f. Disposition des étamines hypogynes, c'est-à-dire insérées sous le pistil. *T. de bot.*

HYPOPHYLLE. adj. *bot.* Qui croît sous la feuille, en parlant des semences; comme dans les fougères.

HYPOXYLONS. s. m. pl. Plantes *presque ligneuses*, coriaces, comme les champignons et les lichens. Ils naissent sur le bois mort.

HYSTÉRIE. s. f. *méd. Voy.* HYSTÉRIQUE au Diction.

I.

I. Cette lettre s'unit à l'*a* ou à l'*e* précédent pour peindre le son *è :* faire, veine. — Ai est muet dans *faisant*, je *faisois*, et composés : *faisant, défaisant*, etc., où il est même souvent remplacé par *e* muet. — *Ai* se prononce *é* au passé défini : j'*aimai*, pour le distinguer de l'imparfait j'*aimois;* et au futur j'*aimerai*, je *lirai*, etc., pour le distinguer du conditionnel j'*aimerois*, je *lirois*, etc. — Après *a*, *e*, *eu*, *ou*, *i* suivi de *l* est nul, et annonce *l* mouillé : *Bail, paille, merveille, seuil, bouilli;* — *a, e* sont nuls devant *in : pain, teint*, etc.; et *o, u, ou* font diphthongue : *soin, buis, marsouin*, etc.; excepté

dans les mots où l'*u* ne se prononce pas, comme qui, guide, et autres semblables après *qu, gu.* Cependant *u* sonne dans aiguiser, le duc de *Guise*, et les dérivés de aigu, contigu. — *I* précédé de *o*, et sans tréma, prend le son de l'*a*, et fait diphthongue : loi, roi, etc. (*loa*, *roa*.) *Voy.* I au Dict.

IACHT. *Voy.* YACHT au Dict.

ÏATRIQUE. adj. Art ïatrique, art *médical*, du grec iatèr, *médecin.* Ce mot et ses dérivés sont des traductions du grec, inusités en françois hors de l'histoire de la médecine.

ÏATROCHIMIE. s. f. Médecine chimique; chimiatrie.

ÏATROPHYSIQUE. s. f. *méd.* Physique médicale.

IBIRA-PITANGA. s. m. *bot.* Arbre qui fournit la teinture le bois dit du *Brésil.*

ICASTIQUE. adj. Du grec aikòn, *image.* Mot hasardé avec application à la poésie : La poésie icastique, *faisant image.* Cette image doit être autre chose qu'une description, puisque nous avons déjà la poésie *descriptive.*

ICHNEUMONIDES. adj. et s. m. pl. De la tribu des ichneumons, insectes hyménoptères. *Hist. nat.*

ICHNEUTE. s. m. Rat d'Égypte, ennemi du crocodile, ainsi que d'autres ont appelé ichneumon. *Hist. nat.*

ICHOR. s. m. (On pron. *ikor.*) *méd.* Sérosité âcre, pus, qui découle des ulcères.

ICHTYOLOGIQUE. adj. Qui a rapport, qui tient ou appartient à l'icthyologie. *Hist. natur.* (On pron. *ti-o.*)

ICHTYOLOGISTE. s. m. Celui qui étudie ou connoît l'ichtyologie, la classification raisonnée des poissons. *Hist. nat.*

ICONANTIDIPTIQUE. *Voy.* ci-devant DIPLANTIDIENNE.

ICONIQUE. adj. Statue *iconique*, de ceux qui avoient été trois fois vainqueurs dans les jeux sacrés de la Grèce, et qui étoit l'image fidèle de leur taille et de leurs traits.

ICONOGRAPHE. s. m. Auteur qui décrit des images, tableaux, monuments antiques.

ICONOLOGISTE. s. m. Auteur qui se livre à l'iconologie. *V.* ICOSOLOGIE au Dict.

ICOSANDRIE. s. f. *bot.* Classe des plantes qui ont plus de douze étamines, insérées à la base interne du calice.

ICOSANDRIQUE. adj. *bot.* Qui tient ou appartient à l'icosandrie.

ICTÉRIQUE. adj. Maladie ictérique, qui tient à l'ictère. *Voy.* ICTÈRE au Dict.

IDÉALISME. s. m. Système de ceux qui pensent que toutes les idées nous viennent de Dieu. Il est opposé au matérialisme.

IDÉALISTES. s. m. pl. Ceux qui adoptent l'idéalisme. C'est l'opposé de matérialistes.

IDÉMISTE. s. m. Celui qui, votant après un autre, dit *idem* pour adopter l'avis sans pouvoir dire pourquoi. Ce n'est qu'un terme de plaisanterie.

IDÉOLOGIE. s. f. Traité des idées; science des facultés intellectuelles de l'homme.

IDÉOLOGUE. s. m. Celui qui se livre à l'idéologie. Les idéologues déplaisent fort à ceux qui veulent mettre partout la foi à la place du raisonnement.

IDIO-ÉLECTRIQUE. adj. Qui a en soi la propriété de l'ambre. Susceptible d'être élec-

trisé par le frottement. *Le verre est idio-électrique.*

IDIOGYNE. adj. *bot.* Séparé du pistil. Il se dit des étamines.

IÉNITE ou LIÉVRITE. s. m. Substance minérale, regardée par les uns comme une pierre, et par les autres comme une espèce de fer.

IGASURATE. s. m. Base imprégnée d'acide *igasurique*, découvert dans les Vomiques. *Voy.* ci-après STRYCHNINE.

IGNAME. s. m. *bot.* Plante de la famille des dioscoridées, qui a beaucoup de rapport avec la liane. On en mange la racine dans la Guyane.

IGNATIE. s. m. Arbre de l'Inde, voisin des Vomiques, dont le fruit est la fève de Saint-Ignace, mise en vogue par les jésuites, et oubliée avec eux.

IGNIVOME. adj. Volcan ignivome, qui vomit du *feu*, des flammes. (Pron. *ig-ni.*)

IGUANIENS. s. m. pl. Reptiles. Famille tirée de l'ordre des sauriens.

ILIA, ILIO, entrailles, îles, forme beaucoup de composés relatifs à la médecine et à l'anatomie, mais inusités ailleurs.

ILLÉGALEMENT. adv. D'une manière illégale, contraire à la loi.

ILLÉGALITÉ. s. f. Caractère de ce qui est illégal. *Style parlementaire.*

ILLETTRÉ, E. adj. Qui n'a pas été initié dans les lettres; dont l'esprit n'a pas été cultivé; sans connoissances en littérature.

ILLITION. s. f. Action d'enduire, ce dernier verbe ne formant point de nom pour cela.

ILLOGIQUE. adj. Contraire à la logique, à l'art de raisonner juste. *Scol.*

ILLUMINATEUR. s. m. Celui qui illumine, qui sait disposer avec art une illumination.

ILLUMINISME. s. m. Doctrine, exagération des illuminés, en opinions religieuses ou en idées religieuses.

ILLUTATION. s. f. Action de couvrir de *lut*, de boue, ou d'y plonger, d'en enduire le corps ou une partie du corps. *T. de méd.*

ILOTISME. s. m. État, condition d'ilote. On a récemment appelé ilotisme l'état de pauvreté, de servage et d'abaissement où l'aristocratie européenne avoit réduit les plébéiens. On a ôte a comparés aux Ilotes, esclaves à Sparte.

IMBERBES. s. m. pl. Famille d'oiseaux sylvains. *T. d'hist. nat.*

IMBRIQUÉ, E. adj. *bot.* Convert de parties appuyées l'une sur l'autre, et rangées comme les tuiles sur un toit.

IMMATÉRIALISME. s. m. Système opposé au matérialisme; et celui qui le suit est immatérialiste. Ou dit plutôt *idéaliste.*

IMMATÉRIELLEMENT. adv. D'une manière immatérielle.

IMMERGER. v. a. Inusité, qui a formé immersif, immersion, servant de supplément dans la famille de *plonger.*

IMMÉRITÉ, E. adj., non *mérité, e.* On éprouve souvent des malheurs immérités.

IMMIGRATION. s. f. Action d'*immigrer*, de passer dans un pays en quittant le sien.

IMMINENCE. s. f. Qualité de ce qui est imminent. L'imminence du danger nous détermina à la retraite.

IMMISCIBLE. adj. Qui n'est pas susceptible de se mêler à une autre substance.

IMMOBILISATION. s. m. Action d'*im-
mobiliser*, de convertir en immeuble.

IMMONDICITÉ. s. f. Qualité de ce qui
est immonde. *Fam., peu usité.*

IMPANÉ, E. adj. Réuni au pain dans
l'Eucharistie. *T. dogmatique.*

IMPARISYLLABIQUE. adj. *gramm.* Inégal pour le nombre des syllabes. Il se dit
surtout des déclinaisons grecques ou latines
où le génitif a une syllabe de plus que le
nominatif, et des verbes françois où le participe actif en a une de plus que l'infinitif,
comme pâlir, pâli*ssant*.

IMPARTAGEABLE. adj. Qui ne peut être
partagé. *Peu usité. Voy.* INDIVISIBLE au Dict.

IMPÉNÉTRABILITÉ. s. f. Qualité de ce
qui est impénétrable. *T. didact.*

IMPENNES. s. m. pl. Famille d'oiseaux
à ailes courtes qui leur servent de nageoires.

IMPERFECTIBILITÉ. s. f. Qualité, état
de ce qui est *imperfectible*, et ne peut se perfectionner, ni être perfectionné.

IMPERFORATION. s. f. Défaut d'un organe *imperforé*, qui n'a pas d'issue, d'ouverture, comme il devroit en avoir. *Méd.*

IMPERMÉABILITÉ. s. f. Qualité, état
de ce qui est imperméable.

IMPERMUTABLE. adj. Qui, de sa nature, n'est pas permutable.

IMPLACABILITÉ. s. f. Caractère de
l'homme implacable.

IMPLANTATION. s. f. Action d'*implanter*; état de ce qui est implanté.

IMPLANTER. v. a. Planter, faire tenir
plus ou moins fortement une chose dans une
autre. Les dents sont implantées dans la
mâchoire. Il s'emploie mieux au participe
passif.

IMPLIABLE. adj. Qu'on ne peut faire
plier. *Peu usité*, et plutôt, au figuré, pour
les personnes.

IMPLOYABLE. adj. Qu'on ne peut
ployer, faire ployer.

IMPOLIMENT. adv. D'une manière im-
polie, trop peu polie.

IMPONDÉRABLE. adj. Qui ne peut être
pesé; dont on ne peut connoitre le poids.

IMPOPULAIRE. adj. Qui déplaît au peuple; qui est contre le vœu, les intérêts du
peuple. Il ne se dit guère que des choses :
Loi, système, mesure impopulaire.

IMPOPULARITÉ. s. f. Défaut, manque
de popularité. L'impopularité des adminis-
trateurs rend l'administration plus pénible.

IMPRÉCATOIRE. adj. Qui renferme une
imprécation.

IMPRIMABLE. adj. Qui peut être imprimé, qui mérite de l'être. Ce papier, cet
ouvrage, n'est pas imprimable. *Peu usité.*

IMPRIMAGE. s. m. Action de presser le
fil d'or en le faisant passer par le prégaton.

IMPRIMURE. s. f. Toile pour les peintres, où l'on a imprimé un enduit; papier
pour modèle de cartes, couvert de couches
d'huile. *T. de mét.*

IMPROBABILITÉ. s. f. Qualité, état de
ce qui est improbable.

IMPRODUCTIBLE. adj. Qui ne peut être
produit, qu'on ne peut produire.

IMPROVISATION. s. f. Action d'impro-
viser; chose improvisée. Il se dit surtout des

discours non écrits, en langage parlementaire. L'orateur a fait une brillante improvisation. OEuvre d'un improvisateur.

IMPUTABLE. adj. Qui peut être imputé
à quelqu'un, être mis sur son compte.

INABORDÉ, E. adj. Non encore abordé.

INACHEVÉ, E. adj. Qui n'a pas été
achevé, qui reste sans être achevé.

INALBUMINÉ, E. adj. *bot.* Privé, dé-
nué, dépourvu d'albumen.

INAMENDABLE. adj. Qui ne peut être
amendé. Un projet de loi qui pèche par la
base est inamendable ; il faut le repousser.

INAMUSABLE. adj. Qui ne peut être
amusé. *Fam.*

INANGULÉ, E. adj. *bot.* Non angulé,
sans angles.

INAPERCEVABLE. adj. Qui n'est pas,
ou qui est à peine apercevable.

INAPPRIVOISABLE. adj. Qui ne peut
être apprivoisé. *Fam. et peu usité.*

INASSORTI, E. adj. Non assorti, sans
être assorti.

INAUGURER, v. a., une chose, en faire
l'inauguration. Le verbe ne s'emploie guère
qu'au participe. Le buste du roi fut inauguré
ce jour-là.

INCA. s. m. Nom que portoient au Pérou
les anciens rois et les princes du sang royal.

INCALCULABLE. adj. Qui ne peut être
calculé. Les maux de la guerre sont incalcu-
lables, tant ils sont *nombreux* ou *grands*.

INCALICÉ, E. adj. *bot.* Sans calice, dépourvu de calice.

INCHANTABLE. adj. Qui ne peut être
chanté : Air, musique, avec. *Peu usité.*

INCICATRISABLE. adj. Il se dit d'une
plaie qui ne peut se cicatriser.

INCITABILITÉ. s. f. Qualité de ce qui
est *incitable*, ou susceptible d'être incité par
tout ce qui est incitatif, propre à inciter. A
proprement parler, inciter ne fait qu'accélérer le mouvement qu'on a ; exciter suppose
qu'il faut changer la première direction. On
incite au bien celui qui déjà s'y trouve disposé ; on y excite celui qui n'y songeoit pas,
ou qui songeoit au mal.

INCIVIQUE. adj. opposé à ce qui est ci-
vique, à ce qui est dicté par le civisme.

INCIVISME. s. m. Manque de civisme,
de la qualité de bon citoyen envers ses concitoyens.

INCOLORE. adj. Naturellement sans couleur. Si l'on vouloit marquer la perte de la
couleur, on diroit décoloré.

INCOMBUSTIBILITÉ. s. f. Nature de
l'objet comme incombustible. *Peu usité.*

INCOMMUNICABILITÉ. s. f. Propriété
de ce qui est incommunicable.

INCOMPRESSIBILITÉ. s. f. Qualité, propriété, état de l'objet incompressible.

INCONSTITUTIONNALITÉ. s. f. Qua-
lité de ce qui est *inconstitutionnel*, ou contraire à la constitution.

INCONSTITUTIONNELLEMENT. adv.
D'une manière inconstitutionnelle.

INCONSUMPTIBLE. adj. Qui ne peut
être consumé. (On pron. *somp*.)

INCONVENANT, E. adj. Contraire aux
convenances. Une démarche inconvenante.
Un propos inconvenant.

INCONVERTISSABLE. adj. Qui ne peut
être converti, qui ne peut se convertir.

INCULPABLE. adj. Qui peut être in-
culpé. *Peu usité.*

INCURVATION. s. f. Action de courber
ou de se courber; état d'une chose courbée
par une force accidentelle. *T. de méd.*

INDÉHISCENCE. s. f. *bot.* Qualité du
péricarpe *indéhiscent*, c'est-à-dire qui ne
s'ouvre point de lui-même.

INDÉLÉBILITÉ. s. f. Caractère de ce qui
est indélébile.

INDÉLÉGABLE. adj. Qui ne peut être
délégué.

INDÉLICAT, E. adj. Qui pèche par indé-
licatesse, par manque de délicatesse. On dit
que ces mots nouveaux prennent faveur ;
mais, pour une fois qu'on les employera, on
entendra cent fois dire : Il est peu, bien peu
délicat ; *son peu* de délicatesse, etc ; ce qui
est le tour habituel avec une infinité de noms
et d'adjectifs, précédés de cet *in* négatif.

INDÉMONTRABLE. adj. Que l'on ne
peut démontrer, non susceptible d'être démontré.

INDENTÉ, E. adj. *bot.* Dépourvu de
dents, ou de dentelures.

INDEVINABLE. adj. Qui ne peut être
deviné.

INDIANITE. s. f. Nouvelle espèce de
pierre, blanchâtre, mi - transparente, et
mêlée de plusieurs substances minérales.

INDIENNEUR. s. m. Ouvrier dans une
manufacture d'indiennes.

INDIFFÉRENTISME. s. m. Système de
l'*indifférentiste*, qui ne s'entête pour rien,
pas même pour les opinions religieuses. C'est
ce que le fanatique redonte le plus.

INDIGÉNAT. s. m. Qualité et droit d'in-
digène. En Pologne, on donne l'indigénat à
un étranger en le naturalisant.

INDIGOTIER. s. m. Genre de plantes de
la famille des légumineuses, contenant beaucoup d'espèces, dont plusieurs fournissent
de l'indigo. *T. de bot.*

INDIVIDUALISATION. s. f. *didact.* Action d'*individualiser*, de prendre ou de consi-
dérer par individus, comme individus.

INDIVIDUALITÉ. s. f. État, qualité de
ce qui est individuel, ou individu.

INDIVISÉ, E. adj. Qui n'est pas, ou qui
n'a pas été divisé.

INDIVISÉMENT. adv. D'une manière in-
divise, par indivis.

INDIVISION. s. f. État de ce qui est indivis, de ce qui n'a pas été divisé.

INDURATION. s. f. *méd.* Durcissement
d'une tumeur humorale; c'est l'une des cinq
manières dont elle peut se terminer.

INDUSIE. s. f. *bot.* Épiderme qui recouvre
les semences de la fougère, et leur sert d'enveloppe, de *chemise.*

INDUSTRIEL, LE. adj. Qui provient de
l'industrie, qui en est le résultat, le fruit.
Les produits industriels, les richesses indus-
trielles, etc. Il a remplacé le mot industrial,
qui a vieilli, il s'oppose en ce sens à *territorial, e.* On dit, substantivement, un industriel, les industriels, par opposition au
propriétaire terrien.

INÉCLAIRCI, E. adj. Qui n'a pas été
éclairci ; resté sans éclaircissement. *Fig.*, ce
fait est resté inéclairci.

INÉDIT, E. adj. Qui n'a point été imprimé, publié par la voie de la presse : œu-

vres, anecdotes inédites ; poème jusqu'à présent inédit.

INEFFECTIF, IVE. adj. Sans effet, qui n'est ou n'a été suivi d'aucun effet.

INÉLIGIBILITÉ. s. f. État, qualité de celui qui est inéligible. L'inéligibilité d'un citoyen rend nulle sa nomination.

INEMBRYONÉ, E. adj. bot. Plante inembryonée, sans embryon, sans graine, proprement dite.

INÉQUILATÈRE. adj. bot. A côtés inégaux. (On pron. kui.)

INÉQUITÈLES. s. f. pl. Aranéides ou arachnides filaudières ; division à traits inégaux. (On pron. kui.) T. d'hist. nat.

INÉQUIVALVE ou INÉQUIVALVÉ, E. adj. (On pron. kui.) A valves inégales, en parlant des fruits, des coquilles. T. de bot.

INERME. adj. bot. Sans armes, sans pointes, épines, etc.

INÉVIDENT, E. adj. Qui manque d'évidence.

INÉVITÉ, E. adj. Qui n'a pas été évité.

INEXIGIBILITÉ. s. f. État, qualité d'une dette inexigible, ou qui ne peut être exigée. L'inexigibilité d'une rente lui ôte de son prix, de sa valeur.

INEXISTENCE. s. f. Manque, défaut d'existence.

INEXTIRPABLE. adj. Qui est de nature à ne pas être extirpé.

INFÈRE. adj. bot. Ovaire infère, qui est en entier dans le tube du calice ; semi-infère, s'il n'y a que sa moitié inférieure.

INFERMABLE. adj. Qui ne peut être. fermé. Fam. et peu usité.

INFÉROBRANCHES. adj. et s. m. pl. Mollusques à branchies au-dessous du corps.

INFESTATION. s. f. Action d'infester, état d'un pays infesté. Peu usité.

INFEUILLÉ, E. adj. bot. Sans feuilles, dépourvu de feuilles.

INFINITÉSIME. adj. ou s. m. géom. Infiniment petit. Partie infinitésime. Opérer sur des infinitésimes, sur des termes, des nombres infiniment petits.

INFIXER. v. a. Fixer une chose dans une autre, l'y rendre immobile ; il est plus employé au participe passif. Dans le bas âge, les dents ne sont pas encore bien infixées dans la mâchoire.

INFLÉCHI, E. adj. Fléchi, courbé, en dedans. Opposé à défléchi. C'est un participe resté du vieux verbe infléchir, s'infléchir, qui avoit le même sens.

INFLORESCENCE. s. f. bot. Disposition des fleurs, leur place, leur manière de se développer.

INFORMATIF, IVE. adj. Qui donne, contient des informations, ou est fait pour en avoir. Enquête informative, etc.

INFRANCHISSABLE. adj. Qui ne peut être franchi. Fossé, barrière infranchissable.

INFRÉQUENTÉ, E. adj. Qui n'est pas fréquenté, en parlant des lieux, des mers, etc.

INFUNDIBULÉ, E, ou INFUNDIBULIFORME. adj. bot. (On pron. fon.) Qui est en entonnoir, en parlant des corolles.

INFUSOIRE. adj. Il se dit de petits animaux qui sont comme fondus, incorporés dans une substance, et que l'on n'en distingue qu'au moyen du microscope.

INGÉNIER (s'). v. pron. Déployer son génie ; faire des efforts d'esprit, d'imagination, pour parvenir à son but. Fam.

IN GLOBO. Expression latine, qui signifie en masse. Les gens instruits achètent des livres in globo ; la classe inférieure diroit en bloc. Fam.

INGLORIEUX, EUSE. adj. Sans gloire. Poétique, mais très-peu usité.

INGOUVERNABLE. adj. Qui ne peut être gouverné, au moins sans de grandes difficultés. Peu usité.

INHABITUÉ, E. adj. Qui n'est pas habitué à une chose. Si l'on n'étoit plus habitué, ou seroit déshabitué.

INHALATION. s. f. bot. Action des plantes attirant à elles des fluides qui les entourent. C'est l'opposé d'exhalation, dans le sens des chimistes. On dit aussi inspiration.

INHARMONIEUX, EUSE. adj. musiq. Sans harmonie, privé d'harmonie.

INHIBITOIRE. adj. Jugement inhibitoire, qui porte inhibition ou défense de...

INHONORÉ, E. adj. Privé d'honneurs. Ce mot est d'autant plus admissible que le privatif déshonoré offre un tout autre sens.

ININTELLIGIBILITÉ. s. f. Qualité de ce qui est inintelligible.

INITIATIF, IVE. adj. et s. f. Qui initie aux mystères, aux secrets d'État, etc. ; et, par extension, qui commence à parler d'une chose, qui expose la loi. En style parlementaire, le gouvernement s'est réservé la proposition initiative, ou l'initiative des lois. Un orateur prend l'initiative sur un sujet en le traitant le premier.

INJOUABLE. adj. Il se dit d'une pièce qui ne peut être jouée, qui ne mérite pas de l'être. Fam. et peu usité.

INNOCUITÉ. s. f. méd. Qualité non nuisible d'un remède, des alimens. C'est l'innocence appliquée sous un point de vue médical. Peu usité.

INNOVATEUR. s. m. Celui qui innove, qui introduit des innovations dans une loi, une branche d'administration, etc. Le novateur a plus de rapport aux théories générales et abstraites du gouvernement.

INOBSERVANCE. s. f. Défaut d'observance. Voy. OBSERVANCE. au Dict.

INOCCUPÉ, E. adj. Non occupé, qui manque d'occupation, on qui n'en veut pas.

INOFFENSIF, IVE. adj. Qui n'est point offensif de sa nature ; qui n'attaque point, qui n'est point porté, destiné à offenser, à attaquer, etc.

INORGANIQUE. adj. Il se dit des corps privés d'organes propres à la vie, à la croissance, à la reproduction, et ne formant pas un tout comme les animaux et les plantes. On pourroit dire aussi inorganisés.

INOSCULATION. s. f. med. Il se dit des artères placées orifice contre orifice. C'est l'abouchement en style médical.

INQUART. s. m. Voy. QUARTATION au Diction.

INQUISITORIAL, E. adj. Qui tient ou appartient à l'inquisition ; par extension, qui y ressemble, qui en est digne. Prendre des mesures inquisitoriales. Faire des recherches inquisitoriales sur le degré de foi des habitans ; sur leurs pratiques religieuses.

INSALUBRITÉ. s. f. Qualité de ce qui est insalubre.

INSATURABLE. adj. chim. Qui ne peut être saturé.

INSECTIFÈRE ou ENTOMOPHORE. adj. bot. Qui représente un insecte.

INSECTIRODES. s. m. pl. Famille d'insectes de l'ordre des hyménoptères, qui déposent leurs œufs dans les larves d'autres insectes, que les petits rongent après leur naissance. T. d'hist. nat.

INSECTIVORE. adj. et s. m. Qui vit d'insectes. On a dit aussi insectophage, qui a le même sens.

INSECTOLOGIE, INSECTOLOGISTE. Voy. ci-devant ENTOMOLOGIE, ENTOMOLOGISTE, plus usités, avec le même sens.

INSERMENTÉ, E. adj. Qui n'a pas prêté le serment légal, ou qui l'a refusé. C'est l'opposé d'assermenté.

INSIGNES. s. m. pl. Marques distinctives de la souveraineté, d'une dignité, etc. Les insignes de la royauté, d'un Ordre, etc.

INSINUATIF, IVE. adj. Il se dit des choses faites ou dites à dessein de s'insinuer dans l'esprit de quelqu'un. Un diplomate remet une note insinuative.

INSOLER. v. a. chim. Exposer au soleil. Tout-à-fait inusité ailleurs.

INSPECTRICE. s. f. Celle qui est chargée d'une inspection. C'est le féminin d'inspecteur. Voy. INSPECTEUR au Dict.

INSPIRATEUR. adj. et s. m. anat. Muscles inspirateurs, qui servent à inspirer l'air, à le recevoir dans la poitrine. V. ce mot au D.

INSTINCTIF, IVE. adj. Dicté, produit par l'instinct. Mouvement instinctif, opposé à raisonné.

INSTIPULÉ, E. adj. bot. Plante instipulée, sans stipules.

INSTITUT National des Sciences et des Arts. s. m. Corps littéraire séant à Paris, et composé de l'Académie françoise, de celle des Inscriptions et Belles-Lettres, de celle des Sciences et de celle des Beaux-Arts.

INSTRUMENTAIRE. adj. Témoin qui assiste un officier public instrumentant.

INSUBMERGIBLE. adj. Qui ne peut être submergé.

INSUCCÈS. s. m. Manque de succès. On dit mieux son peu de succès que son insuccès, qui est regardé comme une affectation.

INSUFFLATION. s. f. méd. Administration d'un remède qu'on introduit dans une cavité au moyen du souffle, ou d'un soufflet.

INSURGER (s'). v. pron. Se lever, se soulever contre un gouvernement regardé comme injuste et tyrannique, et qu'on croit avoir le droit de repousser. Ceux qui s'insurgent se nomment d'abord les insurgens, ensuite les insurgés ; leurs adversaires leur donnent le nom de rebelles.

INSURRECTEUR. adj. Qui insurge, qui travaille à insurger. Dans les soulèvemens, on suppose toujours un comité insurrecteur.

INSURRECTIONNEL, LE. adj. Qui tient à l'insurrection, qui en est l'effet. Presque tous les peuples libres ne le sont devenus que par des mouvemens insurrectionnels.

INTACTILE. adj. Qui échappe au tact, ne peut être touché. On dit aussi intangible, moins employé, quoique tangible le soit davantage.

INTAILLE. s. f. Pierre taillée, gravée en creux. T. de grav.

INTELLIGIBILITÉ. s. f. Qualité de la chose intelligible.

INTEMPESTIF, IVE. adj. Qui n'est pas fait en temps opportun, qui se fait à contre-temps. C'est une démarche, une proposition intempestive, *hors de saison.*

INTEMPESTIVEMENT. adv. D'une manière intempestive, hors de propos.

INTER-ARTICULAIRE. adj. *anat.* Il se dit des parties situées entre deux articulations.

INTERCEPTATION. s. f. Action d'intercepter les lettres, les envois, etc., entre le point de départ et celui de l'arrivée.

INTER-CLAVICULAIRE. adj. *anat.* Il se dit des parties qui séparent les clavicules.

INTERCURRENT, E. adj. *méd.* Pouls intercurrent, qui bat entre deux pulsations. Fièvre intercurrente, qui prend accidentellement, sans tenir à la saison ni au lieu.

INTERCUTANÉ, E. adj. *méd.* Voy. ci-après Sous-cutané, x.

INTER-DENTAIRE. adj. *anat.* Il se dit de l'espace qui sépare les dents des animaux.

INTER-ÉPINEUX, EUSE. adj. *anat.* Qui sépare les apophyses cervicales épineuses.

INTER-LOBULAIRE. adj. *anat.* Qui sépare les lobules du poumon.

INTER-MAXILLAIRE. adj. Qui est entre les mâchoires. *Veines inter-maxillaires.*

INTER-MUSCULAIRE. adj. Qui est entre les muscles.

INTERNISSABLE. adj. Qui ne peut être terni. *Gloire, réputation internissable.*

INTERNONCIATURE. s. f. Fonction d'internonce.

INTER-OSSEUX, EUSE. adj. *anat.* Ligamens inter-osseux, entre les os de la main, entre ceux du pied.

INTERPELLATEUR, TRICE. subst. Celui ou celle qui interpelle.

INTERPINNÉ, E. adj. *bot.* A folioles entre de grandes feuilles.

INTERPRÉTATEUR, TRICE. sub. Celui ou celle qui fait une interprétation des actes, des discours isolés ; il est du style didactique. Interprète de tout style moral, littéraire, commercial et civil. *V.* INTERPRÈTE au Dict.

INTERPRÉTATIVEMENT. adv. D'une manière interprétative.

INTERROGATIVEMENT. adv. D'une manière interrogative, en interrogeant. *Il parle toujours interrogativement.*

INTERRUPTEUR, TRICE. subst. Celui ou celle qui interrompt la personne qui parle, en lui coupant la parole, c'est-à-dire en la prenant avant que l'autre ait fini.

INTER-SCAPULAIRE. adj. *anat.* Qui est entre les épaules.

INTER-STELLAIRE. adj. Espace qui se trouve *entre les étoiles.* T. *d'astron.*

INTER-TRIGO. s. m. *méd.* Écorchure, excoriation de la peau, par le frottement, l'âcreté de la sueur ou de l'urine.

INTER-VALVAIRE. adj. *bot.* Qui fait commissure entre les valves d'un fruit.

INTER-VERTÉBRAL, E. adj. *anat.* Situé entre les vertèbres.

INTESTINAL, E. adj. *anat.* Vers intestinaux, sont des vers qui naissent, vivent et se multiplient *dans les intestins,* ou du moins dans l'intérieur des corps animés.

INTIGÉ, E. adj. *Voy.* ci-devant ACAULE.

INTIMIDATION. s. s. f. t. *de palais.* Action d'intimider ; acte pour intimider quelqu'un, et en obtenir une chose par crainte. Une promesse obtenue par intimidation est nulle de droit.

INTITULATION. s. f. *Voyez* TITRE, INTITULÉ au Diction.

INTORSION. s. f. *bot.* Torsion, écart de la direction naturelle d'une plante.

INTRA-MUROS. Expression latine signifiant *au-dedans des murs,* et admise dans la division d'une commune urbaine, des justices de paix, etc. Le juge de paix *intramuros.*

INTRANSMUTABLE. adj. Il se dit des insectes qui ne sont soumis à aucune métamorphose. T. *d'hist. nat.*

INTRIGOTERIE. s. f. Ce mot, aussi-bien qu'*intrigaillerie,* n'est que familier, et désigne une intrigue odieuse, ou plutôt un esprit, une habitude de petites intrigues dans ceux qu'on appelle des *intrigailleurs.*

INVENTION (BREVET D'). *Voy.* ci-devant BREVET.

INULE. s. f. *bot.* Nom de l'aunée, devenu le type d'une tribu de plantes appelées de là *inulées.* Sa racine fournit l'*inuline,* espèce d'amidon.

INUTILISER. v. a. Rendre inutile. Moins usité que le simple *utiliser,* qui l'est déjà moins que rendre utile, mettre à profit, profiter, etc. *Fam.*

INVERTÉBRÉ, E. adj. et subst. Il se dit des animaux sans vertèbres, sans colonne vertébrale osseuse ; ce qui en forme une grande division.

INVINATION. s. f. *théol.* Communication de la substance de Jésus-Christ au vin consacré par le prêtre, à la messe.

INVINCIBILITÉ. s. f. Qualité de la personne invincible, s'il y en a.

INVIOLABILITÉ. s. f. Droit et prérogative de l'homme public, non sujet à la responsabilité, pour ses fonctions ou ses opinions. T. *parlem.*

INVOCATOIRE. adj. Prière invocatoire, qui contient une invocation.

INVOLUCELLE. s. m. *bot.* Petit involucre sur une plante qui en a de plus grands.

INVOLUCRE. s. m. Enveloppe commune de plusieurs fleurs, de plusieurs pédoncules.

INVOLUCRÉ, E. adj. *bot.* Pourvu d'un involucre, d'involucres.

INVOLUTE, E. adj. *bot.* Roulé en dedans, en parlant des feuilles naissantes.

INVRAISEMBLABLEMENT. adv. D'une manière invraisemblable. *Peu usité.*

IODATE. s. m. *chim.* Acide iodique combiné avec une base pour former un sel.

IODE. s. m. (*violet.*) *chim.* Substance simple à éclat métallique, et tiré des soudes de verre. Il teint en beau *violet,* en se vaporisant à l'air chaude ; mais il teint l'amidon en bleu, et forme encore d'autres couleurs avec le soufre, le fer, etc.

IODIQUE. adj. *chim.* acide *iodique,* où l'iode est combiné avec l'oxygène.

IODURE. s. m. *chim.* Iode combiné, sans acide, avec des combustibles simples.

IOLITHE. s. f., ou *Pierre de violette.* Minéral aussi nommé dichroïte et cordiérite.

IOTACISME. s. m. On donne ce nom comme marquant là difficulté de prononcer les lettres gutturales, le j et le g doux ; mais ce sont deux lettres chuintantes et non gutturales ; de plus, ce sont deux consonnes, qui n'ont rien de commun avec l'iota, voyelle grecque d'où l'on a tiré iotacisme.

IPO. s. m. *bot.* Arbre de l'île de Java. *Voyez* ci-devant BUHON-UPAS.

IPPO. s. m. *bot.* Substance gommo-résineuse, de couleur noire, et tirée d'un arbre des îles Célèbes. On ne lui a pas trouvé d'antidote ; ce qui suppose qu'on ne l'a pas encore analysée.

IPSIDES. s. m. pl. Insectes coléoptères ; famille des ips, de ceux qui vivent sous l'écorce de bois.

IR. s. m. Arbre spongieux du Sénégal. Les nègres allument du feu en tournant rapidement un morceau pointu de ce bois dans le creux d'une branche du même arbre.

IRASCIBLE. adj. Facile à s'irriter, à se mettre en colère : C'est une personne très-irascible. Le chat est un animal irascible. *Voy.* ce mot au Dict.

IRI. s. m. Racine, on ne sait de quel arbre, dont les naturels du Brésil se font des arcs.

IRIDÉES. s. f. pl. *bot.* Plantes composant la famille des iris, à étamines soit connées soit libres.

IRIDIUM. s. m. (On pron. *diome* bref.) Métal du Choco, d'un blanc d'argent, difficile à fondre, mais cassant.

IRISÉ, E. adj. Qui offre les couleurs de l'arc-en-ciel ; soit plantes, métaux, ou minéraux.

IROQUOIS, E. adj. et subst. Les Iroquois sont un peuple de l'Amérique septentrionale, dont le nom a signifié ensuite des gens qui s'écartent des opinions, des manières ou des procédés reçus dans la société. Cet homme ne sait pas vivre : c'est un iroquois, un véritable iroquois.

IRRADIER. v. n. *phys.* Faire irradiation. *Peu usité.*

IRRECEVABLE, adj., signifie *non recevable,* qui est à peu près seul usité.

IRRÉFLEXION. s. f. Manque de réflexion, défaut de l'homme irréfléchi.

IRRESPECTUEUX, EUSE. adj. Qui marque un manque de respect, ou peu, ou trop peu de respect : propos, procédés, langage irrespectueux ; manières irrespectueuses.

ISARD. S. m. *Voy.* CHAMOIS au Dict.

ISATIS. s. m. Renard du Nord, blanc en hiver, gris-ardoise en été. (On pron. *tice.*)

ISAURE ou STÉPHANOTE. s. m. Bel arbrisseau de Madagascar, de la famille des apocynées.

ISCA. s. m. Bolet angulé, avec lequel on fait l'amadou.

ISCHIAGRE. s. f. *méd.* (On pron. *iski.*) Goutte *à la hanche* ; ce qu'on appelle vulgairement *goutte-sciatique.*

ISLAMISME. s. m. Dogme de la fatalité, d'où résultent, chez les Turcs, la soumission à la volonté de Dieu, et la résignation aux malheurs.

ISOCHRONISME. s. m. (On pron. *isocro.*) Égalité de durée dans les mouvemens d'un corps. T. *de phys.*

ISOGONE. adj. A angles égaux. Il se dit surtout des cristaux.

ISOLÉMENT. adv. D'une manière isolée.

ISOLOIR. s. m. Siége pour isoler les corps qu'on veut électriser.

ISONOMIE. s. f. Caractère des cristaux *isonomes*, qui décroissent également sur leurs bords. *T. de minér.*

ISOPODES. adj. et s. m. pl. *A pieds égaux;* caractère d'un ordre de crustacés. *Hist. nat.*

ISTHMIENS. adj. m. pl. Jeux *isthmiens*, célébrés tous les trois ans en l'honneur de Neptune, dans la ville de Corinthe, sur l'isthme de ce nom. On dit aussi *isthmiques*.

ITALISME. s. m. Tour, construction, expression propre à la langue italienne.

J.

J, signe qui peint le son foible de la touche dont le son fort est le *ch*, tous deux formés en appuyant le milieu de la langue contre le palais : charme, j'arme. *Voyez* J au Diction.

JABLOIRE. s. f. Outil de tonnelier pour faire les jables.

JABOROSE. s. f. Plante formant un genre dans la famille des solanées. *T. de bot.*

JABOTIÈRE. s. f. Oie de Guinée, dont le *jabot* est pendant et fait la poche.

JACA. s. m. Arbre à pain de l'Inde, dont les fruits sont de la grosseur d'un melon.

JACAMAR. s. m. Oiseau formant un genre dans l'ordre des sylvains.

JACANA. s. m. Oiseau formant un genre de l'ordre des échassiers.

JACAPA. s. m. Oiseau formant un genre de la famille des péricalles.

JACAPANI. s. m. Espèce de rossignol, jaune et brun, qui vit de mouches.

JACAPU. s. m. Oiseau du Brésil, gros comme une alouette, et noir, avec une tache rouge sous la gorge.

JACARANDA. s. f. Plante du Brésil formant un genre dans la famille des bignonées.

JACARINI. s. m. Espèce de bruant, placé dans les passerines.

JACKSONIE. s. f. Plante d'un genre auparavant compris dans les gompholobiens.

JACO ou JACQUOT. Nom souvent donné au perroquet, qui le prononce très-bien.

JACOBINS. s. m. pl. Nom que portoient les anciens religieux de l'Ordre de Saint-Dominique, et qui passa aux membres d'une société populaire, établie en 1789, dans un de leurs couvens de Paris. De là il s'étendit à leurs sociétés affiliées, et aux partisans d'une démocratie outrée, des mesures violentes, et devint un nom odieux, que les ennemis de l'ordre légal même encore à donner aux constitutionnels, en traitant leur opinion de jacobinisme. — On appelle aussi *jacobin*, *jacobine*, un oiseau, de quelque espèce qu'il soit, dont le plumage offre une certaine distribution de blanc et de noir, comme le vêtement de ces anciens religieux.

JACOBITES. s. m. pl. Dans l'histoire d'Angleterre, les partisans du roi Jacques II furent appelés *jacobites*, comme une monnoie de Jacques Ier s'étoit nommée *jacobus*.

JACOURON. s. m. *Voy.* ci-devant DABOIR.

JACQUINIER. s. m. Plante formant un genre de la famille des hilospermes.

JACRE. s. m. Sucre fait avec le tari, vin de cocotier et de palmier. On l'appelle aussi Jagara, qui est le vin du palmier-jagua.

JACTATION. s. f. *méd.* Agitation vive et continue, symptôme de plusieurs sortes de maladies. Peu usité.

JACULATOIRE. adj. Qui lance, qui sert à lancer. Il se dit spécialement des fontaines à jets d'eau, et même des pompes et autres machines qu'on y emploie. *V.* ce mot au D.

JAGRA. s. m. Écorce aromatique, employée par les Indiens dans la liqueur appelée *arack* ou *rack*.

JAGUAR. s. m. Quadrupède qu'on met dans le genre des chats. Il y en a une variété qu'on nomme *jaguarète*, ainsi qu'un gros chat du Paraguai, à poil noir.

JALOT. s. m. *Voyez* ci-devant, GEALE, GERLOT.

JAMBAGER. *Voy.* ENJAMBER.

JAMBIÈRE. s. f. Armure qui garantissoit les jambes des cavaliers, sous Charles VII.

JAMBOLOM. s. m. Myrte des Indes, dont le fruit ressemble à l'olive.

JAMBOSIER. s. m. Plante formant un genre dans la famille des myrtoïdes, et dont plusieurs espèces portent le nom de *jambosa*.

JAMSONITE. s. f. Substance minérale, aussi nommée *andalousite*.

JANDIROBE. s. f. Plante rampante d'Amérique, dont le fruit ressemble à celui du coignassier, et contient trois amandes, qui donnent une huile, employée dans le pays contre les rhumatismes.

JANSÉNIUS. s. m. (On pron. le *s* final.) C'étoit un évêque d'Ypres, auteur d'un traité latin, fort ignoré, sur la grâce et la prédestination. Les jésuites, pour se former un parti distinct dans l'Église, prétendirent y avoir découvert environ quatre-vingts propositions hérétiques, qu'ils firent censurer par la cour de Rome, dans la bulle *unigenitus*, et exigèrent que les prêtres, et même les religieuses signassent qu'*elles s'y trouvoient en effet*. Tous ceux qui s'y refusèrent furent accusés de jansénisme, c'est-à-dire d'approuver la doctrine de Jansénius, et furent persécutés à outrance sous le nom de jansénistes, par les jésuites, qui ne manquèrent pas d'y comprendre tous leurs principaux adversaires.

JANTIÈRE. s. f. Machine pour assembler les jantes des roues.

JANTILLES. s. f. pl. Ais appliqués aux jantes et aubes d'une roue de moulin, pour recevoir la chute d'eau, et faire tourner la roue. *T. de charp.*

JANTILLER. v. a. C'est garnir de jantilles la roue d'un moulin ou d'une autre machine de ce genre.

JAPONNER. v. a., de la porcelaine, lui donner une seconde cuisson pour lui faire imiter celle du Japon.

JAQUERIE. s. f. Guerres de la jaquerie, ou de la révolte des jaquiers; paysans insurgés contre leurs seigneurs, qui appeloient Jacques leurs serfs, et Jacques-bons-hommes ceux qui se laissoient vexer sans mot dire.

JAQUIER. s. m. Plante formant un genre dans la famille des urticées.

JARARE. s. m. Plante formant un genre dans la famille des légumineuses.

JARAVE. s. f. Plante vivace du Pérou, formant un genre dans la famille des grami-

nées, et dont quelques espèces servent à faire des nattes et à couvrir des maisons.

JARBIÈRE. s. f. Lame de fer tranchante, fixée au bout d'un manche; c'est un outil de boisselier.

JARGONNEUR, EUSE. subst. Celui ou celle qui jargonne.

JARNAC. s. m. Coup de jarnac. *Voyez* Coup au Dict.

JAROSSE ou JAROUSSE, JAROUGE. s. f. Plante formant un genre dans la famille des légumineuses. Le nom vulgaire est la gesse. *T. de bot.*

JARRÉ, E. adj. Laine *jarrée*, où il y a de la *jarre*, des poils *jarreux*, longs et durs comme à celle des *jarrets*.

JARRETER. v. n. Faire le jarret, un angle, une courbure, en parlant d'une ligne.

JARRETIER. adj. et s. m. *anat.* Muscle du jarret; cheval dont les jarrets se touchent.

JASEURS. s. m. Oiseaux formant un genre dans la famille des baccivores. *Voy.* JASEUR au Diction. *T. d'hist. nat.*

JASEUSE. s. f. Espèce de tonis, ou perruche à courte queue.

JASIONE. s. f. Plante formant un genre dans la famille des campanulacées.

JASMELÉE. s. f. Huile tirée des fleurs de violette blanche.

JASMINÉES. s. f. pl. Plantes à tige frutescente ou arborescente, composant la famille des *jasminum* ou *jasmins*.

JASMINOÏDE. s. f. Arbuste grimpant; nom de deux espèces de cestraux. (Pron. *no-i.*)

JASPACHATE. s. f. Pierre fine mélangée de jaspe vert et d'agate.

JASPILLER. v. n. Mot familier signifiant jaser beaucoup.

JAUGE. s. f. Action de jauger, de prendre la mesure, spécialement de la capacité d'un fût, d'un vase; et, par extension, de la longueur ou l'épaisseur d'une pièce quelconque, même donnée par un type, un modèle. *Voy.* JAUGE au Dict.

JAUMIÈRE. s. f. Ouverture par laquelle on fait passer dans la voûte la tête du gouvernail. *T. de mar.*

JAUNE. s. m. On appelle *jaune antique* un marbre jaune de Numidie, employé dans quelques monumens d'Italie : *Jaune de montagne*, une ocre ou argile de cette couleur; et *jaune de Naples*, le jaune des porcelaines et de l'émail.

JAUNOTTE. s. f. Espèce de champignon d'un jaune de soufre.

JEAN-DE-GAND. s. m. Oiseau qui a la grosseur et la figure de la cigogne.

JEAN-LE-BLANC. s. m. Oiseau de proie, genre de la famille des accipitrins.

JEANNELET. s. m. Oiseau. *Voy.* CHANTERELLE au Dict.

JEANNETTE. s. f. Nom vulgaire du Narcisse des poëtes.

JÉCORAIRE. adj. *V.* HÉPATIQUE au Dict.

JEFFERSONE. s. f. Plante d'Amérique, formant un genre.

JÉGNEUX. s. m. Espèce de gobelet très-évasé, une sorte de coupe.

JEK. s. m. Serpent aquatique du Brésil, si visqueux qu'il s'attache aux doigts de ceux qui voudroient le prendre.

JEMBLET. s. m. Partie d'un moule de fondeur.

JENNY. s. m. Machine à filer le coton, importée en France par l'Anglois Jeñny, dont elle porte le nom.

JÉROSE. s. f. Plante formant un genre dans la famille des crucifères.

JÉSUITES. s. m. pl. Membres d'une congrégation politico-religieuse, fondée par saint Ignace de Loyola, sous le nom de Compagnie de Jésus, et organisée sur le plan des anciens Pythagoriciens. Assurer à leur société la domination du monde chrétien est leur but unique, auquel ils font concourir, avec adresse, et la religion, et le pape, et les rois, et les peuples.

JÉSUITIQUE. adj. Propre aux Jésuites ou à leurs pareils; propre à tromper, à corrompre, à diviser, à asservir les rois et les peuples. *Morale jésuitique;* mesure, promesse, serment jésuitique.

JÉSUITISME. s. m. Doctrine des Jésuites persécutant la vertu qui leur est contraire, et promettant le paradis au crime qui les sert. Système, ensemble, combinaison des procédés jésuitiques.

JETEUR, JETEUSE. subst. Celui ou celle qui jette. *Fam.* et *peu usité.*

JEUMÉRANTE. s. f. Planche à patron pour les jantes de roue. *T. de charr.*

JOBER. v. n. Jouer par passe-temps à des jeux de mains, à des jeux sans finesse, sans art. Ce jeune homme ne fait que jober. C'est un vrai *jobelin,* disoit-on autrefois. *Fam.*

JORET. s. m. Fil-de-fer qui retient la matrice quand le fondeur ouvre son moule.

JOC. s. m. Mettre un moulin à *joc,* au point d'arrêt. On a dit, dans ce même sens, *juc, j'ai* ou *jucher, jucher.*

JOCKEY. s. m. Jeune homme employé en postillon ou en valet de pied. C'est un mot anglois.

JODELET. s. m. Valet bouffon dans les pièces de théâtre. *Faire un rôle de jodelet.*

JONCACÉES, JONCÉES, JONCOÏDES. s. f. pl. Plantes composant la famille des joncs. *T. de bot.*

JONCHAIE, JONCHÈRE. s. f. Lieu planté de joncs, couvert de joncs; touffe de joncs.

JONCHE. s. f. Ganse de corde, servant à assembler plusieurs pièces de filets.

JONCINELLE. s. f. Plante formant un genre dans la famille des joncacées. *Voyez* ci-dessus JONCACÉES.

JONCIOLE. s. f. Plante de la famille des joncacées; elle joint la fleur et la forme de l'œillet avec le port du jonc. Sa fleur est bleue. *T. de bot.*

JONCOÏDES. *Voy.* ci-dessus JONCACÉES.

JOSEPH. s. m. Du papier *joseph,* espèce de papier de soie, assez fort pour faire filtrer des liquides, pour enveloppes, etc.

JOUETTE. s. f. Trou de lapin, moins profond que le terrier, et qu'il a fait en *jouant.*

JOUIÈRES, JOUILLÈRES. s. f. pl. Murs à plomb, formant les berges des écluses.

JOURET. s. m., ou **VÉNUS NIVEA.** Genre de coquilles bivalves.

JOURNALISME. s. m. Empire, influence, vraie ou supposée, des journaux sur l'opinion publique. Les ennemis de la publicité se plaignent du journalisme sans cesser d'avoir des journaux dont ils se servent.

JOUVENCELLE. s. f. C'est le féminin de jouvenceau, qui signifie jeune homme; et

lui-même il veut dire jeune fille. Il ne s'emploie que dans la poésie légère.

JOVELLANE. s. f. Plante faisant un genre dans les caléolaires.

JOVILABE. s. m. Instrument propre à observer Jupiter et ses satellites.

JUBARTE. s. f. Espèce de baleine sans dents. *T. d'hist. nat.*

JUDAS. s. m. Apôtre qui trahit Jésus-Christ; et, par extension, celui qui trahit sous l'apparence de l'amitié. — C'est aussi une petite trappe masquée au lambris d'une boutique, pour voir d'en haut ce qui se passe au-dessous, et surveiller des gens qui ne croient pas être vus.

JUDÉE. Arbre de Judée, arbre à fleurs rouges, qui naissent avant les feuilles. C'est aussi un nom du gaïnier. — Il y a un bitume de Judée qui se recueille sur les eaux de la mer morte.

JUDICANDE. s. m. Mot adopté par M. Domergue dans son analyse logique de la proposition, avec le judicateur et le judicat, pour exprimer le sujet, la copule et l'attribut de la proposition. Ces mots ont l'avantage de marquer l'opération de l'esprit, en observant pourtant que le judicateur est déjà lui-même une partie de l'attribut.

JUDICATOIRE. adj. Qui a force de jugement. Sentence judicatoire. *Peu usité.*

JUGE. s. m. Magistrat établi par la constitution politique, pour appliquer la loi. Le juge de paix occupe le rang inférieur, et juge sans appel pour les sommes au-dessous de 50 francs. Excepté le juge de paix, tous les juges sont inamovibles, au moins hors le cas de forfaiture. Il y a un juge d'instruction près la cour royale. *Voy.* JUGE au Dict.

JUGEUR, EUSE. s. m. ou f. Celui ou celle qui a la fureur de juger de tout, qui juge d'une chose légèrement, sans la connoître. Toujours pris en mauvaise part et employé familièrement.

JUGLANDÉES. s. f. pl. Plantes formant une famille voisine des térébinthacées, dont le type est le genre noyer.

JUGULAIRES. s. m. pl. Poissons composant une famille, dont les nageoires ventrales sont bien près de la gorge.

JUGULER. v. a., quelqu'un, lui serrer la gorge, le tourmenter. *Peu usité.* — *Fam.,* être jugulé s'emploie parfois dans le sens d'être piqué, vivement, au dépit.

JULIEN, NE. adj. Année julienne, période julienne, réglée par la réformation du calendrier sous Jules César. — Il y a une prune de St.-Julien, petite, noire, et ferme, qui se conserve jusqu'à la St.-Julien, vers la fin de janvier.

JUMELER. v. a. Renforcer par des jumelles, ou garnir de jumelles, deux pièces concourant ensemble à un même dessein, quoique opposées de côtés.

JUMELLES. s. f. pl. Les deux pièces placées debout pour former les côtés d'une presse d'imprimerie, et supporter les sommiers. — Les deux jumelles dont le corps du balancier à frapper les monnaies, soit du pressoir ou autre machine semblable.

JUNIPÈRE. s. m. Arbre d'Arabie, qui porte l'encens.

JUNIPÉRUS. s. m. Nom scientifique du genièvre. *Voy.* GENÉVRIER au Dict.

JURÉ. s. m. Membre du jury, qui est en France une commission composée de citoyens pris sur une liste légale pour décider si un accusé devant la cour royale est coupable ou non du crime dont on l'accuse. Il y avoit autrefois des jurés d'accusation et des jurés de jugement. Il y avoit aussi un jury d'instruction publique dans chaque département.

JUSÉE. s. f. Eau chargée des sels concentrés du tan, pour la préparation des cuirs dans les tanneries; procédé particulier pour le tannage.

JUSTIFICATEUR. s. m. Ouvrier qui justifie les caractères d'imprimerie après la fonte. *T. de fond.*

JUSTIFICATION. s. f. Petit outil de cuivre à l'usage des fondeurs d'imprimerie. — Longueur des lignes d'un ouvrage imprimé ou à imprimer. Grande ou petite justification. On dit d'une composition dont toutes les lignes ne sont pas *rigoureusement* de la même longueur: cette *justification* est mauvaise.

JUSTIFIEUR. s. m. Partie mobile et principale du coupoir, qui sert à justifier les caractères d'imprimerie après la fonte.

JUXTA-POSÉ, E. adj. Posé auprès. Il se dit, en physique, des parties qui existoient séparément, et ont été unies entre elles en un seul corps par quelque sédiment: comme dans les pierres, les sels, et autres corps inorganiques.

K.

K, s. m., appartient à la touche gutturale, et prend toujours le son du *c* dur, dont il est un équivalent dans quelques mots étrangers, surtout dans des noms propres. — Comme lettre numérale, il vaut onze; registre K. — Comme initiale, on trouve en latin, K, ou Kal., pour *kalendas, kalendarum,* etc. *Voy.* K au Dict.

KAAT. s. m. Pâte employée dans l'Inde contre la rage, les maux d'yeux, etc., et composée d'un extrait de la barleria hystrix avec de la farine et de la sciure de bois.

KAATE. s. m. Arbre de l'Inde, qu'on croit être l'arec, et le fruit entre dans les pastilles de bétel.

KAAVY. s. m. Boisson qu'on fait au Brésil avec du maïs cuit.

KACY. s. m. *Voy.* KAVY au Dict.

KAIRE. s. m. Filament de cocotier dont on fait des cordages dans l'Inde.

KAJOU. s. m. Singe à barbe grise, du pays des Amazones.

KAKATOÈS. s. m. (*s* se pron.) Oiseau formant un genre dans la famille des perroquets. Il a une huppe de plumes qu'il redresse à volonté.

KALAN. s. m. Coquille dont les anciens tiroient la couleur pourpre.

KALÉIDOSCOPE. s. m. Espèce de lunette à plusieurs verres disposés en prisme, qui multiplient les objets et en varient les couleurs. *T. d'optiq.*

KALMIE. s. f. Plante de l'Amérique septentrionale, formant un genre dans la famille des rhodoracées. On en cultive, en France, plusieurs espèces qui sont

10

des arbrisseaux ou arbustes toujours verts.

KANASTER. s. m. (*er* se pron. comme dans *fer*.) Du tabac de Kanaster, expédié d'Amérique en *kanaster* ou *panier* de jonc.

KAOLIN. s. m. Feldspath argileux, terre à porcelaine des Chinois.

KARODIE. s. f. Plante sarmenteuse de l'Inde, ayant le port de l'igname, et presque la fleur de l'anguine.

KASBIACO. s. m. Lis du Japon, de la plus belle espèce.

KERNÈRE. s. f. Plante formant un genre dans la famille des fluviatiles.

KETMIE. s. f. Plante formant un genre dans la famille des malvacées.

KIEL. s. m. Arbrisseau des Moluques, dont le suc laiteux noircit en séchant, et sert à la teinture en noir.

KIGELLAIRE. s. m. Arbrisseau d'Afrique très-rameux, et formant un genre dans la famille des tithymaloïdes.

KILIARE. s. m. Mesure de superficie, valant *mille ares.*

KILO ou KILI (*mille*), précède les noms actuels des poids et mesures, pour élever les unités à mille fois leur valeur première.

KILOGRAMME. s. m. Poids de mille grammes (2 livres, 5 gros, 49 grains du poids de marc).

KILOLITRE. s. m. Mesure de capacité de mille litres (dont chacun vaut une pinte et un treizième, de l'ancienne mesure de Paris). Il n'y a point de tonneau de cette dimension.

KILOMÈTRE. s. m. Mesure de superficie valant mille mètres (environ 3079 pieds).

KILOSTÈRE. s. m. Mesure de mille stères pour le bois ; ce qui feroit environ 2000 voies. Cette mesure n'existe qu'en théorie.

KINA. s. m. Ancien nom remplacé par celui de quinquina.

KINATE. s. m. *chim.* Sel formé par l'acide kinique combiné avec une base.

KINIQUE. adj. Acide kinique ou quinique, extrait du quinquina, où il se trouve combiné avec de la chaux.

KINO. s. m. Beau rouge végétal, tiré d'un arbre, et connu dans le commerce de la droguerie.

KIOSQUE. s. m. Pavillon sur une terrasse, imité des jardins turcs.

KIRCH-VASER. s. m. (*er* se pron. comme dans *fer*.) Eau de cerises distillées pour en faire une liqueur. Il vient de l'allemand *kirsch-wasser*; mais le plus souvent on dit simplement du *kirch.*

KISLAR-AGA. s. m. Chef des eunuques noirs, au sérail du grand-seigneur, en Turquie. *T. de relat. extér.*.

KLAPROLHITE. s. f. *Voy.* LAZULITHE.

KLINGSTEIN. s. m. (On pron. stāine.) Mots allemands signifiant *pierre sonnante.* Elle retentit sous le marteau, et forme la base du porphyre schisteux. On en trouve des montagnes entières. *T. de minér.*

KNEPIER. s. m. Arbre de l'Amérique méridionale, formant un genre dans la fa-

mille des saponacées. On l'y cultive pour ses fruits et ses graines, qui servent d'aliment.

KNOUT. s. m. Supplice du fouet usité en Russie. Les coups sont appliqués sur le dos du patient, et lui enlèvent souvent les chairs. (*t* se pron.)

KOELREUTÈRE. s. f. Arbrisseau de la Chine, formant un genre dans la famille des saponacées. On la cultive chez nous en pleine terre. *T. de bot.*

KOLA. s. m. Fruit d'une espèce de sterculier, en pomme de pin, et contenant des espèces de châtaignes amères, bonnes pour raffermir les gencives et conserver les dents.

KOLLYRITE. s. m. Terre argileuse, très-blanche, absorbant l'eau avec sifflement.

KORÉITE, s. f., ou PIERRE DE LARD. Classée parmi les talcs, et dont les Chinois font leurs magots.

KOUAN. s. m. Plante dont on tire le carmin.

KOUPHOLITHE, s. f., ou PIERRE LÉGÈRE. Substance transparente, trouvée dans un marbre bleuâtre des Hautes-Pyrénées. *T. de minér.*

KOVA. s. m. Ancienne écriture chinoise, remplacée dans ce pays par celle d'aujourd'hui. Le kova ressemble aux signes binaires de Leibnitz.

KUFIQUE ou CUFIQUE. adj. et s. m. Ancienne écriture arabe, remplacée, dans le dixième siècle, par les caractères actuels, qui l'ont améliorée.

FIN DE LA PREMIÈRE PARTIE.

I

IMPRIMERIE DE RIGNOUX, RUE DES FRANCS-BOURGEOIS-SAINT-MICHEL, N° 8.

SUPPLÉMENT

AU

DICTIONNAIRE DE L'ACADÉMIE.

L. s. m. Signe de la touche linguo-palatale, à son *sec*, comme dans *livre*; ou *mouillé*, comme dans l'*œil*, *paillette*, etc., dans le corps du mot ou à la fin. L est mouillé dans Sully, gentilhomme; nul dans genti/shommes. On peut remarquer que *l* sec se forme en appuyant la pointe de la langue contre la partie antérieure du palais; et *l* mouillé, un peu plus avant, vers la voûte du palais. On ne pourroit obtenir ce dernier son si la langue étoit sèche. — Une faute très-commune à Paris est de remplacer *l* mouillé par *i* tréma, et de prononcer ainsi pa-ie, en deux syllabes, au lieu de *paille*. — Comme lettre numérale dans la série de l'alphabet, L vaut douze : Le registre L en suppose onze qui le précèdent. Dans le chiffre romain, L vaut cinquante : L. C. signifiera, comme nombre, 150 ; L. majuscule vaut 50. L est souvent l'initiale de *le* ou de *leur* : L. C. signifiera, suivant la phrase, le compte ou leur compte; L. A. R., *leurs* altesses royales; N. L., nouvelle lune; P. L., pleine lune; L., en arithmétique, *livre*. Voyez L au Diction.

LAB-AC-THAN. s. m. Arbrisseau de la Cochinchine, à fleurs couleur d'argent. *Bot.*

LABELLE. s. f. Lèvre formée dans une fleur par un pétale inférieur. *Bot.*

LABIATIFLORE. adj. *A deux lèvres*, formées par les fleurons de quelques fleurs composées. *Bot.*

LABIATION. s. f. État, qualité d'une fleur labiée. *Bot.*

LABRE. s. m. Nom donné à la lèvre supérieure des insectes. Il sert aussi à distinguer un genre de poissons qu'on nomme *labres*, et même une famille entière qu'on nomme *labroides*. *Hist. nat.*

LACATANE. s. f. Variété de banane, d'une qualité supérieure. *Bot.*

LACCA. s. f. *Voy.* LAQUE au Dict.

LACCIQUE. adj. Qui est propre à la gomme laque, qui en est extrait. Acide laccique, substance laccique. *Chim.*

LACÉ. s. m. Ce qui est lacé, ou a l'air d'être lacé. On fait des lacés dans la broderie, la couture, le filet, les lustres en verroterie, la tapisserie, etc.

LACERET. s. m. Petite tarière des ouvriers en laque. Cheville arrêtée au bout, et traversant une pièce qu'elle laisse tourner : ce qu'on appelle un *laceret tournant*. On écrit aussi lasseret. *T. de mét.*

LACERTIENS. Reptiles formant une famille dans l'ordre des sauriens. *Hist. nat.*

LACERTOÏDES. Reptiles formant le groupe des lézards proprement dits. *Hist. natur.* (On pron. to-i.)

LACÈTE. s. f. Enlacement de briques arrangées par compartimens. *T. de mét.*

LACETS. s. m. pl. Amas de varechs linéaires ; ils enlacent les navires qui les traversent. *Bot. Voy.* LACET au Dict.

LACEUR. s. m. Celui qui lace, qui fait des lacés, spécialement pour filets ; *fém.*, laceuse.

LACEURE ou **LAÇURE.** s. f. Action de lacer, manière dont on lace ou imite le lacé.

LÂCHE. adj. et adv. Étoffes cousues trop lâche (d'une manière trop lâche). Voyez LÂCHE au Dict.

LACHENALE. s. f. Plante formant un genre dans la famille des liliacées. *Bot.*

LACTATE. s. m. *chim.* Acide lactique combiné avec une base.

LACTATION. s. f. *méd. V.* ALLAITEMENT au Diction.

LACTÉ, E. adj. *méd.* Qui a rapport au lait, qui en a la qualité, la couleur, etc. Vaisseaux lactés, qui reçoivent le chyle ; diète lactée, qui réduit au lait seul ; suc lacté, blanc de lait. — s. m. *hist. nat.* Le lacté est une vipère des Indes, blanche et à taches noires. *Voy.* LACTÉE au Dict.

LACTESCENT, E. adj. Qui donne un suc approchant de la couleur du lait, qui blanchit l'eau. Plante lactescente. *Bot.*

LACTIFÈRE. adj. Il se dit des plantes qui abondent en sucs laiteux, et des vaisseaux par lesquels passe le lait.

LACTIQUE. adj. *chim.* Acide *lactique*, propre au lait aigri.

LAGERSTROME. s. m. Plante formant un genre dans la famille des myrtoides.

LAGET. s. m., ou **LAGETTE.** Arbrisseau daphnoïde des Antilles, dont la seconde écorce est comme un tissu de dentelle ou de gaze, et qu'on peut employer en manchettes, en garnitures de robes, etc.

LAGOPÈDE. s. m. Espèce de gélinotte *à pieds de lièvre*, ainsi nommée sans doute parce qu'elle a les pieds velus.

LAIE. s. f. Marteau denté, pour la taille des pierres ; raies qu'il y forme. *Voyez* ce mot au Diction.

LAINERIE. s. f. Art de travailler la laine; fabrication d'étoffes de laine, ou commerce de laines, surtout propres à être employées.

LAINEUR. s. m. Celui qui travaille au lainage. *Voy.* LAINAGE au Dict.

LAIS. s. m. Jeune baliveau *laissé* en réserve. *T. d'eaux et forêts.*

LAITÉE. s. f. *vén.* Portée d'une chienne de chasse, encore allaitée par la mère.

LAIT-VIRGINAL. s. m. Teinture de benjoin dans l'esprit de vin.

LAKMUS. s. m. (*s* se pron.) Bleu fait avec du fruit de myrtille, de la chaux vive, du vert-de-gris, et du sel ammoniac.

LALLATION. s. f. Nom inusité, qu'on a voulu donner à la prononciation du *l*, ou trop forte, ou substituée à celle de la *r*.

LAMA. s. m. Mouton du Pérou, approchant du chameau, et formant, avec la vigogne ou paco, un genre à part de mammifères. On le nomme aussi glama.

LAME, E. adj. Garni, orné de lames d'or ou d'argent, employées en tissu, ou appliquées à des étoffes.

LAMELLÉ, E. adj. *bot.* Qui a la forme d'une lame ou petite lame, qui se divise par petites lames bien minces.

LAMELLEUX, EUSE. adj. Qui est composé d'un assemblage de lames, ou feuilles minces, et par couches.

LAMELLICORNES. adj. et s. m. pl. Insectes formant une famille, distinguée par des antennes lamellées, ou divisées en lames. *T. d'hist. nat.*

LAMELLIROSTRES. adj. et s. m. pl. Oiseaux formant une famille de palmipèdes, distinguée par leur bec en lame, *aplati*.

LAMIE. s. f. Poisson, sous-genre de squales. — Insecte de l'ordre des coléoptères.

LAMIER. s. m. Ouvrier qui prépare les lames d'or ou d'argent. — Plante de la famille des labiées.

LAMINCOURT. s. m. Arbre de la Guiane, dont le bois est à jour.

LAMPANT, E. adj. Il ne se dit que dans les savonneries, en parlant de l'huile, quand elle est bien transparente.

LAMPOURDE. s. f. Plante de la famille des urticées. — Banc très-dur de pierres calcaires, placé au-dessous de la roche.

LAMPRIE. s. f. Insecte de l'ordre des coléoptères, genre à corselet transversal.

LAMPRIME. s. f. Insecte coléoptère de la tribu des lucanides.

LAMPYRE. s. m. Ver luisant; insecte coléoptère, de la famille des serricornes, et type de la famille des lampyrides.

LANARIA. s. f. Plante du genre gysophyla, dont les Napolitains emploient le suc à nettoyer la mine.

LANCÉOLAIRE. adj. bot. En forme de lance. Il se dit des feuilles allongées, et se rétrécissant aux deux bouts, comme celles du laurier.

LANCÉOLÉ, E. adj. bot. En fer de lance. Il se dit des feuilles allongées, plus larges à la base, et qui s'effilent en montant.

LANCERON. s. m. Jeune brochet, effilé comme une lance. On dit aussi lançon.

LANCETIER. s. m. Étui à lancettes du chirurgien.

LANCIÈRE. s. f. Conduit par où s'écoule l'eau du moulin en repos.

LANCIS. s. m. pl. Pierres d'une porte ou d'une fenêtre, plus longues que le pied, qu'elles débordent. Pierres posées en parement. T. d'archit.

LANÇOIR. s. m. Pale du moulin, qui retient l'eau, et qu'on lève pour la lui rendre.

LANDAU. s. m. Sorte de voiture suspendue, dont la partie supérieure peut s'abattre en deux parties.

LANDSTURM. s. f. (m se pron.) Deux mots allemands équivalant à levée en masse.

LANDVER. s. f. (er se pron. comme dans fer.) Deux mots allemands équivalant à garde nationale.

LANET. s. m. Filet de pêche en forme de truble, et monté en raquette.

LANGELOTTE. s. f. Machine d'un médecin anglais de ce nom, pour triturer l'or et le rendre potable.

LANGIT. s. m. Arbre de la Chine et du Japon, de la famille des balsamiers. On a cru qu'il fournissoit à ces pays leur beau vernis; et on le nomme encore vernis du Japon. T. de bot.

LANGON ou LANGOUT. s. m. Arbre sarmenteux de Madagascar, dont les habitans mâchent les feuilles pour se noircir les lèvres et les gencives.

LANGOUSTIÈRE. s. f. Filet pour la pêche des langoustes.

LANGUEYAGE. s. m. Action de langueyer les porcs, d'en visiter la langue pour s'assurer qu'ils ne sont point ladres.

LANIGÈRE. adj. bot. Voyez LANIFÈRE au Diction.

LANMAYAN. s. m. Espèce d'amaranthe des Antilles, dont les feuilles se mangent en guise d'épinards.

LANGUERRE. s. m. Gros bourrelet de peau, dont on s'aide pour nager.

LANS. s. m. mar. Élan qui pousse un moment le vaisseau hors de sa route.

LANTERNIN. s. m. Lanterne de poche, dont le contour, en papier plissé par cercles, s'abat sous le couvercle, quand on cesse de s'en servir.

LANTERNON. s. m. Petite lanterne d'architecture sous la voûte d'un édifice.

LANZANI. s. m. Animal d'Afrique, redouté même du lion.

LAPAGERIE. s. f. Plante du Pérou; genre de la famille des asparagoïdes.

LAPAROCÈLE. s. f. méd. Hernie abdominale ou des lombes.

LAPIRÉ. s. m. Bois rouge, qui vient de Cayenne.

LAPLYSIE. s. f. Ver mollusque nu, d'une odeur fétide.

LAPPULIER. s. m. Plante des pays les plus chauds, de la famille des liliacées.

LARDURE. s. f. Défaut d'une étoffe lardée par la navette, qui a fait passer en dessus ou en dessous des fils qui ne devoient pas y être.

LARGETTE. s. f. En passementerie, faveur, ruban de petite largeur.

LARGHETTO. Diminutif de l'italien largo; il indique un mouvement plus lent que l'adagio, mais moins lent que le largo.

LARMOIEMENT. s. m. Action de larmoyer; état de celui qui larmoie; écoulement involontaire de larmes.

LARRATES. s. m. pl. Insectes formant une tribu de l'ordre des hyménoptères; famille des fouisseurs. On les voit sur le sable et sur les fleurs.

LARRE. s. f. Insecte formant un genre d'hyménoptères fouisseurs; section des porte-aiguillon.

LARRÉE. s. f. Arbrisseau du Brésil, de la famille des rutacées.

LARRON. s. m. Léger brin de papier qui a pris l'encre sur une feuille d'impression, où il laisse ensuite un blanc en se détachant. Voy. LARRON au Dict.

LARVE. s. f. Premier état de l'insecte sortant de son œuf, et destiné à devenir chrysalide, nymphe, et papillon.

LARYNGÉ, E, ou LARYNGIEN, NE. adj. anat. Qui appartient au larynx.

LASER. s. m. (er se pron. comme dans fer.) Plante formant un genre d'ombellifères, du midi de l'Europe.

LASSERET. s. m. Piton à vis, etc. Voyez ci-dessus LACERET.

LASSERIE. s. f. Tout ouvrage fin de vannerie à tissu serré.

LASSIÈRE. s. f. Filet à prendre des loups.

LATÉRIGRADES, adj. et s. pl., ou araignées crabes; ayant la faculté de marcher à reculons.

LATINISATION. s. f. Action de latiniser des mots.

LATIQUE. adj. méd. Fièvre latique, rémittente, quotidienne, avec chaleur latente.

LATIROSTRES. adj. et s. m. pl. Oiseaux à bec large et plat, formant une famille dans l'ordre des échassiers.

LATTÉ. s. m. Voy. LATTIS au Dict.

LAUGIER. s. m. Plante rubiacée, type d'un genre appelé laugerie.

LAURINE. s. f. Variété d'olivier.

LAURINÉES. s. f. pl. Plantes formant la famille des lauriers.

LAURIOT. Voy. LORIOT au Dict.

LAVABO. s. m. Mot latin, invariable. Parole que dit le prêtre en allant se laver les doigts; et, par extension, le lavement des mains, partie de la messe où il a lieu; linge avec lequel s'essuie le prêtre; meuble avec un pot à l'eau et une cuvette pour se laver les mains.

LAVANDERIE. s. f. Lavoir pour le linge. Vieux mot.

LAVATÈRE. s. f. Plante formant un genre de la famille des malvacées.

LAVÉE. s. f. Une lavée de laine; tas qu'on a lavé à la fois.

LAVÉGE. s. f. Sorte de pierre ollaire, dont on fait des vases qui résistent à un assez grand feu.

LAVE-MAIN. s. m. Mot hors d'usage. Voy. CUVETTA au Dict.

LAVETON. s. m. Grosse bourre que le foulage fait sortir du drap.

LAXIFLORE. adj. Plante laxiflore, à fleurs écartées les unes des autres.

LAXITÉ. s. f. Relâchement des fibres, provenant de foiblesse.

LAYETTERIE. s. f. Art, profession, ouvrage de layetier.

LAZAGNE. s. f. Macaroni plat fait avec de la semoule.

LAZULITHE. s. f., ou LAPIS-LAZULI. Voy. LAPIS au Dict.

LÉAO. s. m. Bleu métallique, appliqué à la porcelaine de la Chine, et qu'on croit être une préparation de cobalt.

LÉARD. s. m. Peuplier noir.

LEBECK, s. m., ou BOIS NOIR. Espèce d'acacia de l'Inde, cultivé à l'île de France.

LÉBEROPAL. s. m. Opale, pierre fine de couleur de soie.

LÉBIE. s. f. Insecte coléoptère, formant un genre dans la famille des carnassiers.

LÉCYTHIS. s. m. (s se pron.) Arbre du Brésil, dont le fruit figure à peu près une marmite couverte.

LÉE. adj. Greffe lée, en fente triangulaire, et à un seul rameau.

LÉGALITÉ. s. f. Qualité de ce qui est légal, conforme à la loi.

LÉGILE. s. f. Étoffe qui couvre le pupitre de l'Évangile, à l'église.

LÉGIONNAIRE. s. m. Membre de l'Ordre civil et militaire appelé Légion-d'Honneur. Militaire d'un corps de troupes portant le nom de légion.

LÉGITIMAIRE. adj. et subst. Le droit légitimaire attribué à un fils sa légitime. Le légitimaire est l'enfant qui a droit à une légitime. T. de palais.

LÉGUMINIFORME. adj. Qui a la forme d'une gousse de légume.

LÉHA. s. m. Arbre des Moluques, dont les feuilles et l'écorce servent à faire le rouge sur les étoffes en teinture.

LÉIMONITES. s. m. pl. Oiseaux formant une famille de sylvains anisodactyles.

LÉIOPOMES. s. m. pl. Poissons d'une famille des osseux.

LÉMANITE. s. m. Jade des bords du lac Léman. Voy. JADE au Dict.

LÉMURIENS. s. m. pl. Mammifères dont la famille forme, avec celle des singes, l'ordre des quadrumanes.

LÉNA-NOEL. s. m. Liseron de Ténériffe, qui donne une odeur de rose.

LENTER. v. a. Faire des ornemens sur une pièce de chaudronnerie avec la tête du marteau.

LENTICULÉ, E. adj. Voy. LENTICULAIRE au Diction.

LÉONESSES. adj. et subst. Ségovies léonesses, laines fines de Léon, les plus belles de l'Espagne. T. de comm.

LÉPIDAGATE. s. f. Plante de l'Inde, formant un genre dans la famille des acanthes.

LÉPIDOLITHE. s. f. Minéral *écailleux*, violet ou lilas, et voisin du mica.

LÉPIDOPTÈRES. Insectes à quatre *ailes* membraneuses, et couvertes de petites *écailles*, avec une trompe en spirale ; ils forment un ordre dans la classe générale.

LÉPISMÈNES. s. m. pl. Insectes aptères ; famille de l'ordre des thysanoures.

LÉPORINS. s. m. pl. Mammifères rongeurs, composant la famille des lièvres, où l'on comprend le pika.

LÈPRE. s. f. Maladie des arbres, aussi appelée blanc ou meunier, et qui forme une tache sur l'écorce. Genre de lichen formant une croûte de diverses couleurs sur la pierre, le bois, les murs humides, etc. — Maladie de la peau chez les Juifs, les Grecs, les Arabes. *Voy.* LÈPRE au Dict.

LEPTODACTYLES. s. m. pl. *A menus doigts.* Animaux rongeurs, formant une famille dans les mammifères.

LEPTOSOMES. s. m. pl. Poissons *à corps mince*, aplati en hauteur, et formant une famille dans les osseux.

LEPTOSPERME. s. m. Plante des terres australes, *à petite graine*, formant un genre de myrtoïdes, et dont on cultive plusieurs espèces en France.

LEPTYNITE. s. f. Roche primitive de feldspath granulaire, avec mélange de quartz et de mica.

LERNE. s. f. Genre de vers parasites, vivant attachés aux poissons.

LÉROT. s. m. Animal rongeur, du genre du loir, qui entame tous les plus beaux fruits des jardins.

LÉTHALITÉ. s. f. *chir.* Qualité des plaies que leur nature rend mortelles.

LÉTHIFÈRE. adj. *méd.* Potion léthifère, qui donne la mort.

LEUCO... *Blanc*, a formé beaucoup de composés scientifiques.

LEUCADENDRON. s. m. (*den* se pron. *din.*) Genre de protées à feuilles soyeuses, velues, et d'un *blanc* argenté.

LEUCÉ. s. f. *méd.* Espèce de lèpre *blanche*, qui attaque la peau et même les chairs.

LEUCOLITHE, s. f., ou *schorl blanc* prismatique ; espèce de silice fluatée ou topaze.

LEUCOPHLEGMATIQUE. adj. *méd.* Qui est atteint de l'hydropisie pituiteuse, appelée *leucophlegmasie*. Elle rend le teint *pâle*.

LEUCOPHRE. s. f. Ver infusoire transparent, et dont le corps est garni de poils.

LEUCORRHÉE. s. f. Nom scientifique de la maladie appelée *fleurs-blanches*.

LEUDES. s. m. pl. *Loyaux.* Nobles dotés de terres franches après la conquête des Gaules, sous les premières dynasties.

LEVEUR. s. m., **LEVEUSE.** s. f. Celui ou celle qui *lève* les feuilles dans une papeterie, etc. — Leveur de lettres, compositeur expéditif dans une imprimerie.

LEVIÈRE. s. f. Grosse corde qui sert à lever des filets. T. de pêche.

LÉVIROSTRES. s. m. pl. Oiseaux à bec *léger*, quoique gros, étant creux en dedans ; ils forment une famille dans les grimpeurs.

LÉVISILEX. s. m. Quartz agate nectique, espèce de silex, léger au point de rester sur l'eau. (*si* se pron. *ci.*)

LEVRETEAU. s. m. Jeune levraut, qui tette encore sa mère.

LEVRETER. v. n. Mettre bas, en parlant de la femelle du lièvre.

LEVRICHE. s. f. Femelle du levron, petite race de lévrier.

LEXICOGRAPHIE. s. f. Art d'expliquer la valeur des mots d'une langue. Travail sur les mots d'une langue, en forme de dictionnaire.

LEXICOLOGIE. s. f. Science, traité des mots d'une ou plusieurs langues. Il a plus de rapport à la théorie, et plus d'étendue quant à son objet.

LEXICOLOGIQUE. adj. Qui appartient à la lexicologie.

LEXIGRAPHIE. s. f. Mot adopté par plusieurs grammairiens, pour exprimer la partie de la grammaire qui traite des formes des mots variables. Elle comprend les déclinaisons, les conjugaisons, les marques de genre et de nombre, etc.

LEXIGRAPHIQUE. adj. Qui appartient à la lexigraphie. *Donner des détails lexigraphiques.*

LÉZARDELLE. s. f. Plante aquatique, à tige en zig-zag, de la famille des naïades.

LHERZOLITHE. s. f. Substance minérale des Pyrénées ; espèce de pyroxène.

LIAGE. s. m. Action de lier, ou ce qui sert à lier ensemble : comme la soie et la dorure dans les étoffes, le salpêtre avec le soufre et le charbon.

LIARDER. v. n. Payer, dépenser liard à liard, par esprit d'avarice.

LIARDEUR. s. m. subst. Celui ou celle qui liarde, qui donne peu à la fois, et comme à regret.

LIBELLULINES. s. f. pl. Insectes névroptères de la tribu des subulicornes, ayant pour type le genre libellule, ou *demoiselle.*

LIBER. s. m. Couche intérieure de l'écorce, qui sert chaque année à l'accroissement de l'arbre, en devenant ligneuse. (*er* se pron. comme dans *fer.*)

LIBÉRAL, E. adj. et subst. Qui, en politique, adopte, approuve, favorise les idées libérales, qui consistent à servir les intérêts généraux de la nation plutôt que ceux de quelques particuliers. *Avoir des opinions libérales. Les libéraux les plus estimables sont ceux qui, après avoir été d'une classe privilégiée, ont assez de grandeur d'âme pour s'opposer au rétablissement des privilèges.* Voy. LIBÉRAL au Dict.

LIBÉRALISER, v. a., quelqu'un, le rendre libéral quant aux opinions politiques. Se libéraliser, devenir libéral quant aux vues politiques. On pourroit même libéraliser les choses : les codes, les lois, l'administration, et y introduisant plus de justice, de douceur, de vues bienfaisantes.

LIBÉRALISME. s. m. Principes, doctrine, système des idées libérales en politique. Le libéralisme est l'ennemi des privilèges.

LIBÉRATIF, E. adj. *méd.* Qui sert à opérer la libération, à libérer.

LIBERTICIDE. adj. Destructif de la liberté. Le rétablissement du pouvoir absolu seroit, en France, un acte liberticide.

LIBOURET. s. m. Espèce de ligne pour la pêche.

LIBRAMENT. s. m. Balancier des insectes diptères. T. *d'hist. nat.*

LIBRATION. s. f. Balancement apparent

de la lune autour de son axe. T. *d'astr.*

LICATI. s. m., ou BOIS ROSE. Grand arbre de la Guyane, aromatique, à odeur de rose, et qu'on croit être un laurier.

LICHÉNÉES. s. f. pl. (*che* se pron. *ke.*) Belles chenilles de noctuelles qui vivent de lichen, et en prennent la couleur. On le voit aussi écrit *likénées.*

LICHENITES. s. f. pl. (*che* se pron. *ke.*) Sortes de pierres où s'incrustent certains lichens. T. *d'hist. nat.*

LICIET. s. m. Plante formant un genre dans les solanées. On en cultive plusieurs espèces. T. *de prat.*

LICITATOIRE. adj. Qui a rapport à la licitation. T. *de prat.*

LICONDO. s. m. *Voy.* ci-devant BAOBAB.

LICUALE. s. m. Palmier des Moluques, de cinq à six pieds de haut, et dont les longs pétioles creux servent à faire des tuyaux de pipe.

LIÉGEUX, EUSE. adj. *bot.* De la nature du liège, qui en approche.

LIENNE. s. f. Fil de la chaîne que la duite n'a pu croiser, parce qu'il n'avoit pas été levé ou baissé. T. *de fabriq.*

LIENTÉRIQUE. adj. Qui a rapport à la lienterie. (On pron. *li-an.*)

LIERNE. s. f. Pièce de bois posée en arête ou en serre-file avec des honlons, pour servir de lien. *Lierner*, garnir de liernes.

LIERRÉ, E. adj. *bot.* Feuilles lierrées, qui ressemblent à celles du lierre.

LIGNÉ, E. adj. *bot.* Coupé de lignes fines. Le mot usuel est : rayé, barré, etc.

LIGNER. v. a. Tracer une ligne à la craie ou au cordeau sur une pièce de bois. Il se dit aussi du loup qui couvre la femelle ; en ce sens, on dit mieux se lier.

LIGNEROLLE s f. *mar.* Ficelle de vieux fil de caret faite à la main.

LIGNIFIER. v. a. Convertir en bois. Il est presque toujours pronominal. Le liber se lignifie dans l'année.

LIGNITE. s. m. Substance minérale combustible, aussi appelée bois bitumineux ou fossile. T. *de minér.*

LIGNIVORES. adj. et s. m. pl. Insectes vivant de bois ; c'est une famille de l'ordre des coléoptères.

LIGULE. s. f. Genre de vers intestinaux linéaires, aplatis, en *languette*, sans articulations, et auxquels on ne voit ni bouche ni anus.

LIGULÉ, E. adj. *bot.* Disposé en forme de languette. Il s'est dit pour lingulé ; du latin *lingula*, diminutif de *lingua*, langue.

LILACÉES. s. f. pl. Plantes formant une famille, dont le genre lilas est composé de trois espèces : Lilas commun, lilas de Perse, lilas du Japon. On nomme aussi lilas de terre une espèce de dentelaire.

LILIACÉES. s. f. pl. (de lilium, *lis.*) Plantes de la famille des lis, composée de trois divisions : Les asphodéloïdes, les superbes, et les aloïdées. *Voyez* LILIACÉES au Diction.

LIMATION. s. f. Action de limer ; réduction d'un métal en limaille.

LIMBILITHE. s. f. Matière volcanique de la colline de Limbourg ; c'est une lave porphyrique, de couleur jaunâtre.

LIME-BOIS. s. m. Insecte d'une tribu des

coléoptères, qui, dans son état de larve, perce le bois et y vit.

LIMENITIS. s. m. Insecte lépidoptère, de la famille des diurnes, comme le papillon des peupliers. (*s* se pron.)

LIMÉOLE. s. f. Plante d'Afrique, de la famille des portulacées, ou pourpiers.

LIMIÇOLE. s. m. Oiseaux, famille de petits échassiers.

LIMITATIVEMENT. adv. D'une manière limitative.

LIMNÉE. s. f. Ver mollusque vivipare, qui porte ses petits dans ses branchies.

LIMNITE. s. f. Pierre sur laquelle sont des dendrites, imitant une carte géographique. *T. de minér.*

LIMONCELLO. s. m. Limonier de Calabre. *T. de bot.*

LIMONELLIER. s. m. Plante de l'Inde, de la famille des hespéridées.

LIMONIA. s. f. Genre d'orangers.

LIMONIATE. s. f. Espèce d'émeraude vert-pré.

LIMOSELLE. s. f. Plante de la famille des personnées, et qui croît dans les lieux où l'eau a séjourné.

LIMOUSINE. s. f. Nom que donnent les fleuristes à une anémone verte, rouge, et blanche.

LIMOUSINER. v. n. Faire du limousinage, ouvrage en petits moellons. *T. de maç.*

LINAIGRETTE. s. f. Plante formant un genre dans la famille des cypéroïdes.

LINÇOIR. s. m. Pièce de bois, dans laquelle on assemble les solives, les chevrons manquant d'appui au-dessus des portes, des fenêtres, autour des lucarnes, des cheminées, etc. *T. de charp.*

LINCONE. s. f. Arbrisseau du Cap, genre dans la famille des pimprenelles.

LINDÈRE. s. f. Arbrisseau du Japon, qui s'emploie en menus meubles d'agrément.

LINDSÉE. s. f. Genre de la famille des fougères.

LINÉES. s. f. pl. Plantes composant la famille des lins.

LINETTE. s. f. Semence de lin.

LINGARD. s. m. Fil de chaîne, empesé, pour rattacher ceux qui se rompent en tissant. *T. de fabriq.*

LINGUATULE. s. f. (On pron. *goua* diphth.) Genre de vers intestinaux, tenant du ténia et de la farciole.

LINGUE. s. f., LINGUARD. s. m. La lingue est une morue verte, fort maigre; et le linguard un gade-molve, poisson qu'on prépare et qu'on vend pour de la morue.

LINGUIFORME. adj. (*gui* fait diphth.) En forme de langue. *T. scientifique.*

LINGUIFUGES. s. m. pl. Insectes hyménoptères, ayant la lèvre inférieure en forme de langue, et propre à sucer. (*gui* fait diphth.)

LINGULE. s. f. Coquille bivalve du Lingulier, appelée *bec-de-cane* dans le commerce.

LINIAIRE. adj. *bot.* Pédicule liniaire, allongé, et mince comme un fil. *Fém.*, liniaire.

LINIER. s. m. Celui qui prépare du lin, qui en vend.

LINITION. s. f. *méd.* Action d'enduire.

LINLIBRIZIN. s. m. Acacia sans épines, de la Jamaïque.

LINNÉE. s. f. Genre de chèvre-feuilles;

---

plante toujours verte, et d'agréable odeur.

LINOCIÈRE. s. f. Plante des Antilles, genre de la famille des jasminées.

LINSOIR. s. m. *Voy.* ci-dessus Linçoir.

LINTÉAIRE. s. f. *géom.* Courbe que pourroit former une corde verticale, chargée d'un fluide en équilibre.

LINTIBULAIRES. s. f. pl. Plantes formant une famille entre les acanthacées et les primulacées.

LIONDENT. s. m. Genre de la famille des chicoracées, vulgairement *dent-de-lion.*

LION-DE-MER ou LION-MARIN. s. m. Nom donné à diverses espèces de phoques.

LIORHYNQUE. s. m. Genre de vers intestinaux, peu différens des ascarides.

LIOUBE. s. f. *mar.* Entaille à la tige d'un mât brisé, pour y enter un sommet.

LIPPI. s. m. *bot.* Genre de plantes, de la famille des verbénacées.

LIPTOTE. *Voy.* Litote au Dict.

LIPYRIE. s. f. *méd.* Fièvre continue, avec une chaleur interne et une peau froide.

LIQUORISTE. s. m. Celui qui prépare, fait et vend des liqueurs.

LISABLE. adj. *Voy.* Lisible au Dict.

LISER ou ÉLISER, v. a., une pièce de drap, l'étirer par les lisières, pour effacer les faux plis.

LISEROLE. s. f. Plante convolvulacée, voisine des liserons.

LISOIR. s. m. Pièce d'une voiture, qui porte le train de devant, les moutons.

LISSAGE. s. m. Action de lisser; ensemble, disposition des lisses d'un navire, d'un métier à tisser.

LISSE. s. f. Réunion de ficelles arrangées pour lever ou baisser les fils de la chaîne, au moyen des marches. Ordre d'anneaux de fil ou d'émail, par lesquels on fait passer ces fils pour les lever ou baisser. Pièce de bois placée en long sur un garde-fou. Sorte de ficelle pour lier les paquets. *V.* Lisse au D.

LISSEAU. s. m. Peloton de petite lisse ou ficelle, pour filets.

LISSERON. s. m. Petit liteau sur lequel se tendent les lisses du métier à tisser.

LISSETTE. s. f., s'emploie en quelques professions pour une lisse; dans d'autres pour un lissoir, et même pour lisseron.

LISSEUR. s. m. Celui qui lisse.

LISSIER. s. m. Celui qui fait des lisses pour les métiers à tisser. Ce mot, ainsi que tous ceux qui ont rapport à la haute ou à la basse lisse, devroient prendre le *c.*

LISSOIRE. s. f. Atelier, tonneau où se lisse la poudre à canon.

LISSURE. s. f. Effet du lissoir, endroit lissé. *Voy.* Lissoir au Dict.

LISTE CIVILE. s. f. Somme allouée dans les monarchies constitutionnelles pour l'entretien annuel de la maison du roi. En France, elle est actuellement de 25 millions, et se règle à l'avénement du prince pour tout son règne.

LISTEAU. s. m. *mar.* Pièce de lisse, ou de remplissage, pour garnir un emboîtement trop gai.

LISIMACHIE ou LYSIMAQUE. s. f. (*chi* se pron. *ki.*) Genre de plantes primulacées. *Voy.* Lysimachie au Dict.

LITAGE. s. m. Action de liter des draps ou des poissons.

LITCHI. s. m. (*t* se pron.) Genre de plantes de la famille des saponacées.

LITER. v. a. *fabriq.* Liter les lisières d'un pièce de drap ; les rouler et les couvrir pour qu'elles ne prennent point la teinture. Liter des poissons salés, les ranger par lits, par couches, dans un baril, etc.

LITEUSE. s. f. Celle qui lite les draps.

LITHAGOGUE. adj. et s. m. *méd.* Remède pour dissoudre la pierre, les graviers, et les expulser de la vessie.

LITHÉOSPHORE. s. m. Pierre phosphorique de Bologne, variété de sulfate de baryte. *T. de minér.*

LITHIATE. s. m., LITHIQUE. adj. *Voy.* ci-après Urate et Urique.

LITHO, de lithos, **mot grec signifiant** *pierre,* entre dans beaucoup de composés, au commencement soit à la fin du mot.

LITHOCHROME. s. m. Celui qui forme, sur des planches d'une certaine pierre, des dessins colorés, ou qui les imprime.

LITHOCHROMIE. s. f. Art nouveau de former sur pierre des dessins colorés, et de les imprimer. Elle peut multiplier les tableaux, qu'elle lithographie en couleurs. Ce mot amènera *lithochromique.*

LITHOGÉNÉSIE. s. f. *Voy.* ci-devant Géologie.

LITHOGLYPHITES. s. f. pl. Pétrifications apparentes, mais sans réalité, et simple effet du hasard.

LITHOGRAPHE. s. m. Celui qui écrit, dessine ou imprime en noir sur des planches d'une pierre particulière.

LITHOGRAPHIE. s. f. Art de dessiner ou d'imprimer en noir sur des planches de pierre, par un procédé qui est nouveau. C'est un mode particulier d'impression. Ce mot pourroit signifier *description des pierres;* mais la clarté a fait porter cette acception sur les mots *lithologie* et *lithologue.*

LITHOGRAPHIER. v. a. Dessiner, imprimer sur des planches de pierre, en noir ou en couleur ; car on n'a pas encore employé le verbe *lithochromier,* qui spécifieroit la couleur.

LITHOGRAPHIQUE. adj. Qui appartient à la lithographie, qui lui est propre. *Pierre lithographique, procédé lithographique.*

LITHOÏDE. adj. Qui a l'apparence d'une pierre par sa forme. (On pron. *tho-i.*)

LITHOLOGIQUE. adj. Qui appartient à la lithologie : *Description lithologique. Voy.* Lithologie au Dict.

LITHOPHOSPHORE. s. f. Pierre phosphorique.

LITHOPHYLLES. s. f. pl. Feuilles pétrifiées ; l'empreinte seule se nomme lithophyllum, la bibliothe, ou lithobiblion.

LITHOTRITIE. s. f. *chir.* Instrument nouveau pour broyer la pierre dans la vessie de l'homme.

LITHOXYLE. s. m. Bois pétrifié.

LITRE. s. m. Unité des mesures décimales de capacité, pour les liquides et les matières sèches. Le litre vaut un décimètre carré, et excède d'un treizième la pinte de Paris. *Voy.* Litre au Dict.

LITTORAL, E. adj. Qui appartient aux côtes. Il est des poissons littoraux, qui approchent des côtes ; des oiseaux littoraux, qui se tiennent le long des côtes. Il s'emploie parfois substantivement : Le littoral de la Grèce, pour dire la contrée voisine des côtes, le long des côtes.

LITTORELLE. s. f. Plante aquatique, vivace; genre de plantaginées.

LIVIE. s. f. Insecte des marais, de la famille, des hyménélytres.

LOASÉES. s. f. pl. Plantes composant la famille des loases, propres au Pérou, dont la piqûre est fort cuisante.

LOBÉ, E. adj. bot. Feuille lobée, dont le bord est découpé en lobes.

LOBÉLIACÉES. s. f. pl. Plantes formant une famille dont le type est la lobélie, détachées des campanulacées pour une légère différence de forme.

LOBIOLE. s. f. bot. Petit lobe, observé dans quelques lichens.

LOBIPÈDES. s. m. pl. Oiseaux à pieds lobés, de la famille des longirostres. On les a aussi nommés phalaropes.

LOBULAIRE. adj. Qui a rapport aux lobes, ou lobules. — s. m. Genre de plantes, genre d'oiseaux, terme d'anatomie.

LOCATEUR. s. m. Celui qui donne à louage.

LOCHET. s. m. Bêche longue et étroite.

LOCOL. s. m. Petite abeille des Philippines, dont le miel est acide, et la cire noire. T. d'hist. nat.

LOCOMOBILE. adj. Qui peut changer ou être changé de place.

LOCOMOBILITÉ. s. f. Qualité de locomobile, faculté de se mouvoir.

LOCOMOTEUR. adj. et s. m. Qui sert à changer de place. — anat. Muscles locomoteurs. Fém., locomotrice.

LOCOMOTIF, IVE. adj. Qui a rapport à la locomotion. Faculté locomotive.

LOCOMOTION. s. f. Changement de place; action de l'animal qui en change; mouvement qu'il exécute par le jeu de ses muscles. T. de physiq.

LOCULAIRE. adj. A loges. Fruits loculaires, divisés par loges, contenant des loges. T. de bot.

LOCULAR. s. m. Variété de l'épeautre.

LOCUSTAIRES. s. f. pl. Insectes formant le genre des sauterelles.

LODICULAIRES. s. f. pl. Genre de graminées pourvues de lodicules, parties de fleur presque insensibles, placées autour de l'ovaire. T. de bot.

LODOÏCE. s. f. Genre de palmiers formé du rondier de Séchelles, qui produit le coco des Maldives. (On pron. do-i.)

LOFER. v. n. mar. Venir au vent, y diriger la proue.

LOGOGRAPHE s. m. dérivés... Voyez ci-après ORIGRAPHIE, STÉNOGRAPHIE, et leurs dérivés.

LOGOTECHNIE. s. f. Voy. NOMENCLATURE au Diction.

LOGUER. v. n. Humecter les moules où le confiseur forme ses sucreries.

LOGUETTE. s. f. Cordage ajouté à un câble, pour le tirage des bateaux.

LOIMOGRAPHIE. s. f. Description de la peste, et maladies contagieuses. (Pron. lo-i.)

LOMBRIC. s. m. Ver cylindrique, à anneaux charnus et contractiles. Il en est de terrestres et d'intestinaux.

LOMBRICAL, E. adj. Qui a la forme du

lombric. Il se dit de certains muscles des pieds et des mains.

LOMBRICITE. s. f. Pétrification en forme de lombrics.

LONGICAUDES. s. m. pl. Gallinacés à longue queue : Coq, paon, faisan, etc. C'est aussi une famille de poissons crustacés décapodes.

LONGICORNES. s. m. pl. Insectes à longues antennes; famille de coléoptères.

LONGIPALPES. s. m. pl. Insectes à longues palpes ou antennules aux mâchoires.

LONGIPENNES. s. m. pl. Oiseaux à longues plumes; famille de palmipèdes.

LONGIROSTRES. s. m. pl. Oiseaux à long bec; famille d'échassiers.

LOOCK. s. m. Voy. LOX au Dict.

LOOHE. s. f. Oie de Sibérie, d'un très-beau plumage bleu-foncé, rouge, et argenté.

LOPÈZE. s. f. Jolie plante du Mexique, de la famille des onagres.

LOPHIE. s. f. Poisson branchiostège; (de lophia, crinière, qui distingue plusieurs genres d'animaux et de plantes.)

LOQUÉ, E. adj. Hareng loqué, mordu par d'autres poissons.

LOQUETS. s. m. pl. Mauvaises laines en flocons, prises sur les cuisses de moutons. Voy. LOQUET au Dict.

LOQUETER. v. a. Remuer le loquet d'une porte, comme pour entrer. Fam.

LORDOSE. s. f. méd. Courbure des os par suite de leur disposition naturelle.

LORGNADE. s. f. Action de lorgner; coup d'œil donné en lorgnant.

LORGNON. s. m. Lorgnette à un seul verre, dont le contour a de chaque côté une saillie pour le tirer, au moyen d'un pivot, d'entre les deux plaques, où on le pousse quand on s'en est servi. C'est un ornement qui se porte communément attaché à une chaîne passée au cou, et qui le tient suspendu sur la poitrine.

LORI ou LORY. s. m. Famille de petits perroquets à plumes rouges.

LORICAIRES. s. m. pl. Cuirassiers, genre de poissons abdominaux.

LORICÈRE. s. f. Genre d'insectes coléoptères, de la famille des carnassiers.

LORMERIE. s. f. Fabrication de menus ouvrages de fer; celui qui s'y livre prend le nom de lormier. Ces mots ne sont pas connus hors des ateliers et des boutiques de ferrailleurs.

LOSSE ou LOUSSE. s. f. Outil pour faire le trou de la bonde.

LOTOPHAGES. s. m. pl. Peuples du nord de l'Afrique, à qui le fruit du jujubier, appelé lotus, servoit de nourriture.

LOUCHEMENT. s. m. Action de loucher; défaut de celui qui louche.

LOUGRE. s. m. mar. Sorte de léger bâtiment de guerre.

LOUP-DU-MEXIQUE. s. m. Espèce de chien de cette contrée, dont une variété se nomme loup-rouge.

LOUVAT. s. m. Jeune loup.

LOUVER. v. a., une pierre, y faire un trou pour y introduire la louve, outil de fer qui sert à l'élever et à la soutenir.

LOUVOYAGE. s. m. Action de louvoyer, en parlant du vaisseau.

LOXARTHRE. s. m. méd. Direction obli-

que d'une articulation, sans effort et sans douleur, comme dans les pieds-bots.

LOXOCOSME. s. m. astron. Instrument pour démontrer, par l'obliquité de l'axe de la terre sur l'écliptique, la variation des jours et des saisons.

LOXODROME. s. f. Voy. LOXODROMIE.

LUCANIDES. s. m. pl. Insectes formant une tribu dont le type est le lucane, ou cerf-volant.

LUCIDITÉ. s. f. État, qualité de ce qui est lucide.

LUCIFUGE, LUCIFUGACE. adj. Qui fuit la lumière. Ce nom sert à distinguer deux tribus d'insectes coléoptères, famille des mélasomes.

LUCIMÈTRE. s. m. Instrument qui sert à mesurer les degrés de lumière.

LUCULLITE. s. f. Espèce de chaux carbonatée.

LUCUMA. s. m. Arbre du Chili, formant quelque rapport avec la pêche.

LUDIER. s. m. Genre de rosacées des îles de France et de Bourbon.

LUDION. s. m. Petite figure d'émail suspendue à une ampoule de verre, dans une fiole d'eau, et qu'on y fait monter ou descendre, en pressant plus ou moins le bouchon.

LUIGNAN. s. m. bot. Liane de Madagascar, à suc noir.

LUISETTE ou LUZETTE. s. f. Maladie du ver à soie, qui le rend blanc et luisant.

LULU. s. m. Petite alouette huppée.

LUMACHELLE. adj. Marbre lumachelle, formé d'un amas de petites coquilles, et d'une pâte calcaire.

LUMBAGO. s. m. (lum se pron. lon.) méd. Rhumatisme qui attaque les lombes, et empêche de se courber en avant.

LUMIE. s. f. Variété d'orangers.

LUMINEUSEMENT. adv. D'une manière lumineuse.

LUNETIÈRES. s. f. pl. Genre de plantes crucifères, à silicules en forme de lunettes.

LUNULÉ, E. adj. bot. En forme de lune croissante, ou de croissant.

LUNULITHE. s. f. Genre de polypiers foraminés, trouvés fossiles.

LUPINELLE. s. f. Trèfle incarnat.

LUPULINE. s. f. Espèce du genre luzerne. Substance aromatique et tonique dans le houblon.

LURON. s. m. Homme actif, courageux, toujours disposé à faire mieux que les autres à la table, au combat, etc. C'est un luron. Un bon luron, un vrai luron. Il peut tenir à luire, lustrer, on à lutin. Fam., et surtout populaire et même trivial.

LUSTRAGE. s. m. Action de lustrer, opération pour lustrer une étoffe.

LUSTREUR. s. m. Celui qui lustre; ouvrier qui donne le lustre à un ouvrage de fabrique : draps, fourrures, chapeaux, etc.

LUSTRIER. s. m. Faiseur de lustres, pour éclairer un salon, un spectacle, etc.

LUSTROIR. s. m. Ce qui sert à lustrer.

LUSTUCRU. s. m. Terme d'apostrophe, populaire et gaillard. Dis donc, lustucru?

LUTAIRE. s. f. Genre de plantes de la famille des algues.

LUTATION. s. f. Action de luter, d'enduire de lut un vase de chimie.

LUTÉA. s. f. Réséda pour teinture en jaune. C'est le nom latin du souci.

LUTÉOLA. s. f. Espèce de réséda à feuilles pleines et capsules découpées.

LUTHÉE. adj. Mandore luthée, approchant du luth, ayant plus de quatre cordes.

LUTHERIE. s. f. Art, ouvrage, commerce du luthier.

LUXURIEUSEMENT. adv. D'une manière luxurieuse. Ce mot est dans l'analogie; mais il est peu de cas où il puisse s'employer. On diroit pourtant: vivre luxurieusement.

LUZULE. s. m. Genre de joncs, à feuilles planes. T. de bot.

LUZURIAGUE. subst. Genre d'asperges du Pérou et de la Nouvelle-Hollande.

LYANTE. s. f. Tulipe amaranthe des fleuristes.

LYCHNIDE. s. f. bot. Genre de caryophyllées, à fleurs brillantes.

LYCO... Loup.

LYCOPERDINE. s. f. Genre d'insectes coléoptères, vivant sur le lycoperdon, ou vesse de loup.

LYCOPODE, s. m., ou PIED-DE-LOUP. Genre de mousses, renfermant les plus grandes espèces, et se rapprochant des fougères. Poussière fine tirée de leurs capsules, et employée dans la pharmacie.

LYGOPHILES. s. m. pl. Insectes coléoptères, fuyant la lumière : aussi les nomme-t-on encore ténébricoles, ténébriolites.

LYMNÉE. s. f. Genre de testacés univalves. T. d'hist. nat.

LYNCÉ. s. m. Genre de crustacés des eaux dormantes.

LYNGODE. s. f. méd. Fièvre intermittente, dont le caractère s'annonce par le hoquet, qui en est le symptôme dominant.

LYPY. s. m. Tulipe d'un rouge presque brun. T. de fleur.

LYRÉ, E. adj. bot. Feuille lyrée, en forme de lyre.

LYSTRE. s. m. Genre d'insectes hémiptères, de la famille des cicadaires.

LYTRODE. s. f. Pierre grasse rouge.

M,

M, s. m., comme treizième lettre, peut représenter le nombre treize; le registre m en suppose douze qui le précèdent, ainsi que la feuille m. — Comme initiale, cette lettre peut représenter en latin le mot mille; et avec le trait au-dessus (m̄) elle vaut un million. En françois, M est communément l'initiale de Monsieur, Madame, Majesté, Maître, Assurances Mutuelles, Maison Assurée Contre l'Incendie, dans les signes Mʳ, Mᵐᵉ, L. MM., Mˣ un tel, en parlant d'un avocat ou d'un avoué, A M., M. A. C. L. — M est nul dans automne, avec o bref; dans damner, condamner, et leurs dérivés, avec a long.

M sonne dans le mot ou à la fin, dans les expressions tirées du latin : Duumvir, triumvir, par intérim, Te Deum, un vade mecum, idem, item, palladium, autem, etc., et dans quelques noms propres : Amsterdam, Rotterdam, Jérusalem, Sélim, Priam, Abraham, Sem, Cham, etc. — Ailleurs m, placé après a, ai, e, ei, o, u, forme un son

nasal devant p ou b, ou à la fin du mot : pampre, Paimbœuf, sembler, lombes, humble, Adam, avoir faim, parfums, un quidam, etc., et devant m seulement, dans les composés de la préposition en : emmener, emmancher, etc. — Au reste, m tient cette propriété nasale de ce qu'étant la plus foible des trois labiales p, b, m, la mollesse de la touche permet de faire refluer l'air vers le conduit du nez. Voy. M au Dict.

MABA. s. f. Genre de plantes ébénacées.

MABIER. s. m. Genre d'arbrisseaux de la Guyane, lactescens, et dont une espèce est le bois-calumet, fournissant des tuyaux de pipes. T. de bot.

MABOLO. s. m. Genre de plaqueminiers, à bois noir et dur, servant d'ébène dans les Philippines.

MABOUIER. s. m. Arbre capparidé du sud de l'Amérique. Le bois noir, pesant et noueux de ses racines, fournit aux sauvages des massues, de là appelées mabouya.

MACACA ou MACAQUE. s. m. Genre de singes, de l'Inde et d'Afrique, à tête plus aplatie.

MACAREUX. s. m. Genre d'oiseaux nageurs, atéleopodes, et brachyptères.

MACARIBO. s. m. Renne d'Amérique. Voyez Carirou au Diction.

MACÉDOINE. s. f. Mets composé d'un mélange de viandes et de légumes, ou de divers légumes seulement.

MACHACOIRE. s. f. V. Macqux au Dict.

MACHANE. s. f. Arbrisseau guttifère de la Guyane. T. de bot.

MACHIAVÉLIQUE. adj. Qui tient du machiavélisme. Mesure machiavélique.

MACHIAVÉLISME. s. m. Système politique de Machiavel, fondé sur la division, la fraude et la ruse. Conduite astucieuse en politique.

MACHIAVÉLISTE. s. m. Celui qui agit, en politique, d'après les principes de Machiavel, ou qui en est partisan.

MACHICOTER. v. n. Faire du machicotage; chanter au lutrin sans suivre le plainchant, mais en l'enjolivant, comme les machicots. Voy. Machicot au Dict.

MACHOMOR. s. m. bot. Champignon du Kamstchatka, dont l'infusion produit l'effet de l'opium.

MACHOQUET. s. m., ou forgeron. Insecte orthoptère, qui produit un bruit semblable à celui de trois coups de marteau, frappés en mesure sur l'enclume.

MÂCHURAT. s. m. Mauvais ouvrier dont l'ouvrage est malpropre. Ce mot est formé de verbe Mâchurer.

MÂCHURE. s. f. Marque laissée au drap par l'inégalité de la tonte; ou verbe Mâchurer.

MACIGNO. s. m. Pierre marneuse et micacée de Macigno, en Toscane. C'est de ce genre qu'est la pierre de Florence, où l'on voit des espèces de ruines ou de paysages.

MACKAU. s. m. Palmier de la Jamaïque, à tronc épineux, dont le fruit à une écorce grasse et des graines dures, avec lesquelles on fait des chapelets.

MACLAGE. s. m. Action de mâcler le verre; verre mâclé.

MÂCLER. v. a. Mêler du verre dur avec du mou dans la fonte.

MACOGO. s. m. Grand quadrupède du

Congo, qu'on suppose être une grosse gazelle ou une antilope.

MACOSQVER. s. m. (er se pron. comme dans fer.) Courge d'Amérique dont on y fait un instrument de musique, en la vidant pour y mettre des cailloux.

MACOUBA. s. m. Tabac de couleur foncée, préparé, dit-on, avec du sucre brut, et très-estimé, sentant naturellement la rose.

MACQUÉ. s. m. Arbre de la Guyane, genre d'apocynées. Le suc en est laiteux, et l'odeur désagréable.

MACRE. s. f. Plante aquatique, dont le fruit se nomme châtaigne d'eau, ou cornuelle, à cause de son goût et de ses quatre cornes. On la croit une truffe d'eau.

MACROCÉPHALE. adj. A longue tête.

MACROCÈRE. adj. A longues cornes ou antennes; genre d'insectes.

MACRODACTYLES. adj. A longs doigts; famille d'oiseaux échassiers, et tribu d'insectes coléoptères clavicornes.

MACROGASTRE. adj. A long estomac; famille d'insectes coléoptères.

MACROGLOSSE. adj. A grande langue; genre d'insectes lépidoptères; famille d'oiseaux sylvains xygodactyles.

MACROLÉPIDOTE. adj. A grandes écailles; division de poissons.

MACROPHYLLE. adj. A longues feuilles.

MACROPODE. adj. A longs pieds, à longues nageoires; genre de poissons thoraciques, famille de quadrupèdes rongeurs.

MACROPTÈRE. adj. A longues ailes ou nageoires. Division d'oiseaux, etc.

MACROTARSIEN. adj. A longs tarses; famille de quadrumanes.

MADI. s. m. Plante corymbifère du Chili, dont la semence donne une huile aussi bonne que celle d'olive.

MADIAN. s. m. Fruit de l'Inde, qui aiguise l'appétit et finit par enivrer.

MADRENAGUE. s. f. Toile des Philippines, à chaîne en coton et trame en fil de palmier. On dit aussi madrenaque.

MADRÉPORITE. s. m. Madrépore pétrifié, chaux carbonatée.

MADRURE. s. f. Tache à la peau d'un animal, ou moucheture dans les veines intérieures d'un bois. Voy. Madré au Dict.

MAGAI. s. m. Arbre d'Amérique dont le bois s'emploie en fumigations contre les maladies vénériennes.

MAGASINAGE. s. m. Garde, séjour des marchandises dans un magasin. Droit à payer pour cela.

MAGASINIER. s. m. Celui qui garde en magasin des marchandises d'un autre. Dans l'administration des vivres, on dit garde-magasin.

MAGISME. s. m. Religion des mages.

MAGNANIÈRE ou MAGNONIÈRE. s. f. Voy. ci-devant Cocoxxière.

MAGNÉTISER. v. a., quelqu'un, changer son état par le magnétisme animal qu'on lui communique, ou qu'on développe en lui.

MAGNÉTISEUR. s. m. Celui qui magnétise, qui s'adonne au magnétisme.

MAGNOLE. s. f. Noix du magnolier, bel arbre d'Amérique, voisin des tulipiers, et type de la famille des magnoliées.

MAHERNE. s. f. Belle plante du Cap; genre de sterculiacées, à corolle rose.

MAHOGON. s. m. Bois à meubles, de Saint-Domingue, appelé bois de satin, à cause de son poli brillant.

MAILLADE. s. f. Sorte de filet.

MAILLEAU. s. m. Petit instrument de bois, pour faire mouvoir le mécanisme des tondeurs de drap.

MAILLERIE. s. f. Moulin à battre le chanvre.

MAILLETAGE. s. m. mar. Action de mailleter ; doublage de la carène à force de clous et de coups de maillet.

MAILLEUR. s. m. Faiseur de mailles, de maillades et autres filets.

MAILLIER. s. m. Faiseur de maillons ou anneaux de chaîne, chaînetier.

MAILLOIR. s. m. Pierre des blanchisseries, où l'on bat la toile à coups de maillets.

MAILLON. s. m. Chaque petite maille d'une chaînette, en tissu ou autrement.

MAIN-CHAUDE. s. f. Jeu qui consiste à boucher les yeux à quelqu'un, à lui faire tendre derrière lui une main, sur laquelle un des joueurs frappe de l'une des siennes, et deviner qui l'a frappé.

MAISONNAGE. s. m. Abatis de haute futaie, pour charpente de maisons.

MAISTRANCE. s. f. mar. Classe des maîtres ouvriers dans la marine royale.

MAJALE. s. f. Espèce de primevère, à feuilles farineuses en dessous.

MAJAUFFE. s. f. Variété du fraisier.

MALACHITE. s. f. Couleur de mauve. Pierre fine, verte et opaque, qui est un oxyde de cuivre.

MALACHRE. s. f. Genre de malvacées.

MALACODERME, adj, à peau molle. Il s'oppose à testacé, et s'applique à une division de mollusques, à plusieurs tribus d'insectes serricornes.

MALACOLITHE. s. f. Pierre tendre, substance minérale aussi nommée salithe.

MALAMIRIS. s. m. L'amalago du Malabar, poivre qui croît à la Jamaïque et à Saint-Domingue. (s se pron.)

MALANDREUX, EUSE. adj. Atteint de malandres. Voy. MALANDRES au Dict.

MALAPERTURE. s. m. Genre de poissons abdominaux : le silure électrique, qu'on ne peut toucher sans une violente commotion aux articulations.

MALATE. s. m. chim. Sel neutre, formé par l'acide malique uni à une base.

MALIQUE. adj. chim. Acide malique, extrait de la pomme, des fruits.

MALLA. s. f. bot. Espèce de capucine du Pérou.

MALLARD. s. m. Petite meule de remouleur.

MALOPE. s. f. Genre de plantes malvacées. T. de bot.

MALPIGHIACÉES. s. f. pl. Famille de plantes, arbres ou arbrisseaux, établie par Malpighi.

MALTHE. s. f. Bitume noir, poix minérale, des environs des salines.

MALVACÉES. s. f. pl. Plantes de la famille des mauves.

MAMEL. s. m. chim. Arbre guttifère des Antilles, qu'on y nomme abricotier. Le fruit en est bon; sa fleur entre dans la composition de l'eau créole.

MAMELONNÉ, E. adj. Où l'on trouve des mamelons; il s'applique à des poissons, à des champignons.

MAMILLAIRE. adj. anat. Qui a la forme de mamelon.

MAMMALOGIE. s. f. Partie de l'histoire naturelle où l'on traite des mammifères.

MAMMALOGISTE. s. m. Celui qui connoit ou cultive la mammalogie.

MAMMIFÈRE. adj. et subst. Pourvu de mamelles. Grande classe d'animaux dont la femelle allaite ses petits.

MAMMIFORME. adj. anat. En forme de mamelle.

MAMMOUT ou MAMMOUTH. s. m. Squelettes monstrueux, fossiles, qu'on suppose provenir d'un animal de ce nom, et qu'on a trouvés dans les rivières de la Sibérie.

MAMMULE. s. f. bot. Cupule bombée de quelques lichens.

MANCHERONS. s. m. pl. Cornes de la charrue, où l'on place les mains pour la tenir.

MANCHONNIER. s. m. Celui qui travaille aux manchons.

MANDIBULÉ, E. adj. Pourvu de mandibules ; famille d'insectes parasites.

MANDRILL. s. m. Genre de vilains singes, à museau allongé, queue très-courte. (ll mouillés.)

MANGLE ou MANGLIER. s. m. Arbre des Antilles, dont les branches pendantes s'enfoncent dans la vase, et y prennent racine, en formant des baies impénétrables.

MANGOUSTAN. s. m. Arbre guttifère des Moluques, qui a le port du citronnier, et dont les fruits sont les meilleurs de l'Asie.

MANGUIER. s. m. Genre de térébinthacées, du Brésil et des Indes, dont le fruit est fort agréable à manger.

MANI ou MANIL. s. m. Arbre guttifère de la Guyane, dont le suc sert de goudron.

MANICANTERIE. s. f. École de musique pour les enfans de chœur. Vieux.

MANIÉRISTE. s. m. Peintre de l'école maniérée, qui s'écarte de la nature.

MANIEUR. s. m. Celui qui manie, spécialement, le blé dans le commerce, l'argent, les deniers publics.

MANIPULER. v. a. pharm. Faire subir aux ingrédiens qui doivent entrer dans une composition, les changemens nécessaires à leur destination. Il s'étend à beaucoup d'autres branches d'industrie.

MANITOU. s. m. Coquille du genre des tonnes, que des sauvages de l'Amérique révèrent comme une divinité.

MANNÉE. s. f. Le contenu d'une manne; mode de mesure du lest.

MANNEQUINAGE. s. m. Peinture, sculpture, exécutée d'après le mannequin; on les appelle alors mannequinées, comme manquant de naturel et de grâce.

MANOMÈTRE ou MANOSCOPE. s. m. Instrument qui fait connoître la rareté ou la condensation de l'air.

MANOQUE. s. f. Rouleau de feuilles de tabac apprêtées. Anc. régie.

MANORINE. s. f. Oiseau sylvain de la Nouvelle-Hollande, de la famille des chanteurs. T. d'hist. nat.

MANTONNET. s. m. Pièce échancrée pour recevoir le bout du loquet, loqueteau, etc. T. de serrur.

MANUELLE. s. f. Outil de cordier pour tordre de longs cordages, en donnant plus de force à la manivelle.

MANULÉE. s. f. Genre de plantes personnées du Cap.

MANULUVE. s. m. méd. Bain des mains : c'est le pendant de pédiluve.

MAQUE. s. f. Machine à broyer le chanvre ou plutôt le lin.

MAQUETTE. s. f. Ébauche de sculpture, en terre molle. — Pièce de fer à mettre sous le marteau, ou dont on doit faire un canon de fusil, et préparé pour cela.

MAQUILLEUR. s. m. Bateau pour la pêche du maquereau.

MARABOU. s. m. Oiseau de Calcutta, espèce d'argala, assez apprivoisé pour rechercher les immondices des rues. Ses plumes duvetées servent à orner les chapeaux de nos dames.

MARASCA. s. m. Cerise acide, griotte, avec laquelle on fait la liqueur connue sous le nom de marasquin.

MARBRERIE. s. f. Art de travailler le marbre; collection, commerce de marbres travaillés.

MARCHANDAILLER. v. a. et n. Marchander long-temps pour peu de chose. Fam.

MARCHETTE. s. f. Planche d'un piége où l'animal doit être pris en marchant dessus. Petite marche du métier pour abaisser lentement les lisses de liage.

MARCHEUX. s. m. Fosse où l'on corroie la terre à pot.

MARCHOIR. s. m. Atelier où l'on prépare les terres de poterie.

MARELLE. s. f. Jeu d'écolier, qui consiste à jeter successivement avec la main une petite pierre dans les cases d'un compartiment tracé par terre, et de la chasser avec le pied sans toucher aux barres qui sont tracées, ou aux autres cases.

MARGEOIR. s. m. Pièce servant à fermer un soupirail de fourneau.

MARGERITELLE. s. f. Petite marguerite des prés.

MARGEUR. s. m. Celui qui est chargé de mettre les margeoirs.

MARGINÉ, E. adj. bot. A bords saillans. Feuille marginée.

MARGOT. s. f. Nom populaire de la pie.

MARGRAVIACÉES. adj. et s. f. pl. Plantes formant une famille dont le type est le margrave guttifère, arbrisseau parasite des Antilles, dont les rameaux redescendent avec des fleurs très-différentes entre elles, suivant l'âge et la position.

MARIE-SALOPE. s. f. Bateau pour enlever la vase d'un port. T. de mariniers.

MARIEUR, EUSE. subst. Faiseur ou faiseuse de mariages. Les gens du peuple disent quelquefois marieur pour épouseur, époux, mari.

MARINGOUIN. s. m. Genre de cousins, fort incommodes, et dont la piqûre est redoutée dans les Antilles, où ils abondent.

MARIPA. s. m. Palmier de Cayenne, à feuilles en éventail, et dont on couvre les maisons.

MARIVAUDAGE. s. m. Style affecté de Marivaux, où le sentiment est alambiqué et les expressions triviales. C'est un marivaudage, un vrai marivaudage.

MARMOLIER. s. m. Arbre de Surinam, à fruits savoureux.

MARMOT. s. m. t. d'arquebus. Rond de papier ou de carton, dont on recouvre à chaque coup le centre du pavois dans un tir, pour reconnoître la portée de chaque tireur.

MARMOTTAGE. s. m. Action de marmotter; ce que l'on dit en marmottant.

MARMOTTEUR, EUSE. subst. Celui ou celle qui marmotte.

MARNAGE. s. m. Action de marner; terrain marné.

MARNERON. s. m. Ouvrier qui travaille aux marnières.

MARNEUX, EUSE. adj. Qui tient ou contient de la marne.

MAROTTI. s. m. Arbre de l'Inde, qui fleurit en tout temps, et donne une bonne nile.

MAROUCHIN. s. m. Pastel de qualité inférieure.

MARQUOIR. s. m. Carré de canevas pour apprendre à marquer le linge. Outil de tailleur.

MARRON. adj. Courtier marron, qui exerce furtivement. Drap marron, de la couleur du marron. Voy. MARRON au Dict.

MARSDENIE. s. f. Genre d'apocynées de la Nouvelle-Hollande, dont une espèce donne, par la décoction de ses feuilles, un bon indigo.

MARSILÉACÉES. adj. et s. f. pl. Plantes comprenant une famille dont le type est la marsile, cryptogame tenant aux fougères.

MARSUPIAUX, s. m. pl., ou didelphes. Famille de mammifères, à bourse, dont les femelles ont une poche, où elles mettent leurs petits.

MARTEAU. s. m. Dans les imprimeries, avoir ou tenir le marteau signifie être le premier des deux ouvriers d'une presse. Voy. MARTEAU au Dict.

MARTELEUR. s. m. Celui qui manie le martean dans les grandes forges.

MARTELINE. s. f. Marteau à pointe et à dents, pour la sculpture.

MARTELLEMENT. s. m. Agrément autrefois pratiqué dans le chant françois.

MARTIN-CHASSEUR. s. m. Martin-pêcheur des bois, où il vit d'insectes.

MARTIN-SEC. s. m. Poire d'automne à pelure tiquetée.

MARTOIRE. s. f. Marteau de serrurier, à deux pannes.

MARTYROLOGISTE. s. m. Auteur de martyrologes, d'écrits sur les martyrs.

MASCULINISER, v. a., un nom; lui donner le genre masculin.

MASSAGE. s. m. chir. Pression de la main sur la peau pour lui donner du ton.

MASSAPÉE. s. f. Mécanisme pour faire mouvoir les cordages des vaisseaux.

MASSER. v. a. Presser un membre de la main pour lui donner du ton.

MASSETTE. s. f. Genre de plantes typhoïdes, dont l'espèce à longues feuilles sert à beaucoup de choses. Genre de vers intestinaux.

MASSON. s. m. Table de madriers pour mettre le sel en pains.

MASSONE. s. f. Genre de plantes liliacées, du Cap.

MASTODYNIE. s. f. méd. Douleur de mamelles.

MATASSE. s. f. Soie crue, en pelottes; coton non filé.

MATCHI. s. m. Espèce de singes, du genre sapajou.

MATELOTAGE. s. m. Art, profession de matelot. Distribution des matelots par couples. Salaire des matelots.

MATEREAU. s. m. Petit mât, bout de mât. T. de mar.

MATÉRIALISER, v. a., l'homme, le réduire à n'être que matière, par le matérialisme.

MATEUR. s. m. Ouvrier chargé de placer, disposer, réparer les mâts.

MATISIE. s. f. Arbre du Pérou, de la famille des malvacées.

MATOIR. s. m. Instrument pour donner le mat à l'or, à l'argent, au fer, etc.

MATOURI. s. m. Genre de plantes personnées du Mexique. Une espèce, de la Guiane, s'y nomme basilic sauvage, à cause de sa bonne odeur.

MATRICAL, E. adj. méd. Remèdes matricaux, pour les maladies de la matrice.

MATRICIDE. subst. Celui ou celle qui tue sa mère. — s. m. Son crime. Ce mot est propre à lever l'équivoque du mot parricide, appliqué jusqu'ici à l'égard du père et de la mère.

MATRICULAIRE. adj. Qui est relatif à la matricule. — s. m. Celui qui y est inscrit.

MATTI. s. m. Pomme de terre de la Chine, en forme de rave, avec un goût de châtaigne.

MAURELLE. s. f. Tournesol préparé pour la teinture.

MAURISQUE. s. f. Arbrisseau des lieux pierreux de la Jamaïque, cultivé pour la beauté de ses fleurs.

MAY. s. m. Nom de plusieurs espèces de rotang de la Cochinchine, entr'autres le maysaoug et le may-nuoc, qui a plus de 100 pieds de tige; on en fait des lanières qui se tressent en cordages.

MÉADIA. s. f. Plante curieuse de la Caroline, dont la hampe se couronne d'une douzaine de fleurs.

MÉAT. s. m. anat. Passage, conduit de quelque fluide dans le corps. Il ne s'emploie qu'avec un adjectif: Méat urinaire, auditif, cystique, etc. On diroit le conduit de l'urètre, ou mieux le canal de l'urètre.

MECOMÈTRE. s. m. Instrument à mesurer toute sorte de longueurs.

MÉCONITES. s. f. pl. Concrétions calcaires trouvées par grandes couches, et en forme de graines de pavot, en grec, meeon. De là aussi le méconium, suc tiré du pavot par expression. Voy. MÉCONIUM au Dict.

MÉDÉOLE. s. f. Espèce d'asperges à feuilles particulières.

MÉDIAIRE. adj. bot. Placé au milieu entre les deux bords. Nervure médiaire.

MÉDIAL, E. adj. gram. Qui se trouve dans l'étendue du milieu. Dans les mots, on distingue le son initial, le médial et le final.

MÉDIATISER. v. a. Rendre médiat un prince, un pays, etc., jusque-là directement soumis au suzerain. Il ne se dit que des princes d'Allemagne, dont plusieurs ont

été médiatisés, et soustraits à l'autorité directe de l'empereur et de l'empire.

MÉDICATION. s. f. méd. Effet des remèdes, du traitement. Peu usité.

MÉDECINIER. s. m. Genre de tithymaloïdes, de la nature du croton, du ricin, et autres plantes purgatives.

MÉDUSA. s. f. Arbre de la Cochinchine, dont le fruit, à longs poils flottans, a été comparé à la tête de Méduse.

MÉDUSE. s. f. Tête de la gorgone tuée par Persée, à l'aspect de laquelle on restoit pétrifié. De là nous disons que ce qui a interdit et déconcerté quelqu'un a été pour lui la tête de Méduse. — Genre de zoophytes, vers radiaires, appelés orties de mer, parce qu'ils piquent comme les orties. Ils sont, à volonté, phosphoriques pendant la nuit, tombent aisément en eau, et passent pour se rendre pesans quand on veut les prendre.

MÉE. s. f., ou MAI, MAY. s. m. Outil pour mêler ensemble la calamine et le charbon en poudre.

MÉGA... Le mot grec mégas-mégalé-méga, grand, entre dans beaucoup de composés, et a fourni le caractère distinctif de plusieurs genres d'animaux peu importans: insectes, poissons, etc.

MÉGALANTHROPOGÉNÉSIE. s. f. Prétendu art de faire de grands hommes; d'un ouvrage sur cette matière. Le vrai secret est une bonne éducation. L'instruction fait tout. (Zaïre.)

MÉGALONIX. s. m. Voy. ci-dessous MÉGATHÈRE.

MÉGAMÈTRE. s. m. Instrument propre à mesurer la distance des astres entr'eux, et à déterminer la longitude en mer.

MÉGASCOPE. s. m. Instrument qui grossit les objets; c'est le pendant du microscope, t. d'optiq.

MÉGATHÈRE. s. m. Genre de grands mammifères fossiles, dont quelques débris quadrupèdes se sont trouvés au Paraguay, et quelques ossemens aux montagnes bleues de la Virginie.

MÉGI, E. adj. Apprêté par le mégissier, en parlant des peaux.

MÉGISTANES. s. m. pl. Oiseaux formant une famille de l'ordre des échassiers, tribu des ditridactyles.

MÉIONITE. s. f. Cristal à pyramide abaissée, voisin du feldspath.

MÉJUGER (SE). v. pron. Il se dit, en vénerie, du cerf qui porte les pieds de derrière plus loin que les traces des pieds de devant.

MÉLAC. s. m. Étain de mélac, tiré du Pérou, en forme de petits chapeaux.

MÉLADOS. s. m. pl. Du mot espagnol melado, mielleux. Race de chevaux blancs; faibles, à œil bleu et mauvaise vue.

MÉLÈNE. Voyez MÉLINE.

MÉLAGE. s. m. Action de mêler les papiers à coller, pour la confection des cartes. Mélange qui résulte de l'opération.

MELAS, MELAINA, MELANOS: Noir.

MÉLALEUQUE. s. m. Genre de la famille des myrtoïdes. T. de bot.

MÉLANDRYE. s. f. Genre d'insectes coléoptères, de la famille des étéodynes.

MÉLANIE. s. f. Genre de testacés univalves; type des mélanoïdes.

MÉLANITE. s. f. Genre d'insectes lépidoptères. — Grenat d'un noir de velours, qui se trouve aux environs de Frascati et du Vésuve.

MÉLANOGRAPHITES. s. f. pl. Pierres à dessins noirs, qui figurent des arbres, des caractères, des mousses, etc.

MÉLANTÉRIE. s. f. Crayon noir, ou schiste pyriteux d'où il provient, et qui entre dans la terre à vigne.

MÉLANTHACÉES. s. f. pl. Plantes brunes, de la famille du mélanthe, compris dans les joncs.

MÉLAR. s. m. Petite figue d'Espagne. — Coquille du genre cône.

MÉLAS. s. m. Belle espèce du genre chat, de la taille du léopard, et à poil noir. — Genre de coquilles noires, à spirales épineuses. — Tache noire à la peau. (s se pron.)

MÉLAS-ICTÈRE. s. m. méd. Ictère noir, maladie où la peau brunit.

MÉLASOMES. s. m. pl. Insectes noirs; famille de coléoptères hétéromères.

MÉLASTOMÉES. s. f pl. Plantes formant une famille de mélastomes, dont le fruit noircit la bouche.

MÉLÉAGRE. s. m. Genre de coquilles, comprenant de belles espèces de sabots, souvent flambés de noir sur un fond blanc.

MÉLECTE. s. f. Genre d'insectes hyménoptères, à duvet noir.

MÉLÈNE. s. f. méd. Maladie noire, où l'on vomit du sang corrompu. — Variété d'anémone.

MÉLIACÉES. s. f. pl. De meli, miel, melia, frêne, on a formé cette famille de plantes dont les feuilles se couvrent de miel ou de manne pendant les nuits d'été.

MÉLIBÉE. s. m. Insecte lépidoptère, petit papillon de jour.

MÉLICERTE. s. m. Genre de crustacés, surnommé le tigre.

MÉLICYTE. s. m. bot. Genre de tithymaloïdes, de la nouvelle Zélande.

MÉLIER. s. m. Arbre d'Amérique, genre de mélastomées, et dont une espèce, de la Guyane, a le bois jaune ainsi que les fleurs, et de bons fruits.

MELLIFÈRES. s. f. pl. Insectes formant une famille d'hyménoptères porte-aiguillons.

MELLIFICATION. s. f. Formation du miel par les abeilles.

MELLITES. s. m. pl. Insectes hyménoptères, famille des mouches à miel.

MELLITHE ou MELLILITHE. s. f. Substance minérale, d'un jaune de miel et luisante. T. de minér.

MELLIVORE. adj. Qui dévore le miel. Épithète qui caractérise le ratel, mammifère carnassier, du genre glouton.

MÉLOCHITE. s. f. Pierre d'Arménie; sorte de cuivre carbonaté.

MÉLODICA. s. f. Espèce de piano dont les touches produisent les sons en faisant frotter de petites barres de laiton contre un cylindre d'acier.

MÉLODRAMATURGE. s. m. Auteur de mélodrames. Terme burlesque.

MÉLODRAME. s. m. Drame mêlé de chant, de musique et de danses. C'est un genre de composition où l'on sacrifie tout pour produire des impressions exagérées; ce qui le met en défaveur auprès des gens de goût.

MÉLOGRAPHIE. s. f. Art de noter le chant musical.

MÉLOMANE. s. m. et f. Personne affectée de mélomanie.

MÉLOMANIE. s. f. Manie du chant; passion, goût excessif pour la musique.

MÉLOPLASTE. s. m. Nouveau procédé pour les leçons de musique, disposées au tableau ; méthode applicable au mode d'enseignement mutuel.

MÉLOS. s. m. (s se pron.) t. didact. Base du chant; passage ménagé d'un son à un autre; ce qui rend la mélodie agréable.

MÉLOTE. s. f. Peau de bête employée avec son poil, spécialement celle de brebis.

MEMBRANÉ, E. adj. Tige membranée, aplatie en forme de membrane. On se sert aussi de membraniforme.

MEMBRET. s. m. Lame où passe la courroie qui tient l'éperon, et sert à le serrer ou à le détendre.

MÉNI. s. m. bot. Fruit du Brésil, dont on tire une huile à brûler.

MÉNIANE. s. f. archit. Galerie saillante en dehors de l'édifice.

MÉNILITHE. s. m. Substance minérale de Ménil-Montant, près de Paris ; elle est de la nature du silex.

MÉNINGÉE. s. f. Inflammation de la méninge du cerveau, ou de la méningette, qui est la pie-mère. T. de méd.

MÉNIPPÉE. adj. Satire ménippée, écrite sur les troubles de la ligue, à l'imitation de celle de Ménippe, philosophe cynique.

MÉNOLE. s. f. Petit ais rond et troué, fixé au bout d'un manche pour presser le caillé, et en dégager le petit-lait.

MENSTRUATION. s. f. (en se pron. in.) Établissement, écoulement des menstrues.

MENSUEL, LE. adj. (en se pron. in.) Qui se fait par mois, chaque mois. Rétribution mensuelle.

MENTONNET. s. m. Espèce de tenon, formé au talon d'une lame de couteau, pour qu'en le fermant elle ne tombe pas sur son tranchant.

MENUFEUILLÉ, E. adj. bot. Garni de menues feuilles.

MENUISE. s. f. Menu plomb de chasse. — Menu poisson, hors de vente par sa petitesse.

MERINGUE. s. f. Pièce de pâtisserie, de la grosseur d'une pomme, à pâte de massepain, creuse, et remplie de crème après la cuisson.

MÉRINOS. s. m. (s se pron.) De l'espagnol merino, errant, e, appliqué aux moutons qui voyagent en changeant de pâturages. Chez nous c'est le mouton de race espagnole, la laine qui en provient, ou le tissu qu'on en a formé.

MERLIN. s. m. Hache à tranchant et à marteau, emmanchée par le milieu. Massue de boucher pour abattre le bétail.

MERLUT. s. m. Peau de mégisserie en merlut, séchée avec sa laine ou son poil, pour être chamoisée plus tard.

MÉSANGETTE. s. f. Piège d'oiseleur pour prendre des mésanges.

MÉSENTÉRITE. s. f. méd. Inflammation du mésentère.

MÉSIER. s. m. Arbrisseau de l'Inde, toujours vert, et en tout temps chargé de fleurs et de fruits.

MÉSINTERPRÉTER. v. a. Interpréter en mal, défavorablement. Peu usité.

MESMÉRISME. s. m. Système du magnétisme animal, mis en vogue dans le temps par Mesmar.

MÉSOCÉPHALE. s. m. anat. Moelle allongée, qui est le milieu du cerveau; d'où l'artère mésocéphalique, qui lui appartient.

MESSÉNIENNE. s. f. Élégie sur les malheurs des Messéniens, chassés de leur pays par les Spartiates; et, par extension, genre de composition sur les malheurs d'un peuple.

MESSIDOR. s. m. Temps de la moisson, le dixième mois du calendrier républicain, en France; il répondoit au signe du Cancer.

MÉTAIL. s. m. Matière dans la composition de laquelle il entre du métal.

MÉTALLÉITÉ. s. f. chim. État, qualité de métal à l'égard d'une substance. Métallicité seroit plus dans l'analogie.

MÉTALLIFÈRE. adj. Qui produit ou contient quelque métal.

MÉTALLISATION. s. f. Action de métalliser une substance. Action par laquelle elle se métallise; formation naturelle ou artificielle des métaux.

MÉTALLOGRAPHIE. s. f. Description, science, connoissance, traité des métaux.

MÉTALLURGIQUE. adj. Qui tient, qui a rapport à la métallurgie.

MÉTAPTOSE. s. f. méd. Changement d'une maladie en une autre.

MÉTEMPSYCOSISTE. s. m. Partisan de la métempsycose.

MÉTÉORISME. s. m. Enflure, avec tension douloureuse du bas-ventre, habituelle dans les fièvres putrides, et fréquente dans les fièvres malignes.

MÉTÉOROLITHE. s. f. Pierre tombée de l'atmosphère, où elle s'est formée dans un météore. On préfère le mot aérolithe.

MÉTÉOROLOGISTE. s. m. Celui qui se livre à la météorologie, aux observations météorologiques.

MÉTRAGE. s. m. Mesurage au mètre. Ce mot devroit remplacer l'aunage et le toisé, toujours employés pourtant, quoique la mesure ait changé.

MÈTRE. s. m. Principale unité des mesures décimales, prise sur l'arc du méridien qui va du pôle boréal à l'équateur, et dont il est la dix-millionième partie, équivalant à trois pieds, onze lignes et demie. Voyez MÈTRE au Dict.

MÉTROLOGIE. s. f. Art de mesurer; traité, comparaison des mesures.

MÉTROMÈTRE. s. m. Mécanisme pour régler et marquer la mesure d'un air de musique.

METTEUR, EUSE. Celui ou celle qui met. Le metteur en pages, dans une imprimerie, est celui qui assemble en ordre, forme chaque page, les paquets des compositeurs appelés paquetiers.

MEULARD. s. m. Meule d'un très-grand diamètre.

MEULARDE. s. f. Meule d'un diamètre moyen.

MEULEAU. s. m. Meule d'un petit diamètre.

MEULIER. s. m. Celui qui extrait les meules des carrières; celui qui les taille et les vend.

2

MEUNERIE. s. f. Art, profession du meunier. *Très-peu usité.*

MIASMATIQUE. adj. Il se dit des maladies occasionnées par des miasmes nuisibles. *T. de méd.*

MICA. s. m. Pierre brillante, feuilletée, de couleur très-variée, dont une variété est la mine de plomb.

MICACÉ, E. adj. Substance micacée, qui est de la nature du mica ou qui en contient.

MICARELLE. s. f. Substance minérale d'un rouge-brun, diversement cristallisée.

MICASCHYSTE. s. m. Roche primitive, schiste micacé.

MICHAUXIE. s. f. Plante bisannuelle, campanulacée, apportée du mont Liban, et cultivée en Europe.

MICROCÉPHALE. adj. A petite tête. C'est le caractère distinctif d'une division d'insectes brachélytres.

MICROCOUSTIQUE. adj. Il se dit, en physique, des instrumens propres à grossir le son. On dit aussi dans le même sens *microphone.*

MICROPTÈRE, adj., à *petites ailes.* Caractère d'une famille d'insectes coléoptères.

MICROPYLE. s. m. *bot.* Trou presque imperceptible des graines, par lequel on pense que s'opère la fécondation.

MICROSCOPIQUE. adj. Observations microscopiques, faites au moyen du microscope. Objets microscopiques, qu'on n'aperçoit qu'au moyen du microscope.

MIELLAT, s. m., ou MIELLÉE, MIELLURE. s. f. Matière approchant du miel, qui suinte des feuilles de certaines plantes dans les nuits d'été.

MILIOLITHE. s. f. Coquille fossile, d'une ligne de diamètre, qui se trouve par grandes masses en France.

MILLE-CANTON. s. m. Petite perche du lac de Genève, qui s'y multiplie à l'infini.

MILLEPORE. s. m. Production poreuse des polypes. On en trouve de fossiles, qu'on nomme de là *milleporites.*

MILLEROLLE. s. f. Mesure de 66 pintes, encore en usage, dans la Provence, pour le vin et les huiles. — Vase vernissé, où les savonniers tiennent l'huile d'olive.

MILLIARE. s. m. Fraction de l'are, qui en est la millième partie.

MILLIGRAMME. s. m. Millième partie du gramme; poids infiniment petit.

MILLILITRE. s. m. Millième partie du litre. *Mesure idéale.*

MILLIMÈTRE. s. m. Millième partie du mètre, ou dixième du centimètre.

MILLISTÈRE. s. m. Millième partie du stère. *Mesure idéale.*

MIMEUX, EUSE. adj. *bot.* Il se dit des plantes qui se contractent au toucher, comme la sensitive, ou qui forment un genre dont elle est le type.

MIMIQUE. adj. Pièce mimique, jouée par un mime. Auteur mimique, auteur d'une pièce dans le genre des mimes. — s. f. La mimique est l'art d'imiter l'extérieur et le langage des personnes que l'on veut représenter.

MIMOLOGIE. s. f. Imitation de la voix, du ton, du geste d'un autre. On a même appliqué ce mot à l'imitation des cris des animaux, dans les mots qui les expriment. Ainsi cri-cri seroit une mimologie.

MIMOSA. s. f. Genre de plantes dont le .type est la sensitive. *Voyez* ci-devant MIMEUX.

MIMULE. s. f. Genre de plantes personnées, où se trouve la mimule jaune du Chili, cultivée en France.

MINABLE. adj. Qui fait pitié par sa mine ou sa mise. Il a un air minable. *Pop.*

MINÉRALISATEUR. s. m. Substance propre à en minéraliser une autre.

MINÉRALOGISTE. s. m. Celui qui est versé dans la minéralogie, qui du moins s'en occupe, en traite quelque partie.

MINISTÉRIALISME. s. m. Dévouement aux ministres, à leur système.

MINISTÉRIEL, LE. adj. Dévoué aux ministres. C'est un député ministériel; et, substantivement, c'est un ministériel. *Voy.* MINISTÉRIEL au Dictiou.

MINUTIEUSEMENT. adv. D'une manière minutieuse.

MIOCHE. s. m. et f. Petit enfant de l'un ou de l'autre sexe, qui incommode : Ote-toi de là, petit mioche. *Pop.*

MIRAGE. s. m. Effet d'optique, observé en mer et dans les déserts sablonneux des pays chauds, qui fait voir le ciel à ses pieds.

MIRLITON. s. m. Flûte de bois de sureau évidé, fermée aux deux bouts par une légère pelure d'oignon.

MIROITANT, E. adj. *Qui fait miroir,* en parlant des substances qui ont des reflets métalliques, ou qui sont chatoyants. La *miroitante,* est le diallage métalloïde, chatoyant en couleur d'or.

MIROSPERME. s. m. Genre de plantes légumineuses, dont une espèce fournit le baume du Pérou.

MIRSINE. s. f. Plante du Cap; genre d'hilospermes. Elle a l'aspect d'un petit myrte, et se cultive en France.

MIRTIL. s. m. Espèce d'airelle. — Espèce de papillons de jour.

MISANTHROPIQUE. adj. Propre au misanthrope, ou effet de la misanthropie : Avoir des sentimens misanthropiques, une humeur misanthropique.

MISILE. s. f. Genre de coquille transparente, en forme de cruche.

MISTRANCE. s. m. *mar.* Corps des maîtres, ou bas-officiers d'une galère.

MITIGATIF, IVE. adj. Qui sert à mitiger, propre à mitiger.

MITOYENNETÉ. s. f. État, qualité de ce qui est mitoyen; ce que l'on est plus dans l'usage d'exprimer par mitoyerie. *T. de palais.*

MITRAILLADE. s. f. Décharge faite sur une masse d'individus, de plusieurs coups de canons chargés à mitraille.

MITRAILLER, v. a., une troupe, tirer sur elle à mitraille.

MITRAL, E. adj. *anat.* Valvule mitrale, en forme de mitre.

MITTE. s. f. Exhalaison méphitique des fosses d'aisances, qui agit vivement sur les yeux.

MIXTILIGNE. adj. A lignes mêlées de droites et de courbes, en parlant des extrémités des figures de géométrie.

MIXTURE. s. f. *pharm.* Mélange opéré pour adoucir l'effet d'une substance très-active, même à petite dose.

MNÉMONIQUE. adj. et s. f. Art d'aider la mémoire par des moyens artificiels. On a nommé *mnémonistes* ceux qui les enseignent ou qui les indiquent.

MOBILISATION. s. f. Action de *mobiliser,* ou rendre meubles des biens qui ne le sont pas de leur nature. On donne à ces mots plus d'extension qu'à *ameublissement, ameublir. Voy.* ces mots au Dict.

MOCANÈRE. s. f. Arbrisseau ébénacé des îles Canaries.

MOCAYA. s. m. Chou palmier de la Guyane, dont l'amande fournit une huile pour la peinture.

MODÉRANTISME. s. m. Système politique des modérés.

MODILLON. s. m. *archit.* Petite console qui semble soutenir la corniche de l'ordre corinthien, et ne lui sert que d'ornement. *Voy.*

MOELLONIER. s. m. Petit coin dont on se sert dans les carrières pour séparer le moellon.

MOGILALISME. s. m. *méd.* Difficulté d'articuler les mots, soit qu'il en résulte un bégaiement ou un autre défaut. On a dit que ce mot ne s'appliquoit qu'aux lettres p, b, m; mais cela ne peut pas être, les labiales étant les plus faciles de toutes à prononcer.

MOILETTE. s. f. Outil de bois garni de feutre, dont on se sert dans les fabriques pour frotter les glaces.

MOI-MOI. s. m. Bryone du Sénégal, à fruit d'un rouge de corail.

MOINE. s. m. *En terme d'imprimerie,* blanc produit dans l'impression par les caractères qui ne marquent pas. *Voy.* MOINE au Dictionn.

MOIRER, v. a., une étoffe; lui donner la moire, ses ondulations.

MOISER. v. a. Moiser des pièces de bois, mettre des moises pour les lier. *V.* MOISE au Dictionn.

MOISON. s. f. Quantité de grains due pour prix d'une ferme amodiée, ou sa valeur en argent. Mesure et qualité de droit dans les objets de commerce. *Vieux mot.*

MOISSONNIER. s. m. Fermier qui paie en mesures de grains, en moison.

MOITIR. v. a. Rendre moite, humide, en parlant du papier *pot* chez les papetiers.

MOLÉAU. s. m. Première peau exprimée d'une peau en apprêts. *T. du cham.*

MOLETER. v. a. Finir le poli des glaces avec la moilette ou le lustroir.

MOLINISTE. s. m. Partisan des opinions de Molina sur la grâce suffisante, appuyées par les jésuites pour se faire dans le clergé un parti opposé aux Jansénistes.

MOLLAVI. s. m. Genre de sterculiacées, dont un arbre de l'Inde, toujours vert, forme une espèce, et se cultive en France.

MOLLE. s. m. Genre de térébinthacées d'Amérique, dont se trouve le poivrier lentisque du Muséum.

MOLLE. s. f. Botte d'osiers fendus, à l'usage des vanniers et des tonneliers.

MOLLE-MER. s. f. *mar.* Moment où la mer est tranquille : c'est entre la fin du flux et le commencement du reflux.

MOLLIFICATION. s. f. *méd.* Action de mollifier, de rendre mou; état d'une tumeur mollifiée.

MOLLIPENNES. s. m. pl. Insectes coléoptères à élytres mollasses.

MOLLUSQUES. s. m. pl. Animaux à corps mou, pourvus d'un cerveau, de nerfs, et de vaisseaux, mais sans vertèbres et sans articulations.

MOLO. *Voy.* ci-dessus MOLLAU.

MOLOSSE. s. m. Genre de chéiroptères, chauves-souris d'Amérique.

MOLYBDATE. s. m. Sel formé par la combinaison de l'acide molybdique avec une base. *T. de chim.*

MOLYRDÈNE. s. m. Demi-métal en petits grains, couleur de plomb.

MOLYBDIQUE. adj. Acide molybdique, dont le molybdène est la base.

MOLYBDITE. s. f. Pierre minérale mêlée de plomb.

MOLYBDOÏDE. s. f. Minéral des anciens, qu'on croit être la plombagine. (Pron. *do-ï.*)

MOMORDIQUE. s. f. Genre de cucurbitacées, dont les fruits mûrs lancent au loin les graines dès qu'on y touche.

MONACAILLE. s. f. Terme de plaisanterie ou de mépris à l'égard des moines.

MONADELPHE. adj. *bot.* A étamines réunies en un seul tube.

MONADELPHIE. s. f. Classe des plantes monadelphes, de Linné.

MONANDRE. adj. Il se dit d'une plante à une seule étamine.

MONANDRIE. s. f. Classe des plantes monandres, de Linné.

MONARCHISTE. s. m. Partisan du gouvernement monarchique. Il ne s'emploie guère que dans le sens de partisan outré.

MONAUL. s. m. Oiseau de l'Inde, genre de gallinacées, brillant des plus belles couleurs.

MONÉTISER. v. a. Ce verbe signifieroit convertir en monnoie, donner une empreinte, un cours forcé. Il ne s'emploie presque jamais, quoiqu'on dise fort bien démonétiser.

MONILIFÈRE. s. f. Arbrisseau du Cap, dont les graines sont assez dures pour qu'on en puisse faire des colliers, des chapelets.

MONILIFORME. adj. *bot.* En forme de collier.

MONIMIÉES. s. f. pl. Plantes composant la famille des *monimies*, voisine des renonculacées et des laurinées.

MONITEUR. s. m. Celui qui avertit, qui est chargé d'avertir pour prévenir des fautes. Les jeunes gens ont besoin d'un moniteur, d'un sage moniteur. — Dans l'enseignement mutuel, on appelle *moniteurs* ceux qui le maître a instruits d'avance pour servir de guides aux jeunes.

MONKIE. s. f. Genre de guenons, à tête de mort.

MONOCHROMATE. s. m. Tableau d'une seule couleur. Espèce de camaïeu des anciens. *T. de peint.*

MONOCLE. s. m. *hist. nat.* Crustacé à un seul œil, ou du moins chez lequel on ne peut distinguer les deux, qui sont trop rapprochés, et comme confondus.

MONOCLINE. adj. *bot.* Plante monocline, ayant les deux sexes dans la même fleur. C'est l'opposé de *dicline*, et l'équivalent d'hermaphrodite.

MONOCOTYLÉDONE. adj. et s. f. *bot.*

A un seul *cotylédon*. Il se dit des plantes et des semences.

MONODACTYLE. adj. et s. m. Qui n'a qu'un doigt, c'est-à-dire dont le pied ou la main ne se divise pas en plusieurs parties. On l'a appliqué au genre cheval, et à un genre de poissons thoraciques.

MONOÉCIE. s. f. Classe des végétaux qui ont des fleurs mâles et des fleurs femelles distinctes, mais sur la même tige.

MONOGAME. adj. et subst. *bot.* Il se dit des plantes dont les fleurs ont leurs étamines réunies par leurs anthères, et dont l'ensemble forme un ordre dans la syngénésie de Linné, sous le nom de *monogamie*. — Ces mots pourroient s'opposer à *polygame*, *polygamie*, et se dire des peuples chez lesquels on ne peut épouser qu'une femme; et non à *bigame*, *bigamie*, puisqu'on peut être marié deux fois sans devenir *bigame*, c'est-à-dire sans avoir deux femmes à la fois.

MONOGASTRIQUE. adj. A un seul estomac. Ce mot sert à distinguer les animaux non ruminans.

MONOGRAMMATIQUE. adj. Relatif au monogramme.

MONOGRAPHIE. s. f. Description d'un objet spécial; traité sur une seule branche de science.

MONOGYNIE. s. f. *bot.* Ordre des plantes *monogynes*, c'est-à-dire à un seul pistil.

MONOÏQUE. adj. *bot.* Qui appartient à la monoécie. (Ou pron. *no-ï.*)

MONOLITHE. adj. *archit.* Tombeau, colonne *monolithe*, c'est-à-dire d'une seule pierre.

MONOMANIE. s. f. Manie de ne penser qu'à une même chose, de ne s'occuper que d'elle. Cette idée fixe est un genre de folie.

MONOMÈRE. adj. *A une seule articulation au tarse.* C'est le caractère d'une section d'insectes coléoptères.

MONOPHYLLE. adj. *bot.* Qui n'a qu'une pièce, une feuille. Calice monophylle, qui n'est point divisé.

MONOPOLISER. v. a. Mettre en monopole. — v. n. Exercer le monopole.

MONOPTÈRE. adj. A une seule nageoire. Caractère d'un genre de poissons apodes. — s. m. *archit.* Temple des anciens, à une seule aile, à un seul corps, étant rond, sans murailles, et le toit étant supporté par des colonnes.

MONOPYRÈNE. adj. *bot.* A un seul osselet ou noyau, en parlant d'un fruit.

MONOSPERME ou MONOSPERMATIQUE. adj. *bot.* Se dit d'un fruit, d'une plante qui ne produit qu'une semence.

MONOSTIQUE. adj. et s. m. Cristal dont la base n'est entourée que d'un rang de facettes. — Pensée exprimée en un seul vers, par opposition au distique.

MONOTRÈMES. s. m. pl. Animaux de la Nouvelle-Hollande, formant une tribu qui semble tenir des oiseaux et des reptiles.

MONT-DE-PIÉTÉ. *Voy.* MONT au Dict.

MONTEUR. s. m. Celui qui monte un fusil, une pierre fine, etc. *Fém.*, monteuse.

MONTGOLFIÈRE. s. f. Aérostat imaginé par Montgolfier, et qu'il faisoit enlever en le remplissant de fumée.

MONT-PAGNOTE. s. m. Hauteur de laquelle on peut voir sans danger une ba-

---

taille. C'est un terme de plaisanterie militaire. *Voy.* PAGNOTE au Dictionn.

MONUMENTAL, E. adj. Qui concerne les monumens, qui y a rapport. Architecture monumentale. Forme monumentale, propre aux monumens.

MOQUILLIER. s. m. Arbre rosacé de la Guyane.

MORDACHE. s. f. Tenaille à mâchoires recourbées en forme d'étau.

MORDARET. s. m. Clou doré, propre à mordre sur les harnois, à les garnir.

MORÈNE. s. f. Plante aquatique à feuilles flottantes.

MOROSITE. s. f. Espèce de terre à foulon, propre à nettoyer les étoffes.

MORPHINE. s. f. Principe amer et narcotique, extrait de l'opium.

MORPHON ou MORPHÉ. s. m. Genre de papillons diurnes de l'Amérique méridionale, ornés des plus belles couleurs.

MORSE. s. m. Genre d'amphibies carnivores.

MORSE. s. f. Rangée de pavés qui aboutit aux bordures, en traversant la rue.

MORSÉGO. s. m. Arbre d'Amboine, dit des chauves-souris, parce qu'elles en recherchent le fruit.

MORTALET. s. m. Boîte d'artillerie.

MORTODES. s. f. pl. Perles fausses dont on fait commerce avec les Nègres du Sénégal.

MOSAÏSTE. s. m. Celui qui sait travailler en mosaïque. (On pron. *za-ï.*)

MOSCH. s. m. Espèce de ketmie d'Égypte, dont la graine a une odeur de musc.

MOSCHAIRE. s. f. Plante musquée d'Alexandrie et du Péron.

MOSCOUADE. s. f. Sucre brut des îles.

MOSQUILLES ou MOSQUITES, et MOUSQUITES. s. m. pl. Insectes du genre des cousins, propres aux pays chauds.

MOSQUILLIER ou MOUSTICAIRE. s. m. Garniture de lit destinée à garantir des mosquilles.

MOTACILLE. s. f. Nom générique des diverses espèces d'oiseaux qui remuent sans cesse la queue : motteux, fauvettes, bergeronnettes, etc.

MOTILITÉ. s. f. Faculté de se mouvoir, tendance à se contracter.

MOTTEUX. s. m. Oiseau sylvain, formant, avec le tarier et le traquet, un genre de la famille des chanteurs.

MOUCHACHE. *Voy.* ci-dessous MOUSSACHE.

MOUCHAGE. s. m. Action de moucher, spécialement la chandelle. *Peu usité.*

MOUCHARDER. v. a. Faire le métier de mouchard : observer, écouter par une curiosité déplacée. *Fam.*

MOUCHON. s. m. Bout de mèche qui brûle et qu'on peut moucher; ce qu'on en a ôté en mouchant la chandelle, etc.

MOUFLETTES. s. f. pl. Morceaux de bois creusés en dedans pour prendre le fer à souder.

MOUFLON. s. m. Espèce de bélier sauvage, qui paroît être la souche des moutons domestiques.

MOULARD. s. m., ou MOULÉE. s. f. Mélange de fer et de terre, déposé dans l'auge du coutelier par le frottement de la meule

MOULERIE. s. f. Atelier des grosses forges , où l'on jette la fonte en moule.

MOULIÈRE. s. f. Veine. tendre qui se trouve parfois dans les meules de couteliers.

MOULINER, v. a., la soie, la passer au moulin pour la lisser. Les vers moulinent le bois en le mettant, par places, en poussière.

MOURRE. s. f. Jeu qui consiste à lever entre les deux joueurs autant de doigts que l'indique celui qui commande. S'il demande cinq et qu'il en lève trois , l'autre ne doit en avoir levé que deux , ou il a perdu.

MOUSSA. s. m. Bouillie des Nègres, faite avec de la farine de petit mil et de l'eau.

MOUSSACHE. s. f. Amidon déposé par la liqueur laiteuse tirée de la farine de manioc, en préparant la cassave.

MOUSSEAU. adj. Pain mousseau, fait de farine de gruau, ou mieux de griot.

MOUSSERONNE. s. f. Sorte de laitue à feuilles bosselées.

MOUSSOIR. s. m. Ustensile propre à faire mousser le chocolat; ce qui sert à délayer le caillé des fromageries, la pâte du papier, etc.

MOUSSURE. s. f. Barbes ou échancrures qui restent autour d'un trou qu'on vient de percer.

MOUSTILLIER ou MOUSTIQUAIRE. s. m. Légère garniture de lit pour se garantir des moustiques. On dit aussi mosquillier.

MOUTABIÉ. s. m. Arbrisseau de la Guyane dont les singes recherchent le fruit, et dont la fleur a l'odeur du seringat.

MOUTONNAILLE. s. f. Classe de gens moutonniers. Fam.

MOUVERON. s. m. Ce qui sert à remuer le suere dans les chaudières, la chaux en fusion, etc. Dans certains ateliers, on emploie, dans le même sens, mouvet, mouvette, mouvoir, etc.

MOXA. s. m. méd. Mode de cautérisation, imité des Chinois, qui consiste à brûler sur la peau une matière cotonneuse. Appliquer le moxa, comme dérivatif.

MOYA. s. m. Argile imprégnée de soufre, vomie par quelques volcans.

MOYE. s. f. Matière tendre qui entoure une pierre dure et la fait déliter.

MOYÉ. E. adj. Une pierre moyée est celle où l'on trouve des moyes, et dont le lit n'est pas également dur.

MOZAN. s. m. Petit fruit gros comme un pois, dont les habitans de Ténériffe expriment un suc mielleux.

MOZETTE. s. f. Ancienne forme de camail, et d'un chaperon de quelques ordres monastiques.

MUCILAGO. s. m. Genre de champignons où semble disparoître le règne végétal, tant l'organisation en est imparfaite.

MUCRONÉ, E. adj. bot. Feuille mucronée, terminée en pointe aiguë.

MUCUS. s. m. Voy. MUCOSITÉ au Dict.

MUFLIER ou MUFLE-DE-VEAU. s. m. Genre de plantes personnées, dont on distingue une centaine d'espèces.

MUIRE. s. f. Liquide resté au fond des chaudières après la cristallisation du sel.

MULAMBEIRA. s. m. Gros arbre d'Afrique, réputé une espèce de baobab, dont les habitans emploient les fruits à se faire des seaux, des bouteilles, etc.

MULQUINIER. s. m. Celui qui fait la mulquinerie, qui consiste dans la préparation et le commerce du fil de dentelles, et même de fines toiles de lin.

MULTANGULAIRE. adj. bot. A plusieurs angles. En géométrie, polygone.

MULTICAPSULAIRE. adj. bot. A plusieurs capsules. (fruit.)

MULTICAULE. adj. bot. A plusieurs tiges. (plante.)

MULTIFIDE. adj. bot. Divisé en plusieurs segmens.

MULTIFLORE. adj. bot. Qui porte plusieurs fleurs, beaucoup de fleurs.

MULTILATÈRE. adj. géom. Qui a plus de quatre côtés.

MULTILOBÉ, E. adj. bot. A plusieurs lobes. (Feuille.)

MULTILOCULAIRE. adj. bot. A plusieurs loges. (Fruit.)

MULTISILIQUEUX, EUSE. adj. bot. A plusieurs siliques provenant de chaque fleur.

MUNICIPALISER, v. a., une ville, un pays; y introduire le régime municipal. On n'a pas souvent occasion de l'employer.

MURIATE. s. m. Sel formé par la combinaison de l'acide muriatique ou marin, avec une base.

MURMURATEUR, TRICE. subst. Celui ou celle qui murmure, qui est porté à murmurer contre son gouvernement, ses chefs.

MURRHIN, E. adj. Vases murrhins, très-estimés des anciens, et ainsi nommés de la substance naturelle ou artificielle dont ils étoient faits. Ce qui a été dit de leur aspect, de leurs couleurs ondoyantes, de leur fragilité, fait juger que cette matière pouvoit être du spath-fluor (de la chaux fluatée.)

MURUME. s. m. Grand palmier dont les Indiens tirent du vin et du sucre.

MUSCARDIN. s. m. Espèce de loir. Le muscardin volant est une espèce de chauve-souris. On nomme aussi muscardins des vers à soie atteints de la muscardine, maladie qui les rend blancs et maigres.

MUSCICAPE. V. MOUCHEROLLE au Dict.

MUSCIDES. s. m. pl. Insectes diptères, de la famille des athéricères.

MUSICOMANIE. s. f. Voy. ci-devant MÉLOMANIE.

MUSQUINIER. Voy. ci-devant MULQUINIER.

MUSTÉLINS. s. m. pl. Mammifères carnassiers, à corps allongé, comme lontres, souricates, martres, mouffettes, mangoustes.

MUTER, v. a., le vin, le changer en le soufrant pour l'améliorer.

MUTILATEUR. s. m. Celui qui mutile.

MUTILLAIRES. s. m. pl. Insectes hyménoptères-hétérogynes, dont la mutille est un genre où se trouvent des espèces curieuses.

MUTUALITÉ. s. f. Qualité de mutuel.

MYAGRE. s. m. Genre de plantes crucifères, contenant 12 à 15 espèces.

MYIOLOGIE. s. f. Partie de l'histoire naturelle qui traite des mouches.

MYIOTHÈRES. s. m. pl. Oiseaux sylvains anisodactyles, formant une famille composée de neuf genres.

MYRIAGRAMME. s. m. Poids de dix mille grammes, à peu près vingt livres et demie.

MYRIALITRE. s. m. Dix mille litres, mesure qui n'existe pas en réalité.

MYRIAMÈTRE. s. m. Mesure itinéraire de dix mille mètres, à peu près deux lieues.

MYRIAPODES. s. m. pl. Insectes aptères munis d'une paire de pieds par chaque anneau. Cet ordre se divise en deux familles : les chilopodes et les chilognates.

MYRIARE. s. m. Superficie de dix mille ares de terrain.

MYRISTICÉES. s. f. pl. Plantes composant la famille des muscadiers.

MYRMÉLÉON. s. m. Insecte de la tribu des fourmis-lions.

MYRMICOPHAGES. s. m. pl. Quadrupèdes édentés, formant une famille d'animaux fourmiliers, c'est-à-dire mangeurs de fourmis.

MYRTOÏDES. s. f. pl. Plantes composant la famille des myrtes, qui comprend treize genres, la plupart exotiques. (Pron. to-i.)

MYSTICISME. s. m. Système, goût, passion de la mysticité.

MYTHRIDATE. s. m. Plante des anciens, regardée comme un contre-poison, et qu'on croit être notre violette.

MYTILACES. s. m. pl. Famille des mollusques acéphales pourvus de coquilles, comme le genre moule.

N.

N. s. m. Le n appartient à une seconde touche linguo-palatale au-dessus du l, et offre aussi le n sec, et le n mouillé, représenté par gn; linon, mignon; — n sec terminant la syllabe à la fin ou devant une consonne autre que p, b, ou n, rend la voyelle nasale : pan, rendre, plain, plein, cintre, fondre, un. En offre le son in : bien, rien, etc. Ent a le son an dans les noms orient, client, etc. Ent n'a que le son d'e muet à la troisième personne du pluriel des verbes : ils aiment, ils lisent, ils aimaient, etc. N sonne à la fin de amen, examen, hymen. Valeur numérale 14; registre n, colonne n, etc.; chez les Romains, N valoit 900, et, avec le tilde, N̄ 90,000. Initiale de nous, notre, nom (comme inconnu, on restant secret). N. voulons; N. C., notre compte; chez N, M' N, etc. Voy. N au Dictionn.

NA ou NAGI. s. m. bot. Arbre du Japon, qui a le port et la fleur du cerisier.

NABIS. s. m. Genre d'insectes hémiptères. Hist. nat.

NACRÉ, E. adj. Qui a les reflets de la nacre. — m. Papillon de jour.

NACRITE. s. m. Minéral nacré.

NAGAS. s. m. bot. Arbre guttifère de l'Inde, aussi nommé bois de fer, à cause de son extrême dureté.

NAGÉE. s. f. Espace parcouru à la nage, et d'une même élan.

NANCELLE. s. f. Voy. NACELLE au Dict.

NANDIROBE. s. f. Genre de cucurbitacées des Antilles, qu'on y appelle liane-contre-poison. Bot.

NANDSJOK. s. m. Arbrisseau du Japon, cultivé pour l'odeur de ses fleurs. Bot.

NANI. s. m. bot. Arbre de l'Inde, si dur qu'on ne peut le travailler qu'en le mouillant, dès qu'une fois il a séché.

NANKIN. s. m. Étoffe de coton, tirant sur le chamois, qui se fabriqua d'abord à Nankin, et qu'on a ensuite imitée ailleurs.

NANKINET. s. m. Nankin léger, imité de celui de la Chine.

NANKO ou NANKA. s. m. bot. Jaquier ou arbre à pain de Sumatra.

NAPACÉ, E, ou NAPIFORME. adj. bot. Dont la racine a la forme du navet.

NAPAUL. s. m. Faisan du Bengale, à cornes bleues. Hist. nat.

NARCAPHTE. s. m. Écorce de l'arbre qui fournit l'oliban; on l'emploie en parfum contre les maladies du poumon.

NARCISSOÏDES. s. f. pl. Plantes composant la famille des narcisses. (On pron. so-i.)

NARCOTINE. s. f. Matière cristalline, tirée de l'opium par une dissolution alcoholique. Voy. ci-devant MORPHINE.

NARCOTISME. s. m. méd. Assoupissement produit par des narcotiques, soit opium, soit jusquiame, etc.

NARVOLE. s. m. bot. Arbre du Malabar dont on emploie la feuille comme potagère.

NASALER. v. a. gram. Rendre nasal. Il ne s'emploie guère qu'au participe passif. L'a est nasalé dans chambre, et dénasalé dans camérier.

NASALITÉ. s. f. Qualité du son nasal.

NASICORNE. adj. et s. m. A nez armé de cornes : famille des rhinocéros, espèce de scarabées, tortue de mer.

NASIQUE. s. f. Espèce de singes des Indes, à long nez.

NASSAT. s. m. Jeu d'orgues, en forme de nasse, tant du bas, étroit du haut.

NASSELLE. s. f. Petite nasse de jonc.

NASSIÈRE. s. f. Lieu favorable pour un placement de nasses.

NASSONE. s. f. Nasse d'une forme particulière, pour prendre des crustacés.

NASTE. s. m. Bel arbre de l'île Bourbon, voisin du bambou.

NATANTE. adj. fém. bot. Feuille natante, qui nage à la surface de l'eau.

NATANTIA, on sous-entend animalia; classe des mammifères nageurs.

NATATOIRE. adj. La vessie natatoire des poissons fait qu'ils peuvent monter ou descendre en nageant.

NATIONALISER. v. a. Rendre national. Les principes constitutionnels sont nationalisés en France.

NATIONALITÉ. s. f. Caractère national; sentiment en faveur des personnes de sa nation.

NATROLITHE. s. f. Pierre de natron. Voy. NATRON au-Dict.

NATTIER. s. m. Celui qui fait, qui vend des nattes.

NAUCLÉE. s. f. Genre de plantes rubiacées, dont une espèce fournit aux teinturiers la fécule gambier, astringente comme le cachou.

NAUSCOPE. s. m. Instrument pour découvrir les vaisseaux en mer, à une très-grande distance.

NAUSÉABONDE. adj. Qui cause des nausées, de fortes nausées.

NAUTILITHE. s. m. Nautile fossile.

NAVETIER. s. m. Celui qui fait des navettes à tisser.

NAVICULAIRE. adj. En forme de na-

vire, nacelle, bateau. T. d'anat. et de botan.

NAXIUM ou PIERRE DE NAXOS. (um pron. ome bref.) Voy. ÉMERI au Dict.

NAYE ou LAYE. s. f. Veine de matières étrangères, coupant verticalement un banc d'ardoise.

NAYOURIVI. s. m. Plante commune de l'Inde, employée à la teinture en rouge.

NAZARÉENS. s. m. pl. Sectaires qui ne voyoient en Jésus-Christ qu'un homme juste et saint.

NÉCROBIE. s. f. Genre d'assez jolis insectes coléoptères, qui recherchent les cadavres exposés à l'air.

NÉCROLOGIE. s. f. Notice historique sur une personne qui vient de mourir. Ce mot s'emploie le plus souvent comme rubrique, pour annoncer de quel genre d'objets on va parler. La notice suit le titre.

NÉCROPHOBIE. s. f. Crainte exagérée de la mort, effet de l'hypochondrie.

NECTAIRE. s. m. bot. Organe par lequel une fleur distille le nectar, ou suc mielleux que sucent les abeilles.

NECTIQUE. adj. Pierre nectique, assez légère pour surnager dans l'eau.

NECTOPODES ou RÉMIPÈDES. s. m. pl. Famille d'insectes, d'oiseaux, nageant par la forme de leurs pieds.

NEILLE. s. f. Chanvre d'une ficelle détordue, dont les tonneliers se servent pour étouper une pièce de vin qui suinte par le fond. T. de tonn.

NELLUMELLA. s. m. Joli arbrisseau du Malabar, de la famille des jasminées.

NELMA. s. m. Énorme saumon des rivières de la Sibérie.

NÉLUMBO. s. m. Voy. ci-après NYMPHÉACÉE.

NÉMATOCÈRES. Voy. ci-devant FILIFORMES.

NÉMOCÈRES. s. m. pl. Famille d'insectes pourvus d'antennes à plusieurs articulations.

NÉOLOGIQUE. adj. Qui tient à la néologie, qui la concerne. Expression néologique.

NÉOPÈTRE. s. m. Pierre nouvelle. Pétrosilex secondaire.

NÉOTTOCRYPTES. s. m. pl. Famille de petits insectes hyménoptères, qu'on dit se cacher sous la peau, et former la gale.

NÉPENTHE. s. m. Plante de l'Inde, dont la feuille porte à son extrémité une urne qui le matin est pleine d'eau et couverte; elle s'ouvre à la chaleur du soleil, se vide en partie, pour se remplir et se couvrir la nuit suivante.

NÉRÉIDE. s. f. Genre de vers marins, voisins des scolopendres; on en distingue une trentaine d'espèces.

NÉRITE. s. f. Genre composé d'environ cinquante espèces de crustacés univalves.

NERVULES. s. f. pl. bot. Chaque vaisseau du pistil dans une fleur. Le nombre en est variable suivant les plantes.

NESCIO VOS. (s final se pron.) Mots latins signifiant je ne vous connois pas, et servant, dans la familiarité, à exprimer un refus absolu; je ne sais de te nescio vos veut dire alors, je ne veux pas entendre parler de cela; cela n'est pas, ne sera pas.

NETTASTOME. s. m. Genre de poissons

apodes, c'est-à-dire sans nageoires, et voisins des anguilles.

NETTOYAGE. s. m. Action de nettoyer, plus usité que nettoiement, surtout pour les étoffes, pour ce qui exige un apprêt, etc.

NEUF-HUIT. s. m. musiq. Mesure de neuf croches en trois temps; et neuf-quatre, mesure de neuf noires aussi en trois temps; la croche étant le huitième, et la noire le quart de la ronde.

NEUME. Voy. ci-après PNEUME.

NÉVRALGIE. s. f. méd. Douleur locale et particulle des nerfs locomoteurs, par accès irréguliers et sans indice extérieur, comme la goutte sciatique.

NÉVRILÈME. s. m. méd. Membrane cylindrique, enveloppant la pulpe de chaque filet nerveux, moins les nerfs de l'odorat.

NÉVROGRAPHIE. s. f. méd. Description des nerfs.

NÉVROPTÈRES. s. m. pl. Insectes à mâchoires et à quatre ailes nues, transparentes, avec des nervures en réseau.

NÉVROSE. s. f. méd. Affection du système nerveux.

NÉVROTOMIE. s. f. anat. Partie de l'anatomie qui traite de la dissection des nerfs.

NEWTONIANISME. s. m. Système de physique du philosophe anglois Newton, chef des Newtoniens, qui a découvert, entre autres choses, les lois de l'attraction.

NICANDRE. s. f. Plante du Péron, genre de bella-dona, cultivée en France pour la beauté de ses fleurs.

NICCOLANE. s. m. Substance minérale composée de nickel et de cobalt avec quelques grains de fer et d'arsenic.

NICKEL. s. m. Métal d'un blanc argentin ou rougeâtre, facile à filer et à laminer, mais difficile à trouver pur. On en distingue diverses sortes, suivant les substances avec lesquelles il est combiné.

NICOU. s. m. Espèce de robinier de la Guyane, dont on sait à enivrer le poisson, en battant l'eau avec ses branches nouvellement coupées, et fendues.

NICTATION. s. f. Voy. CLIGNOTEMENT au Dictionn.

NIFE, ou NEF, ou NISLE. s. f. Superficie d'un banc d'ardoise.

NIGELLE. s. f. Plante renonculacée.

NIGRIN. s. m. Titane oxydé ferrifère, à cassure très-inégale.

NIGRINE. s. f. Plante de la Chine, dont on prétend que les feuilles servent à donner au thé une si agréable odeur.

NILOMÈTRE. s. m. Haute colonne fixée dans un bassin au niveau du Nil, et graduée pour faire connoître la crue annuelle du fleuve, lorsqu'il déborde.

NINO, ou mieux Nigno. s. m. Petite abeille du Péron, dont la cire est d'un jaune d'or.

NIOPO. s. m. Arbre de l'Amérique méridionale, dont les feuilles s'emploient comme celles du tabac.

NIPE. s. f. Petit palmier des Indes, terminé par un bouquet de feuilles de 4 à 5 pieds de long. L'arbre fournit, par incision, une liqueur sucrée; ses fruits, fermentés, donnent un bon vin, qu'on peut convertir en forte eau-de-vie.

NIQUEDOUILLE ou NIGUEDOUILLE.

subst. Mot populaire qui s'applique à une espèce de nigaud, qui ne sait ni démêler le sens de ce qu'on lui dit, ni trouver les moyens, quoique simples, d'exécuter ce qu'on lui donne à faire.

NISTA. s. m. Petit arbre à feuilles de laurier, dont le fruit en gousse est entouré d'une poudre jaune qui rend agréables les alimens et la boisson.

NITIDULAIRES. s. m. pl. Famille d'insectes coléoptères, dont le type est le genre nitidule, composé d'une cinquantaine d'espèces, vivant sur le bois pourri, les champignons, etc.

NITOUCHE (SAINTE). s. f. Personne dissimulée, qui fait semblant de ne pas y toucher, de ne pas comprendre ce qu'elle comprend; et cela par une affectation de pudeur. *Familier et surtout populaire.*

NITRATE. s. m. *chim.* Sel formé par la combinaison de l'acide *nitrique* avec une base salifiable. Nitrate de potasse, de soude, etc.

NITRATÉ, E. adj. *chim.* Combiné avec de l'acide nitrique.

NITRIQUE. adj. *chim.* Acide *nitrique*, formé de *quatre* parties d'oxygène sur une d'azote, au lieu que l'acide nitreux n'en a que trois.

NITRITE. s. m. *chim.* Sel formé par la combinaison de l'acide *nitreux* avec une base.

NITROGÈNE. s. m. *chim.* Azote, comme base acidifiable de l'acide nitrique. — adj. Gaz nitrogène, qui forme le nitre.

NITRO-MURIATE. s. m. *chim.* Acide nitro-muriatique combiné avec une base.

NITRO-MURIATIQUE. adj *chim.* Il se dit d'un acide où il entre de l'acide nitrique et de l'acide muriatique.

NIVAL, E. adj. *bot.* Plante *nivale*, qui vit sous la neige.

NIVÉOLE ou NIVAIRE. s. f. *bot.* Genre de narcissoïdes, plante des jardins.

NIVOSE. s. m. Quatrième mois de l'année dans le calendrier de la France républicaine. Il étoit le premier de l'hiver, et répondoit aux 30 degrés du signe du Capricorne.

NOBLE-ÉPINE. s. f. Dit par le vulgaire pour *aubépine*, dont il ne sent pas la valeur étymologique.

NOCTUELLITES. s. f. pl. Tribu d'insectes lépidoptères *nocturnes*, dont le type est le genre noctuelle, qui comprend plus de 400 espèces, vivant dans les bois, les prairies, les jardins, etc.

NOCTULE. s. f. Espèce de chauve-souris de notre climat.

NOGUET. s. m. Grand panier d'osier, à anses, de forme oblongue, et arrondi aux deux bouts.

NOIRCISSEUR. e. m. Teinturier qui achève les noirs.

NOLANE. s. f. Genre de solanées, plante annuelle du Pérou, cultivée en France.

NOLET. s. m. Tuile creuse formant canal; enfoncement entre deux combles de toiture.

NOLINE. s. f. Plante vivace de la Géorgie, formant un genre dans les liliacées.

NOMINATIVEMENT. adverb. Désigner quelqu'un nominativement, en le nommant. C'est une indication directe.

NOMPAIR, NOMPAREIL. *Voy.* NON-FAIR, NON-PAREIL, au Dict.

NONANDRE. adj. *bot.*, mieux *ennéandre*. A neuf étamines, en parlant des fleurs de l'ennéandrie de Linné.

NONANTER. v. n. Faire 90. On l'employoit au jeu de piquet, par analogie avec *soixanter*, qui se dit fort bien; mais on l'y a remplacé par *faire repic*.

NONIDI. s. m. C'étoit le *neuvième jour* de la décade dans le calendrier françois, sous la république.

NONNETTE. s. f. Petit pain d'épices rond et plat, de pâte fine.

NON-OUVRÉ, E. adj. Matière non-ouvrée, qui n'est pas mise en œuvre. Linge non-ouvré, sans dessin.

NON-PAYEMENT. s. m. Défaut de payement. Le non-payement d'une dette amène des poursuites.

NON-SENS. s. m. Défaut de sens dans une phrase. Il se dit aussi d'une action marquante qui paroît n'avoir aucun but.

NOPAGE. s. m. Action de *noper*, d'*ôter* avec de petites pinces les *nœuds* restés à une pièce de drap. C'est l'ouvrage des *nopeuses*.

NOPAL. s. m. *bot.* Cactier à tige aplatie et articulée, tel que celui qui nourrit la cochenille. Les nopalées, dont il est le type, répondent aux cactoïdes.

NOQUET. s. m. Petite bande de plomb laminé, pour former des joints.

NORANTE. s. m. Arbre de la Guyane, à fleurs violettes, avec des vessies rouges oblongues.

NORMAL, E. adj. Qui fait règle. Les formes normales suivent les règles d'une organisation générale. Les écoles normales sont destinées à servir de règle aux maîtres qu'elles forment.

NOSOGRAPHIE. s. f. *méd.* Description des maladies.

NOSOLOGIE. s. f. *méd.* Partie de la pathologie qui traite des maladies en général; connoissances, ouvrage du nosologiste.

NOSTALGIE. s. f. Maladie du pays, vif désir de revoir sa patrie; si elle va jusqu'au délire, elle se nomme *nostomanie*. T. de méd.

NOTABILITÉ. s. f. Qualité de notable. Ayez égard à la *notabilité* de la personne. Il s'emploie quelquefois pour *personne notable*. C'est l'une des notabilités, des premières notabilités de son département.

NOTACANTHE. s. f. Famille d'insectes diptères des lieux marécageux.

NOTAGE. s. m. Action de noter le cylindre de la serinette; air noté.

NOTATION. s. f. Action de *noter*, de représenter par des signes ayant une valeur déterminée. Chose notée. Notation musicale, notation prosodique.

NOTELÉE. s. f. Genre de jasminées, plante de la Nouvelle-Hollande, toujours verte, cultivée en France.

NOTIOMÈTRE. s. m. *Voy.* HYGROMÈTRE au Dictionn.

NOTONECTIDÉES. s. f. pl. Tribu d'insectes hémiptères *aquatiques*, et dont le type est la notonecte, qui *nage sur le dos*.

NOTOSTOMATES. s. m. pl. Sous-classe d'arachnides, ayant la bouche sur le dos.

NOUÉES. s. f. Fiente du cerf, *en forme de nœuds*, de mai en août. T. de vén.

NOUETTE. s. f. Tuile munie d'un rebord en arête.

NOURRISSEUR. s. m. Celui qui nourrit des vaches à l'étable pour en vendre le lait.

NOUURE. s. f. Maladie des enfans *noués*.

NOYADE. s. f. Action de noyer; genre d'action, de crime.

NUBÉCULE. s. f. *méd.* Maladie de l'œil, qui fait voir les objets comme dans un brouillard.

NUCIFRAGES. s. m. pl. Passereaux grosbecs, ayant une grosseur à la voûte intérieure du bec.

NUCIPERSICA. s. f. Variété de pêche à noyau en forme de noix.

NUCULAIRE. adj. (Fruit) qui contient plusieurs noix ou noyaux.

NUDIBRANCHES. s. m. pl. Ordre de mollusques marchant sur la peau *nue*.

NUDICOLLES. s. m. pl. Oiseaux de proie *à col nu*, comme le vautour. — Insectes hémiptères.

NUDIPÈDES. s. m. pl. Famille de gallinacés *à pates nues*.

NULLIPORE. s. m. Genre de polypiers pierreux, où l'on n'aperçoit aucun pore.

NUMISMAL, E. adj. Pierre numismale, circulaire et plate, comme une pièce de monnoie.

NUMISMATE ou NUMISMATISTE. s. m. Antiquaire versé dans la numismatique.

NUMME. s. m. (*num* se pron. *nome*, o bref.) Nom générique des monnoies de l'ancienne Rome.

NUMMULITHE. s. f. *Voy.* ci-dessus NUMISMAL.

NYABEL. s. m. Arbre du Malabar, dont le fruit délicieux fournit un sirop efficace contre les maladies de poitrine.

NYCTAGINÉES. s. f. pl. Famille des *belles-de-nuit*, dont le type est le genre nyctage, qui fleurit très-long-temps.

NYCTALOPIQUE. s. m. Espèce d'agaric fauve-clair, soyeux en dessus, qui éteint presque la vue des animaux qui par hasard viennent à en manger.

NYCTANTHE. s. m. Genre de liliacées; l'espèce du Malabar, qui ne fleurit que la nuit, s'appelle, pour cette raison, l'*arbre triste.* T. de bot.

NYCTÉRINS ou NOCTURNES. s. m. pl. Oiseaux de *nuit*, chouettes et hiboux.

NYMPHÉACÉES. s. f. pl. *bot.* Famille de plantes aquatiques, se comprenant que le nénuphar; et la renonculacée, le nélumbo.

NYMPHOMANIE. s. f. *méd.* Maladie provenant d'une irritation de la matrice.

NYPA. s. m. *bot.* Palmier de l'Inde, qui fournit du vinaigre en abondance, de bons fruits, et des feuilles propres à couvrir les toits des maisons.

NYSSONIENS. s. m. pl. Tribu d'insectes hyméniptères-fouisseurs, dont le type est le genre nysson, dont on voit quelques espèces sur les fleurs de carotte.

O.

O. L'o se prononce en baissant la langue et en faisant refluer l'air de la gorge vers la voûte du palais, avec une petite ouverture des lèvres; il s'unit à l'e devant u dans quelques mots dont la famille a l'o ou l'ou : cœur, mœurs, nœud, bœuf, œuf, œuvé, œuvre, manœuvre, sœur, vœu, et chœur, d'où *faire chorus;* l'*u* est supprimé dans œil, œillet. — L'o initial se supprime dans beaucoup de mots qui s'écrivoient autrefois par œ; il se conserve dans œcuménique, Œdime, Œdipe, œsophage, œnologie, le mot OEta, et dans fœtus.

O s'unit à l'*i* sans tréma pour former la diphthongue *oi* (*oa*), qui peut devenir nasale avec le son *in*, comme dans soin, moins, etc.; *oi* peut se remplacer par *ai* dans l'imparfait et le conditionnel des verbes, ainsi que dans les noms d'habitans, ou il se prononce *è* : j'aimais, j'aimerais, Français; au lieu de j'aimois, j'aimerois, Français, etc. — On peut y ajouter connoitre, paroitre, foible, pamoison, et monnoie, harnois. — Il s'unit à l'*u* sans tréma pour peindre le son *ou*, voyelle particulière qui n'a de signe simple que l'*u* dans quelques mots dérivés du latin : bout, trou, sou, etc.; quadragésime, quadrature, etc.

O s'emploie seul comme l'initiale de *ouest:* N.-O., nord-ouest; S.-O., sud-ouest. En langage maçonique, L. G. O'., le grand orient, etc. — O est nul dans un faon, un paon, un paonneau, la ville de Laon. *Voy.* O au Dict.

OASIS. s. f. Ile ou vallée fertile dans les déserts sablonneux de la Libye et de l'Égypte ; et, par extension, dans tout autre désert ou pays stérile.

OBCLAVÉ, E. adj. *bot.* En forme de massue renversée.

OBCONIQUE. adj. *bot.* En forme de cône renversé.

OBCORDÉ, E. adj. *bot.* En forme de cœur renversé.

OBLIQUANGLE. adj. *géom.* A angles obliques. *Peu usité.*

OBOLAIRE. s. *bot.* Plante de Virginie, voisine de l'orobanche.

OBOVAL, E, ou OBOVÉ, E. adj. *bot.* En forme d'œuf renversé, ayant le gros bout en haut; en ovale irrégulier.

OBRON. s. m. Anneau attaché à l'obronnière, et dans lequel on fait entrer le pêne en fermant une serrure, spécialement celle d'un coffre-fort, d'une malle.

OBRONNIÈRE. s. f. Bande de fer, à laquelle tient l'obron.

OBSCURANT. s. m. On donne ce nom, depuis quelques années, à celui qui se montre ennemi de la première popularité. Il s'est formé un parti d'*obscurans*, qui voudroit maîtriser la classe éclairée par le moyen d'une masse ignorante.

OBSCURANTISME. s. m. Faction, système politique des obscurans.

OBTONDANT, E. adj. *méd.* Remède qui *émousse,* corrige l'acrimonie des humeurs. Ce mot n'est plus en vogue.

OBTURATEUR, TRICE. adj. *anat.* Muscle, ligament, etc., qui sert à boucher un trou, une ouverture du corps humain. On en fait aussi un subst. masc. : Appliquer un obturateur. Il suppose toujours un danger, une imperfection, ce à quoi il s'agit de remédier.

OBTURATION. s. f. *chir.* Action, manière d'appliquer un obturateur.

OBTUSANGULÉ, E. adj. *bot.* Dont la forme offre des angles obtus, émoussés.

OLIVERS. s. m. Côté principal, opposé au revers, dans une médaille qui ne porte pas de tête. *T. d'antiquaire.*

OBVOLUTÉ, E. adj. *bot.* Feuille obvolutée, *pliée en gouttière.*

OCAIGNER, v. a., un gant, c'est le gommer légèrement en dedans, pour qu'il prenne mieux le parfum qu'on veut y mettre. *T. de parfumeur.*

OCELOT. s. m. Espèce de chat-tigre d'Amérique.

OCHNACÉES. s. f. pl. Famille de plantes voisines du simarouba, et dont le type est le genre ochna, où l'on compte neuf espèces.

OCHROME. s. m. Fromager pyramidal; arbre malvacé des Antilles, dont les capsules donnent un coton qu'on prétend être employé avantageusement dans la chapellerie commune.

OCOCOLIN. s. m. Grosse perdrix du Mexique. Espèce de pie du même pays, d'un joli plumage.

OCOTE. s. m. Bel arbre laurivé de la Guyane, dont les feuilles s'emploient pour favoriser la suppuration.

OCREUX, EUSE. adj. Qui est de la nature ou de la couleur de l'ocre.

OCTANDRIE. s. f. Classe des plantes dont les fleurs sont à huit étamines.

OCTAPLES. s. m. pl. Huit versions de la Bible, en autant de colonnes dans un même livre. *T. d'hist. anc.*

OCTAVIER. v. n. *musiq.* Monter à l'octave, en parlant d'un instrument, d'une corde qu'on force un peu trop sans le vouloir.

OCTAVINE. s. f. Épinette qui n'avoit que la petite octave du clavecin.

OCTIDI. *s.* m. Huitième jour de la décade, dans le calendrier républicain.

OCTOGYNIE. s. f. *bot.* Classe des plantes à fleurs de huit pistils.

OCTOPÉTALÉ, E. adj. *bot.* Qui a huit pétales, en parlant des fleurs.

OCTOPHYLLE. adj. *bot.* Qui a huit feuilles ou folioles.

OCYPÈTE. s. m. Genre d'arachnides agiles, de couleur rouge.

OCYPODE. s. m. Crustacé décapode, à *marche vive.*

OCYPTÈRE. s. m. Genre d'insectes diptères, à *vol rapide.*

ODAXISME. s. m. Douleur de gencives aux approches de la première dentition. *Méd.*

ODONTIQUE. adj. *Voy.* ODONTALGIQUE au Dictionn.

ODONTOLITHE. s. f. Dent fossile. Incrustation de phosphate de chaux et de mucilage à la base des dents.

ODONTOLOGIE. s. f. Partie de l'anatomie qui traite des dents.

ODONTOPÈTRE. *s.* m. Dent d'animal marin pétrifiée.

ODONTOPHIE. s. f. Dentition. *T. de méd.*

ODONTOTECHNIE. s. f. Art du dentiste, qui consiste à conserver, nettoyer, arracher, remplacer les dents.

ODORATION. s. f. *méd.* Action d'*odorer,* de percevoir les impressions des odeurs. Sentiment des odeurs.

ODYNÈRE. s. f. Guêpe solitaire, genre d'hyménoptères.

OEIL DE BOEUF. *Voy.* OEIL au Dict.

OEILLÉ, E. adj. (Dans ce mot et les trois suivans, on pron. œil.) Pierre œillée, à cercles concentriques, comme l'œil : ce que l'on trouve souvent dans les agates, les calcédoines, et autres pierres dures.

OEILLÈRE. s. f. Petit vase à pied, de forme oblongue et ovale, où l'on prend des bains d'yeux. *Voy.* OEILLÈRE au Dict.

OEILLETON. s. m. *astron.* Pièce de métal où est placé le trou oculaire du télescope, et à laquelle on applique l'œil. *Voy.* OEILLETON au Dict.

OEILLETONNER. v. a. OEilletonner des artichauts, des œillets, etc.; en détacher les œilletons. *T. de jard.*

OENOLOGIE. s. f. (œ se pron. é.) Art de faire le vin ; traité sur cet art.

OENOLOGISTE. s. m. Celui qui est versé dans l'œnologie, ou qui sait cette matière. *T. scientif.*

OENOMÈTRE. s. m. Instrument propre à faire connoitre l'état et la qualité du vin en fermentation dans la cuve.

OENONE. s. f. Genre de vers annelides, armés de neuf mâchoires, cinq du côté gauche et quatre du côté droit.

OENOPLIA. s. f. Espèce de jujubier de Crète et d'Égypte.

OENOPLIE. s. f. Nerprun volubile de la Caroline, qui grimpe au-dessus des plus grands arbres.

OESOPHAGIEN, NE. adj. *anat.* Qui appartient à l'œsophage. On distingue des glandes œsophagiennes.

OESTRIDÉES. s. f. pl. Famille d'œstrides, tribu d'insectes diptères athérières, dont le type est l'œstre, genre de taons.

OFFERTE. s. f. Oblation du pain et du vin faite à Dieu par le prêtre, avant la consécration. Partie de la messe où elle a lieu.

OFFICIÈRE. s. f. Religieuse qui a un office, une charge, dans son couvent.

OGIÈRE. s. f. Plante rameuse, de la tribu des héllanthées.

OGYGIE. s. f. Genre d'animaux fossiles des carrières d'ardoise, près d'Angers.

OKIGRAPHIE. s. f. *Écriture rapide.* C'est l'un des procédés employés pour écrire aussi vite que l'on parle. Les signes diffèrent de ceux de la sténographie, et changent de valeur, suivant la place qu'ils occupent dans une portée de musique.

OKIR. s. m. Arbre d'Amboine servant à la teinture.

OLACINÉES. s. f. pl. Famille tirée des plantes hespéridées, dont le type est le genre *olax,* arbre de Ceylan où l'on en mange les feuilles en salade.

OLAMPI. s. m. Gomme d'Amérique.

OLÉOGÈNE. s. m. *chim.* Principe de l'huile, nommé aussi gaz *oléifiant.*

OLÉRACÉ, E. adj. *bot.* Qui est de la nature des plantes potagères.

OLIGARQUE. s. m. Celui qui est membre de l'oligarchie, ou qui en est partisan.

OLIGOPHYLLE. adj. *bot.* Qui n'a que peu de feuilles, de folioles.

OLIGOSPERME. adj. *bot.* Qui n'a que peu de graines.

OLIGOSPORE. s. m. *bot.* Genre des armoises, portant fleurs mâles et fleurs femelles séparées.

OLIO. s. m. Bois de charpente odorant du Brésil.

OLIVAIRE. adj. *bot.* Qui est en forme d'olive. *T. d'anat. et de bot.*

OLIVETIER, s. m., ou *bois rouge, bois d'olive.* Arbre de Madagascar, dont les feuilles changent de forme suivant l'âge de la tige ou de la branche qui les porte.

OLIVIÈRE. s. f. Plante annuelle venue de Bagdad, et cultivée en France. Ses fleurs sont en ombelle, et ses feuilles d'une odeur agréable en les froissant.

OLIVINE. s. f. Péridot granuliforme. — Substance cristallisée en aiguilles, provenant de ce qu'on appelle *gomme d'olivier.*

OLOPONG. s. m. Grande vipère des îles Philippines.

OMALOÏDES ou PLANIFORMES. s. m. pl. Famille d'insectes coléoptères-tétramères, à corps aplati. (On pron. *lo-i.*)

OMALOPTÈRES. s. m. pl. Ordre d'insectes à *ailes aplaties, unies.*

OMBELLÉ, E. adj. *bot.* Qui est en forme d'ombelle.

OMBELLULE. s. f. Diminutif d'ombelle; petite ombelle. *T. de bot.*

OMBILIQUÉ, E. adj. *bot.* Feuille ombiliquée, pourvue d'un ombilic, d'un centre plus enfoncé, d'où rayonnent des nervures sensibles.

OMBRELLE. s. f. Petit parasol de dames, à long manche, servant de canne quand il n'est pas tendu.

OMBROMÈTRE. s. m. Instrument propre à faire connoître combien il est tombé d'eau dans un espace de temps.

OMNICOLOR. s. m. Nom donné au souimanga de *toutes les couleurs.*

OMNIPOTENCE. s. f. Toute-puissance. Mot rétabli dans le langage parlementaire, en supposant aux chambres le pouvoir de changer et d'abolir la Charte. — Il se dit aussi du jury, pour la faculté que les jurés puisent dans leur conscience d'apprécier les circonstances d'un délit, ainsi que l'intention du délinquant, et de le déclarer non-coupable, lors même qu'il paroît coupable aux yeux de la loi. Le jury a usé de son omnipotence.

OMNIVORE. adj. Il se dit des animaux qui vivent de divers genres de substances: animales, végétales, ou autres, comme le rat.

OMOPHAGE. adj. Qui mange de la chair crue. *T. d'hist. anc.*

OMOPTÈRES. s. m. pl. Ordre d'insectes à ailes de même consistance dans toute leur étendue.

OMPHACINE. adj. f. *pharm.* Huile omphacine, extraite d'olives en *verjus.*

OMPHALIER. s. m. Arbre d'Amérique, genre de tithymaloïdes, composé de deux espèces: L'omphalier grimpant, ou liane papaye, dont le suc sert de glu; et l'omphalier noisetier, dont les amandes ont un goût de noisettes.

OMPHALORRHAGIE. s. f. *méd.* Hémorrhagie ombilicale des nouveaux-nés auxquels on n'a pas lié le cordon.

ONAGRAIRE. s. f. Genre de plantes épilobiennes, composé de beaucoup d'espèces apportées d'Amérique en Europe.

ONCELLE. s. f. Espèce de tigre de Barbarie, moins fort et moins beau.

ONCHIDIE. s. f. Genre de vers mollusques nus, ayant la bouche et l'anus placés en dessous. (*chi* se pron. *ki.*)

ONDATRA. s. m. Gros rat musqué du Canada, passant l'hiver en société comme le castor, et bâtissant comme lui.

ONDÉCAGONE. adj. et s. m. *géom.* Figure qui a onze angles et onze côtés, réguliers ou non.

ON-DIT. s. m. Bruit répandu d'un événement, récit hasardé. C'est un *on-dit.* L'article des *on-dit* est sujet à caution.

ONDULANT, E. adj. *méd.* Pouls ondulant, battant par ondulations fréquentes et inégales.

ONDULÉ, E, et ONDULEUX, EUSE. adj. *bot.* Disposé en petites ondes, plus nombreuses dans ce qui est onduleux que dans ce qui est ondulé.

ONÉIRODYNIE. s. f. *méd. Songe pénible.* Le somnambulisme est considéré comme une onéirodynie active, et le cauchemar comme une passive; ce qui ne paroît pas juste, le somnambule n'éprouvant pas communément plus de peine et de douleur que s'il veilloit.

ONGLET. s. m. *t. d'imp.* Feuillet qu'on substitue à un autre qui se trouvoit fautif. — *bot.* Partie inférieure du pétale. — En gravure, petit burin rétréci à la pointe. *Voy.* ONGLET au Diction.

ONGLETTE. s. f. Espèce de petit burin de graveur. Échancrure faite en long à une lame pour la relever avec l'ongle.

ONGLETÉ, E. adj. *bot.* Pétale dont la base a un onglet.

ONGUICULÉ, E. adj. Il se dit des doigts des quadrupèdes, lorsque ces doigts sont terminés par un ongle droit, à la dernière phalange. Il se dit aussi des quadrupèdes dont chaque doigt est ainsi terminé. (*gui* diphth.)

ONGULÉ, E. adj. et subst. Il se dit des quadrupèdes ayant à chaque pied un seul ongle ou sabot.

ONGULINE. s. f. Genre de testacés bivalves, dont la coquille rougeâtre a la forme d'un ongle.

ONGULOGRADES. s. m. pl. Animaux *marchant sur un sabot,* comme les pachydermes et les ruminans.

ONOCLÉE. s. f. *bot.* Genre de fougères, dont une espèce est si sensible qu'on ne peut en toucher une feuille sans la faire mourir. On l'a aussi appelée *sensitive.*

ONTOLOGIQUE. adj. Qui est relatif à la partie de la métaphysique nommée ontologie. *Voy.* ce mot au Dict.

ONXIE. s. f. Genre de plantes corymbifères, à odeur de camphre.

ONYGÈNE. s. m. *bot.* Petit champignon qui croit sur la corne: sur celle du bœuf, du mouton; sur le sabot du cheval.

OPATRE. s. m. Nombreux genre d'insectes coléoptères vivant dans le sable.

OPERCULAIRE. adj. Qui a rapport aux opercules, qui forme opercule ou couvercle. — s. m. Genre et famille de plantes à opercule, voisines des cryptogames.

OPERCULE. s. m. Couvercle de l'urne de quelques mousses; partie saillante et en bosse de quelques graines. — Couvercle de quelques coquilles univalves; corps écailleux qui, de chaque côté de la tête, recouvre les branchies de certains poissons.

OPERCULÉ, E. adj. Muni d'opercule.

OPÉTIOLE. s. f. Plante des Indes, sans tige, à feuilles glabres, à fleurs dioïques.

OPHIBASE. s. f. *Voy.* OPHITE au Dict.

OPHICALCE. s. f. Substance pierreuse, à peau de serpent, c'est-à-dire marbrée.

OPHICÉPHALES. s. m. pl. Genre de poissons, à *tête de serpent.*

OPHIDIENS. s. m. pl. Ordre de reptiles sans pattes, et *en forme de serpent.*

OPHIOLITHE. s. f. Espèce de roche, à *pâte serpentine,* avec des parcelles de métal.

OPHIOLOGIE. s. f. Traité, description des serpens.

OPHTHALGIE. s. f. Douleur aux yeux, sans inflammation apparente.

OPHTHALMITHE. s. f. Pierre œillée.

OPHTHALMOLOGIE. s. f. Partie de la médecine qui traite des yeux, de ce qui est du ressort de l'oculiste.

OPIACÉ, E. adj. *pharm.* Qui contient de l'opium.

OPISTOGRAPHE ou OPISTOGRAPHIQUE. adj. Écrit au verso de la page aussi bien qu'au recto; ce qui se pratiqua fort tard, la première écriture ayant été sculptée.

OPPRESSIF, IVE. adj. Qui opprime, qui est de nature à opprimer; prendre, employer des mesures oppressives.

OPPRIMÉ, E, s'emploie substantivement, comme opposé à oppresseur: La plainte des opprimés offense les oppresseurs. *Voy.* ce mot au Diction.

OPTICIEN. s. m. Celui dont la profession est de travailler à des instrumens d'optique, ou d'en faire le commerce. *Voy.* OPTICIEN au Diction.

ORANG. s. m. Genre de mammifères, singe sans queue, et le plus rapproché de l'homme. Il est plus connu sous le nom d'o-rang-outang, *homme des bois.* On en distingue deux espèces: le grand et le petit jocko, dont le premier a une taille d'homme.

ORANGIN. s. m. *bot.* Espèce de courge qui a la grosseur et la couleur de l'orange.

ORANGISTE. s. m. Qui élève des orangers. On dit quelquefois jardinier-orangiste, par opposition au jardinier-fleuriste, quoique le plus souvent celui-ci cultive aussi l'oranger. On nomme *orangistes,* en Irlande, les protestans attachés à la maison d'Orange; et par opposition aux catholiques, naturels du pays.

ORATORIO. s. m. Mot italien signifiant pièce d'oratoire. — *t. de musiq.* C'est le nom d'un petit drame en musique, sur un sujet tiré de l'Écriture-Sainte. Les *oratorio* se jouent même la semaine-sainte.

ORBICULE, E. adj. Plat et rond, à peu près comme une pièce de monnoie.

ORBICULES. s. m. pl. Famille de crustacés, dont le type est le genre orbicule, coquille de forme orbiculaire.

ORBICULITES. s. m. pl. Mollusques à coquille en spirale.

ORBIÈRE. s. f. Cuir hémisphérique sur l'œil du mulet, du cheval.

ORBILLE. s. f. *bot.* Sorte de cupule des lichens.

ORBITAIRE. adj. *anat.* Qui appartient à l'orbite, a un orbite: fosse orbitaire de l'œil.

ORBITELLES. s. f. pl. Araignées tendeuses à *toile circulaire.*

ORCHESTE. s. m. Genre de charançons sauteurs.

ORCHESTRINO. s. m. (On pron. *kes.*) Instrument de musique qni rend les sons de plusieurs. C'est un nom italien, signifiant *petit orchestre*, et donné à l'orphéon perfectionné par Poulleau, en 1805.

ORCHIDÉES. s. f. pl. (On pron. *ki.*) Famille des orchis, dont une espèce, de la Turquie, donne le salep, si stomachique. *Voy.* Oncnis au Dict.

OREILLÉ, E. adj. *bot.* Feuille *oreillée*, dont la base est garnie d'appendices en forme d'oreille ou oreillette.

ORÉOBOLE. s. m. Plante vivace de la Nouvelle-Hollande, genre de cypéracées.

ORÉOCALLE. s. m. Arbrisseau du Pérou, genre de protées.

ORES. adv. Vieux mot signifiant *à cette heure*, comme l'italien *ora*. C'est de lui que sont venus *or* et *encore*.

ORFÉVRI, E. adj. Travaillé par l'orfévre. *Peu usité.*

ORGANISME. s. m. Système, disposition et jeu des organes. État des êtres organisés.

ORGEOLET, s. m., ou GRAIN D'ORGE. Petit bouton assez douloureux qui vient au bord des paupières.

ORIENTALISTE. s. m. Celui qui est versé dans la connoissance des langues orientales, plus spécialement dans l'arabe, le turc et le persan.

ORIGOME. s. m. *bot.* Bourgeon séminiforme des tubercules.

ORIMANTHE. s. f. Genre de plantes marines, dont les fructifications couvrent la superficie et de figures de fleurs et de cellules éparses.

ORISEL. s. m. Genêt des Canaries.

ORITES. s. m. pl. Genre de protées, originaires de la Nouvelle-Hollande.

ORMIÈRE, s. f., ou REINE DES PRÉS. Plante du genre spirée, à feuilles d'orme.

ORNEMANISTE. s. m. Mot inadmissible, qu'on suppose signifier la même chose que *décorateur*, seul usité dans les phrases qu'on a citées. On dit : un architecte, un peintre *décorateur*, et non *ornemaniste*, qu'aucune analogie n'a pu former d'*ornement*.

ORNEPHILES. *V.* ci-après SYLVICOLES.

ORNITHOCÉPHALE. *Voy.* ci-après PLÉRODACTYLE.

ORNITHOLITHES. s. f. pl. Pétrifications, incrustations de parties d'oiseaux.

ORNITHOLOGISTE. s. m. Celui qui est versé dans l'ornithologie.

ORNITHOPODE. s. m. *bot.* Plante dont les fruits sont en pates d'oiseaux, comme dans le lotier.

ORNITHORYNQUE. s. m. Genre d'animaux des eaux douces de la Nouvelle-Hollande, et tenant des mammifères, des oiseaux et des reptiles. Ils ont, entre autres choses remarquables, un bec de canard, des pates palmées, et une peau couverte d'un poil très-serré.

ORNITHOTROPHE. s. m. Genre de saponacées, qui contient huit espèces d'arbres exotiques, et dont les oiseaux mangent le fruit.

OROBANCHOÏDES. s. f. pl. Famille des orobanches, plantes parasites à tige presque charnue, et garnie d'écailles au lieu de feuilles. (On pron. *cho-i.*)

OROBE. s. f. Plante vivace, à fleurs papilionacées, dont la graine fournit l'une des quatre farines résolutives. *Voyez* ce mot au Dictionn.

OROBITE. s. f. Pierre de chaux carbonatée, à grains imitant les semences de l'orobe.

ORONCE. s. m. Genre d'aroïdes, comprenant deux espèces de plantes exotiques.

ORONGE. s. f. Famille des agarics, à base bulbeuse, et de couleur d'orange.

ORPHÉON. s. m. Grande vielle à clavier, dont le mouvement d'une roue fait résonner les cordes à boyau.

ORTHOCÉRATITE. s. f. Coquille fossile *en corne droite*, comme celles des crustacés nautiles, nommés aussi *orthocères*, de la famille des orthocérées ou des orthocéracées.

ORTHOGRAPHISTE. s. m. Celui qui sait bien orthographier, ou qui traite de l'orthographe.

ORTHOPÉDIQUE. adj. Qui a rapport à l'orthopédie. Art orthopédique, de remédier aux difformités du corps; établissement orthopédique, où l'on s'occupe d'y remédier.

ORTHOPTÈRES. s. m. pl. Ordre d'insectes à *ailes droites*, pliées en éventail, et recouvertes par des élitres.

ORVET. s. m. Genre de serpens homodermes, à mâchoires soudées, et ne vivant que de vers, de petits insectes.

ORYCTÈRES, ORYCTÉRIENS. s. m. pl. *Fouisseurs*, insectes ou mammifères.

ORYCTOGRAPHE. s. m. Celui qui est versé dans l'oryctographie.

ORYCTOGRAPHIE. s. f. Traité descriptif des fossiles.

ORYCTOLOGIE. s. f. Partie de l'histoire naturelle qui traite des fossiles et des minéraux, avec leurs propriétés, classification, etc.

ORYCTOLOGISTE. s. m. Celui qui est versé dans l'oryctologie.

OSCABRION. s. m. Genre de testacés multivalves, pouvant se rouler en pelotte.

OSCITANT, E. adj. *méd.* Fièvre *oscitante*, accompagnée de fréquens bâillemens. On trouve aussi *oscitation* employé pour bâillement.

OSCULATION. s. f. *géom.* Point de rencontre de deux branches d'une courbe. On nomme *osculateur* le rayon de la développée, ou même la cercle où elle se trouve.

OSMAZOME. s. m. Substance nutritive qui se trouve dans les muscles des animaux, et dont l'évaporation produit la bonne odeur du bouillon, du rôti.

OSMITE. s. m. *bot.* Genre de corymbifères, d'Afrique, à odeur de camphre comme l'onxie.

OSSATURE. s. f. *anat.* L'ensemble des os, charpente osseuse. — *archit.* Parties qui lient un édifice.

OSSIANIQUE. adj. Propre à Ossian, ou qui le rappelle, qui l'imite : Poésie, image, style *Ossianique*.

OSSIFIQUE. adj. *méd.* Qui a la propriété d'ossifier, de convertir la nourriture en os.

OSSIFRAGE. s. m. Poisson, espèce de labre. (*Brise-os.*)

OSSIVORE. adj. *méd.* Qui attaque et ronge les os.

OSTÉODERMES. s. m. pl. Famille de poissons à *peau parsemée de points osseux.*

OSTÉOGÉNÉSIE. s. f. Partie de l'anatomie qui traite de la formation des os.

OSTÉOGRAPHIE. s. f. Partie de l'anatomie qui contient la description des os.

OSTÉOLITHES. s. m. pl. Os pétrifiés, fossiles.

OSTÉOMALAXIE. s. f. *méd.* Ramollissement des os. *Voy.* RACHITISME au Dict.

OSTÉOSARCOME. s. m. Ramollissement des os jusqu'à consistance de chair.

OSTÉOTOMIE. s. f. Partie de l'anatomie qui traite de la dissection des os.

OSTIOLE. s. f. *bot.* Ouverture presque imperceptible, par laquelle sortent de leur réceptacle, à la maturité, les bourgeons séminiformes de plusieurs varechs.

OSTRACION. s. m. Genre de poissons couverts d'une enveloppe osseuse, d'où ils ne peuvent sortir.

OSTRACODERME. adj. et subst. Animal à peau couverte d'écailles.

OSTRÉITE. s. f. *hist. nat.* Huître fossile.

OTALGIQUE. adj. *méd.* Propre à calmer les douleurs d'oreille.

OTITE. s. f. Inflammation interne de l'oreille, avec douleur, bourdonnement, etc.

OTOLOGIE. s. f. Exposition de l'anatomie de l'oreille, ses parties et leurs fonctions.

OUAROUCHI. s. m. *bot.* Arbre de la Guyane donnant un suif végétal, exprimé de l'amande de ses fruits.

OUASPOUS. s. m. Phoque des côtes du nord de l'Amérique; on le dit de la grosseur d'un bœuf.

OUASSACOU. s. m. *bot.* Arbre de la Guyane, dont le suc vénéneux sert à enivrer le poisson.

OUAYE. s. f. Plante de la Guiane, dont la moelle sert d'amadou.

OUILLER. v. a. Ouiller un tonneau, y mettre du vin pour le tenir plein, et remplacer ce qui s'en est évaporé en embu.

OUISTITI. s. m. Genre de singes, de l'Amérique méridionale, dont on compte 15 espèces. Ils sont fort petits, et d'un assez beau pelage.

OULEMARY. s. m. *bot.* Arbre de la Guyane, dont les racines, écartées au niveau de six à sept pieds, à dont chacun offre une espèce de cabane abritée par le sommet de la tige.

OUNITE. s. f. Racine d'un arbrisseau de Madagascar, dont on se sert pour teindre en rouge.

OURARI. s. m. Plante vénéneuse des Indes, dont la turata est l'antidote.

OURATE. s. m. Gros arbre de la Guyane, qui, dans le temps de la floraison, répand une odeur de giroflée.

OURDISSAGE. s. m. Action d'ourdir pour tisser; genre d'opération qui précède la confection du tissu.

OURDISSEUR, EUSE. subst. C'est l'ouvrier ou plutôt l'ouvrière qui ourdit.

OURDISSOIR. s. m. Pièce de bois ou autre matière, sur laquelle l'ourdisseuse dispose le fil pour la trame qu'elle ourdit.

OURDISSURE. s. f. Trame ourdie, manière bonne ou mauvaise dont elle est ourdie.

OURISIE. s. f. Plante personnée du détroit de Magellan.

OURONOLOGIE. s. f. *méd.* Partie de la médecine qui traite des urines.

OURONOSCOPIE. s. f. Inspection des urines, qui fait juger de beaucoup de maladies.

OURSINÉ, E. adj. *bot.* Hérissé de pointes, d'aiguillons.

OURSININS. s. m. pl. Famille des ours.

OUTRE-MOITIÉ. *Voy.* Moitié au Dict.

OUVIRANDRA. s. f. *bot.* Genre de plantes fluviatiles, des côtes de Madagascar, dont les grandes feuilles se lient entre elles en forme de réseau.

OVÉ, E. adj. *bot.* Feuille *ovée*, dont l'ovale est rétréci par un bout.

OVÉOLITHES. s. f. *Voy.* ci-devant AL-VÉOLITHES.

OVIBOS. s. m. (*s* se pron.) Bison musqué du Canada, sans mufle, et couvert de poil fin jusqu'aux lèvres. De là lui vient le nom d'ovibos, *bœuf-mouton.*

OVICULE. s. f. *archit.* Petite ove.

OVISTES. s. m. pl. Physiologistes qui veulent expliquer par le système des œufs les phénomènes de la génération.

OVIVORE. adj. *hist. nat.* Qui mange les œufs. Ce mot s'est appliqué à quelques animaux, et même est devenu le nom d'un serpent d'Amérique, du genre des couleuvres.

OVOÏDE. adj. *bot.* Fruit *ovoïde*, qui a la forme et les proportions de l'œuf.

OVOIR. s. m. Ciselet dont le bout est creusé, pour donner en relief la forme ovale au métal.

OVOVIVIPARES. s. m. pl. Animaux ovipares, mais dont les œufs restent et éclosent dans le ventre de la femelle.

OVULE. s. m. *bot.* Partie de l'ovaire des plantes qui doit contenir la graine après la fécondation. — Bourgeons séminiformes des conferves, champignons, varechs, etc., privés d'organes apparens de fructification.

OXALATE. s. m. *chim.* Sel formé par la combinaison de l'acide oxalique avec une base.

OXALIDE. s. f. Genre de géranoïdes, dont le sommeil est sensible pendant la nuit. De ce genre est l'oxalide *sensitive*, qui se contracte aussitôt qu'on la touche.

OXALIQUE. adj. Acide *oxalique*, extrait d'une espèce d'oxalide, mais qui se vend comme *sel d'oseille.*

OXYCÈDRE. s. m. *bot.* Petit cèdre de la Libye, à feuille pointue, dont le fruit est une baie charnue, nommée *cédride.*

OXYDABILITÉ. s. f. *chim.* Disposition à s'oxyder ou à être oxydé.

OXYDABLE. adj. *chim.* Susceptible d'oxydation.

OXYDATION. s. f. Action d'oxyder; état de ce qui est oxydé. *Chim.*

OXYDE. s. m. *chim.* Substance minérale solide; corps combiné avec de l'oxygène, à divers degrés, sans en avoir assez pour être porté à l'état d'acide.

OXYDÉ, E. adj. *chim.* Porté à l'état d'oxyde. Le fer peut être plus ou moins oxydé.

OXYDER. v. a. *chim.* Combiner avec l'oxygène; porter à l'état d'oxyde. S'oxyder, v. pron., passer à l'état d'oxyde.

OXYDULE. s. m. *chim.* Foible oxyde, substance peu oxydée, ou oxydulée.

OXYDULÉ, E. adject. *chim.* Légèrement oxydé.

OXYGÉNATION. s. f. *Voy.* ci-dessus OXYDATION.

OXYGÈNE. s. m. *chim.* Principe des acides, base de l'air vital; l'une des parties composantes de l'eau, etc.

OXYGÉNÉ, E. adj. *chim.* Combiné avec de l'oxygène. Suroxygéné, saturé d'oxygène. Acide muriatique oxygéné.

OXYGÉNER, v. a., une substance, c'est l'oxyder, la combiner avec de l'oxygène à divers degrés.

OXYPTÈRE. s. m. Genre de cétacés, voisin des dauphins, et le seul qui ait deux nageoires dorsales.

OXYRRHODIN, s. m. *pharm.* Liniment d'huile de roses avec du vinaigre.

OXYTARTRE - ROSAT. s. m. *pharm.* Terre foliée de tartre. Ce terme a vieilli, et a été remplacé par *acétate de potasse.*

P.

P. s. m. La plus forte des trois consonnes *labiales :* p, b, m. Elle doit se prononcer *pe*, aussi-bien isolée que dans le mot.

P est nul dans baptême, baptiser, baptistère, Jean-Baptiste, compte, compter, un à-compte, décompte, escompte, mécompte, exempt, e; prompt, e; sept-ième; corps, temps, printemps, du drap, du sparadrap, au galop, du sirop, coup, beaucoup, le loup, un camp, un champ. Il sonne dans baptismal, septante, exemption. — Comme seizième lettre, sa valeur numérale est seize dans une série : Feuille P, etc. — C'est souvent la lettre initiale de piano (*doux*), pour, protêt, etc. PP signifie *très-doux.* 5 p. $^{\circ}_{\circ}$, cinq pour cent. A. S. P., Accepté Sous Protêt, etc. *Voy.* P au Dict.

PACA. s. m. Animal rongeur de l'Amérique méridionale, de la forme du cochon-d'Inde, mais quatre ou cinq fois plus gros.

PACANE ou PACANIER. s. m. Espèce de noyer de la Louisiane, à petites noix.

PACFI ou PAFI. s. m. *mar.* Basse voile. Celle du grand mât est le grand pacfi, et celle du mât de misaine est le petit pacfi.

PACHALIK. s. m. Arrondissement de la Turquie soumis à l'administration d'un pacha; mode et durée de cette administration.

PACHÉE. s. f. t. de comm. Émeraude orientale, qui n'est qu'un corindon vitrifié, quoique d'un beau vert.

PACHYDERME. adj. et s. m. *A peau épaisse.* Ce mot sert à distinguer des quadrupèdes ongulés, non ruminans et lourds.

PACHYPHYLLE. s. f. Genre d'orchidées, plante parasite du Pérou, à *feuilles épaisses*, charnues, engainantes.

PACHYSANDRE. s. f. Genre d'euphorbes, plante vivace de l'Amérique septentrionale, à *épaisses étamines.*

PACO. *Voy.* VIGOGNE au Dict.

PACOURIER. s. m. Arbrisseau sarmenteux de la Guiane, dont les branches retombent du haut des arbres, et portent des fruits gros comme nos coins, et d'une agréable odeur vers leur maturité.

PACOURINE. s. f., ou PACOURINOP-SIDE. Haute plante chicoracée des eaux de la Guyane; on mange le réceptacle de ses fleurs et même ses feuilles.

PACQUIRE. s. m. Animal de l'île de Tabago, ressemblant au porc.

PACTISER. v. n. Faire un *pacte.* Le verbe et le nom s'emploient peu, et plutôt en mauvaise part. On dit convenir d'une chose, et faire une convention, des conventions, etc.

PACTOLE. s. m. Fleuve de Lydie, que la Fable peint comme roulant du sable d'or; et, par extension, source de richesses. Ce mot est très-propre à la poésie et à la prose poétique.

PADELIN. s. m. Espèce de creuset pour fondre la matière du verre.

PADEN. s. m. (On pron. *dène* bref.) Amande de Perse, reçue comme monnoie dans le Guzarate.

PADRI. s. m. Bel arbre du Malabar, à fleurs rouges et odorantes, qu'on emploie à parfumer l'eau dont on arrose les temples.

PAGAMAT. s. m. Arbre visqueux des Moluques, produisant des noyaux dont on fait des colliers et des bracelets d'un assez beau poli.

PAGAMIER. s. m. Arbrisseau rubiacé de Cayenne.

PAGAYER. v. n. Faire voguer une pirogue avec la pagaie.

PAGINATION. s. f. *imprim.* Chiffre apposé vers le haut des pages, et à l'angle extérieur, pour marquer l'ordre de chacune dans la série entière du volume.

PAGNONES. s. f. pl. Pièces de bois formant la rainure d'un moulin.

PAGODITE. s. f. Terre à pagode et à magot des Chinois, plus connue sous le nom de pierre de lard.

PAILLÉOLE. s. f. Petite paillette d'or, comme il s'en trouve dans le sable de quelques rivières.

PAILLETEUR. s. m. Celui qui va rechercher les pailléoles ou paillettes dans le sable où il s'en trouve. On dit aussi *orpailleur.*

PAILLONNER. v. a. Garnir de paillons; faire ou appliquer des paillons; souder avec du paillon, alliage de bismuth.

PAISSEAU. *Voy.* ci-après PESSEAU.

PAISSONNIER. v. a. t. de *gantier.* Étendre sur le *paisson*, qui est une pièce de fer disposée pour cela. *Voy.* PAISSON au Dict.

PALADE. s. f. Coup du plat de l'aviron, donné par le rameur en se jetant en arrière, et qui fait avancer la galère.

PALANCHE. s. f. Pièce de bois courbée, entaillée aux deux bouts, qu'on place sur l'épaule et à l'aide de laquelle on porte deux seaux d'eau.

PALANGRE. s. f. Corde garnie de lignes et de haims pour la pêche.

PALANQUER. v. a. *mar.* Charger ou décharger un vaisseau par le moyen des palans.

PALANQUINET. s. m. Corde qui sert à faire mouvoir le timon d'une galère.

PALARDEAUX. s. m. pl. *mar.* Planches garnies, tampons, pour boucher les trous du bordage, les écubiers.

PALATRE. s. m. Tôle battue en feuille.

PALÉACÉ, E. adj. *bot.* Garni de paillettes.

PALÉAGE. s. m. *mar.* Travail des matelots fait *avec la pelle.*

PALÉOLAIRE. s. f. *bot.* Plante de la famille des synanthérées, cultivée au jardin des Plantes de Paris.

PALÉTUVIER. s. m. Arbre caprifoliacé des Indes, aimant les lieux marécageux, et dont la graine, en maturité, commence à germer dans le fruit, même sur l'arbre.

PALICOT. s. m. Parc tournant que se forment les pêcheurs dans les endroits où le poisson abonde.

PALIFICATION. s. f. *archit.* Emploi de pieux ou de pilotis, pour affermir un terrain.

PALIMPSESTE. s. m. Tablette, manuscrit, où l'écriture a été effacée pour y en substituer une sur un autre sujet.

PALINDROME. adj. et s. m. Vers ou prose offrant le même sens, soit qu'on lise de droite à gauche ou de gauche à droite.

PALISSAGE. s. m. Action de palisser; genre de travail d'où résulte la palissade.

PALISSON. s. m. Fer ou bois plat et poli, servant aux mégissiers à ouvrir les peaux.

PALIURE. s. m. *bot.* Arbrisseau épineux et rameux, dont on fait des haies de clôture. C'est une espèce de nerprun.

PALMA-CHRISTI. S. m. *V.* Ricin au D.

PALMAGE. s. m. *mar.* Action de palmer un mât; façon qu'on lui donne afin de l'approprier au service.

PALMAIRE. adj. et s. m. *anat.* Qui appartient à la paume de la main; muscle palmaire. On distingue par le mot *palmaires* les mammifères à deux mains supérieures, composant le genre homme.

PALMA-RÉAL. s. m. Beau palmier de Cuba, qui a jusqu'à cinquante pieds de haut.

PALMÉ, E. adj. En forme de palme, de doigts réunis par une membrane. Il se dit des pieds de quelques oiseaux et des feuilles de quelques plantes.

PALMER. v. a. Travailler, dégrossir un mât, une vergue, pour l'approprier à sa destination. — Aplatir la tête de l'aiguille.

PALMETTE. s. f. Ornement en forme de feuille de palmier. — Espèce de petit palmier des côtes de la Méditerranée.

PALMIFÈRE. adj. et s. m. Plante palmifère, ou palmier.

PALMIFORME. adj. *V.* ci-dessus PALMÉ.

PALMIPÈDE. adj. A pieds palmés. Ce mot sert à caractériser un ordre d'oiseaux et une famille de quadrupèdes, tous deux *nageurs.*

PALMO-PLANTAIRES. adj. et subst. *Marchant sur les mains.* Ce mot caractérise les animaux à quatre mains; les singes et les makis.

PALMYRE. s. f. Genre de vers aphrodites, des côtes de l'île de France, dits *aurifères,* parce qu'ils ont l'éclat de l'or.

PALO. s. m. Plante du Pérou, dont la tige velue prend aisément feu, et peut, dit-on, servir de chandelle. C'est le palo *de luz,* à lumière.

PALO. s. m. Genre de sapotilliers; arbre de Caracas, qui fournit du lait qu'on prétend être semblable à celui de la vache; on le nomme palo *de vaca,* palo-*vache.*

PALOMETTE. s. f. Espèce de mousseron du Béarn, couleur gorge-de-pigeon.

PALOMIER. s. m. Genre de plantes bicornes, à fleurs en grappe, dont une espèce, qui vient du Pérou, se cultive à Paris.

PALON. s. m. Espèce de pelle, de spatule, employée dans divers ateliers.

PALPE. s. f. *Voy.* ci-devant ANTENNULE.

PALPÉBRAL, E. adj. Qui appartient aux paupières.

PALPICORNES. adj. et s. m. pl. Famille d'insectes coléoptères, à *longues palpes,* ou antennules.

PALPISTE. adj. Arachnide palpiste, à *palpes* ou antennules.

PALUDIER. s. m. Ouvrier attaché aux travaux des marais salans.

PALITHOÉ. s. f. Polypier des Antilles, en plaques étendues, avec un mamelon pour chaque polype.

PAMAQUE. s. m. Arbre de la Nouvelle-Espagne, dont l'écorce fournit des cordes qu'on prétend valoir mieux que celles de chanvre.

PAMPELMOUSSE. s. m. *bot.* Oranger des Indes, produisant des fruits parfois aussi gros qu'une tête d'un homme, et qui portent le même nom que l'arbre.

PAMPINIFORME. adj. *anat.* Qui est en forme de pampre.

PANACEAU. s. m. Lame de bois mince, employée, au lieu de baguette, dans les fusées volantes.

PANACHURE. s. f. Variété de couleur dans les fleurs panachées, et sur les feuilles des plantes malades.

PANCRAIS. s. m. Genre de narcissoïdes, dont la fleur est belle et souvent d'une agréable odeur.

PANDACA. s. m. Arbre laiteux de Madagascar, de la famille des apocynées.

PANDICULATION. s. f. *méd.* Malaise qui fait éprouver le besoin de s'étendre, de bâiller.

PANDURÉ, E, ou PANDURIFORME. adj. *bot.* Oblong et échancré des deux côtés, en forme d'un corps de violon.

PANÉMORE. s. m. Moulin d'un nouveau mécanisme, qui tourne à tout vent.

PANGI. s. m. Grand arbre des Moluques, dont le fruit a la forme d'un œuf d'autruche vidé, et contient de bonnes amandes.

PANGOLIN. s. m. Genre de mammifères édentés.

PANHARMONICON. s. m. Instrument de musique, qui rend tous les sons des instrumens à vent, plusieurs de ceux à percussion, et perfectionné ensuite jusqu'à imiter la voix humaine.

PANIC ou PANIS. s. m. Genre de graminées, de la nature du millet.

PANICULÉ, E. adj. *bot.* En forme de panicule; à panicules.

PANKE. s. f. *bot.* Plante du Chili, propre à teindre et à tanner le cuir.

PANNAIRE. s. m. Basane qui reçoit l'étoffe roulée sur l'ensuple, pour l'empêcher de se ternir.

PANNER. v. a. Creuser une pièce de fer à coups de marteau, en frappant de panne. *Voy.* PANNE au Dict.

PANOCOCO ou PANACOCO. s. m. Grand arbre de Cayenne, aussi nommé bois-de-fer, à cause de sa dureté. Sa graine est un pois rouge à tache noire, connu sous le nom de graine d'Amérique.

PANORAMA. s. m. Tableau circulaire, représentant un horizon entier, au centre duquel est le spectateur, qui peut y distinguer jusqu'au plus petit objet, quand le jour pratiqué au haut de la rotonde est favorisé par un temps serein. On a aussi appliqué ce nom à divers tableaux synoptiques.

PANORAMIQUE. adj. Qui a rapport au panorama. Vue, disposition panoramique.

PANORPATES. s. f. pl. Tribu d'insectes dont le type est le genre panorpe, qu'on nomme aussi *mouche-scorpion.*

PANSTÉRÉORAMA. s. m. Représentation totale d'un objet vu en relief.

PANTAGUIÈRES. s. f. pl. *mar.* Cordes pour retenir les mâts dans une tempête.

PANTALÉON. s. m. Grand tympanon monté en cordes à boyau, au lieu de laiton.

PANTALON. s. m. Espèce de clavecin vertical et étroit. *Voy.* PANTALON au Dict.

PANTENNE. s. f. *mar.* Vaisseau en *pantenne,* désemparé et sans agrès.

PANTIN. s. m. Joujou d'enfant, qui consiste en une figure de carton plat et découpé, qu'on fait mouvoir avec un fil.

PANTOGÈNE. adj. Cristal *pantogène,* dont chaque arête ou chaque angle va en décroissant.

PANTOIRE. s. f. *mar.* Manœuvre dormante des vaisseaux.

PANTOPTÈRES. s. m. pl. Famille de poissons osseux, munis de toutes les nageoires impaires, mais sans ventrales.

PANTOQUIÈRES. s. f. pl. *mar.* Cordes pour assurer les haubans.

PAONNE. s. f. *Voy.* PAON au Dict.

PAPAVÉRACÉES. adj. et s. f. pl. Famille des pavots, qui se divise en huit genres.

PAPAYE. s. f. Fruit du papayer.

PAPAYER. s. m. Arbre cucurbitacé des deux Indes et des Antilles, dont on dit que les feuilles et les fleurs tiennent au tronc, et par conséquent les fruits, qui ressemblent à de petits melons, bons à manger. On fait des cordages avec son écorce; et, dans quelques endroits, sa feuille sert de savon.

PAPILLAIRE. adj. (*l* ne se mouille ni dans ce mot ni dans le suivant.) *anat.* Qui a des papilles, en forme de papille: tunique papillaire.

PAPILLE. s. f. *anat.* Chacun des petits mamelons nerveux qui se trouvent épars sur la surface du corps, surtout à la langue.

PAPILLONACÉ, E. adj. *bot.* A fleurs en ailes de papillon. Corolle papillonacée, à cinq pétales et irrégulière. *Voy.* PAPILLONACÉ au Dict.

PAPILLONIDES. s. f. pl. Famille d'insectes lépidoptères: papillons et hespéries.

PAPILLOTS. s. m. pl. Taches nombreuses qui viennent à la peau de ceux qui sont atteints de la fièvre pourprée.

PAPIMANE. s. m. et f. Papiste outré, qui pousse jusqu'à l'extravagance la soumission au pape, même en choses temporelles.

PAPIMANIE. s. f. Soumission aveugle aux volontés présumées du pape, tant au temporel qu'au spirituel.

PAPULE. s. f. Petit bouton sans pus, qui vient à la peau, et sèche promptement.

PAPYRACÉ, E. adj. Feuilles, coquilles papyracées, ayant la consistance ou l'épaisseur du papier.

3.

PAPYRIER. s. m. Murier à papier, aussi nommé broussonnette.

PAPYRIFÈRE. adj. Il se dit des plantes *propres à faire du papier.*

PAQUAGE. s. m. Action de paquer du poisson salé dans un baril ; ce que l'on en a ainsi arrangé.

PAQUER. v. a. Arranger et presser dans un fût le poisson salé, pour y en faire tenir davantage.

PAQUET. s. m. t. *d'imprim.* Quantité indéterminée de lignes d'un caractère quelconque, sans ligne de tête et sans ligne de pied, qu'on lie avec une ficelle pour en faire ensuite de pages. L'ouvrier compositeur qui fait des *paquets* se nomme *paquetier;* celui qui en fait des *pages* se nomme *metteur en pages.*—*T. de reliure.* Il se dit de plusieurs volumes, cousus, préparés, pour être endossés, liés ensemble, mais séparés l'un de l'autre par de petites planches qui en font sortir le dos.

PAQUETIER. s. m. Compositeur d'imprimerie qui fait des paquets. *Voy.* ci-dessus PAQUET.

PAQUEUR. s. m. Celui qui *paque* le poisson salé, qui l'arrange dans un fût.

PARABOLIQUEMENT. adv. *géom.* En décrivant une parabole.

PARABOLOIDE. s. f. *géom.* Solide formé par la parabole. (On pron. *lo-i.*)

PARACENTÈSE. s. f. *Voyez* PONCTION au Diction.

PARACHUTE. s. m. Machine en forme de grand parasol, qui se tend pour modérer la chute des aérostats et des aéronautes.

PARACOUSIE ou PARACUSIE. s. f. *méd.* Audition inégale entre les sons, ou entre les deux oreilles.

PARAFEU. s. m. Petit mur devant les ouvreaux, dans les verreries.

PARAGLACE. s. m. *mar.* Garniture, estacade appliquée à l'avant d'un navire, pour le garantir des glaçons.

PARAGOGE. s. f. *gram.* Addition faite à la fin d'un mot ; c'est une figure de diction.

PARAGOGIQUE. adj. Qui a rapport à la paragoge : qui se fait par paragoge. Addition paragogique.

PARAISON. s. f. Opération de verrerie, qui consiste à souffler sur la matière du verre, en la roulant sur une plaque de fonte, pour lui donner une certaine forme.

PARAISONNIER. s. m. Ouvrier chargé de la paraison.

PARALLÈLEMENT. adv. Sur une direction parallèle à une autre ligne.

PARALLÉLOGRAPHE. s. m. Instrument pour tirer des lignes parallèles.

PARAMÉLIE. s. f. Genre de vers polypes amorphes, dont la forme varie chaque fois qu'ils changent de position.

PARAMONT. s. m. Sommet de la tête du cerf. T. de vén.

PARANOMASIE. s. f. Ressemblance entre deux mots de langues différentes.

PARAPHE. s. m. *Voy.* PARAFE au Dict.

PARAPHONIE. s. f. Consonnance musicale, résultant de sons différens, comme de quinte et de quarte.

PARAPHRÉNÉSIE. s. f. *méd.* Inflammation du diaphragme, qui produit un délire, tantôt gai, tantôt furieux.

PARAPHYSES. s. f. pl. *bot.* Poils fistuleux et cloisonnés, dont se trouvent entourées les fleurs de plusieurs mousses.

PARAPLÉGIE. s. f. *méd.* Paralysie de toutes les parties situées au-dessous du cou.

PARATONNERRE. s. m. Appareil qui se pose sur un bâtiment, pour le garantir de la foudre en attirant l'électricité sur une chaine de métal, qui lui sert de conducteur pour la faire écouler dans un puits, et sans explosion.

PARBLEU ! forme interjective substituée par convenance à *pardieu*, et approchant de la valeur de *certes. Juron familier.*

PARBOUILLIR. v. n. Ce verbe ne s'emploie qu'à l'infinitif après faire : Faire parbouillir, bouillir à grand feu afin d'obtenir plus de chaleur, d'évaporation, ou tout le temps qu'il faut pour obtenir un résultat. Il est dans l'analogie de *parfaire.*

PARCHASSER. v. a. *vén.* Chasser la bête par soi-même, sans le secours des aboiemens.

PARCIMONIEUX, EUSE. adj. Qui est d'une économie minutieuse, résultant d'une habitude d'ordre.

PARCOURS. s. m. Droit de faire paître ses troupeaux sur les terres d'autrui.

PARÉAUX. s. m. pl. Pierres percées par le milieu pour être attachées au fond du filet en forme de seine, afin qu'il touche à terre, tandis que le haut est soutenu par des liéges.

PARENCHYMATEUX, EUSE. adj. *anat.* et *bot.* Qui est de la nature du parenchyme, qui en a la forme.

PARÉSIE ou PARÉSIS. s. f *méd.* Paralysie partielle, qui prive de se mouvoir sans ôter le sentiment.

PAREUR. s. m. Ouvrier d'un atelier, qui *pare* l'ouvrage, et y met la dernière main. Celui qui, à la remonte d'un bateau, *pare* à l'inconvénient quand la corde s'accroche, et la relève.

PARFILURE. s. f. *passement.* Endroit de l'ouvrage qui est parfilé, ou à parfiler. *Voy.* PARFILER, PARFILAGE au Dict.

PARFOND. s. m. Hameçon plombé, qui doit rester au fond de l'eau.

PARFUMOIR. s. m. Espèce de coffret garni d'une grille, sur laquelle on met ce qui doit recevoir le parfum, qu'on fait brûler au-dessous dans une chaufferette.

PARHÉLIE. s. m. *Voy.* PARÉLIE au Dict.

PARIA. s. m. Indien de l'ancien culte de Brama, et d'une ancienne race d'habitans, répudiée par les diverses castes des vainqueurs de l'Inde.

PARIANE. s. f. Genre de graminées de la Guyane.

PARINAIRE. s. m. *bot.* Arbre rosacé de la Guyane, qui produit de bonnes amandes.

PARISETTE. s. f. *bot.* Genre d'asparagoïdes, plante dont les oiseaux et les renards mangent la baie, qu'on appelle pour cela *raisin de renard.*

PARISYLLABIQUE. adj. *gram.* D'un égal nombre de syllabes. Il se dit des mots grecs qui ne croissent pas au génitif singulier, et peut s'étendre à beaucoup d'autres circonstances.

PARIVÉ. s. m. *bot.* Grand arbre légumineux de la Guyane, de longue durée dans les constructions.

PARKINSONE. s. m. *bot.* Bel arbre légumineux de l'Amérique méridionale, aussi nommé *sigaline*, et que le parfum de ses fleurs fait placer autour des habitations.

PARLEMENTAIRE. adj. Mot adopté en France, depuis l'établissement des deux chambres par la Charte, avec la même acception qu'à l'égard de l'Angleterre, les formes parlementaires ; en langage parlementaire, etc. *Voy.* PARLEMENTAIRE au Dict.

PARMENTIÈRE. s. f. *bot.* Nom donné par les savans à la pomme de terre, en mémoire du célèbre Parmentier, qui en a perfectionné la culture et fait connoître tous les avantages.

PARNASSIE. s. f. Plante vivace des marais, genre de capparidées, à larges fleurs blanches.

PAROIR, s. m., ou PAROIRE. s. f. Outil pour parer, finir un ouvrage ; pour parer le pied du cheval ; pour gratter le cuivre avant que de l'étamer.

PARONYME. s. m. *gramm.* Mot qui, à peu près, a la même origine qu'un autre. On lui a fait signifier aussi *presque homonyme* (à même son) ; ce qui manque de justesse.

PAROTIDE, E. adj. *méd.* Qui attaque les parotides, le cou et la gorge.

PAROTIDIEN, NE. adj. Conduit *parotidien*, canal salivaire supérieur.

PAROXISMIQUE. adj. *méd.* Qui tient du paroxisme ou en est l'effet.

PARPAILLOT. s m. Nom injurieux jadis appliqué au protestant, et qui n'est plus qu'un terme de plaisanterie à l'égard d'un catholique peu crédule, et peu assidu aux cérémonies de son culte. *Fam.*

PARQUIER. adj. et s. m Celui qui fait la pêche des parcs ; celui qui est chargé de la garde des bestiaux saisis pour dommage ou contravention.

PARTAGEABLE. adj. Qui peut être partagé.

PARTEMENT. s. m. (de *partir.*) *mar.* Action de partir, moment du départ ; direction du vaisseau par rapport au méridien. En terme d'artificiers, partie de l'artifice qui doit partir au lieu de brûler en place. Les fusées volantes sont des pièces de *partement.*

PARTENAIRE. s. m. et f. Celui qui joue de concert avec un autre, à intérêt commun ; comme à certains jeux de cartes, de billard, où l'on peut jouer deux contre deux, etc.

PARTI, E. part. pass. de *partir*, diviser. — *bot.* Divisé par une incision profonde ; biparti, si c'est en deux parties ; triparti, en trois ; quadriparti, en quatre, etc. ; et multiparti, si c'est en un grand nombre de parties, et sans les compter. *Voy.* PARTI au Dict.

PARTIAIRE. adj. Fermier *partiaire*, qui rend au propriétaire une portion convenue des fruits ou produits de la ferme.

PARTIBLE. adj. *bot.* Susceptible de se diviser de soi-même en plusieurs parties : Bipartible, en deux ; tripartible, en trois, etc.

PARTICULE, E. adj. *gram.* On appeloit régime *particulé* tout régime indirect, comme précédé d'une préposition, que l'on appeloit *particule*, ainsi que l'adverbe et la conjonction. Cette expression a disparu avec la mauvaise classification qui y avoit donné lieu.

PARTIELLEMENT. adv. D'une manière partielle.

PARTOLOGIE. s. f. chir. Nom mi-parti de latin et de grec, signifiant traité des accouchemens.

PARULIE. s. f. méd. Tumeur inflammatoire aux gencives.

PASAN. s. m. hist. nat. Espèce d'antilope à cornes droites.

PASCALIE. s. f. Plante corymbifère du Chili, cultivée en France.

PASCALIN. s. m. Mécanisme inventé par Pascal, pour les calculs arithmétiques.

PASIGRAPHE. s. m. (On pron. paci.) Celui qui écrit, qui sait écrire en employant les signes de la pasigraphie.

PASIGRAPHIE. s. f. (On pron. paci.) Combinaison de signes proposés pour former une écriture universelle, en peignant les idées et non les sons; en sorte que chacun pourroit la lire en sa langue.

PASIGRAPHIER. v. a. (On pron. paci.) Pasigraphier une phrase, l'écrire et l'exprimer en signes pasigraphiques. — v. n. Pasigraphier bien ou mal, faire usage des signes de la pasigraphie.

PASIGRAPHIQUE. adj. (On pron. paci.) Qui a rapport à la pasigraphie. Signe, méthode pasigraphique.

PASILALIE. s. f. (On pron. paci.) Langue universelle, rêve encore plus difficile à réaliser que la pasigraphie.

PASQUINISER. Verbe inusité, que l'on prétend signifier : faire des pasquinades, et qui, suivant l'analogie, voudroit plutôt dire rendre pasquin; ce seroit pasquiner qui pourroit signifier faire des pasquinades.

PASSÉGE. s. m. manège. Action de passéger; allure du cheval qui passége.

PASSÉGER. v. n. manège. C'est, de la part du cheval, aller de côté et parallèlement des deux trains. Par négligence, on dit du cavalier qu'il passége un cheval, au lieu de dire qu'il le fait passéger.

PASSEMENTERIE. s. f. Art, profession, commerce de passementier.

PASSE-MÉTEIL. s. m. Blé mêlé d'un tiers de seigle.

PASSERIE. s. f. Liqueur aigre, où l'on passe les peaux pour les faire enfler.

PASSERILLE. s. f. Raisin muscat séché au soleil.

PASSERINE. s. f. Genre d'oiseaux chanteurs, entr'autres, l'ortolan de neige. — genre de plantes daphnoïdes.

PASSERINETTE. s. f. Petite espèce de fauvettes.

PASSE-ROSE. s. f. Nom donné par les jardiniers à la rose-trémière ou alcée rose. Nielle d'Italie ou agrostème cultivée.

PASSE-SATIN. s. m. Lunaire annuelle.

PASSETTE. s. f. ; PASSE-SOIE. s. m. Ce sont de petits ustensiles servant en divers métiers à passer des fils, des soies.

PASSEVIN. s. m. Mécanisme pour faire passer une liqueur plus pesante sous une autre plus légère, sans les mêler.

PASSE-VIOLET. s. m. Couleur que prend le fer ou l'acier poli porté à un certain degré de chaleur. C'est un violet tirant sur le bleu.

PASSIONNAIRE. s. m. Livre qui contient l'histoire de la passion.

PASSIVETÉ ou PASSIVITÉ. s. f. On a hasardé ce mot pour exprimer l'état de l'être passif, et l'opposer à l'activité, état de l'être actif. T. de gramm.

PASSULE. s. f. Raisin fin séché au soleil, pour le commerce, spécialement le raisin de Corinthe. Pour son usage, on se sert de passe ou passerille; le nom de passule se donne aussi à un mélange de raisins cuits avec du miel.

PASTILLAGE. s. m. Fabrication, assortiment de pastilles; genre de bonbons.

PASTISSON. s. m. bot. C'est une espèce du genre courge.

PASTORELLE. s. f. Air de contre-danse, vif et champêtre, en caractère de musette, comme la plupart des barcelonettes. On a aussi la pastourelle, nom qui n'étoit d'abord que le féminin de pastoureau.

PATAGUE. s. m. Gros arbre du Chili, dont les fleurs ont l'odeur du lys.

PATAOUA. s. m. Palmier de Cayenne, dont le fruit est bon à manger, et peut fournir une bonne huile.

PATAS. s. m. Beau singe d'Afrique, à large museau. Il est du genre des guenons.

PATATRAS. Mot familier qui exprime le bruit de plusieurs choses tombant l'une sur l'autre avec fracas, ou d'une seule qui va bruyamment de chute en chute.

PATELIN. s. m. Creuset de terre dimension pour faire des essais. Voy. ce mot au Dictionn.

PATEMMENT. adv. D'une manière patente; en style plaisant et burlesque.

PATENTABLE. adj. et subst. Soumis à la patente, tenu d'en prendre une.

PATENTE. s. f. Acte authentique; titre public, nécessaire pour exercer certaines branches d'industrie; prendre patente. Ce qu'il en coûte pour l'avoir : Payer un tiers, un quart de sa patente. Lettres accordées par une université pour un degré : Avoir sa patente de docteur.

PATENTÉ, E. adj. et subst. Muni d'une patente. Un marchand doit être patenté pour exiger une créance en justice. Les patentés forment une nombreuse classe de contribuables.

PATENTER, v. a., quelqu'un, le munir d'une patente, la lui accorder.

PATÈRE. s. f. Ornement de métal pour arrêter les rideaux de fenêtres, d'alcôves, relevés de chaque côté, en les laissant fermés du haut. L'usage l'a fait masculin, et on le prononce comme dans dire son pater.

PATHÉTISME. s. m. Art de remuer ou de peindre les passions. On l'emploie aussi comme affectation du pathétique dans le style.

PATHOGÉNÉSIE. s. f. Voy. PATHOLOGIE au Dictionn.

PATOUILLE. s. f. Machine des grosses forges, pour séparer de la mine de fer la terre qui y restoit.

PATINE. s. f. Belle couleur de vert-degris des anciennes statues de cuivre.

PATORÉALE. s. f. Canard du Chili, à crête rouge sur le bec.

PATOUILLET. s. m. Machine employée dans les mines pour séparer du minerai les grosses parties terreuses.

PATOUILLEUX, EUSE. adj. Il se dit de la mer quand elle devient difficile à pratiquer pour de petits bâtimens, comme le seroit la mer houleuse pour les gros vaisseaux.

PATRISTIQUE. s. f. Partie de l'histoire ecclésiastique, relative aux Pères de l'Église.

PATRONAGE. s. m. Peinture faite avec un patron, découpé aux endroits où la figure doit recevoir une couleur. Voy. PATRONAGE au Diction.

PATRONNEUR. s. m. ruban. Celui qui donne les dessins et qui les trace, pour être exécutés sur le métier.

PATTIÈRE. s. f. On nomme ainsi, dans les papeteries, une femme qui trie les chiffons, qu'autrefois on nommoit des pattes.

PATUREAUX. s. m. pl. Terrains laissés en friche, et réservés pour fournir de la pâture aux bestiaux; ce qui arrivoit à beaucoup de biens communaux.

PAUCIFLORE. adj. bot. Qui produit peu de fleurs.

PAUCIRADIÉ, E. adj. Il se dit de la fleur qui a peu de rayons.

PAULLINIE. s. f. Genre de saponacées, contenant plus de vingt-cinq espèces.

PAUMET. s. m. mar. Dé à coudre les voiles.

PAUMILLON. s. m. Partie de la charrue qui tient l'épars où sont attachés les traits.

PAUPOIRE. s. f. Plaque de fer des verriers, qui sert à aplatir le dessous des bouteilles.

PAVAME. s. m. Arbre d'Amérique, connu sous le nom de bois de cannelle.

PAVIER (en 3 syllabes) ou PAVOYER. v. a. mar. Voy. PAVOISER au Dict.

PAVOIS. s. m. t. d'armur. C'est, dans un tir, la petite tenture au centre de laquelle est le rond où vise chaque tireur.

PAVONE. s. f. Plante des Tropiques; genre de malvacées, voisines des ketmies.

PAYELLE. s. f. Grande chaudière employée dans les raffineries de sel.

PAYEN. Voy. PAÏEN au Dict.

PAYS, PAYSE. subst. C'est mon pays, ma payse; c'est un de mes pays; expression populaire, remplaçant compatriote, mais souvent borné au lieu de naissance ou aux environs. (On pron. pai-is.)

PÉCARI. s. m. Genre de pachydermes, de l'Amérique méridionale, voisins du cochon.

PÉCHURIN. s. m. Fruit aromatique de l'Amérique méridionale, et qu'on suppose venir d'un laurier; on l'emploie dans la fabrication du chocolat.

PECQUEMENT. s. m. Moût de raisin où l'on trempe le maroquin.

PECTINÉ, E. adj. bot. En forme de dents de peigne. — anat. Muscle fléchisseur de la cuisse.

PECTINIBRANCHES. s. m. pl. Ordre de mollusques gastéropodes, à branchies en dents de peigne.

PECTINICORNES. s. m. pl. Tribu d'insectes à antennes dentelées.

PECTINIER. s. m. hist. nat. Animal des peignes, sans pieds et sans tube respiratoire.

PECTINITES. s. f. pl. Coquilles fossiles des peignes. T. d'hist. nat.

PECTORAUX. s. m. pl. Division de poissons, aussi nommés thoraciques.

PECTORILOQUE. *Voyez* VENTRILOQUE au Diction.

PÉDAGNE. s. f. Appui pour les pieds des rameurs dans une galère.

PÉDALINÉES. s. f. pl. Famille de plantes, voisine des verbénacées, et dont le type est le genre *pédalion*, dont les fleurs sentent fortement le musc.

PÉDARTHROCACÉ. s. m. *méd.* Gonflement des jointures, souvent avec carie des os, dans les enfans.

PÉDIAIRE. adj. *bot.* Feuille *pédiaire*, en pied d'oiseau.

PÉDICELLE. s. m. *bot.* Petit pédoncule.

PÉDICELLÉ, E. adj. *bot.* Porté par un pédicelle.

PÉDICELLÉS. s. m. pl. Ordre de vers marins à tentacules propres au mouvement.

PÉDICULÉ, E. adj. *bot.* Porté par un pédicule.

PÉDICULIDÉES. s. f. pl. Famille d'insectes parasites, les poux.

PÉDICURE. s. m. *chir.* Celui qui soigne les pieds, ôte les cors, durillons, etc.

PÉDILANTHE. s. m. *bot.* Euphorbe tithymaloïde des Antilles.

PÉDILUVE. s. m. *méd.* Bain de pieds.

PÉDIMANES. s. m. pl. Ordre de mammifères, qui ont les pieds de derrière en forme de mains, l'un des doigts se trouvant écarté comme le pouce.

PÉDONCULAIRE. adj. *bot.* Qui tient ou appartient au pédoncule.

PÉDONCULE. s. m. *bot.* Pied ou *queue* de la fleur et du fruit; il peut être un support commun à plusieurs.

PÉDONCULÉ, E. adj. *bot.* Porté par un pédoncule, au lieu d'être sessile.

PÈGLE. s. m. Espèce de goudron plus épais, et rapproché de la poix.

PEGMATITE. s. f. Roche primitive granitique, feldspath lamellaire et quartz, où l'on trouve la terre à porcelaine.

PEIGNAGE. s. m. Action de peigner le chanvre ou le lin, la laine, etc.; façon qui lui est donnée.

PEIGNE. s. m. Instrument composé de minces lames d'acier, de roseau, etc., entre lesquelles on fait passer les fils de la chaîne, dans les métiers à tisser. C'est aussi le nom d'une coquille. *Voy.* PEIGNE au Dict.

PEIGNEUR. s. m. Celui qui peigne, spécialement le lin, le chanvre, ou la laine.

PEIGNON. s. m. Rouleau de chanvre peigné, que le cordier prend pour filer une longueur. — pl. Rebuts de laines peignées.

PEILLIER. s. m. Celui qui ramasse les *peilles* ou chiffons, pour la fabrication du papier. On dit à présent *chiffonnier*.

PEINTADE. s. f. *Voy.* PINTADE au Dict.

PÉKEA. s. m. *bot.* Genre de plantes, dont le fruit contient une amande fort douce, qui, donnant une huile, remplace le beurre à Cayenne, au Pérou, etc.

PÉLACHE. s. f. Sorte de peluche fort grossière.

PÉLAGIE. s. f. Érysipèle écailleux, qui attaque de préférence les pieds et les mains.

PÉLAGIENS. adj. et s. m. pl. Famille d'oiseaux nageurs; division de poissons, de coquilles, qui restent en haute mer, et opposés aux *littoraux*, qui vivent près des côtes. T. d'*hist. nat.*

PÉLAGOSCOPE. s. m. Instrument d'optique, au moyen duquel on peut distinguer les objets au fond de l'eau.

PÉLAMIDE. s. m. Genre de serpents aquatiques, et sans crochets à venin, nageant au moyen de leur queue, et vivant de poissons. *Voy.* ce mot au Dict.

PELARDEAUX. s. m. pl. *mar.* Morceaux de bois *sans écorce*, enduits de bourre et de poix, afin de boucher pour le moment les trous de boulets.

PÉLARGON. s. m. Genre de géranoïdes, composé de beaucoup d'espèces, presque toutes du cap de Bonne-Espérance.

PÉLETTE. s. f. Outil qui sert à couper la terre à brique.

PELIN. s. m. Dissolution de chaux qui sert aux tanneurs pour *peler* ou *épiler* leurs cuirs; cuve qui la contient.

PELLATRE. s. f. Partie la plus large de la pelle. Il est propre à signifier une large pelle à four, ou une pelle mal conformée.

PELLERON. s. m. Petite pelle de boulanger, longue et étroite.

PELOIR. s. m. Ustensile du mégissier pour faire tomber le poil des peaux.

PELORE. s. m. *hist. nat.* Genre de coquilles assez compliquées quoique d'une extrême petitesse.

PELOTAGE. s. m. Laine en pelotes, spécialement celle de vigogne, qui vient ainsi d'Espagne, et qui n'est que de troisième qualité. T. de comm.

PELTA. s. f. Cupule de lichen, en forme de *pelta*, ou bouclier ancien.

PELTÉ, E. adj. *bot.* Feuille *peltée*, au milieu de laquelle est implanté le pétiole. Il se dit aussi de la fleur par rapport à un stigmate, à une ovaire.

PELUCHÉ, E. adj. Garni de poils comme la peluche, et aussi doux. On dit *pelucheux* pour très-peluché, surtout par l'effet de l'usure : à la longue, le linge ouvré devient *pelucheux*.

PELVIEN, NE. adj. *anat.* Qui a rapport au bassin. Cavité pelvienne.

PEMPHYGUS. s. m. *méd.* (On pron. *pimphigue.*) Inflammation à la peau, avec prurit suivi de rougeurs et de pustules.

PÉNALITÉ. s. f. Qualité de pénal, de ce qui est pénal; sa nature.

PENDERIE. s. f. Arrangement de perches, dans une mégisserie, pour y étendre les peaux, pour les y *pendre*.

PENDEUR. s. m. Celui qui pend; ce qui sert à pendre quelque chose.

PENDILLON. s. m. Verge d'horloge, etc., rivée avec la tige de l'échappement, pour faire mouvoir régulièrement le pendule.

PENDOIR. s. m. Ce dont on se sert pour y pendre quelque chose. *Voyez* ci-dessus PENDEUR.

PENDULIER. s. m. Horloger qui ne travaille qu'aux pendules; c'est une classe d'horlogers à part.

PENDULINE. s. f. Genre d'oiseaux qui suspendent leur nid aux arbres. On se sert aussi de pendulinus.

PENDULISTE. s. m. Celui qui fait des boîtes ou coffres de pendules, en bois ou en métal.

PÉNICHE. s. f. *mar.* Léger bâtiment de transport, plutôt à rames qu'à voiles.

PÉNICILLÉ, E. adj. *bot.* Stigmate pénicillé, composé de parties déliées et réunies, comme les crins d'un pinceau.

PÉNICILLIFORME. adj. *bot.* Qui a la forme d'un pinceau.

PENNATIFIDE. adj. *bot.* Feuilles à nervures pennées, lobes divisés jusqu'à moitié de la largeur.

PENNATILOBÉ, E. adj. *bot.* Feuilles à nervures pennées, lobes peu divisés.

PENNATIPARTI, E. adj. *bot.* Feuilles à nervures pennées, lobes divisés au-delà du milieu, parenchyme non interrompu.

PENNATISÉQUÉ, E. adj. *bot.* Feuilles à nervures pennées, lobes divisés jusqu'au milieu, parenchyme interrompu.

PENNATULAIRES. s. m. pl. Ordre d'animaux radiaires, dont le type est la *pennatule*, genre de polypiers, qu'on avoit mis au rang des plantes; souvent elle répand une clarté phosphorique à la surface de la mer.

PENNÉ, E. adj. *bot.* Feuilles à folioles ou nervures disposées comme les barbes d'une plume.

PENNIFORME. adj. *anat.* Muscles à fibres disposées en barbes de plume.

PENON. s. m. *mar.* Girouette de tranches de liège enfilées de loin à loin, et garnies de plumes pour indiquer le vent.

PENTADACTYLES. adj. De *penta*, cinq. Animaux ayant cinq doigts à chaque pied. (On pron. *pin*.)

PENTADÉCAGONE. adj. *géom.* Qui a *quinze angles*, et par conséquent quinze côtés. (Pron. *pin*.)

PENTAÈDRE. s. m. *géom.* Corps solide à cinq faces. (Pron. *pin*.)

PENTAGYNIE. s. f. Ordre des plantes pentagynes, ayant *cinq pistils* à chaque fleur. (Pron. *pin*.)

PENTAMÈRE. adj. et s. m. Insecte ayant cinq articles à chaque tarse; coquille à cinq pans, deux sur une valve et trois sur l'autre. (Pron. *pin*.)

PENTANDRIE. s. f. *bot.* Classe de plantes ayant cinq étamines à chaque fleur. (Pron. *pin*.)

PENTANÈME. s. f. Plante synanthérée, dont toutes les parties sont couvertes de longs poils hérissés. (Pron. *pin*.)

PENTAPÉTALÉ, E. adj. *bot.* Fleur à cinq pétales, ou feuilles. (Pron. *pin*.)

PENTAPÈTE. s. m. Plante annuelle des Indes, à haute tige, à fleurs jaunes, cultivée en France. (Pron. *pin*.)

PENTAPHYLLE. adj. *bot.* A cinq feuilles ou folioles. (Pron. *pin*.)

PENTAPHYLLE. s. m. Plante à cinq feuilles ou folioles sur le même pétiole; on a dit aussi *quinquefeuille*. (Pron. *pin*.)

PENTAPOLE. s. m. En terme de géographie ancienne, arrondissement comprenant cinq villes. (Pron. *pin*.)

PENTAPTÈRE. adj. *bot.* A cinq ailes ou ailerons. (Pron. *pin*.)

PENTASPASTE. s. m. Machine à *cinq poulies*, pour élever des fardeaux. (On pron. *pin*.)

PENTASPERME. adj. *bot.* Qui porte cinq graines. (Pron. *pin*.)

PENTASTYLE. adj. *archit.* A cinq colonnes de face. (Pron. *pin*.)

PENTÉLIQUE ou PENTÉLICIEN. adj.

Marbre blanc du mont Pentélés, près d'Athènes, dont on a des statues antiques. (On pron. *pin*.)

PENTIÈRE. s. f. Grand filet pour la chasse et pour la pêche.

PENTISULCE. adj. (Pron. *pin*.) Quadrupède ayant cinq doigts à chaque pied.

PERÇAGE. s. m. Action de percer. Plus usité dans la marine.

PERCEUR. s. m. Celui qui perce, surtout les bois de marine à cheviller.

PERCHIS. s. m. Simple clôture en perches, dans les jardins.

PERFOLIÉ, E. adj. *bot.* Plante dont la tige est entourée par la base de la feuille; il se dit aussi de la feuille qui l'entoure.

PERGULAIRE. s. f. *bot.* Genre d'apocynées; arbrisseau à tiges volubles, cultivé autour des habitations à cause de ses fleurs.

PÉRIANTHE. s. m. *bot.* Enveloppe des parties de la fructification dans les plantes.

PÉRIBOLE. s. f. *méd.* Crise où la matière morbifique est repoussée vers les parties extérieures du corps.

PÉRICARDITE. s. f. *méd.* Inflammation du péricarde.

PÉRIÉLÈSE. s. f. Cadence dans le plainchant pour avertir le chœur de poursuivre.

PÉRIGYNE. adj. *bot.* Placé autour de l'ovaire. Il se dit et de la corolle et des étamines.

PÉRINÉAL, E. adj. *anat.* Qui tient ou appartient au périnée. On dit aussi *périnéen, ne.*

PÉRINÉOCÈLE. s. f. *méd.* Hernie du périnée.

PÉRIODICITÉ. s. f. Qualité, état de ce qui est périodique.

PÉRIODYNIE. s. f. *méd.* Grande douleur locale.

PÉRIOSTOSE. s. m. *méd.* Engorgement du périoste.

PÉRIPLOQUE. s. f. *bot.* Genre d'apocynées, comprenant une cinquantaine d'espèces d'arbrisseaux laiteux, volubles ou grimpants, à fleurs corymbées.

PÉRIPOLYGONE. s. m. *minér.* Prisme à un grand nombre de pans.

PÉRISPERME. s. m. *bot.* Légère enveloppe de la semence, sa partie qui entoure l'embryon.

PÉRISPORE. s. m. *bot.* Tégument des corpuscules reproducteurs dans les cryptogames.

PÉRISSOLOGIE. s. f. *rhétor.* Répétition désagréable d'une même idée, quoique présentée en d'autres termes.

PÉRISTÈRES. s. m. pl. Gallinacés voisins des passereaux, à bec peu solide, tels que les pigeons.

PÉRISTOLE. s. f. *méd.* Action péristaltique des intestins.

PÉRISTOME. s. m. *bot.* Bord de l'urne des mousses, visible après la chute de l'opercule.

PÉRITONÉAL, E. adj. *anat.* Qui appartient au péritoine, membrane du bas-ventre.

PÉRITONITE. s. f. *méd.* Inflammation du péritoine.

PERLIDES. s. f. pl. Tribu d'insectes névroptères, d'abord aquatiques, tels que le genre *perle.*

PERLOIR. s. m. Ustensile propre à faire

sur le métal de petits ornements en forme de perles.

PERNE. s. f. Genre de coquilles bivalves, qui diffèrent dans tous les individus.

PERNETTE. s. f. Pièce de faïence en forme de prisme triangulaire.

PÉRONIER, E. adj. *anat.* Qui tient ou appartient au péroné.

PÉRON. s. m. Père ou mère, en parlant des oiseaux de proie; en terme de fauconnerie.

PÉROPTÈRES. s. m. pl. Poissons osseux, caractérisés par le manque de nageoires.

PÉRORER. v. n. Parler avec chaleur sur un événement, un sujet de discussion. Il se prend en bonne ou en mauvaise part, selon le but qu'on se propose ou la manière dont on s'en acquitte; mais pérorer se prend toujours en mauvaise part.

PÉROXYDE. s. m. *chim.* Oxyde saturé d'oxygène.

PERPIGNAGE. s. m. Action de *perpigner,* de faire les dispositions pour que les couples soient placés perpendiculairement à la quille. T. de mar.

PERREAU. s. m. Chaudron étroit et profond des ciriers.

PERRICHE. s. f. Espèce de perruche à longue queue.

PER SÉ. *indéclin.* Ce sont deux mots italiens qui signifient *par soi.* On s'en sert, en françois, au brelan et à la bouillotte, dans un seul cas : un *as per se,* pour exprimer un as seul de sa couleur dans le jeu d'un des joueurs. On gagne souvent le coup avec un *as per se.*

PERSÉITÉ. s. f. *didact.* Qualité d'exister par soi-même. *Peu usité.*

PERSISTANCE. s. f. Qualité, propriété de ce qui est persistant.

PERSISTANT, E. adj. *bot.* Il se dit de la partie des plantes qui y reste adhérente l'hiver, au lieu de tomber comme dans les autres plantes : feuilles, stipules, calice, etc.

PERSONNALISER. *Voy.* PERSONNIFIER au Dictionn.

PERSONNÉ, E. adj. *bot.* Qui représente un corps ou une partie du corps animé. Il se dit de la fleur et de la plante qui la porte. Il y a une nombreuse famille de plantes *personnées.*

PERSONNIFICATION. s. f. Action de personnifier.

PERSOONNE. s. f. *bot.* Nombreux genre de plantes, de la famille des protées.

PERSPIRATION. s. f. *méd.* Transpiration insensible des parties du corps humain.

PERTUS, E. adj. *bot.* Feuille *pertuse,* à petits points transparents, comme si elle étoit percée, *trouée.*

PÉRULE. s. f. *bot.* Petit sac formant l'enveloppe des plantes, ou faisant partie de la fleur des orchidées.

PERVERTISSABLE. adj. Susceptible d'être perverti, ou de se pervertir.

PERVERTISSEMENT. s. m. Action de pervertir ou de se pervertir. État de celui qui est perverti.

PERVERTISSEUR. s. m. Celui qui pervertit, qui cherche à pervertir.

PESSAIRE. s. m. *méd.* Substance solide introduite comme remède à l'intérieur de la matrice.

PESSE. s. f. Nom donné au sapin comme arbre *poisseux.*

PESSEAU. s. m. Échalas en *pesse* ou sapin. Si le bois en est arrondi en pieu ou en bâton, on le nomme *pesson.*

PESSIMISME. s. m. Caractère, système du pessimiste.

PESSIMISTE. s. m. et f. Celui ou celle dont le caractère est de tout juger en mal; c'est l'opposé de l'optimiste.

PESSONURE. s. f. Ratissure des peaux, dont on fait de la colle.

PÉTALÉ, E. adj. *bot.* Pourvu d'une corolle à un pétale ou à plusieurs.

PÉTALITHE. s. f. Substance minérale en forme de pétales ou de lames fort minces.

PÉTALOÏDE. adj. *bot.* En* forme de pétale. (On pron. *lo-i.*)

PÉTARASSE. s. f. *mar.* Espèce de hache à marteau, pour enfoncer l'étoffe dans les grandes coutures des joints.

PÉTIOLAIRE. adj. (On pron. *péci.*) *bot.* Qui appartient au pétiole.

PÉTIOLE. s. m. (On pron. *péci.*) *bot.* Queue qui sert de support aux feuilles, comme le pédoncule en sert aux fleurs et aux fruits.

PÉTIOLÉ, E. adj. (On pron. *péci.*) *bot.* Feuille *pétiolée,* tenant à la plante par un pétiole, au lieu d'être *sessile.*

PETIT-CANON. *Voy.* CANON au Dict.

PETITE-NIÈCE. *Voy.* NIÈCE au Dict.

PÊTREAU. s. m. Sauvageon qui s'élève des racines d'un arbre. C'est un terme de jardinier, substitué à drageon.

PÉTRÉE. s. f. Genre de pyrénacées, arbrisseau à feuilles très-dures au toucher, et à fleurs en grappe.

PÉTREL. s. m. Genre d'oiseaux nageurs, pouvant même marcher sur l'eau.

PÉTREUX, EUSE. adj. *anat.* De la nature de la pierre; il se dit de l'os des tempes.

PÉTRICHERIE. s. f. *mar.* Appareil de la pêche de la morue; endroit où l'on en fait usage.

PÉTRISSAGE. s. m. Action de pétrir.

PÉTRISSEUR. s. m. Celui qui pétrit, qui est chargé de pétrir.

PETRO-KOÏSIPHO. s. m. Merle bleu de l'île de Scio, aussi appelé *solitaire.*

PETRO-SILEX. s. m. Silex en roche, par opposition au silex commun, qui se trouve en rognons détachés.

PÉTRO-SILICEUX, EUSE. adj. Qui est de la nature du pétro-silex.

PÉTUNIER. s. m. Genre de solanées; plante du Brésil très-rapprochée du tabac.

PEUILLE. s. f. Morceau d'une pièce de monnoie coupée, pour servir à l'essai.

PEUME. s. m. Genre de neprnuns, arbre du Chili, à fruit butireux, avec des amandes chargées d'huile.

PEUPLEMENT. s. m. Action de peupler, dans le sens de se garnir, en parlant d'une bergerie, etc. *Peu usité.*

PEUPLIÈRE. s. f. *bot.* Champignon des peupliers.

PEZIZE. s. f. Nombreux genre de champignons, de consistance charnue, avec sououpe au sommet, et demi-transparence.

PHAÉTUSE. s. f. Genre de corymbifères; plante vivace de la Caroline, à feuilles velues, rudes au toucher, et à fleurs jaunes.

PHAIE. s. f. Plante de la Chine, cultivée pour ses belles fleurs, qui sont inodores, mais très-blanches en dehors quoique noires en dedans.

PHALANGÈRE. s. f. Genre de liliacées, à fleurs blanches ou purpurines.

PHALÉNITES. s. m. pl. Tribu d'insectes lépidoptères nocturnes; le type est le genre phalène, dont les antennes vont en diminuant de la base à la pointe. *Voyez* PHALÈNE au Dictionn.

PHALOE. s. m. Genre de rubiacées; arbre du Mexique, dont le fruit est connu sous le nom de *fève de saint Ignace*.

PHANÈRE. s. m. Arbrisseau grimpant de la Cochinchine, à très-belles fleurs.

PHANÉROGAME. adj. et s. f. *bot.* Plantes dont les parties sexuelles sont apparentes. C'est l'opposé de cryptogame.

PHARILLON. s. m. Petit *phare*, ou réchaud de bois allumé pour attirer le poisson, à la pêche de nuit.'

PHARMAC. s. m. Arbre d'Amboine, dont la racine, concassée et tenue dans l'eau, en fait une boisson vineuse.

PHARMACOCHIMIE. s. f. Application de la chimie à l'art du pharmacien.

PHARMACOLOGIE. s. f. Science, théorie de la pharmacie.

PHARMACOLOGIQUE. adj. Qui regarde la pharmacologie.

PHARYNGITE. s. f. *méd.* Inflammation du pharynx.

PHELLOPLASTIQUE. s. f. Representation des monumens sur un relief en liége.

PHÉNICITES. s. f. pl. Pointes d'oursins pétrifiées, autrement nommées pierres judaïques, parce qu'il s'en est trouvé en Syrie.

PHIALITHE. s. f. Concrétion pierreuse, en forme de fiole ou de bouteille.

PHILANTHROPIQUE. adj. Qui tient au philanthrope, à la philanthropie; qui concerne l'un ou l'autre. Société philanthropique, association de bienfaisance.

PHILHARMONIQUE. adj. Des amateurs ont pris le titre de société philharmonique, ou d'amis de l'harmonie, de la musique, et ce mot ne s'est point employé autrement.

PHILHELLÈNE. adj. et subst. Ami des Hellènes ou Grecs. Ce mot est appliqué à chaque peuple ou individu qui a pris part à des souscriptions en leur faveur, qui a servi sous leurs drapeaux, ou plaidé leur cause.

PHILOMATIQUE. adj. Société *philomatique*, c'est-à-dire des amis des connoissances. Il n'est employé que comme titre de cette société.

PHILOSOPHAILLER. v. n. C'est mal philosopher, dans l'opinion de ceux qui, redoutant la philosophie et les philosophes, veulent les rendre ridicules.

PHILOSOPHISME. s. m. Philosophie ridiculisée par ses ennemis.

PHILOSOPHISTE. s. m. Philosophe ridiculisé par ceux qui ne le sont pas.

PHILOTECHNIQUE. adj. Société philotechnique, amie des arts; hors ce titre, il est inusité.

PHLÉBOGRAPHIE. s. f. *anat.* Description des veines.

PHLÉBOLOGIE. s. f. *anat.* Traité des veines et de leurs fonctions.

PHLOGOSÉ, E. adj. *méd.* Affecté de phlogose.

PHLOMIS. s. f. *bot.* Genre de plantes labiées, nombreux en espèces, dont plusieurs, quoique exotiques, sont cultivées en France. On dit aussi *phlomide*. (*s* de phlomis se pron.)

PHLYCTÈNE. s. f. *méd.* *V.* ÉBULLITION au Dictionn.

PHLYCTIS. s. m. *bot.* (*s* se pron.) Genre d'ulves et de varechs, à fructifications éparses à la surface extérieure.

PHOCACÉES. s. f. pl. Famille des phoques, tant à oreilles que sans oreilles.

PHOLCUS. s. m. Genre d'arachnides fileuses, ayant huit yeux sur un même tubercule.

PHONIQUE. s. f. *Voy.* ACOUSTIQUE au Dictionn.

PHONOCAMPTIQUE. adj. Centre phonocamptique, qui réfléchit les sons.

PHONOMÈTRE. s. m. Instrument à mesurer les sons, spécialement ceux d'une langue. Si chaque peuple ancien nous eût légué un phonomètre, nous connoîtrions sa prononciation.

PHOQUE. s. m. Genre de quadrupèdes amphibies, liant les quadrupèdes aux cétacés.

PHORMION. s. m. Plante de la Nouvelle-Hollande, dont les familles donnent par incision une gomme approchant de la gomme arabique.

PHOSPHATE. s. m. *chim.* Sel formé par la combinaison de l'acide *phosphorique* avec une base.

PHOSPHATÉ, E. adj. *chim.* Combiné avec de l'acide phosphorique.

PHOSPHITE. s. m. Sel formé par la combinaison de l'acide *phosphoreux* avec une base.

PHOSPHORÉ, E. adj. Qui contient du phosphore; où il en est mêlé.

PHOSPHORESCENCE. s. f. *chim.* Formation du phosphore. Propriété de certains corps d'être lumineux pendant la nuit.

PHOSPHORESCENT. E. adj. Qui donne, pendant la nuit, une lumière semblable à celle du phosphore.

PHOSPHOREUX, EUSE. adj. *chim.* Acide formé par une lente combustion de phosphore.

PHOSPHURE. s. m. *chim.* Combinaison de phosphore avec une base.

PHOTOMÈTRE. s. m. Instrument propre à mesurer le degré d'intensité de la lumière.

PHOTOPHORE. s. m. Réverbère de fer-blanc poli, et en forme de cône tronqué, qui forme un puissant réflecteur.

PHRASÉOLOGIE. s. f. Art de *phraser*, de couper et construire les phrases, en grammaire et en musique.

PHRASEUR. s. m. Faiseur de phrases; toujours en mauvaise part, comme supposant un manque d'idées. On dit à peu près dans le même sens *phrasier*. *Voy.* PHRASIER au Diction.

PHRÉNITIS. s. f. *Voyez* ci-devant PARAPHRÉNÉSIE.

PHRICOIDE. adj. *méd.* Fièvre dans laquelle on éprouve un grand froid. (On pron. *co-i.*)

PHYLLIE. s. f. Genre d'insectes orthoptères; famille des coureurs, qu'on a peine à observer à cause de leur couleur, semblable à celle de l'écorce des arbres qu'ils fréquentent.

PHYLLIS. s. f. *bot.* (*s* se pron.) Arbuste rubiacé des Canaries, cultivé sous le nom de *belle-feuille*, ou d'oreille de lièvre.

PHYLLOPODES. s. m. pl. Famille de crustacés branchiopodes, dont le type est le genre phyllope, ayant une vingtaine de pates natatoires, avec des articles foliacés.

PHYLLOSOME. s. m. Genre de crustacés stomapodes, ayant le corps mince comme du papier, et découpé. (*so* se pron. *ço.*)

PHYSIOGNOMONIE. s. f. Art de juger des penchans de l'homme par ses formes extérieures. (On pron. *og-no.*)

PHYSIOGNOMONIQUE. adj. Qui concerne la physiognomonie. (Pron. *og-no.*)

PHYSIONOTRACE. s. m. Instrument dont le mécanisme donne juste au peintre la forme des traits, en sorte que la ressemblance d'une tête est immanquable.

PHYTOCHIMIE. s. f. Chimie végétale.

PHYTOLOGIE. s. f. *Voyez* BOTANIQUE au Diction.

PIANISTE. s. m. et f. Celui ou celle qui joue, qui sait jouer du piano.

PIAULEUR. s. m. Celui qui piaule. Il se dit du poulet qui piaule, ou de l'enfant qui crie en pleurant. *Fém.*, piauleuse. S'il crie très-fort ou très-souvent, on se sert de piaulard, e. *Fam.* et *pop.*

PICATION. s. f. *chim.* Emplâtre de poix; où, du moins, il entre de la poix.

PICHON. s. m. Chat putois de la Louisiane. On donne parfois ce nom à un chien en le flattant; alors il est familier.

PICOLETS. s. m. pl. Petits crampons qui contiennent le pêne d'une serrure.

PICRITE. s. f. Pierre amère, de chaux carbonatée mêlée de magnésie.

PICROMEL. s. m. Matière mielleuse qu'on a extraite de la bile.

PIÉCETTE. s. f. *Petite pièce.* Nom appliqué à diverses pièces de monnoie.

PIED-À-TERRE. s. m. Petit logement qu'on occupe en passant, et où l'on ne réside pas habituellement. (On pron. *pié-ta.*)

PIED-DE-MOUCHE. s. m. t. *d'imprim.* Signe adopté pour indiquer les renvois. *Voy.* ce mot au Diction.

PIED-DE-ROI. s. m. Ancienne mesure linéaire valant douze pouces.

PIED-ÉQUIN. s. m. Pied trop cambré du milieu; ce qui le rend trop court: c'est une difformité.

PIE-GRIÈCHE, PIE-MÈRE. *Voyez* PIE au Dictionn.

PIERRE-DE-TOUCHE. s. f. *minér.* *Voy.* BASALTE au Dictionn.

PIERROT. s. m. Moineau-franc. — Celui qui joue le rôle de niais sur les tréteaux. Celui qui est le costume: longue veste et large pantalon blancs.

PIÉTINAGE. s. m. Endroit où l'on a piétiné, battu la terre en piétinant.

PIÉTINEMENT. s. m. Action de piétiner.

PIFFRER (SE). *Voyez* S'EMPIFFRER au Dictionn.

PIGARGUE. s. m. Espèce de gazelle. Oiseau de proie.

PIGOUIL. s. m. Graminée du Pérou, dont le chaume acquiert de dix à donze pieds de hauteur.

PILE-DE-VOLTA, s. f., Formée, à la manière du physicien Volta, d'une plaque de cuivre et d'une de zinc, puis d'un liquide conducteur, et ainsi de suite. Le pôle zinc est fortement électrisé; et le pôle cuivre ne l'est pas.

PILÉE. s. f. Quantité pilée ou foulée à la fois.

PILETTE. s. f. Instrument qui sert à battre la laine.

PILOIR. s. m. Bâton de mégissier pour enfoncer les peaux.

PILULARIÉES. s. f. pl. Famille des pilulaires, fougères très-rameuses des marais.

PILULIER. s. m. pharm. Pot à pilules; instrument pour faire plusieurs pilules à la fois.

PIMBERAH. s. m. Énorme serpent de l'île de Ceylan, qu'on croit être le boa devin, mais sans les avoir comparés.

PINAN. s. m. Espèce de bolets; on distingue le pinan jaune, le jaundtre, le rouge, le moyen, le plat, le pinan à trois couleurs.

PINCEMENT. s. m. Action de pincer.

PINCEUR. s. m. Celui qui pince, qui aime à pincer; fém., pinceuse. Fam.

PINÇURE. s. f. Faux pli donné au drap par le foulon.

PINÉ-ARSOU. s. m. Arbre d'Amérique, dont le fruit est un poison, tandis que ses amandes guérissent les fièvres.

PINEAU. s. m. bot. Variété de raisins, à petits grains, d'un beau noir et de bonne qualité.

PINNATIFIDE. adj. bot. (Feuille) oblongue à bords découpés, en forme de filets ou barbes de plume.

PINNATIPÈDES. s. m. pl. Famille d'oiseaux échassiers, à quatre doigts séparés.

PINNÉ, E. adj. bot. Composé de plusieurs folioles rangées en barbes de plume.

PINNIPÈDE. s. m. et s. m. Oiseau à quatre doigts engagés dans une même membrane.

PINOT. s. m. bot. Petit palmier de Cayenne, dont les cendres servent de sel aux sauvages.

PINSBECK. s. m. Tombac très-fin, qui se compose de cuivre et de zinc.

PINSONNÉL. s. f. Chasse qui se fait pendant la nuit aux pinsons, et, par extension, aux petits oiseaux.

PINULE. s. f. bot. Voy. FOLIOLE au Dict.

PIOCHAGE. s. m. Action de piocher; travail fait avec la pioche.

PIOCHON. s. m. Petite pioche; outil de charpentier pour creuser les mortaises.

PIOTTE. s. f. Mot populaire et familier, substitué à pied. Prendre par la piotte. Lever la piotte.

PIPÉRITÉES. s. f. pl. Famille des plantes à poivre, à graines poivrées.

PIQUAGE. s. m. Action de piquer ou de repiquer les meules de moulin.

PIQUE-CHASSE. s. m. Poinçon d'artificier pour piquer les chasses ou sacs à poudre, et faire communiquer le feu d'une pièce à une autre.

PIQUERON. s. m. Espèce de piquet pour battre la terre à pipe.

PIRATINIER. s. m. Grand arbre de la

Guyane, dont les ébénistes emploient le bois sous le nom de bois de lettres.

PIRIFORME. adj. bot. anat. Qui a la forme d'une poire.

PIRIJAO. s. m. Palmier des bords de l'Orénoque, dont le fruit est bon et semblable à la pêche.

PIRON. s. m. Espèce de gond. T. de serr.

PISANG-JACKI. s. m. bot. Bananier sauvage d'Amboine, dont le fruit est sans graines.

PISCIVORE. adj. et subst. Qui vit de poissons. Il se dit des oiseaux pêcheurs, et d'un serpent du genre scytale.

PISÉ. s. m. Terre marneuse employée en construction. On la rend compacte en la battant fortement en place, entre deux planches; ce que l'on nomme piser.

PISEUR. s. m. Ouvrier qui construit les murs en pisé.

PISIFORME. adj. anat. Qui a la forme d'un pois.

PISOLITHES. s. f. pl. Concrétions calcaires en forme de pois, formant parfois de grandes couches dans les montagnes secondaires.

PISON. s. m. Masse de bois dur pour battre le pisé.

PISSAPHALTE, s. m., ou POIX MINÉRALE. Pétrole parvenu à l'état de bitume, de couleur noire, avant que d'arriver à l'état d'asphalte qu'en se desséchant.

PISSITE. s. m. Pierre de poix, quartz résinite commun.

PISSOTE. s. f. Longue canule conduisant l'eau de lessive du cuvier dans la chaudière qui est sur le feu.

PITHÉCIENS. s. m. pl. Espèces de singes sans queue : l'orang et le magot.

PITTOSPORÉES. s. f. pl. Famille de plantes à semences poisseuses, dont le type est le genre pittospore, plante des Canaries cultivée en France.

PLACARD. s. m. t. d'imprim. Épreuve tirée seulement sur un seul côté de la feuille. Voy. ce mot au Dict.

PLAFONNEUR. s. m. Celui qui fait des plafonds.

PLAGIÈDRE. adj. Cristal plagièdre, ayant des facettes obliques à la base de ses pyramides.

PLAGIOSTOMES. s. m. pl. Famille de poissons à bouche transversale, au-dessous du museau.

PLAGIURES. s. m. pl. Ordre de poissons à queue aplatie horizontalement : Baleines, dauphins, et autres vivipares.

PLAIDABLE. adj. Qui peut être plaidé; on a dit jour plaidable, pour signifier jour où l'on pouvoit plaider.

PLAMAGE. s. m. Action de plamer; cuir plamé, dépouillé de son poil.

PLAMÉE. s. f. Chaux qui a servi ou qui doit servir pour plamer du cuir.

PLAMERIE. s. f. Endroit destiné à plamer les cuirs.

PLAMOTTER. v. a. Secouer les pains de sucre raffiné, en les tirant des formes, pour faire tomber le sirop qui peut être resté sur le sommet.

PLANCHEYEUR. s. m. Celui qui plancheye, qui sait plancheyer. — Officier de port qui veille à la pose des planches servant à passer aux bateaux ou de l'un à l'autre.

PLANETER, v. a., une corne de peigne, la planer ou diminuer d'épaisseur.

PLANÉTOLABE. s. m. Instrument à mesurer les planètes.

PLANEUR. s. m. Ouvrier qui plane la vaisselle d'argent, les planches de cuivre, etc.

PLANICAUDES. s. m. pl. Famille de reptiles à queue aplatie verticalement : Crocodile, basilic, etc. C'est l'opposé des plagiures.

PLANIFORMES. Voyez ci-devant OMALOIDES.

PLANIPENNES. s. m. pl. Division d'insectes à ailes plates.

PLANIQUEUES. s. m. pl. Quadrupèdes rongeurs à queue plate, en quelque direction que ce soit : Castor, ondatara, etc.

PLANIROSTRES. s. m. pl. Division d'oiseaux à bec plat : Passereaux, etc.

PLANOIR. s. m. Ciselet d'orfèvre, disposé pour planer l'intervalle des ornemens.

PLANTAGINÉES. s. f. pl. Famille de plantes herbacées dicotylédones, apétales, à étamines hypogynes : c'est celle des plantains.

PLANTAIRE. adj. anat. Muscle qui est à la plante du pied.

PLANTIGRADES. Tribu de mammifères carnivores, marchant sur la plante entière des pieds de derrière : Ours, glouton, blaireau, coati, raton, etc.

PLANTISUGES. s. m. pl., ou PHYTADELGES. Famille d'insectes hémiptères qui sucent les plantes : Puceron, cochenille, kermès, alcyrode et psylle. (su se prou. çu.)

PLAQUEMINIER. s. m. Genre de plantes ébénacées, contenant plus de trente espèces d'arbres ou arbrisseaux, portant, presque tous, des fruits bons à manger.

PLAQUERESSES. s. f. pl. Sorte de cardes à chauve.

PLAQUESAIN. s. m. Petit vase de plomb, où le vitrier trempe le blanc pour tracer la coupe du verre. (s a le son dur.)

PLAQUEUR. s. m. Ouvrier en placage ou en plaqué.

PLAQUIS. s. m. Emploi de pierres sans liaison, pour former un parement.

PLASTIQUE. s. f. Partie de la sculpture, qui consiste dans l'art de modeler les figures en plâtre, etc.; l'art du modeleur. Voy. ce mot au Dict.

PLATE. s. f. mar. Bateau long, et bas des rebords. C'est, en quelques endroits, le nom des bateaux de blanchisseuses qui ont une forme analogue. — On donne aussi le nom de plates à des planches de cuivre bien dressées, et d'une égale épaisseur.

PLATEAU. s. m. Nom de diverses espèces d'agarics, à chapeau plat, distinguées par leur couleur : plateau bleu, gris, violet, farineux, de Sainte-Lucie. Une famille entière est distinguée par le nom de plateaux queue torse. Voy. PLATEAU au Dict.

PLÂTRONOIR. s. m. Outil de maçon, pour pousser dans les trous la brique ou la pierre avec le plâtre.

PLÂTROUER. s. m. Sorte de truelle de plâtrier.

PLATURE. s. f. Genre de serpens à queue aplatie, et différant des hydres par le

4

crochet à venin, qui le rapproche de la vipère.

PLATYLOBE. s. m. *bot.* Genre de plantes légumineuses, de la Nouvelle-Hollande, cultivées en France pour la beauté de leurs fleurs.

PLÉCOPODES. s. m. pl. Famille de poissons à *nageoires* paires inférieures réunies, et comme *soudées.*

PLÉCOPTÈRES. s. m. pl. Famille de poissons à branchies complètes, et *nageoires* ventrales *réunies* entre elles sous les pectorales.

PLECTOGNATES. s. m. pl. *Voy.* ci-après TÉLÉOBRANCHES (On pron. g-*nate.*)

PLECTRANTHE. s. m. Genre de plantes labiées, dont un arbrisseau, venu du Cap, se cultive en France pour ses fleurs.

PLET. s. m. *mar.* Pli d'un cordage roulé sur lui-même.

PLÉTEUX. s. m. Outil propre à plier, à courber les hameçons.

PLÉTHORIQUE. adj. *méd.* Qui est en état de pléthore ; qui est trop replet.

PLEUMOBRANCHES. s. m. pl. Famille de mollusques *respirant par les branchies.*

PLEURES. s. f. pl. Laines prises sur des bêtes mortes.

PLEURÉTIQUE. adj. Qui est l'effet de la pleurésie ; qui est atteint de la pleurésie ou inflammation de la *plèvre.*

PLEURORRANCHE. s. m. Genre de vers mollusques nus, à *branchies latérales.*

PLEUROCYSTHE. s. m. Genre de vers mollusques, ayant l'*anus latéral.*

PLEURODYNIE. s. f. *méd.* Fausse pleurésie. Douleur de côté, à la plèvre.

PLEURONECTE. s. m. Genre de poissons thoraciques, nageant de côté, parce qu'ils ont les yeux du même côté de la tête.

PLICATILE. adj. *bot.* Susceptible de se plier, d'être plié. La corolle du liseron est plicatile.

PLIEMENT. s. m. Action de plier, spécialement les feuilles imprimées, pour la brochure ou la reliure des livres.

PLISSEMENT. s. m. Action de plisser, de se plisser.

PLOCAGE. s. m. Laine mêlée, à carder, ou qui ne peut se carder et reste en ploc.

PLOMBAGE. s. m. Action de plomber ; durée du travail.

PLOMBAGINÉES. s. f. pl. *bot.* Famille de plantes apétales, à cinq styles, cinq stigmates, et graines au sommet d'un prolongement filamenteux, comme les gazons.

PLOMBÉE. s. f. Composition pour colorer en rouge. — Pièces de plomb attachées au filet qu'on veut faire tenir au fond de l'eau.

PLOMBERIE. s. f. Atelier où l'on coule, où l'on travaille le plomb. *Voy.* PLOMBERIE au Diction.

PLOMBEUR. s. m. Celui qui plombe les marchandises ; à la douane, par exemple.

PLOMBIER, ÈRE. adj. Pierre *plombière,* qui tient du plomb, de la mine de plomb, et en a quelque propriété.

PLOUTRE. s. m. Rouleau pour écraser les mottes de terre.

PLOUTRER. v. n. Faire rouler le ploutre pour écraser les mottes et aplanir la terre.

PLOYABLE. adj. Facile à ployer.

PLOYON. s. m. Brin d'osier en œuvre entre les mains du vannier.

PLUMAIL. s. m. Bouquet de plumes.

PLUMART. s. m. Houssoir de longues plumes, et touffu.

PLUMASSERIE. s. f. Art, commerce du plumassier.

PLUMEAU. s. m. Petit balai de plumes pour épousseter. — Plante des marais.

PLUMETIS. s. m. Genre de broderie à la main, où l'aiguille ne se tire pas en dessous comme dans le passé. *Broder au plumetis.*

PLUMEUX, EUSE. adj. *bot.* Qui imite la plume, léger et barbu.

PLUMICOLLES. s. m. pl. Oiseaux qui ont le cou garni de plumes. Opposé aux nudicolles.

PLUMIPÈDES. s. m. pl. Famille de gallinacés qui ont les pates garnies de plumes.

PLUMOTAGE. s. m. Action de *plumoter,* de rafraîchir la terre à raffiner le sucre. Façon qu'on lui donne pour cela.

PLUMULE. s. f. *bot.* Partie du germe qui doit former la tige de la plante.

PLUPART (LA). *Voy.* PLUS au Dict.

PLURILOCULAIRE. adj. *bot.* Qui a plusieurs loges, en parlant du fruit.

PLUSAGE. s. m. Action de *pluser* la laine, de l'épelucher. *T. de cardeur.*

PLUSQUEPARFAIT. s. m. *Voy.* PARFAIT au Diction.

PLUTÔT. adv. *Voy.* PLUS au Dict.

PLUVIOMÈTRE, PLUVIOMÉTROGRAPHE. s. m. *Voy.* ci-devant OMBROMÈTRE.

PLUVIOSE. s. m. Cinquième mois du calendrier républicain, répondant juste au signe du Verseau.

PNEUMODERME. s. m. Genre de mollusques, dont les branchies, ou organes respiratoires, sont à la partie postérieure du corps.

PNEUMONIQUE. adj. *méd.* Remède propre aux maladies du poumon.

POAILLER ou POILIER. s. m. Pièce de métal, sur laquelle porte le torillon d'une cloche, ou le pivot d'un moulin à vent.

POCHETTE. s. m. Petit violon de poche des maîtres de danse. *V.* POCHETTE au Dict.

PODOGYNE. adj. *bot.* Style podogyne, mince à sa base.

PODOMÈTRE. s. m. *Voy.* ODOMÈTRE au Diction.

POÊLÉE. s. f. Ce que contient à la fois une poêle. (On pron. *poi.*)

POÊLETTE. s. f. Petite poêle ; petit bassin de raffineur de sucre. (On pron. *poi.*)

POGONOLOGIE. s. f. *méd.* Traité sur la barbe. C'est le titre d'un ouvrage.

POINCILLADE. s. f. *bot.* Joli arbrisseau légumineux des Antilles, dont les fleurs en épis font le plus bel effet. On la nomme aussi fleur de paon, fleur de paradis.

POINTAL. s. m. Pièce de bois employée debout pour étayer.

POINTEAU. s. m. Poinçon d'acier trempé, dont on se sert en diverses professions.

POINTEMENT. s. m. Action de pointer le canon.

POINTICELLE. s. f. Petite broche qui retient l'espolin dans la navette, et autour de laquelle il y tourne.

POINTIL. s. m. Outil servant à pointiller les glaces.

POITRINIÈRE. s. f. Pièce de bois, métal,

carton, etc., qui se place devant la poitrine de l'ouvrier dans plusieurs professions.

POLARISATION. s. f. *physiq.* Effet produit sur la direction de la lumière par des cristaux à double réfraction, qui donnent aux rayons une forme comparée à celle des pôles d'une sphère.

POLARISER. v. a. *physiq.* Donner à la lumière une forme de pôle, par une double réfraction latérale. On *polarise* la lumière, et la lumière se *polarise* en prenant la forme que lui donne la réfraction.

POLARITÉ. s. f. *physiq.* Propriété qu'a l'aimant de se diriger vers les pôles.

POLASTRE. s. m. Poêle de cuivre dont se servent les plombiers pour chauffer en dedans leurs tuyaux qu'ils veulent souder.

POLATOUCHE. s. f. Genre d'animaux rongeurs, peu différens de l'écureuil.

POLÉMONIACÉES. s. f. pl. Famille de plantes herbacées, dont le type est le *polémoine,* dont une espèce est cultivée sous le nom de *valériane grecque.*

POLÉMOSCOPE. s. m. Télescope militaire, recourbé, à double réfraction et double réflexion, pour voir ailleurs qu'à l'endroit où l'on paroît regarder.

POLICHINELLE. s. f. Fourgon coudé et aplati par le bout. Outil de fondeur.

POLICIEN. s. m. Feutre qui sert à polir les peignes dans les fabriques.

POLLEN. s. m. *bot.* (en se pron. ène bref.) Poussière fécondante, provenant de chaque anthère de la fleur.

POLOSSE. s. m. Alliage de cuivre et d'étain dans les fonderies.

POLYACOUSTIQUE. adj. Qui augmente le son ou le multipliant.

POLYADELPHIE. *bot.* Classe des plantes *polyadelphes,* dont les fleurs à étamines réunies par plusieurs filets.

POLYANDRIE. s. f. *bot.* Classe de plantes dont les fleurs ont à chaque fleur plus de douze étamines sur le même réceptacle.

POLYANGIE. s. f. *bot.* Famille de plantes dont les semences sont renfermées dans plusieurs loges.

POLYCAMÉRATIQUE. adj. Pendule *polycamératique,* qui peut servir à *plusieurs chambres,* pas différens de l'horloge.

POLYCÉPHALE. adj. A *plusieurs têtes.* Vers intestinaux. — Statues antiques.

POLYCOTYLÉDONES. s. f. pl. *bot.* Plantes à plusieurs cotylédons. Ce mot se restreint souvent à celles qui en ont plus de deux.

POLYDACTYLE. adj. et subst. A plusieurs doigts. Il se dit des personnes qui en ont plus de cinq à une même main.

POLYGALÉES. s. f. pl. *bot.* Famille des *polygala,* plantes tenant des légumineuses et des personnées.

POLYGINGLYME. adj. et s. f. Coquille bivalve, à charnière compliquée et dentelée.

POLYGNATES. s. m. pl. Insectes à *plusieurs* mâchoires au-dessous de la lèvre. (gn pron. g-n.)

POLYGONÉES. adj. et subst. f. pl. Famille de plantes à *nœuds,* celle des *Renouées.*

POLYGRAPHE. s. m. Celui qui connoit ou pratique la polygraphie. Mécanisme pour faire à la fois plusieurs copies d'un écrit.

POLYGYNIE. s. f. Classe des plantes po-

lygynes, dont chaque fleur a *plusieurs pistils*, plus de douze stigmates sessiles.

POLYHALITE. s. m. Substance composée
de plusieurs sels. (de 4.)

POLYOPSIE. s. f. *méd.* Affection de la
vue qui multiplie les objets.

POLYOPTRE. s. m. Instrument de dioptrique, dont l'effet est de multiplier les objets sous une petite forme. Ce mot est aussi
adjectif : verre polyoptre.

POLYPEUX, EUSE. adj. *méd.* Qui concerne le polype, qui est de la nature du
polype. Tumeur polypeuse.

POLYPHARMAQUE. s. m. Médecin qui
donne beaucoup de remèdes pharmaceuti-
ques.

POLYPHONE. adj. Écho *polyphone*, qui
répète plusieurs fois un son.

POLYPHYLLE. adj. *bot.* Composé de
plusieurs folioles.

POLYPHYLLÉ, E. adj. Feuille *polyphyl-
lée*, à plusieurs folioles. *T. de bot.*

POLYPIER. s. m. Habitation commune
des polypes, dont plusieurs espèces ont été
regardées comme des plantes marines. Si ces
polypes se trouvent n'être que les bouches
éparses d'un même corps, le polypier sera
l'animal même auquel ces bouches appartiennent.

POLYSCOPE. adj. et s. m. *optiq.* Verre à
facettes qui multiplie les objets.

POLYSPASTE. s. m. *Voyez* MOUFLE au
Diction.

POLYSPERMATIQUE. adj. *bot.* Fruit
polyspermatique, qui renferme beaucoup de
semences, sans déterminer aucun nombre.

POLYSPERME. adj. *bot.* Fruit *polysperme*,
à *plusieurs semences*, et dont on assigne à
volonté le nombre : bisperme, trisperme, etc.

POLYSTYLE. adj. *bot.* Ovaire *polystyle*,
surmonté de plusieurs styles.

POLYSYLLABIQUE. adj. Qui répète plusieurs syllabes. Il se dit de l'écho.

POLYTECHNIQUE. adj. École *polytechnique* (spéciale), où l'on enseigne *plusieurs
arts*, ou sciences, relatifs au service de l'artillerie et du génie, tant civil que militaire.

POLYTYPAGE. s. m. Action , art de *polytyper*; art du *polytypeur*.

POLYTYPE. adj. des 2 genres. Qui est
le produit du polytypage.

POLYTYPER. v. a. Multiplier les types
ou moyens d'impression des vignettes en en
prenant l'empreinte. Le clichage est une
branche du polytypage, appliquée à l'imprimerie; ce dernier mot exprime le but, l'autre
exprime un mode. *Voy.* CLICHÉ.

POMIFÈRE. adj. *bot.* Arbre *pomifère*,
qui porte des pommes ou d'autres fruits;
c'est un équivalent d'arbre *fruitier*.

POMME. s. m. Cidre de pommes. Cidre
est le genre, dont le poiré et le pommé sont
les espèces.

POMMELIÈRE. s. f. Maladie des chevaux, qui est un commencement de phthisie
pulmonaire.

POMMEREULLE. s. f. Plante graminée
de l'Inde, à tige rameuse à épis en grappe
uni-latérale.

POMPHOLIX. s. m. *chim.* Oxyde de zinc
sublimé au feu en légers flocons blancs,
aussi nommés laine philosophique, et fleurs
de zinc.

PONÇAGE. s. m. Action de poncer, de
polir et lisser en passant la pierre-ponce.

PONDÉRABLE. adj. *physiq.* Qui peut
être pesé; moins usité que son opposé impondérable.

PONDEUSE. s. f. Nom vulgaire donné à
une plante dont le fruit a la forme d'un œuf,
et même la blancheur, dans sa maturité.
Voy. PONNEUSE au Dict.

PONGÉ, E. adj. Le corroyeur appelle cuir
pongé celui qui est imbibé d'eau au point
de faire l'éponge et d'en rendre en le pressant un peu.

PONGITIF, IVE. adj. *méd.* (Douleur interne) aussi aiguë que celle d'une *piqûre*.
Hors de la médecine, on diroit : au moral,
poignant, e; et au physique, *piquant*, e.

PONSIS. s. m. Sac de charbon pilé, pour
saupoudrer les modèles dans les fonderies.
C'est évidemment une acception du *poncis*. Il
doit y être joint en prendre l'orthographe.

PONTEAU. s. m. L'une des pièces de
bois entaillées à chaque bout, sur lesquelles
se monte la charpente du métier de soieries;
ce que l'on appelle *pontelier*.

PONTÉDÉRÉES. s. f. pl. Famille de plantes aquatiques , dont le type est la ponté-
dère, voisine des narcisses, dont elle a fait
partie.

PONTET. s. m. Pont pratiqué à la sous-
garde du fusil, qui couvre la détente de
la batterie. *T. d'arquebus.*

PONTIL. s. m. Outil des verreries pour
écrémer le verre, remuer les pièces au
four afin qu'elles ne s'attachent pas.

PONTILLER. v. n. Se servir du pontil,
écrémer le verre, remuer les pièces.

POPÉ. s. m. Jaguar à grosse tête et à *grosses jambes.*

POPLITÉ, E. adj. *anat.* Qui tient au *jarret* : Muscle poplité, artère poplitée.

POPULAGE. s. m. *bot.* Genre de renonculacées, plante des marais, cultivée sous
le nom de *bouton d'or.* C'est le *souci d'eau*,
dont la fleur sert à colorer le beurre dans
des villes.

POPULARISER. v. a., quelqu'un, le
rendre populaire, lui concilier la faveur de
l'opinion publique. Le désintéressement d'un
citoyen le popularise. Il se popularise en se
vouant aux intérêts généraux plutôt qu'aux
siens propres.

POPULARISME. s. m. Popularité excessive, trop recherchée. Les castes privilégiées
et les courtisans trouvent du popularisme
dans la moindre popularité.

POPULEUM. adj. et s. m. De peuplier.
L'onguent *populeum* se forme de bourgeons
de peuplier, d'orange et de calmans. (On pr.
léome bref.)

POQUE. s. f. Action de poquer. — Ancien jeu de cartes, qu'on nommoit *le poque.*

POQUER. v. n. Jeter sa boule en s'élevant, de manière qu'elle tombe juste sur une
autre qu'elle chasse, ou qu'elle reste en
place sans rouler. Il se dit, dans le même
sens, au jeu de billes des enfans.

PORCHERIE. s. f. Étable à porcs. —
Fig., action , propos dégoûtans. *Pop.*

PORITE. s. m. Genre de polypes. Polype
madrépore pétrifié en agate, où l'on aperçoit une infinité de trous, si on le place entre
la lumière et l'œil.

POROCOCA. s. m. Phénomène mentionné
sur les hautes marées , entre Macapa et le
Cap-Nord , en Amérique, où elles se forment en quelques minutes au lieu de six
heures, et avec un bruit épouvantable.

POROPHYLLUM. s. m. (On pron. *filome*
bref.) Plante d'Amérique, dont les feuilles
sont parsemées de points brillans.

POROTIQUE. adj. *méd.* Remède *porotique*, qui favorise la formation du calus.

PORPHYROÏDE. adj. et s. m. Roche qui
commence à se transformer en porphyre, et
tient déjà le milieu entre le porphyre et le
granit. (On pron. *ro-i.*)

PORPITE. s. f. Genre de vers radiaires,
qui ont le corps circulaire et très-plat.

PORQUE. s. f. *mar.* Chacune des pièces
qui lient le fond du vaisseau.

PORQUER. v. a. *mar.* Porquer un navire,
y mettre les porques, des porques.

PORRIGO. s. m. *méd.* Maladie du cuir
chevelu sur la lève par écailles en forme
de son. On nomme teigne *porrigineuse* celle
qui produit le même effet.

PORTE-AIGUILLONS. s. m. pl. Section
d'insectes hyménoptères, armés d'aiguillons.

PORTE-AUNE. s. m. Appui qui soutient
l'aune pour qu'on puisse mesurer sans aide.

PORTE-BALANCE. s. m. Pièce de métal
fixée sur un pied, et arrondie par le haut
en forme de crochet renversé, pour porter la
balance en avant du pied.

PORTE-CLEFS. s. m. Guichetier attaché
au service d'une prison ou maison de détention, et chargé d'en tenir les clefs. On donne
aussi ce nom à un petit cercle d'acier qui
s'ouvre, et où l'on réunit plusieurs clefs à
son usage.

PORTE-ÉTRIER, ÉPERON, etc. Sangle,
lanière de cuir, de peau, etc., pour tenir
les étriers, les éperons, etc.

PORTE-MONTRE. s. m. Coussinet en-
jolivé, suspendu à un crochet, pour recevoir la montre qu'on y accroche. — Ar-
moire vitrée, où l'horloger expose ses montres rangées et suspendues. — Petit cartel
pour déposer sa montre, quand on la quitte.

PORTE-PAGE. s. m. *imprim.* Carré de
papier ou de carton où le compositeur dépose, ficelée, chaque page, avant d'imposer.

PORTE-VIS. s. m. Pièce de métal sur laquelle porte la tête des vis qui servent à
écrouer la platine.

PORTLANDE. s. f. *bot.* Genre de rubiacées; arbre de la Jamaïque à tige grêle, à
grandes fleurs, et dont l'écorce peut suppléer
au quinquina.

PORTULACÉES. s. f. pl. Famille des
pourpiers, divisée en deux branches, selon
que le fruit est uniloculaire ou *pluriloculaire.*

PORYDROSTÈRE. s. m. *physiq.* Instrument propre à mesurer la pesanteur spécifique d'un fluide par le moyen d'un solide.

POSITIONNAIRE. s. m. Poinçon qui sert
à marquer les positions sur les cartes de géographie que l'on dresse.

POST-DATE. s. f. Date postérieure au
temps où l'on écrit un acte, une lettre, etc.
C'est l'opposé d'*antidate.*

POST-DATER. v. a. Dater un écrit d'un
temps postérieur à sa confection. Il a pour
opposé *anti-dater.*

4.

POSTEL. s. m. Chardon à l'usage des fabriques de draps, encore propre au service quoiqu'on l'ait déjà employé.

POSTES. s. m. pl. Ornemens de sculpture plats et détachés, en forme d'enroulement ou de feuillage, pour occuper des vides. *T. d'archit.*

POSTPOSITIF, IVE. adj. *gramm.* Qui se met à la fin ou à la suite d'un mot : Particule postpositive. C'est l'opposé de *prépositif, ive.*

POSTPOSITION. s. f. *méd.* *Voy.* RETARD au Diction.

POTASSÉ, E. adj. *chim.* Liquide *potassé,* où il y a, où l'on a mis de la potasse.

POTENTILLE. s. f. *bot.* (*ll* mouillés.) Nombreux genre de rosacées. On la nomme aussi *argentine.*

POTÉYER. v. a. Enduire les moules d'ouvrages en étain d'une potée, composée de pierre-ponce en poudre et de blanc d'œuf.

POTINIÈRES. s. f. pl. Filet à longues poches, avec lequel on pêche les sardines, qu'en Provence on nomme *potines.*

POTIRONS. s. m. pl. Famille de champignons à calotte régulière; on distingue les genres par la couleur : *gris, roux, blanc, livide. Voy.* POTIRON au Dict.

POUCÉTIES. s. f. pl. Instrument des gendarmes pour lier ensemble, par les pouces, les mains de ceux qu'ils arrêtent ou conduisent, et dont ils veulent s'assurer.

POUCIER. s. m. Doigtier pour garantir le pouce dans divers travaux, dans certaines opérations.

POUDRETTE. s. f. Matière fécale séchée et mise en poudre, qui se transporte en tonneau pour servir d'engrais.

POUDRIÈRE. s. f. Lieu où l'on fabrique, où l'on dépose la poudre à canon. — Boîte où l'on tient la poudre à poudrer.

POUILLERIE. s. f. Action de pouiller. On dit des gens à poux : C'est de la pouillerie; et des lieux où il y en a : c'est une pouillerie ou un *pouillis.* Pop.

POULÈRE. s. f. Boisson enivrante, du Mexique, faite avec la sève de l'agave, qu'on nomme margal; elle y remplace l'usage du vin et de l'eau-de-vie.

POULIFRIE. s. f. Atelier du *poulieur,* de celui qui fait les poulies. Ces mots ne s'emploient qu'en quelques endroits, n'y ayant guère d'ouvriers qui se fassent que des poulies.

POULNÉE. s. f. Fiente de poules, de pigeons, recherchée pour engrais.

POULOT. s. m. Terme de caresse à l'égard d'un petit enfant. *Viens vers moi, mon poulot. Fam.* Ce mot est employé pour *poulet,* et se fait *poulotte* au féminin.

POUPELINIER. s. m. Vase de pâtissier, où se faisoient les poupelins.

POUPETONNIÈRE. s. f. Profonde casserole, avec couvercle à rebord pour recevoir du feu et faire cuire un poupeton.

POUPIETTES. s. f. pl. Tranches de veau farcies, et ficelées pour être rôties, ensuite panées. On les sert avec une sauce piquante.

POURPRIER. s. m. Animal testacé, dont on tiroit la couleur pourpre.

POURPRIN, E. *Voy.* POURPRIN, E, au Diction.

POURRISSAGE. s. m. Temps pendant lequel on laisse pourrir le chiffon à papier.

POURRISSOIR. s. m. Lieu où les papetiers font pourrir les chiffons à papier.

POUSSE-BALLE. s. m. Pièce de fer pour faire entrer la balle dans un canon de fusil, pistolet, etc.

POUSSE-FICHE. s. m. Outil pour faire ressortir une fiche qui est en place. On dit de même pousse-pointe, etc.

POUSSETTE. s. f. Jeu d'enfans, qui consiste à pousser des épingles les unes contre les autres, et auquel chacun gagne celle qu'il a fait croiser.

POUSSEUR, EUSE. subst. Celui ou celle qui pousse, qui a poussé.

POUSSOIR. s. m. Ce qui sert à pousser; ce qui ouvre ou opère en le poussant. Le poussoir d'une montre à répétition est terminé par un bouton que l'on pousse pour la faire sonner.

PRAIRIAL. s. m. Neuvième mois de l'année républicaine; le troisième du printemps, correspondant au signe des Gémeaux. C'est le temps de faucher les prairies.

PRAIRIAL, E. adj. *bot.* Plante qui vient dans les prairies.

PRALINER. v. a., des amandes; les mettre en pralines en les faisant griller dans du sucre.

PRASE. s. f. Émeraude tirant sur le vert, presque transparente.

PRÉAVIS. s. m. Avis qui précède une citation, un acte judiciaire, ou un avis officiel, en forme.

PRÉCARITÉ. s. f. Qualité de précaire, état de ce qui est précaire. *T. de pal.*

PRÉCHANTRERIE. s. f. Dignité de préchantre ou grand chantre dans un Chapitre.

PRÉCISER. v. a. Rendre précis, exposer avec précision. Préciser une question, la réduire au point capital, et ne rien y laisser de vague.

PRÉCITÉ, E. adj. *t. de palais.* Article précité, la loi précitée, qui vient d'être cité, e.

PRÉCONISEUR. s. m. Celui qui préconise, qui prend à tâche de louer; ce qui donne un air d'exagération.

PRÉCORDIAL, E. adj. *méd. Voy.* ÉPIGASTRIQUE au Dict.

PRÉDIAL, E. adj. En terme de pratique : Loi *prédiale,* etc., concernant les héritages, les biens-fonds.

PRÉDISPOSANT, E. adj. *méd.* Qui dispose d'avance à une maladie, qu'une cause accidentelle peut déterminer.

PRÉFECTURE. s. f. Charge de préfet d'un département ou d'un arrondissement maritime; ses attributions; étendue de son ressort administratif; exercice de ses fonctions; son hôtel et ses bureaux. *Voy.* ce mot au Diction. Chaque préfecture est divisée en plusieurs sous-préfectures.

PRÉFET. s. m. Titre du premier administrateur de chaque département et de chaque arrondissement maritime. Il a au-dessous de lui, suivant l'étendue de sa préfecture, plus ou moins de sous-préfets qui administrent, sous sa surveillance, chacun un arrondissement de communes.

PRÉFLEURAISON. s. f. *bot.* État des diverses parties d'une fleur avant sa floraison, son épanouissement. L'analogie appelleroit *préfloraison.*

PRÉGATON. s. m. Première filière par laquelle on fait passer le fil d'or; la seconde est le demi-prégaton.

PRÉGNATION. s. f. *Voy.* GESTATION au Diction.

PRÉHENSION. s. f. Action de prendre, de saisir. *Voy.* SAISIE au Dict.

PRÊLER. v. a. Frotter avec de la prêle pour polir et lisser des ouvrages de tour, etc.

PRÉLÈVEMENT. s. m. Action de prélever; ce qui est prélevé.

PRÉLOMBAIRE. adj. *anat.* Situé au-devant des lombes.

PRÉLONGE. s. f. *artill.* Gros et long cordage pour monter et traîner le canon dans les lieux montueux.

PRÉNOMINAL, E. adj. *gramm.* Ce mot a été employé pour distinguer les mots qui précèdent toujours leur nom, comme le, la, les, mon, ton, son; et que d'autres ont nommés prépositifs.

PRÉPOSITIF, IVE. adj. *gramm.* Qui se met avant. Il se dit 1° des mots ou des syllabes qui s'incorporent aux composés qu'ils forment en se plaçant toujours à la tête : Poser, préposer; juste, injuste; faire, défaire. 2° Des articles ou adjectifs qui ne s'emploient avec le nom qu'ils précédant, et ne peuvent être employés en attribut avec le même sens, tels que les mots indicatifs le, la, les, mon, ton, son, quelque, etc.; et tel, quel, certain, nul, etc., dans leur sens détourné.

PRESBYTIE. s. f. *méd.* Disposition des yeux par laquelle on voit mieux les objets de loin que de près. C'est ce qu'on appelle *vue longue,* par opposition à la *vue courte* des myopes.

PRESCINDER. *Voy.* FAIRE ABSTRACTION au Diction.

PRESCRIPTION. s. f. Chose prescrite par un médecin, un supérieur. *Voy.* ORDONNANCE, ORDRE, au Diction.

PRÉSERVATEUR. s. m. Celui qui, ou ce qui préserve; mot spécialement appliqué à une forme de fourneau propre à préserver des effets du mercure les doreurs des pièces d'horlogerie.

PRESSÉE. s. f. Ce que l'on met à la fois sous une presse ou en presse, pour y prendre une forme. *T. de cartonnier.*

PRESSETTE. s. f. Petite presse de papeterie, etc.

PRESSEUR. s. m. Ouvrier employé à mettre en presse des étoffes, dans les fabriques.

PRESSIROSTRES. s. m. pl. Classe d'oiseaux à bec court et comprimé.

PRÉSUMABLE. adj. Qui peut être présumé.

PRÉVENTIF, IVE. adj. Qui est destiné à prévenir un mal. Il se dit des mesures administratives, des lois. On a reproché aux lois présentées sur la presse d'être trop *préventives,* tandis qu'elles ne devoient être que *répressives.*

PRIMAIRE. adj. École *primaire,* du premier degré en montant, où l'on enseigne à lire, écrire et compter. On dit aussi : l'enseignement primaire.

PRIMIDI. s. m. Premier jour de la décade républicaine.

PRIMORDIALEMENT. adv. Dans un

premier ordre de choses ; ce qui en suppose un autre qui a lui succédé. On le confond avec *primitivement*, qui marque un changement d'état dans l'objet lui-même.

PRIMULACÉES. s. f. pl. Famille des *primevères*, comprenant treize genres en deux divisions : l'une à tige, l'autre à hampe.

PRIONIENS. s. m. pl. Tribu d'insectes coléoptères longicornes, comprenant le genre *prione* et le genre spondile.

PRIONOTES. s. m. pl. Famille d'oiseaux sylvains tétradactyles: le genre momot et le genre calao.

PROBE. adj. Une personne *probe*, qui a de la probité.

PROBOSCIDE. s. f. Genre de vers intestinaux, à trompe, tiré des ascarides.

PROBOSCIDE. s. m. Ordre d'insectes à *trompe*, correspondant aux hémiptères.

PROBOSCIDIENS. s. m. pl. Famille de mammifères pachydermes, à trompe : Éléphant, mastodonte.

PROCELLAIRE. s. m. Pétrel, goéland varié; oiseau qui annonce la tempête.

PROCELLO. s. m. Instrument de glacier, en fer et à ressort.

PROCESSIONNAIRES. s. f. pl. Nom donné aux chenilles du genre bombyx, qui marchent sur plusieurs lignes, un chef en tête. On se sert aussi du mot *évolutionnaires*.

PROCHRONISME. s. m. Erreur de chronologie qui consiste à avancer la date d'un événement. C'est l'inverse du parachronisme, qui la retarde. Ce sont deux espèces, dont l'anachronisme est le genre.

PRO-CIGALES. s. f. pl. Insectes de la famille des cicadaires, sans être du genre de la cigale.

PROCLAMATEUR. s. m. Celui qui fait une proclamation.

PROCOMBANT, E. adj. *bot.* Tige *procombante*, qui n'a pas la force de se tenir droite, de se soutenir, et se laisse pencher jusque vers la terre.

PROCONSULAIRE. adj. Relatif au proconsul. *Autorité proconsulaire.*

PRODUCTEUR, TRICE. adj. et subst. Qui a la force, l'énergie nécessaire pour produire un effet. Une cause productrice a eu son effet ; l'industrie productrice crée des moyens de prospérité. Substantivement, le producteur est l'opposé du consommateur.

PRODUCTIF, IVE. adj. Qui produit, sous le rapport du revenu : un établissement productif, une terre productive. Dans le commerce on dit *lucratif*, pour le bénéfice partiel et successif.

PROFESSORAL, E. adj. Qui regarde le professeur. *Les fonctions professorales.* Peu usité. On dit mieux les fonctions de professeur.

PROFESSORAT. s. m. Emploi, état, qualité de professeur. Être admis au professorat, exercer le professorat.

PROGÉNITURE. s. m. Terme collectif des enfants par rapport à l'homme; des petits par rapport aux animaux. Avoir soin de sa progéniture.

PROLAPSUS. s. m. (*s* se pron.) *méd.* Chute, affaissement d'une partie qui perd sa direction, et cesse de répondre à sa destination.

PROLEPTIQUE. adj. *méd.* Qui devance.

Fièvre proleptique, dont l'accès devance l'heure du précédent. — *astron.* Année *proleptique*, antérieure à la chronologie admise. — *littérat.* Réfutation *proleptique*, faite d'avance aux objections qu'on suppose venir des adversaires.

PROLEPTIQUEMENT. adv. Par prolepse, par réfutation proleptique.

PROLÉTAIRE. s. m. Chez les Romains, c'étoit celui qui ne possédoit pas la valeur de 1500 pièces d'argent, et n'étoit regardé que comme propre à la population. La classe en étoit nombreuse. Chez nous on a donné quelquefois ce nom à celui qui est sans propriété et sans droit politique.

PROLIFÈRE. adj. *bot.* Fleur *prolifère*, du sein de laquelle naissent d'autres fleurs.

PROMENEUR, EUSE. subst. Celui ou celle qui se promène. Il ne se dit qu'à l'égard des lieux publics servant de promenades. Il y avoit beaucoup de promeneurs en tel endroit.

PROMPTUAIRE. s. m. Un promptuaire du droit; texte nu, principes resserrés, et faciles à trouver pour consulter ou pour citer. *T. de droit.*

PROPAGANDISTE. s. m. Membre, partisan, de la propagande.

PROPAGINE. s. f. *bot.* Corpuscule fécondant les plantes cryptogames.

PROPAGULE. s. f. *bot.* Bourgeon presque imperceptible qui se trouve uni au tissu des feuilles dans les plantes cryptogames, et qu'on a reconnu pour être le moyen de reproduction.

PROPHYLAXIE. s. f. *méd.* Médecine préservatrice, équivalent de l'*hygiène*.

PROPLASTIQUE. adj. et s. f. Art *proplastique*, celui de former les moules, types, modèles propres à donner la forme qu'on veut obtenir.

PROPYLÉE. s. m. *archit.* Porche, vestibule d'un temple, d'un palais. Les propylées étoient, chez les Grecs, de superbes portiques, par lesquels on montoit à la citadelle d'Athènes.

PROROGATIF, IVE. adj. Portant prorogation, qui proroge.

PROSAÏSME. s. m. Tour, expression, terme prosaïque employé dans la poésie. Au pluriel, on se sert mieux de *tour prosaïque*. C'est un prosaïsme. Cette pièce de vers offre trop de tours, d'expressions, de termes prosaïques.

PROSOPOGRAPHIE. s. f. *rhét.* Portrait, description de la physionomie, des traits, du maintien, etc., d'une personne.

PROSTASE. s. f. *méd.* Prédominance d'une humeur sur les autres.

PROSTHÈSE. s. f. *gramm.* Addition faite au commencement d'un mot sans en changer le sens; ce qui arrive souvent en passant d'une langue à une autre. C'est ainsi que du latin *sperare* nous avons formé *espérer*. C'est une figure de diction. On dit aussi, et plus souvent, *prothèse*.

PROTÉIFORME. adj. *méd.* Il se dit des symptômes *irréguliers* de certaines maladies, comme dans les affections nerveuses.

PROTÉOÏDES ou PROTÉACÉES. s. f. pl. Famille des protées très-beaux arbres

du Cap, entre lesquels se trouve l'arbre d'argent, dont les feuilles ont un éclat presque métallique. On cultive quelques protées en France. (On pron. o-i.)

PROTOXYDE. s. m. *chim.* Commencement d'oxydation dans les métaux; métal foiblement oxydé.

PROVENANCE. s. f. Terme de commerce qui ne s'emploie guère que pour les produits tirés de l'Étranger : de provenance étrangère.

PROVIGNEMENT. s. m. Action de provigner ; branches provignées.

PROVOCATEUR. adj. et s. m. Agent *provocateur:* homme aposté par la police ou par un parti, pour provoquer au désordre. Ayant un corrélatif dans *provoqué*, provocateur remplace souvent aggresseur, qui n'en a point.

PRUNELÉE. s. f. Confiture faite d'un mélange de prunes.

PRUNELET. s. m. Cidre de prunelles séchées au four, qu'on fait fermenter avec de l'eau.

PRURIGINEUX, EUSE. adj. *méd.* Qui cause des démangeaisons. Ce mot est dérivé du mot latin *prurigo*, démangeaison.

PRUSSE. Bleu de Prusse. s. m. — *chim.* Substance de couleur bleue, qui s'obtient en calcinant le sang de bœuf avec du nitre et du tartre.

PRUSSIATE. s. m. *chim.* Sel formé par la combinaison de l'acide prussique avec une base quelconque.

PRUSSIQUE. adj. *chim.* Acide *prussique*, ou bleu de Prusse, provenant du sang de bœuf distillé et combiné avec du fer. Il s'en trouve naturellement dans les amandes amères; ce qui doit faire craindre d'en manger, cet acide pouvant causer de fortes coliques.

PSAMMITE. s. m. Grès non quartzeux, comme celui des houillères.

PSEUDAMANTES. s. f. pl. Pierres fausses, factices, auxquelles on donne l'apparence des pierres fines.

PSEUDO..., du grec pseudès, *faux, trompeur, simulé*, forme légion de composés où il est suivi d'un nom françois : pseudo - acacia, pseudo - azoti, pseudo - asthme, pseudo - ébène, etc. Il y remplace *faux-fausse :* faux - acacia, faux-asthme, etc. On peut remarquer les suivans :

PSEUDO-AGATE. s. m. *Fausse-agate.* Jaspe qui approche de l'agate.

PSEUDO-ALBÂTRE. s. m. *Faux-albâtre.* Chaux sulfatée et non carbonatée.

PSEUDO-AMÉTHISTE. s. f. *Fausse-améthiste.* Qui n'est que de la chaux fluatée violette.

PSEUDO-BLEPSIE. s. f. *méd. Vision trompeuse*, que ce soit par berlue, diplopie, ou autre cause. C'est un genre dont il y a plusieurs espèces.

PSEUDO-MORPHE. s. m. Substance minérale qui, par décomposition ou autrement, n'a pas sa forme naturelle.

PSEUDO-PRASE. s. f. Quartz hyalin vert, imitant la prase.

PSEUDO-RUBIS. s. m. Quartz rose ou laiteux, imitant le rubis.

PSEUDO-SAPHIR. s. m. Quartz bleu imitant le saphir.

PSEUDO-TOPAZE. s. f. Quartz jaune imitant la topaze.

PSYCHÉ. s. f. Glace à pieds, qui s'incline à volonté. C'est un meuble de toilette.

PSYCHOLOGISTE. s. m. (On pron. psyco.) Versé dans la psychologie; qui observe, étudie les rapports entre le physique de l'homme et ses facultés, soit morales soit intellectuelles.

PSYLLIDES. s. f. pl. Tribu d'insectes attachés aux plantes; pucerons sauteurs.

PTÉLÉA. s. m. Arbrisseau cultivé sous le nom de *frêne à trois feuilles.*

PTÉROPODES. s. m. pl. Mollusques à *nageoires.*

PUBESCENCE. s. f. *bot.* Léger duvet des végétaux.

PUBESCENT, E. *bot.* Portant un léger duvet, des poils sans consistance.

PUCHER. v. a. et n. Puiser le sucre dans la chaudière avec le pucheux.

PUCHET. s. m. Petit pucheux,

PUCHETTE. s. f. Espèce de filet ou drague des tourbiers,

PUCHEUX. s. m. Grande cuiller à pot des raffineries, pour changer de vase le sucre des chaudières.

PUCHOIR. s. m. Petit baril à manche des salines, pour puiser de la saumure et la porter aux plombs.

PUCHOT. s. m. *mar. V.* TROMBE au Dict.

PUERPÉRAL, E. adj. *méd.* Fièvre puerpérale, qui vient à la suite de l'accouchement.

PUISAGE. s. m. Action de puiser.

PUISELLE ou PUISETTE. s. f. Grande cuiller à pot, qui sert aux bouchers pour puiser le suif fondu.

PUISOIR. s. m. Vase pour puiser; endroit où l'on puise d'habitude.

PULICAIRE. adj. *méd.* Fièvre pulicaire, dans laquelle il survient à la peau des taches comme des piqûres de puce.

PULLULATION. s. f. Action de pulluler; multiplication abondante et rapide.

PULMOBRANCHES. s. m. pl. Mollusques dont les branchies ont quelque rapport d'organisation avec les poumons.

PULMONES. s. m. pl. Mollusques respirant par un tronc que recouvre le bord de leur manteau qu'ils peuvent retirer à volonté, comme la limace, etc.

PULPEUX, EUSE. adj. *bot.* Plante à pulpe succulente.

PULPOIRE. s. f. *pharm.* Spatule dont on se sert pour réduire une substance en pulpe.

PULSILOGE ou PULSIMÈTRE. s. m. *méd.* Instrument à mesurer la vitesse du pouls.

PULTENÉE. s. f. Genre de plantes légumineuses de la Nouvelle-Hollande, dont plusieurs se cultivent en France.

PULVÉRULENT, E. adj. *bot.* Couvert d'un duvet qui a l'air de n'être que de la poussière.

PUPULER. v. n. Crier, en parlant de la huppe.

PUREAU. s. m. Partie inférieure de l'ardoise ou de la tuile, qui reste à découvert dans la toiture.

PURGE. s. f. Action de purger les marchandises infectées de la peste. On nomme aussi *purge légale* les publications ordon-

nées par la loi, pour s'assurer s'il existe des hypothèques non inscrites.

PURGEOIR. s. m. *Voy.* FILTRE au Dict.

PURIFORME. adj. *méd.* Qui ressemble à du pus.

PURON. s. m. Petit lait bien épuré.

PUSTULEUX, EUSE. adj. *méd.* Qui ressemble à une pustule, qui en a la forme, la nature.

PUTRIDITÉ. s. f. Qualité, état de ce qui est putride, en putréfaction. Humeur, substance corrompue.

PYÉZOMÈTRE. s. m. Instrument propre à mesurer le degré de compressibilité d'un liquide.

PYRALIDES. s. f. pl. Espèce de phalènes, petits papillons qui viennent se brûler à la chandelle, et dont les ailes sont plus larges à leur origine.

PYRAME. s. m. Chien à poil noir, avec taches de feu sur les yeux; c'est une race de chiens d'Espagne venus en France par l'Angleterre. Aussi les connoît-on mieux sous le nom de chiens anglois.

PYRAUSTE. s. m. Sorte de papillons à ailes plus étroites, qui viennent se brûler à la chandelle, dont la lumière les attire.

PYRÉNACÉES. s. f. pl. Famille de plantes dont le fruit est à noyau.

PYRÉNÉITE. s. f. Grenat noir des Pyrénées.

PYRÉTOLOGIE. s. f. *méd.* Traité des Fièvres.

PYRIQUE. adj. Spectacle pyrique, à *feu d'artifice* : ce qui ne s'entend que des lieux clos et couverts, comme les théâtres.

PYRITEUX, EUSE. adj. Qui est de la nature de la pyrite, pierre *combustible*, formée de soufre combiné avec un métal.

PYROLE. s. f. Plante astringente, employée comme vulnéraire. — Genre de plantes bicornes.

PYROLIGNEUX, PYROMUQUEUX, PYROTARTAREUX ou PYROTARTREUX *chim. Voy.* ci-devant ACIDE ACÉTEUX; et, pour *pyrolignite*, etc., *Voy.* ACÉTITE.

PYROMAQUE. adj. Pierre *pyromaque*, qui donne du feu sous le briquet.

PYROMÈTRE. s. m. Instrument propre à marquer le degré d'intensité de la chaleur.

PYROPHANE. adj. Pierre *pyrophane*, qui devient transparente quand on l'approche du feu ou d'un corps chaud.

PYROSOME. s. m. Genre de mollusques *très-phosphoriques.*

PYROSTOME. s. m. Arbre à fleurs d'un beau *rouge de feu.*

PYTHAGORICIENS. s. m. pl. Disciples de Pythagore, partisans de sa doctrine, ou membres de sa congrégation.

PYULQUE. s. m. *chir.* Espèce de seringue servant à extraire le pus des plaies.

PYURIE. s. f. *méd.* Éjection d'une matière purulente, par la voie des urines, et avec elles.

Q.

Q. Lettre identique du *c* dur et du *k*, ordinairement suivie d'*u* nul. *Voy.* U. Q est nul dans coq-d'Inde, et dans cinq suivi d'une consonne, sans repos : Cinq cents per-

sonnes, cinq bergers, cinq gros pains, etc. *Voy.* Q au Dict.

QUADRANGULÉ, E. adj. *bot.* (On pron. coua diphth.) A quatre angles.

QUADRATIN. s. m. *Voy.* QUADRAT au Diction.

QUADRATIQUE. adj. *Alg.* (On pron. coua diphth.) Équation quadratique, celle du second degré.

QUADRATORISTE. s. m. (On pron. coua diphth.) Nom tiré de l'italien, où il s'applique aux peintres d'ornemens à fresque.

QUADRICAPSULAIRE. adj. *bot.* (On pron. coua diphth.) Fruit à quatre capsules.

QUADRICOLOR. adj. *hist. nat.* A quatre couleurs. Il s'applique au gros bec de Java et à une espèce d'anémone.

QUADRICORNES. s. m. pl. *hist. nat.* (On pron. coua diphth.) *Voy.* ci-devant POLYGNATES.

QUADRIDENTÉ, E. adj. *bot.* Feuille à *quatre dents.* (On pron. coua dipht.)

QUADRIE. s. m. *bot.* Arbre du Chili, à bois dur et flexible. On fait des dragées de ses amandes, qui ont un goût de noisette, et donnent de la bonne huile.

QUADRIFIDE. adj. *bot.* (On pron. coua diphth.) Divisé en quatre par d'étroites incisions.

QUADRIFLORE. adj. *bot.* (On pron. coua diphth.) A quatre fleurs, ou à fleurs distribuées par quatre ensemble.

QUADRIJUGUÉ, E. adj. *bot.* (On pron. coua diphth.) Feuille à quatre paires de folioles sur un même pétiole.

QUADRILLION. s. m. *arith.* (On pron. coua diphth.) Dix fois cent trillions. On dit aussi un quatrillion.

QUADRILOBÉ, E. adj. *bot.* (On pron. coua diphth.) Feuille divisée en quatre lobes par des incisions plus larges que le quadrifide.

QUADRILOCULAIRE. adj. *bot.* (Pron. coua diphth.) Fruit à *quatre loges* intérieures.

QUADRIPARTI, E. adj. *bot.* (On pron. coua diphth.) A quatre incisions aiguës et profondes.

QUADRIPHYLLE. adj. *bot.* (On pron. coua diphth.) A quatre feuilles ou folioles séparées.

QUADRISULCE. adj. *hist nat.* (On pron. coua diphth.) Qui a le pied fendu en quatre doigts. Caractère distinctif d'une classe de quadrupèdes.

QUADRISYLLABE. s. m. *gramm.* (On pron. coua diphth.) A quatre syllabes.

QUADRIVALVE ou QUADRIVALVÉ, E. adj. *bot.* (On pron. coua dipht.) à quatre valves.

QUADRUMANE. adj. et s. m. *hist. nat.* (On pron. coua diphth.) Animal à quatre mains, savoir deux comme celles de l'homme, et deux pieds à longs doigts comme ceux de la main; ce qui l'empêche d'être plantigrade, de marcher ferme et à plat sur la plante du pied.

QUADRUPLE. adj. *musiq.* (On pron. coua diphth.) Quadruple croche; note à 4 *crochets*, qui ne vaut que le quart de la croche. *Voy.* QUADRUPLE au Dict.

QUAIAGE. s. m. *Voy.* QUAYAGE au Dict.

QUAKÉRISME. s. m. (On pron. coua

diphth.) Secte des Quakers, leur doctrine.

QUALIER. s. m. bot. (On prou. coua diphth.) Arbre de la Guyane à fleurs rouges ou bleues, d'une odeur agréable.

QUALIFICATIF, IVE. adj. Exprimant une qualité. Nom qualificatif.

QUANQUANER. v. n. Faire des quanquans, des rapports de commère, des actes de médisance. Fam. et pop.

QUANQUANIER, E. adj. et subst. Qui fait, qui aime à faire des quanquans. Fam. et pop.

QUAPACTOL. s. m. hist. nat. (On prou. coua diphth.) Oiseau du Mexique; espèce de coucou surnommé l'oiseau rieur, parce que son cri imite le rire.

QUAPALIER. s. m. bot. (On pron. coua diphth.) Genre d'arbres liliacés de la Guyane, dont une espèce est cultivée pour ses fruits, qui ont la forme et le goût des châtaignes.

QUAPOYER. s. m. (On pron. coua diphth.) Genre de gutifères; arbrisseau grimpant de la Guyane, qui donne un fruit à suc blanc, et qui rend une gomme jaune facile à dissoudre dans l'eau.

QUARDERONNER, v à., une porte, une solive, c'est en rabattre les arêtes en y faisant une moulure d'un quart de rond. Charp.

QUARTIDI. s. m. (On pron. coua diphth.) Quatrième jour de la décade, dans le calendrier républicain.

QUASS. s. m. (On pron. couasse, coua diphth.) Boisson fermentée des Russes, qui se fait en versant de l'eau chaude sur de la farine de seigle ou d'orge.

QUASSIE. s. f. bot. Genre d'ochnacées, dont plusieurs espèces sont employées en médecine. La quassie amère, la quassie-simarouba, etc.

QUATÉLE. s. f. Genre de myrtes.

QUATERNÉ, E. adj. bot. (On pron. coua diphth.) Disposé quatre à quatre sur un même point ou plan d'insertion. Il se dit de toutes les parties de la plante.

QUATORZIÈMEMENT. adv. En quatorzième lieu.

QUATRE-ÉPICES. s. f. pl. Mélange de poivre noir, cannelle ou gingembre, girofle et muscade; le tout en poudre.

QUATRE-SEMENCES. s. m. pl. pharm. Réunion, par quatre, de semences ayant la même vertu; — très-chaudes: Fenouil, cumin, anis et carvi; — moins chaudes: Ache, ammi, amome et carotte commune; — très-froides: Melon, citrouille, courge et concombre; — moins froides: Pourpier, laitue, endive et chicorée.

QUATRE-YEUX. s. m. Espèce de sarigue ou didelphe, qu'on nomme aussi quatre-œil, expression moins juste.

QUATROUILLÉ, E. adj. véner. Chien à poil quatrouillé, entremêlé à la principale couleur, une autre couleur.

QUATUOR. s. m. Invariable au pluriel. Morceau de musique à quatre parties. (On pron. coua diphth.)

QUERCITRON. s. m. Chêne d'Amérique, dont l'écorce, qui porte le même nom, sert à teindre en jaune.

QUEUE-DE-RAT. s. f. mar. Cordage qui va en diminuant de grosseur.

QUEUE-DE-RENARD. s. f. Nom vulgaire de diverses plantes.

QUEUX. s. m. Pierre que porte sur lui le faucheur pour aiguiser sa faux. (Du latin cos-cotis.)

QUIBUS. s. m. Avoir du quibus paroit être en latin l'équivalent de avoir de quoi, pour dire être riche. L'un et l'autre sont fam. et pop. (On prononce du cui-buce: cui diphth. uce avec u bref.)

QUIESCENT, E. adj. chim. (On prou. cui diphth.) Affinité quiescente, qui a produit son effet et se trouve en repos, sans action.

QUILBOQUET. s. m. Outil de menuisier pour s'assurer de la régularité d'un carré en mortaise.

QUILINÉJA. s. m. bot. Arbuste ressemblant au genêt d'Espagne, et dont on fait des cordages dans l'île de Chiloé.

QUILLAI. s. m. Arbre du Chili à bois très-dur, dont l'écorce, en poudre, supplée au savon, en battant l'eau où l'on en a mis. (Il mouillés.)

QUILLOIR. s. m. Quille ou bâton, servant à faire tourner un dévidoir dans les corderies. (Il mouillés.)

QUIN. s. m. Réservoir des salines, qui se remplit à chaque marée montante.

QUINA ou QUINAQUINA. s. m. Voyez Quinquina au Diction.

QUINATE. s. m. chim. Sel formé par la combinaison de l'acide quinique avec une base.

QUINCAMBO. s. m. Nom donné à la ketmie esculente.

QUINDENTÉ, E. adj. bot. (On pron. cuin diphth.) A cinq dents.

QUINÉ, E. adj. bot. Disposé par cinq sur le même point.

QUININE. s. f. chim. Extrait de quinquina.

QUINIQUE. adj. chim. Acide quinique, extrait du quinquina.

QUINQUANGULÉ, E. adj. bot. (On pron. cuincouan, deux diphth.) A cinq angles.

QUINQUATRE. s. m. (On pron. cuincué, deux diphth.) Morceau de musique à cinq parties.

QUINQUÉDENTÉ, E. adj. bot. (On pron. cuincué, deux diphth.) A cinq dents.

QUINQUEPORTE. s. m. Filet de pêche, verveux cubique, à cinq entrées, sur diverses faces.

QUINQUET. s. m. Première lampe à courant d'air, d'abord à réverbère, ensuite à tube, qui remplaça les pompes, et qu'on a depuis perfectionnée sous d'autres noms.

QUINTANE (Fièvre). adj. fém. méd. Qui revient tous les cinq jours. Peu usité.

QUINTETTO. musiq. (On pron. cuin diphth.) Voy. ci-dessus Quinqua.

QUINTIDI. s. m. Cinquième jour de la décade républicaine.

QUINZIÈMEMENT. adv. En quinzième lieu.

QUIO. s. m. bot. Piment à fruit long.

QUIOSSAGE. s. m. Action de quiosser les cuirs à tanner, de les ratiser avec la quiosse ou le queux, espèce de pierre à aiguiser, taillée pour cela.

QUIPOS. s. m. pl. Nœuds faits de distance en distance à des cordons de diverse couleur qui servoient d'écriture aux Péruviens, en les tressant de différentes ma-

nières, suivant ce qu'ils vouloient exprimer.

QUIRIVEL. s. m. Apocyn de Ceylan, à feuille en réseau.

R.

R. s. m. Cette lettre appartient à la touche qu'on nomme frôlée, et se prononce en imitant le roulement du tambour, la pointe de la langue relevée contre le devant du palais, et arrêtant l'air, qui s'échappe par les côtés. C'est tromper les étrangers que de dire qu'elle ne peint qu'un son; elle a un son fort, et un son plus doux si elle est simple entre deux voyelles: rareté, aride, rire, rural, etc.; excepté les composés: rider, dérider; dérouler, éreinter, etc. Ceux qui la prononcent à la racine de la langue lui donnent un son désagréable, comme les habitans du midi; c'est ce qu'on appelle grasseyer, ou parler gras.

R final se prononce après l'e qu'il rend ouvert: cher, fer, mer, amer, cancer, cuiller, belvéder, hiver, magister, frater, Esther, Jupiter, Munster, Niger, éther, euler, Abner, Alger, au pater, Nevers, et peut-être quelques autres noms, tirés surtout d'une langue étrangère. Ailleurs, il est nul après l'e, qu'il rend fermé, même quand il fait liaison. — R est encore nul dans Monsieur, Messieurs. — R vaut 18 dans une série: Feuille r, registre r, etc. — R peut s'employer seul, comme initiale de Roi, Royal, Révérend, Remise, Reçu, Recto, Rouble, Réaux, etc., suivant le cas. — RH a toujours le son du r dur, et annonce une origine grecque. Voy. R au Dict.

RABAN. s. m. pêche. Corde qui s'attache par un bout à la tête d'un filet dormant, et par l'autre à une pierre qu'on enfonce dans le sable. — mar. Cordage servant à amarrer diverses parties de la manœuvre.

RABANER, v. a., un pavillon; y passer un raban, des rabans, pour l'amarrer à son bâton, etc. Mar.

RABANTER. v. a. mar. Voy. Enverguer au Diction.

RABAT-EAU. s. m. Pièce de feutre qui rabat l'eau de la meule à aiguiser, et l'empêche de remonter jusqu'à l'aiguiseur.

RABATTAGE. s. m. Action de rabattre une couture, d'enlever les nœuds restés au peigne des cardeurs. Travail des rabatteurs dans une chasse au tir.

RABATTEURS. s. m. Ceux qui rabattent le gibier pour l'amener devant le prince aux chasses royales.

RABATTOIR. s. m. Ce qui sert à rabattre en frappant. Nom d'un outil d'ardoisier.

RABETTE. s. f. Plante. V. Navette au D.

RABOTEUR. s. m. Celui qui rabote, qui manie le rabot. Un bon raboteur doit avoir le poignet ferme.

RACAGES. s. m. pl. mar. Petites boules enfilées en chapelet, et placées vers le milieu des mâts pour faciliter le mouvement des vergues.

RACAMBEAU. s. m. mar. Anneau de fer, au lieu de raban, pour amarrer au mât la vergue d'une chaloupe.

RACAVIER. s. m. Arbrisseau épineux de la Guyane, dont les amandes ont le goût de pois verts.

RACCOUPLER. v. a. Accoupler une seconde fois, ou de nouveau.

RACCOURS. s. m. *fabriq.* Raccourcissement d'une étoffe par défaut de fabrication.

RACCOUTUMER, v. a., quelqu'un à quelque chose, lui en faire reprendre l'habitude; on peut s'y raccoutumer soi-même en le reprenant. *Peu usité.*

RACER. v. n. Les oiseleurs appellent *racer*, faire *racer*, ce que l'on nomme partout ailleurs *nicher*, faire *nicher*.

RACHALANDER, v. a., une boutique, un fonds; y faire revenir les chalands.

RACHE. s. f. Lie de goudron. Mesure de cinquante livres de sel, dans les salines. — Tracé de points chez les brodeurs, et de compas chez les charpentiers. — Dans plusieurs provinces, on ne connoît la *teigne* que sous le nom de *rache.*

RACHER. v. a. et n. Pour le brodeur, c'est exécuter la rache, la broder; pour le charpentier, c'est tirer un trait avec la pointe du compas, c'est faire une rache.

RACHEUX, EUSE. adj. Bois difficile à polir, parce qu'il est noueux, filandreux. — Enfant qui a la rache ou teigne.

RACHEVER. v. a. Dans quelques professions, c'est *achever*, donner la *dernière* façon; car ce qui est achevé ne peut l'être une seconde fois.

RACHIALGIE. s. f. *méd.* Douleur violente au *rachis*, épine du dos, colonne vertébrale.

RACHISAGRE. s. f. *méd.* Goutte ou rhumatisme goutteux à l'épine du dos. — s. m. ou f. Celui qui en est atteint. Il est dans l'analogie de *podagre, chiragre.*

RACINER. v. a. Teindre avec un *racinage.* — v. n. En terme de jardinier, pousser des racines, prendre racine.

RACK. s. m. *Voy.* ARACK au Dict.

RACLE. s. m. Outil de fer ou de bois, pour racler et enlever les corps étrangers sans entamer, comme avec le racloir.

RACLE-BOYAU. s. m. *V.* RACLEUR au D.

RACOUPLER. v. a. Remettre les chiens en couple. *Voy.* RECOUPLER.

RADIAIRES. adj. et s. m. pl. *hist. nat.* Mollusques à *rayons*, division des mollusques marins, libres, sans yeux, sans tête, sans moelle épinière, et peut-être sans nerfs et sans aucun centre de circulation. Quand on les touche, ils piquent comme des orties. Ils deviennent luisans à volonté.

RADIANT, E. adj. *physiq.* Corps *radiant*, qui renvoie quelques-uns des rayons de lumière qui le frappent.

RADICANT, E. adj. *bot.* Arbrisseau grimpant, dont les rameaux s'accrochent par des racines, pour être soutenus, comme le lierre.

RADICATION. s. f. *bot.* Formation et accroissement des racines de la plante.

RADIÉES. adj. et s. f. pl. *bot.* Fleurs représentant une étoile rayonnante, par des demi-fleurons rangés autour d'un disque. — Famille de plantes à fleur composée, dont le centre offre des fleurons entiers, et la circonférence des demi-fleurons, en forme de rayons.

RADOUBEUR. s. m. Celui qui travaille au radoub d'un vaisseau.

RADULIER. s. m. *bot.* Arbre des Indes, à fleurs en grappe, et dont les fruits servent de râpe.

RAF. s. m. *mar.* Marée forte et rapide.

RAFFES. s. f. pl. Rognures de peaux, provenant de ceux qui les apprêtent ou qui les emploient.

RAFFILER, v. a., des gants; en couper la peau de manière à pouvoir former les doigts. T. de mét.

RAFFUTAGE. s. m. Action de raffûter un chapeau, de lui donner ou plutôt redonner une façon entière. T. de chap.

RAFLOUER. v. a. et n. *mar.* Remettre un navire à flot; remettre à flot.

RAFRAÎCHISSOIR ou RAFRAÎCHISSEUR. s. m. *Voy.* RÉFRIGÉRANT au Dict.

RAGOUMINIER. s. m. *bot.* Sorte de cerisier nain, à feuilles de saule.

RAGRAFER. v. a. Agrafer de nouveau; il ne s'entend que de ce qui s'est dégrafé ou de ce qu'on vient de dégrafer.

RAGUER (SE). v. pron. *mar.* Il se dit des cordages qui s'écorchent par le frottement.

RAGUET. s. m. Petite morue verte, de qualité inférieure.

RAHA. s. m. *bot.* Faux muscadier de Madagascar.

RAILÉ, E. adj. *véner.* Chiens bien *railés*, ralliés, assortis, comme étant de même taille.

RAILLE. s. f. C'est le *rable* des salines, pour remuer la braise.

RAILURE, s. f., pour *rayure, rainure*, à chaque côté du trou de l'aiguille et en long.

RAIM. s. m. Lisière d'un bois, formée par les *rameaux*, les branches des arbres du bord. T. d'eaux et forêts.

RAINEAU. s. m. Pièce de charpente qui tient liées les têtes de pilotis qui y sont attachées ou *enrayées.*

RAINOIRE. s. f. Rabot de layetier, propre à faire des rainures, des feuillures.

RAJSIN-D'AMÉRIQUE. s. m. *bot.* Nom donné à l'espèce de phytolacca dont les fruits mûrs ressemblent au raisin noir.

RAISINIER. s. m. Genre de polygonées, dont les fleurs et les fruits sont en grappes pendantes.

RALINGUER. v. n. *mar.* Garnir les voiles de ralingues; les diriger perpendiculairement au vent.

RALLONGE. s. f. *V.* ALLONGE au Dict.

RAMAILLAGE. s. m. Action de *ramailler*, de donner la façon aux peaux pour les passer en chamois.

RAMAIRE. adj. *bot.* Tenant ou appartenant aux rameaux.

RAMASSEUR, EUSE. subst. Celui ou celle qui ramasse des choses tombées, jetées comme étant de peu de valeur; qui fait un ramas. Une ramasseuse de chiffons; un ramasseur de clous.

RAMASSOIR. s. m. Outil servant à marbrer le papier.

RAMBADE. s. f. *mar.* Espèce de plateforme avec garde-fou autour des gaillards, d'où l'on peut combattre. On dit aussi *raméade*; c'est dans les galères.

RAMÉAL, E. adj. *bot.* Feuille *raméale*, *Voy.* ci-dessus RAMAIRE.

RAMENDAGE. s. m. Action de *ramender*, dans le sens de remédier à quelque défaut; ajouter ce qui manque, dans la peinture, la dorure, la teinture, etc. *Voyez* RAMENDER au Diction.

RAMENERET. s. m. Trait fait avec le cordeau à une pièce de charpente, pour avoir la longueur des arêtiers d'un toit.

RAMILLES. s. f. pl. Branches d'un abatis de bois, qui ne sont bonnes qu'à mettre en fagots. — *bot.* Rejetons d'un rameau divisé.

RAMIPARES. s. m. pl. *hist. nat.* Polypes à *bras.*

RAMIRET. s. m. Genre de pigeons, de Cayenne, surnommé par les Créoles *pigeon-pintade.*

RAMISTES. adj. *gram.* Lettres *ramistes*, ce sont *j* et *v*, mis en usage par *Ramus* dès 1557.

RAMOIR. s. m. Outil de coffretiers, en forme de plane, à deux côtés tranchans, pour tailler le bois et le polir.

RAMONAGE. s. m. Action de ramoner; suie qu'on en retire. Opération du ramoneur.

RAMPHE. s. f. *hist. nat.* Genre d'insectes coléoptères, de la tribu des charançonites.

RANCHE. s. f. Cheville d'un rancher, qui dépasse de chaque côté pour supporter les pieds; cheville d'un échelier de grue.

RANCIDITÉ. s. f. Qualité de rance, principe actif de corruption.

RANDIES. s. f. pl. *bot.* Famille de plantes rubiacées.

RANGE. s. f. Terme de paveur, employé pour *rangée.*

RANGETTE. s. f. Tôle commune et légère qui s'emploie en tuyaux. — Fer en petite barre, qui se coupe et se vend par morceaux.

RANGUILLON. s. m. *imprim.* Pointe de fer qui empêche la feuille de varier sur le tympan. — Second crochet de l'hameçon.

RANICEPS. s. m. *hist. nat.* Sous-genre de poissons, ayant la tête déprimée comme celle de la grenouille. (s se pron.)

RANINE. s. f. *hist. nat.* Genre de crustacés brachyures, ayant quelque rapport avec la grenouille. *Voy.* RANULAIRE au Dict.

RANZ-DES-VACHES. s. m. Air que jouent sur la cornemuse les vachers des montagnes de la Suisse, pour la rentrée des vaches.

RAPACÉ, E. adj. *bot.* Racine *rapacée*, qui imite la forme de la rave.

RAPAT. s. m. *bot.* Arbrisseau d'Amboine, dont on assure que les tiges sont transparentes.

RAPETASSEUR, EUSE. subst. Celui ou celle qui rapetasse.

RAPETTE. s. f. Genre de plantes borraginées, dont les feuilles sont fort âpres au toucher (*comme une râpe.*)

RAPHANISTRE. s. m. Genre de plantes crucifères, imitant le raifort, et très-nuisibles pour les blés.

RAPHIDIES. s. f. pl. Tribu d'insectes névroptères, ayant les *ailes en toit.*

RAPHIS. s. m. *bot.* (s se pron.) Palmier du Japon, à feuilles épineuses, cultivé dans les serres. — Plante graminée de la Chine.

RAPIDOLITHE. s. f. Pierre à baguette. *Voyez* ci-après SCOROLITHE.

RAPINERIE. s. f. Action de rapiner; rapine en détail, par petites parties; plutôt par adresse que par violence, mais toujours par abus de confiance.

RAPINEUR, EUSE. subst. Celui ou celle qui se rend coupable de rapinerie. Fam.

RAPIQUER, v. n., pour repiquer. Venir droit au vent pour dépasser un vaisseau. Marine.

RAPISTRE. s. m. bot. Genre de plantes rudes au toucher, que des botanistes n'ont pas conservé. Voy. ci-dessus RAPETTE.

RAPONCULE. s. f. Genre de campanulacées, voisin des campanules.

RAPONTIQUE. s. f. Plante du genre des rhubarbes. On a donné ce nom à d'autres plantes. Voy. RHAPONTIC au Dict.

RAPPAREILLER. v. a. et n. Appareiller de nouveau. Fam. et peu usité. On dit mieux réappareiller.

RAPPLIQUER. v. a. Mot familier, pour réappliquer.

RAPPOINTIS. s. m. Partie légère de la serrurerie, ouvrage léger.

RAPSODER. v. a. Raccommoder tant bien que mal, rapporter des pièces mal assorties ou mal jointes. Fam., au propre et au figuré.

RAPUROIR. s. m. Vase où les salpêtriers commencent l'épuration du salpêtre à la première cuite.

RAPUTIER. s. m. Petit arbrisseau de la Guyane, à graines odorantes.

RAQUE. s. f. mar. Chacune des boules qui composent les racages qu'on met autour d'un mât.

RAQUETON. s. m. Large raquette, qui forme une espèce à part.

RARESCENCE. s. f. physiq. État, qualité de ce qui est raréfié, mou opposé à densité. Il est souvent employé comme équivalent de dilatation; mais il s'applique mieux aux fluides qu'aux solides.

RARESCIBILITÉ. s. f. physiq. Dilatabilité spécialement appliquée aux fluides.

RARIFLORE. adj. bot. Plante qui a peu de fleurs, ou dont les fleurs sont éparses, isolées. On dit de même rarifeuillé, e, à l'égard des feuilles.

RASE. s. f. Poix mêlée de brai, pour le calfatage des vaisseaux. — Huile essentielle donnée par la résine du pin distillée.

RASETTE. s. f. Fil de fer qui sert à régler les tons du jeu d'anches dans les orgues.

RASPATION. s. f. chim. Action de râper; réduction des corps est raréfié, en poudre ou en pâte au moyen de la râpe.

RASSE. s. f. Panier à charbon des forges; on nomme rassée ce qu'il en contient.

RASSORTIR. v. a. Un marchand rassortit ses couleurs, ou se rassortit, en achetant de celles qui lui manquent pour former un assortiment. On rassortit une robe déjà portée, en achetant une étoffe pareille, ou à peu près, pour la rajuster, la réparer.

RATA ou RATANIAH. s. m. Racine du kramer triandre, employée en Amérique comme fort astringente.

RAT-DE-CAVE. s. m. Petite bougie de poche à grosse mèche. — Nom odieux donné aux employés qui vont visitant les caves, pour faire payer les droits aux débitans de vin. Pop.

RATELET. s. m. Nom donné dans quelques fabriques au peigne de canne.

RATINAGE. s. m. Action de ratiner; étoffe boutonnée en forme de ratine.

RATIS. s. m. Ratissure des graisses, des boyaux, chez les bouchers.

RATISSAGE. s. m. Action de ratisser; travail de celui qui ratisse.

RATISSETTE. s. f. Petite ratissoire, pour nettoyer les outils du briquetier.

RATISSOIR. s. m. Fil de laiton qui sert à ratisser, à nettoyer les soupapes des tuyaux d'orgues.

RATONCULE. s. f. bot. Petite plante renonculacée, dont une espèce est connue sous le nom de queue-de-souris, dû à la forme de son réceptacle après la floraison.

RATTENDRIR. v. a. Rendre tendre ce qui a cessé de l'être; on rendre très-tendre ce qui l'est peu, ce qui est dur.

RATTISER. v. a. Attiser le feu une seconde, une troisième fois, etc., en rapprochant les tisons qui s'étoient éloignés en se consumant.

RAU. s. m. bot. Deux plantes de ce nom sont cultivées dans la Cochinchine : Le rau-ram, espèce de persicaire qui y sert d'assaisonnement, et le rau-ton, arbrisseau dont les jeunes feuilles, qui ont un goût de cumin, se mêlent comme fourniture à la salade.

RAUVACKE. s. m. Calcaire du Jura, ou calcaire poreux de première formation.

RAUVOLFÉES. s. f. pl. Famille de plantes, voisines des apocynées, dont le type est le genre Rauvolfe. Si on les entame, il en sort un suc laiteux, qui est un dangereux poison.

RAVAGEUR, EUSE. adj. Celui ou celle qui commet des ravages. Peu usité.

RAVALE. s. f. Machine de terrassiers, qui sert à unir le terrain frais battu, sur lequel on la fait passer.

RAVENALA. s. m. bot. Genre de bananiers de Madagascar, cultivé dans les serres, dont la tige ressemble à celle du palmier, et se termine par un bel éventail d'une trentaine de feuilles à son sommet.

RAVENELLE. s. f. bot. Nom vulgaire du radis sauvage, donné aussi au giroflier jaune à fleurs doubles.

RAVENSARA. s. m. bot. (On pron. vin.) Laurier de Madagascar, dont les feuilles et les fruits s'emploient comme assaisonnement.

RAVERDOIR. s. m. Cuvette ovale des brasseries, qui sert à recevoir des cuves la liqueur de première et de seconde façon.

RAVESTAN. s. m. Panier des verreries, où l'on entrepose les pièces qu'on tire du four, en attendant qu'on les emballe pour les expédier.

RAVIÈRE. s. f. Terrain ensemencé de raves.

RAVOIR. s. m. Filet de pêche tendu au travers d'un ravin, d'un courant d'eau.

RAY. s. m. Filet à mailles étroites, disposé en entonnoir.

RAY-GRASS. s. m. Nom anglais donné à l'ivraie vivace, sans barbe, qui, employée en prairies artificielles, donne un excellent fourrage.

RAZETTE. s. f. Ratissoire de fer, pour enlever la terre à pipe, collée à l'établi sur lequel on l'a battue.

R-RE-RÉ (Du latin rursus ou retrò.) entre dans beaucoup de composés 1° avec l'idée de redoublement, comme avoir et ravoir; faire, refaire; organiser, réorganiser, etc.; 2° dans quelques uns avec une idée d'augmentation, d'effort, de direction opposée, comme renfler, remporter, réagir, etc. Enfin, on trouve de ces composés dont on n'a pas le simple, comme refuser; on des mots simples qui n'admettent pas ces composés, comme avouer; d'autres ne les admettent pas avec le même sens, ce qui force à se servir de circonlocutions.

RÉACTEUR. s. m. Celui qui produit ou favorise une réaction politique.

RÉACTIF, IVE. adj. physiq. Qui réagit. Une force réactive, agissant en sens opposé. — s. m. Un réactif, en chimie, est une substance qui, mêlée à d'autres, y opère un changement, en les faisant réunir ou séparer, au moins en partie.

RÉADMETTRE. v. a. Admettre de nouveau. Réadmis, e, part. pas.

RÉADMISSION. s. f. Action de réadmettre, seconde admission.

RÉADOPTER. v. a. Adopter une seconde fois, ou de nouveau.

RÉADOPTION. s. f. Action de réadopter, seconde ou nouvelle adoption.

RÉAPPEL. s. m. Second appel des militaires, pour s'assurer s'ils sont présens au poste où ils sont de service, ou s'ils sont retirés dans leur caserne.

RÉAPPOSER. v. a. Apposer de nouveau le sceau, les scellés.

RÉARMER. v. a. Armer de nouveau celui à qui on avoit ôté ses armes, ou qui les a perdues. — v. n. Reprendre les armes. Une nation réarme en augmentant ses troupes, qu'elle avoit mises sur le pied de paix, ou au moins diminuées de nombre.

RÉARPENTER. v. a. Arpenter une seconde fois.

RÉASSEMBLER. v. a. Assembler une seconde fois, de nouveau, ce qui étoit épars ou séparé après avoir été déjà assemblé.

RÉASSERVIR. v. a. Asservir de nouveau celui qui s'étoit affranchi.

RÉATTELER. v. a. Atteler de nouveau.

RÉAUMUR. s. m. bot. Genre de ficoïdes dont une espèce laisse transsuder de sa tige et de ses feuilles une assez grande quantité de sel et de nitre.

REBÂILLER. v. n. Bâiller de nouveau. Je n'ai fait que bâiller et rebâiller. Fam.

REBAISSER. v. a. Baisser de nouveau. — v. n. Les denrées étoient montées, mais elles rebaissent. — Ramener à leur juste poids les carreaux des monnoies.

REBANDER. v. a., un arc, une plaie, un rempart, les bander de nouveau. — mar. Conduire ou passer à un autre bord; virer de bord.

REBAPTISER. v. a. Donner une seconde fois le baptême; donner un autre nom.

REBARBE. s. f. Parcelle de cuivre que laisse au bord de la taille la pointe ou le burin du graveur.

REBARDER. v. a., une planche d'un jardin; la décharger de terre sur les bords, pour la rendre saillante en élevant le milieu.

REBAT. s. m. Action de rebattre les tonneaux pour les resserrer.

5

REBÂTER. v. a. Bâter de nouveau, ou à neuf.

REBATTOIR ou RABATTRET. s. m. Voy. RABATTOIR.

REBÉNIR. v. a. Bénir de nouveau. Rebénit, e, part. pass.

REBERCER. v. a. Bercer de nouveau, au propre ou au figuré, comme bercer.

REBIFFER (SE). v. pron. Faire une tentative, un effort, pour se défendre contre ceux qui nous frappent, nous oppriment. Un domestique trop maltraité finit par se rebiffer. — Figurément, les petits se rebiffent quand les grands veulent trop les rabaisser par leurs propos, leurs manières hautaines, etc.

REBINER. v. a. Biner de nouveau un terrain, des plantes.

REBOIRE. v. n. Boire de nouveau. On dit, dans les brasseries, que le grain qui trempe dans le germoir reboit son eau.

REBOTTER. v. a. Botter de nouveau. Se rebotter, remettre ses bottes.

REBOUILLIR. v. n. Bouillir de nouveau.

REBOUISAGE. s. m. Action de rabouiser un chapeau, de le nettoyer et de le relustrer en le repassant à l'eau simple.

REBOURGEONNER. v. n. Pousser de nouveaux bourgeons.

REBOUSSE. s. f. mar. Cheville de fer pour repousser, chasser les chevilles.

REBOUTER. v. a. Vieux mot qui s'est dit pour remettre, replacer; et même rhabiller; comme rebouteur pour rhabilleur.

REBOUTONNER. v. a. Boutonner de nouveau. Se reboutonner, remettre ses boutons; figurément, cacher ses sentimens ou ses opinions.

REBRAS. s. m. C'est ainsi que les gantiers nomment la partie des gants qui recouvre le bras.

REBRIDER. v. a. Brider de nouveau, au propre ou au figuré.

REBROUILLER. v. a. Brouiller de nouveau.

REBROUSSE, s. f., ou REBROUSSOIR. s. m. Outil du tondeur de drap, pour rebrousser le poil de l'étoffe, et le couper plus aisément.

REBROUSSETTE ou DROUSSETTE. s. f. Peigne à relever le poil du drap, et le tondre au second tour, dans les endroits où quelque pli l'a empêché d'être coupé au premier.

REBROYER. v. a. Broyer de nouveau, ou complètement.

REBRUNIR. v. a. Brunir une seconde fois ce qui a été mal bruni, ou ce qui a perdu son bruni.

REBUTE. s. f. Petit instrument qu'on place entre les dents pour en jouer, et qu'on nomme aussi une mouche, parce qu'il en imite le bourdonnement. Voy. GUIMBARDE et TROMPE au Dict.

RECACHER. v. a. Cacher de nouveau.

RECACHETER. v. a. Cacheter de nouv.

RÉCALCITRANT, E. adj. Voy. RÉCALCITRER au Dict.

RECALER. v. a. Caler de nouveau. — menuis. Achever de polir avec la varlope un bois déjà dégrossi.

RECALOIR. s. m. Varlope à fer raccourci, pour recaler.

RECARDER. v. a. Carder de nouveau.

RECARRELER. v. a. Carreler de nouveau.

RECÉDER. v. a. Céder à quelqu'un ce qu'on tenoit de lui ou d'un autre.

RECEVOIR. s. m. Vase de salpêtriers, pour recevoir l'eau de la cuite au sortir de la chaudière.

RECHANGER. v. a. Changer de nouveau, plusieurs fois.

RECHANTER. v. a. Répéter un chant, une chanson; au figuré, un avis, des instructions, peu goûtés.

RECHARGE. s. f. Nouvelle charge d'une arme à feu. Venir à la recharge se dit moins bien que revenir à la charge. Ce qui vient en recharge augmente la charge, empire l'état de celui sur qui la chose retombe.

RECHAUF. s. m. t. de jardinier. C'est le fumier qu'il met ou remet autour d'une couche, pour en augmenter la chaleur.

RECHAUSSOIR. s. m. Instrument pour rechausser le métal, en diminuer le volume en le battant.

RÊCHE. adj. Voy. REVÊCHE au Dict.

RECHIGNEMENT. s. m. Action de rechigner; air de celui qui rechigne.

RECHINSER. v. a., des laines, les passer et repasser à l'eau claire, pour achever de les dégraisser. Manuf.

RÉCILLE. s. f. Filet pour envelopper les cheveux à l'espagnole; c'est ce que l'on nomme communément un réseau.

RECIRER. v. a. Cirer de nouveau ce qui a déjà été ciré.

RÉCLAMATEUR. s. m. Celui qui réclame. Il n'est guère usité qu'entre armateurs; le mot commun est le réclamant, la réclamante.

RÉCLARE. s. m. mar. Filet de pêcheur, en nappe simple, lesté et flotté.

RÉCLINAISON. s. f. Action de récliner; quantité dont un plan réclinе en s'écartant de la ligne verticale.

RECLOUER. v. a. Clouer une seconde fois, de nouveau, ce qui avoit été cloué.

RÉCLUSION. s. f. Action de réclure, ou d'être réclus; genre de peine prononcée par un tribunal.

RECOCHER. v. a., un arc, y refaire une coche, des coches. Les boulangers recochent la pâte en la battant de la main.

RÉCLUBE. s. m. Voy. ci-dessus RÉCLARE.

RÉCOGNITIF, IVE. adj. Acte récognitif, qui contient la reconnaissance d'un titre comme bon et valable. Jurispr.

RECOIFFER. v. a. Coiffer de nouveau; se recoiffer, v. pron.

RECOLLER. v. a. Coller de nouveau ce qui s'est décollé.

RECOMMANDATOIRE. adj. Lettre recommandatoire; c'est, en terme de palais, ce qu'ailleurs on appelle une lettre de recommandation.

RECONFESSER. v. a. Confesser de nouveau un même personne. Se reconfesser, v. pron.

RECONFRONTER. v. a. Confronter de nouveau; procéder à une nouvelle confrontation.

RECONSULTER. v. a. Consulter de nouveau sur une même matière.

RECONTER. v. a. Conter de nouveau un même fait, une même histoire.

RECONVOQUER. v. a. Convoquer de nouveau une assemblée, des créanciers, etc.

RECOUCHER. v. a. Remettre au lit quelqu'un qui vient d'en sortir. On recouche un malade, un enfant, dans la journée; ou se recouche après s'être levé, le matin, ou dans la nuit. On recouche quelqu'un par terre, comme on l'y avoit couché, en l'y étendant par la force.

RECOULER. v. a. Couler de nouveau. Comme verbe neutre, on dit plutôt se remettre à couler, ou autre expression semblable. Recouler les peaux de chamoiseurs, c'est en exprimer l'huile; recouler les cartes, c'est, en fabrique, les passer en revue.

RECOUPAGE. s. m. Croisement des traces du polissoir sur la surface des glaces. Vins ou cidres recoupés.

RECOUPER. v. a. Couper de nouveau. Recouper des vins, des cidres, y mettre de l'eau, ou mêler plusieurs qualités ensemble.

RECRACHER. v. a. et n. Cracher de nouveau. — Fig. et pop. Faire recracher à quelqu'un ce qu'il a pris ou reçu indument; le lui faire rendre.

RÉCRÉDENTIAIRE. s. m. jurispr. Celui qui a obtenu de jouir d'un bénéfice en litige.

RÉCRÉMENTEUX, EUSE, ou RÉCRÉMENTIEL, LE. adj. Voy. RÉCRÉMENT au Diction.

RECREUSER. v. a. Creuser de nouveau, plus avant.

RECRIBLER. v. a. Cribler de nouveau; repasser au crible.

RÉCRIMINATOIRE. adj. jurispr. Qui contient une récrimination.

RECROTTER. v. a. Crotter de nouveau. Se recrotter, v. pron.

RECRUDESCENCE. s. f. méd. Retour avec plus de gravité des symptômes d'une maladie qui avoient paru un moment s'adoucir.

RECRUTEMENT. s. m. Action de recruter; levée de troupes. Le recrutement se fait en France par la conscription. Les conseils de recrutement jugent de la capacité militaire.

RECTIUSCULE. adj. bot. Presque droit. (On pron. recti.)

RECTOGRADE. adj. hist. nat. Qui marche sur une ligne droite.

RECTRICES. adj. hist. nat. Plumes rectrices (féminin de recteurs), qui servent aux oiseaux pour diriger leur vol; ce sont les plus longues et les plus fortes de la queue.

RECUEILLOIR. s. m. Outil en bois, sur lequel les cordiers roulent leur ficelle.

RECUITES. s. f. pl. Petits fromages mous faits avec du petit lait, dont on extrait un reste de caillé et de beurre, par l'ébullition et quelque acide.

RECUITEUR. s. m. Ouvrier des monnoies chargé, pendant son apprentissage, de la recuite des lames et des flans.

RECULER ou RECULÉ. s. m. Lime d'horloger taillée d'un seul côté.

RÉCURAGE. s. m. Action de récurer la batterie de cuisine, de la curer ou écurer en plein; vases récurés. On lave la vaisselle; on récure les poêlons, les casseroles. Récurage et récurer ont presque partout remplacé curage, curer, et même écurer. — Lieu où l'on rince les feuilles de fer qu'on va blanchir.

RÉCURRENT, E. adj. *littérat.* Un vers *récurrent*, qui se lit en arrière, à rebours. — *anat.* Un nerf *récurrent*, qui forme une souche à plusieurs rameaux. — *algèb.* Des suites *récurrentes*, à terme composé, où entrent quelques termes déjà antérieurs.

REDANSER. v. a. et n. Danser de nouveau.

REDÉBATTRE, REDÉCLARER, REDÉDIER, REDÉFAIRE, REDÉJEUNER, REDÉLIBÉRER, REDÉLIVRER, REDEMEURER, REDÉMOLIR, n'ajoutent à l'action simple que le redoublement.

REDENTS. s. m. pl. *archit.* Ressauts d'une muraille en pente, pour conserver, par intervalles, un niveau de hauteur au-dessus du terrain. — *mar.* Pièces à entailles et à dents, qui doivent s'engrainer à l'assemblage. On écrit aussi redan ; *plur.*, redans.

REDÉPÊCHER. v. a. Dépêcher de nouveau, ou la même personne, ou une autre.

REDESCENDRE. v. a. Descendre ce qu'on avoit monté ou remonté ; ou le descendre plus bas. — v. n. Descendre de nouveau d'où l'on étoit descendu ; ou descendre encore plus bas qu'on n'étoit descendu.

REDESSINER. v. a. Dessiner de nouveau ce qu'on a déjà dessiné ; ou ,v. n., reprendre le dessin, après l'avoir quitté ou suspendu.

REDÉVIDER. v. a. ou n. Dévider de nouveau.

REDISEUR. s. m. Celui qui redit souvent la même chose. Fam. et *en mauvaise part*, comme une redite, des redites.

REDISSOUDRE. v. a. Dissoudre de nouveau un métal, une assemblée, etc.

REDISTRIBUER. v. a. Faire une nouvelle distribution.

REDIVISER. v. a. Diviser de nouveau ; continuer à diviser en plus petites parties ; *figurément*, remettre la division entre....

REDOMPTER. v. a. Dompter de nouveau.

REDONDER. v. n. Moins usité que son équivalent *être redondant*.

REDORMIR. v. n. Reprendre le sommeil après qu'il a été interrompu.

REDOUL. s. m. *bot.* Plante aussi appelée *corroyère* ou *herbe aux tanneurs*. C'est un arbrisseau du Midi, espèce de sumac, dont l'écorce fournit un meilleur tan que celle du chêne vert.

REDOUNAN. s. m. *bot.* Variété d'olivier.

REDOUTÉE. s. f. *bot.* Plante annuelle, de la famille des mauves, à fleurs jaunes et violettes, à tige anguleuse.

REDOUX. s. m. Retour du temps doux après le gelée, après les grands froids de l'hiver. Il a rapport au changement de température, dont le dégel est l'effet.

REDRE. s. m. Grand filet pour la pêche du hareng.

REDRESSE. s. f. *mar.* Cordage avec appareil, pour *redresser* un navire qui est sur le flanc.

REDRESSOIR. s. m. Instrument pour *redresser* la vaisselle d'étain déformée et surtout bossuée.

RÉÉLECTION. s. f. Action de réélire ; nouvelle élection, spécialement d'une même

personne. Ce mot ne se dit qu'au sujet des assemblées délibérantes, comme les colléges électoraux, à l'égard des députés des départemens.

RÉÉLIGIBLE. adj. et s. m. Qui peut être réélu. Les députés des départemens sont indéfiniment rééligibles.

RÉÉLIRE. v. a. Élire de nouveau, spécialement une même personne ; part. pas., *réélu, e*.

RÉEXPORTATION. s. f. Action de *réexporter*, d'exporter des marchandises venues des pays étrangers. On achète, à charge de *réexportation*, les marchandises prohibées qui ont été saisies par les douaniers.

REFÂCHER. v. a. Fâcher de nouveau. Se refâcher, v. pron. *Peu usité*.

REFAÇONNER. v. a. Façonner une seconde fois, de nouveau.

RÉFACTION. s. f. Déduction qui se fait sur des marchandises, pour avarie, ou défaut soit de qualité soit de mesure.

REFAILLIR. v. n. Faillir de nouveau.

REFAUCHER. v. a. Faucher une seconde fois.

REFENDOIR. s. m. Outil de cardier, pour espacer également les dents des cardes.

REFENDRET. s. m. Coin de fer pour *refendre* les pièces d'ardoise.

REFERRER. v. a. Ferrer de nouveau.

REFÊTER. v. a. Fêter de nouveau.

REFEUILLER. v. n. REFEUILLER (se). v. pron. Pousser de nouvelles feuilles ; se regarnir de feuilles, en parlant des arbres, des plantes. *Peu usité*. On dit mieux *reverdir*. — v. a. En terme de menuiserie, c'est faire une refeuillure, ou double feuillure en recouvrement.

REFEUILLETER. v. a. Feuilleter une seconde fois, de nouveau, avec soin. Les gens de loi doivent feuilleter et refeuilleter les Codes.

REFICHER. v. a. Ficher de nouveau. Remaçonner les joints de vieux murs.

REFIGER. v. a. Le froid refige promptement les graisses fondues. — v. pron. Elles se refigent en peu de temps.

REFIN. s. m. *manuf.* Choix des plus fines laines d'un pays. *Du refin de Ségovie.*

REFIXER. v. a. Fixer une seconde fois, de nouveau. *Peu usité.*

REFLATTER. v. a. Flatter de nouveau. Les courtisans font métier de flatter et reflatter le prince.

RÉFLECTEUR. s. m. *physiq.* Pièce d'un mécanisme, disposée de manière à *réfléchir* la lumière. La plupart des réflecteurs sont métalliques.

REFLEURET. s. m. *manuf.* Laine d'Espagne de seconde qualité ; elle va après le *refin*.

RÉFLEXE. adj. *physiq.* Vision *réflexe*, qui s'opère par une réflexion de la lumière.

REFORGER. v. a. Forger une seconde fois, de nouveau. T. *de plomb*. Effacer les soufflures des tables de plomb en les battant au marteau.

REFOUETTER. v. a. Fouetter une seconde fois, de nouveau, ou avec force. *Fam.*

REFOUILLER. v. a. Fouiller de nouveau, avec soin. On a fouillé et refouillé.

REFOUIR. v. a. et n. Fouir de nouveau. Fouir et refouir.

REFOULEMENT. s. m. Action de refouler ; corps refoulé.

REFOURBIR. v. a. Fourbir une seconde fois, de nouveau.

REFOURNIR. v. a. Fournir de nouveau.

RÉFRACTIF, IVE. adj. *physiq.* Qui produit une réfraction de lumière.

REFRAYER. v. a. Frayer de nouveau. Refrayer un chemin couvert de neige. Refrayer la poterie, c'est la rendre bien unie avant que de la mettre au four.

REFRIRE. v. a. Frire de nouveau. Ce verbe est proprement neutre : On fait frire et *refrire* du poisson ; on ne le frit pas.

REFRISER. v. a. Friser de nouveau les cheveux ; *figurément*, les personnes.

REFROID. s. m. Les hougroyeurs mettent les cuirs en *refroid*, quand ils les étendent au sortir de la cave pour les faire *refroidir*.

REFROTTER. v. a. Frotter de nouveau, ou avec force.

REFUIR. v. n. *vener.* Les cerfs, etc., *refuient*, en revenant sur leurs pas, pour tromper les chiens et les chasseurs.

REFUSEUR. s. m. Celui qui refuse, qui a l'habitude de refuser. *Très-peu usité.*

RÉFUTABLE. adj. Qui peut être réfuté. Il se dit peu, et seulement d'un récit, d'un raisonnement. Cet écrit n'est pas *réfutable*.

REGAILLARDIR. v. a. Plus usité que *ragaillardir*, mais ayant le même sens. *Voy.* RAGAILLARDIR au Diction.

RÉGALEC. s. m. Genre de poissons apodes, dont une espèce est en forme de serpent, et de couleur or et brun.

RÉGALEUR. s. m. Celui qui régale. Il y a un autre *régaleur*, c'est le terrassier qui *égalise* le terrain en étendant la terre qu'on apporte ou qu'on amène ; en ce cas, *égaliseur* seroit le mot propre.

RÉGALIS. s. m. *vener.* Place où a passé le chevreuil, et que l'on reconnoît parce qu'il y a gratté.

REGARNIR. v. a. Garnir de nouveau. On regarnit un appartement de meubles neufs, à la mode, etc. On regarnit une robe, en y mettant une nouvelle garniture, etc.

RÉGAYER. v. a. Rendre la gaîté à quelqu'un, ou le rendre plus gai. On régaye le chanvre, en le faisant passer par le régayoir.

RÉGAYOIR. s. m. Peigne à grosses dents, entre lesquelles on fait passer le chanvre, pour le rendre plus *gai*, plus *coulant*, en le nettoyant des nœuds et des ordures.

RÉGAYURES. s. f. pl. Brins de chanvre qui sont restés au régayoir.

REGELER. v. n. Geler de nouveau.

REGERMER. v. n. Germer de nouveau.

REGIMBEMENT. s. m. Action de regimber.

RÉGINE. s. f. L'un des genres de la famille des serpens.

RÉGIPEAU. s. m. Perche qui unit deux coupons d'un train de bois.

REGITRE. s. m. *Voyez* REGISTRE au Diction.

RÉGLÉE. s. f. Pile de feuilles de carton épelnchées et équarries.

RÉGLEUR, EUSE. subst. Celui ou celle qui *règle* des registres, du papier de mu-

5.

signe, etc. Ouvrage où il faut se servir de la règle ou du régloir.

RÉGLOIR. s. m. Outil de papetiers pour régler plus vite et plus sûrement.

RÉGLURE. s. f. Action de régler; opération du régleur; manière dont le papier est réglé.

REGOÛTER. v. a. Goûter de nouveau, au propre seulement.

REGREFFER. v. a. Greffer une seconde fois, au propre ou au figuré.

REGRÉLAGE. s. m. Action de regréler la cire, de la repasser à la gréloire après la seconde fonte, pour la blanchir.

REGRESSION. s. f. rhet. Manière de ramener des mots en les changeant de rapport et d'ordre : Au lieu de vivre pour manger, il faut manger pour vivre.

REGROS. s. m. tanner. Grosse écorce à tan.

REGROSSIR. v. n. Redevenir gros. — grav. v. a. Élargir les tailles, les hachures.

REGUINDER. v. a. Guinder de nouveau. — v. pron. Se reguinder, se relever d'un mauvais état de fortune. Fam.

RÉGULARISATION. s. f. Action de régulariser; état d'une chose régularisée.

RÉGULARISER. v. a. Rendre régulier; assujettir à une règle, ou à des règles, à une marche uniforme. On régularise une levée de troupes, des mouvemens militaires, les recettes et les dépenses d'un état, etc. Choses compliquées, où le mot suppose qu'il y avoit absence de règle.

RÉGULATEUR. s. m. La personne ou la chose qui règle, qui sert à régler. — horlog. Le balancier ou le ressort spiral de la montre; la verge et la lentille de la pendule. — plomb. Armure du laminoir, qui règle la pression des feuilles.

RÉHABITUER. v. a. Habituer de nouveau. v. pron. Se réhabituer à quelque chose, en reprendre l'habitude.

REHACHER. v. a. Hacher de nouveau, plus menu. Faire de nouvelles hachures.

RÉHASARDER. v. a. Hasarder une seconde fois, de nouveau.

RÉHEURTER. v. a. Heurter de nouveau.

REILLÈRE. s. f. Conduit en pierre ou en bois, qui amène l'eau sur la roue du moulin.

RÉIMPOSER. v. a. et n. t. d'imprim. Imposer une seconde fois les pages qui ont été désimposées; les remettre en formes ou en feuilles : Réimposer par forme; réimposer par châssis. Voy. FORME au Diction.

RÉINFECTER. v. a. Infecter de nouveau.

RÉINSTALLER. v. a. Remettre en possession d'une demeure, d'un emploi, d'un office, etc.

RÉINTERROGER. v. a. Procéder à un nouvel interrogatoire.

RÉINVITER. v. a. Réinviter quelqu'un, lui faire une nouvelle invitation.

RÉITÉRATIF, IVE. adj. Voy. ITÉRATIF au Diction.

REJAUNIR. v. a. Redonner une couleur jaune. v. n. Reprendre une couleur, ou un teint jaune.

REJOINTOYER. v. a. Faire rejoindre les pièces d'un bâtiment; en remplir ou ragréer les joints.

REJOUER. v. a. et n. Jouer de nouveau.

REJOUTER. v. n. Jouter de nouveau.

RELÂCHANT, E. adj. méd. Une potion relâchante, qui tend à relâcher; et, subst., donner, employer des relâchans.

RÉLARGIR. v. a. Élargir de nouveau, ou élargir de beaucoup.

RELATTER. v. a. Regarnir de lattes, renouveler les lattes. T. de couvr.

RÊLER (se). v. pron. Le suif se rêle quand il se fend en vis de haut en bas. T. de chand.

RELIEN. s. m. Poudre d'artificier grossièrement écrasée.

RELIMER. v. a. Limer de nouveau, au propre et au figuré.

RELINGUER. v. n. mar. Voy. ci-devant RALINGUE, RALINGUER.

RELOCATION. s. f. jurispr. Location renouvelée; espèce de contrat.

RELOGER. v. a. Loger de nouveau. Il est aussi pronominal et neutre, comme loger.

RELOUAGE. s. m. Temps où le hareng fraye. T. de pêche.

RELUSTRER. v. a. Lustrer de nouveau; rendre le lustre à ce qui l'a perdu, ou qui n'en a pas assez. Il ne s'applique qu'aux choses.

REMAÇONNER. v. a. Maçonner de nouveau; réparer la maçonnerie.

REMANDER. v. a. Mander de nouveau. Peu usité.

REMANGER. v. n. Manger encore d'un mets, ou d'un autre mets.

REMARCHANDER. v. a. Marchander une seconde, une troisième fois, etc.

REMARCHER. v. n. Marcher de nouveau. Peu usité.

REMARQUEUR. s. m. Celui qui, à la chasse, est chargé de remarquer où vont remiser les perdrix.

REMASQUER. v. a. Recouvrir d'un masque. — v. pron. Se remasquer, reprendre son masque, ou prendre un nouveau masque.

REMBALLER. v. a. Emballer de nouveau; remettre en balle, en ballot.

REMBLAVER. v. a. Regarnir de blé, d'une nouvelle semence. Après un rude hiver, il faut souvent remblaver les terres basses.

REMBOUGER, v. a., un vase; y remettre de la liqueur.

REMBOURRAGE. s. m. Matière dont on rembourre, ouvrage rembourré. — Apprêt donné à des laines mêlées, pour faire les draps mélangés.

REMBOURROIR. s. m. Outil de bourrelier pour presser la bourre.

REMBOURSABLE. adj. Qui doit être remboursé. Ouvrir un emprunt remboursable en tant d'années.

REMBRASER. v. a. Embraser de nouveau. Peu usité.

REMBRASSER. v. a. Embrasser de nouveau.

REMBROCHER. v. a. Remettre à la broche, en broche.

REMEIL. s. m. t. de chasse. Courant d'eau où se remisent les bécasses.

REMÊLER. v. a. Mêler encore, mêler de nouveau.

REMENÉE. s. f. archit. Arrière-voûte audessus des portes, des fenêtres.

REMESURER. v. a. Mesurer de nouveau.

REMETTAGE. s. m. Action de remettre, de passer les fils dans les lisses. T. de fabriq.

RÉMIGES. s. f. pl. hist. nat. Fortes plumes des ailes, qui servent de rames aux oiseaux.

RÉMIPÈDES. Voyez ci-devant NÈGROPODES.

REMIRE. s. m. bot. Genre de graminées.

REMISSE. adj. musiq. Un son remisse, foible; celui d'une corde lâche, par opposition au son intense; celui d'une corde tendue.

RÉMITARSES ou HYDROCORÉES. s. f. pl. hist. nat. Insectes hémiptères; punaises d'eau, auxquelles leurs pates postérieures servent de rames.

RÉMITTENT, E. adj. méd. Maladie, fièvre rémittente, qui se ralentit par intervalles, sans cesser d'être continue.

REMAILLOTTER. v. a. Remettre au maillot, ou emmaillotter mieux.

REMMANCHER. v. a. Remettre le manche, ou un autre manche.

REMODELER. v. a. et n. Modeler de nouveau, ou mieux.

RÉMOLLIENT, E; RÉMOLLITIF, IVE; RÉMOLLIATIF, IVE. Voyez ÉMOLLIENT au Diction.

REMONDAGE. s. m. Action de remonder, ou émonder en plein les fils de la chaîne, pour en ôter les nœuds, les barbes, etc., qui pourroient nuire à la beauté du tissu.

REMONTANT. s. m. Extrémité de la bande du baudrier, qu'il faut remonter pour le détacher.

REMONTOIR. s. m. horlog. Assemblage de pièces par lesquelles la sonnerie de certaines pendules en remonte le mouvement; et, en général, de toutes celles qui servent à remonter, ou une pendule ou une montre.

REMOUCHER. v. a. Moucher de nouveau.

REMOUILLER. v. a. et n. Mouiller de nouveau. — mar. Laisser tomber au fond de l'eau une ancre qu'on vient d'en tirer.

REMOUILLURE. s. f. Renouvellement des levains chez les boulangers, qui les mouillent et les répétrissent pour cela.

REMOULADE. s. f. Plus usité que remolade. Voy. REMOLADE au Dict.

REMOULAGE. s. m. Son du griot, de la seconde mouture.

REMOULAT. s. m. Officier chargé du soin des rames dans une galère.

REMPAILLAGE. s. m. Action de rempailler; ouvrage, opération du rempailleur, de la rempailleuse.

REMPAQUEMENT. s. m. Arrangement des harengs, par lits, dans les tonnes.

REMPAQUETER. v. a. Remettre en paquet, ou par paquets.

REMPAREMENT. s. m. Art milit. Action de se remparer; ce qui sert momentanément de rempart.

REMPLAÇANT. s. m. Celui qui en remplace un autre, spécialement pour le service militaire. Beaucoup de conscrits cherchent des remplaçans.

REMPOCHER. v. a. Remettre dans sa poche.

REMPOISSONNEMENT. s. m. Action de rempoissonner, de repeupler de poissons un vivier, un étang.

REMPRISONNER. v. a. On dit mieux *remettre en prison*.

REMPRUNTER. v. a. Emprunter de nouveau.

REMUEUR. s. m. Celui qui remue ou se remue beaucoup; celui qui remue les grains pour les conserver; celui qui place et déplace les enfans trouvés mis en nourrice.

REMUSELER. v. a. Museler de nouveau.

RENAGER. v. n. *Peu usité.* On dit que quelqu'un veut encore nager, qu'il ne veut plus nager, plus se remettre à la nage, etc.

RÉNAL, E. adj. *anat.* Nerf *rénal*, artère *rénale*, etc., appartenant aux reins.

RENCAISSER. v. a. Remettre en caisse; encaisser mieux.

RENCEINTE. s. f. *véner.* Nouvelle enceinte, formée par un retour en cercle.

RENCHAÎNER. v. a. Enchaîner de nouveau.

RENCLOÎTRER. v. a. Remettre dans un cloître.

RENCLOUER. v. a. Enclouer de nouveau.

RENCOURAGER. v. a. Encourager de nouveau quelqu'un, lui redonner du courage.

RENDAGE. s. m. Ce que *rend* par jour un four à chaux toujours allumé; ce que *rend* par jour le travail d'un hôtel des monnoies.

RENDETTER. v. a. Endetter de nouveau. — v. pron. Se rendetter, contracter de nouveau quelque dette, après s'être libéré de celles qu'on avoit.

RENDEUR. s. m. Celui qui rend, qui aime à rendre. Les grands emprunteurs sont de mauvais rendeurs; fém., *rendeuse*.

RENEIGER. v. n. et impers. Neiger de nouveau. Il a neigé au commencement du mois; il n'a pas reneigé depuis.

RENETTOYER. v. a. Nettoyer de nouveau; rendre plus net.

RENFILER. v. a. Enfiler de nouveau, une aiguille, des perles, etc.

RENFLAMMER. v. a. Enflammer de nouveau. *Peu usité.*

RENFLER. v. a. Enfler de nouveau. *Peu usité.* Augmenter de volume : Les légumes secs se renflent, ou mieux renflent dans l'eau. On fait renfler du riz, etc.

RENFORMER. v. a. Étirer, élargir les gants sur le *renformoir* destiné à leur donner la *forme*.

RENFORMIR. v. a., un mur, lui rendre une belle *forme* par un épais crépi, que les maçons nomment un *renformis*, composé de *formis*.

RENGORGEMENT. s. m. Action de se rengorger.

RENGORGEUR. s. m., *anat.* Il se dit de deux muscles qu'on met en jeu pour se rengorger.

RENGOUFFRER (SE). v. pron. Se renfoncer dans le gouffre.

RENHARDIR. v. a. (h est aspiré.) Enhardir de nouveau, donner plus de hardiesse.

RÉNIFORME. adj. *bot.* Qui est en forme de rein.

RENIVELER. v. a. Niveler de nouveau, ou plus exactement.

RENOIRCIR. v. a. Noircir une seconde fois, ou donner un noir plus foncé.

RENONCIATAIRE. s. m. Celui en faveur de qui on fait une renonciation.

RENONCULACÉES, s. f. pl. Famille des renoncules, *Bot.*

RENSEMENCER. v. a. Ensemencer de nouveau, ou renouveler les semences. Il se dit de toute sorte de graines et de grains.

RENTAMER. v. a. Entamer de nouveau une affaire, une négociation, etc. On dit mieux *reprendre.*

RENTASSER. v. a. Entasser de nouveau, remettre en tas. — v. n. Augmenter le tas.

RENTERRER. v. a. Enterrer de nouveau, remettre en terre, ou plus bas.

RENTOILAGE. s. m. Action de rentoiler; nouvel entoilage.

RENTON. s. m. Jointure de deux pièces de charpente de même espèce, et sur une même ligne.

RENTONNER v. a. Remettre en tonneau. *Fam. et peu usité.*

RENTORTILLER. v. a. Entortiller de nouveau, ou davantage. — v. pron. Les cordages se sont rentortillés.

RENTRAÎNER. v. a. Entraîner de nouveau. *Fam. et peu usité.*

RENVAHIR. v. a. Envahir de nouveau un pays, une contrée.

RENVELOPPER. v. a. Envelopper de nouveau, ou mieux, plus complètement.

RENVENIMER. v. a. Envenimer de nouveau, ou davantage. — v. pron. Se renvenimer, dans un tel ou tel sens.

RENVERGER. v. a. *T. de vann.* Border les ouvrages.

RENVERS. s. m. t. de couvr. Manière de poser les ardoises au faîte des toits.

RENVIDER. v. a. *filat.* Rapprocher la broche du rouet, en la chargeant de fil.

RÉOCCUPER. v. a. Occuper de nouveau. *Familier.*

RÉOPINER. v. n. Opiner de nouveau.

RÉORGANISATION. s. f. Action de réorganiser.

RÉORGANISER. v. a. Organiser de nouveau, mieux, ou au moins *autrement.* On réorganise ce qui est désorganisé, ou mal organisé; le but ou le prétexte est que ce soit bien ou mieux qu'auparavant.

RÉOUVERTURE. s. f. Action de rouvrir; ouverture, entrée rendue libre après une suspension.

RÉPAISSIR. v. a. Rendre une seconde fois épais, rendre plus épais. — v. n. Se répaissir, redevenir épais, ou devenir plus épais. *Fam.*

RÉPARAGE. s. m. Seconde tonte du drap, pour réparer ce qui pourroit être resté de défectueux à la première.

REPARER. v. a. Parer de nouveau, ou avec plus d'éclat. *Fam.*

RÉPAREUR. s. m. t. de mouleur. Celui qui répare les formes.

REPARTAGER. v. a. Refaire, recommencer un partage.

REPARTEMENT. s. m. *Voy.* RÉPARTITION au Dict.

RÉPARTITEUR. s. m. Celui qui est chargé de faire une répartition.

RÉPARTON. s. m. Bloc d'ardoise divisible, sans perte, en pièces régulières.

REPASSAGE. s. m. Action de repasser

des couteaux, du linge, un chapeau, de la laine, etc., en main d'œuvre.

REPASSE. s. f. Grosse farine à retamiser; eau-de-vie à repasser à la distillation.

REPASSETTES. s. f. pl. Cardes très-fines où l'on repasse la laine, pour dernière façon avant la filature.

REPASSEUR. s. m. Celui qui repasse certains ouvrages. *Repasseuse*, ouvrière qui repasse le linge.

REPAUMER, v. a., du drap, le retordre à la main, où il y a défaut. Frotter le linge entre ses mains en le savonnant.

REPAVER. v. a. Refaire ou réparer un pavé, des pavés.

REPAYER. v. a. Payer une seconde fois.

REPEIGNER. v. a. Peigner de nouveau une personne, du chanvre, etc.

REPEINT. s. m. Endroit d'un tableau où l'on a remis de la couleur. Les vieux tableaux sont rarement sans repeint.

REPELER. v. a. Peler une seconde fois, plus complètement.

REPELOTER. v. a. Remettre en pelote.

REPENDRE. v. a. Pendre de nouveau ce qui a été dépendu.

REPENELLE. s. f. Piège à ressort pour prendre de petits oiseaux.

REPENSER. v. n. Penser de nouveau. Je n'y ai plus repensé. *Fam.*

REPERCER. v. a. Percer de nouveau. — t. de bijout. Découper un ouvrage à jour. On appelle *reperceur, cuts*, l'ouvrier ou l'ouvrière qui le découpe.

REPERDRE. v. a. Perdre ce qu'on avoit retrouvé, ou ce qu'on avoit gagné.

REPESER. v. a. Peser de nouveau ce qui a déjà été pesé; au *propre* ou au *figuré.*

REPÉTRIR. v. a. Pétrir de nouveau, ou mieux.

REPILER. v. a. Piler de nouveau, ou plus fin.

REPIQUER. v. a. Piquer de nouveau, ou davantage.

REPLAIDER. v. a. Plaider de nouveau. — v. n. Recommencer à plaider.

REPLANCHEYER. v. a. Mettre de nouvelles planches, ou un nouveau plancher.

REPLANIR. v. a. t. de mét. Achever d'aplanir, finir un ouvrage au rabot, à la *plane.*

REPLANTER. v. a. Planter ce qu'on a arraché, enlevé de terre : des arbres, des choux, etc.; ou en faire une nouvelle plantation.

REPLÂTREUR. s. m. Celui qui replâtre; au *propre*, un mur; au *figuré*, une faute, etc.

REPLÉ, E. adj. *bot.* Péricarpe replé, à valves unies par des filets, qui restent détachés après l'ouverture.

REPLEURER. v. n. Pleurer de nouveau. On dit mieux se remettre à pleurer, etc.

REPLEUVOIR. v. n. Pleuvoir de nouveau. Il va repleuvoir; ou mieux, la pluie va reprendre, recommencer, etc.

REPLISSER. v. a. Plisser une seconde fois, ou avec plus de soin.

REPLONGER. v. a. Plonger de nouveau, dans tous les sens de *plonger.*

REPOLIR. v. a. Polir une seconde fois, ou mieux.

REPOMPER. v. a. Pomper de nouveau, ou se remettre à la pompe.

REPONDRE. v. a. et n. Se remettre à pondre; pondre de nouveaux œufs.

REPONTE. s. f. Seconde ponte, ou nouvelle ponte.

REPOSSÉDER. v. a. Posséder de nouveau. *Peu usité.* On se sert mieux d'autres tours : Reprendre possession, rentrer en possession, etc.

REPOUS. s. m. maçonn. Mortier fait de brique pilée, avec de la chaux et du vieux mortier rebattu.

RÉPOUSER. v. a. *Fam. et par plaisant.* Épouser une seconde fois, ou en nouvelles noces. La loi du divorce permettoit de *répouser* sa femme. Il a épousé une demoiselle, puis *répousé* une veuve. En parlant sérieusement, on diroit : Il a épousé une demoiselle, puis une veuve, etc.

REPOUSSETAGE. s. m. Action de *repousseter* la poudre, de la ballotter pour en briser les pelotons, et les réduire en poussière.

REPRENEUR, EUSE. Celui ou celle qui aime à reprendre. *Fam. et peu usité.*

RÉPRESSION. s. f. Action de réprimer. La répression des délits est une nécessité.

REPRÊTER. v. a. Prêter de nouveau. On ne reprête pas volontiers à celui qui n'a pas rendu une première fois.

REPRISER. v. a. Priser de nouveau. — Faire une reprise perdue à une étoffe, une robe déchirée, etc. *T. d'ouvrière.*

REPROMETTRE. v. a. Renouveler la promesse d'une chose, ou en promettre une nouvelle.

REPS. s. m. Étoffe de coton, croisée, dont le nom s'est ensuite appliqué à une étoffe de soie d'un autre tissu.

RÉPUBLICANISME. s. m. Goût, préférence pour le gouvernement républicain. Système, énergie, vertu du républicain; son dévouement à la chose publique.

RÉPUBLICOLE. adj. et s. m. et f. Habitant d'une république.

RÉPUCE. s. m. Espèce de collet, de lacet, pour prendre les oiseaux.

REPURGER. v. a. Purger de nouveau. Le malade a été purgé et repurgé.

REQUART. s. m. Ancien terme de palais. Quart du quatrième denier, dans l'estimation de la vente, donation, ou aliénation d'un héritage. Il s'employoit quelquefois pour aliénation, parce qu'il la supposoit. Ce mot est dans l'analogie de quint et requint. *Voy.* ces mots au Dict.

REQUÊTER. v. n. Refaire la quête, faire une nouvelle quête. — v. a. *véner.* Quêter de nouveau la bête dont on a perdu la trace.

REQUINQUETTE. s. f. Nom des deux tours du milieu, dans la bourdigue. *T. de pêche.*

RÉQUIPER. v. a. Équiper une seconde fois, de nouveau.

RÉQUISITIONNAIRE. s. m. Soldat levé par *réquisition*, sous la république; aujourd'hui conscrit. *Voyez* ci-devant CONSCRIT, CONSCRIPTION.

RESAUCER. v. a. *Voy.* ci-dessous RESSAUCER, et autres semblables.

RESCAMPIR. v. a. *doreur.* Réparer, avec de la céruse, les taches que la bavure peut avoir faites sur le fond.

RESCIF. s. m. mar. Banc de rochers tranchans, à fleur d'eau. *Voy.* RÉCIF au Dict.

RÉSÉDACÉES. s. f. pl. bot. Famille des résédas, contenant une vingtaine d'espèces, entre autres le réséda *odorant*, et la *gaude*, qui sert à teindre en jaune.

RÉSINGLE. s. m. horlog. Outil pour redresser les boîtes de montres bossuées.

RESPIRATEUR - ANTI - MÉPHITIQUE. s. m. Instrument, au moyen duquel on peut respirer sans danger au milieu d'un air méphitique, où l'on veut faire des expériences, sauver une personne suffoquée, etc.

RESPIRATOIRE. adj. Qui concerne la respiration. Les organes respiratoires servent à respirer. Les mouvemens respiratoires sont ceux que l'on fait en respirant.

RESPONSION. s. f. Pension, charge, dont un ordre de chevalerie, un commandeur, est responsable, et qu'il doit acquitter.

RESSACRER. v. a. Sacrer de nouveau. On ressacre une église qui a été profanée.

RESSALUER. v. a. Saluer une seconde fois, ou rendre le salut.

RESSASSEUR. s. m. Celui qui ressasse une matière, un raisonnement, qui ne sait pas en sortir.

RESSAUCER. v. a. Saucer une seconde fois, *Voy.* SAUCER au Dict.

RESSAUTER. v. a. Sauter de nouveau. — v. n. Faire un ressaut ou, soubre-saut, mouvement en arrière, ou en se redressant.

RESSÉCHER. v. a. Sécher de nouveau, ou en plein. — v. pron. Se ressécher, et par ellipse ressécher. Le linge s'est ressèché, est devenu ou redevenu sec, tout-à-fait sec.

RESSELLER. v. a., un cheval, lui remettre la selle. Ressellez le cheval dans deux heures.

RESSIFFLER. v. a. Siffler de nouveau, à diverses reprises. Siffler et ressiffler un acteur.

RESSONNER. v. a. Sonner de nouveau. On a sonné et ressonné la grosse cloche. — v. n. Les cloches n'ont fait que sonner et ressonner.

RESSOUDER. v. a. Faire tenir par une nouvelle soudure ce qui est dessoudé, ou mal soudé.

RESSOUVENANCE. s. f. Mot vieilli. *V.* Ressouvenir au Dict.

RESTAURANT. s. m. Établissement d'un restaurateur. *Voy.* RESTAURANT au Dict.

RESTIAIRE. s. m. bot. Arbrisseau grimpant de la Cochinchine, de l'écorce duquel on fait des cordes.

RESTIO. s. m., RESTIOLE. s. f. Espèces de joncs, presque tous du Cap.

RESTITUTEUR. s. m. Celui qui *restitue*, qui rétablit un passage, un morceau d'un ancien écrit, qui avoit été altéré ou qui s'étoit perdu.

RÉSURE. s. f. Appât fait avec des œufs de morue, de maquereau, pour pêcher les sardines.

RETAILLEMENT. s. m. Action de retailler. Il ne se dit guère que de la pierre de taille.

RETAILLER. v. a. Tailler une seconde fois, ou de nouveau, des arbres, une robe.

RETARDATAIRE. adj. et subst. Qui est en retard de payement. Il se dit aussi du militaire qui ne rejoint pas à temps son corps, ou du conscrit qui ne se présente pas au tirage.

RETÂTER. v. a. Tâter une seconde fois, de nouveau. On tâte et retâte le pouls d'un malade. Il se dit aussi des alimens. Je n'ai pas retâté de ce mets depuis que j'en ai été incommodé.

RETAXER. v. a. Taxer de nouveau; assigner une nouvelle taxe. Le prix du pain étoit réglé de gré à gré; mais depuis on l'a retaxé.

RETEINDRE. v. a. Repasser à la teinture.

RETEINDRE. v. a. Éteindre une seconde fois.

RETENDOIR. s. m. Outil de facteurs d'orgues, en fer aplati.

RETENDRE. v. a. On retend ce qui s'est détendu, ou ce qui n'est pas assez tendu.

RETENDRE. v. a. Étendre de nouveau.

RETENTER. v. a. Tenter de nouveau. *Peu usité.*

RETENTIF, IVE. adj. anat. Muscle *retentif*, qui retient, qui sert à retenir.

RETENTIONNAIRE. adj. et subst. t. de pratiq. Celui qui retient ce qui appartient à autrui, et qu'il devoit rendre.

RÉTÉPORE. s. m. Genre de polypiers pierreux en réseau.

RÉTÉPORITE. s. m. Rétépore fossile.

RÉTICULE. s. m. astron. Instrument composé de fils, en réseau, disposés de manière à pouvoir mesurer le diamètre des astres.

RÉTICULÉ, E. adj. bot. Feuille marquée de nervures en réseau. *Voy.* RÉTICULÉ au Diction.

RÉTIFORME. adj. bot. *Voy.* RÉTICULAIRE au Dictiou.

RÉTINITE. s. f., ou *Pierre de poix fusible.* Substance minérale à base siliceuse, ayant l'aspect d'une pierre, et prenant feu à la moindre lumière, pour se consumer en entier. *Minér.*

RÉTINOPHYLLE. s. m. bot. Petit arbre rubacé de l'Amérique méridionale, à bois blanc et léger, à fleurs couleur de chair.

RÉTIPÈDES. adj. et s. m. pl. hist. nat. Oiseaux à tarses couverts d'écailles en réseau.

RETIRONS. s. m. pl. Rebuts de laines restées au peigne dans le premier peignage.

RETIRURE. s. f. fond. Creux formé dans une pièce d'étain en la coulant.

RÉTITÈLES. s. f. pl. Division d'aranéides formant des réseaux irréguliers. *Hist. nat.*

RETOISER. v. a. Toiser de nouveau.

RETONDRE. v. a. Tondre une seconde fois, de nouveau, ou plus complètement. — archit. Diminuer de l'épaisseur d'un mur. — sculpt. Fers à retondre, outils pour achever le poli.

RETORDAGE. s. m. Action de retordre les fils de fabrique.

RETORDEUR. s. m. Ouvrier employé à retordre les fils ou les soies, pour les métiers à tisser.

RETORDOIR. s. m. Machine à retordre fils ou soies.

RETORSOIR. s. m. Rouet de cordier, pour faire le bitord.

RETORTILLER. v. a. Tortiller de nouveau ou davantage.

RETORTUM. s. m. *bot.* (On pron. *tome* bref.) Arbrisseau du Pérou, cultivé au jardin des Plantes, et dont le fruit est en spirale-cylindrique. On le nomme aussi *acacia* à *tire-bouchon*.

RETOUPER. v. a. C'est refaire une pièce de poterie de terre qui a été manquée.

RÉTRACTILE. adj. Qui peut s'étendre et se resserrer, se *retirer*.

RETRAINDRE. v. a. Battre un lingot d'argent sur l'enclume, pour en faire de la vaisselle.

RETRAITÉ, E. adj. Officier *retraité*, jouissant d'une pension de retraite après un certain nombre d'années de service actif.

RETRAITER. v. a. Traiter de nouveau. C'est un sujet usé ; il a été traité et retraité. *Familier.*

RETRAVAILLER. v. a. Soumettre à un nouveau travail. — v. n. Se remettre au travail.

RÉTREINDRE. v. a. Élever une pièce de métal emboutie, et la modeler au marteau. Ce mot paroit être le même que *rétraindre*, avec une autre application.

RÉTREINTE. s. f. Action de rétreindre. Genre d'opération.

RETREMPE. s. f. Action de retremper.

RETREMPER. v. a. Tremper de nouveau ce qui est détrempé ou mal trempé.

RETRESSER. v. a. Remettre en tresse ce qui s'est détressé ou qui est mal tressé : Des cheveux, du fil, une natte, etc.

RÉTRIBUER. v. a. , quelqu'un, un commis, un agent, etc. ; lui donner une rétribution. Il s'emploie mieux au passif : Les agens du haut commerce sont mieux rétribués. Le clergé des paroisses riches est plus grassement rétribué que celui des autres.

RÉTRILLER. v. a. Étriller de nouveau.

RÉTROCESSIONNAIRE. s. m. t. de *palais.* Celui à qui l'on a fait une rétrocession.

RÉTROGRADISTE. s. m. et f. Partisan d'une marche rétrograde, contraire à la liberté publique et aux institutions libérales.

RÉTUDIER. v. a. Étudier de nouveau ce qu'on a oublié ou mal appris.

RITUS, E. adj. *bot.* Très-obtus, émoussé.

RÉTUVER. v. a. Étuver de nouveau, ou à diverses reprises.

REUMAMÈTRE. s. m. Instrument imaginé pour mesurer la rapidité d'un courant. *Physiq.*

REVALIDER. v. a. t. *de droit.* Valider de nouveau ; rendre valable.

RÊVASSERIE. s. f. Action de rêvasser. rêve sans suite et sans liaison, produit par l'agitation du sommeil.

RÉVEILLÉE. s. f. Durée d'un travail de fourneau sans interruption, dans les glaceries.

RÉVEILLEUR, EUSE. subst. Celui ou celle qui réveille les autres à certaines heures.

RÉVÉLATEUR, TRICE. subst. Celui ou celle qui fait une révélation.

REVENOIR. s. m. Outil d'horloger, par lequel ils font recuire ou bleuir diverses pièces d'acier.

REVENTER. v. n. Venter de nouveau. Peu usité en ce sens. — v. a. *mar.* Remettre au vent une voile qu'on avoit tenue en ralingue.

REVENTIER. s. m. Commis qui vend le sel en détail dans les salines.

RÉVERCHER. v. a. Réparer les soufflures ou grumelures des pièces d'étain jetées au moule.

REVERDIE. s. f. *mar.* Attendre la reverdie, le rapport, le retour de la haute mer, spécialement dans les grandes marées de l'Équinoxe.

REVERDISSEMENT. s. m. Action de reverdir ; retour de la verdure.

REVERDOIR. s. m. Cuvette ovale où les brasseurs reçoivent les matières de la cuve.

RÉVÉRENCIEUSEMENT. adv. D'une manière révérencieuse.

REVERNIR. v. a. Recouvrir d'un nouveau vernis. On revernit ce qui est déverni, ou ce qui est mal verni, foiblement verni.

REVERSEAU. s. m. Pièce de bois qui recouvre la feuillure au bas d'une porte et en écarte l'eau de la pluie.

REVERSEMENT. s. m. Action de reverser. — *mar.* Transport de marchandises, d'effets, d'un bâtiment dans un autre.

REVERSER. v. a. Verser de nouveau, en plus grande quantité ; remettre dans le même vase. — *mar.* Faire un reversement.

REVERSIBILITÉ. s. f. Qualité de ce qui est réversible.

REVERSOIR. s. m. Lieu où l'on fait perdre l'excédant de l'eau d'un moulin, d'un canal, d'un courant d'eau.

RÉVIDAGE, RÉVISION. Action de révider. *Terme de revendeur.*

REVIDER. v. a. Vider de nouveau.

RÉVIDER. v. a. Évider davantage, agrandir un trou percé à dessein, dans une pièce de bijouterie, etc. — v. a. et n. Voir de nouveau, passer en *revue*. Les revendeurs qui fréquentent les ventes publiques *révident* souvent après la vente, c'est-à-dire passent en *revue* les marchandises qu'ils ont achetées, les remettent entre eux aux enchères, pour ensuite partager le bénéfice et quelquefois même la perte qui résulte de ce *révidage*, qu'ils appellent aussi *révision*.

REVIQUER. v. a. Dégorger des étoffes au sortir de la teinture, en les passant à la foule ou à l'eau.

REVIQUEUR. s. m. Ouvrier employé à reviquer les étoffes sortant de la teinture.

RÉVISER. v. a. Viser de nouveau. On fait réviser un passeport ; réviser un jugement : c'est le soumettre à un nouvel examen. On révise des lois, une constitution politique, pour y faire des améliorations ou pour les détériorer, suivant l'intention des réviseurs.

RÉVISION. *Voy.* RÉVIDAGE.

REVISITER. v. a. Visiter de nouveau quelqu'un, un lieu, etc.

REVOITURER. v. a. Voiturer une seconde fois, une autre fois.

REVOLER. v. a. Dérober de nouveau. — v. n. Revenir ou retourner au moyen de ses ailes ; et au *fig.*, promptement, ou avec empressement.

RÉVOLUTÉ, E. adj. *bot.* Roulé en dehors, replié en spirale sur ses bords.

RÉVOLUTIONNAIRE. adj. Qui tend à une révolution, ou qui en est l'effet. Un mouvement révolutionnaire ; des mesures, des lois révolutionnaires. Appliqué aux personnes, ce mot signifie moteur, partisan de la révolution, d'une révolution, et peut s'employer substantivement. Agir en révolutionnaire. Les partisans des privilèges sont des révolutionnaires sous un gouvernement légal.

RÉVOLUTIONNAIREMENT. adv. Agir révolutionnairement, d'une manière révolutionnaire.

RÉVOLUTIONNER. v. a. , un pays, y porter la révolution, y opérer ou y faire opérer une révolution par son influence.

REVOULOIR. v. a. Vouloir de nouveau. *Très-peu usité.* On aime mieux porter la révolution redoublement sur l'autre verbe ; au lieu de : je n'ai pas *revoulu* sortir, on dira : je n'ai pas voulu *ressortir*.

REVOYAGER. v. n. Se remettre en chemin ; faire un nouveau voyage.

REZ-MUR. s. m. *archit.* Parement d'un mur dans œuvre.

RHABILLEUR. s. m. Mot préférable à *renoueur*, mais qui a la même acception. *Voy.* RENOUEUR au Dict.

RHAGADE. s. f. *méd.* Fente ulcérée aux doigts ou aux lèvres : de que nous nommons crevasses.

RHAMNOÏDES. s. f. pl. Famille de plantes, approchant de l'aubépine, très-nombreuse en genres : le nerprun, le houx, etc.

RHAMPHE. s. m. Insecte, genre de la famille des characonites.

RHINANTHACÉES ou RHINANTHOÏDES. s. f. pl. Famille de plantes dont le type est le genre rhinante ou crête de coq, à la fleur duquel on a trouvé quelque ressemblance avec le nez de l'homme.

RHINAPTÈRES ou PARASITES. s. m. pl. Division d'insectes sans mâchoires et sans ailes : poux, puces, tiques. *Hist. nat.*

RHINCHOPHORES. s. m. pl. Famille d'insectes coléoptères tétramites, comprenant la tribu des charbchèles et celle des charançonites. *Hist. nat.*

RHINOCÈRES. *Voyez* ci-après ROSTRICORNES.

RHINOSTOMES. *Voyez* ci-devant FRONTIROSTRES.

RHISAGRE. s. m. *chir.* Instrument pour arracher les racines des dents.

RHIZOPHAGE. adj. et subst. Qui *vit* de *racines*, qui les attaque, les ronge. *Hist. natur.*

RHIZOSPERMES. s. f. pl. *bot.* Famille de plantes à semences en forme de *racines*. *Voy.* ci-devant NOTELÉE.

RHODORACÉES. s. f. pl. *bot.* Famille de plantes portant des fleurs à *odeur* de rose.

RHOMBOÏDAL, E. adj. *géom.* En forme de rhomboïde.

RHUMATISMAL, E. adj. *méd.* Qui tient ou qui provient du rhumatisme. Douleur rhumatismale.

RIAULE. s. f. Outil de mineurs, en fer battu, de 7 à 8 pouces de long, relevé par un bout en tuyau à écrou, pour recevoir un manche. C'est de là que vient probablement l'expression populaire *faire la riaule*, pour dire bombance. Ce seroit en ce cas le *béjaune* des ouvriers à *pioche*.

RIBAUDURE. s. f. Pli ou bourrelet survenu à une pièce de drap en passant au foulon.

RIBE. s. f. Machine à broyer le lin et le chanvre, ainsi nommée dans quelques provinces de l'Est.

RIBÉSIOÏDES. s. f. pl. bot. Famille des groseilliers.

RIBORD. s. m. mar. Bordage le plus près de la quille.

RIBOT. s. m. Bâton à battre la crème dans la baratte, pour faire le beurre.

RIBOTE. s. f. Partie de table où plusieurs personnes, tour à tour, payent à boire : ce qui est commun entre ouvriers, entre militaires. De là, repas où l'on boit beaucoup. Faire ribote, se mettre en ribote. Fam. et pop.

RIBOTER. v. n. Être en ribote, faire une ribote. Pop. (Latin, re-potare.)

RIBOTEUR. s. m. Celui qui ribote, qui a l'habitude de riboter. Pop.

RICHE-DÉPOUILLE. s. f. Variété d'orangers qui se charge de fleurs.

RICHISSIME. adj. Immensément riche. Mot familier entre l'exagération et le ridicule.

RIDAINS ou RIDEAUX. s. m. pl. Rides, inégalités au fond de l'eau. T. de pêche.

RIDÉES. s. f. pl. t. de vén. Fientes et fumées des vieux cerfs.

RIDELLE. s. f. Roue à dents, des pâtissiers et des cuisiniers, pour couper la pâte et la rendre dentelée des bords.

RIEUX. s. m. pl. Espèce de filets à pêcher, aussi nommés cibaudières. Il y a des rieux et des demi-rieux.

RIFLARD. s. m. Gros rabot de menuisier pour dégrossir le bois. — Ciseau à dents du tailleur de pierre. — Longue laine sans apprêt.

RIFLEAU. s. m. Veine en défaut dans un banc d'ardoise, avec inclinaison au Sud.

RIFLER. v. a. Limer, adoucir avec un rifloir, espèce de lime des couteliers. Les doreurs en ont d'une autre forme.

RIGAUX ou RIGAUDS. s. m. pl. Noyaux restés au cœur des pierres à chaux, sans être calcinés.

RIGIDEMENT. adv. D'une manière rigide, avec rigidité.

RIGOTEAU. s. m. Tuile fendue en travers, comme les couvreurs en emploient aux solins.

RIMULE. s. f. Petite fente qu'on fait remarquer, pour caractériser, ou seulement décrire en entier certaines coquilles.

RINCÉE. s. f. Ondée de pluie qu'on reçoit : J'ai reçu une rincée ; figurément, mauvais traitement : On reçoit ou on donne une rincée.

RINÇOIR. s. m. Vase des papeteries, pour rincer les matières.

RINGARD. s. m. Barre de fer dont on se sert pour manier plus aisément de grosses pièces de forge.

RINGEAU ou RINGEOT. s. m. mar. Dernière pièce de la quille, du côté de l'avant du vaisseau.

RIORTE. s. f. bot. Nom vulgaire de la ienne viorne, comme propre à servir de ien. (re-ortus-a-nm.) Il se dit même de tout rejeton propre à en faire, et qui n'est pas cassant.

RIPE. s. f. Outil de maçon, de sculpteur, céré et denté, pour gratter, nettoyer un ouvrage.

RIPPER. v. a. Gratter, nettoyer avec la ripe. — v. n. mar. On dit qu'un câble ripe, pour dire qu'il gratte contre quelque chose, qu'il fait la ripe.

RISAGON. s. m. bot. Plante de l'Inde, dont la racine jaunâtre, amère et aromatique, s'emploie en médecine ; on la croit du genre des gingembres. On la nomme aussi cassumuniar.

RISAVE. s. f. bot. Zizanie des marais.

RISSOLETTES. s. f. pl. Rôties de pain, garnies d'une farce de viande, et roussies au four ou dans une tourtière.

RISSON. s. m. mar. Ancre à quatre bras, dans les galères.

RIVESALTES. s. m. Bourg du Roussillon, à deux lieues de Perpignan, situé sur un coteau élevé, et connu par le vin muscat rouge qu'il fournit au commerce.

RIVETIER. s. m. Outil de cordonniers, portant l'empreinte d'un œil ou d'une étoile, et dont ils se servent pour river les cuirs.

RIVINE. s. f. Plante chenopodée d'Amérique, dont on cultive une espèce en France.

RIVOIR. s. m. Outil d'acier trempé, qui sert aux boisseliers pour couper et river les clous qui dépassent.

RIVOIS. s. m. Petit marteau dont se sert le maréchal pour river les clous des roues.

RIVULAIRE. adj. bot. Qui croît dans les ruisseaux ou au bord. — Genre de plantes cryptogames, entre les trunelles et les conferves. — On le dit aussi des mollusques qui habitent les rives de la mer, ou le bord des rivières.

RIVURE. s. f. Broche de fer rivée aux deux bouts, pour tenir deux pièces ensemble.

ROABLE. s. m. Espèce de râble, tirebraise des boulangers.

ROBER. v. a. Rober un chapeau, c'est en lisser l'étoffe avec la peau de chien de mer. Rober la garance, c'est en lisser l'écorce en ôtant l'épiderme ; en sorte que la garance robée reste avec son écorce.

ROBINIER. s. m. Genre de plantes légumineuses, comprenant le faux acacia, le robinier amer, le robinier-chanvre, et autres espèces.

ROCAILLEUX, EUSE. adj. Où il y a beaucoup de cailloux. — Figurément, un style rocailleux, inégal et dur par places.

ROCAMBEAU. s. m. mar. Anneau de fer servant à faire monter ou à descendre une voile le long d'un mât.

ROCCELLA. s. f. bot. Espèce de groseilliers épineux.

ROCHETTE. s. f. Soude du Levant, connue dans les verreries.

ROCHEUX, EUSE. adj. Garni de roches, de rochers ; mot employé par les voyageurs comme diminutif de montagneux, et marquant un pays plus hérissé que le montueux.

ROCHOIR. s. m. Boîte ou borax, pour les ouvriers soudent.

RODOIR ou COUDRET. s. m. Cuve de tanneurs.

ROELLE. s. f. Genre de campanulacées d'Afrique, dont une espèce a une belle fleur violette.

ROGER-BONTEMPS. s. m. Un sans-souci, qui ne s'inquiète de rien et prend le temps comme il vient. C'est un Roger-Bontemps.

ROGNEMENT. s. m. Action de rogner un livre pour le relier ; c'est une opération des relieurs.

ROGNOIR. s. m. Outil pour rogner ; table sur laquelle on rogne ; c'est un terme de chandeliers.

ROGOMME. s. m. Eau-de-vie dure et forte. On dit, au figuré, voix de rogomme, c'est-à-dire âpre et rauque, comme peut la donner l'usage des liqueurs fortes. C'est un terme absolument populaire.

ROJOC. s. m. (On pron. o-i-o.) Espèce de morinde, fausse rhubarbe dont la racine teint en fauve.

RÔLEUR. s. m. Ouvrier qui fait les rôles de tabac dans les fabriques.

ROMANTISME. s. m. Goût, passion, pour le genre romantique, tourné en ridicule par les partisans du genre classique.

ROMPURE. s. f. Endroit où est rompu le jet qui tenoit à la lettre. T. des fonderies en caractères.

RONCERAIE. s. f. Lieu où poussent beaucoup de ronces.

RONCINELLE. s. f. Genre de ronces à graines nues, au lieu de porter une baie.

RONDELIER. s. m. Genre de plantes rubiacées d'Amérique, dont on compte une vingtaine d'espèces.

RONDIER. s. m. Genre de palmiers, dont une espèce des Indes, à bois noir, ne produit qu'une fois du fruit, et meurt ensuite : c'est le rondier lontar.

RONDIES. s. f. pl. Cylindres sur lesquels les plombiers arrondissent en tuyaux leurs lames de plomb.

ROND-POINT. s. m. archit. Place libre et circulaire au centre d'un plan. — Place réservée, dans une église, à l'opposite du portail.

RONGEMENT. s. m. Action de ronger ; partie rongée.

RONGEURS. s. m. pl. hist. nat. Ordre de quadrupèdes, qui ne peuvent manger qu'en rongeant leurs alimens : Lièvre, lapin, écureuil, etc.

ROPALOCÈRES. s. m. pl. hist. nat. Famille d'insectes à antennes en massue. On les nomme aussi globulicornes. Ce sont les lépidoptères diurnes.

ROQUETIN. s. m. Sorte de bobine à dévider le fil d'or ou de soie, dans les fabriques. Il en est d'autres qu'on nomme roquettes.

ROQUILLES. s. f. pl. On nomme ainsi, chez les confiseurs, des confitures d'écorce d'orange. Voy. Roquille au Dict.

RORELLA. s. f. bot. Nom donné au rossolis, dont les feuilles sont couvertes de glandes, qui semblent autant de gouttes de rosée exposées au soleil.

RORIDULE. s. f. bot. Arbrisseau peu rameux du Cap, qui est visqueux au point de retenir les mouches qui s'y posent.

RORIFÈRE. adj. anat. Porte-rosée. Vaisseaux lactés. Il se dit aussi, en botanique, à l'égard de quelques plantes.

RORQUAL. s. m. hist. nat. Espèce de baleine du Groenland.

ROS ou ROT. s. m. t. de fabriq. Voy. ci-devant PEIGNE.

ROSACÉES. s. f. pl. *bot.* Famille des roses. Plantes à fleurs en forme de rose.

ROSELÉ, E. adj. *bot.* Feuilles *roselées*, disposées en rosette.

ROSELET. s. m. Hermine avec son poil d'été, qui est jaunâtre.

ROSELIÈRE. s. f. Terrain qui ne produit que des roseaux.

ROSER. v. a. C'est, chez les teinturiers, donner une teinte plus foncée à la couleur rouge.

ROSE-SAINTE-MARIE. s. f. *bot.* Jolie plante que cultivent les jardiniers sous le nom de *coquelourde*.

ROSE TRÉMIÈRE. s. f. *bot.* Belle plante bisannuelle, à haute tige, du genre alcée, cultivée aussi sous le nom de *rose-de-damas*, *rose-d'outre-mer*, et de *passe-rose*.

ROSETIER. s. m. Ouvrier qui fait les peignes à tisser, aussi nommés *ros*.

ROSETTIER. s. m. Outil d'orfèvres, de couteliers, pour tailler des rosettes.

ROSOIR. s. m. Outil de facteurs, pour percer dans les tables du clavecin le trou où l'on met la rose.

ROSSOLIS. s. m. *bot.* (*ros-solis*, rosée du soleil.) Plante annuelle, à fleurs rosacées, et garnie de glandes fistuleuses imitant des gouttes de rosée. *Voy.* Rossolis au Dict.

ROSTELLE. s. f. *bot.* Petite éminence au sommet du stigmate, dans la fleur des orchidées.

ROTACÉ, E. adj. Étalé en rond, sur un même plan, et sans tube.

ROTANG. s. m. *bot.* Genre de palmiers, dont une espèce fournit les cannes de jonc, et une autre les baguettes dont on se sert pour baguetter les habits. *V.* Rotin au Dict.

ROTATEUR. s. m. *anat.* Muscle *rotateur*, qui fait mouvoir en rond.

ROTIER. s. m. *Voy.* ci-dessus Rosetier.

ROTISSOIRE. s. f. Ustensile de cuisine, pour faire rôtir plusieurs pièces à la fois.

ROUCOULEMENT. s. m. Action de roucouler. Bruit que font, avec le gosier, les pigeons et les tourterelles qui roucoulent.

ROUCOUYER. s. m. *bot.* Voyez Roucou au Dictionn.

ROUERIE. s. f. Action de roué; mauvais tour digne d'un roué. *Voy.* Roué au Dict.

ROUENNERIE. s. f. (On pron. *rouanne.*) Toiles et étoffes de Rouen.

ROUETTES. s. f. pl. Branches de bois, flexibles, trempées dans l'eau, pour servir de hart ou lien, dans les chantiers, sur les trains de bois.

ROUGISSURE. s. f. Entre artisans, couleur de cuivre rouge; entre chaudronniers, cuivre d'un vilain rouge.

ROUILLEUX, EUSE. adj. *bot.* De couleur de rouille.

ROUISSAGE. s. m. Action de rouir; opération que subit le chanvre ou le lin en rouissant, ou pour être roui.

ROUISSOIR ou ROUITOIR. *Voy.* Rouitoir au Dictionn.

ROULET. s. m. Fuseau de bois dur, qui sert à fouler les chapeaux.

ROULON. s. m. *de charp.* Bâton qui forme un échelon; ridelle, balustre.

ROULURE. s. f. Maladie des arbres où il se forme un vide entre les couches du bois.

ROUPALE. s. f. *bot.* Genre de protéoïdes,

dont plusieurs espèces exhalent une odeur très-fétide.

ROUSSABLE. s. m. Endroit où l'on fait saurer les harengs.

ROUSSAILE. s. f. Les pêcheurs donnent ce nom aux petits poissons de leur pêche, qui ne peuvent servir que d'appât pour de plus gros.

ROUSTER. v. a. *mar.* Faire des roustures.

ROUSTURE. s. f. *mar.* Liure pour fixer ensemble deux pièces de bois.

ROYALISME. s. m. Attachement à la royauté. Il ne s'entend guère, en France, que de la royauté *absolue*, ceux qui vantent leur royalisme ayant toujours combattu le régime légal.

ROYEN. s. m. Genre d'ébénacées du Cap, dont plusieurs espèces sont cultivées en France.

ROYOC. s. m. *bot. Voy.* ci-devant Roïoc.

RUBANÉ, E. adj. *bot.* Rayé en long, par bandes de diverses couleurs.

RUBANIER. s. m. Plante aquatique, de la famille des typhoïdes, dont la feuille longue et étroite figure des morceaux de ruban.

RUBASSE. s. f. Cristal coloré artificiellement.

RUBÉFACTION. s. f. *méd.* Action de rubéfier, de produire une rougeur inflammatoire à la peau, par des médicamens irritans.

RUBÉFIANT, E. adj. *méd.* Qui a la propriété de faire rougir la peau en l'irritant; et substantivement employer les rubéfians, les applications propres à produire cet effet.

RUBÉFIER. v. a. *méd.* Produire à la peau une inflammation érysipélateuse, par le moyen de rubéfians.

RUBELLITE. s. f. Tourmaline rouge de Sibérie.

RUBIACÉES. s. f. pl. Famille de plantes propres à teindre en rouge, que l'on nomme aussi *étoilées*.

RUBIFICATION. *Voy.* ci-dessus Rubéfaction.

RUBINE. s. f. *anc. chim.* Nom de plusieurs compositions en rouge. Rubine d'antimoine, d'arsenic, etc.

RUCHER. s. m. Endroit garni de planches, où l'on pose les ruches. Un rucher doit être à sec, exposé au soleil d'hiver, et à portée de prairies où les abeilles puissent aller.

RUDÉRAL, E. adj. *bot.* Des plantes *rudérales*, qui viennent sur les décombres, autour des maisons.

RUÉE. s. f. Amas de paille, d'herbes, etc., qu'on fait pourrir pour le mêler avec du fumier.

RUQUEUX, EUSE. adj. *bot.* Feuille dont les nervures forment des rides en se ramifiant.

RUILLÉE. s. f. *de couvr.* Enduit de plâtre ou de mortier pour raccorder les tuiles ou les ardoises, le long d'un mur ou d'une lucarne.

RUINURE. s. f. Entaille faite à des poteaux pour retenir des panneaux de maçonnerie.

RUMÉE. s. f. *bot.* Genre de nerpruns de Saint-Domingue.

RUMFORT (Soupe à la). (Ou pron.

rome bref.) Soupe économique de légumes, établie par des sociétés de bienfaisance, pour être distribuée aux pauvres, particulièrement dans la mauvaise saison.

RUNCINÉ, E. adj. *bot.* (On pron. *ron.*) Feuille *runcinée*, à bords en dents de scie.

RUPESTRAL, E. adj. *bot.* Qui croît sur les rochers.

RUPPIE. s. f. Genre de Naïades, plante aquatique, qui ne sort de l'eau qu'en partie au temps de la fécondation, et y rentre ensuite.

RUPTILE. adj. *bot.* Qui s'ouvre par une rupture spontanée.

RUSSEL. s. m. Arbrisseau grimpant de Cuba, qui laisse retomber des arbres ses rameaux garnis de fleurs.

RUTABAGA. s. m. *bot.* Variété de raves, originaire de la Sibérie, préférée pour fourrage, résistant mieux au froid, et poussant de bonne heure au printemps.

RUTACÉES. s. f. pl. Famille de plantes dont le type est la *rue*.

RUTILANT, E. adj. *chim.* Qui a l'éclat de l'or, tel que l'acide nitreux et ses vapeurs.

RYNCHOSPORE. s. m. *bot.* Nombreux genre de choins, à semences mucronées par un style persistant.

RYPTIQUE ou mieux RHYPTIQUE. adj. *méd. Voy.* Détersif au Dict.

RYTINE. s. f. *hist. nat.* Cétacé herbivore du Kamstchatka, qu'on dit peser jusqu'à huit milliers.

S.

S. s. m. Lettre de la souche *sifflante*, qui peint le son fort : *se*, et prend le son du *z* entre deux voyelles, excepté dans désuétude, entresol, monosyllabe, parasol, préséance, présupposer, tournesol, vraisemblable, vraisemblance. — Elle a le son *z* après une consonne, dans Alsace, balsamine, balsamique, Israel, transaction, transalpine, transiger, transit, transitif, transition, transitoire.

S ne sonne pas dans : Il est, Mesdames, les Vosges, Saint-Jean-de-Losne, Aisne, *riv.*; sans sonner, il rend l'*e* ouvert dans *les*, *ces*, *mes*, *ses*, *tu es*.

S final est nul en général, surtout comme marque de pluriel; et alors il se lie avec le son doux du *z* : les bons offices, les hommes, etc. Mais les *noms* singuliers se lient difficilement, on en fait plutôt l'hiatus, du moins dans la conversation, pour les moins employés : Le glacis est emporté, etc.

S final se prononce à la fin de beaucoup de noms propres, de mots tirés du latin, des langues étrangères, etc., et alors il se lie avec le son dur : Vénus est la Déesse de la beauté; mais cette liaison est difficile à deviner, etc.

S sonne avec repos dans les mots isolés : Sens, murs, lis (fleur); il est nul dans : Le bon sens, le *sens commun*, des mœurs pures, une fleur de lis; mais il sonneroit dans : Il a du sens, il a des mœurs, de bonnes mœurs, voilà un lis.

S a une valeur de forme, sous son ancien nom *esse* : Mettre une *s* à une serrure; tourner une barre de fer en *s*. On dit familièrement faire des *s*, pour dire ne pas marcher droit, être étourdi pour avoir trop bu.

S s'emploie parfois seul comme initiale de Son, de Sol ou Sou, de Saint, etc. — Par une licence poétique, il se trouve parfois supprimé à la première personne du présent des verbes, surtout dans les anciens écrits : je di, pour je dis, etc., qui jadis n'admettoit pas le *s*, d'abord réservé pour la seconde personne. *Voy.* S au Dict.

SABBATIQUE. adj. Année *sabbatique*, où les Juifs laissoient reposer leurs terres, et rendoient la liberté à leurs esclaves; ce qui arrivoit tous les sept ans.

SABBATISER. v. n. *V.* JUDAÏSER au D.

SABERDACHE ou SABRETACHE. s. m. Espèce de poche qui pend du ceinturon des troupes de cavalerie légère.

SABLEUR. s. m. Ouvrier qui fait les moules en *sable* des fondeurs; celui qui *sable* le vin. *Peu usité* dans ce dernier sens.

SABLIN, E. adj. *bot.* Plante *sabline*, qui croît dans le sable. — s. f. La *sabline* est aussi un genre de caryophyllées.

SABRETACHE. *Voyez* ci-dessus SABERDACHE.

SABLONNETTE. s. f. Dépôt du sable lavé au-dessus du four à fritte des glaciers.

SABREUR. s. m. Celui qui *sabre*, qui ne cherche que l'occasion de sabrer. Com s'applique de préférence aux militaires qui, braves jusqu'à la témérité, ne respirent que pour les combats où ils peuvent jouer du sabre. Il a presque toujours été pris en mauvaise part.

SABURRAL, E. adj. *méd.* Qui concerne la saburre : *Maladies, matières saburrales*.

SABURRE. s. f. *méd.* Gravier, ordures des premières voies de la digestion. Sac de l'estomac qui les contient. — *mar.* Gravier employé pour lest.

SACCADE. s. f. Inégalité, défaut de plan, de liaison, dans le discours, l'écriture, les actions, etc.

SACCADER, v. a., s'emploie plus ordinairement au participe passé : Écriture saccadée, discours saccadé, chant saccadé. *Voy.* ci-dessus SACCADE.

SACCADER. v. a. *manége.* Donner des saccades à un cheval.

SACCAGEUR. s. m. Celui qui saccage.

SACCELLION. s. m. Arbre originaire du Pérou ; genre de rhamnoïdes.

SACCHARIFÈRE. adj. *bot.* Plante qui donne du sucre. (*h* est nul.)

SACCHARIN, E. adj. *chim.* L'acide *saccharin* étoit l'acide tiré du sucre, que l'on nomme acide *oxalique*. (*h* est nul.)

SACCHAROÏDE. adj. Qui ressemble au sucre. (*h* est nul.)

SACCHARUM. s. m. *bot.* (On pron. *saccharome* bref.) Nom scientifique, du genre des graminées, connu sous le nom de *canamelle* ou *canne* à *sucre*.

SACCHAROLACTE. s. m. *chim.* Sel formé par la combinaison de l'acide saccharolactique (tiré du sucre de lait) avec diverses bases. On dit aussi saccholacte et saccholactique. (*h* est nul.)

SACOME. s. m. *archit.* Profil de toute moulure dans cet art. Il s'emploie aussi pour la moulure entière.

SADDER. s. m. (*er* se pron. comme dans *fer*.) Livre sacré des Parsis ou Guèbres, disciples de Zoroastre, dans l'Inde.

SAGAPÉNUM. s. m. (*um* se pron. ome bref.) Gomme-résine qu'on tire de l'Orient, et qu'on croit provenir d'une espèce de *férule*. On la nomme aussi gomme-sagapin, ou gomme-séraphique.

SAGÉNITE. s. f. *minér.* Titane oxydée, cristallisée en petites *flèches* ou aiguilles, disposées en réseau.

SAGEROTTEM. s. m. (*m* se pron.) Euphorbe du Sennaar, qui sert à empoisonner les armes des naturels du pays.

SAGITTÉ, E. adj. *bot.* Feuille en forme de fer de *flèche*, triangle fort échancré à sa base.

SAGOUTIER. s. m. *bot.* Genre de palmiers dont la moelle fournit à quelques îles des Indes le sagou, semblable à la fécule de pomme de terre, et dont il produit jusqu'à 300 livres après l'âge de six ans. La feuille, l'écorce même devient farineuse à la maturité.

SAIE ou SAYE. s. f. (On pron. *saye* comme *Blaye*, en deux syllabes, sans *i* dans la première, *ie* en diphth. et l'*e* muet sonne.) Brosse d'orfévre, pour brosser les ouvrages, dont on forme aussi le verbe *sayeter*, nettoyer avec la saye. *Voy.* SAGUM au Dict.

SAJHOBI, s. m. Oiseau bleu du Paraguay.

SAILLER. v. a. *mar.* Tirer ou pousser, afin de faire courir une manœuvre.

SAIN-BOIS. s. m. Espèce de gazon à feuille de lin.

SAINT-AUBINET. s. m. *mar.* Pont de cordes.

SAINT-GERMAIN. s. m. Variété de poires d'hiver, pelure d'un vert foncé, douce, mais souvent pierreuse.

SAISISSABLE. adj. Sujet à la saisie. Le traitement d'un employé n'est saisissable que partiellement.

SAJOU. s. m. Singe d'Amérique; sapajou à face couleur de chair.

SAKI. s. m. Genre de singes de nuit, à queue de renard, qui se trouve en Amérique.

SAKKI. s. m. Bière faite des Japonois.

SALACE. adj. Plante, substance naturellement salée.

SALARIEMENT. s. m. Action de salarier.

SALBANDE-ÉPONTE. s. f. Lisière d'un filon, qui le sépare de la roche dure. La couche inférieure se nomme le *lit*; et celle qui recouvre le filon se nomme le *toit*.

SALÈGRE. s. m. Pâte de millet et de chènevis, pétrie avec de l'eau *salée*, pour remettre les serins en appétit. — Substance pénétrée de muriate de soude, qu'on laisse lécher aux moutons; ou morue salée, qu'on donne à becqueter aux pigeons, pour les retenir au colombier.

SALICIANAT. s. m. Jeu d'orgues long de huit pieds.

SALICINÉES. s. f. pl. Famille des *saules*, où entre aussi comprit l'aune et le bouleau.

SALICOR. s. m. SALICORNE. s. f. *bot.* Noms donnés à diverses plantes, dont les cendres s'emploient pour les verres et les savons, comme chargées de *soude*.

SALIFIABLE. adj. *chim.* Terres, alcalis,

métaux, susceptibles de former des sels en se combinant avec des acides.

SALIFICATION. s. f. Formation du sel.

SALIGNON. s. m. Pain de sel fait avec de l'eau d'une fontaine salée.

SALINAGE. s. m. Réduction de l'eau salée en cristaux; genre d'opérations des salines.

SALINIER. s. m. Ouvrier des glaceries, qui extrait des soudes l'alcali fixe.

SALINS. s. m. pl. Combinaison de filets pour la pêche.

SALISBURY. s. m. *bot.* Arbre de la Chine et du Japon, à feuilles d'adiante, d'abord cultivé en Europe sous le nom de *gintigo*.

SALMONE. s. m. Nombreux genre de poissons abdominaux, très-connus sous le nom de *saumons*.

SALPÊTRÉ, E. adj. Qui contient du salpêtre; une terre salpêtrée. On peut employer *salpétreux, euse*, s'il y en a beaucoup.

SALPIENTHE. s. m. Arbrisseau grimpant du Mexique, de la famille des nyctaginées ou *belles-de-nuit*.

SALPLICAT. s. m. Vernis du Japon, mêlé de rouge ou d'or en feuille, mis en poudre, à l'usage des peintres.

SALSE. s. f. Combustion souterraine d'où s'exhale une grande quantité de gaz hydrogène avec de la vase; ce qu'on a aussi nommé *volcan vaseux*.

SALSUGINEUX, EUSE. adj. *méd.* Fortement chargé de sel, qui en est saturé.

SALTIGRADES. adj. et s. f. pl. Tribu d'arachnides à *marche sautillante*, c'est-à-dire s'élançant sur leur proie; le type est le genre saltique.

SALVELINE. s. f. *hist. nat.* Poisson du genre salmone (ou saumon).

SALVINIE. s. f. Plante cryptogame, genre de fougères, qui flotte sur les eaux dormantes, et purifie l'air des marais.

SAMARE. s. f. *bot.* Capsule à membrane coriace de certains fruits, et qui ne s'ouvre point comme dans le bouleau, le frêne, l'orme, etc.

SAMBAC. s. m. C'est le jasmin d'Arabie; le nyclanthe sambac de Linné.

SAMÉRARIE. s. f. Genre de plantes : le pastel d'Arménie.

SAMOLE. s. f. *bot.* Plante herbacée, annuelle, connue sous le nom de *macroa d'eau*.

SAMSCRIT ou SANSCRIT. adj. et s. m. La langue, ou plutôt l'écriture sanscrite ou le sanscrit, est celle des anciens Indous, aujourd'hui connue de quelques brames seulement, quoiqu'elle soit celle des livres sacrés. Cette écriture paroît embrasser les sons, mais des choses, comme celle des Chinois; eu sorte que divers peuples pouvoient la lire en leur langue, comme une pasigraphie. *Voy.* TRANSCRIT au Dict.

SAN-BÉNITO. s. m. Mots espagnols, *sac bénit*, vêtement de pénitence sous lequel l'inquisition envoyoit son criminel au bûcher.

SANCTIFICATEUR. adj. et s. m. Qui sanctifie. L'esprit *sanctificateur* va mieux au style de la chaire que le mot *sanctifiant*, plus usité d'ailleurs.

SANDAROU. s. m. Résine particulière, transparente et d'un beau jaune. Elle répand une odeur agréable en brûlant.

SANGA. s. m. *bot.* Arbre duquel se tire le vernis noir des Chinois.

SANGUIFICATIF, IVE. adj. *méd.* Qui opère la sanguification, ou qui y contribue.

SANGUISORBE. s. f. *bot.* Genre de rosacées, pimprenelle, comme astringente.

SANGUISUGES. s. m. pl. Famille d'insectes hémiptères, qui vivent en *suçant* le sang d'autres animaux, comme les punaises.

SANITAIRE. adj. Qui a rapport à la santé; lois sanitaires, régime sanitaire. On nomme cordon *sanitaire* une distribution de troupes destinées à interrompre les communications avec un pays frappé de quelque maladie contagieuse.

SANTAL. s. m. Bois des Indes, blanc, rouge, ou citron, propre à l'ébénisterie.

SANTALIN. s. m. Genre d'onagraires; grand arbre des Indes, qui, sec, est fort odorant quand il brûle, et sert à parfumer les temples, ainsi que les palais des grands.

SAOUARI. s. m. *bot.* Arbre de la Guyane, du genre pékéa, et dont le fruit offre une pulpe verdâtre, douce, fondante, de la consistance du beurre, et, au milieu, une amande bonne à faire de l'huile.

SAPHIRINE. s. f. Variété de chalcédoine, d'un joli bleu de saphir, qui, bien montée en cabochon, imite le chatoiement du saphir d'Orient.

SAPIDE. adj. Qui a du goût, de la saveur; c'est l'opposé d'insipide; mais il ne signifie pas, comme savoureux, que le goût soit prononcé et bon.

SAPONACÉ, E. adj. *bot.* Qui tient de la nature du savon. — Il y a une famille de plantes saponacées, qui participent à la propriété du savon, ainsi que la *saponaire*, genre de caryophyllées.

SAPONIFICATION. s. f. *chim.* Action de saponifier, de former le savon, de convertir des substances en savon.

SAPOTILLIER ou SAPOTIER. s. m. *bot.* Genre d'hilospermes, aussi nommés sapotilliers, dont il est le type. C'est un bel arbre des Antilles, dont le fruit est le plus agréable que l'on y ait après l'orange. C'est dans la même famille que se trouve l'arbre *vacke*, qui donne un si bon lait.

SAPPARE. s. m. *minér.* Disthène bleu du Saint-Gothard.

SAPPARITE. s. m. Disthène bleu des Indes, gros pâle, mais susceptible de reflets chatoyans, blanc-argent et opalin.

SAPYGITES. s. m. pl. Tribu d'insectes hyménoptères fouisseurs.

SAQUEBUTE. s. f. *Voy.* ci-après Trombone.

SARACHE. s. f. *bot.* Genre de solanées, tenant des morelles et des belladones.

SARANNE. s. f. *bot.* Lis du Kamstchatka, dont l'ognon sert de nourriture aux habitans.

SARCHE. s. m. Cerceau large et mince, pour crible ou tamis.

SARCOCARPE. s. m. *bot.* Partie la moins dure du fruit, qui approche d'être charnue.

SARCOCOLLIER. s. m. Genre des sarcocolles ou *colle-chair*, qui fournit une gomme propre à consolider et cicatriser les plaies.

SARCODACTILIS. s. f. *bot.* (On pron. *s* final.) Baie charnue, rouge de feu, et en forme de doigts.

SARCOMATEUX, EUSE. adj. *méd.* Qui est de la nature du sarcome.

SARCOPTÈRE. s. m. Mollusque des mers de Sicile, qui est d'un beau rouge.

SARCOSTOMES. s. m. pl. Famille d'insectes diptères, à trompe charnue.

SARDE-AGATE. s. f. Pierre fine qui tient de la cornaline et de l'agate.

SARDINIÈRE. s. f. Filet pour la pêche des sardines.

SARDON. s. m. Bord d'un filet de pêche, en gros fil ou en ficelle, pour avoir plus de force, et soutenir le fond.

SARDONYX. s. f. Pierre fine à plusieurs couches de sardoine et d'agate-onyx.

SARIBUS. s. m. *bot.* (*s* final se pron.) Genre de palmiers de l'Inde, dont on emploie les fruits à l'assaisonnement des mets, et les feuilles à faire des éventails.

SARICOVIENNE. s. f. *hist. nat.* Loutre d'Amérique.

SARIGUE. s. m. Petit mammifère, muni d'une bourse où la femelle cache ses petits.

SARMENTACÉES. s. f. pl. *bot.* Famille des plantes à *sarment*, bois flexible et noueux, comme la vigne, ne se soutenant que par des vrilles ou des appuis.

SARMIENTE. s. f. *bot.* Plante sarmenteuse du Pérou, parasite, à fleurs jaunes, velues en dehors.

SAROTHRE. s. f. Gentiane annuelle de l'Amérique septentrionale, dont chaque tige porte comme un petit balai garni de fleurs jaunes.

SARTIE. s. f., ou SARTIS. s. m. *mar.* Manœuvre des galères qui y tient lieu de haubans.

SARTIS. s. m. Combinaison de cordes servant à hâler les filets de pêche.

SASSA. s. m. *bot.* Acacia de Nubie, fournissant une gomme semblable à la gomme arabique.

SASSET. s. m. Petit sas.

SASSIE. s. f. Genre de plantes communes au Chili, dont une espèce, qu'on nomme sassie *teignante*, a la fleur pourpre, odorante, et sert à colorer et à parfumer les liqueurs, les bois de placage, même les étoffes. La sassie persicaire a les feuilles en *cœur*, et une seule fleur d'un beau jaune d'or.

SASSOIRE. s. f. Pièce de l'avant-train d'un carrosse, qui en soutient la flèche.

SASSOLIN. s. m. Sel de la source chaude de Sassi, en Toscane, qui est un acide boracique naturel.

SATANÉ, E. adj. Né de Satan. *Expr. pop.*

SATINAIRE. s. m. Ouvrier qui fabrique du satin.

SATTEAU. s. m. Barque, chaloupe, pour la pêche du corail.

SATURNILABE. s. m. *astron.* Instrument proposé pour mieux observer la configuration des satellites de Saturne.

SATURNITE. s. f. *Pierre de Saturne*; plomb sulfuré.

SAUCANELLE. s. f. Poisson, jeune spare dorade, aussi nommé *sauquène*.

SAUMÉRIO. s. m. Arbre du Pérou; espèce de croton à bois odoriférant.

SAUMIÈRE. s. f. *mar.* Vide pratiqué à la voûte d'un navire, et où passe la tête du gouvernail.

SAURIENS. s. m. pl. Division de rep-

tiles, comprenant la famille des lézards; ils sont pourvus de pates, et ne rampent point sur le ventre en marchant, quoiqu'ils se soutiennent dessus étant en repos.

SAURIN. s. m. Hareng laité nouvellement sauré.

SAURISSAGE. s. m. Action de saurer les harengs. On diroit mieux *Saurage*: il seroit au moins régulièrement formé de saurer.

SAUTAGE. s. m. Secousse donnée par ceux qui encaquent les harengs, pour les sasser.

SAUTÉE. s. f. *mar.* Passage subit du vent d'un point à un autre.

SAUTEURS. s. m. pl. Groupe d'animaux rongeurs, à longs pieds, comme les gerboises. — Famille d'insectes orthoptères : grillons, locustes, etc. *Voy.* ce mot au Dict.

SAUVAGERIE. s. f. Qualité de sauvage ; défaut de l'homme qui craint et évite la société.

SAUVAGINE. s. f. Pelleterie non apprêtée des bêtes sauvages : Lièvres, lapins, etc.

SAUVEMENT. s. m. *musiq.* Action de sauver une dissonance. — *mar.* État d'un bâtiment sauvé : Arriver en bon sauvement.

SAUVETAGE. s. m. Action de sauver des effets d'un bâtiment naufragé, ou la bâtiment lui-même, en mer ou sur les côtes. Le tiers de la valeur est adjugé à celui qui fait le sauvetage.

SAUVETERRE. s. m. Marbre de Sauveterre, en Comminges, au pied des Hautes-Pyrénées ; il est veiné de jaune et de blanc sur un fond noir.

SAVACOU. s. m. Genre d'oiseaux échassiers, à bec imitant deux cuillers, appliquées l'une sur l'autre du côté creux.

SAVETAGE. s. m. Action de saveter; ouvrage saveté.

SAVONNEUX, EUSE. ad. Qui tient de la nature du savon.

SAVONNOIR. s. m. Feutre imbibé de savon pour lisser les cartes à jouer.

SAVONNULE. s. m. *chim.* Toute combinaison des huiles essentielles avec des alcalis ou avec des acides.

SAXIFRAGÉES. s. f. pl. *bot.* Famille des plantes herbacées *saxifrages*, ou brise-pierres, qui poussent sur les rochers, entre les cailloux.

SCABRE. adj. *bot.* Âpre, rude au toucher.

SCANSORIPÈDES. s. m. pl. *hist. nat.* Oiseaux *grimpeurs*.

SCAPE. s. f. *mar.* Tige d'une ancre de vaisseau.

SCAPHANDRE. s. m. Combinaison de pièces de liége, propre à soutenir sur l'eau. On donne aussi ce nom à un appareil de vessies.

SCAPIFORME. adj. Tige *en forme de* hampe, sans feuilles, et uniflore. *Bot.*

SCARE. s. m. Genre de poissons thoraciques de la mer Rouge et des Indes, qui brillent des plus belles couleurs.

SCARIEUX, EUSE. adj. *bot.* À membrane sèche et sonore au toucher.

SCAROLE. *Voy.* ci-devant Escarole.

SCELLAGE. s. m. Action de sceller les petites glaces, dans les fabriques.

SCÉNOGRAPHIQUEMENT. adv. D'une manière scénographique.

SCHAKOT. s. m. Espèce de bonnet militaire en feutre, avec visière au-dessus des yeux, calotte élevée, large et aplatie du haut.

SCHALL. s. m. Grand mouchoir, tissu d'abord en laine de cachemire, ensuite imité en d'autres étoffes, et que les dames portent sur leurs épaules.

SCHÉ-TOULOU. s. m. bot. Espèce de beurre végétal que les Nègres de la côte de Guinée tirent d'un arbre qu'ils appellent *schéa*, et qui ressemble assez au chêne américain.

SCHIECH. s. m. bot. Plante d'Arabie qui, séchée et battue, remplace l'amadou.

SCHINAU. s. m. bot. Plante d'Arabie, avec laquelle on fait du savon.

SCHISANDRE. s. m. bot. Genre de ménispermes, arbrisseau grimpant, à fleurs rouges, et d'un agréable aspect.

SCHISTEUX , EUSE. adj. hist. nat. Qui est de la nature du schiste, feuilleté comme lui.

SCHORL. s. m. minér. Mot allemand appliqué, comme nom générique, à diverses substances pierreuses, en cristaux de diverses formes et de diverses couleurs, dures, lamelleuses, et dont on distingue beaucoup d'espèces : Tourmaline, amphibole, pyroxène, titane, etc.

SCHOTE. s. m. bot. Espèce de gayac du Sénégal; arbre toujours vert.

SCHUNDA PANA. s. m. bot. Palmier de l'Inde, à fruits amers et brûlans.

SCIERIE. s. f. Endroit où l'on scie; machine hydraulique, établie pour le sciage des bois.

SCILLOTE. s. f. (On mouille *ll*.) Sorte de *seille*, seau, vase des salines pour puiser l'eau salée.

SCINDER. v. a. Scinder une question, une proposition; la diviser en parties distinctes, pour discuter ou juger chacune séparément. Ce mot, qui s'emploie beaucoup au palais et dans les débats parlementaires, a pris naissance dans les discussions scolastiques.

SCIOPTIQUE. adj. optiq. Globe *scioptique*, percé d'un trou rond garni d'une lentille , pour servir dans les expériences de la chambre obscure.

SCIOTÉRIQUE. adj. astron. Télescope *sciotérique*, placé sur un cadran horizontal pour observer le temps vrai, et parvenir à régler les horloges.

SCIOTTE. s. f. Petite *scie*, pour les ouvrages délicats.

SCIRPE. s. m. Genre de plantes cypéroïdes, vivant dans les eaux ou sur leurs bords; il est le type de la famille des *scirpées*, où se trouve un groupe de scirpoïdes.

SCISSIONNAIRE. adj. et subst. Celui qui fait scission.

SCISSURE. s. f. Séparation violente de parties dures. — anat. Enfoncement entre des os occupé par des nerfs, des vaisseaux sanguins.

SCITAMINÉES. s. f. pl. bot. Famille de plantes comprenant deux genres : le bananier et le strélitz.

SCIURIENS. s. m pl. Famille de mammifères rongeurs : l'écureuil et la polatouche.

SCLÉRODERME. adj. et subst. hist. nat.

A peau dure. Famille de poissons, aussi nommés plectognates.

SCLÉRYSME. s. m. méd. Squirche du foie, sans engorgement.

SCOBIFORME. adj. bot. Plantes à semences *en forme de sciure*.

SCOLAIRE. adj. Qui concerne les écoles : Année scolaire.

SCOLAPAX. adj. hist. nat. Oiseau à bec long et effilé, comme la bécasse. Cet adjectif ne change de forme ni pour le genre ni pour le nombre.

SCOLYTAIRES. s. m. pl. hist. nat. Tribu d'insectes coléoptères rongeurs, des plus dangereux pour le bois, que les larves percent fort avant. Le type en est le genre *scolyte*.

SCOMBRE. s. m. Genre de poissons thoraciques.

SCORODITE. s. m. hist. nat. Minéral vert-poireau foncé, avec d'autres nuances de vert et de couleur de foie.

SCORPÈNE. s. f. hist. nat. Genre de poissons thoraciques, à tête munie de barbes, de protubérances ou d'aiguillons, et d'un aspect hideux.

SCOTOMIE. s. f. méd. Vertige avec obscurcissement de la vue.

SCROBICULEUX , EUSE. adj. bot. Parsemé de cavités à sa surface.

SCROTOCÈLE. s. f. méd. Descente des intestins dans le scrotum.

SCUBAC. s. m. Liqueur forte, dont la base est le safran.

SCUTELLE. s. f. bot. Petite convexité placée à la surface des lichens; la patellaire est comme couverte de scutelles.

SCYLLÉE. s. f. hist. nat. Genre de mollusques nus, à corps gélatineux, parsemé de branchies ou organes respiratoires, avec l'anus latéral.

SCYTALE. s. m. Genre de serpens placé entre le boa et le crotale ou serpent à sonnettes. *Voy.* ce mot au Dict.

SÉBACIQUE. adj. Provenant du suif, de la graisse : Acide sébacique.

SÉBATE. s. m. chim. Sel formé par la combinaison de l'acide sébacique avec une base.

SÉBESTÉNIERS. s. m. pl. Famille de plantes dont le type est le *sébestier*, arbre qui produit le *sébeste*.

SÉBIFÈRE. adj. bot. Plante qui donne du suif, ou un corps gras qui y ressemble. — s. m. Arbre de la Chine dont le fruit fournit une huile sébacée.

SÉBIO. s. m. Baleine de la plus grosse espèce, qui se trouve dans les mers du Japon.

SÉCHAGE. s. m. Action de sécher; opération pour faire sécher.

SÈCHE. s. f. mar. Banc ou île de sable, roche à fleur d'eau, qui se découvre à la basse mer, et sur laquelle un navire échoué peut rester à sec. — Baisse périodique du lac de Genève, où les bords restent à découvert. *Voy.* Sèaux au Dictionn.

SÉCHÉE. s. f. Espèce de filets de pêche ressemblant aux cibaudières. — Eau de potée qu'on fait sécher sur les glaces avec le polissoir; engrais au Dictionn.

SÈCHERIE. s. f Lieu disposé pour faire sécher les toiles, les draps, le linge des les-

sives, par l'action de l'air, sans moyens artificiels. *Voy.* Sèchoir au Dictionn.

SÈCHERON. s. m. Pré situé dans un lieu sec, où il ne peut être humecté que par la pluie et la rosée. Les chevaux préfèrent le foin de sècheron.

SECONDINES. s. f. pl. La même chose que *arrière-faix. Voy.* Arrière-faix au Dictionn.

SECOUEUR. s. m. Celui qui secoue. Ce mot est spécialement employé dans certaines professions. *Fém.*, secoueuse.

SÉCRÉTAGE. s. m. Action de *sécréter*, de préparer le poil pour l'opération du feutre chez les chapeliers.

SÉCRÉTER. v. a. Opérer une sécrétion , une séparation de fluides en parlant des organes d'un corps. — t. de chap. Disposer le poil pour le feutre.

SÉCRÉTEUR. s. m. *Voy.* Sécrétoire au Dictionn.

SECTILE. adj. Qui peut être coupé au moyen d'un instrument. C'est un terme scientifique hors du langage commun.

SÉCURIDUCA. s. m. bot. Genres de plantes légumineuses, dont une espèce, à tige volubile, passe aux Antilles pour le meilleur anti-siphilitique.

SÉDAN. s. m. Drap des fabriques de Sédan, renommé pour la finesse et le beau noir.

SÉDEK-BANDES. s. f. pl. Plates-bandes qui accompagnent un plan de marqueterie à compartimens.

SÉDENTAIRES. s. f. pl. hist. nat. Division d'araignées qui se tiennent immobiles dans leur toile, dont la forme les fait diviser en quatre tribus : Tubiteles, orbiteles, napiteles , et rétiteles.

SEDOR. s. m. Sorte de filets de pêche en tramail dérivant, dont un bout reste dans le bateau, et l'autre flotte au gré du vent.

SÉGÉTAL, E. adj. bot. Il se dit des plantes qui croissent dans les blés, dans les terres cultivées.

SÉGÉTIÈRE. s. f. Filet en tramail pour pêcher dans les grands fonds. Il se compose de trente pièces ayant chacune trente brasses de longueur.

SÉGOVIE. s. f. Laine d'Espagne qu'on tire de Ségovie.

SÉGRAYER. s. m. Celui qui a droit à une ségrairie.

SÉGUINE. s. f. Espèce de gouet de la Martinique, renommé comme anti-siphilitique.

SEILLEAU. s. m. mar. Seau à puiser de l'eau. Ce mot est formé du vieux mot *seille*, s. f., encore très-usité dans les campagnes.

SEINCHE ou ENCEINTE. s. f. pièces de filets combinées pour entourer un banc de poissons. Elle est connue sur les côtes de la Méditerranée.

SEIZAIN. s. m. On appelle ainsi dans les fabriques un drap de 1,600 fils à la chaîne.

SEIZAINE. s. f. Grosse ficelle d'emballeur , censée de seize brins. Réunion de menus objets au nombre de seize. Une seizaine d'écheveaux. *Peu usité en ce sens.*

SEIZIÈMEMENT. adv. En seizième lieu.

SÉJÉ. s. m. bot. Palmier des bords de l'Orénoque, dont le régime porte jusqu'à huit ou neuf mille fruits qui fournissent du beurre.

SÉLÉNIFIQUE. adj. *chim.* Qui produit de la sélénite.

SÉLÉNIQUE. adj. *astron.* Qui concerne la lune.

SÉLÉNIUM. s. m. *minér.* (*um* se pron. *ome* bref.) Métal acidifiable approchant de l'arsenic, et plus encore du tellure.

SÉLÉNIURE. s. m. Sélénium combiné avec un métal.

SÉLÉNOSTATE. s. m. *astron.* Instrument pour faire des observations sur la lune, malgré son mouvement.

SELLÉE. s. f. Rangée de piles de carreaux sur la *selle* ou banc du briquetier.

SELLIÈRE. s. f. Genre de plantes campanulacées vivaces.

SEMELINE. s. f. Substance minérale en forme de graines de lin, trouvée dans des matières volcaniques. Ce sont des cristaux à quatre faces, demi-durs, diaphanes, et très-éclatans.

SÉMEN - CONTRA. s. m. *pharm.* (on pron. *mène* bref.) *Semences* de la santoline, qui s'administrent *contre* les vers.

SÉMESTRIEL, LE. adj. qui a lieu tous les six mois : le payement des rentes est sémestriel.

SÉMI-FLOSCULEUX, EUSE. adj. *bot.* Il se dit des fleurs à *demi-fleurons*, et de la plante qui les porte.

SÉMINATION. s. f. *bot.* Dispersion spontanée des semences par la plante elle-même.

SÉMINIFORME. adj. *bot.* qui a la forme, l'aspect d'une semence ou graine.

SÉMINULES. s. f. pl. *bot.* Fructifications de plantes privées des organes sexuels sensibles dans les fleurs.

SÉMI - TONIQUE. adj. *musiq.* Échelle *sémi-tonique* ou chromatique, composée en entier de sémi-tons.

SÉMOTTE. s. f. *jardin.* Nouvelles pousses des troncs de choux étêtés.

SEMPLE. s. m. Disposition de ficelles dans le métier à étoffes de soie, pour lever ensemble certains fils de la chaîne, suivant le dessin qu'on veut exécuter.

SÉNEBIÈRE. s. f. *bot.* Genre de crucifères, dont une espèce, nommée à Saint-Domingue cresson de Savanes, *se mange* en salade.

SENSIBLERIE. s. f. Sensibilité affectée ou exagérée. *Fam. et en mauvaise part.*

SENSUALISME. s. m. *philos.* Sensualité réduite en principe de conduite et d'opinions.

SENTIMENTAL, E. adj. (Personne)qui a des sentimens tendres, affectueux, délicats; ou (chose) qui en annonce ou en exprime beaucoup de cette nature. C'est un homme sentimental. Il a un air sentimental. Ce mot s'emploie quelquefois ironiquement.

SEP. s. m. *mar.* Pièce de bois placée debout sur le premier pont, d'où elle s'élève au troisième. — *Voy.* Cep an Dict.

SÉPALE. s. f. *bot.* Découpure ou division dans les corolles monopétales, et même dans le calice des fleurs composées.

SÉPARAGE. s. m. *t. de fabr.* Mise à part des laines, des soies, ou de diverses qualités, ou d'autres choses de diverse nature.

SÉPARATOIRE. s. m. *chim.* Vase pour séparer les liqueurs.—*anat.* Instrument pour séparer le péricrâne.

SÉPÉ. s. m. Double T de fer que les arquebusiers font glisser dans une coulisse pour y assujettir le canon.

SÈPES ou **CÉPES.** s. m. pl. Selon quelques naturalistes, c'est un genre de Bolets ; selon d'autres, c'est la famille entière, dont on distingue beaucoup de genres ou d'espèces.

SÉPIA. s. f. (On pron. *ia* en diphth. brève). De l'italien *seppia*, sèche. Dessin à la sépia, c'est-à-dire peint au lavis avec la liqueur noire qui se trouve dans une poche membraneuse de la sèche.

SÉPIACÉES. s. f. pl. Famille des sèches ou mollusques nus, à corps charnu, offrant à la partie antérieure deux tentacules et huit bras verruqueux. Il s'y trouve des animaux d'une grosseur considérable. Il en est qui fournissent la sépia, et les os dont on se sert pour polir les papiers, et pour émousser le bec des oiseaux en cage.

SÉPIOLE. s. f. *hist. nat.* Espèce de sèche.

SÉPITE. s. f. *hist. nat.* Fossile imitant l'os de la sèche.

SÉPOULE. s. f. Bobine de roseau employé dans diverses fabriques.

SEPTENNALITÉ. s. f. Droit que s'accordèrent, en 1823, les députés des départemens de siéger sept ans consécutifs dans la Chambre, tandis que la Charte veut qu'ils ne siégent que cinq ans, et se renouvellent chaque année par cinquième.

SEPTICOLOR. s. m. Tangara, oiseau du Brésil, à sept couleurs ou nuances.

SEPTIDI. s. m. Septième jour de la décade dans le calendrier républicain de la France.

SEPTIFÈRE. adj. *bot.* Fruit à cloisons.

SEPTIFORME. adj. *bot.* en forme de cloison.

SEPTUM. s. m. *anat.* (*um* se pron. *omo* bref). Cloison, séparation de deux cavités contiguës.

SÉRAN. s. m. Grande carde pour le chanvre et le lin. On écrit aussi serran.

SÉRANCER. v. a. Passer le chanvre ou le lin au séran.

SERBOCAL. s. m. Petit cylindre de verre sur lequel on fait passer le fil d'or en fabrique pour ménager le rouet.

SERFOUETTE. s. f. Petit outil de fer plat par un bout en forme de boyau, et fourchu par l'autre ou forme de houe, pour remuer la terre autour des petites plantes sans les blesser.

SERFOUETTER, et mieux **SERFOUIR.** Remuer la terre autour des petites plantes avec la serfouette. Il semble que ce mot doit venir de *circum - fodere*, et qu'il faudroit écrire cerfouir, comme l'a dit Ménage ; mais il peut venir de *sera-fodera*. On cerfouit les plantes qui ont de la peine à croître.

SERGEANT. s. m. Bel arbre de Surinam, qu'on nomme à la Guiane *cacao-sauvage.*

SERINER, v. a., un oiseau, l'instruire avec les serinettes. — v. n. Jouer des airs avec la serinette.

SÉRIOLE. s. f. Grand poisson de la Méditerranée, classé parmi les sombres.

SERKIS. s. m. Nom donné en Turquie au thé dont les sultanes font usage, et qui passe pour conserver la beauté.

SERPENTE. s. f. Marque en forme de serpent, d'un papier très-mince et presque transparent. C'est de cette marque que ce pa-

pier tire son nom de *papier - serpente*. Le *papier-serpente* peut servir à calquer.

SERPENTEMENT. s. m. Action de serpenter. — *géom.* Partie d'une courbe qui va en serpentant.

SERPENTINS. s. m. pl. Famille de champignons dont le pédicule est contourné en divers sens.

SERPETTE. s. f. Petite serpe de poche dont on se sert pour tailler les arbres, la vigne, etc.

SERPICULE. s. f. *bot.* Genre de plantes épilobiennes.

SERPIGINEUX, EUSE. adj. *méd.* Pustule qui va en serpentant.

SERPILLON. s. m. Petite serpette dont on se sert aux vendanges pour couper les grappes de raisins.

SERPULÉES. s. f. pl. Famille de vers marins de la famille des annelides, dont le type est le genre *serpula* muni d'un tuyau calcaire diversement *contourné.*

SERRAGE. s. m. *mar.* Revêtement intérieur d'un vaisseau ; placement *des serres.*

SERRATILE. adj. *méd.* Pouls *en dents de scie*, qui se fait sentir de distance en distance sur l'artère dont on touche une certaine étendue.

SERRATULE. s. f. *bot.* Sarriette des teinturiers.

SERRE - BANQUIÈRES. s. m. pl. *mar.* Longues pièces de bois autour du bâtiment, et qui supportent les baux.

SERRE-BOSSE. s. f. *mar.* Grosse corde qui saisit la bosse de l'ancre.

SERRE-CISEAUX. s. m. Outil de couteliers qui l'on serre dans l'étau pour contenir les anneaux des ciseaux.

SERRÉE. s. f. outil de sauniers pour ouvrir et fermer les sorties d'eau.

SERRE-FEU. s. m. Demi-cercle posé autour du creuset pour maintenir le feu jusqu'à la fonte.

SERRE-GOUTTIÈRES. s. m. pl. *mar.* Pièces de bois qui entourent le navire pour en resserrer les diverses parties, et les consolider.

SERRE-POINT. s. m. Outil de bourreliers pour serrer les points.

SERRETÉ, E. adj. *bot.* conformé en dents de scie.

SERRICAUDES. s. m. pl. Famille d'insectes hyménoptères, dont les femelles ont l'abdomen terminé par une tarière.

SERRICORNES. s. m. pl. Famille d'insectes coléoptères, à antennes *dentelées* ou crénelées en scie.

SERRIÈRE. s. f. Longue pièce de fer pointu, qui, dans les fonderies, sert à boucher le trou du fourneau où se fond le métal.

SERRIROSTRES. s. m. pl. Oiseaux *à bec dentelé.*

SERRULÉ, E. adj. *bot.* A dents de scie presque insensibles.

SERTE. s. f. *joaill.* Enchâssement de pierres dans un creux où les contient un rebord en métal.

SERTULARIÉES. s. f. pl. *hist. nat.* Ordre de polypiers, dont le type est la *sertulaire*, genre de polypiers phytoïdes, marins, à tige grêle, rameuse, et composé de polypiers jouissant d'une vie commune et de beaucoup de vies partielles ; ce qui a fait douter longtemps si c'étoit une plante ou un animal.

SERTULE. s. f. bot. Réunion de pédicules uniflores, sortant d'un même point. Les fleurs disposées en sertules sont rares.

SERVAL. s. m. Animal du genre chat. Celui du Cap diffère un peu de ceux de l'Amérique septentrionale.

SERVEUR. s. m. On dit un serveur de messe, pour désigner celui qui est attaché au service de l'église afin de servir les messes, ou celui qui, par une dévotion réelle ou feinte, aime à les servir. En ce sens il est souvent un synonyme d'hypocrite.

SERVIDOU. s. m. Chaudière à oreilles des savonneries, pour porter aux mises le savon cuit en pâte.

SERVION. s. m. Outil de sauniers pour retirer le sel.

SERVIOTE. s. f. mar. Pièce de bois qui sert à former l'éperon, et à le fixer.

SESBOT. s. m. bot. Arbre d'Amboine dont les racines infusées dans l'eau en font une boisson vineuse.

SESSILE. adj. bot. Immédiatement attaché à la plante, sans support intermédiaire. Fleur, feuille, anthère, stigmate sessile.

SESSILIFLORE. adj. bot. A fleurs sessiles.

SÉSUVE. s. m. bot. Plante sicoïde des Antilles, qui se mange comme le pourpier, et dont la cendre donne beaucoup de soude.

SÉTACÉ, E. adj. bot. qui a la forme ou la consistance des soies du cochon. On dit aussi sétiforme.

SÉTEUX, EUSE. adj. bot. Garni de parties sétacées. On dit aussi sétifère.

SÉTICAUDES. s. m. pl. Famille d'insectes dont l'abdomen se termine par une soie.

SÉTICORNES. s. m. pl. Voy. ci-dessus CHÉTOCÈRES.

SEUILLET. s. m. mar. Bout de cordage, couvrant le bas des sabords.

SEVEL-CORONDE. s. f. bot. Cannelle mucilagineuse de Ceylan, peu estimée, et qui sert à falsifier la bonne.

SÉVERONDE. s. f. Voy. ci-dessous SUBVRONDE.

SÉVEUX, EUSE. adj. Canal séveux, par où passe la sève; qui sert à la circulation.

SÉVOLE. s. f. bot. Genre de campanulacées, arbrisseaux non lactescens.

SEXAGÉSIMAL, E. adj. Fraction sexagésimale, usitée en astronomie, dont le dénominateur est 60.

SEXANGULAIRE. adj. à six angles. s. m. Nom d'un poisson. — en géom. Voy. HEXAGONE.

SEXTANE. adj. méd. Fièvre qui revient tous les six jours.

SEXTIDI. s. m. Sixième jour de la décade dans le calendrier républicain.

SIAGONOTES. s. m. pl. Famille de poissons osseux abdominaux, à mâchoires prolongées et ponctuées.

SIALAGOGUE. adj. et s. m. méd. Remède propre à exciter la salivation.

SIAM. Jeu de siam, sorte de jeu de quilles, où l'on se sert d'une boule aplatie et roulant sur le côté rond, qui est incliné. On l'appelle en quelques endroits la roulette.

SIBÉRITE. s. f. hist. nat. Tourmaline apyre rouge de la Sibérie.

SICCATIF. s. m. Huile grasse mêlée par les peintres à certaines couleurs pour les faire sécher plus vite.

SIDÉRATION. s. f. méd. Apoplexie ou paralysie subite; il se dit aussi d'une gangrène complète. Voy. SPHACÈLE au Dict.

SIDÉROLITHE. s. m. hist. nat. Genre de polypiers pierreux à rayons étoilés et inégaux.

SIDÉROTECHNIE. s. f. Art de travailler le fer. On a aussi employé sidérurgie avec la même acception.

SIDÉROXYLON ou SIDÉRODENDUE. s. m. Bois de fer. Genre de rubiacés, arbre des îles qu'on ne peut travailler qu'en le tenant trempé dans l'eau pour l'empêcher de sécher.

SIFFLABLE. adj. Digne d'être sifflé. Peu usité.

SIGISBÉE. s. m. En Italie, le sigisbée est, pour une dame, ce qu'étoit jadis en France dans la haute société le chevalier d'honneur, et dans la bourgeoisie l'ami de la maison. Ce nom ne suppose point, comme on le croit, d'autres liaisons.

SIGNAGE. s. m. Tracé d'un compartiment pour des vitraux. T. de vitrier.

SIGNATAIRE. adj. et s. Celui ou celle qui a signé. Il se dit spécialement au sujet d'une pétition, d'une réclamation, d'une décision judiciaire et des actes des autres autorités constituées. Les signataires de cette pétition. Les ministres signataires d'une ordonnance.

SIGNETTE. s. f. manège. — Cavesson en fer, recourbé, et garni à l'intérieur de dents acérées.

SILENCIEUSEMENT. adv. D'une manière silencieuse, en silence.

SILEX. s. m. hist. nat. Caillou qui étincelle sous le briquet; pierre à fusil; quartz-agate.

SILHOUETTE. s. f. (h est nul.) Portrait à la silhouette (fait à la manière du peintre de ce nom), en dessinant le profil d'une figure par les contours de son ombre sur un mur, un papier. On joue colin-maillard à la silhouette en faisant reconnaître les joueurs d'après leur ombre.

SILICE. s. f. chim. Oxyde métallique, qu'on a long-temps regardé comme une substance simple. On le nomme encore terre silicée ou siliceuse, silice oxyde et même terre vitrifiable, terre quartzeuse.

SILICEUX, EUSE. adj. chim. Qui contient du silex; qui tient de la nature du silex ou de la silice.

SILICULE. s. f. bot. Courte silique ou enveloppe sèche de quelques fruits.

SILICULEUX, EUSE. adj. bot. Qui a une forme de silicule.

SILIQUEUX, EUSE. adj. bot. Plante dont le fruit est allongé en silique.

SILLOMÈTRE. s. m. mar. Instrument pour mesurer la vitesse du sillage d'un bâtiment.

SILO. s. m. Souterrain disposé pour conserver le grain, en le privant de communication avec l'air extérieur.

SILPHIDÉES. s. f. pl. Famille d'insectes coléoptères, dont le type est le genre silphe.

SILURE. s. m. Genre de poissons abdominaux, à tête couverte de mucosités, et ne sortant de leurs trous que la nuit, pour surprendre leur proie.

SIMAROUBÉES. s. f. pl. Famille de plantes dont le type est le simarouba.

SIMBLEAU. s. m. archit. Cordeau ou chaînette, remplaçant le compas pour les grands cercles.

SIMBLOT. s. m. Combinaison de petites ficelles disposées au côté droit d'un métier pour étoffes figurées.

SIMOON. s. m. Nom donné par les Arabes au vent brûlant des déserts de l'Afrique.

SIMPLÉGADE. s. f. hist. nat. Genre de coquilles univalves, dont la grandeur varie au diamètre, depuis deux lignes jusqu'à huit pieds.

SIN. s. m. bot. Arbre du Japon, dont le bois est blanc, à l'épreuve des vers, et se débite en meubles.

SINA. s. f. Soie que le commerce tire de la Chine, pour servir à la fabrication des gazes.

SINCIPITAL, E. adj. anat. Qui concerne le sinciput.

SINÉCURE. s. f. Place sans fonctions, salariée par le gouvernement comme si c'étoit une charge utile au peuple, qui la paye.

SINGANE. s. f. bot. Genre de guttiers, arbrisseau grimpant de la Guyane qui atteint le sommet des plus hauts arbres, et dont le fruit a une odeur de citronille.

SINGLIOTS. s. m. pl. Foyers de l'ovale, autour desquels le jardinier fait glisser le cordeau qui lui sert à tracer l'ellipse. C'est un dérivé du vieux verbe singler.

SINGULTUEUX, EUSE. adj. méd. Qui provoque ou ressemble au sanglot; Mouvement singultueux; respiration singultueuse.

SINUÉ, E. adj. bot. Qui a sur ses bords quelques échancrures arrondies.

SINUOLÉ, E. adj. bot. Qui offre sur ses bords de petites sinuosités.

SIPHONIE. s. f. bot. Genre de plantes, d'abord nommé hévé, où se trouve l'arbre qui fournit au commerce le caout-chouc.

SIPHONOBRANCHES. s. m. pl. Famille de mollusques gastéropodes, testacés à coquille échancrée pouvoir recevoir un long siphon ou tuyau, propre à la respiration.

SIPHONOSTOMES. s. m. pl. Famille de poissons abdominaux, à bouche placée au bout d'un museau allongé en siphon, en tuyau.

SIBÉNIA. s. f. hist. nat. Famille de cétacés, aussi connus sous le nom de cétacés herbivores.

SIRIASE. s. f. Inflammation des membranes du cerveau par la chaleur du soleil. Ce nom fait connoître la cause, sans que la maladie soit autre chose qu'une encéphalite.

SIRUPEUX, EUSE. adj. pharm. Qui a la consistance du sirop; qui est propre à faire du sirop.

SISSITE. s. m. minér. Minerai de fer hydraté, connu sous le nom de pierre d'aigle.

SISYMBRE. s. m. bot. Genre de plantes crucifères aquatiques.

SITIOLOGIE. s. f. méd. Partie de la médecine qui traite des alimens.

SIZE. s. f. Instrument de joailliers pour connoître le poids des perles fines.

SLANTZA. s. m. bot. Arbrisseau du Kamschatka, du genre sapin, dont les habitans mangent le fruit, qu'ils croient un remède contre le scorbut.

SLOP. s. m. (*p se pron.*) Tout petit bâtiment au-dessous de 20 canons.

SMALT. s. m. *chim.* Verre produit par la fusion du cobalt avec le sable et le sel alcali.

SMARAGDIN, E. adj. De couleur d'émeraude.

SMARAGDITE. s. f. Nom donné au diallage, minéral d'un beau vert d'émeraude.

SMARAGDO-PRASE. s. m. Ancien nom de la chaux fluatée, et autres pierres d'un vert-poireau, approchant de l'émeraude.

SMECTITE. s. f. Terre à foulon et autres compositions savonneuses d'argile, dont se servent les dégraisseurs.

SMILACÉES. s. f. pl. Famille de plantes dont le type est le genre *smilax*, comprenant des liserons et quelques autres plantes.

SMITHIE. s. f. Espèce de sainfoin de l'Inde, qui se contracte au toucher, comme la sensitive.

SMOGLEUR. s. m. Petit navire propre à la contrebande, dans les mers du Nord.

SOBOLE. s. f. *bot.* Bulbe qui se développe dans la fleur, et remplace les fruits; ce qui est dans quelques plantes un moyen de reproduction.

SOCCAGE. s. m. Temps que le sel met à se former. *T. de sal.* On écrit aussi *soc-quage.*

SODALITHE. s. m. Minéral qui contient beaucoup de soude ; ce que signifie son nom, qui vient *pierre de soude.*

SOEURÉCOUTE. s. f. *Voyez* ÉCOUTE au Dictionn.

SOHER. s. m. Gros poisson du Gange, à nageoires bronzées, écailles vertes, bordées d'un jaune d'or.

SOLAMIRE. s. f. C'est ainsi que les boisseliers nomment une toile de tamis, qu'elle soit en crin ou en autre matière.

SOLANÉES. s. f. pl. *bot.* Famille de plantes qui doit son nom au solanum, et contient, au milieu de productions dangereuses, quelques plantes fort utiles, telles que la pomme de terre, apportée du Pérou en 1590.

SOLE. s. *charp.* Pièce de bois posée à plat.

SOLENA. s. m. *bot.* Arbrisseau grimpant de la Chine, à racines tubéreuses, qui se mangent cuites, et forment un aliment de substance blanche et farineuse.

SOLÉNACÉES. s. f. pl. Famille de coquilles allongées en tuyau, comme le genre solea, *manche de couteau.*

SOLÉNITE. s. f. *hist. nat.* Solen fossile.

SOLIDICORNES ou STÉRÉOCÈRES. s. m. pl. Famille d'insectes coléoptères pentamères, à *antennes* en masse ronde et *solide.*

SOLIDIFICATION. s. f. *chim.* Action, propriété de se solidifier.

SOLIDIFIER. v. a. *chim.* Rendre solide un fluide qu'on unit à une autre substance ; on solidifie l'oxygène en l'unissant au fer. Se solidifier, devenir solide ; l'oxygène se solidifie en s'unissant aux substances oxydables, quelles qu'elles soient.

SOLIDISME. s. m. *méd.* Doctrine des médecins qui pensent que les maladies naissent de lésions survenues aux parties solides de l'économie animale.

SOLIDISTE. s. m. *méd.* Partisan de la doctrine du solidisme.

SOLIVAGE. s. m. Supputation du nombre de solives que peut fournir une pièce de bois.

SOLLICITABLE. adj. Qui peut être sollicité. Ce mot s'emploie peu, et presque toujours avec la négation. Cette place n'est pas sollicitable.

SOLUBILITÉ. s. f. Qualité de soluble ; faculté de se résoudre, se fondre, se détacher.

SOLUTUM. s. m. *chim.* (*um se pron. ome* bref.) Produit d'une solution ou dissolution chimique.

SOMMAGE. s. m. Action de *sommager,* de garnir des fûts de leurs doubles cercles ou *sommiers.*

SOMMIÈRE. s. f. Corde pour attacher la charge d'une bête de somme.

SOMNAMBULISME. s. m. État, disposition du somnambule.

SOMNOLESCENCE ou plutôt SOMNOLENCE. s. f. *méd.* Affection soporeuse, assoupissement léger, mais qui ne permet pas d'agir.

SONAT. s. m. Peau de mouton passée en mégie.

SONICÉPHALES. s. m. pl. Genre d'insectes coléoptères, dont les coups de tête contre les boiseries qu'ils percent se font entendre distinctement. On les nomme aussi *vrillettes.*

SONNETIER. s. m. Faiseur ou marchand de sonnettes.

SONOMÈTRE. s. m. Instrument à cordes de laiton, pour comparer et mesurer les sons, au moyen d'un chevalet mobile.

SONORITÉ. s. f. Qualité, propriété des corps sonores.

SOPHISTICATION. s. f. Action de sophistiquer.

SOPRANO. s. m. Voix haute d'une femme, par opposition avec la voix basse qu'on nomme *contralto.*

SORA. s. m. Bière de maïs germé, qui se fait au Pérou.

SORBETIÈRE. s. f. Vase dans lequel on fait geler les sorbets ou les glaces de l'office.

SORDUN. s. m. Jeu d'orgues à sons très-sourds.

SORE. s. f. *bot.* Réunion de fructifications dans les fougères, à la surface interne des feuilles.

SORNE. s. f. Crasse qui sort du fer en le forgeant.

SORORICIDE. s. m. Celui qui a tué sa sœur ; meurtre d'une sœur.

SOUBARDIERS. s. m. pl. Principaux étais de la machine à tirer les pierres dans les carrières.

SOUBERME. s. f. *mar.* Chute d'eau de pluie et de neige fondue.

SOUBUSE. s. f. *hist. nat.* Femelle du busard.

SOUCHEVER. v. a. C'est, dans une carrière, ôter le *sous-chef* ou *souchet* du banc de volée, pour extraire la bonne pierre. C'est aussi séparer les lits, qu'il y ait souchet ou non.

SOUCHEVEUR. s. m. Ouvrier employé à souchever, à séparer les lits ou couches d'une carrière en exploitation.

SOUCHON. s. m. Barre de fer *en souche,* c'est-à-dire grosse et courte.

SOUCRILLON. s. m. (*ll mouillés.*) Espèce d'orge d'hiver.

SOUDOIR. s. m. Outil de ciriers, pour sonder les bras des flambeaux de poing.

SOUFFLEMENT. s. m. Action de souffler. Il ne s'emploie que rarement, en parlant, soit des personnes, soit des choses, le mot *souffle* y suppléant très-souvent.

SOUFFLERIE. s. f. Action des soufflets de l'orgue; leur ensemble; place où ils sont disposés.

SOUFFLETEUR. s. m. Celui qui soufflette, qui a l'habitude de s'emporter jusqu'à souffleter. *Fém.,* souffleteuse.

SOUFRAGE. s. m. Action de soufrer; Exposition à la vapeur du soufre.

SOUFRIÈRE. s. f. Mine de soufre; cratère de volcan, d'où il s'exhale, d'où il s'est exhalé du soufre.

SOUFROIR. s. m. Lieu disposé pour y souffrer les laines et autres objets qu'on veut blanchir, apprêter au soufre.

SOUHAITEUR. s. m. Celui qui souhaite ou a l'habitude de souhaiter. *Fém.,* souhaiteuse. *Peu usité.*

SOUILLARD. s. m. *charp.* Pièce de bois assemblée sur des pieux, et posée au-devant des glacis, entre les piliers d'un pont. — Châssis scellé dans une écurie, pour en contenir les piliers.

SOUILLARDIÈRE. s. f. *mar.* Place où un navire a touché durant la basse-mer.

SOUI-MANGA. s. m. Oiseau du Cap, d'un plumage presque aussi éclatant que celui du colibri, en Amérique.

SOULIGNEMENT. s. m. Action de souligner.

SOULIGNEUX, EUSE. adj. *Voy.* SOULIGNEUX.

SOUPATOIRE. adj. On disoit un goûter soupatoire, prolongé, et tenant lieu de souper. Cette expression a disparu depuis qu'on ne goûte ni ne soupe plus.

SOUPÇONNABLE. adj. Qui peut être soupçonné. Ce mot est bien dans l'analogie quant à sa formation; mais il est très-peu usité.

SOUPEAU. s. m. Morceau de bois qui sert à fixer le soc de la charrue, et qui se place en-dessous.

SOUPIER, ÈRE. s. m. et f. Celui ou celle qui aime la soupe, qui en mange beaucoup à la fois ou souvent.

SOUPIREUR, EUSE. s. m. et f. Celui ou celle qui soupire. *Terme de dérision et de plaisanterie.*

SOUQUER. v. a. *mar.* Serrer, fermer un amarrage, pour qu'il ne se lâche pas.

SOURCILIER, ÈRE. adj. Qui appartient au sourcil. — s. m. *anat.* Muscle de chaque sourcil. Saillie du devant du four à glaces.

SOURDE. s. f. C'est, en terme de vénerie, le nom de la petite bécassine.

SOURDELINE. s. f. Musette à quatre chalumeaux, des montagnes d'Italie.

SOURDON. s. m. *hist. nat.* Espèce de bucarde, coquillage.

SOURIQUOIS, E. adj. Le peuple *souriquois,* des souris, des rats. *Style de conte.*

SOURIVE. s. f. *pêche.* Cavité qui se forme au bord d'une rivière, d'un étang, sous des racines de souche qui y aboutissent.

SOUS-AILE. s. f. *archit.* Bas-côtés d'une église.

SOUS-AMENDEMENT. s. m. Amélioration proposée ou votée sur un amendement. *Style parlementaire.*

SOUS-ARBRISSEAU. s. m. *bot.* Comme l'arbuste, le sous-arbrisseau ne pousse pas des bourgeons une année d'avance; mais il en diffère par la hauteur, qui est celle d'un arbrisseau nain; tandis qu'il est des arbustes qui s'élèvent assez haut.

SOUS-AXILLAIRE. adj. *bot.* Qui naît au-dessous d'une aisselle : Fossiles sous-axillaires.

SOUS-BANDE. s. f. *chir.* Première bande appliquée sur une plaie, et qu'une autre doit recouvrir. — *artill.* Bande de fer appliquée sur les flasques d'un affût.

SOUS-BARQUE. s. f. Dernier plancheyage ou bordage d'un bateau foncet.

SOUS-BERME. s. f. *Voyez* ci-devant SOUBERME.

SOUS-BIBLIOTHÉCAIRE. s. m. Bibliothécaire en second.

SOUS-BRIGADIER. s. m. Grade au-dessous de celui du brigadier, dans la cavalerie, spécialement dans la gendarmerie à cheval.

SOUS-CAP. s. m. *mar.* Sous-chef des escouades des matelots ou des ouvriers employés dans les arsenaux.

SOUS-CARBONATE. s. m. *chim.* Combinaison d'acide carbonique avec un excès de base.

SOUS-CLAVIER, E. adj. *anat.* Placé sous la clavicule : Muscle sous-clavier, artères sous-clavières.

SOUS-COSTAL, E. adj. *anat.* Placé sous les côtes : Muscles sous-costaux.

SOUS-DIVISER. v. a. *Voy.* SUBDIVISER, SUBDIVISION, au Dict.

SOUS-DOMINANTE. s. f. *musiq.* Note au-dessous de la quinte, qui est la *dominante*; ainsi elle se trouve la quatrième du ton.

SOUS-DOUBLIS. s. m. *t. de couvr.* Rang de tuiles posées à plat pour former un égout de mortier.

SOUS-ÉPINEUX, EUSE. adj. et subst. *anat.* Placé sous l'épine du dos. La fosse sous-épineuse est un large enfoncement sous l'épine de l'omoplate.

SOUS-FAÎTE. s. m. Pièce de bois placée au-dessous du faîte, et liée par divers assemblages pour prévenir les écartemens.

SOUS-FRÉTER. v. a. *mar.* Sous-louer à un autre le navire qu'on avoit frété pour soi.

SOUS-GARDE. *Voy.* SOUGARDE au Dict.

SOUS-GORGE. s. f. *V.* SOUGORGE au D.

SOUS-LIGNEUX, EUSE. adj. *bot.* Qui a moins de consistance que le bois, mais plus que les herbes. La plante *sous-ligneuse* tient le milieu entre les plantes *ligneuses* et les plantes *herbacées.*

SOUS-LOCATION. s. f. Cession qu'un locataire fait à un autre d'une partie de sa location.

SOUS-MAÎTRE, ESSE. subst. Maître en second. Il se dit spécialement des pensionnats et des institutions; dans les ateliers on se sert de *contre-maître.*

SOUS-MARIN, E. adj. *hist. nat.* Productions sous-marines, qui se trouvent ou se forment au fond de la mer.

SOUS-MAXILLAIRE. adj. *anat.* Situé sous la mâchoire.

SOUS-MÉDIANTE. s. f. *musiq.* Sixième note du ton, qui fait une tierce au-dessous de la tonique, comme la médiante en fait une au-dessus. On la nomme aussi *sus-dominante.*

SOUS-NITRATE. s. m. *chim.* Nitrate où la base est en excès.

SOUS-ORBICULAIRE. adj. *bot.* Feuille presque ronde, mais un peu plus large que longue.

SOUS-PHOSPHATE. s. m. *chim.* Phosphate où la base est en excès.

SOUS-PIED. s. m. Petite courroie qui passe sous le pied pour tenir l'éperon.

SOUS-PRÉCEPTEUR. s. m. Précepteur en second; aide ou suppléant du précepteur en chef.

SOUS-PRÉFECTURE. s. f. C'est, dans une préfecture, chaque arrondissement que doit administrer un sous-préfet; charge et fonctions de sous-préfet; bureaux de l'administration.

SOUS-PRÉFET. s. m. Administrateur d'une sous-préfecture, subordonné au préfet.

SOUS-RENTE. s. f. Rente que tire quelqu'un d'une chose qu'il tient lui-même à ferme; on le nomme alors *sous-rentier.*

SOUS-SCAPULAIRE. adj. et s. m. *anat.* Placé au-dessous de l'omoplate : Fosse, artère sous-scapulaire.

SOUS-SULFATE. s. m. Sulfate où la base est en excès.

SOUS-TARTRATE. s. m. Tartrate où la base est en excès.

SOUS-TRAITANT. s. m. Celui qui soustraite avec un autre qui a déjà traité, pour une exploitation, une ferme, etc., par un acte que l'on nomme un sous-traité. Ces mots, très-usités autrefois, sont tombés en désuétude. Depuis qu'on n'afferme plus les revenus publics, il n'y a plus de traitans ni de sous-traitans; ni de sous-traités. On pourroit néanmoins conserver à ces termes d'autres applications.

SOUS-STYLAIRE. s. f. Ligne droite sur laquelle est élevé le style ou gnomon d'un cadran.

SOUTERRÉ, E. adj. *bot.* Caché sous terre, en parlant des fruits et de certaines végétations qui tendent à s'y enfoncer.

SOUTRAIT. s. m. Planche inférieure de la presse du papetier.

SOVERBACE. s. f. *bot.* Plante liliacée à fleurs pourpres en ombelle, originaire de la Nouvelle-Hollande, et cultivée en France.

SOYALE. s. m. Palmier de la Nouvelle-Espagne, à bois dur et pesant, bon pour construction.

SPADICÉ, E. adj. *bot.* Muni de *spadix.*

SPADIX ou SPADICE. s. m. *bot.* Axe floral, rameux, où un pédoncule commun supporte plusieurs fleurs renfermées dans une spathe.

SPALAX ou ASPALAX. s. m. *hist. nat.* Rat-taupe.

SPARE. s. m. Genre de poissons thoraciques, où se trouve la dorade, remarquable par sa belle couleur.

SPARTON. s. m. *mar.* Cordage de sparterie.

SPASMATIQUE. adj. *méd.* Attaqué de spasmes.

SPASMOLOGIE. s. f. *méd.* Traité des spasmes.

SPATHACÉ, E. adj. *bot.* Enveloppé d'une spathe.

SPATHE. s. f. *bot.* Membrane qui enveloppe les boutons de fleurs, et se déchire pour la floraison.

SPATHÉLE. s. f. *bot.* Genre de thérébinthacées à fleurs rouges.

SPATHILLE. s. f. (*ll* mouillés.) Petite spathe, enveloppant une seule des fleurs contenues dans la spathe commune du bouton.

SPATHIQUE. adj. *minér.* Qui tient du spath, ou qui en contient.

SPATULÉ, E. adj. *bot.* Feuille en forme de spatule.

SPÉCIALISER. v. a. Mot récemment introduit dans le langage parlementaire, pour dire : établir la spécialité dans le budget, en fixant la somme consacrée à chaque branche de dépense.

SPÉCIFICATIF, IVE. adj. Qui spécifie, propre à spécifier. Terme *spécificatif*, qui contient une spécification.

SPÉCIMEN. s. m. (On pron. *mène* bref.) Mot latin, adopté dans le sens de type, modèle, en langage scientifique.

SPERMA-CETI. s. m. *Voyez* ci-devant ADIPOCIRE.

SPERMA-DICTYON. s. m. *bot.* Arbuste rubiacé de l'Inde, à fleurs odorantes, disposées en ombelles.

SPERMATOBOLE. s. m. Nom donné à une sorte de charrue, qui porte avec elle son semoir et sa herse.

SPERMIOLE. s. f. *hist. nat.* Frai des grenouilles.

SPERMODERME. s. m. *bot.* Genre de champignons, dont les semences se trouvent réunies, et sont piquantes comme des orties.

SPHAIGNE. s. f. *bot.* Genre de mousses où se distingue la sphaigne à larges feuilles, qui remplit les marais de ses masses, et contribue puissamment à élever le terrain, et plus tard à former la tourbe.

SPHÈNE. s. m. *minér.* Pierre cristallisée en coins, d'abord nommée *rayonnante en gouttière*, et jugée ensuite être un *schorl violet.*

SPHÉNOÏDAL. E. adj. *anat.* Qui a rapport à l'os sphénoïde nommé *cunéiforme*, en forme de coin : Suture sphénoïdale.

SPHÈRIE. s. f. *bot.* Genre de champignons qui vivent sous l'épiderme des plantes, et dont on a découvert les semences dans un réceptacle, où elles nagent en *bourgeons*, au milieu d'une substance gélatineuse.

SPHÉROBOLE. s. m. *bot.* Genre de champignons, dont la semence est renfermée en une capsule globuleuse, lancée par une fongosité sessile, qui s'ouvre en étoile avec élasticité.

SPHÉRO-CARPE. s. m. Genre de champignons, dont le péricarpe, d'abord charnu, ensuite friable, s'entr'ouvre pour laisser échapper ses semences, qui étoient insérées sur des filamens.

SPHÉROCOQUE. s. m. *bot.* Genre d'algues, dont la membrane contient une fructification intérieure et apparente.

SPHÉROÏDAL, E. adj. En forme de sphéroïde. On appelle diamant sphéroïdal celui qui est taillé à 48 faces bombées.

SPHÉROMÈTRE. s. m. Instrument destiné à mesurer le degré de courbure des verres à lunettes.

SPHÉROPHORE. s. m. bot. Genre d'algues, ayant des tubercules terminaux arrondis, qui s'ouvrent pour laisser sortir une semence en poussière noirâtre.

SPHÉRULES. s. f. pl. Organes séminaux des champignons hypoxilés, qui s'ouvrent par leur sommet pour laisser échapper les bourgeons séminiformes qu'ils contenoient.

SPHYMIQUE. adj. et s. f. Qui a rapport au pouls; art sphymique, celui de juger l'état du pouls, d'en reconnoître les caractères.

SPICIFÈRE. s. m. Espèce de paon à aigrettes en épis.

SPIELMANE. s. m. bot. Arbuste pyrénacé d'Afrique, à fleurs blanches et solitaires, cultivé au Jardin des Plantes.

SPINESCENT, E. adj. bot. A sommet terminé en pointe d'épine.

SPINTHÈRE. s. m. Substance minérale cristallisée, à reflets étincelans.

SPINTHÉROMÈTRE. s. m. Instrument pour mesurer le degré de force des étincelles électriques.

SPIRAL. s. m. horlog. Dit, par ellipse, pour ressort spiral, fait en spirale.

SPIRALÉ, E. adj. bot. Tourné en spirale.

SPIRITUALISTE. s. m. et f. Partisan de la spiritualité, ou du spiritualisme, qui outre la spiritualité, et ne veut voir que des miracles dans des causes purement physiques.

SPIRIVALVE. adj. hist. nat. Coquille roulée en spirale.

SPIROÏDE. adj. anat. Contourné en forme spirale. (On pron. ro-ï.)

SPIROLINE. s. f. hist. nat. Genre de coquilles à spirales très-serrées.

SPIRULE. s. f. hist. nat. Genre de testacés univalves, à coquilles en spirale discoïde, à tours séparés.

SPLÉNALGIE. s. f. méd. Douleur de rate.

SPLÉNALGIQUE. adj. méd. Douleur splénalgique, qui provient de la rate.

SPLÉNÉTIQUE. adj. et s. méd. Atteint d'obstructions à la rate; remède administré contre cette affection.

SPLÉNOLOGIE. s. f. méd. Traité de la rate, de ses fonctions.

SPONGIAIRES. s. m. pl. Classe de zoophytes, comprenant les éponges et quelques autres genres qui s'en rapprochent beaucoup.

SPONGIÉES. s. f. pl. Ordre de zoophytes, où l'on place les éponges et les éphidaties.

SPONGILLE. s. f. Genre de spongiaires, comprenant les éponges d'eau douce.

SPONGIOLE. s. f. bot. Organe absorbant des végétaux, qui pompe l'humidité sans que l'on sache bien comment, puisque l'on n'a pu y découvrir aucun pore. C'est cependant par les spongioles radicales que se pompe la sève du terrain.

SPONGODIÉES. s. f. pl. bot. Ordre de varechs thalassiophytes, à organisations spongieuses, couleur verte, se ternissant à l'air.

SPONGODION. s. m. bot. Genre de varechs spongodiés, à graines éparses dans toute la substance de la plante.

SUPPLÉMENT. 2ᵉ PARTIE.

SPORANGE. s. f. bot. Paroi externe de l'urne des mousses.

SPORANGIDIE. s. f. bot. Paroi interne de l'urne des mousses.

SPUMEUX, EUSE. adj. Qui donne de l'écume; d'où s'est formé spumosité, état, qualité de ce qui est écumeux. Mot dont il n'existe aucun substantif.

SPUTATEUR ou CRACHEUR. s. m. hist. nat. Lézard à bave venimeuse.

SQUALE. s. m. hist. nat. (On pron. scoua diphth.) Genre de poissons, aussi nommés chiens de mer ou requins, à cinq, six ou sept branchies de chaque côté.

SQUAMMODERMES. s. m. pl. Tribu de poissons osseux, pourvus d'écailles.

SQUAMMULE. s. f. bot. Petite écaille, comme celles dont est garni l'orifice de la corolle dans certaines fleurs.

SQUELETTOLOGIE. s. f. Voy. Ostéologie au Diction.

ST! interj. Pour appeler, comme cht, pour imposer silence. Dans les deux cas, on appuie sur la première articulation, qui peut se prolonger; ce qui l'a rendue propre à son emploi.

STACHIDE. s. f. bot. Nombreux genre de labiées, à tige carrée.

STADMANE. s. m. bot. Bois de fer de l'île de France; grand arbre de la famille des savonniers, propre à la construction.

STAGE. s. m. Espèce de noviciat imposé aux jeunes avocats avant leur inscription sur le tableau. Le stage dure trois années, pendant lesquelles ils peuvent plaider, mais ne peuvent pas signer de consultations.

STAGIAIRE. adj. et s. m. Qui fait son stage. Voy. ci-dessus STAGE.

STAMINAL, E. adj. bot. Qui concerne les étamines des fleurs.

STAMINÉ, E. ou STAMINIFÈRE. adj. bot. Pourvu d'une ou de plusieurs étamines.

STAMINEUX, EUSE. adj. bot. A longues étamines.

STAPELIE. s. f. bot. Genre d'apocynées, aussi appelé tridenté; plante grasse ou succulente du Cap, dont on cultive beaucoup d'espèces en France.

STAPHYLIER. s. m. bot. Genre de plantes rhamnoïdes, à fleurs en grappes terminales, assez commun chez les fleuristes.

STATICE. s. f. bot. Genre de plantes polémoniacées, à fleurs en œillet; on en fait des bordures.

STATIONNER. v. n. Faire station sur la voie publique. C'est un terme de police réglementaire.

STATISTIQUE. adj. et s. f. Qui concerne l'état d'un pays, quant à ses moyens de force, de productions, de richesses. — Position de cet état, connoissance de ses moyens : Mémoires, connoissances statistiques. Faire la statistique d'un département; étudier, professer la statistique, branche de l'économie politique.

STATU QUO. s. m. Mots latins admis dans la diplomatie et dans le langage parlementaire, pour signifier le maintien de l'ancien état des choses. Après la guerre, les choses furent remises in statu quo, dans le même état qu'avant la guerre. On lui a fait signifier aussi l'état présent : Les gens en

place demandent le statu quo, le maintien de l'état présent.

STAUROTIDE. s. f. minér. Pierre qui ressemble au grenat, mais qui est composée de deux prismes hexaèdres qui se croisent; ce qui l'a fait nommer aussi croisette ou pierre de croix, schorl cruciforme, etc.

STÉATOMATEUX, EUSE. adj. méd. Qui tient du stéatôme : Tumeur stéatomateuse.

STÉGANOGRAPHIQUE. adj. Qui regarde la stéganographie, qui est de son ressort. Signes stéganographiques.

STÉGNOTIQUE. Voyez ASTRINGENT au Diction.

STEINHEILITE. s. f. minér. Substance minérale qui est un quartz bleu.

STELLAIRE. s. f. bot. Nombreux genre de caryophyllées, plante herbacée, à tige grêle, fleurs presque toujours terminales, et propres à l'Europe.

STELLÉRIDES. s. f. pl. Famille de vers radiaires échinodermes, à quatre angles ou lobes rayonnans (en forme d'étoile), et sans anus.

STEMMATES. s. m. pl. hist. nat. Petits yeux lisses des insectes.

STÉNÉLYTRES. s. m. pl. Famille d'insectes coléoptères, à élytres étroits.

STÉNOGRAPHE. s. m. et f. Celui ou celle qui sténographie; auteur d'une sténographie.

STÉNOGRAPHIE. s. f. Écriture resserrée, en signes expéditifs et abréviatifs, pour écrire aussi vite que l'on parle; combinaison de ces signes, ou manière de les employer.

STÉNOGRAPHIER. v. a. Écrire en signes de sténographie. Les séances de l'école normale de 94 étoient sténographiées. Pour recueillir un discours prononcé à la tribune, il faut savoir bien sténographier.

STÉNOGRAPHIQUE. adj. Qui appartient à la sténographie. Les signes sténographiques ne peignent guère que les consonnes et les voyelles finales.

STEPPES. s. m. pl. Lieux déserts et salés dans l'Asie septentrionale.

STERCORAIRES. s. m. pl. hist. nat. Insectes qui vivent dans la fiente des animaux, ou qui en font seulement leur nourriture.

STERCULIACÉES. s. f. pl. bot. Famille de plantes ayant pour type la sterculie, plante à odeur fétide.

STÈRE. s. m. Unité de mesure décimale, valant un mètre cube, et servant pour les solides, spécialement pour le bois à brûler. On se sert peu de ses multiples, dont la mesure seroit trop forte; et de ses fractions ou sous-multiples, qui sont trop petites.

STÉRÉOBATE. s. m. archit. Partie saillante de la base d'une colonne.

STÉRÉOCÈRES. s. m. pl. Voy. ci-devant SOLIDICORNES.

STÉRÉOGRAPHIQUE. adj. Qui appartient à la stéréographie, qui la concerne.

STÉRÉOTYPAGE. s. m. Action de stéréotyper.

STÉRÉOTYPE. s. m. (Planche) composée d'abord en caractères mobiles, qu'on a ensuite rendus solides, pour la faire ensuite imprimer; ce qui est ainsi imprimé : Acheter un ouvrage stéréotype, ou un stéréotype. Librairie stéréotype, où l'on vend des stéréotypes.

STÉRÉOTYPER. v. a. Rendre solide

7

les caractères mobiles qui composent une planche.

STÉRÉOTYPIE. s. f. Art de stéréotyper.

STÉRILISER. v. a. Rendre stérile; c'est l'opposé de fertiliser, mais moins usité que lui, parce qu'on préfère son équivalent : *rendre stérile*.

STERNE. s. f. *hist. nat.* Hirondelle de mer, ayant le même extérieur et les mêmes mœurs que celles de terre.

STERTOREUX, EUSE. adj. *méd.* Respiration *stertoreuse*, accompagnée de ronflement.

STÉTHOSCOPE. s. m. *méd.* Instrument imaginé pour juger de l'état de la poitrine par le son qu'elle rend en posant l'instrument dessus, ou en la frappant avec.

STHÉNIE. s. f. *méd.* Force des fibres musculaires.

STHÉNIQUE. adj. *méd.* Maladie *sthénique* qui provient d'un excès de force.

STIGMATE. s. m. *bot.* Partie supérieure du style dans le pistil des fleurs. — *hist. nat.* Orifice latéral dans quelques insectes, auxquels il sert d'organe respiratoire. *Voy.* STYGMATE au Dict.

STIGMATIQUE. adj. *bot.* Qui appartient au stigmate.

STIGMITES. s. f. pl. Agates ou chalcédoines, pointillées de rouge sur un fond plus ou moins blanc, et qu'on nomme aussi *pierres de Saint-Étienne*, parce qu'elles figurent des gouttes de sang.

STILBITE. s. f. *minér.* Pierre, zéolithe lamelleuse, à reflet nacré ou perlé, qui se trouve autour du Vésuve.

STILLATION. s. f. *Voy.* FILTRATION au Diction.

STILLICIDE. adj. Eau *stillicide*, qui tombe de toit en toit. Il se dit aussi, substantivement, du bord inférieur du toit, par où l'eau commence sa chute. Être, rester, passer sous les stillicides.

STIMULUS. s. m. *méd.* (*s se pron.*) Partie des médicamens qui agit sur l'économie animale pour la stimuler.

STIPITÉ, E. adj. *bot.* A base disposée en pointe de pieu.

STIPULACÉ, E. adj. *bot.* Feuille pourvue de petites stipules.

STIPULE. s. f. *bot.* Appendice en folioles placé à la base du pétiole.

STIPULÉ, E. adj. *bot.* Pourvu de stipules.

STIPULEUX, EUSE. adj. *bot.* Pourvu de longues stipules.

STOC. s. m. Nom donné par les forgerons à la base de l'enclume.

STOMAPODES. s. m. pl. Ordre de crustacés marins, dont les yeux sont portés sur un pédoncule mobile.

STRABITE. adj. et subst. *méd.* Affecté de strabisme; ce qui équivaut au mot usuel *louche*.

STRAGULE. s. f. *bot.* Enveloppe interne des organes de la fructification dans les plantes graminées.

STRATÉGIE. s. f. Partie de l'art militaire qui consiste dans la science des mouvemens et des positions d'une armée.

STRATÉGIQUE. adj. Qui concerne la stratégie, qui est de son ressort. Avoir des connoissances stratégiques.

STRELITZ. s. f. *bot.* Genre de plantes, originaire du Cap, dont une très-belle espèce est cultivée dans les serres.

STRIGILLIFORME. adj. *bot.* En forme de brosse ou d'étrille.

STRIURE. s. f. Partie striée, cannelée dans les colonnes; partie rayée en creux dans les coquilles.

STROMATÉE. s. m. Genre de poissons apodes, aussi larges que longs, et dont le corps est aplati.

STRONTIANE. s. f. *chim.* Oxyde métallique, dont la base est le strontium, métal brillant, très-propre à s'oxyder.

STRONTIANITE. s. f. *chim.* Strontiane carbonatée.

STRYCHNÉES. s. f. pl. *bot.* Famille des plantes vomiques.

STRYCHNINE. s. f. Extrait spiritueux du principe vomique.

STYLOMÉTRIE. s. f. *archit.* Art de mesurer les colonnes, d'en régler les proportions.

SUAGE. s. m. Action de suer, en parlant des bois neufs employés en construction. — *mar.* Humidité semblable à celle du suage, et que produit la graisse dont on enduit parfois le vaisseau, pour faciliter le sillage. — C'est aussi, dans quelques états, le travail pénible des rebords en métaux, et le nom des outils qu'on y emploie.

SUBÉRATE. s. m. *chim.* Sel formé par la combinaison de l'acide subérique avec une base.

SUBÉREUX, EUSE. adj. *bot.* Qui est de la nature du *liége*, nommé *suber* en botanique.

SUBÉRIQUE. adj. *chim.* Acide tiré du *suber* ou liége.

SUBGRONDE. s. f. *archit.* Saillie à l'avant-toit, qui déborde le mur pour en éloigner les eaux pluviales qui pourroient le dégrader.

SUBLET. s. m. Ancien nom du sifflet, encore employé par les oiseleurs et les habitans des campagnes. — *hist. nat.* Sous-genre de labres, poissons à bouche, susceptible de s'allonger en *sifflet*, et de se retirer.

SUB-MARIN, E. adj. *Voyez* ci - devant SOUS-MARIN, E.

SUB-MENTAL, E. adj. *anat.* Veine, artère, située sous le menton.

SUBMERSIBLE. adj. *bot.* Fructification *submersible*. Il se dit des plantes qui sortent leurs fleurs de l'eau pour se féconder, et qui les y replongent après.

SUBORNATEUR. V. SUBORNEUR au Dict.

SUBSTANTIFIER. v. a. *gram.* Substantifier un mot, en faire un substantif. On dit plutôt *prendre ou employer substantivement*. Un adjectif peut se substantifier, être substantifié, ou être pris, être employé substantivement.

SUBSTRUCTION. s. f. Construction souterraine, servant de base à un édifice élevé sur les ruines, sur les fondations d'un plus ancien.

SUBULÉ, E. adj. *bot.* Terminé en pointe d'alène.

SUBULICORNES. s. m. pl. Famille d'insectes névroptères, à antennes en forme d'alène.

SUBULIROSTRES. s. m. pl. Passereaux à bec en forme d'alène.

SUBVERTIF, IVE. adj. Qui subvertit, propre à subvertir, à renverser la base d'un ordre établi, etc.

SUCCESSIBLE. adj. *jurispr.* Habile à succéder, capable de recevoir une succession.

SUCCESSIBILITÉ. s. f. Qualité de successible; droit de succéder.

SUCCINATE. s. m. *chim.* Sel formé par la combinaison de l'acide succinique avec une base.

SUCCINIQUE. adj. *chim.* Acide *succinique*, extrait du succin, d'abord nommé *sel volatil de succin*.

SUCCINITE. s. m. *minér.* Variété de grenat, couleur de succin, jaune d'ambre.

SUCCOTRIN. adj. *pharm.* Aloès *succotrin*, tiré de l'île de Socotora.

SUCCULENTES. s. f. pl. Famille de plantes à *périsperme charnu*.

SUCEURS. s. m. pl. Insectes parasites sauteurs, et sujets à métamorphose, formant le quatrième ordre des insectes. Ils sont armés d'une trompe avec *suçoir* à deux pièces. C'est aussi le nom d'une division de poissons.

SUDIS. s. m. Genre de poissons osseux, dont la tête est transparente, et le corps à demi-transparent.

SUERIE. s. f. Lieu où l'on fait *ressuer* les plantes de tabac, dans les fabriques, par une espèce de fermentation.

SUGI ou SUGGI. s. m. Cyprès du Japon, dont le bois est jugé si précieux qu'on ne peut en arracher un pied sans la permission des magistrats.

SUGILLATION. s. f. *méd.* Meurtrissure sur la chair; tache à la peau dans la rougeole, après la petite-vérole, etc.

SUICIDER (SE). v. pron. Se donner la mort.

SUIN. s. m. Sel neutre séparé du verre.

SUKANA. s. f. *bot.* Genre de plantes de l'Inde, voisin du célosia; elle est cultivée dans les jardins.

SUKOTYRO. s. m. Animal qui, au rapport des Chinois, a la grosseur d'un bœuf, le groin d'un cochon, les yeux au sommet de la tête, deux longues oreilles, deux cornes, et une grosse queue touffue.

SULFATE. s. m. *chim.* Sel formé par la combinaison de l'acide sulfurique avec une base : Sulfate de soude, de fer, etc.

SULFATÉ, E. adj. *chim.* Contenant un sulfate, du sulfate.

SULFITE. s. m. *chim.* Sel formé par la combinaison de l'acide sulfureux avec une base. *Sulfite de chaux*.

SULFURE. s. m. *chim.* Combinaison de soufre avec une terre, un alcali, un métal : Sulfure de zinc, d'arsenic, etc.

SULFURÉ, E. adj. *chim. Voy.* SULFUREUX au Diction.

SULFUREUX, EUSE. adj. *chim.* (Acide) formé par une lente et incomplète combustion de soufre.

SULFURIQUE. adj. *chim.* (Acide) formé par une rapide et complète combustion de soufre.

SULFURO-NITREUX, EUSE. adj. *chim.* (Acide) formé par une combinaison d'acide sulfurique et d'acide nitrique.

SULLA ou SCILLA. s. m. Sainfoin de Malte, à fleur d'un beau rouge, cultivé en prairies artificielles.

SUMAQUE. s. f. Genre de vers aquatiques, en forme de sang-sue, mais vivant de l'humeur muqueuse qui enduit le corps des poissons.

SUPÈRE. adj. bot. Au-dessus, opposé d'infère; ovaire supère, libre au-dessus du calice; fleur supère, au-dessus de l'ovaire.

SUPERPOSER. v. a. didact. Poser une chose, une partie sur une autre. Deux plans peuvent être superposés. Le participe est plus usité que le verbe. Une pierre se forme de plusieurs parties superposées.

SUPINATEUR. adj. et s. m. anat. Muscle qui fait renverser la main, et mettre le dessus de la main en dessous.

SUPPLANTATION. s. f. Action de supplanter quelqu'un.

SUPPLANTEUR. s. m. Celui qui en supplante un autre.

SUPPLÉMENTAIRE. adj. Qui fait un supplément. Le tribunal ordonne une instruction supplémentaire, ou un supplément d'instruction.

SUPPOSABLE. adj. Qui peut être supposé. Cela n'est pas supposable.

SUPPOSITIF, IVE. adj. Qui donne l'idée d'une supposition : Fût-il sage est un tour suppositif, une expression suppositive.

SURACHAT. s. m. Action de surachéter; chose surachetée, achetée plus cher qu'elle ne vaut; — prime accordée sur les métaux à la monnoie, etc.

SURAJOUTER. v. a. Ajouter un surcroît, un excédant.

SURAL, E. adj. anat. Artère surale, du gras de la jambe, du mollet.

SURBANDE. s. f. chir. Seconde bande, qui s'applique sur la sous-bande, ou la compresse.

SURBAU. s. m. mar. Pièce de bois qui sert à l'encadrement des écoutilles.

SURBOUT. s. m. charp. Pièce de bois tournant sur son pivot.

SURCASE. s. f. Au jeu de trictrac, case plus que remplie, garnie de plus de deux dames.

SURCHAUFFER. v. a. Chauffer à l'excès, brûler par un feu mal ménagé ou trop prolongé, en parlant du fer.

SURCOSTAL, plur. SURCOSTAUX. adj. anat. Muscles surcostaux, sur les côtes.

SURCULEUX, EUSE. adj. bot. Garni de rejetons, de nouvelles branches.

SURDEMANDE. s. f. t. de palais. Demande exagérée, excessive.

SURELLE. s. f. Oseille ainsi nommée de sa saveur piquante.

SURÉMINENT, E. adj. Plus qu'éminent, éminent au suprême degré.

SURFEUILLE. s. f. bot. Membrane qui enveloppe les feuilles et couvre le bourgeon.

SURFLEURIR. v. a. bot. Fleurir après avoir donné du fruit.

SURGE. adj. Laine surge, en suint, telle qu'elle sort de dessus l'animal.

SURLIER. v. a. Lier le bout d'une manœuvre, pour l'empêcher de se défaire.

SURLIURE. s. f. mar. Action de surlier une manœuvre; manœuvres surliées.

SURLONGE. s. f. Partie du bœuf où se

prennent les aloyaux après la levée de l'épaule et de la cuisse.

SURMARCHER. v. n. t. de vén. Il se dit de la bête qui revient sur ses traces.

SURMESURE. s. f. Excédant de la mesure, ce qui la dépasse.

SURMONTABLE. adj. Qui peut être surmonté.

SURMOULE. s. m. Moule qui se prend sur une figure, un ornement, de plâtre coulé.

SURMOULER, v. a., une figure, etc.; en faire le surmoule.

SURMULOT. s. m. Grosse espèce de mulot.

SURNEIGÉ, E. adj. t. de vén. S'applique aux voies de la bête, sur lesquelles il est tombé de la neige, recouvertes de neige.

SURNUMÉRARIAT. s. m. Temps pendant lequel un employé reste surnuméraire.

SURON. s. m. Peau de bœuf fraiche, dont on enveloppe des marchandises en Amérique; ballot ainsi enveloppé : un suron de cochenille, de quinquina, cannelle, etc.

SUROXYGÉNÉ, E. adj. chim. Surchargé d'oxygène.

SUROXYGÉNÈSES. s. f. pl. méd. Maladies attribuées à une surabondance d'oxygène.

SURPENTE. s. f. mar. Double corde amarrée à un mât, et à laquelle on attache le palan, pour charger ou décharger les plus pesans fardeaux.

SURPLUÉ, E. adj. véner. S'applique aux voies du gibier sur lesquelles il a plu.

SURPOSÉ, E. adj. bot. Graine posée à la file avec d'autres, toutes rangées l'une sur l'autre.

SURPOUSSE. s. f. Nouvelle pousse, ou trop forte pousse.

SURRÉNAL, E. adj. anat. Placé au-dessus des reins.

SUR-SATURÉ, E. adj. chim. Où la base salifiable se trouve en excès.

SUR-SULFATE. s. m. chim. Sulfate où l'acide est en excès.

SUR-TARTRATE. s. m. chim. Tartrate où l'acide est en excès.

SURTONDRE, v. a., les laines, en couper l'extrémité la plus grossière avant de les laver.

SURVENTER. v. n. et imp. mar. Il survente en mer, quand le vent augmente tout à coup, qu'il souffle avec violence ou par secousses.

SURVÊTIR. v. a. Couvrir d'un second vêtement par dessus le premier. Il signifie aussi vêtir de quelque chose de trop chaud; vêtir trop. Part. act., survêtant; part. pass., survêtu, e.

SUS-BANDE. s. f. artill. Barre de fer qui passe sur les tourillons, dans les affûts de canon.

SUS-BEC. s. m. Pituite âcre que les oiseaux rendent par le bec, et qui en fait beaucoup périr.

SUS-DOMINANTE. s. f. musiq. Sixième note du ton, la première au-dessus de la quinte, qui est la dominante. La est la sus-dominante dans le ton d'ut, dont sol est la dominante.

SUS-PIED. s. m. Courroie de l'éperon qui passe par dessus le pied.

SUSPIRIEUX, EUSE. adj. méd. Respiration en forme de soupir.

SUSSEYEMENT. s. m. Action de susseyer, défaut de celui qui susseye, qui prononce s, z, au lieu de ch, j.

SUSTENTATION. s. f. Action de sustenter; nourriture suffisante pour entretenir la vie.

SUS-TONIQUE ou SUTONIQUE. adj. et s. f. musiq. Seconde note du ton, immédiatement au-dessus de la tonique, comme re dans le ton d'ut.

SUTURAL, E. adj. bot. Qui tient à la suture, qui y est placé. Graines suturales.

SVARTIE. s. f. bot. Genre de mousses, dont le péristome (bord de l'urne) a seize paires de dents, et des fleurs hermaphrodites.

SYALITA. s. f. bot. Bel arbre du Malabar, à feuilles de châtaignier, fruits acides, servant à assaisonner les mets, et à faire un sirop rafraichissant.

SYBARITE. s. m. Homme de mœurs efféminées, comme on dit que l'étoient les habitans de l'ancienne Sybaris, dans le midi de l'Italie.

SYÉNITE. s. f. Espèce de roche granitique, où il entre du feldspath et de l'amphibole, avec un peu de quartz et de mica.

SYLLABER. v. a. Syllaber les mots, les lire syllabe à syllabe, en réunissant les lettres qui doivent aller ensemble, et en séparant celles qui doivent aller seules. — part. pass. Syllabé, e. Ces lettres sont mal syllabées. — s. m. Le syllabé est l'assemblage ou la séparation des signes pour la formation des syllabes. Cet enfant en est au syllabé. Le syllabé avec épellation facilite l'orthographe.

SYLVAINS. s. m. pl. Ordre d'oiseaux des bois, vivant d'insectes, de grains et de fruits. Voy. SYLVAIN au Diction.

SYLVATIQUE. adj. bot. Plante qui croit dans les forêts.

SYLVESTRE. adj. bot. Qui vient en terre inculte; opposé aux individus de la même espèce qui sont cultivés.

SYLVIE. s. f. Espèce d'anémone des fleuristes.

SYMBOLOGIE. s. f. méd. Partie de la pathologie qui traite des symptômes des maladies.

SYMPATHISTE. s. m. et f. Partisan de la force active de la sympathie; médecin partisan de la sympathie par transpiration.

SYMPÉCI-ÉLECTRIQUE. adj. physiq. Nom proposé pour les corps électrisables par eux-mêmes.

SYMPÉTALIQUE. adj. bot. Étamine où les pétales réunis semblent n'en former qu'un.

SYMPHONIASTE. s. m. Compositeur de plain-chant.

SYMPHYTOGYNE. adj. bot. fleur où l'ovaire est adhérent au calice.

SYMPLOQUE. s. m. bot. Genre de plaqueminiers.

SYMPODES. adj. et s. m. Poissons dont les pieds de derrière sont réunis en nageoires.

SYMPTOMATOLOGIE. s. f. Voyez ci-dessus SYMBOLOGIE.

SYNAGÉLASTIQUES. adj. et s. m. pl. Poissons allant par bandes.

7.

SYNANCÉE. s. f. Genre de poissons, à tête hérissée de tubercules, ayant la bouche et les yeux dirigés en haut.

SYNANTHÉRÉES. s. f. pl. bot. Famille de plantes, où les anthères sont réunies en un seul corps : Chicoracées, corymbifères, cynarocéphales.

SYNANTHÉRIQUE. adj. bot. Étamine synanthérique, à anthères réunies.

SYNCARPE. s. m. bot. Fruit composé de plusieurs petits fruits, accolés comme provenant d'une même fleur.

SYNCHRONIQUE. adj. Qui présente un synchronisme, des synchronismes.

SYNCOPAL, E. adj. méd. Fièvre produisant la syncope; qui tient à la syncope.

SYNCRÈSE. s. f. chim. Concrétion, coagulation par l'évaporation de l'humidité, et qui termine une opération.

SYNDACTYLES. s. m. pl. Famille d'oiseaux nageurs, à doigts réunis : Cormoran, frégate, pélican, fou, et phaéton.

SYNDESMOLOGIE. s. f. anat. Traité des ligamens.

SYNERGIE. s. f. méd. Action réunie de divers organes.

SYNGÉNÉSIE. s. f. Classe de plantes où les fleurs ont leurs étamines réunies par le sommet.

SYNGNATHE. s. m. Genre de poissons branchiostèges, à bouche presque close, branchies sur la nuque. On les appelle aussi chevaux marins, parce qu'une espèce ressemble un peu aux chevaux marins par la forme de la tête.

SYNGRAPHE. s. m. Acte sous seing-privé, passé entre le débiteur et le créancier, dont chacun garde un double.

SYNOÏQUE. s. m. Genre de mollusques ascidiens, ayant l'orifice branchial fendu en six rayons égaux.

SYNONYMIQUE. adj. Relatif à la synonymie, aux synonymes. Ce mot est peu employé; encore n'a-t-il guère que le sens du mot synonyme, qui s'emploie aussi comme adjectif. On dit moins les mots synonymiques que des mots synonymes.

SYNONYMISTE. s. m. Celui qui écrit sur les synonymes, qui assigne leur valeur commune, et marque leur différence.

SYNOSTÉOLOGIE. s. f. anat. Partie de l'anatomie qui traite des articulations.

SYNTAXIQUE. adj. gramm. Qui regarde la syntaxe, qui en fait partie. Peu usité.

SYNTHÉTISME. s. m. chir. Réunion des quatre opérations qu'exige une fracture : Extension, coaptation, réduction, bandage.

SYNTOTIQUES. s. m. pl. bot. Ordre de champignons, formés par une membrane fructifiante, en forme de réseau.

SYPHILIS. s. f. méd. (s final se pron.) Maladie contagieuse, provenant primitivement de la cohabitation entre deux personnes de sexe différent, mais pouvant se communiquer par toute autre voie; mal vénérien.

SYPHILITIQUE. adj. des 2 genr. méd. Qui a rapport à la syphilis. Maladie syphilitique. Remède syphilitique.

SYPHONOBRANCHES. Voyez ci-devant SIPHONOBRANCHES.

SYRIAQUE. adj. et s. m. Langue des anciens Syriens. — adj. Caractères syriaques, langue syriaque.

SYRINGE. s. f. Instrument à vent, plus connu sous le nom de flûte de Pan.

SYRPHIES. s. f. pl. Tribu d'insectes diptères, vivant sur les fleurs, qu'ils sucent avec leur longue trompe. Le type est le genre syrphe, dont les larves sont les vers queue-de-rat des eaux stagnantes.

T.

T. s. m. Lettre de la touche dentale, peignant le son fort du d : te-de. Ti, non initial, non précédé de s ou de x, peint le son dur ci devant une voyelle avec laquelle il ne fait pas diphthongue : Partial, partiel, portion, action, etc.; tandis qu'il garde le son qui lui est propre dans tiare, digestion, mixtion, un portier, un sentier, nous partions, vous partiez, etc.; th a toujours le son te, et né devient jamais sifflant.

T final sonne dans une quarantaine de mots, et dans un Christ, un sept, un huit, nous étions, sept ou huit, etc. Il est nul dans Jésus-Christ, sept personnes, huit personnes, et devant une consonne et sans repos. — Il est encore nul dans Metz, Coblentz, Maestricht, Sedlitz, et dans les composés de mont, de port et de fort : Mont-Réal, Port-Louis, Port-Royal, Fort-Louis, etc.

T final nul fait difficilement liaison à la fin des noms, mais toujours à la fin des adjectifs, devant leur nom, et des verbes, devant leur régime.

T a une valeur tirée de la forme de sa majuscule T, qui se prononce té, suivant l'ancienne appellation : Mettre un T à un poêle, etc. Voy. T au Dict.

TABACOS. s. m. Mélange de tabac d'ambre et d'épices que fument les Mexicains, et qui les enivre comme l'opium.

TABAQUEUR. s. m. Papillon d'une chenille qui vit sur le tabac.

TABERNÉ. s. m. bot. Genre d'apocynées, arbrisseaux, sous-arbrisseaux, ou herbes donnant un suc laiteux quand on les entame.

TABÈS. s. m. méd. Principe de dépérissement dans le corps animé, dont l'atrophie exprime la cause (défaut de nourriture); la consomption, l'effet sur le corps (diminution de volume); et le marasme, le dernier degré (état voisin de la mort). (On pron. tabaisse, a, ai longs.)

TABLÉE. s. f. Réunion de personnes assises à la même table : Toute une tablée se mit à chanter. — Étendue en étoffe de la longueur de la table sur laquelle on fait le drap : La première tablée est à repasser. Il y a dix tablées dans cette pièce de drap.

TABOURIN. s. m. Calotte en tôle, tournant sur pivot, qui se place au-dessus d'une cheminée pour l'empêcher de fumer, la bouche étant toujours au vent. — mar. Espace sur une galère près de l'éperon.

TABROUBA. s. m. bot. Arbre de Surinam, dont le fruit donne aux Indiens un suc pour se teindre le corps en noir; et l'écorce, un lait amer qu'ils emploient contre les poux.

TACAMAQUE. s. f. bot. Gomme résineuse qui découle du Calaba, du peuplier balsamifère; et la meilleure du fagarier octandrique.

TACCA. s. m. bot. Espèce de pomme de terre des Indes, dont on extrait une excellente fécule, et dont on mange aussi les feuilles et les tiges.

TACCO. s. m. Genre d'oiseaux sylvains, de la famille des imberbes.

TACHARD. s. m. Oiseau de proie, du genre buse.

TACHI. s. m. Arbrisseau grimpant de la Guyane, de la famille des primulacées, creux, noueux, tétragone; qui donne, avant la fructification, une goutte de résine jaune à l'aisselle de chaque feuille.

TACHIGALE. s. m. Arbre légumineux de la Guyane.

TACHURIS. s. m. Famille de petits oiseaux du Paraguay, vivant seuls ou par paires sur les arbres et les buissons.

TACHYGRAPHIE. Voy. au Dict. TACHÉOGRAPHIE. Mot inusité.

TACITURNITÉ. s. f. Qualité du taciturne; son humeur, son état.

TACON. s. m. Voy. TAQUON au Dict.

TACOT. s. m. Instrument en cuir, servant à la navette façon angloise.

TACTICIEN. s. m. Celui qui s'occupe ou s'est occupé de tactique. Ce général est un bon ou un mauvais tacticien.

TAGET. s. m. Genre de plantes corymbifères, cultivées dans les jardins sous le nom de roses d'Inde, œillets d'Inde, dont on a fait la famille des tagètes.

TAGUC. s. m. Suc laiteux de l'arbre des Philippines, appelé camoulag; on s'en sert pour empoisonner les flèches.

TAILLADIN. s. m. Tranche mince de chair de citron taillée en travers, chez les confiseurs.

TAILLE-DOUCIER. s. m. Imprimeur en taille-douce. On ne se sert plus que de cette dernière dénomination.

TAILLE-MÈCHE. s. m. Instrument dont se sert le cirier pour couper les mèches.

TAILLE-MER. s. m. mar. Pièce de l'éperon qui commence le sillage en coupant l'eau à la tête du vaisseau.

TAILLE-PLUME. s. m. Instrument disposé de manière qu'en le serrant on taille la plume d'un seul coup.

TAILLEROLLE. s. m. Instrument pour couper le poil excédant des velours.

TAILLET. s. m. Outil tranchant des forgerons, pour couper le fer superflu des mises dans la fabrication des ancres.

TAILLETTE. s. f. Ardoise taillée sur de petites dimensions, dans les carrières.

TAILLE-VENT. s. m. Oiseau de mer, à vol rapide. — mar. Grande voile des lougres et des chasse-marées.

TAILLON. s. m. Fruits, légumes, taillés autrement qu'en tranches, en ronds, en carrés, etc.; pour la cuisine.

TAILLURE. s. f. Broderie de rapport appliquée en découpures sur une étoffe.

TAIRAGI. s. m. Huitre à perles des mers du Japon.

TALADIO. s. m. bot. Plante vivace de Madagascar, avec laquelle on y teint en noir.

TALAUME. s. m. bot. Genre de magnoliers, arbre assez rare des Antilles, où la fleur s'emploie à parfumer les liqueurs.

TALCITE. s. m. minér. Tale salciné, ou tale stéatite.

TALER. v. a. Meurtrir, en parlant des fruits. Le vent fait taler les fruits sur l'arbre. Les fruits se talent dans les paniers, les bateaux, et ne sont plus de débit, parce qu'ils ne se conservent pas. Quelques personnes disent *tanner*, qui ne peut regarder que les personnes, dont les meurtrissures changent la couleur de la peau.

TALIGALE. s. m. *bot.* Genre de guttiliers de Cayenne.

TALIGAU. s. m. *mar.* Diminution des sabords dans un bâtiment de guerre, pour lui donner l'air d'une flûte.

TALINGUER. v. a. *mar.* Attacher le câble à l'arganeau de l'ancre.

TALISIER. s. m. *bot.* Arbrisseau saponacé de la Guyane.

TALITRE. s. m. Genre de crustacés amphipodes, à quatorze pates, vivant en troupe sous les plantes amoncelées des bords de la mer.

TALLEVANE. s. f. Grand pot de grès, qu'on apporte rempli de beurre d'Isigny.

TALMUDIQUE. adj. Qui appartient au Talmud, qui le concerne.

TALONNIER. s. m. Celui qui fait des talons de bois, pour les cordonniers. Il ne doit plus s'en faire depuis que les souliers à talon plat ont été préférés par les dames, comme plus commodes pour la marche.

TALPA. s. m. *bot.* Palmier épineux de Ceylan.

TALPICAS. s. m. pl. *hist. nat.* Famille des taupes.:

TALPOÏDE. s. m. Rat-taupe, genre d'animaux rongeurs.

TAMANA. s. m. *bot.* Arbre très-dur des îles Marquises, employé à faire des canots.

TAMANDUA. s. m. *hist. nat.* Fourmilier, quadrupède de l'ordre des édentés.

TAMANOIR. s. m. Grand tamandua d'Amérique.

TAMARICIN. s. m. *hist. nat.* Espèce du genre des tamaris.

TAMARINIER. s. m. *Voyez* TAMARIN au Diction.

TAMBAC. s. m. Nom de l'aloès dans le commerce.

TAMBOUL. s. m. *bot.* Arbre à suc laiteux de l'île Bourbon.

TAMBOURINAGE. s. m. Action de tambouriner.

TAMIAS. s. m. Genre de quadrupèdes rongeurs; écureuils vivant sous terre.

TAMINIER. s. m. *bot.* Genre de smilacées, employé en médecine sous le nom de *racine-vierge* ou de *sceau de Notre-Dame.*

TAMISAGE. s. m. Action de tamiser.

TAMISEUR. s. m. Celui qui tamise, spécialement la matière du verre, dans les verreries. *Fém.,* tamiseuse.

TAMONE. s. f. *bot.* Plante pyrénacée de la Guyane, à tige triangulaire, feuilles velues, fleurs en épi terminal.

TAMPANE. s. f. Pignon de la cage d'un moulin.

TAMPE. s. f. Espèce de coin qui se place entre la frise et le frisoir, qu'il fait appuyer sur l'étoffe. *T. de fabriq.*

TAMPER. v. a. Garnir la frise de sa taupe, pour faire appuyer le frisoir. On dit aussi, *familièrement,* se tamper, pour dire s'incliner, en appuyant ses pieds contre quelque chose de solide, afin de mieux soutenir un poids avec l'épaule.

TAMPLON. s. m. Petit ros ou peigne, dont se servent les tisserands pour ajouter à la largeur du tissu.

TAMPONNEMENT. s. m. Action de tamponner. Tampon de charpie introduit dans une plaie.

TAM-TAM. s. m. Disque formé d'un alliage métallique, dont les Chinois font un instrument qui rend un son très-éclatant quand on frappe dessus.

TANÆCION. s. m. *bot.* Genre de calebassiers.

TANDELET. s. m. *mar.* Espèce de tente placée à la poupe, afin de garantir de la pluie. Mieux *tendelet*, de *tendre.*

TANDELIN. s. m. Hotte en sapin, à l'usage des sauniers.

TANDROLE. s. f. Sel qui surnage dans le verre en fusion.

TANGARA. s. m. Genre d'oiseaux sylvains, sans ramage, de la famille des péricales.

TANGAROU. s. m. *hist. nat.* Tangara roux, de la Guyane.

TANGARIO. s. m. *hist. nat.* Espèce de tangara violet.

TANGHIN. s. m. *bot.* Genre d'apocynées, arbre de Madagascar, dont le fruit est un violent poison, qu'on y emploie à punir les criminels, et qu'on sait assaisonner pour le rendre moins désagréable à prendre.

TANGIBLE. adj. *didact. Voyez* TACTILE au Diction.

TANGUEUR. s. m. *mar.* Navire qui tangue.

TANI. s. m. *bot.* Arbre de l'Inde, que l'on croit fournir à la médecine le myrobolan emblic.

TANIBOUCIER. s. m. *bot.* Arbre de la Guyane, de la famille des myrobolaniers, dont la fructification n'est pas bien connue.

TANIN. s. m. *chim.* Principe qui rend les écorces propres à tanner les cuirs.

TANNAGE. s. m. Action de tanner les cuirs; genre d'opérations qu'on leur fait subir pour les rendre propres à leur destination.

TANNÉE. s. f. Mélange de tan et de chaux, qui a servi à la préparation du cuir.

TANQUEUR. s. m. Porte-faix des ports de mer, qui chargent et déchargent les vaisseaux. On dit aussi *gabarriers.*

TANROUGE. s. m. Genre de saxifragées, arbre ou arbrisseau dont l'écorce est propre au tannage, et qui ressemble au sumac.

TANTALE. s. m. *chim.* Métal indissoluble par les acides, ainsi nommé par allusion à Tantale, dont les lèvres fuyant l'eau s'éloignoit à mesure qu'il les en approchoit pour boire.

TANTALIQUE. adj. *chim.* Acide tantalique, formé par la combinaison du tantale avec de l'oxygène.

TANTALITES. s. m. pl. *minér.* Différentes espèces de tantale.

TANTAN. s. m. *bot.* Espèce de ricin.

TANTINET. s. m. Mot familier, pour dire un peu, tant soit peu. Donnez-m'en un tantinet.

TANYSTOMES. s. m. pl. Famille d'insectes diptères, à trompe saillante et à suçoir de plusieurs pièces.

TAONIENS. s. m. pl. Tribu d'insectes tanystomes, dont le type est le taon marin, insecte qui s'attache spécialement au thon, et à quelques autres poissons.

TAOURAI. s. m. *bot.* Casse de l'Inde, dont les graines, réduites en farine, s'emploient dans la teinture à l'indigo.

TAPÉEN. s. m. *mar.* Voile qui sert à préserver de la dérive le vaisseau marchand qui a vent arrière.

TAPETTE. s. f. Tampon dont on se sert pour étendre le vernis sur le cuivre.

TAPIOCA. s. m. Fécule de la nature du sagou, de la racine du manioc, en préparant la cassave.

TAPIRIER. s. m. Grand arbre de la Guyane, genre de la famille des térébinthacées.

TAPOGOME. s. m. *bot.* Plante sarmenteuse, vivace, dont la racine fournit au commerce l'ipécacuanha du Brésil.

TAPURE. s. f. C'étoit une frisure des cheveux tapés avec le peigne. *Inusité aujourd'hui.*

TAQUET. s. m. *mar.* Crochet auquel s'amarre une manœuvre. Il y en a de plusieurs sortes. Taquet de fer; taquet à dents.

TAQUONNER. v. a. *imprim.* Garnir de taquons le grand tympan ou le dessous des caractères trop bas, pour faire venir l'impression.

TARABAT. s. m. Instrument de bois dont on se servoit dans les couvens pour réveiller les religieux.

TARABÉ. s. m. Perroquet vert du Brésil.

TARABISCOT. s. m. Outil de menuisier pour séparer deux moulures; cavité qu'il a faite entre elles pour les séparer.

TARABUSTER. v. a., quelqu'un, le brusquer avec humeur. *V.* TARABUSTER au Dict.

TARAISON. s. f. Plaque d'argile que les verriers mettent devant les ouvreaux, pour en diminuer l'ouverture.

TARANCHE. s. f. Grosse cheville de fer, qui sert à faire tourner, avec des leviers, la vis d'un pressoir.

TARALE. s. m. *bot.* Grand arbre légumineux de la Guyane, dont l'écorce tombe presque en entier tous les ans.

TARARE. s. m. Machine pour vanner et nettoyer le grain. *Voy.* le mot au Dict.

TARAUD. s. m. Outil de forme conique, en acier et à vis, pour faire des écrous. C'est aussi une tarière de charron, qui sert pour un objet de même nature.

TARCONANTHE. s. m. *bot.* Arbrisseau d'Afrique, blanchâtre, à fleurs corymbifères, cultivé dans les jardins botaniques.

TARDIFÈRE ou TARDIGRADE. adj. et s. m. Animalcule microscopique très-lent, souvent trouvé dans la terre détrempée, et qui a la forme du cochon-d'Inde, avec huit pates et trois ongles à chacune.

TARDIGRADES. s. m. pl. Famille de mammifères herbivores, innocens mais paresseux.

TARDIFLORE. adj. *bot.* Qui fleurit tard.

TARET. s. m. *hist. nat.* Genre de vers testacés, qui percent comme une tarière, et crib'ent en peu de temps des vaisseaux et les plus fortes digues.

TARFULIM. s. m. *bot.* Palmier de l'Inde, dont on mange le fruit.

TARGIONE. s. m. *bot.* Genre de crypto-games, famille des hépatiques, difficiles à découvrir, n'offrant que l'aspect d'une petite peau verte, oblongue, à peu près ovale.

TARIRI. s. m. *bot.* Arbre des Indes, dont les feuilles s'emploient à teindre en pourpre et en violet.

TARSIEN, NE. adj. *anat.* Qui appartient au tarse : Artère tarsienne.

TARSO. s. m. (*a* se pron. long et *o* bref.) Marbre de Toscane, très-dur, et employé dans les verreries.

TARTARIQUE. adj. *Voyez* ci-dessous TARTRIQUE.

TARTARISER. v. a. *chim.* Purifier avec du sel de tartre.

TARTINE. s. f. Tranche de pain, sur laquelle on a étendu une couche de beurre, de confiture, de miel, etc.

TARTRATE. s. m. *chim.* Sel formé par la combinaison de l'acide tartrique avec une base quelconque.

TARTRIQUE. adj. *chim.* Acide *tartrique*, extrait du tartre.

TARTRITE. s. m. *chim.* C'est le nom qu'on avoit d'abord donné à ce qu'on nomme tartrate ; il pourroit désigner, par analogie, la combinaison d'un acide *tartareux* avec une base ; ce seroit un faible tartrate.

TASSEMENT. s. m. Action de tasser, de se tasser ; choses tassées. Le tassement des terres.

TASSIOT. s. m. Lattes mises en croix au milieu d'un ouvrage de vannerie, pour le commencer, et continuer autour.

TASSOLE. s. m. *bot.* Genre de nyctagi-nées, parmi lesquelles on compte une trentaine d'espèces, dont plusieurs sont de belles plantes, quelques-unes même grimpantes.

TATAC. s. m. Oiseau d'Amérique, à plumage d'un fond rouge, sur lequel ressortent des ailes d'un jaune doré.

TATAUBA. s. m. *bot.* Mûrier teinturier du Brésil, servant à teindre en beau jaune, et donnant un bon fruit.

TÂTEMENT. s. m. Action de tâter : Le tâtement du pouls. *Peu usité.*

TATIGNON. s. m. Petit meuble de brodeur, où il met sa chandelle.

TAVELLE. s. f. Passement très-étroit ; petite tringle de bois, pour presser la trame du petit métier.

TAVERNON. s. m. Arbre de Saint-Domingue, dont le fruit ressemble au citron.

TAVON. s. m. Oiseau des Philippines, de la grosseur d'une poule, qui pond ses œufs dans le sable au bord de la mer, et laisse au soleil le soin de les faire éclore.

TAXIDERMIE. s. f. Nom proposé pour exprimer l'art d'employer la peau des animaux morts, de manière à les représenter comme vivans ; ce que nous appelons l'art d'empailler.

TAXIS. s. m. (On pron. *s* final.) Compression exercée sur une tumeur, exécutée avec la main, pour réduire une hernie.

TAYLORIE. s. f. *bot.* Genre de mousses, des Alpes, à péristome double, seize paires de dents libres, avec un long support à l'urne.

TAYON. s. m. *t. d'eaux et forêts.* L'abreuvoir qui a l'âge de trois coupes ; en sorte que, si la coupe a lieu tous les dix ans, l'arbre en a trente.

TCHANG. s. m. *bot.* (*g* final se pron.) Plante odoriférante, avec laquelle les Chinois aromatisent la bière de millet.

TCHANGRA. s. m. Chèvre du Népaul, qui fournit la laine des cachemires, et dont M. Ternaux vient d'acclimater en France une variété sous le nom de *chèvre du Thibet.*

TECHNOLOGIE. s. f. Traité des arts, et spécialement des termes techniques.

TECHNOLOGIQUE. adj. Qui tient ou appartient à la technologie.

TECHNOMORPHITES. s. f. pl. Classe de pierres, offrant la forme d'un objet d'art, comme les technolithes en offrent le dessin.

TECT. s. m. *véner.* Partie de l'os frontal où pousse le bois du cerf.

TECTIBRANCHES. s. m. pl. Ordre de mollusques gastéropodes, à branchies en lames, ou en panaches, et qui semblent ne pas en avoir. C'est la même chose que dermobranches, adelobranches.

TECTIPENNES. s. m. pl. Insectes névroptères, à ailes couchées sur le dos.

TECTRICES. adj. et s. f. pl. Plumes qui tapissent les ailes des oiseaux à la base de leur queue.

TEFF. s. m. *bot.* Espèce de patorin, dont les habitans de l'Abyssinie emploient la graine à se faire du pain.

TEILLAGE. s. m. Action de teiller le chanvre ; genre d'opération.

TEILLE. s. f. Pelure enlevée de dessus la chènevotte en teillant.

TEILLEUR. s. m. Celui qui teille ; *fém.,* teilleuse.

TEINTURERIE. s. f. Atelier de teinture ; art, profession du teinturier. Ce mot, difficile à prononcer, est souvent remplacé par un autre mot ou un autre tour. On dit souvent connoître la teinture, l'art de la teinture, du teinturier, etc.

TEINTURIEN, NE. adj. Employé ou propre à la teinture. Inconnu dans la langue usuelle, au moins jusqu'à présent.

TÉLÉBOITE. s. f. Genre de coquilles qui atteint jusqu'à trois pieds de long sur dix pouces de large, et dont on fait de la chaux dans l'île de Gothland.

TÉLÉGRAPHE. s. m. Machine à peu près renouvelée des Anciens, par M. Dupuis, ensuite M. Chappe, pour transmettre promptement au loin des ordres ou des avis, au moyen de signaux placés sur des hauteurs, et qui ont une valeur convenue. Observés avec le télescope, ces signaux sont répétés à un télégraphe suivant, jusqu'au lieu de la destination, où l'on en connoît la valeur.

TÉLÉGRAPHIE. s. f. Connoissance des signes télégraphiques, et de les employer dans le jeu du télégraphe.

TÉLÉGRAPHIQUE. adj. Qui a rapport au télégraphe. Ligne *télégraphique.*

TÉLÉGRAPHIQUEMENT. adv. Par la télégraphe ; par la *voie* du télégraphe ; expressions à peu près les seules employées, de préférence à l'adverbe.

TÉLÉOBRANCHES. s. m. pl. Ordre de poissons cartilagineux, à branchies complètes, qu'on a aussi nommés plectognates.

TÉLÉOLOGUE. s. m. Instrument acoustique, au moyen duquel on peut se faire entendre à une grande distance.

TÉLÉOPODES. s. m. pl. Tribu des oiseaux nageurs.

TÉLÉPHORE. s. m. Insecte, genre de coléoptères, dont les larves sont quelquefois portées au loin avec la pluie ou la neige, dans les ouragans. C'est aussi un genre de champignons.

TÉLESCOPIQUE. adj. *astron.* (Étoile) qu'on ne peut voir, distinguer, qu'avec le télescope, une lunette d'approche.

TÉLÉSIE. s. f. *minér.* (Pierre parfaite.) Nom générique des pierres fines, dont chaque espèce se distingue par une couleur, une qualité : Télésie jaune, bleue, rouge, limpide, indigo, violette ; c'est-à-dire topaze, saphir, rubis, saphir blanc, saphir mâle, améthyste, etc.

TÉLESTO. s. m. *hist. nat.* Genre de polypiers à corail.

TÉLIPOGON. s. m. *bot.* Genre d'orchidées ; plante du Pérou, parasite, bulbifère, à fleurs en épi.

TELLICÉRIS. s. m. *bot.* Arbre de l'Inde, dont l'écorce est peut-être préférable à celle du quinquina comme fébrifuge.

TEILLURE. s. m. *minér.* Substance minérale, approchant de l'antimoine, aussi appelée sylvanite, comme ayant été découverte dans la Transylvanie.

TÉMO. s. m. *bot.* Arbre du Chili toujours vert, à fleurs odorantes, bois jaune, très-dur, et propre à la tabletterie.

TÉMOIN. s. m. Pli laissé à une feuille par le relieur, pour *attester* la largeur de la rognure.

TEMPÉTUEUX, EUSE. adj. Où les tempêtes sont fréquentes ; sujet, exposé aux tempêtes. Mot jusqu'ici fort peu usité, quoique avantageusement employé par l'abbé de Lille.

TEMPLET. s. m. Petite tringle de relieurs, qui sert à remplir la rainure du cousoir.

TEMPLU. s. m. Mécanisme destiné à tenir l'étoffe tendue sur le métier.

TEMPORAIRE. adj. Établi, créé pour un temps. Une commission temporaire n'est pas créée pour subsister ni pour être remplacée, mais pour cesser. Ce mot est surtout opposé à permanent, et parfois à héréditaire où à vie. Chez les peuples libres, les emplois administratifs sont temporaires.

TEMPORAIREMENT. adv. D'une manière temporaire, pour un temps.

TÉMULENCE. s. f. *méd.* Espèce de délire produit par l'ivresse, ou par des fièvres, dont l'effet ressemble à celui de l'ivresse.

TENAILLÉE. s. f. *méd.* Ce qu'on prend à chaque fois avec la tenaille.

TENDELET. s. m. *Voyez* ci-devant TANNELET.

TENDERIE. s. f. *véner.* Chasse où l'on tend des pièges au gibier, aux oiseaux. On dit aussi une *tendue.*

TENDEUR, EUSE. subst. Celui ou celle qui tend, dont l'emploi est de tendre quelque chose que ce soit. Un tendeur de pièges, de filets, etc.

TENDOIR. s. m. Ce qui sert, en divers métiers, à tendre ou à tenir tendu.

TENDOIRES. s. f. pl. Rangées de perches, où l'on tend des étoffes au sortir de la teinture, etc.

TÉNÉBREUSEMENT. adv. D'une manière ténébreuse. Inusité, mais admissible.

TÉNÉBRICOLES ou TÉNÉBRIONITES. s. m. pl. Famille d'insectes coléoptères, qui fuient la lumière, et dont le type est le genre ténébrion.

TÉNIE. s. f. archit. Moulure plate, listel de l'épistyle dorique.

TÉMOÏDES. s. m. pl. hist. nat. Famille de vers intestinaux imitant le genre ténia, et qui ont à la tête deux ou quatre suçoirs, et souvent avec de petites trompes armées d'épines.

TENSIF, IVE. adj. méd. Qui produit une tension.

TENTACULAIRE. s. m. hist. nat. Genre de vers intestinaux, ayant, au lieu de bouche, quatre suçoirs en forme de tentacules.

TENTACULES. s. m. pl. Cornes mobiles, sorte de bras des mollusques, qui suppléent à la vue, saisissent la proie, et se trouvent rangées autour de la bouche, souvent de manière à imiter des fleurs d'un brillant coloris sous les rayons du soleil.

TENTATIF, IVE. adj. Qui tente, qui est propre à tenter.

TENTEMENT. s. m. escrime. Tentative faite sur la lame de son adversaire, en la frappant deux fois de la sienne.

TENTHRÉDINES. s. f. pl. Tribu d'insectes hyménoptères porte-scie, dont le type est le genre tenthrède, mouche à scie.

TENTOI. s. m. Barre à tourner et serrer l'ensuple de haute-lisse, portant la chaîne de tapisserie.

TENUIROSTRES. s. m. pl. Famille de passereaux à bec long et étroit, sans échancrure ; et d'oiseaux échassiers, à bec mou et grêle.

TÉRASPIC. s. m. Nom donné par les jardiniers au thlaspi et aux ibérides.

TÉRÉBELL. s. f. hist. nat. Genre de vers marins, de la famille des annelides, logés dans un tube membraneux.

TÉRÉBINTHACÉES. s. f. pl. bot. Famille de plantes dont le type est le genre térébinthe, donnant par incision une gomme résineuse, nommée térébenthine.

TÉRÉBRANS. s. m. pl. hist. nat. Section d'insectes hyménoptères, comprenant les porte-scie et les pupivores.

TÉRÉRATULE. s. f. Nombreux genre de testacés bivalves, comme les huîtres, ayant la grande valve perforée à son sommet.

TÉRÉDILES. s. f. pl. Famille d'insectes coléoptères pentamères, perce-bois, comprenant six genres.

TÉRÈS. s. m. méd. (s final se pron.) Nom donné à un ver intestinal, long et rond, aussi nommé lombric.

TÉRET, E. adj. bot. Rond et uni, sans angle saillant ni rentrant; non en globe, mais en cylindre.

TÉRÉTICAUDES. s. m. pl. Famille de reptiles sauriens, à queue cylindrique ou conique.

TÉRÉTIFORMES. s. m. pl. Famille d'insectes coléoptères, à corps cylindrique, aussi nommés cylindriformes ou cylindroïdes.

TÉRÉTIROSTRES. s. m. pl. Famille d'oiseaux à bec cylindrique, comme les bécasses, les courlis et autres.

TÉRÉTIUSCULE. adj. bot. (ti se pron. ci.) Presque rond, dans sa longueur.

TERGÉMINÉ, E. adj. bot. Feuille dont le pétiole se fend au sommet en deux parties, dont chacune porte trois folioles.

TERGIPE. s. m. hist. nat. Genre de mollusques nus, ayant de chaque côté du dos un rang de branchies à suçoir, qui lui servent à marcher à la renverse.

TERGIVERSATEUR. s. m. Celui qui tergiverse.

TERMINAL, E. adj. bot. (Fleur) placée au sommet, qui forme le sommet de la branchie.

TERMINOLOGIE. s. f. Abus, emploi déplacé des termes scolastiques, scientifiques ou techniques, dans la conversation, dans un écrit.

TERMITINES. s. f. pl. hist. nat. Tribu d'insectes névroptères, planipennes, dont le type est le genre termite ou termès, fourmi blanche ou pou de bois, à la mâchoire desquels rien ne résiste dans les deux Indes, à part les métaux.

TERNÉ, E. adj. bot. Feuille disposée trois à trois sur un pétiole commun.

TÉROULLE. s. f. Terre noirâtre et légère, sous laquelle se trouvent les mines de charbon de terre.

TERRASSEUR. s. m. Maçon qu'on emploie à garnir des cloisons, des aires de plancher, etc. Ouvrages grossiers.

TERRASSEUX, EUSE. adj. (Marbre, pierre) qui est de parties tendres, non susceptibles d'un aussi beau poli que le reste.

TERRE-MÉRITE. s. t. t. de comm. Racine de curcuma mise en poudre.

TERRIFICATION. s. f. chim. Dépôt terreux produit par la fermentation.

TERRIFIER. v. a. Remplir de terreur, d'une terreur panique ou profonde, qui démoralise, ôte les forces et le courage.

TERRITÈLES. s. f. pl. Section d'arachnides fileuses, pulmonaires, qui se creusent des galeries souterraines tapissées de leur soie.

TERRITORIAL, E. adj. Qui concerne le territoire, les terres : Impôt territorial ou foncier; lampage territoriale.

TERRORISME. s. m. Système de terreur dans le gouvernement, qui suppose une faction, et la violation des lois ou leur absence.

TERSINE. s. f. Espèce de cotinga du Brésil ; oiseau sylvain d'un beau plumage.

TERTIAIRE. adj. Montagne tertiaire, de troisième ordre, de troisième formation.

TESSARIE. s. f. Arbrisseau corymbifère du Pérou.

TESSEAUX. s. m. pl. mar. Pièces de bois servant à soutenir les hunes.

TESTACITES. s. f. pl. hist. nat. Coquilles pétrifiées.

TÉTOIR. s. m. Cavité qui enchâsse les têtes d'épingle, pratiquée dans la machine qui sert à les frapper.

TÉTRACÈRES. s. m. pl. hist. nat. Insectes à 4 antennes; Famille de mollusques nudibranches, à 4 tentacules.

TÉTRACHILES. s. m. pl. Ordre de mammifères à petits termines par 4 doigts armés de petits sabots. Il ne s'y trouve encore que l'hippopotame.

TÉTRADACTYLES. s. m. pl. Tribu d'oiseaux échassiers, ayant à chaque pied 4 doigts, dont trois devant et un derrière.

TÉTRADÉCAPODES. s. m. pl. Classe d'entomozoaires, comprenant entre autres les crustacés à 14 pates.

TÉTRADYNAMIE. s. f. bot. Classe de plantes tétradynames, ayant des fleurs à six étamines, dont quatre longues et deux courtes.

TÉTRAGNATE. s. f. hist. nat. Genre d'arachnéides orbitèles qui se tiennent dans leurs toiles, ayant 4 pates tendues en avant et 4 en arrière.

TÉTRAGONURE. s. m. hist. nat. Genre de poissons à queue, quadrangulaire (ou à 4 angles.)

TÉTRAGYNIE. s. f. bot. Ordre de plantes dont les fleurs ont 4 pistils.

TÉTRAMÈTRES. s. m. pl. Section des insectes coléoptères, dont les tarses ont 4 articles.

TÉTRANDRIE. s. f. bot. Classe des plantes dont les fleurs ont 4 étamines égales.

TÉTRAPASTE. s. m. mécan. Machine à 4 poulies, pour élever de gros fardeaux.

TÉTRAPÉTAL, E. adj. bot. Fleur à 4 feuilles ou pétales. On dit aussi tétrapétalé, e.

TÉTRAPHYLLE. adj. bot. A 4 feuilles ou folioles.

TÉTRAPODES. s. m. pl. Ordre de poissons écailleux, pourvus de nageoires ventrales et de nageoires pectorales; sous-division des lacertoïdes, pourvus de 4 pates.

TÉTRAPTÈRE. adj. hist. nat. Qui a 4 ailes.

TÉTRARHYNQUE. s. m. hist. nat. Genre de vers intestinaux, à 4 suçoirs rétractiles, avec épines recourbées.

TÉTRAS. s. m. hist. nat. Nombreux genre de gallinacés palmipèdes; oiseaux divisés d'après la forme de leur queue, arrondie, fourchue, ou étagée.

TÉTRASPERME. adj. bot. (Fruit) à 4 graines ou semences.

TÉTRASTYLE. adj. et s. m. archit. A 4 colonnes de front.

TÉTRASYLLABE. adj. et s. m. Mot de 4 syllabes ; à peu près inusité : ou se sert de la périphrase.

TÉTRODON. s. m. hist. nat. Genre de poissons branchiostèges, à 4 dents.

TÉTRORAS. s. m. hist. nat. Genre de poissons à 4 branchies de chaque côté.

TEUTONIQUE. adj. Qui a rapport aux Teutons, anciens habitans de l'Allemagne. Le teuton est la langue teutonique. L'Ordre teutonique étoit religieux et militaire, comme celui des Templiers, celui de Malte.

TEXTUEL, LE. adj. Conforme au texte, tiré du texte : citation textuelle.

TEXTUELLEMENT. adv. Citer textuellement, en employant les termes et l'ordre du texte.

THALASSIOPHYTES. s. f. pl. Famille des plantes marines; Varechs, ulves, et genres voisins.

THAUMATURGIE. s. f. Don des miracles.

THÉANTHROPIE. s. f. Système, opinion du théanthropiste, qui suppose à Dieu des passions humaines.

THÉBAÏQUE. adj. Pierre des carrières de Thèbes, en Égypte ; beau marbre ou granit fin , d'un noir pur ou mélangé d'autres nuances.

THÉIFORME. adj. Infusion faite comme celle du thé.

THEK. s. m. bot. Genre de guttilier des Indes; grand arbre à feuilles argentées en dessous; fleurs blanches et velues, disposées en panicules terminales.

THÉOCRATIQUEMENT. adv. D'une manière théocratique. Les anciens peuples furent presque tous gouvernés théocratiquement. Peu usité.

THÉOPHILANTHROPE. s. m. Théiste ami des hommes; nom qu'avoient adopté les partisans d'un culte sans corporation sacerdotale.

THÉORBE. s. m. Voy. Téorbe au Dict.

THÉORISTE. s. m. Auteur d'une théorie.

THÉRIACOLOGIE. s. f. Traité des bêtes venimeuses.

THERMANTIDES. s. f. pl. Matières minérales passées au feu sans être vitrifiées, volcaniques ou non; diverses classes de pouzzolanes.

THERMIDOR. s. m. Onzième mois du calendrier républicain, en France, répondant au signe de la Vierge, second mois d'été.

THERMOLAMPE. s. m. Poële construit pour chauffer en éclairant, par la combustion de la fumée.

THERMOSCOPE. s. m. Voy. Thermomètre au Diction.

THI. s. m. bot. Arbre du Tonquin, dont on mange le fruit, quoique la feuille soit un poison.

THIBAUDIA. s. m. bot. Genre de bruyères, arbuste du Pérou, toujours vert, à fleurs en grappes.

THIE. s. f. Petit étui où les fileuses introduisent le bout du fuseau.

THIRSÉ. s. m. hist. nat. Tortue du Nil, qui détruit les œufs et même les petits du crocodile.

THOLUS. s. m. archit. Pièce de bois dans laquelle s'assemblent toutes les courbes d'une voûte.

THOMISTE. s. m. théolog. Partisan du thomisme, doctrine de saint Thomas sur la grâce et la prédestination.

THORA ou PHTHORA. s. m. bot. Espèce de renoncule des Alpes, dont le suc passe pour un violent poison, même sur les armes.

THORACIQUES. s. m. pl. Division des poissons osseux, dont les nageoires ventrales sont placées sous les pectorales. — Tribu des décapodes tétracères, crustacés brachyures ou macroures.

TUIA ou THUYA. s. m. bot. Genre de conifères; arbres ou arbrisseaux toujours verts, et voisins du cyprès, à fleurs mâles et fleurs femelles distinctes, quoique sur le même pied.

THURAIRE. s. m. bot. Arbuste du Chili, sur l'écorce duquel on recueille, en automne, une résine blanche, qui, brûlée comme l'encens, répand une odeur aussi agréable.

THURIFÈRE. adj. bot. Plante qui produit l'encens, de l'encens.

THYMÉLÉES. s. f. pl. Famille de plantes dont le type est la thymélée, du genre des lauréoles. C'est la même famille que les daphnoïdes.

THYMIATECHNIE. s. f. Art de composer et d'employer comme remèdes les parfums ainsi que les fumigations.

THYRSIFÈRE. adj. bot. Qui porte des fleurs en forme de thyrse.

THYRSIFLORE. adj. bot. Fleurs en forme de thyrse.

THYSANOURES. s. m. pl. hist nat. Ordre d'insectes aptères, sans métamorphose, sautant aisément au moyen de leur queue ou de deux crochets placés à leur tarse.

TIBOUCHINA. s. m. bot. Arbrisseau des endroits sablonneux de la Guyane, remarquable par ses fleurs pourpres.

TIC-TAC. s. m. Mouvement rapide à deux temps marqués, chacun par un petit bruit, ou à un temps fort et un autre foible. On le dit de la marche du balancier; on dit même le tic-tac du moulin.

TICHI. s. m. bot. Graine de l'Inde, dont l'huile se mêle à l'opium qu'on veut mettre dans le commerce.

TIERCERON. s. m. archit. Nervure d'une voûte gothique, qui aboutit d'un angle à la lierne.

TIERCINE. s. f. Toile fendue en long par les couvreurs, pour le battellement d'une couverture.

TIERSANS. s. m. véner. Sanglier de trois ans.

TIERS-POINT. s. m. Trois points en triangle; lime d'horlogers à trois angles. En perspective, prisme.

TIERS-POTEAU. s. m. charp. Pièce de bois de sciage pour les cloisons légères, ou sans appui à la base.

TIGARIER. s. m. bot. Liane rouge de la Guyane; genre de dilléniacées, qui passe pour un puissant sudorifique et anti-syphilitique.

TILIACÉES. s. f. pl. bot. Famille des tilleuls, dont la feuille, la fleur et la baie s'emploient en infusion comme anti-spasmodiques.

TILIGUERTA. s. m. Espèce de lézard dont le mâle est vert, et la femelle brune; ils ont 180 plaques sous le ventre, et la queue deux fois aussi longue que le corps.

TILLE. s. m. hist. nat. Genre d'insectes coléoptères différent des clairons en ce qu'ils ont cinq articles au tarse. On sent des percebois.

TILLÉE. s. f. mar. Petit tillac d'un bâtiment non ponté; abri pour les pêcheurs pratiqué sur un bout du bateau. On dit aussi tille.

TILLETTE. s. f. Espèce d'ardoises d'échantillon.

TILLEUR, EUSE. Voyez Tilleur au Diction.

TILLI. s. m. Merle cendré d'Amérique. (On tilly.)

TILLOTTE. s. f. Bateau pêcheur, sans quille et sans gouvernail. — Machine à broyer le tan au lieu de le teiller, aussi nommée battoir, maque, braie, brayoire ou brisoire suivant les lieux.

TIMBO. s. m. bot. Liane du Brésil, dont la tige, assez grosse, grimpe quelquefois jus-

qu'au sommet des arbres, en s'entortillant autour.

TIMIER. s. m. bot. Cormier à grappes.

TIMMIE. s. f. bot. Genre de mousses à péristome interne et externe, avec seize dents, et à fleurs monoïques.

TIN. s. m. mar. Pièce de bois couchée à terre pour soutenir la quille d'un vaisseau en construction.

TINAMON. s. m. Genre d'oiseaux gallinacés nudipèdes, qu'on a rangés parmi les perdrix.

TINCHAL. s. m. minér. Borax brut.

TINCTORIAL, E. adj. Propre à la teinture, à teindre. Ce mot est mieux formé que teinturier, ne, qui sent le patois.

TINÉITES. s. f. pl. hist. nat. Tribu de lépidoptères nocturnes, connus sous le nom de teignes, insectes fort petits, mais pourvus d'assez belles couleurs.

TINET. s. m. Bâton pour porter à bras les tines, les tinettes. — Rang de chevilles de fer ou de bois pour suspendre les bœufs tués, prêts à être débités.

TINGIS. s. m. Genre d'hémiptères membraneux, à élytre et corselet demi-transparens.

TINOPORE. s. m. Genre de coquilles univalves, dont une espèce n'a que deux lignes de diamètre.

TION. s. m. Ciseau ou caillou taillé pour nettoyer le creuset.

TIOUIL. s. m. Cuiller pour écumer le métal en fusion.

TIPIAGA. s. f. Terme de ports. Voy. ci-dessus Tapioca.

TIPULAIRE. s. f. bot. Genre d'orchidées. — hist. nat. Tribu de diptères némocères, insectes qui s'élèvent par nuées dans les prairies, et s'abattent par un mouvement vertical. Le type en est le genre tipule.

TIRANCE. s. f. charp. Pieux de tirance, pour tirer, traîner des cordages sur le fond de la mer.

TIRE-À-BARRE. s. m. Outil de tonnelier pour placer la barre qui doit soutenir le fond d'une futaille.

TIRE-BONDE. s. m. Outil pour faire remonter la bonde d'un tonneau.

TIRE-BORD. s. m. mar. Instrument pour ramener à sa place un bordage enfoncé.

TIRE-BOUCLER. s. m. Outil de charpentier pour dégauchir les mortaises.

TIRE-BOUTON. s. m. Instrument de tailleur pour faire passer les boutons dans les boutonnières.

TIRE-BRAISE. s. m. Instrument en plaque de tôle recourbée pour tirer la braise du four.

TIRE-CLOU. s. m. Outil de couvreur, denté des deux bouts, pour arracher les clous.

TIRE-DENT. s. m. Petite pince plate pour retirer les dents d'un peigne à tisser, quand il faut en changer.

TIRÉE. s. f. Portion de glace qu'on polit à la fois, dans les fabriques : les grandes glaces sont polies en plusieurs tirées.

TIRE-FIENTE. s. m. Espèce de trident recourbé servant dans les fermes à retirer le fumier de dessous le bétail.

TIRE-FILET. s. m. Outil servant à tracer des filets, spécialement sur les métaux.

TIRE-LAINE, s. m. Outil de fondeur pour retirer des flocons de laine ou d'autre matière, qui obstruent les ouvertures des moules.

TIRE-PIÈCE. s. m. Écumoire des raffineurs de sucre, pour retirer du fond du bac les parcelles qui restent détachées dans l'eau.

TIRE-PLOMB. s. m. Rouet de vitrier, pour réduire le plomb en petites lames, unies ou à rainures.

TIRE-PUS. s. m. chirurg. Seringue à siphon recourbé, pour pomper le sang resté dans une plaie. On lui donne aussi le nom de *pyoulque.*

TIRE-RACINE. s. m. Instrument des dentistes, fendu en pied de biche par le bout.

TIRE-TERRE. s. m. Espèce de pioche des carriers, pour dégager les pierres.

TIRETTE. s. f. Plaque de fer mobile qui sert à fermer à volonté une ouverture de fourneau. — Lanière de cuir que l'on retire pour aider à remettre en forme des escarpins retournés.

TIRE-VIEILLE, s. m. mar. Corde garnie de pommettes, pour aider à monter et à descendre l'escalier d'un vaisseau. On dit, par ménagement, *tire-veille.*

TIRTOIR. s. m. Outil de tonnelier, pour faire entrer de force les derniers cerceaux; c'est un levier à crochet.

TISAGE. s. m. Action de *tiser*, d'entretenir le feu du four à glaces, par le *tisart* qui en est l'ouverture; c'est l'emploi du *tiseur.*

TISONNÉ, E. adj. Cheval d'un gris tisonné, noir par places, comme s'il avait été noirci avec un *tison.*

TISONNIER. s. m. Outil de forgeron, pour attiser le feu; c'est une tige de fer avec un crochet pour rassembler le charbon.

TISSAGE. s. m. Action de *tisser*; genre de travail du tisserand dans les manufactures. Le tissage occupe beaucoup d'ouvriers. La laine passe par beaucoup de mains avant le tissage.

TISSERANDS. s. m. pl. Famille d'oiseaux sylvains, dont le type est le genre *tisserin*, ainsi nommés de l'art avec lequel ils fabriquent leur nid.

TISSEUR. s. m. Celui qui tisse, considéré par rapport à la manière dont il le fait : cet ouvrier est un bon ou un mauvais *tisseur.*

TIT. s. m. bot. Plante de l'Inde, à racine tubéreuse garnie d'une chevelure soyeuse qui remplace la plume.

TITANE. s. m. minér. Substance métallique, jusqu'ici obtenue seulement en état d'oxyde, avec l'aspect d'une terre blanche, mais changeant de couleur à un feu de charbon.

TITANITE. s. m. minér. Titane oxydé.

TITHYMALOÏDES. s. f. pl. bot. Famille des tithymales ou euphorbes, plantes à suc laiteux, plus ou moins caustique.

TITIRI ou **TRITRI.** s. m. Petit poisson des Antilles. Ces poissons remontent les rivières en si grande quantité que l'eau semble avoir changé de couleur.

TITRE-PLANCHE. s. m. imprim. Titre de livre formant une planche en taille-douce.

TOAST. s. m. Mot anglais prononcé à la françoise *(toaste)*, et, par quelques personnes,

à l'angloise *(toste).* Porter un *toast* à quelqu'un, boire à sa santé, en son honneur. Dans les repas d'apparat, de sociétés politiques, on porte le premier *toast* au roi, etc., puis à la liberté, au souvenir des grands hommes, à leurs sentimens patriotiques, aux institutions que l'on souhaite ou dont on désire le maintien, etc.

TOBIE. s. m. bot. Arbuste de la Chine, réuni au Pittospore et cultivé dans les jardins d'agrément.

TOC. s. m. Le jeu du toc est une partie de trictrac, moins les combinaisons du jan de retour. Il ne se joue plus.

TOILÉ. s. m. Le toilé est, dans la dentelle ou la blonde, une fleur en tissu à point fermé et sans jour.

TOITURE. s. f. arch. Toit considéré dans sa construction, dans l'assemblage et le rapport des diverses parties dont il est composé.

TOKAI. s. m. Vin de Tokaï, dans la Haute-Hongrie, très-renommé, et en grande partie réservé pour la table de l'empereur d'Autriche.

TOLÉRABLEMENT. adv. D'une manière tolérable ou supportable, ce dernier n'ayant point d'adverbe formé de lui. Du reste ce mot est peu usité.

TOLLERON. s. m. mécan. Perche en bascule portant, à un bout, une corde pour descendre le seau dans le puits, et, à l'autre, un poids pour aider à le remonter. Ce mécanisme fort ancien subsiste encore.

TOLPIDES. s. f. pl. Voy. ci-dessus CHICORACÉES.

TOLU. s. m. Arbre du Mexique, qui produit le baume connu sous le nom de *Baume de Tolu.*

TOMATE. s. f. Nom espagnol d'une variété de pomme d'amour qui fournit une sauce aigrelette pour les viandes.

TOMELLEUSE. adj. f. Matière tomelleuse, l'une des parties colorantes du sang, et qu'on nomme aussi la *tomelline.*

TOMENTEUX, EUSE. adj. anat. et bot. Cotonneux, velouté, en forme de bourre.

TOMME. s. f. Nom qu'on donne dans les montagnes au lait caillé distribué en fromages de petite forme qui en gardent le nom.

TONAL, E. adj. musiq. Qui est en rapport avec la tonique d'un mode, qui fait partie de ce mode; propriété qu'on appelle *tonalité.*

TONDAILLE. s. f. Terme de fermes, patois substitué à *tonte.*

TONDIN. s. m. archit. Baguette accessoire au bas des colonnes. — Gros cylindre de bois sur lequel on arrondit les tuyaux de plomb, ou ceux d'étain pour les orgues.

TONICITÉ. s. f. médec. État des solides quant au ton; leur degré de ton et de force.

TONILIÈRE. s. f. Râteau pour la pêche des coquillages, et dont la tête est garnie d'un filet en forme de poche.

TONINE. s. f. bot. Plante aquatique de la Guyane, qui forme une couche épaisse au fond des rivières, dans le sens du courant.

TONKA ou **TONCA.** s. m. bot. Fruit du coumarou de la Guyane, dont on se sert pour donner au tabac une odeur plus agréable; on y joint presque toujours le mot *fève:* la fève de *tonka* ou *tonca;* acheter des fèves de *tonka.*

TONKIN. s. m. Arbrisseau grimpant de la Chine, à fleurs aromatiques.

TONNAGE. s. m. Droit de tant par tonneau, que payent en Angleterre les vaisseaux marchands à leur arrivée.

TONNELAGE. s. m. Les marchandises de tonnelage sont celles qui s'expédient et s'embarquent en fût ou en caisse forte : liquides, sucres, drogues, etc.

TONOTECHNIE. s. f. Art de noter sur le cylindre les airs de serinette, de vielle, etc.

TONSILLAIRE. adj. anat. Qui a rapport aux tonsilles ou amygdales.

TONTANE. s. f. Plante rubiacée de Cayenne; elle est rampante et donne des fleurs toute l'année.

TOPAZOLITHE. s. f. Grenat en petits cristaux primitifs, parfois d'un vert péridot, mais plus souvent d'un jaune pâle de topaze.

TOPHACÉ, E. adj. méd. Un *tophus* ou une tumeur *tophacée* tient de la nature du *tuf*, et contient du phosphate de chaux ou de l'urate de soude.

TOPOBÉE. s. f. bot. Plante parasite de la Guyane, qui pousse en descendant, dont les fruits sont bons à manger, et les branches à teindre les bois pour meubles.

TOQUEUX. s. m. Fourgon des raffineurs de sucre, pour *toquer* le bois et attiser ou ranimer le feu dans la *toquerie* ou foyer du fourneau.

TORA. s. m. Voy. ci-dessus THORA.

TORCINER. v. a. Torciner le verre, c'est le tordre, le contourner pendant qu'il est chaud.

TORDAGE. s. m. Action de tordre la soie, la laine, etc., en doublant les fils sur le moulinet. C'est un genre d'opération.

TORDE. s. f. mar. Anneau de corde près du bout des grandes vergues.

TORDEUR, EUSE. adj. Celui ou celle qui tord, qui s'occupe à faire le tordage. — On nomme aussi *tordeuses* une tribu d'insectes lépidoptères nocturnes, dont les chenilles tordent les feuilles.

TORDOIR. s. m. Machine à tordre ou retordre.

TORDYLE. s. m. bot. Genre d'ombellifères, plante très-apéritive.

TOREUMATOGRAPHIE. s. f. Description de bas-reliefs; il ne se dit guères que des morceaux antiques.

TOREUTIQUE. s. f. Art de graver en relief sur bois.

TORQUE. s. f. Fil de fer ou de laiton roulé en *collier*, en rond. Voy. TORQUE au Diction.

TORQUER. v. a. Torquer le tabac, le mettre en rouleau et le corder. Celui qui est chargé de l'opération se nomme *torqueur.*

TORREIN. s. m. Veine de matières étrangères dans un bloc d'ardoise.

TORSER. v. a. archit. Contourner en spirale un fût de colonne.

TORSION. s. f. Action de tordre; effet produit en tordant ou en se tordant.

TORSOIR. s. m. Bille de chamoiseur servant à tordre, tourner, comprimer les peaux.

TORTIDE. adj. bot. Susceptible de se tordre ou se contourner de soi-même.

TORTILLIS. s. m. archit. Vermoulure faite avec l'outil sur des bossages rustiques.

TORTIN. s. m. Sorte de tapisserie où il entre de la laine torse.

TORTIONNER. *Voy.* Torturer au Dict.

TORTOIR. s. m. Garrot de charretier, pour serrer la charge en tordant la corde, qui passe autour ou par dessus.

TORULEUX , EUSE. adj. *bot.* A renflemens sans articulations, comme la *torule*, genre d'anandres.

TOTIPALMES. s. m. pl. *hist. nat.* Famille d'oiseaux palmipèdes, à *doigts* réunis; c'est la même que celle des *syndactyles.* *Voyez* ci-devant.

TOUCHAUX. s. m. pl. Morceaux d'or au titre, qui servent aux orfèvres à faire l'essai avec la pierre de touche.

TOUCHEUR. s. m. Celui qui touche.

TOUCHIROA. s. m. Arbre légumineux et *aromatique*, qui croît dans les marécages de la Guyane.

TOUÉE. s. f. *mar.* Cordage de grande longueur, pour hâler un bâtiment.

TOUEUR. s. m. *mar.* Celui qui tone un navire, le fait avancer en le tirant avec un câble.

TOUFFER. v. a. *agricult.* Planter, semer par touffes. — **v. n.** Pousser par touffes.

TOUI. s. m. Famille de perroquets; ce sont les plus petits de tous, qui se trouvent dans l'Amérique méridionale.

TOUPIN. s. m. Outil de cordiers disposé en cône à rainures, pour régler l'assemblage des fils ou des tonrons.

TOUPRAS. s. m. *mar.* Amarre de terre.

TOUQUE. s. f. Bâtiment pour la pêche du hareng, etc., près de la côte.

TOURAILLE. s. f. Étuve de brasserie pour faire sécher le grain.

TOURAILLON. s. m. Grain germé qui a passé à la touraille.

TOURBEUX , EUSE. adj. De la nature de la tourbe; marais tourbeux, qui se convertit en tourbe, qui tient de la tourbe.

TOURBIER. s. m. Ouvrier qui tire la tourbe, qui travaille à une tourbière.

TOURBILLONNEMENT. s. m. Action de *tourbillonner*, de faire le tourbillon, de se mouvoir en forme de tourbillon.

TOURDE ou **TOURDELLE. s. f.** Espèce de grive. — Genre d'oiseaux, de la famille des crénirostres, à bec échancré par le bout.

TOURER. v. a. *pâtiss.* Tourner la pâte, la replier à plusieurs tours, à plusieurs doubles pour la feuilleter.

TOURETTE. s. f. *bot.* Genre de plantes crucifères, à fleurs en épis quelquefois très-longs.

TOURIE. s. f. Grande bouteille de grès; il en est de simples et de doubles; ces dernières tiennent jusqu'à 40 pintes.

TOURMALINE. s. f. Espèce de schorl de Ceylan; pierre précieuse tirant sur le brun, et à deux pôles comme l'aimant. On en a fait ensuite comme un nom générique, dont chaque espèce est distinguée par des mots accessoires; Tourmaline *noire*, *schorl* de Madagascar; tourmaline *verte*, émeraude du Brésil, etc.

TOURNAGE. s. m. *mar.* Action de tourner; taquet à oreilles pour tourner les manœuvres, les amarrer.

TOURNASER la porcelaine, en réparer autour les défauts, les inégalités avec le

tournasin, outil qui sert à égaliser, à polir la pâte des vases.

TOURNASINE. s. f. Masse de pâte appliquée sur la tête du tour, pour être employée en un vase, et y prendre forme.

TOURNE-À-GAUCHE. s. m. Outil de forgerons, de serruriers, servant de clef pour tourner les autres outils, et muni d'un crochet pour le faire tourner à volonté.

TOURNE-FEUILLE, TOURNE-FEUILLET. s. m. Réunion de cinq ou six petits rubans fixés à une même tête, qui se placent dans un volume, pour que chaque ruban puisse marquer un endroit, tourner le feuillet, et changer de place.

TOURNE-FIL. s. m. Instrument carré, en acier, pour rendre le tranchant aux outils.

TOURNETTE. s. f. Dévidoir à roues tournantes, dans les filatures. Plateau mobile, supportant le vase de faïence, que l'on veut façonner ou peindre. — Cage tournante, pour les écureuils.

TOURNE-VENT. s. m. Appareil posé sur une cheminée, pour l'empêcher de fumer, et dont le tuyau tourne au vent comme une girouette.

TOURNE-VIRE. s. f. *mar.* Cordage noueux, dont on se sert pour aider à lever l'ancre.

TOURNE-VIRER. v. a. Tourner et retourner quelqu'un à sa fantaisie, en faire ce que l'on veut. *Au propre et au figuré, fam.*

TOURNILLE. s. f. Petit ustensile des faiseurs de bas au métier, pour relever les mailles tombées.

TOURNIOLE. s. f. Mal d'aventure, espèce de panaris qui fait le tour de l'ongle.

TOURNIS. s. m. Maladie des moutons, qui les fait *tournoyer* et souvent périr; on l'attribue à des vers *hydatides*, formés dans leur cerveau.

TOURNISSES. s. f. pl. Poteaux de remplissage, dans certains ouvrages de charpente.

TOURNOIR. s. m. Moulin de cartonniers, tourné par un cheval, pour faire diviser la matière par les lames de l'ancre.

TOURNOIRE. s. f. Bâton dont se servent les potiers pour faire tourner la machine à grande roue.

TOUROIR. s. m. *Voy.* ci-devant Touraille.

TOUROULIER. s. m. *bot.* Grand arbre à rameaux noueux, tétragones, et à fleurs en panicules terminales.

TOURRETIE. s. f. Plante grimpante du Pérou, à tige tétragone, fleur en épis terminaux; c'est un genre de bignonées, qui a porté le nom de *dombey.*

TOURTEAU. s. m. Vieille corde ou mèche, détortillée et trempée dans la poix ou le goudron par les artificiers, pour servir de torche dans les fosses et les souterrains d'une place assiégée. On dit aussi *tourtelette. Voy.* Tourteau au Dict.

TOUR-TERRIÈRE. s. f. *mécan.* Gros rouleaux servant à déplacer de gros fardeaux, comme des blocs de marbre, etc.

TOURTOIRE. s. f. *véner.* Baguette ou bâton des rabatteurs, pour chasser le gibier des buissons, et le pousser au-devant des veneurs.

TOUSSEUR, EUSE. adj. Celui ou celle qui tousse, qui tousse beaucoup ou souvent.

TOUT-À-COUP, TOUT-À-FAIT. *Voyez* Coup et Fait au Dict.

TOUTE-TABLE. s. m. *Voyez* Table au Diction.

TOUYOU. s. m. *ornith.* Gallinacé brachyptère de la Guyane, oiseau presque aussi gros que l'autruche.

TOVARIE. s. f. Genre de berbéridées; plante du Pérou, à fleurs en longues grappes terminales.

TOVOMITE. s. m. Genre de guttiers, arbre de la Guyane, à fleurs vertes, et de l'écorce duquel il transsude une résine jaune et transparente.

TOXICOLOGIE. s. f. Traité des poisons.

TOYÈRE. s. f. Trou pratiqué à la tête de la hache, pour y introduire le manche.

TRABE. s. m. Météore lumineux, en forme de poutre. Bâton d'une enseigne, d'une bannière, etc.

TRACANOIR. s. m. Machine à *tracaner*, à traiter les fils d'or, de soie, etc., pour la passementerie.

TRAÇANT, E. adj. *bot. Voy.* Tracer au Diction.

TRACERET. s. m. Outil de fer, pointu, à l'usage des charpentiers et des menuisiers, pour *tracer* sur le bois.

TRACEUR. s. m. Celui qui trace quelque chose; *fém., tracense.*

TRACHÉAL, LE. adj. *anat.* Qui tient à la trachée-artère, tel que les veines trachéales.

TRACHÉITE. s. f. *méd.* Inflammation de la trachée-artère.

TRACHÈLE. s. f. *bot.* Genre de campanulacées, petite plante à belles touffes de fleurs bleues, mais sensible au froid.

TRACHÈLES. s. m. pl. Famille d'insectes coléoptères, à tête triangulaire ou en cœur, et séparée du corselet.

TRAÇOIR. s. m. Poinçon de graveur, pour tracer sur le cuivre le dessin des figures à graver. — Bâton ferré des jardiniers, pour faire le tracé d'un plan sur le terrain.

TRACTION. s. f. *mécan.* Action de tirer à soi ou après soi quelque chose de mobile et de pesant.

TRADITIONNELLEMENT. adv. Par tradition.

TRAFUSOIR. s. m. Machine qui sert à séparer les écheveaux de soie à dévider et mettre en main.

TRAGIE. s. f. Nombreux genre de plantes tithymaloïdes, voisin des ricins et des crotons; plantes purgatives.

TRAGIEN, NE. adj. *anat.* Muscle *tragien*, qui appartient au *tragus*, petit bouton situé à la partie antérieure de l'oreille.

TRAÎNAGE. s. m. Voyage en traîneau, comme il s'en fait vers le nord de l'Europe. Peu usité.

TRAÎNARD. s. m. *Voyez* Traîneur au Diction.

TRAÎNE-MALHEUR. s. m. Personne qui semble porter malheur à ceux qui se mêlent d'elle, qui s'intéressent à elle. *Fam.* et *pop.*

TRAÎNOIRE. s. f. Levier à deux branches, pour élever la charrue, et empêcher le soc de porter à terre le long des chemins.

TRAITOIR. s. m. Outil de tonneliers pour faire prêter les cerceaux, en les employant à la reliure.

TRAMEUR. s. m. Ouvrier qui trame, qui règle et conduit la trame.

TRANCHE-FIL. s. m. Outil pour former le velouté du tapis, façon de Turquie.

TRANCHE-FILER. v. a. Garnir la tranche-file, la couvrir de fil, de soie, etc.

TRANCHE-MONTAGNE. s. m. D'abord nom de guerre, et, au *figuré*, fanfaron.

TRANCHEUR. s. m. Celui qui *tranche* la morue, qui l'ouvre.

TRANLER. v. a. *véner*. Quêter au hasard un cerf qu'on n'a pas détourné.

TRANSACTIONNEL, LE. adj. *t. de pal.* Acte portant transaction.

TRANSFÉRABLE. adj. Qui peut être transféré, porté ailleurs, plus loin ; qui peut être transféré à un autre, et devenir sa propriété.

TRANSFÈREMENT. s. m. Action de transférer.

TRANSFERT. s. m. Acte par lequel une rente est transférée à un autre. Il y a à la trésorerie le registre des transferts.

TRANSFIL. s. m. Gros fil-de-laiton qui borde la forme à papier.

TRANSFILAGE. s. m. Action de *transfiler*, de faire passer plusieurs fois une petite corde à un trou, pour affermir un câble, etc.

TRANSLUCIDE. adj. *minér.* Qui laisse passer la lumière au travers de sa matière. Il ne se dit que de certaines substances minérales.

TRANSLUCIDITÉ. s. f. Qualité des substances minérales translucides ; propriété qu'elles ont de se laisser traverser par la lumière.

TRANSMARIN, E. adj. Qui provient d'outre mer, d'au-delà des mers.

TRANSMISSIBILITÉ. s. f. Qualité de ce qui est transmissible.

TRANSMUTABLE. adj. *hist. nat.* (insecte) sujet à changer de forme par métamorphose.

TRANSPADANE. adj. *géogr.* Au-delà du Pô, par rapport à Rome. La Gaule transpadane étoit pour cette ville à l'est du fleuve.

TRANSPOSABLE. adj. Qui peut se transposer, être transposé.

TRANSPOSITIF, IVE. adj. *gramm.* Il se dit des langues dont la construction peut s'écarter de l'ordre direct, et transposer les parties de proposition, ayant des finales propres à marquer les fonctions ou les cas, malgré le changement de place des mots.

TRANSVIDER. v. a. Transvider un vase ; c'est en *vider* en transvasant ce qu'il contient. Ce verbe est peu usité.

TRAPAN. s. m. *t. de charp.* Plain-pied où finit la rampe d'un escalier.

TRAPELLE. s. f. Souricière à trappe.

TRAPETTE. s. f. Baguette de roseau qui se met entre les lisses d'un métier, pour faire retomber les fils qui doivent s'abaisser après le passage de la navette.

TRAPÉZIFORME. adj. *géom. et anat.* En forme de trapèze.

TRASS. s. m. *minér.* Pierre de tuf ; tuf volcanique, qui s'emploie dans les constructions hydrauliques, et a toutes les propriétés de la pouzzolane.

TRASTRAVAL. s. m. Cheval qui a des balzanes, ou marques blanches à deux pieds, en diagonale.

TRATTES. s. f. pl. Pièces de bois assemblées, pour porter la cage d'un moulin à vent.

TRAUMATIQUE. adj. *méd.* Maladie qui provient d'une plaie, fracture, etc. Remède qu'on lui oppose.

TRAVAISON. s. f. Le haut du mur qui, de chaque côté, supporte la charpente.

TRAVAT. s. m. Cheval qui a des balzanes aux deux pieds, du même côté.

TRAVERSABLE. adj. Qui peut être traversé. Il s'emploie peu et toujours au propre.

TRAVERSAGE. s. m. Tonte de l'envers du drap.

TRAVERSINE. s. f. Solive entaillée dans les pilots, pour la formation d'un radier d'écluse.

TRAVON. s. m. Pièce de charpente, qui traverse un pont de bois, en couvrant les files de pieux, et supporte les poutrelles des travées.

TRAVOUIL. s. m. Dans les filatures, dévidoir pour mettre le fil en écheveau.

TRAVURE. s. f. Espace ménagé sous le bitton d'un bateau foncet, pour la cuisine des mariniers.

TRÉFILERIE ou TIRE-FILERIE. s. f. Machine pour *tréfiler* ou *tirer à la filière* le fil de laiton. Lieu où se tire à la filière le fil de fer ou de laiton par le *tréfileur*, ouvrier occupé à ce travail.

TREFFLÉ, E. adj. *bot.* Feuille composée de trois folioles disposées en trèfle.

TRÉFLER. v. a. Doubler les empreintes des médailles ou des pièces de monnoie, pour ne pas les avoir rengrenées juste dans la matrice.

TREILLAGEUR. s. m. Celui qui *treillage*, qui fait des treillages. On a dit autrefois treillager, et ce mot est formé.

TREIZAIN. s. m. Assemblage accoutumé par treize, paquet de treize ; un treizain de cartes.

TREIZAINE. s. f. Une treizaine, une réunion d'objets au nombre de treize. Mot moins usité que douzaine, dont il est cependant l'analogue.

TREIZIÈMEMENT. adv. En treizième lieu.

TRÉJETAGE. s. m. Action de transvaser le verre en fusion.

TRELINGAGE. s. m. *mar.* Action de *trelinguer*, de faire une forte bridure sur les haubans des bas mâts, à la hauteur du brasseyage des basses vergues, au-dessous des hunes.

TRÉMADOTES. s. m. pl. Ordre de vers intestinaux, à corps aplati ou peu cylindrique, avec des suçoirs.

TRÉMANDRÉE. s. f. *bot.* Petite famille de plantes, formée sur le genre *trémandra*, voisin des polygalées.

TRÉMATOPNÉS. s. m. pl. Ordre de poissons cartilagineux, respirant par des trous entièrement ouverts.

TRÉMEAU. s. m. Partie du parapet compris entre deux embrasures, dans les fortifications.

TREMELLE. s. f. *bot.* Plante voisine des polypiers et des champignons, qui paroît

après les pluies en filets presque imperceptibles.

TRÉMIÈRE. adj. Rose trémière. *Voy.* ci-dessus ces deux mots.

TRÉMION. s. m. Support de la trémie d'un moulin.

TRÉMOLITHE. s. f. Substance minérale, observée dans la vallée de Trémola, au Saint-Gothard, et que Saussure avoit nommée grammatite.

TREMPERIE. s. f. Lieu de l'imprimerie où se trempe le papier.

TREMPIS. s. m. Eau dans laquelle a trempé la morue, etc. ; ce qu'on a mis tremper ; acide préparé pour nettoyer les métaux.

TREMPOIRE. s. f. Cuve du teinturier, pour tremper et préparer l'indigo.

TREMPURE. s. f. Bascule dont le poids sert au meunier à régler le mode de mouture.

TRÉOU. s. m. *mar.* Voile carrée de vaisseaux de bas bord pour les gros temps.

TRÉPOINT, s. m., ou TRÉPOINTE. s. f. Bande de cuir, sur laquelle se coud la semelle de soulier, ou qui se place entre deux cuirs que l'on va coudre.

TRÉPORT. s. m. *mar.* Longue pièce de bois assemblée avec le sommet de l'étambord, et qui forme la hauteur de la poupe. On dit aussi *trépost* et *trépou.*

THÉSAILLE. s. f. Pièce de bois assujettie sur les brancards du tombereau, et portant l'anneau où l'on fait passer la chaîne qui doit maintenir la caisse.

TRÉSILLON. s. m. Morceau de bois qui sépare deux planches en pile, pour les tenir à l'air et les faire sécher. — *mar.* Garrot pour serrer deux cordages, faisant effort l'un contre l'autre.

TRÉSILLONNER. v. a. Séparer des planches avec des trésillons. — *mar.* Serrer deux cordages avec un trésillon.

TRESSOIR. s. m. Instrument pour tresser les cheveux ; outil de gainier pour régler la distance des clous d'ornement.

TRESSON. s. m. TRESSURE. s. f. Noms donnés, suivant les lieux, à diverses formes de filets pour la pêche.

TREST. s. m. Sorte de toile à voiles, souvent employée dans les bateaux pêcheurs.

TRÉZI. f. Espèce de tenailles en bois, à l'usage des vanniers.

TRÉ-TRÉ-TRÉ. s. m. Quadrupède de Madagascar à face humaine, qu'on présume être un singe du genre des maudrilles ou du celui des macaques.

TREU. s. m., ou TREUILLE. s. f. Petite truble, pour la pêche des crevettes.

TRÉVIER. s. m. *mar.* Celui qui est chargé de la tenue et de la surveillance des voiles, qu'elles soient toujours en bon état. On dit aussi, et même plus souvent, le *voilier.*

TRÉVIRE. s. m. *mar.* Cordage plié en deux et fixé par le double, pour embarquer surtout les futailles.

TRÉVIRER. v. a. Retourner un cordage, une manœuvre ; tel se *chavirer.*

TRÉZALÉ, E. adj. Fendu, gercé, en parlant des couleurs d'un tableau, de la faïence, de la porcelaine, où il se fait des fentes insensibles.

8.

TRI. s. m. Action de trier; mise à part des lettres suivant leur destination. Le triage se fait pour séparer du bon ce qu'il y a de mauvais ou de moins bon. Le tri se fait pour tout classer et tirer parti de tout.

TRIACANTHE. s. m. Sous-genre de balistes, poissons à trois ou quatre *rayons épineux*, à la première nageoire dorsale.

TRIACONTAÈDRE. adj. et s. m. *minér.* Cristal dont la surface est de trente rhombes.

TRIAILLE. s. f. Cartes triées dans les fabriques, et séparées des autres comme étant de mauvaise qualité.

TRIANDRIE. s. f. *bot.* Classe des plantes dont les fleurs sont à trois étamines.

TRIANGULAIREMENT. adverb. En triangle.

TRIANGULÉ, E. adj. *bot.*(Tige, feuille) à trois angles.

TRIBOMÈTRE. s. m. *physiq.* Instrument imaginé par Muschembrock, pour mesurer le degré du frottement.

TRIBORDAIS. s. m. *mar.* Portion de l'équipage qui fait le quart du tribord.

TRIBOULET. s. m. Pièce de bois cylindrique, dont se servent les orfèvres pour arrondir certains ouvrages, pour en souder d'autres, etc.

TRICAPSULAIRE. adj. *bot.* A trois capsules.

TRICBALAC. s. m. Instrument de polichinelle, composé de deux marteaux frappant en mesure sur une planchette, pour accompagner son chant.

TRICEPS. adj. et s. m. *anat.* (*s* final se pron.) Tout muscle dont le sommet offre trois faisceaux distincts.

TRICHITE. s. m. *minér.* Vitriol concret en cristaux aussi fins que des cheveux.

TRICHIURE. s. f. Genre de poissons apodes, à queue très-fine.

TRICHODE. s. m. *hist. nat.* (*h* ne se pron. pas.) Nombreux genre de zoophytes microscopiques, polypes amorphes ou animalcules infusoires, transparens, et *garnis de poils* qui les soutiennent et les font mouvoir dans l'eau.

TRICHOMANE. s. m. *bot.* (*h* ne se pron. pas.) Nombreux genre de fougères, dont la fructification se trouve sur le contour extérieur de la feuille.

TRICHOMATES. s. f. pl. *bot.* Seconde division des algues: celles qui sont *filamenteuses*, et qu'on avoit d'abord nommées *conferves.*

TRICHURE. s. m. *hist. nat.* Genre de vers intestinaux, à trompe *capillaire.*

TRICLASITE. s. m. *minér.* Substance minérale de couleur vert-olive, en cristaux prismatiques, à 4 ou 6 pans, observé à Fahlun, en Suède.

TRICLINION. s. m. *bot.* genre d'araliacées; arbrisseau à fleurs en ombelles terminales, qui ont l'odeur du réséda.

TRICUSPIDAIRE. s. m. Arbre liliacé du Pérou, dont la corolle à cinq pétales à *trois pointes.* — *hist. nat.* Ver intestinal, espèce de ténia, dont la bouche est armée d'épines *à trois pointes.*

TRICUSPIDAL, E, ou TRICUSPIDE. adj. *anat.* A trois pointes.

TRICYCLE. s. m. *bot.* Genre de nyctaginées; arbre du Brésil, ayant jusqu'à *trois*

feuilles ensemble au-dessous de chaque épine. — Nouvelle voiture à trois roues.

TRIDACTYLES. s. m. pl. Division d'oiseaux, n'ayant que *trois doigts* à chaque pied. Il se dit aussi d'un genre d'insectes coléoptères de la famille des grillons.

TRIDENTÉ, E. adj. *bot.* Feuille à 3 *dents.*

TRIDI. s. m. Troisième jour de la décade dans le calendrier républicain.

TRIÈDRE. adj. *géom.* Terminé par la réunion de *trois* côtés, *trois* faces, *trois* plans. En minéralogie, il s'applique aux cristaux.

TRIENTALE. s. f. *bot.* Primevère des Alpes, jolie plante qui y devient rare quoique vivace.

TRIEUR, TRIEUSE. subst. Qui fait un triage, spécialement dans les papeteries.

TRIFACIAL, E. adj. *anat.* Chaque nerf qui se distribue en trois branches sur la face est *trifacial.* On dit aussi *trijumeau.*

TRIFIDE. adj. *bot.* Qui est fendu en trois parties, à peu près jusqu'à moitié de la largeur.

TRIGAME. adj. et subst. Marié à trois personnes qui vivent à la fois, en même temps.

TRIGASTRIQUE. adj. *anat.* Muscle à *trois ventres* ou parties charnues.

TRIGLE. s. m. Genre de poissons thoraciques à tête couverte d'une boîte osseuse.

TRIGLOTTISME. s. m. Mot composé, ou phrase contenant des mots de trois langues.

TRIGONE. adj. *bot.* A trois angles et trois côtés. — *astron. Voy.* TRINE au Dict.

TRIGYNIE. s. f. *bot.* Ordre de plantes dont la fleur a trois pistils ou organes femelles.

TRIJUGUÉ, E. adj. *bot.* Feuille qui a trois paires de folioles.

TRIJUMEAU. adj. et s. m. *anat.* (Nerf) à *trois branches;* c'est celui de la cinquième paire cérébrale.

TRIL ou TRILLE. s. m. *musiq.* Mot ou signe tremblé, indiquant un battement sur le piano, ou une cadence tremblée dans le chant.

TRILIX. s. m. *bot.* Arbrisseau d'Amérique, à fleurs jaunes, et velues à l'extrémité des branches.

TRILLIACÉES. s. f. pl. *bot.* Famille de plantes dont le type est le genre *trillion*, voisin des asparagoides, à hampes uniflores au sommet, avec un verticille de trois feuilles dans le milieu.

TRILOBÉ, E. adj. *bot.* A trois lobes.

TRILOCULAIRE. adj. *bot.* A *trois loges.*

TRIMBALLER. v. a. et n. Porter d'un endroit à un autre un ballot, une marchandise, etc. Familier, et se prenant toujours en mauvaise part. M'a-t-il fait assez trimballer?

TRIMER. v. n. Marcher, travailler, avec peine et effort. Il faut bien trimer pour faire ce chemin, cet ouvrage en tant d'heures. Quand la nécessité commande, on a beau être fatigué, il faut trimer. Pop.

TRIMÈRES. s. f. pl. Mouches à deux ailes, qui ne vivent que *trois jours.*

TRIMÈRES. s. m. pl. Section d'insectes coléoptères, qui ont trois *articles* à chaque tarse.

TRINERVÉ, E. adj. *bot.* A *trois nervures.*

TRINGLETTE. s. f. Couteau émoussé des

vitriers, pour ouvrir le plomb. — Pièces de verre dont ils composent les panneaux.

TRINQUART. s. m. *mar.* Petit bâtiment pour la pêche du hareng.

TRINQUERIN. s. m. *mar.* Le plus haut bordage d'une galère.

TRINQUETIN. s. m. *mar.* Troisième voile du mât d'une galère.

TRIOECIE. s. f. *bot.* Ordre de plantes, où un individu porte des fleurs mâles, un second des fleurs femelles, et un troisième des fleurs hermaphrodites; et cela dans la même espèce.

TRIONYX. s. m. Genre de tortues à carapace molle.

TRIPAN. s. m. Poisson du genre holothurie, dont il se consomme une grande quantité dans la Chine, où il passe pour un aphrodisiaque très-actif.

TRIPARTIBLE. adj. *bot.* Susceptible de se diviser spontanément en trois parties.

TRIPÉTALE ou TRIPÉTALÉ, E. adj. *bot.* Fleur à trois feuilles ou pétales.

TRIPHYLLE. adj. *bot.* Calice de fleurs à trois feuilles, c'est-à-dire divisé en trois parties.

TRIPHYLLOÏDES. s. m. pl. Section des trèfles, dont le calice a cinq divisions au lieu de cinq dents, et les étamines insérées sur la corolle, et non fixées au bas de l'ovaire.

TRIPILE. adj. *hist. nat.* Garni de trois appendices en forme de poil.

TRIPINNÉ, E. adj. *bot.* Triplement pinné, garni de trois paquets de folioles barbues.

TRIPLINERVÉ, E. adj. *bot.* (Feuille) à trois embranchemens de nervures, dont le principal a cinq bras et les autres deux, qui naissent à la nervure du milieu, l'un au-dessous de l'autre.

TRIPOTEUR. s. m. Celui qui tripote, qui a tripoté. *Voy.* TRIPOTER au Dict.

TRIPOTIER. s. m. Qui a l'habitude de tripoter. *Voy.* TRIPOTER au Dict.

TRIPTÈRE. adj. *bot.* A trois ailes.

TRIPTÉRYGIEN, NE. adj. Poisson à trois nageoires.

TRIQUE-MADAME. s. f. *bot.* Espèce d'orpin à fleurs blanches.

TRIQUER. v. a. t. de chantier. Trier le bois et le séparer d'après la qualité.

TRIQUESTRE. s. f. *numism.* Figure à trois jambes, emblème de la Sicile, avec ses trois promontoires.

TRIQUÊTRE. adj. *bot.* Tige, feuille à trois faces planes et nues.

TRIQUOISES. s. f. pl. Tenailles de maréchal, à deux tranchans.

TRISANNUEL, LE. adj. Qui dure 3 ans.

TRISME. s. m. *méd.* Resserrement convulsif des mâchoires, qui produit un grincement de dents.

TRISPASTE. s. m. *mécan.* Machine à trois poulies, pour élever ou enlever des fardeaux.

TRISPERME. adj. *bot.* Qui porte trois graines ou semences.

TRISTICHE. s. f. *bot.* Plante de Madagascar, qui a l'apparence d'une mousse, et qui flotte sur les eaux dormantes.

TRISULCE. adj. *hist. nat.* (*s* a le son dur.) Quadrupède qui a le pied fendu en trois parties, et à chacune un sabot.

TRISULE ou SEL-TRIPLE. s. m. chim. (On pron. tri-sule.) Sel produit par la combinaison de deux sels neutres.

TRITÉOPHYE. s. f. méd. Fièvre dont l'accès augmente tous les trois jours.

TRITERNÉ, E. adj. bot. Feuille dont le pétiole commun se divise trois fois successivement en trois parties.

TRITICITE. s. m. minér. Cuivre sulfuré cristallisé, en forme d'épi; épi fossile.

TRITONIE. s. f. Genre de vers marins rampans ; attachés aux plantes submarines, ayant l'anus sur le dos, et la plupart ornés des plus belles couleurs.

TRI-TRI. s. m. Frai de poissons fluviatiles, que les pêcheurs trouvent en mer, où il a été entraîné par les eaux.

TRIURE. s. m. Genre de poissons apodes, qui a une valvule en forme de croissant.

TRIVALVE ou TRIVALVÉ, E. adj. bot. A trois valves.

TROCHEREAU. s. m. bot. Pin des marais.

TROCHÉTIE. s. f. Animal qui a la forme de la sang-sue sans en avoir les trois dents; il vit à l'air, dans les lieux humides , et meurt s'il reste plusieurs jours dans l'eau.

TROCHIER. s. m. Animal des coquilles appelées, de leur forme, des toupies.

TROCHILE. s. m. archit. Rond-creux dans les ornemens. On le nomme aussi scotie.

TROCHILITHES. s. f. pl. hist. nat. Toupies pétrifiées, genre de coquilles. On les nomme aussi trochites.

TROCHOÏDES. s. m. pl. Famille de mollusques gastéropodes, à forme arrondie, circulaire. (On pron. troko.) Voy. CYCLOÏDE au Dictionnaire.

TROCHOLIQUE. s. f. mathém. (On pron. troko.) Traité des propriétés du mouvement circulaire. Ce terme est peu usité.

TROCHURE. s. f. véner. Bois du cerf faisant le trochet avec ses cors ou ramures.

TROCHUS. s. m. hist. nat. (On pron. trokuse.) Genre de coquilles qui a la forme du sabot, avec lequel jouent les enfans.

TROGLODYTE. s. m. Genre de singes, formé par l'orang d'Afrique plus rapproché de l'homme. — Genre d'oiseaux chanteurs, ayant un peu de la forme du roitelet, mais aimant les trous de murs et les ténèbres.

TROGOSSITAIRES. s. m. pl. Tribu d'insectes coléoptères tétramères, dont le type est le genre trogossite, perce-bois, et dont une espèce attaque le grain.

TROGUE. s. f. manuf. Chaîne des draps mélangés, dont une trogue fournit deux pièces.

TROIS-QUARTE. s. f. Grosse lime de forme triangulaire.

TROMBE. s. f. Instrument de percussion, donnant le son d'une timbale couverte. Voy. ce mot au Dict.

TROMBIDITES. s. f. pl. Famille d'acarides, insectes de la classe des arachnides, à bouche munie de mandibules, palpes avancés, et ayant au bout un appendice mobile.

TROMBLON. s. m. mar. Sorte d'espingole employée sur les bâtimens de guerre.

TROMBONE. s. m. musiq. Instrument en forme de longue trompette, ayant quatre branches qu'on avance ou recule, pour varier les tons.

TROMBONISTE. s. m. Celui qui joue du trombone.

TROMPE-L'ŒIL. s. m. t. de peint. Tableau qui représente divers objets sous un verre cassé, ou sur un fond imitant une toile, un carton, etc., de manière que le spectateur, dont l'œil est trompé, croit voir plusieurs objets distincts dans un cadre, qui fait lui-même , ainsi que le verre, partie d'un seul tableau.

TROMPILLON. s. m. archit. Petite trompe ou partie de trompe qu'on fait paroître dans un ornement.

TRONCHE. s. f. Pièce de bois grosse et courte, pour la charpente.

TRONIÈRE. s. f. artill. Ouverture pratiquée dans les batteries pour tirer le canon.

TROPHOSPERME. s. m. bot. Voyez PLACENTA au Dictionn.

TROTTINER. v. n. Aller vite, et même courir , mais à pas précipités et raccourcis.

TROUBLE. s. f. Filet attaché en demi-rond à un cerceau , et fixé par une fourchette sous les bordages , près des bords , où l'on pêche à l'eau trouble. Il a pour diminutif troubleau.

TROUELLE. s. f. pêche. Baguette placée au filet de manière à en tenir l'entrée ouverte.

TROUILLE. s. f. Marc d'huile mis en pains.

TROUPIALE. s. m. Genre d'oiseaux sylvains, de la famille des tisserands.

TROUVABLE. adj. Qui peut être trouvé.

TROX. s. m. hist. nat. Genre d'insectes coléoptères, de la tribu des scarabéides, qui sont oblongs, et font les morts quand on les touche.

TRUBLEAU. s. m. Petit filet de pêche; diminutif de truble.

TRUC. s. m. Espèce de billard. Adresse, savoir-faire. Avoir le truc , savoir s'y prendre pour se tirer d'affaire. Pop.

TRUFFIÈRE. s. f. Terrain où se trouvent des truffes.

TRULLE. s. f. TRULOT. s. m. TRULLOTTE, s. f., et TREU, TREUILLE, sont de la même famille. Voy. TREU.

TRUSION. s. f. méd. Mouvement de trusion; celui qui pousse le sang du cœur dans le corps par les artères; le mouvement circulaire le ramène du corps au cœur par les veines.

TRUSQUIN. s. m. Outil dont se sert le menuisier pour tracer des parallèles.

TUAGE. s. m. Peine de tuer un animal pour le propriétaire. Payer le tuage d'un porc qu'on fait saler.

TUBERCULEUX, EUSE. adj. méd. Relatif aux tubercules, où il s'en trouve.

TUBÉROÏDE. s. f. bot. Truffe surnommée mort du safran, parce qu'elle fait périr le pied où elle croit.

TUBICOLÉES. s. f. pl. Famille de testacés conchifères, habitant dans un tube, comme ceux du genre tubicole et les lombrics, appelés tubifex.

TUBIFÈRES. s. m. pl. Genre de champignons à gaine tubulée.

TUBIPORE. s. m. Polypier pierreux à tubes unis entre eux , et formant parfois une masse considérable dans la mer. On les nomme tubiporites, s'ils sont fossiles.

TUBITÈLES. s. f. pl. Section des araignées tapissières.

TUBULARIÉES. s. f. pl. Famille des polypiers tubulaires et tubuleux inarticulés ; les polypes placés à l'extrémité des tiges ou des rameaux.

TUBULEUX, EUSE ou TUBULIFORME. adj. En forme de tube.

TUBULICOLE. adj. et subst. hist. nat. Qui habite un tuyau.

TUBULITHE. s. f. hist. nat. Fossiles en tube : Tubipore, dentale, zouphytes, coralligènes, etc.

TUBULURE. s. f. chim. Ouverture pratiquée à un vaisseau, pour y adapter un tube.

TUE-BREBIS, Chien, Loup, Mouche, Poisson. Voy. GRASSETTE, COLCHIQUE, ACONIT, BAILLÈRE.

TUE-VENT ou BRISE-VENT. s. m. Abri que les ouvriers des carrières se font contre les vents.

TUGUE ou TAGE. s. f. mar. Abri contre le soleil ou la pluie, pratiqué au-devant de la dunette.

TUILAGE. s. m. Dernière façon que donnent aux pièces les tondeurs de drap avec la tuile, planchette de bois enduite de mastic, pour les nettoyer et en coucher le poil.

TUILÉ, E. adj. En forme de tuile creuse : Coquille tuilée.

TUILER. v. a. et n. Faire le tuilage d'une pièce de drap, la nettoyer et en coucher le poil avec la planchette nommée tuile.

TUITION. s. f. t. didact. Vision intérieure de l'âme, de l'esprit. On dit mieux intuition.

TULA. s. m. bot. Genre de rubiacées ; plante du Pérou, à fleurs d'un blanc sale, et couverte d'une viscosité salée.

TULBAGE. s. m. bot. Genre de narcisses du Cap; plante bulbeuse, qui sent l'ognon.

TULIPAIRE. s. m. hist. nat. Polypier des Antilles, à tiges tubuleuses, cellules réunies trois à trois , en faisceaux opposés, sommet des articulations.

TULIPIFÈRES. s. f. pl. bot. Famille de plantes dont le type est le genre tulipier, bel arbre d'Amérique, à feuilles trilobées, grandes fleurs d'un jaune verdâtre , bois blanc , léger et incorruptible. Sa racine donne à la bière un goût de citron. Voyez TULIPIER au Dictionnaire.

TULLE. s. m. Réseau en forme de dentelle, dont la fabrication a commencé à Tulle , département de la Corrèze. On en fait, pour l'été, des robes et des schalls ; on en fait des garnitures de bonnets , de fichus, etc. On ne peut rien imaginer de plus délicat.

TUMULAIRE. adj. Qui se place sur les tombeaux. Pierre tumulaire.

TUNGA. s. m. (On pron. ton.) Voyez ci-devant CHIQUE.

TUNGSTATE. s. m. chim. (tung se pron. tong.) Sel formé par la combinaison de l'acide tungstique avec une base quelconque.

TUNGSTÈNE. s. m. minér. (tung se pron. tongue.) Pierre pesante des Suédois, demi-métal calcaire, dur, cassant, acidifiable et calcinable, découvert par Scheéls , en 1781.

TUNGSTIQUE. adj. *chim.* (*tung* se pron. *tougue.*) Acide dont le tungstène est la base.

TUNICELLE. s. f. Petite tunique, petite enveloppe.

TUNICIERS. s. m. pl. Classe d'animaux sans vertèbres, vers mollusques, gélatineux ou coriaces, à *double tunique*, et divisés en deux ordres : Les *botyllaires*, qui forment une masse commune, et les *ascidiens*, qui vivent libres.

TUNIQUÉ, E. adj. *anat.*, *bot.* Couvert d'une tunique ou de plusieurs. Il a pour diminutif *tunicellé*, *e*, couvert d'une légère tunique.

TUPINAMBIS. s. m. Espèce de lézard de l'Amérique méridionale, vivant sur terre et dans l'eau, et se nourrissant d'insectes, de coquillages et de poissons.

TUPISTRE. s. f. *bot.* Plante à racines bulbeuses, apportée d'Amboine en Europe, où elle se cultive dans quelques jardins ; on la confond avec l'orange du Japon à cause de quelques conformités.

TURBINAIRE. s. m. *hist. nat.* Animal des coquilles turbinées, appelées *sabots.*

TURBINELLIER. s. m. *hist. nat.* Animal des coquilles *un peu* turbinées, appelées *turbinelles.*

TURCOMANE, TURCOPHILE. subst. des 2 genr. Ami des Turcs. Noms qu'on a donnés, dans ces derniers temps, à ceux qui se déclaroient pour les Turcs contre les insurgés de la Grèce; leur préférence s'est appelée *turcomanie*, pour les ridiculiser.

TURIE. s. f. *bot.* Genre de cucurbitacées.

TURION. s. m. *bot.* Bourgeon radical des plantes vivaces; caïeu des plantes à racines bulbeuses.

TURLURETTE. s. f. Ancienne guitare dont jouoient, dans les rues et sur les places publiques, des farceurs et des mendians.

TURLUT. s. m. Espèce d'alouettes, ainsi nommée de son chant.

TURNEPS. s. m., ou *Chou de Laponie.* Espèce de gros navets, cultivés avec avantage comme fourrage pour les bestiaux.

TURNÈRE. s. f. *bot.* Genre de plantes portulacées ou de pourpiers.

TURPINIE. s. f. *bot.* Genre de nerpruns, dont le type est un arbre de Saint-Domingue.

TURRICULÉ, E. adj. *hist. nat.* (Coquille) en forme de tour.

TURRITELLE. s. f. *hist. nat.* Genre de testacés univalves, à *coquille turriculée.*

TUT, s. m., ou TUTE. s. f. Creuset à pates, pour les essais des mines, et dont l'ouverture est étroite, le milieu renflé, et le bas en pointe.

TUTOYEUR. s. m. Celui qui a l'habitude de tutoyer. Fém., Tutoyeuse. *Fam.*

TYLIPHORE. s. f. *bot.* Genre d'asclépiadées; arbuste de la Nouvelle-Hollande, à tiges volubles, fleurs en ombelles.

TYLODINA. s. f. *hist. nat.* Genre de mollusques à corps rampant, ayant une petite coquille sur le dos, et l'anus à la droite du cou.

TYLOPODES. s. m. pl. Famille de mammifères ruminans, à museau prolongé, lèvre fendue, et pieds munis de deux petits sabots en forme d'ongle.

TYMPANIQUE. adj. *anat.* Qui a rapport à la cavité du tympan.

TYPHIQUE. adj. *méd.* Qui a rapport au typhus. On dit aussi *typhode.*

TYPHIS. s. m. Genre de coquilles, voisin des rochers, à tubes nombreux. — Genre de crustacés de l'ordre des amphipodes.

TYPHOMANIE. s. f. *méd.* Délire avec stupeur, mais dont on garde le souvenir après l'accès : ce qui le distingue de la léthargie.

TYPHUS. s. m. *méd.* (*s* se pron.) Fièvre aiguë et continue, plus ou moins contagieuse, et qui produit la typhomanie.

TYPOLITHES. s. f. pl. *minér.* Pierres à empreintes de plantes ou d'animaux.

TYRANNICIDE. s. m. Meurtre ou meurtrier d'un tyran.

TYRIAMÉTHISTE. s. f. *minér.* Pierre fine, améthiste purpurine (couleur de tyr.)

TYRIANTIN, E. adj. Cristal, marbre d'un pourpre violet.

TZÉIRAN. s. m. *hist. nat.* Animal ruminant d'Asie; espèce d'antilope à cornes en forme de lyre.

U.

U. s. m. U sans tréma s'unit à l'*a* précédent, pour former un signe du son *o*; à l'*e* non accentué, pour peindre le son *eu*; à l'*o*, pour peindre le son *ou.*

U devant *a* conserve le son *ou* du latin, dans quelques mots tirés de cette langue : *quadragénaire*, *quinquagésime*, etc. Il y rend notre son *u* devant *e*, *i*, dans *équestre*, *équitation*, *ubiquiste*, et quelques autres. Le plus souvent il est nul après *g* et *q* : *guide*, *quitter*, etc., où il donne au *g* le son guttural. Après *c* et *g*, il y a un *u* supprimé dans *accueil*, *écueil*, *cercueil*, *orgueil*, *cueillir*, *accueillir*, *recueil*, et dans *œil*, *œillet*, qui se prononcent *accueuil*, etc. — E est nul dans *j'eus*, *tu eus*, *il eut*, *nous eûmes*, *vous eûtes*, *ils eurent*, *il a eu*, que *j'eusse*, etc., et dans *Eustache*, *gageure*, où l'*e* ne fait que donner au *g* le son du *j*; comme, dans *écueil*, etc., il donne au *c* le son guttural du *k*.

UBION. s. m. *bot.* Genre d'asparagoïdes, à plantes volubles, racines charnues, fleurs en épis ou en grappes axillaires. Il a été détaché des ignames.

UDOMÈTRE. s. m. *Voyez* HYGROMÈTRE au Diction.

UDOTÉE. s. f. *Voyez* ci-devant FLABELLAIRE.

UDROMÈTRE. s. m. *Voyez* ci-devant OMBROMÈTRE.

ULA. s. m. *bot.* Arbrisseau grimpant du Malabar, dont la graine se mange, et a le goût de la châtaigne.

ULCÉREUX, EUSE. adj. Couvert d'ulcères; de la nature de l'ulcère.

ULIGINAIRE. adj. *bot.* Plante qui croit dans des lieux uligineux.

ULIGINEUX, EUSE. adj. *bot.* Terrain toujours humide et pénétré d'eau.

ULLOA. s. m. *bot.* Arbuste parasite du Pérou, de la famille des solanées.

ULMACÉES. s. f. pl. *bot.* Famille de plantes dont le type est l'*orme* et quelques autres genres, auparavant compris dans les amentacées.

ULMINE. s. f. *hist. nat.* L'un des principes immédiats des végétaux, excrété de l'orme noir de Sicile. Insipide, soluble à l'eau, cristallisable, l'acide nitrique et l'acide muriatique oxygéné le précipitent à l'état de résine.

ULTRA. s. m. Du latin *ultrà*, au-delà. Personne exagérée dans ses opinions politiques ou religieuses. Un ultra-révolutionnaire, ou contre-révolutionnaire; un *ultra*-royaliste, un *ultra*-libéral, un *ultra*-dévot; et, par ellipse, un *ultra*, une *ultra*. Seul, ce mot ne s'entend que des royalistes partisans du pouvoir absolu; et, en fait du parti-prêtre, des partisans de la suprématie du pape sur les rois et les lois civiles.

ULTRACISME. s. m. Exagération dans les opinions. On a essayé *ultraisme*, qui n'a pas été adopté, quoiqu'il soit plus dans l'analogie.

ULTRAMONTAIN, E. adj. D'au-delà des monts, c'est-à-dire des Alpes, par rapport à la France. Les idées, les opinions, les prétentions ultramontaines ne s'entendent que de celles de la cour de Rome. s. m. Les ultramontains sont ceux qui préconisent la suprématie absolue et universelle du pape.

ULTRAMONTANISME. s. m. Système, exagération des ultramontains.

ULVACÉES. s. f. pl. Ordre de plantes pris dans les thalassiophytes, et dont le type est le genre *ulve*, de la famille des algues. Comme les varechs et les conferves, elles vivent dans les eaux ou douces ou salées, et s'attachent de même aux rochers par leur base.

UMARI. s. m. Genre de plantes légumineuses; arbres des Antilles. Une espèce a pour fruit le *pois palmiste* de Saint-Domingue, dont on mange l'amande. L'écorce de l'arbre porte le nom de *quinquina*, douné à sa qualité de fébrifuge.

UMIMUK. s. m. Espèce de bœuf trouvé à la latitude du cercle polaire.

UM-KI. s. m. *bot.* Arbrisseau de la Chine à feuilles de myrte, fleurs rose et blanc, avec six pétales, et dont le fruit sert à teindre en écarlate.

UNAU. s. m. *hist. nat.* Mammifère tardigrade, du genre du paresseux.

UNGUÉAL, E. adj. *anat.* Phalanges des doigts, où sont placés les ongles.

UNGUICULÉ, E. ad. *hist. nat.* Pourvu ou garni d'ongles.

UNGULÉ, E. adj. *hist. nat.* Qui a le pied garni de corne.

UNICAPSULAIRE. adj. *bot.* Qui n'a qu'une capsule.

UNICORNE. adj. et subst. Qui n'a qu'une corne. On donne quelquefois ce nom à la licorne, au poisson *narval*, et à une espèce de chétodon.

UNIFLORE. adj. *bot.* Plante *uniflore*, qui a une seule fleur, qui n'en porte qu'une.

UNIFOLIUM. s. m. *bot.* (um se pron. *oms* bref.) Muguet-quadrifide.

UNILABIÉ, E. adj. *bot.* Corolle *unilabiée*, qui s'ouvre que d'un côté.

UNILATÉRAL, E. adj. *bot.* Qui ne produit des fleurs, des feuilles, etc., que d'un côté, sur un de ses côtés.

UNILOBÉ, E. adj. *bot.* Embryon *unilobé*, qui n'a qu'un lobe ou cotylédon.

UNILOCULAIRE. adj. *bot.* A une seule loge, dont la cavité n'est divisée par aucune cloison complète.

UNIPÉTALÉ, E. adj. *bot.* (Corolle) composée d'un seul pétale, d'une seule feuille.

UNISEXÉ, E. adj. *bot.* (Fleur) qui n'a les organes que d'un sexe.

UNISPERME. adj. *bot.* Fruit *unisperme*, à une seule semence, opposé à polysperme. C'est le nom distinctif du genre scandix.

UNISSANT, E. adj. *chir.* Qui unit, qui est propre à unir. Le bandage *unissant* est destiné à faire joindre les lèvres d'une plaie.

UNIVERSALISER. v. a. Rendre universel. Mot formé d'après une analogie exacte, mais *inusité* faute d'occasions pour l'appliquer, le mot généraliser étant à peu près toujours suffisant.

UNIVERSITAIRE. adj. Qui tient ou appartient à l'université : Droits universitaires (impôt sur les élèves qui sont obligés de suivre les cours de l'université); établissemens, règlemens universitaires.

UNOGNATES. s. f. pl. Classe des arachnides, à mâchoires cornées, munies d'un onglet.

UNONE. s. m. *bot.* Genre de plantes, arbres dont les fruits offrent plusieurs baies articulées, en forme de chapelet.

UPAS. s. m. Genre d'urticées; grand arbre de Java, dont il découle un suc gommo-résineux, qui est un poison très-actif, même pour les plaies.

URANE ou URANITE. s. m. *minér.* Métal découvert en 1789, peu fusible, oxydable, et de couleur grise; on n'a pu l'obtenir encore que mélangé.

URANOCHRE. s. m. *chim.* Oxyde d'urane, qu'on a aussi nommé uranite.

URANOLOGIE, URANOMÉTRIE. s. f. *Voy.* ASTRONOMIE au Dict.

URANUS. s. m. *astron.* Planète, ainsi nommée parce qu'elle est la plus enfoncée dans le ciel; elle a six satellites; et sa révolution est d'environ 84 ans. Elle porta d'abord le nom d'Herschel, qui l'observa en Angleterre en 1781.

URAO. s. m. *chim.* Carbonate de soude, que déposent les eaux d'un lac du Vénézuela, dans l'Amérique méridionale.

URATE. s. m. *chim.* Sel formé par la combinaison de l'acide urique avec une base quelconque.

URBAIN, E. adj. Ce mot n'a été employé que par occasion, et n'est point devenu usuel. On a dit maison urbaine, garde urbaine (de la ville), et J. J. Rousseau *seul,* les *urbains* pour les *citadins,* les habitans de la ville.

URÉBÈRE ou UREBEC. s. m. *Voyez* ci-devant COUPE-BOURGEON.

URCÉOLAIRE. s. f. *bot.* Genre d'algues *urcéolées.*

URCÉOLE. s. f. *bot.* Genre d'apocynées; plante sarmenteuse et grimpante, dont l'écorce, fort épaisse, donne par incision une résine élastique.

URCÉOLÉ, E. adj. *bot.* A large ventre avec un étroit orifice, en forme de *cruche.*

URÉE. s. f. *chim.* Principe constituant de l'urine, qui paroît être l'azote combiné avec le liquide.

URÈNE. s. f. *bot.* Genre de malvacées.

URETEAU. s. m. *mar.* Corde à poulies.

URÉTÉRITE. s. f. *méd.* Inflammation de l'urétère, canal des reins.

URÉTHRAL, E. adj. *anat.* Qui a rapport à l'urèthre, canal terminal.

URÉTHRITE. s. f. *méd.* Inflammation de l'urèthre. On écrit aussi *urètre.*

URINAIRE. adj. *anat.* Canal pour l'écoulement des urines; qui a rapport à l'urine.

URIQUE. adj. *chim.* Acide tiré des calculs formés dans la vessie urinaire.

UROCÉRATES. s. m. pl. Tribu d'insectes hyménoptères; famille des porte-scie, dont le type est le genre *urocère,* dont l'abdomen est terminé par une *pointe* en forme de *corne.*

UROCRISE. s. f. Jugement porté sur un malade d'après son urine.

URODELLES. s. f. pl. Famille de reptiles batraciens *à queue.*

UROPLATE. s. m. Genre de reptiles sauriens, *à queue plate.*

UROPODE. s. m. Genre d'arachnéides à *pattes courtes.* — s. m. pl. Famille d'oiseaux *à ailes courtes. Voy.* ci-devant BRÉVIPENNES.

UROPOÏSTES. s. m. pl. Famille d'insectes hyménoptères, aussi nommés *serricaudes, porte-scie.*

UROSCOPIE. s. f. *méd.* Inspection des urines.

URSON. s. m. Espèce de porc-épic d'Amérique.

URTICAIRE. s. f. *méd.* Éruption à la peau, comme celle qu'y produiroient des piqûres d'ortie.

URTICATION. s. f. Friction sur la peau avec des orties, comme excitant.

URTICÉES. s. f. pl. Famille des orties, composée de 18 genres, contenant presque toujours une suc âcre, laiteux et caustique.

URUS. s. m. (s final se pron.) Buffle ou taureau sauvage qu'on trouve encore, mais rarement, dans les forêts du nord de l'Europe, entre autres en Lithuanie.

USNÉE. s. f. *bot.* Genre de lichens à tiges filamenteuses, avec des scutelles planes.

USSASI. s. m. *bot.* Arbre de l'Inde dont les fruits se mangent, les feuilles servent à l'assaisonnement des mets, et le bois à des ouvrages au tour.

USTULATION. s. f. *chim.* Action du feu sur une substance, sur les plantes pour les dessécher, sur les vins, les liqueurs, pour les faire chauffer ou brûler.

USUN. s. m. *bot.* Espèce de cerise du Pérou, qui donne une couleur de sang à l'urine des personnes qui en mangent.

UTÉRUS. s. m. *anat.* (s se pron.) Cavité intérieure de la matrice.

UTILISER. v. a. Rendre utile pour les autres ou pour soi; *mettre à profit,* expression plus habituelle et plus familière.

UTINET. s. m. Maillet à long manche, à l'usage des tonneliers. — Appui sur lequel des faiseuses de dentelles élèvent le métier où est leur travail.

UTRICULAIRE. s. f. Genre de plantes personnées, *à utricules,* ou petites outres ; parties vésiculeuses qui s'observent sur les

feuilles de ces tiges aquatiques ou marécageuses.

UVAGE. s. m. Bords de la cuve, dans les raffineries de sucre; son encaissement.

UVAURE. s. m. Espèce de veau marin qu'on a dit se trouver dans les îles, vers le golfe Saint-Laurent, mais dont les naturalistes ne parlent point.

UVE. s. f. Pommade de blanc de plomb, et dont l'usage est dangereux.

UVÉDALIE. s. f. Plante vivace de la Nouvelle-Hollande; genre de scrophulaires.

UVETTE. s. f. *bot.* Genre de conifères; arbrisseau des côtes de la mer au midi de l'Europe, dont on mange le fruit en forme de raisin.

UVIFERA. s. f. *bot.* Raisinier à baies disposées en *grappe.*

UVULAIRE. s. f. *anat.* Glandes *uvulaires,* qui bordent la luette. — *bot.* Genre de liliacées.

UZIFURE. s. m. *chim.* Composition de soufre et de mercure, connue sous le nom de *cinabre.*

V.

V. s. m. Consonne *labio-dentale,* peignant le son foible du *f.* V fut souvent employé à la place de l'*u,* comme l'*u* pour le *ve.* Le *fe* du nombre neuf a le son *ve* en liaison : Neuf hommes, neuf amis.

V s'emploie comme initiale de Vous, Votre, Verset, *Vide,* Voyez, Violon, etc., et représente assez bien le *cinq* du chiffre romain. *Voy.* F ci-devant, et V au Dict.

VACCIN. s. m. Virus qui inocule une petite vérole douce, et vient des pustules du pis de la *vache* qui en est atteinte, ou de celles d'un enfant vacciné.

VACCINABLE. adj. Qui peut être vacciné.

VACCINAL, E. adj. Qui a rapport au vaccin : Virus vaccinal.

VACCINATEUR. s. m. Celui qui vaccine.

VACCINATION. s. f. Action de vacciner.

VACCINE. s. f. Inoculation du vaccin, qui donne une petite vérole fort douce, et passe pour préserver de cette maladie.

VACCINER. v. a., quelqu'un, lui inoculer le vaccin.

VACCINIQUE. adj. Qui a rapport à la vaccine : Traitement vaccinique. On emploie généralement ce mot dans le même sens que vaccinal, et réciproquement; en sorte qu'ils sont réputés synonymes; encore dit-on plutôt adjectivement : Du virus *vaccin,* le fluide *vaccin.*

VACKE. s. m. *minér.* Basalte décomposé, matière opaque de basalte et d'argile.

VACHES. s. f. pl. *imprim.* Cordes du berceau de la presse, qui font mouvoir le train. Dans les salines, pyramides de sel. *Voyez* VACUA au Dict.

VACOS. s. m. Fourmi venimeuse de Ceylan, à tête rouge avec un corps blanc; elle détruit tout ce qu'elle rencontre, en fait de végétaux.

VADE IN PACE ou simplement IN PACE. Mots latins, prononcés *vadé ine pacé,* et signifiant *allez en paix.* C'étoit, dans les couvents, une prison secrète, où les moines enfermoient quelque confrère condamné, qu'on y mûroit pour le laisser *en paix* mourir de faim.

VADROUILLE. s. f. *mar.* Balai de vaisseau; on le nomme aussi *faubert.*

VAE ou VOAE. s. f. *bot.* Plante de Madagascar, qu'on croit être *l'arcéole,* et qui fournit de la gomme élastique.

VA et VIENT. s. m. *manuf.* Petite machine ajoutée au devidoir, pour étendre également partout le fil ou la soie sur le bobine. — *mar.* Cordage pour faire *aller et venir* une manœuvre.

VAGABONDER. v. n. Faire le vagabond. Mot *pop.*; employé au lieu de *vagabonner,* tout-à-fait inusité. *Voyez* VAGABONNER au Dictionn.

VAGINANT, E. adj. *bot.* En gaîne, qui emboîte comme un fourreau.

VAGINELLE. s. f. *hist. nat.* Genre de vers à tuyau, en tube régulier, avec une seule ouverture. *Voy.* LÉPTOSPERME.

VAGINICOLE. s. f. *hist. nat.* Genre de vers polypes, à *tube transparent non fixé.*

VAGIR, VAGISSANT, VAGI. v. n. Pousser des vagissemens ou cris, en parlant des enfans nouveau-nés. Mot très-peu usité; encore n'est-ce que dans le genre didactique.

VAGISTAS. *Voy.* VAGISTAS au Dict.

VAGUESSE. s. f. (De l'italien *vaghezza,* agrément.) *archit.* et *peint.* Air, espace, dans le fond des tableaux, entre des colonnes. Légères nuances de teinte; ce qu'on rend aussi-bien par *air vague, ton aérien, vaporeux,* etc.

VAHATCH. s. m. *bot.* Arbrisseau des marais de Madagascar, dont la racine sert à teindre en rouge.

VAHÉ. s. m. *bot.* Genre d'apocynées; arbuste dont il transsude, par incision, un suc laiteux qui, desséché, forme une résine élastique.

VAHOU-RANOU. s. m. *bot.* Plante aquatique de Madagascar, dont le bulbe est un vermifuge très-efficace, et la feuille est très-savonneuse.

VAIGRAGE. s. m. *mar.* Action de *vaigrer* un vaisseau, de le garnir de *vaigres;* planches qui en forment le revêtement intérieur.

VAINES. s. f. pl. *vèner.* Fumées légères et mal formées.

VALAN. s. m. *bot.* Arbre d'Amboine, dont l'écorce en poudre produit l'effet de la coque du Levant, et sert de même à enivrer le poisson.

VALANCE. s. f. *bot.* Genre de rubiacées, aussi nommé *garancette,* et réuni au gaillet.

VALÉRIANÉES. s. f. pl. Famille de plantes, dont le type est le genre *valériane. Voy.* ce mot au Dict.

VALLÉE. s. m. *bot.* Arbre liliacé du Pérou, à feuilles en cœur, velues en dessous, à fleurs rouges, sur un panicule de trois rangs de grappes.

VALLENIE. s. f. *bot.* Genre de gattiliers, de la Jamaïque, à feuilles épaisses, luisantes, et fragiles, avec des petites fleurs blanches en grappes terminales.

VALLERITE. s. f. *minér.* Pierre légère

des Pyrénées espagnoles au mont d'Oo; hydrate d'alumine silicifère, provenant d'une gelée des filons de la montagne, qui se concrète à l'air.

VALLISNÈRE. s. f. *bot.* Genre d'hydrocharidées; plante vivace du fond des eaux, dont elle tapisse le lit. Sa fleur mâle se détache de la base de la tige, et va crever à la surface, pour féconder la fleur femelle qui s'y trouve épanouie.

VALLON. s. m. Langage des vallons, habitans des Pays-Bas, entre l'Escant et la Lys; idiome que l'on soupçonne être un reste de l'ancien gaulois.

VALSE. s. f. Danse en rond, d'origine allemande, et qui s'exécute en tournant deux à deux en cercle, sur un air assez vif, qui porte le même nom.

VALSER. Danser une valse; il se dit spécialement de la partie de cette danse, où l'on tourne en pirouettant, et qui succède à la marche ou promenade, deux parties qui y sont entre-mêlées.

VALTHÈRE. s. f. *bot.* Genre de sterculiacées; arbrisseau à feuilles épaisses et tomenteuses; fleurs jaunes, par petits paquets.

VALVIER. s. m. *hist. nat.* Mollusque des valvées ou valvaires; coquilles d'eau douce; il a deux tentacules et les yeux à leur base postérieure.

VALVULAIRE. adj. *bot.* Garni de valvules, à valvules.

VAMPI. s. m. *bot.* Genre d'orangers; grand arbre de la Chine, à fleurs blanches, transparentes, et disposées en grappes paniculées et terminales.

VANCASSAIE. s. f. Petite orange rouge de l'île de France, qui a la saveur du raisin.

VANDALE, s. m. *plur.*, VANDALES. On appelle *vandale* tout ennemi des sciences et des arts, par assimilation aux *Vandales,* peuple du Nord qui envahit le Midi en détruisant tout ce qui avoit rapport aux sciences et aux arts.

VANDALISME. s. m. Doctrine qui proscrit les sciences et les arts. *Voy.* VANDALE.

VANHOM. s. m. *bot.* Plante du Japon, douée des mêmes propriétés que le curcuma des Indes.

VANILLIER. s. m. *bot.* Genre d'orchidées; plante sarmenteuse du Mexique et du Pérou, qui a pour fruit la vanille, dont on parfume le chocolat.

VA-NUS-PIEDS. s. m. Celui qui *va* les *pieds nus.* C'est un terme de mépris qui se s'emploie que pour déprimer l'homme sans fortune, ou signaler l'homme qui, se trouvant sans ressources, ne vit que d'une honteuse industrie.

VAPORATION. s. f. *chim.* Action de réduire les liquides en vapeur. — *chir.* Action, effet de la vapeur sur le corps humain.

VAPORISATION. s. f. Action des liquides qui se vaporisent, se réduisent en vapeur; état d'un liquide en vapeur.

VAPORISER. v. a., un liquide, le réduire en vapeur. Les liquides se vaporisent en passant à l'état de vapeur, à la *vaporisation,* qui augmente leur action.

VARAIGNE. s. f. Première entrée des marais salans qu'on ouvre aux grandes marées, pour remplir d'eau salée les réservoirs,

et qu'on referme ensuite pour la retenir.

VARAIRE. s. f. *bot.* Genre de plantes concoïdes.

VARI. s. m. Espèce de makis, singe de Madagascar, marqueté de noir et de blanc.

VARICELLE. s. f. *méd.* Petite vérole volante.

VARIOLE. s. f. *méd.* Nom scientifique de la petite vérole naturelle, ou inoculée avec des pustules qu'elle donne.

VARIOLEUX, EUSE. adj. *méd.* Malade de la variole, ou petite vérole.

VARIOLIQUE. adj. *méd.* Qui concerne la variole, en a le caractère, ou lui ressemble.

VARIOLITHES. s. f. pl. Cailloux parsemés de taches semblables à celles de la variole; roches tachetées de globules d'une autre couleur sur un fond quelconque.

VARLOPER. v. a. *menuis.* Dégrossir ou polir une pièce de bois avec la varlope.

VARREUR. s. m. Celui qui *varre,* qui sait *varrer,* prendre des tortues avec le harpon qu'on nomme la *varre.*

VARVOUSTE. s. f. Sorte de filet à manche, pour la pêche.

VASARD. adj. et s. m. *mar.* Fonds *vasard,* chargé de vase.

VASCULIFORME. adj. *bot.* En forme de petit vase : Cornet, godet, etc.

VASEAU. s. m. Petit vase, jatte, sébile, où les épingliers jettent les parties de l'épingle à mesure qu'elles coupent.

VASIÈRE. s. f. Grand bassin pour les eaux, dans les salines.

VASON. s. m. Mollette de pâte préparée pour faire la toile ou la brique, et que le *vaseur* ou *vangeur* détache avec l'archet.

VASSOLES. s. f. pl. *mar.* Pièces de bois rainées qui forment le carré des caillebotis, et en soutiennent les lattes.

VATIQUE. s. m. Genre de-liliacées; arbre de la Chine, à rameaux striés et velus, qui y sert à des opérations de magie.

VATROUILLE. s. f. Tampon de laine fixé au bout d'une perche, qui sert à laver les mornes. Ce doit être le même mot que *vadrouille. Voy.* ci-devant.

VAUCOUR. s. m. Table des poteries sur laquelle on pose la glaise devant le tour.

VAUTOIR ou VATEAU. s. *manuf.* Ratelier par le moyen duquel se fait la distribution des fils de la chaîne des tapis.

VAUTOURINS. s. m. pl. Famille d'accipitres diurnes; oiseaux dont le type est le genre vautour.

VÉDAM. s. m. Livre sacré des peuples de l'Indoustan, qu'ils croient être l'ouvrage de Dieu même.

VÉGÉTO-MINÉRAL, E. adj. *chim.* Eau mêlée d'acétate de plomb liquide.

VEIGÈLE. s. m. Arbuste du Japon, à fleurs rouges, rangées trois à trois, à feuilles dentées, velues sur les veines.

VEILLOIR. s. m. Petit meuble, portant ou contenant ce qui est nécessaire pour veiller, dans diverses professions.

VEINER. v. a. Imiter, avec des couleurs, les veines du bois ou du marbre, etc.

VEINULE. s. f. Petite veine de métal, de houille, etc., dans les mines.

VÉLANÈDE. s. f. Gland provenant de l'espèce de chêne appelé *vélani,* et qui sert à la teinture, comme la noix de galle.

VÉLELLE. s. f. Genre de vers radiaires, voisins des méduses, mais pourvus, sur le corps, d'une membrane qui leur sert de voile, et qu'ils peuvent diriger à volonté, n'étant attachée que du milieu.

VÉLÈZE. s. f. *bot.* Genre de caryophyllées, plante annuelle.

VÉLIE. s. f. Genre d'insectes hémiptères, qui courent fort vite sur la surface des eaux.

VÉLOCIFÈRE. adj. *Qui porte vite.* C'étoit le nom de la première voiture publique à *marche accélérée.*

VÉLOCIPÈDE. adj. A *pieds légers.* — **s. m.** Machine d'une invention récente; voiture que l'on peut faire rouler soi-même au moyen de ses pieds, et par le poids de son corps.

VELOT. s. m. Peau de veau venu avant terme, qui se travaille pour papier vélin ou pour parchemin.

VELOUTER, v. a., du papier peint, une étoffe, etc.; lui donner un air de velours, soit à l'œil, soit au toucher, ou à l'un et à l'autre.

VELTAGE. s. m. Action de *velter,* de jauger à la velte. *Voy.* VELTE au Dict.

VELTHÉIME. s. m. *bot.* Genre d'asphodèles du Cap, à fleurs puantes, quoique belles.

VELTURE. s. f. *mar.* Lien fait de vieux cordages.

VELUE. s. f. *véner.* Peau du dessus de la tête du cerf, quand il commence à la pousser. — Sorte de chenille.

VENADE ou VENADO. s. m. Petite espèce de cerf du Pérou.

VÉNANO. s. m. Grand cerf de la Californie, qui paroît tenir de l'élan.

VENDEJANG. s. m. *bot.* Arbre de la Chine, à fleurs odorantes, et fruits en forme de canard.

VENDÉMIAIRE. s. m. Premier mois de l'année républicaine; en France : celui des *vendanges,* répondant au signe de la Balance.

VÉNÉRICARDE. s. f. Genre de coquilles bivalves fossiles, et d'une grande épaisseur, qu'on trouve aux environs de Paris.

VÉNÉRUPE. s. f. Genre de coquilles bivalves; famille des lithophages, ou *percepierre.*

VENETS. s. m. pl. Petits filets demi-circulaires, formant un petit bas-parc.

VENEZ-Y-VOIR. *Voy.* VENIR au Dict.

VENTEAU. s. m. Charpente pour former une écluse.

VENTIER. s. m. Celui à qui il a été fait vente de bois sur pied à exploiter.

VENTILAGE. s. m. *bot.* Genre de nerpruns; arbrisseau grimpant de l'Inde, dont les branches sont flexibles au point qu'on peut en faire des cordes d'amarrage, qui ont de plus l'avantage d'être *incorruptibles* dans l'eau de la mer.

VENTILLER, v. a., un bateau; le garnir de venteaux, de planches pour retenir l'eau.

VENTOSE. s. m. *Mois du vent,* le troisième de l'hiver et le sixième de l'année, dans le calendrier républicain; il répond au signe des Poissons.

VENTRAL, E. adj. *anat.* Qui a rapport au ventre : *Hernie ventrale.*

VENTURON. s. m. Espèce d'oiseau du genre fringille.

VÉNULE. s. f. *Voy.* ci-devant VEINULE.

VÉNUSIER. s. m. Animal des *vénus;* nombreux genre de coquilles bivalves, aussi nommées *cames,* à fossette dentelée ou corselet.

VER-À-SOIE. s. m. *Voy.* VER au Dict.

VERBÉNACÉES. s. f. pl. *bot.* Famille de plantes composée d'une partie des pyrénacées, des gattiliers même, et celle des *verveines.*

VERBÉSINE. s. f. *bot.* Genre de plantes corymbifères, herbacées ou frutescentes.

VERBOQUET. s. m. Cordeau attaché à une pièce que l'on monte, pour l'empêcher de s'accrocher ou de tournoyer.

VER-COQUIN. s. m. Sorte de ver qui, dans les temps froids et pluvieux, se forme dans le tuyau de la jeune vigne à l'aisselle des feuilles, descend dans le cœur, et fait périr tout ce qui est au-dessus, et ce qu'il attaque.

VERDILLON. s. m. Levier pour détacher les blocs d'ardoise. — Châssis des hauteliciers, qui tient les fils de la chaîne.

VÉRENILLE. s. f. Genre de polypiers libres, à tige recouverte d'une membrane charnue et sensible, parsemée de polypes à huit tentacules ciliés.

VERGEAGE. s. m. Mesure à la verge. — *fabriq.* Verges formées dans l'étoffe quand les fils de la chaîne ou ceux de la trame diffèrent de grosseur.

VERGEROLLE. s. f. *bot.* Nombreux genre de corymbifères, approchant des aunées et des conyses.

VERGETIER. s. m. Ouvrier qui fait des vergettes; car celui qui les vend est un brossier, personne ne vendant des vergettes exclusivement.

VERGLACER. v. a. et n. Couvrir de verglas. — *impers.* Il fait du verglas. — Le froid subit a verglacé les routes. — part. *Verglacé, e.* Couvert de verglas. Ces mots s'emploient infiniment moins que ceux qui les expliquent.

VER-LUISANT. *Voy.* ci-devant LAMPYRE, et VER au Dict.

VERMEIL. s. m. Composition des doreurs en détrempe, consistant en gommegutte et vermillon.

VERMEILLE. s. f. Pierre fine d'un rouge cramoisi foncé, qui est la même chose que le rubis-spinelle écarlate.

VERMEILLONNER. v. a. Il se dit des doreurs en détrempe, qui appliquent leur composition, appelée *vermeil.*

VERMICELIER. s. m. Celui qui fait du vermicelle, et autres pâtes pour la cuisine. On commence à écrire vermichelle, vermichelier, conformément à la prononciation.

VERMICULANT, E. adj. *méd.* Pouls dont le mouvement est ondoyant comme celui des vers.

VERMICULITHES. s. f. pl. Pétrifications qui ressemblent à des vers entortillés les uns parmi les autres, et qu'on nomme aussi *tuyaux vermiculaires.*

VERNISSIER. s. m. *bot.* Genre d'euphorbes; grand arbre de la Chine, voisin du mancenillier, et dont le fruit donne une amande qui sert à faire de l'huile un peu

transparente, propre à peindre en jaune, et qu'on mêle au véritable vernis pour le rendre plus fluide.

VERNONIÉES. s. f. pl. *bot.* Tribu de plantes synanthérées, dont le type est le genre *vernonie,* dont tous les fleurons sont hermaphrodites et à stigmate bifide.

VÉRONICELLE. s. f. *hist. nat.* Genre voisin des limaces, dans la famille des pleurobranches.

VERRILLON. s. m. Espèce d'harmonica composée de verres à pied de diverses grandeurs, dont on tire des sons en frappant avec deux branches de baleine.

VERRINE. s. f. Verre blanc destiné à être emboîté pour garantir une montre, une pendule, une gravure, etc.

VERRUCAIRE. s. f. Héliotrope d'Europe, dont on emploie le suc contre les *verrues.* Plante, genre d'hypoxylons; varechs confervoïdes.

VERRUQUEUX, EUSE. adj. Propre aux verrues, de la nature des verrues. Il est des peaux verruqueuses; il y vient des boutons verruqueux.

VERSATILITÉ. s. f. Qualité de ce qui est versatile; de ce qui est facile à tourner dans un autre sens, ou prend aisément une autre direction.

VERSEMENT. s. m. Action de verser de l'argent, des fonds, dans une caisse; ce qu'on y verse. C'est un terme relatif aux finances, surtout à celles de l'État. Les percepteurs et les receveurs généraux font leurs versemens à des époques fixes : chaque versement est d'un douzième.

VERSEUR. s. m. Celui qui verse. Peu usité, quoique dans l'analogie.

VERSICOLOR. s. m. Oiseau du genre corbeau et de l'ordre des pies, ainsi nommé de ce que son plumage offre, à la lumière, une variation de couleur, des reflets bleus et rougeâtres, sur un fond noir ou brun.

VERSOIR. s. m. Partie de la charrue destinée à verser sur le sillon précédent la terre que l'on détache, en en formant un autre.

VERT-ANTIQUE. s. m. Marbre serpentineux, mêlé de vert, de gris, de blanc, de serpentine, et qu'on croit être un mélange de diallage et de jade, avec des parties calcaires et serpentines. On le nomme aussi *vert d'Égypte.* On en a trouvé d'aussi beau dans les montagnes de Carrare, en Toscane.

VERT-CAMPAN. s. m. *Voy.* ci-devant CAMPAN.

VERT-DE-CORROYEUR. s. m. Mélange de gaude et de vert-de-gris, dont se servent les corroyeurs pour teindre les cuirs.

VERT-DE-CORSE. s. m. Mélange de diallage et de jade; roche primitive dont il se fait de fort belles tables.

VERT-DE-CUIVRE. s. m. Mine de cuivre soyeux.

VERT D'ÉGYPTE. s. m. *Voy.* ci-devant VERT-ANTIQUE.

VERT-DE-GRIS. s. m. *bot.* Agaric bulbeux et verdâtre; poison aussi dangereux que le vert-de-gris du cuivre. *Voy.* VERT-DE-GRIS au Dict.

VERT-DE-SUSE. s. m. Marbre serpentineux, des environs de Suse, en Piémont.

VERTÉBRÉ, E. adj. *hist. nat.* Pourvu de vertèbres.

9

VERTELLE. s. f. Bonde des marais salans qui ferme les varaignes.

VERTE-LONGUE. s. f. Variété de poire aussi nommée mouille-bouche.

VERTENELLES. s. f. pl. mar. Charnières rentrant l'une dans l'autre, qui servent à tenir le gouvernail suspendu à l'étambord.

VERTET-MINÉRAL. s. m. hist. nat. Variété soyeuse de cuivre carbonaté vert.

VERTEVELLES. s. f. pl. Pièces de fer, en forme d'anneau, qui servent à faire couler et à retenir le verrou dans les serrures à bosse.

VERTEX. s. m. anat. (On pron. èxe bref.) Le sommet de la tête, ou sinciput, considéré comme centre du mouvement de la tête sur son pivot.

VERTICALITÉ. s. f. mécan. Situation verticale d'une chose.

VERTICILLE. s. m. bot. (ll mouillés.) Anneau de feuilles ou de fleurs, disposées autour de la tige ou d'un rameau.

VERTICITÉ. s. f. physiq. De vertere, tourner. Propriété qu'a un corps, une substance d'affecter une direction plutôt qu'une autre. Une aiguille acquiert la verticité quand ou l'aimante.

VERTIQUEUX, EUSE. adj. anat. Qui va, se meut, est dirigé en cercle ou en spirale; qui va en tournant ou tournoyant.

VÉRULAME. s. m. bot. Genre de corymbifères; arbrisseau de Sierra-Léone, à fleurs en corymbes terminaux.

VÉSANIE. s. f. méd. Affection non comateuse, et sans fièvre, formant un ordre de maladies où se trouvent la mélancolie, la manie, l'hypochondrie, avec le somnambulisme, la démence, l'idiotisme, et l'hydrophobie.

VESCERON. s. m. Vesce sauvage, qui pousse dans les blés avec d'autres grains et dans des terres non cultivées.

VÉSICAL, E. adj. méd. Qui a rapport à la vessie : artères vésicales.

VÉSICANT, E. adj. méd. Qui fait lever des vessies à la peau. Ce mot est presque toujours remplacé aujourd'hui par celui de vésicatoire. — On nomme vésicans, ou épispastiques, une famille d'insectes coléoptères qui, appliqués à la peau, y font lever des vessies.

VÉSICATION. s. f. chir. Formation de vessies à la peau et des agens vésicans ou vésicatoires.

VÉSICULAIRE. adj. bot. Qui forme vessie, une petite vessie ou vésicule.

VÉSICULEUX, EUSE. adj. anat. et bot. Qui approche de la nature ou de la forme d'une vésicule, de vésicules ou de vessies.

VÉSIGON. s. m. art vétér. Tumeur molle qui se forme quelquefois au jarret du cheval.

VÉSITARSES. s. m. pl. Famille d'insectes hémiptères, à pieds en vessie.

VÉSON. s. m. Suc exprimé des cannes à sucre.

VESPERTITION. s. m. Nombreux genre de chéiroptères. (Chauve-souris.)

VESSIR, en parlant des métaux, voyez VESSER au Dict.

VESTA. s. f. astron. Planète qui se trouve entre Mars et Junon, et qui fait sa révolution en trois ans et huit mois. Elle fut dé-

couverte à Brème en 1807, par l'astronome Olbers.

VÉTILLERIE. s. f. Raisonnement, propos, trait de vétilleur. V. VÉTILLEUR au Dict.

VEXILLAIRE. adj. mar. Signaux vexillaires, d'enseigne ou de pavillon.

VIABILITÉ. s. f. État, qualité de viable ; capacité de vivre, en parlant d'un enfant.

VIBRION. s. m. Genre de vers polypes amorphes; ce sont des vers infusoires d'une organisation très-simple, dont on trouve une espèce dans le vinaigre.

VICE VERSÂ (et). Mots latins qu'on traduit par alternativement, et par d'autres significations analogues : Le courtisan le plus dépravé est religieux avec un prince religieux, et vice versâ.

VICINAL, E. adj. Un chemin vicinal, les chemins vicinaux, appartenant aux lieux circonvoisins de l'embranchement des grandes routes, et qui n'y sont pas compris. Ce sont des communications de commune à commune, appelées de traverse, et dont la réparation et l'entretien font partie des dépenses communales.

VIDELLE. s. f. Outil de confiseurs pour évider les fruits qu'ils veulent confire.

VIDURE. s. f. Ce qu'on a ôté d'une chose en en vidant l'intérieur. Ouvrage à vides, à jours.

VIEUX-OING, s. m. Voy. OING au Dict.

VIGIER. v. n. mar. Être en vigie.

VIGIGRAPHE. s. m. Nom donné à une sorte de télégraphe de vigier, essayé en 1799 pour les signaux maritimes. Il ne paroît pas qu'on en fasse usage.

VIGNÉE. s. f. bot. Espèce de laiche dont les épis portent à la fois des fleurs mâles et des fleurs femelles : ce qui les distingue des autres.

VIGOLINE. s. f. Plante annuelle du Pérou, à petite fleur radiée, et qui se cultive chez les fleuristes.

VIGOTE. s. f. artill. Planche percée au calibre d'une pièce, pour en assortir les boulets.

VILLARSIE. s. m. bot. Bel arbre du Pérou, à fleurs en grappes terminales. — s. f. Genre de plantes des eaux stagnantes de la Caroline.

VILLICHE. s. f. bot. Plante annuelle du Mexique, à tige rampante, feuilles presque rondes, fleurs rouges et géminées sur de longs pédoncules.

VILLOSITÉ. s. f. bot. Qualité de velu, dans une plante, une tige, etc.

VINAIGRERIE. s. f. Fabrique de vinaigre.

VINAPON. s. m. Boisson vineuse, ou du moins fermentée; espèce de bière que l'on fait au Pérou avec du grain de maïs fermenté.

VINDICATION. s. f. V. VENGEANCE au D.

VINETIERS. s. m. pl. Famille des épines-vinettes.

VINGTAINS. s. m. pl. Draps à 20,000 fils de chaîne.

VINIFÈRE. adj. (Porte-vin.) Les plantes vinifères forment une famille qui donne l'idée du produit ; c'est le même que celle des sarmentacées, dont le nom exprime la nature et le port.

VINIFICATION. s. f. Art de faire du vin, des boissons vineuses et fermentées, sans spécifier de quelles substances on les fait. Voy. ci-devant OENOLOGIE.

VINTÉRANE. s. f. Nom, en botanique, de la plante d'Amérique, connue dans le commerce sous le nom de cannelle blanche, et qui a les mêmes qualités, quoique un peu inférieure.

VINULE. s. f. hist. nat. Chenille couleur de vin, qui vit sur le chêne et le peuplier.

VIOLACÉES. s. f. pl. bot. Famille de violettes.

VIOLET-POURPRE. s. m. bot. Champignon qui vient sur les feuilles pourries, et répand une odeur de rose.

VIOLETSTEIN. s. m. minér. Roche micacée en décomposition , aussi nommée pierre de violette, parce qu'elle en a l'odeur.

VIOLISTE. Voyez JOUEUR ou JOUEUSE de viole.

VIOLONCELLISTE. Mot inusité, qu'on prétend signifier joueur ou joueuse de violoncelle, instrument plus souvent nommé lui-même alto de viola, ou simplement alto; on le nomme aussi quinte, comme étant monté à une quinte au-dessous du violon.

VIOLONISTE. s. m. Nom burlesque donné en plaisantant au joueur de violon. Dans le bon usage, on dira d'un musicien : C'est un bon violon, une bonne flûte, un bon violoncelle, une bonne basse, etc.

VIOULTE. s. f. bot. Genre de liliacées; plante des Alpes et autres lieux élevés, à hampe uniflore, grandes fleurs penchées et précoces. Elle est cultivée pour la beauté de sa fleur.

VIRAGE. s. m. mar. Action de virer, de virer de bord, de virer au cabestan; espace pour virer, endroit où l'on vire.

VIREBOUQUET. s. m. Cheville dont se servent les couvreurs pour arrêter la corde attachée à la pointe de la flèche d'un clocher, où se met le bouquet, qui annonce le dernier point d'ascension.

VIRÉON. s. m. Genre d'oiseaux sylvains, de la famille des péricales.

VIREUR. v. n. Celui qui vire, qui tourne et retourne; genre d'emploi dans les papeteries.

VIREUX, EUSE. adj. méd. Substance où il y a un virus, quelque chose de malfaisant; toujours au sens propre.

VIREVEAU. s. m. mar. Machine à manivelle ou à tourniquet, pour lever l'ancre, des fardeaux ; par extension, pièce de bois dont on s'aide pour tourner de gros cordages.

VIRGULAIRE. s. f. Genre de scrofulaires composé de deux sous-arbrisseaux du Pérou. — Genre de polypiers filiformes, à axe pierreux, et garnis de polypes au moment.

VIROLET. s. m. mar. Noix en bois, qui se met au hulot du gouvernail.

VIRURE. s. f. mar. Bordage de la carène dans toute sa longueur, et de chaque côté, d'un côté à l'autre.

VIS. s. f. hist. nat. Espèce de coquillages tournés en spirale, qui forment un genre. Voy. VIS au Dictionn.

VISCACHE. s. m. Quadrupède fort commun dans l'Amérique méridionale, par les uns regardé comme un lièvre, d'autres comme une marmotte ou une martre. On le nomme aussi lièvre-pampa et viscaque.

VISCACHÈRE. s. f. Terrier creusé par des

viscaches, qui s'y rassemblent en grand nombre, et y vivent en commun.

VISMIE. s. f. *bot.* Genre de plantes voisin des millepertuis, à fruit mou, cinq styles, et dont il flue un suc rouge.

VISNAGE. s. m. Fenouil annuel, surnommé herbe aux geneivres, parce que ses ombelles desséchées servent à les fortifier et à parfumer l'haleine.

VISON. s. m. *hist. nat.* Espèce de martre d'Amérique, qui a quelques rapports avec notre fouine.

VISSIER. s. m. *hist. nat.* Animal de la coquille nommée *vis* à cause de sa forme. Il a les yeux à la base de ses cornes ou tentacules.

VISUM-VISU. Mots latins prononcés *visomo* bref, *visu*, et signifiant *vue-à-vue*, c'est-à-dire face-à-face, en face l'un de l'autre. Ils s'emploient *familièrement* en expression adverbiale : On les plaça *visum-visu*, l'un en face de l'autre.

VISTNOU ou VISCHNOU. s. m. Le second des trois grands dieux des bramines, entre Brama, qui est le premier, et Budiren, qui est le troisième.

VITALIS. s. m. *bot.* Nom spécifique de la joubarbe des toits. (*s* final se pron.)

VITALITÉ. s. f. *méd.* Qualité de vital; état de vie, d'un être vivant, d'une partie ou d'un organe en vie. Capacité de vivre; action vitale.

VITALLIANA. s. f. *bot.* Jolie primevère des Alpes.

VITHERINGE. s. f. *bot.* Genre de solanées; plante d'Amérique à tige rouge, anguleuse, velue ainsi que ses feuilles, et dont les fleurs sont en ombelles.

VITILIGE. s. f. *méd.* Maladie de la peau. Lèpre blanche.

VITONIÈRES ou BITONIÈRES. s. f. pl. *mar. Voy.* ci-devant ANGUILLERS.

VITRAIL. s. m. *Voy.* son plur. VITRAUX au Dictionn.

VITRESCIBILITÉ. s. f. Faculté de se vitrifier; état, propriété d'une substance *vitrescible*, susceptible de se vitrifier.

VITRIFICATIF, IVE. adj. Qui vitrifie, qui a la force de vitrifier; propre à vitrifier une matière.

VITRIOLISATION. s. f. Action, art de *vitrioliser*, de convertir en vitriol, en décomposant la pyrite (sulfure de fer), pour la faire passer à l'état de sulfate. *Chim.*

VITSÈNE. s. f. *bot.* Genre d'iridées, plante du Cap, à tige aplatie, feuilles ensiformes, et fleurs *noires* disposées deux à deux.

VIVE-LA-JOIE. s. m. *V.* VIVRE au Dict.

VIVELLE. s. f. Réseau fait à l'aiguille, dans une toile fine, pour y boucher un trou sans y mettre une pièce. C'est aussi une espèce de squale, poisson aussi nommé *porte-scie.*

VIVIPARE. adj. *bot.* Plante qui, au lieu de fleurs, produit de petits rejetons feuillés. — *hist. nat.* Genre de coquilles. *Voy.* VIVIPARE au Dict.

VOA. s. m. *bot.* C'est un nom commun à beaucoup d'arbres fruitiers de Madagascar, distingués entre eux par un second mot de la langue du pays : Voa-ra, voa-salia, voasohi, etc.

VOCHYSIÉES. s. f. pl. *bot.* Nouvelle famille de plantes voisine des guttifères, dont le type est le genre vochy, grand arbre de la Guyane, à tige quadrangulaire, fleurs d'un jaune doré, disposées en grappes terminales. On y a joint le genre quaie (*couaie.*)

VOCIFÉRATEUR. s. m. Celui qui vocifère, qui profère des vociférations dans une assemblée, dans une émeute, une sédition.

VOCIFÉRATION. s. f. Action de *vociférer*, de pousser publiquement avec force, avec fureur, des cris offensans ou menaçans pour une partie des habitans. — Au pluriel, ces cris furieux et menaçans ainsi poussés en public, et d'une manière tumultueuse.

VOGMARE. s. m. *hist. nat.* Genre de poisson des mers d'Islande, à nageoire dorsale de toute sa longueur, petites pectorales, point de ventrales, et dents pointues et tranchantes.

VOILETTE. s. f. *mar.* Petite voile latine.

VOILIÈRE. s. f. *géom.* Courbe que forme une voile enflée par le vent.

VOLAILLER. s. m. Mot qui ne s'emploie qu'aux marchés, pour signifier *marchand de volailles*, la seule expression usitée. Dans quelques provinces on dit *poulailler*, venu du mot *poule.*

VOLANO. s. m. Oiseau vert des Philippines, qu'on croit être le pigeon vert.

VOLCANIQUE. adj. Qui provient d'un volcan; au *figuré*, d'une effervescence extrême : Produits volcaniques. Tête volcanique, sujette à des écarts, à des exagérations.

VOLCANISER. v. a. Transformer en volcan; exalter à l'excès. — *part. pass., volcanisé, e.*

VOLE-AU-VENT. s. m. Sorte de petits pâtés, fort légers, peu garnis, qui semblent prêts à s'envoler au moindre vent.

VOLETTE. s. f. Légère claie sur laquelle on épeluche la laine après le battage. — Au plur., on nomme volettes les longues franges en cordon qui pendent aux housses des chevaux pour chasser les mouches.

VOLTIGEOLE. s. f. *mar.* Cordon placé entre le corps de la galère et l'aissade de poupe. On le nomme aussi *massane.*

VOLUBILIS. s. m. Espèce de liseron; plante *voluble* qui s'entortille autour des autres, ou des fils que l'on tend, en sorte qu'on peut en faire comme des tapis de verdure qui montent, ou qui traversent des cours, des rues, d'une fenêtre à l'autre.

VOLUBLE. adj. *bot.*(Plante) qui monte ou s'étend en spirale autour des autres plantes ou des petits corps qu'elle peut embrasser.

VOLUCELLE. s. f. *hist. nat.* Genre d'insectes diptères qui ont quelque rapport avec les bourdons, dans le nid desquels on trouve leurs larves.

VOLUE. s. f. Petite fusée qui tourne dans la navette du tisserand, et sur laquelle est roulée la trame à employer.

VOLUPTUAIRE. adj. Ancien terme de palais opposé à *utile* en fait de dépenses faites dans des terres. On ne rembourse pas les dépenses qui ne sont que *voluptuaires*, ou mieux d'*agrément.*

VOLUTAIRE. s. f. *bot.* Espèce de centaurée à corolle roulée en spirale.

VOLUSELLE. s. f. Genre de champi-

gnons, dont le chapeau est percé de trous à sa superficie.

VOLUTIER. s. m. *hist. nat.* Animal crustacé de la *volute*, coquille univalve, *cylindrique* ou *ovale.*

VOLVAIRE. s. f. *hist. nat.* Genre de testacés univalves, à coquille cylindrique, roulée sur elle-même, sans spire saillante. — *bot.* Genre de lichens.

VOLVE. s. f. *bot.* Enveloppe radicale, plus ou moins complète dans toutes les espèces de champignons.

VOLVÉ, E. adj. *bot.* Pourvu d'une volve, qui s'y trouve enveloppé.

VOLVOCE. s. m. *hist. nat.* Genre de vers polypes amorphes, animalcules infusoires, très-simples, sphériques, et transparens.

VOMITURITION. s. f. *méd.* Envie de vomir. Vomissement fréquent quoique foible et peu dangereux, comme dans les premiers temps d'une grossesse.

VORTICELLE. s. f. *hist. nat.* Genre de vers polypes amorphes, animalcules microscopiques, dont quelques espèces s'attachent à une place, tandis que d'autres nagent toujours.

VOUAPE. s. f. *bot.* Grand arbre de Cayenne à suc huileux; bois de construction, qui passe pour être incorruptible à l'air et dans l'eau. On forme des flambeaux avec ses débris.

VOUÈDE. s. f. *bot.* Petit pastel; variété cultivée dans le nord de la France, pour servir à la teinture en bleu.

VOUGE. s. f. Serpe ou faucille à long manche, pour couper de loin, pour la taille des allées, des charmilles, etc. *En véner.*, épieu à large fer.

VOURCE. s. f. Voiture de chasse.

VOUTIS. s. m. *mar.* Voûte formée au-dessus du gouvernail d'un bâtiment, par la partie extérieure de l'arcasse.

VOYÈRE. s. f. Genre de gentianes; petite plante de la Guyane, à feuilles cassantes, à fleurs rouges ou bleues, ayant la moitié de la longueur de la plante, qui est de quatre pouces.

VOYETTE. s. f. Grande cuiller à pot en bois, qui sert à mettre sur la lessive l'eau bouillante de la chaudière.

VRAC. s. m. Poisson du genre labre. — *pêche.* Harengs en *vrac*, jetés en tonne, en baril, mais pêle-mêle, et avec du sel ou sans sel.

VRÉDELÉE. s. f. Filet de pêche monté sur perche aux deux bouts.

VRIGHTIE. s. m. *bot.* Arbre de l'Inde, appelé aussi laurose *à teinture*, parce que ses longues feuilles donnent de l'indigo en quantité et de bonne qualité.

VRILLER. v. n. Faire la vrille, tourner comme une vrille, en parlant d'une pièce d'artifice.

VRILLERIE. s. f. Assortiment de vrilles; menus outils d'atelier, servant à forer ou à trancher, limer, etc.; par opposition aux grosses pièces servant aux carriers, terrassiers, forgerons, etc.

VRILLETTE. s. f. *hist. nat.* Genre d'insectes coléoptères, à mandibules dentées.

VRILLIER. s. m. Ouvrier qui fait des vrilles, et les petits outils compris dans la vrillerie.

9.

VRILLON. s. m. Petite tarière à pointe de vrille.

VULCAIN. s. m. *hist. nat.* Beau papillon de jour.

VULGARITÉ. s. f. Mot employé par madame de Staël, pour exprimer la qualité de ce qui est vulgaire, ou plutôt commun. On dit : Avoir un air commun, des manières communes, sans que l'usage et la clarté permettent de dire la communauté de son air, de ses manières; on pourroit dire la vulgarité.

VULPIN. s. m. *bot.* Genre de graminées; chiendent *queue de renard*, à fleurs en épi, et feuilles presque sétacées.

VULTUEUX, **EUSE.** adj. *méd.* Air *vultueux*, face *vultueuse*, à visage bouffi, avec couleur d'un rouge vif produit par l'afflux du sang dans les capillaires artériels; ce qu'on appelle face *injectée*, quand l'afflux a lieu dans les capillaires veineux.

VULVAIRE s. f. *bot.* Espèce d'anserine; plante qui contient une grande quantité de potasse.

X.

X. s. m. Double consonne peignant les sons forts, *c*, *ze*, ou leurs foibles *g*, *ze*. X initial ou après *e* initial, et suivi d'une voyelle ou *h* nul, peint les sons foibles : Xantippe, examen, exempt, exhorter, et les composés Waux-Hall, Anaxagore, etc.; et le son *z* dans sixième, dixième, dixaine, etc. Il ne s'écrit plus dans dime, autrefois dixme. Il a le son de *z* dur dans Auxerre, Auxonne, Bruxelles, soixante, soixantaine, au milieu de Xerxès, et à la fin des noms propres Aix, Aix-la-Chapelle, le pays de Gex; de même que *six*, *dix*, isolés ou avec repos : Un six, ils sont six. Ailleurs il peint les sons forts, même après initiale: Expulser, exciter, Ixion, Saxe, sexe, oxyde, etc. — Dans le chiffre romain, X vaut dix; et avec le tildé, X̃, 10,000.

X final est nul après les voyelles composées ai, au, eu, ou, et sert de signe pour le pluriel des trois derniers : La paix, la chaux, heureux, jaloux, des baux, des feux, des choux, etc.; alors il fait liaison avec le son *z*, et ailleurs avec les sons *c*, *ze*.

XANDARUS. s. m. *hist. nat.* (*s* final se pron.) Animal vivant sur les côtes de la mer Atlantique, et qu'on dit ressembler au bœuf. On croit que c'est un bubale.

XANTHORRHOÉ. s. m. *bot.* Genre d'asphodèles, à tige ligneuse, feuilles triangulaires, hampe très-longue, terminée par un chaton multiflore. La tige donne aux habitans de la Nouvelle-Hollande une résine qui leur sert de colle-forte; et il flue des épis une liqueur visqueuse et sucrée qui leur sert de boisson.

XANXUS. s. m. (*s* final se pron.) *hist. nat.* Gros buccin, coquille de la mer des Indes, fort recherché au Bengale pour en faire des objets d'ornement.

XÉNIE s. f. *hist. nat.* Genre de polypes à corps communs sur la surface d'une tige rampante, courte, à rameaux courts et polyfères à leurs sommets, qui sont comme fleuris. Il y a la xénie bleue et la rouge.

XÉRANTHÈMES. s. f. pl. *bot.* Plantes à *fleurs sèches*, comme les immortelles.

XÉROTRIBIE. s. f. *méd.* Friction sèche.

XIPHIAS. s. m. *hist. nat.* Genre de poissons apodes, autrement nommé épée de mer, espadon, ou empereur, dont la mâchoire supérieure est au moins le tiers de la longueur totale. C'est un des plus gros poissons des mers d'Europe. *Voy.* Xiphias au Dict.

XIPHYDRIE. s. f. Genre d'insectes hyménoptères. *Porte-scie.*

XOLO. s. m. Coq des Philippines très-haut monté sur jambes.

XOMOLT. s. m. Oiseau aquatique huppé, du Mexique, dont les naturels emploient les plumes à orner leurs vêtemens, de parure.

XUTA. s. m. Espèce d'oie du Pérou, devenue domestique.

XYLOALOÈS. s. m. *bot.* Bois d'aloès qui, dans l'Inde, vaut plus que son poids d'argent.

XYLOBALSAMUM. s. m. *bot.* (On pron. bal-*za* mome, ome bref.) Bois-baume, Morceaux du bois qui donne le baume de Judée.

XYLOCARPE. s. m. *bot.* Arbre veiné de l'Inde, à *fruit ligneux* contenant plusieurs noix. C'est un bon bois de menuiserie.

XYLOCOPE. s. f. *hist. nat.* Genre d'insectes hyménoptères, abeilles, *perce-bois*, qui creusent pour déposer leurs œufs.

XYLOGLYPHIE. s. f. Sculpture en bois; gravure sur bois. *T. scient.*

XYLOGRAPHIE. s. f. Impression sur bois, avec des caractères en bois. *T. scient.*

XYLOLOGIE. s. f. *hist. nat.* Traité des bois. *T. scient.*

XYLOMÉES. s. f. pl. *bot.* Section de la famille des champignons qui vivent sur les feuilles d'arbre ou mortes ou vivantes, et nommés *hypoxylons.*

XYLON. s. m. *bot.* Voy. Cotonnier au Diction.

XYLOPHAGES. s. m. pl. *Ronge-bois.* Famille d'insectes coléoptères, vivant dans les vieux bois sous leur forme de larves. C'est aussi un genre d'insectes diptères, et un genre de champignons.

Y.

Y. s. m. Signe identique de l'*i* dans beaucoup de mots étrangers, surtout d'origine grecque, et, en général, de deux *i* faisant double diphthongue dans les mots françois entre deux voyelles : Payer, grasseyer, royal, etc. Dans les verbes en *oyer*, *oy*. se change en *oi* devant l'*e* muet : Employer, j'emploie, j'emploierai, j'emploierois. Ay, ey, uy, n'éprouvent pas encore ce changement au présent; et l'usage est partagé quant au futur et au conditionnel.

Le pronom *y* ne fait qu'une syllabe : Yeux, une seule diphthongue; pays, deux syllabes; et yeuse, trois; abbaye, quatre (*ab-bai-i-e.*)

Dans beaucoup de noms de lieux, *y* ne fait qu'une diphthongue avec la voyelle suivante : Bayonne, Mayenne, Mayence, Cayenne, etc. (*Ba-ion-ne*, etc.) On écrit aujourd'hui baïonnette et faïence. *Voy.* Y au Diction.

YACK. s. m. Buffle à queue de cheval. *Hist. nat.*

YACOU. s. m. *hist. nat.* Genre d'oiseau sylvains, communs vers le sud de l'Amérique, voisins des gallinacés, faciles à tuer mais difficiles à atteindre à la course, quoique peu propres au vol.

YAM. s. m. (*m* se pron.) Grosse et longue racine d'Afrique qui, bouillie ou rôtie, se conserve long-temps, et sert de nourriture aux voyageurs. *Bot.*

YAM-MUEL. s. m. *bot.* Arbrisseau de Chine dont les fruits, qui ressemblent à grosses mûres rouges, sont très-goûtés des habitans, et employés à divers usages.

YAPA. s. m. *hist. nat.* Oiseau du Brésil huppé, à queue et bec jaunes, yeux bleu vivant d'insectes dont il purge les maisons.

YAPOCK. s. m. Genre de marsupiaux aquatiques, surnommé loutre d'eau douce. *Hist. nat.*

YAPPÉ. s. m. *bot.* Nom brésilien d'une mauvaise herbe qui envahit les plaines de l'Amérique méridionale, et qu'on nomme aussi *queue-de-biche.*

YÉNITE. s. m. *minér.* Substance minérale, presque toujours en cristaux prismatiques, opaque, et de couleur noire.

YET. s. m. *hist. nat.* Genre de coquille volutes, la plus grosse des univalves.

YEU-CHA. s. m. Arbre de la Chine, dont la graine fournit de l'huile à brûler, de couleur jaune.

YOKOLA. s. m. Mélange de la chair hachée de divers poissons, qui sert de pain aux habitans du Kamschatka.

YOLE. s. f. *mar.* Le plus léger canot d'un vaisseau, allant à voile et à rames.

YU. s. m. Pierre sonore des Chinois, dont ils font des cloches, des flûtes, des tambours, etc. — Herbe dont les filamens leur servent à faire une étoffe plus belle que celle du soie.

YUCCA ou **YOUC.** s. m. Plante vivace de l'Amérique méridionale, voisine de l'aloès. On en cultive en France plusieurs espèces.

Z.

Z. s. m. Consonne de la touche *sifflante* qui peint le son foible du *s* dur : Se, ze. — Z s'emploie peu dans les mots françois, et n'est au commencement du mot; ce son étant ailleurs la figure plus souvent représenté par *s* doux, et quelquefois par le *x*, comme dans les adverbes de six et de dix, F. Z au D.

ZACCON. s. m. *bot.* Prunier de Jérico, à feuilles d'olivier, dont l'huile s'emploie contre les humeurs froides.

ZACINTHE. s. f. *bot.* Lampsane de Zanthe; dont les feuilles s'emploient avec succès contre des verrues.

ZAMBARÈS. s. m. *hist. nat.* (*s* final se pron.) Quadrupède qui se trouve dans l'Indostan, et qui a le corps du bœuf avec les pieds et les cornes du cerf.

ZAMBRE. adj. Né de deux races : Noir et mulâtre.

ZANTHORRHIZE. s. m. *bot.* Arbuste renonculacé de la Caroline, à fleurs d'un violet noirâtre, disposées en panicules terminales. Il est cultivé par les jardiniers fleuristes.

ZÉBU. s. m. Petite espèce de bison, bœuf bossu, commun dans les Indes et dans quelques contrées de l'Afrique.

ZÉOLITHE. s. f. minér. *Pierre qui brûle.* Produit volcanique, susceptible de brûler au chalumeau, sans addition d'autre substance.

ZEUZÈRE. s. f. hist. nat. Genre d'insectes lépidoptères, de la famille des nocturnes, tribu des bombycites.

ZÉZAYER. v. n. Prononcer *z* au lieu de *ch, j.* C'est un vice de prononciation.

ZINNIA. s. m. bot. Genre de corymbifères; plante apportée du Pérou, du Mexique, et cultivée dans les jardins d'agrément.

ZIRCON. s. m. minér. Pierre gemme, dure et infusible, qui se place entre la topaze et le quartz.

ZIRCONE. s. f. minér. Terre primitive, découverte dans les zircons, à ajouter aux sept autres que l'on connoissoit.

ZOANTHE. s. m. Genre de vers radiaires, zoophytes colorés comme les pétales des fleurs, et surnommés pour cela anémones de mer.

ZOANTHROPIE. s. f. méd. Affection d'une personne qui se croit changée en un animal quelconque.

ZOCODON. s. m. hist. nat. Genre de polypes à corps lissé, simple, avec une seule bouche campanulée.

ZONA. s. m. méd. Éruption cutanée, tenant de l'érysipèle et de la dartre, qui forme une demi-ceinture autour du corps. Elle produit de petites pustules pressées, qui se succèdent rapidement.

ZONAIRE. adj. Cristal entouré d'un rang de facettes en ceinture.

ZOOGLYPHITE. s. f. hist. nat. Pierre à empreintes d'animaux.

ZOOMORPHITE. s. f. hist. nat. Pierre qui représente quelques formes d'animaux.

ZOONATE. s. m. chim. Sel formé par une combinaison d'acide zoonique avec une base.

ZOONIQUE. adj. chim. Acide tiré de substances animales : Cornes, poils, chairs, etc.

ZOONOMIE. s. f. Recherche sur les lois de la vie animale.

ZOOPHAGE. adj. et s. m. hist. nat. *Voy.* Carnivore au Dict.

ZOOPHYTAIRES. s. m. pl. hist. nat. Classe des polypes composés, comme jouissant d'une vie commune, tels que les corallines, les tubulaires, etc.

ZOOPHORIQUE. adj. archit. Colonne qui porte la figure d'un animal.

ZOOPHYTOLITHE. s. f. hist. nat. Zoophyte fossile.

ZOOPHYTOLOGIE. s. f. Traité des zoophytes; partie de la zoologie.

ZOOTOMIE. s. f. anat. Anatomie des animaux.

ZOOTYPOLITHE. s. f. *Voy.* ci-devant Zoomorphyte.

ZOPILOTE. s. m. hist. nat. Vautourin de l'Amérique centrale.

ZORILLE. s. m. hist. nat. Martre du Cap.

ZOROCHE. s. m. Minéral d'argent assez semblable au talc.

ZOSTÈRE. s. f. Genre de plantes aroïdes ou fluviatiles, à feuilles longues et luisantes, et parfois de huit à dix pieds sur quatre à cinq lignes de largeur. Elle croit et mûrit tout-à-fait dans la mer, qui en rejette parfois sur les côtes de grandes masses, dont on fait de l'engrais, ou dont on tire de la soude en les brûlant.

ZUCAGNIE. s. f. Arbrisseau légumineux du Chili. — Jacinthe à fleurs vertes.

ZYGÈNE. s. f. Poisson, qui est le squale marteau. — Genre d'insectes lépidoptères, de la famille des crépusculaires, et type d'une tribu qu'on a nommée de lui *zygénide.*

ZYGOMA. s. m. anat. Apophyse de la tempe.

ZYGOMATIQUE. adj. Qui est relatif au zygoma, à l'apophyse temporale.

ZYMOLOGIE. s. f. chim. Partie de la chimie où l'on traite de la fermentation. On a aussi employé, avec la même signification, le mot *zymotechnie.*

FIN DE LA DEUXIÈME ET DERNIÈRE PARTIE.

IMPRIMERIE DE RIGNOUX, RUE DES FRANCS-BOURGEOIS-SAINT-MICHEL, N° 8.

www.ingramcontent.com/pod-product-compliance
Lightning Source LLC
Chambersburg PA
CBHW071759090426
42737CB00012B/1882